Une femme d'Égypte

Jehane Sadate

Une femme d'Égypte

Mémoires

Traduit de l'anglais
par Denis AUTHIER

Presses de la Renaissance
37, rue du Four
75006 Paris

Si vous disposez d'un Minitel, vous pouvez vous informer à tout moment sur les livres que nous publions.
Il vous suffit de composer le 36-15, **code JET 7.**

Si vous souhaitez recevoir notre catalogue et être tenu régulièrement au courant de nos publications, envoyez vos nom et adresse en citant ce livre aux

Presses de la Renaissance
37, rue du Four 75006 Paris

et pour le Canada à

Edipresse
5198, rue Saint-Hubert
Montréal H2J 2Y3

Titre original : *A woman of Egypt*, publié par Simon and Schuster, New York.

ISBN 2-85616-433-1 H 60-3487-0

A l'illustre mémoire de mon mari, Anouar el-Sadate, et à nos enfants, Loubna, Gamal, Noha et Jehane, qui ont souffert comme j'ai souffert, et aimé comme j'ai aimé.

REMERCIEMENTS SPÉCIAUX

A Linda Bird Francke, qui, dès notre première rencontre à Guizeh, en 1985, m'a encouragée à écrire ce livre, puis m'a aidée à le composer et à le rédiger en anglais, je tiens à exprimer ici ma profonde reconnaissance.

J.S.

Table

Chapitre 1

La mort de mon mari

On aurait pu compter sur les doigts de la main les jours où je ne me faisais pas de souci pour mon mari : le 6 octobre 1981 s'annonçait justement comme une de ces journées bénies. Depuis 1973, en effet, on commémorait ce jour-là — anniversaire glorieux entre tous pour l'Égypte — le moment où nos soldats avaient franchi le canal de Suez pour reprendre le Sinaï à Israël. Ce jour-là on oubliait les querelles intestines. On oubliait les dissensions religieuses, les luttes politiques, les différences de classes, et il n'y avait plus qu'une seule Égypte, une seule Égypte acclamant mon mari, Anouar el-Sadate, l'homme qui avait su effacer notre humiliation et engager le pays sur la voie de la justice. J'étais tellement certaine qu'Anouar ne courait aucun danger ce jour-là que je faillis ne pas même assister à la traditionnelle revue militaire de la Cité de la Victoire, dans la périphérie du Caire. J'avais décidé, avec la bénédiction d'Anouar, de regarder le défilé à la télévision, avec mes trois filles, et de travailler à ma thèse d'université. Notre fils, Gamal, était en voyage en Amérique.

Or, l'officier chargé de ma sécurité, constatant que je n'avais pas l'intention de rejoindre Anouar à la cérémonie, me fit une telle scène qu'à la dernière minute j'ai changé d'avis et j'y suis allée. Dois-je lui savoir gré de son insistance ?... Jusqu'à la fin de mes jours résonnera à mes oreilles le crépitement des armes automatiques qui fauchèrent la vie de mon mari et de neuf autres personnes ; je verrai le sang d'Anouar répandu sur les chaises éparpillées ; je pleurerai à la pensée des hurlements que poussaient mes petits-enfants, tandis que les balles, fracassant les verrières des tribunes, venaient se planter avec un son mat dans le mur de béton derrière lequel nous nous terrions. Maintenant, au bout de cinq ans, ces enfants recommencent à dormir sans cauchemars ; mais moi, je ne connaîtrai jamais plus une seule nuit de vrai repos.

... Mon mari avait toujours fort belle allure dans le grand uniforme qu'il se faisait tailler spécialement pour cette parade du 6 octobre. Cette année-là, il en portait un tout neuf mais qui, comme les autres, était très étroit, dans le style des uniformes allemands qu'Anouar admirait énormément. D'habitude, mes filles et moi le taquinions sur sa coquetterie, tout en tirant de toutes nos forces sur ses bottes, pour l'aider à les enfiler sur ses jambes de pantalon.

« Tu ne crois pas que cet uniforme devrait être un peu moins serré ? lui faisais-je remarquer en le voyant se tortiller pour entrer dedans.

— Je t'en prie, Jehane, répondait-il, prenant sa grosse voix. Tu sais bien que tu ne connais rien à l'armée. »

Il prenait grand soin de son apparence ce jour-là. Et pour bien montrer qu'il était très fier d'avoir servi comme officier dans l'armée égyptienne, que pour lui c'était très important, il complétait le tableau en se passant sous le bras un bâton de maréchal. C'était trop, je n'aimais pas ça.

« On va penser que tu veux épater la galerie, lui disais-je. Tu n'es pas un m'as-tu-vu, pourtant. »

Mais évidemment, je ne comprenais rien au « vrai style de la vie militaire », et il partait toujours avec ce bâton. Sauf ce dernier jour. L'oublia-t-il ? S'était-il finalement ravisé par égard pour moi ? Qui le saura jamais ?

Le fait est que tout fut différent, ce 6 octobre-là. Les autres années, je me préparais toujours très tôt pour pouvoir aider Anouar à revêtir son uniforme. Puis, tandis qu'il finissait de s'habiller, je descendais au rez-de-chaussée où j'accueillais le vice-président et le ministre de la Défense qui, chaque année, arrivaient chez nous de bon matin pour accompagner mon mari jusqu'au lieu de la parade. Enfin, quand il était prêt, nous le saluions tous ensemble à sa descente d'escalier. Je ne pouvais plus le taquiner, bien sûr, en présence de ces augustes serviteurs de l'État ; il fallait adopter un ton plus élevé. « Bon anniversaire en ce jour, disais-je. Et que Dieu vous bénisse tous. » Sur ces paroles, ils montaient dans une des voitures et se rendaient au ministère de la Défense pour une réunion préliminaire. Une vingtaine de minutes plus tard, je partais de mon côté pour Medinet Nasr, la Cité de la Victoire.

Mais ce 6 octobre-là, m'étant décidée à la toute dernière minute, je dus m'habiller et me faire coiffer en catastrophe, ce qui m'empêcha d'assister au départ d'Anouar. Je l'avais, cela dit, réveillé de bonne heure, comme d'habitude, en lui apportant les journaux ; et comme c'était un jour spécial, je lui avais amené notre petite-fille Yasmine, deux ans (fille de Gamal), que j'avais mise dans son lit ; et il avait ri parce qu'elle essayait de lui tirer la moustache, et ri encore quand elle n'avait pas voulu embrasser sa joue couverte de crème à raser.

« Jehane, je compte sur toi pour Charif, dit-il, parlant de notre petit-fils, cinq ans. Il est grand maintenant. Je veux qu'il voie le défilé. Et qu'il ait son uniforme, n'oublie pas.

— Mais bien sûr », répondis-je.

Anouar avait traité notre fils Gamal exactement de la même manière quand il était enfant ; il lui faisait porter un petit uniforme militaire, tenait à ce qu'il assiste aux fonctions officielles et lui apprenait à assumer ses responsabilités, comme un homme. Chaque fois qu'il partait en voyage, mon mari disait à Gamal, avant même qu'il eût cinq ans : « Gamal, tu es responsable de tes trois sœurs. Tu es l'homme de la maison. Sois bon avec elles et prends-en bien soin. » Et Gamal prenait son devoir tout à fait au sérieux. « Où est-ce que tu vas ? » disait-il, l'air sombre, même à Loubna, sa sœur aînée, quand elle sortait. Cela irritait les filles, mais elles étaient bien forcées de lui répondre.

Maintenant, c'était au tour de Charif. Malgré tout, je n'avais aucune intention d'imposer à Charif le lourd uniforme qu'Anouar lui avait fait tailler sur le modèle du sien. Notre petit-fils avait de l'asthme, il faisait trop chaud ce jour-là. Il garderait ses vêtements légers, et je m'expliquerais après avec Anouar. De toute façon, il fallait que je m'occupe rapidement de Charif, pour qu'il soit au moins présent au défilé ; et la dernière image que je garde de mon mari à la maison, c'est dans sa salle de bain, tandis qu'il se rasait. Je n'eus pas une seconde pour nos salutations rituelles au bas de l'escalier. Ni pour l'embrasser. Ni même pour le regarder partir. J'entendis seulement, par la fenêtre de ma chambre, sa voiture franchir le portail.

Bah, ce n'est pas grave, pensai-je alors. Je vais le revoir bientôt, à la parade. Puis nous serions revenus fêter l'anniversaire de la victoire à la maison. Et comme toujours ce jour-là, je l'aurais accueilli à la porte au son du *zaghrît*, le « youyou » des femmes égyptiennes, qu'on obtient en faisant onduler la langue contre le palais. Alors tous les voisins seraient sortis sur leurs balcons, les femmes, se joignant à moi, auraient exécuté le *zaghrît* en son honneur, et l'air se serait empli de vibrations de joie... J'anticipais tout cela ; et il y aurait aussi, bien sûr, comme chaque année, la photo de famille rituelle dans le jardin.

La veille déjà, le photographe était venu chez nous, et il avait pris des photos d'Anouar et de la petite Yasmine dans le jardin. Je les avais observés un moment : Anouar était assis, complètement absorbé dans sa lecture, malgré la fillette, qui ne cessait de grimper sur lui. Le photographe m'avait aperçue :

« Venez vous aussi, madame ! »

Je partais pour un rendez-vous.

« Renvoyons ça à demain. J'ai à faire maintenant. »

Qui se serait douté que mon mari, et aussi ce photographe, n'avaient plus que quelques heures à vivre ?

« Mémé, mémé ! Emmène-nous. On veut y aller aussi », piaillent mes petites-filles au moment où je m'apprête à sortir avec Charif. Mais oui, pensé-je. Pourquoi ne pas les emmener tous au défilé ? Ce n'est pas un jour comme les autres, pour leur grand-père, pour le pays. Si ça les fatigue ou si elles deviennent trop remuantes pendant la revue, la nourrice pourra toujours les ramener en voiture à la maison. Ainsi, finalement, nous y allons tous ensemble.

Dieu a dû vouloir offrir à Anouar ce dernier moment de bonheur sur terre. Jamais je n'oublierai le sourire qui illumina son visage quand, arrivant dans les tribunes au milieu d'une tempête d'applaudissements, il leva les yeux et aperçut sur les derniers gradins ses quatre petits-enfants, debout à côté de moi. Il nous fit un signe de la main dans le soleil ; vraiment, je l'avais rarement vu aussi expansif. « Quel sourire ! » me chuchota à l'oreille mon amie Zeïnab el-Sobki, député au Parlement. Elle avait raison. Ce n'était pas n'importe quel sourire. C'était le sourire d'un homme transporté ce jour-là d'amour pour son pays, et aimant sa famille plus que sa propre vie. La beauté de ce dernier sourire et de ce visage rayonnant de bonheur est restée à jamais gravée dans ma mémoire.

Nous nous asseyons. Rien ne se passe. « Pourquoi ce retard ? » dis-je à mon autre voisine, Suzanne Moubarak, la femme du vice-président. Une moto vient de tomber en panne. S'il n'y avait eu que cela…

« Nous allons voir maintenant nos valeureuses troupes de guérilla ! » annonce le haut-parleur.

Deux ou trois minutes s'écoulent, personne ne défile. Décidément cette parade laisse à désirer. Les autres années, au contraire, quand Gamasi était encore ministre de la Défense, tout était parfait, il n'y avait pas un instant de perdu.

« Cette revue n'est pas bien organisée », fais-je remarquer à Mme Moubarak, puis je m'arrête : cette femme n'a rien à voir dans tout cela, pourquoi me montrer critique ? Je ne dois dire que de bonnes choses, ne pas trahir mes vrais sentiments.

A ce moment-là l'escadrille de l'armée de l'air apparaît à l'horizon ; elle est tout de suite sur nous. Dans un vacarme assourdissant, les Phantoms exécutent leur ballet au-dessus de nos têtes, et bientôt le ciel est tout strié de traînées rouges, bleues, vertes.

« C'est le clou du spectacle ! » s'écrie en riant Mme Moubarak dont le mari, assis juste à côté d'Anouar, est lui-même un ancien pilote de chasse. Gagnée par l'émotion, excitée par tout ce bruit, je me mets moi aussi à rire, quoique j'aie une pensée inquiète pour les pilotes. Anouar doit être au comble du ravissement. Je baisse les yeux vers lui, par les grandes baies vitrées des tribunes supérieures : la tête renversée, comme tout le monde, il suit les évolutions des avions dans le ciel ; il a posé sa casquette sur la balustrade, devant lui.

Mais que fait ce camion, en bas ? Il est sorti de la ligne des véhicules de l'artillerie, il s'arrête, trois hommes bondissent, se ruent vers les tribunes, pistolets mitrailleurs au poing. Une grenade explose, je l'ai à peine entendue, avec ces appareils qui continuent de rugir juste au-dessus de nous. Des masses de fumée montent vers nous. J'ai encore le temps d'apercevoir Anouar qui se lève maintenant, en faisant un signe du doigt à ses gardes du corps, comme pour dire « faites cesser cela ». C'est la dernière image que j'ai gardée de lui vivant.

Puis les cris. Les hurlements. Le fracas des vitres qui volent en éclats, frappées par les balles. Je veux m'élancer vers mon mari, mon garde du corps me barre le chemin.

« Restez où vous êtes, je vous prie, madame. »

Non, il faut que je rejoigne Anouar !

« Ne me touchez pas », dis-je à l'homme.

Mais il est trop fort, il me met à terre sans ménagement, j'en aurai le bras tout violet pendant quinze jours. Mes petits-enfants pleurent en criant, une autre grenade explose, le bruit des balles est assourdissant. Tout autour c'est le chaos. Mais qui pousse ces cris perçants ? « Arrêtez ! » hurlé-je à la femme d'un de nos ministres, blottie dans le couloir contre les femmes des généraux et les femmes des autres membres du gouvernement qui étaient assises en dessous de nous dans les tribunes découvertes. Mme Moubarak est assise par terre, à côté de moi. Ma secrétaire aussi.

« Ce sont les fanatiques », lui dis-je.

Cela faisait des mois que des luttes religieuses ensanglantaient notre pays. Pour la première fois dans l'histoire de l'Égypte, des musulmans avaient attaqué la très ancienne communauté chrétienne des coptes. Il y avait eu de nombreuses victimes. La montée de la violence de part et d'autre avait menacé la stabilité du pays, et en septembre Anouar avait dû, bien à contrecœur, faire arrêter plus d'un millier d'extrémistes religieux et politiques. C'était une mesure provisoire ; mais à quelques mois à peine de la restitution définitive du Sinaï, terre d'Égypte occupée par les Israéliens depuis la guerre de 1967, Anouar ne pouvait prendre le risque de troubles intérieurs.

Ces querelles religieuses avaient exacerbé d'autres formes d'opposition minoritaires au gouvernement d'Anouar. Depuis qu'il avait fait la paix avec Israël, les intégristes musulmans et certains dirigeants des pays arabes ne cessaient de le dénoncer comme un traître. Parce qu'il rêvait de rapports harmonieux entre les fidèles du christianisme, du judaïsme et de l'islam, on avait jeté sur lui l'anathème ; et on le traitait de marionnette de l'Occident à cause de sa politique d'ouverture de l'Égypte aux investissements étrangers. Moi aussi, j'avais été dénoncée par les intégristes pour avoir choisi de ne pas porter le voile et pour les encouragements que je donnais aux musulmanes. Depuis l'été 1981, je craignais vraiment pour la vie de mon mari. Pas un seul matin, au cours des dernières semaines, de plus en plus tendues, je ne lui avais dit adieu, je ne l'avais béni, sans penser en moi-même : ce soir, il sera mort... Pas un seul matin, sauf, comme je l'ai dit, ce jour-là.

... Sur le lieu de la parade le feu ne faiblit pas, il redouble même. Terrées dans un passage sans fenêtre, nous ne voyons rien, mais je suis certaine que maintenant ce sont les hommes chargés de notre protection qui tirent et qu'ils sont en train de mater la rébellion. Je ne cesse de tranquilliser les femmes autour de moi. Je suis moi-même étonnée d'être si calme. Je ne pleure pas. Je n'ai pas peur. Je n'ai même aucune appréhension pour la vie de mon mari. Je reste persuadée que les soldats ne peuvent lui faire de mal. Il les aime comme ses enfants, il les appelle ses « fils ». Et eux vénèrent en lui leur commandant en chef...

En 1973, lançant une attaque-surprise, les forces égyptiennes avaient franchi le canal de Suez et pris d'assaut la ligne Bar-Lev, cette barrière de terre de 15 mètres de haut que les Israéliens prétendaient imprenable. C'était la première victoire sur les Israéliens en vingt-cinq ans, après trois défaites humiliantes : grâce à Anouar nous étions de nouveau fiers de notre armée. Aussi tout le monde, militaires et civils, disaient-ils, en parlant de lui : *Batal al-'Ouboûr*, « le Héros du Franchissement ».

.. Quand la fusillade est finie, je vois passer en dessous l'ambassadeur des États-Unis ; j'appelle : « Mister Atherton ! Mister Atherton ! » Il ne m'entend pas. Partout des chaises renversées, des gens étendus par terre et qu'on met dans des ambulances. D'autres, qui n'ont pas été blessés, restent plantés là, les yeux écarquillés, l'air hébété. Je cherche des yeux mon mari, il a disparu. Lentement, avec précaution, je descends dans les tribunes, en réprimant chez moi tout signe de nervosité ou de peur, pour mon mari ou mon pays, et je m'approche d'un homme de la garde présidentielle. Il y a des taches de sang sur son uniforme blanc ; je fais semblant de ne pas le remarquer.

« Où est le président Sadate ? lui demandé-je.

— Il est sain et sauf, je vous le jure, madame. Je l'ai porté moi-même jusqu'à l'hélicoptère qui l'emmenait à l'hôpital de Méadi. Il semble qu'il ait été blessé à la main, rien d'autre. »

Je me tourne vers mon garde du corps.

« Allons à l'hôpital », lui dis-je calmement.

Et pourtant, il y a énormément de choses que j'ignore. Que se passe-t-il dans le pays ? Une révolution est-elle en cours ? Mes filles sont-elles en sécurité à la maison ? Et mon mari ? On est en train d'emporter, sur un brancard, Fawzi Abdel Hafez, le secrétaire d'Anouar ; il est grièvement blessé ; je me rappelle alors qu'il était assis juste à côté de mon mari. Mais je n'arrive toujours pas à croire qu'il lui soit arrivé quelque chose. Le vice-président Moubarak, lui, n'a rien eu, je le sais : un de ses gardes du corps est venu le dire à l'oreille de Mme Moubarak, alors que nous étions encore accroupies derrière le mur, dans les tribunes.

Sans perdre de temps, je fais monter mes petits-enfants dans la voiture. La peur les a rendus tellement hystériques que pendant tout le trajet jusqu'au palais de Koubbèh, non loin de là, où nous attend l'hélicoptère qui doit nous emmener à l'hôpital, je passe mon temps à essayer de les calmer. Aussi une fois dans l'hélicoptère, je demande au pilote de se poser à la maison, pour y laisser les enfants. Je continuerai sans eux en voiture. D'ailleurs, le point d'atterrissage, à l'hôpital, est loin de l'entrée principale ; s'il n'y a pas de voiture pour nous attendre, il faudra faire tout le chemin à pied, ce qui nous fera perdre trop de temps.

Je cherche Mme Moubarak pour l'emmener avec nous, mais je ne la vois pas. Mais ma bonne amie, Zeïnab el-Sobki, est toujours à mes côtés. « Je ne vous lâche pas », dit-elle.

A l'hôpital, je ne comprends pas pourquoi tout le monde me fixe des yeux sans me parler, car je connais tous ces médecins, toutes ces infirmières que je vois dans le hall — après tout le temps que j'ai passé ici, auprès des blessés des guerres de 1967 et 1973... Un homme se précipite vers moi l'air éperdu et s'enquiert, en français, de l'état de M. Ruelle, l'ambassadeur belge.

« Excusez-moi, madame », dit-il, quand enfin il me reconnaît. C'est l'ambassadeur de France. M. Ruelle, apprendrai-je plus tard, est grièvement blessé, mais il survivra.

Mais maintenant mon inquiétude s'accroît : Anouar, me dit-on, est au bloc opératoire. On m'indique la salle où m'attendent des membres du gouvernement et mes filles. Dieu merci, elles sont saines et sauves, pensé-je en me hâtant dans ces couloirs qui jamais ne m'ont paru si longs. Et elles sont déjà ici ? Mais oui, me dis-je tout en marchant, puisqu'elles regardaient la parade à la télévision... Finalement, je trouve la salle où elles m'attendent avec leurs maris et les ministres qui ont survécu à l'attaque. M. Moubarak a la main bandée, elle a été éraflée par une balle.

Quel silence dans cette pièce ! Je me tais moi aussi. Et j'attends, j'attends qu'un médecin vienne me rassurer, me dire que tout va bien. Mais personne ne vient. Notre fils Gamal, vingt-cinq ans, appelle de Californie ; Hassan Maré'i, mon gendre, prend la communication. Gamal a appris la nouvelle par la télévision américaine ; il paraît qu'Anouar a été atteint par les balles, à côté du cœur. Notre ambassade à Washington, dit Gamal à Hassan, a mis à sa disposition un avion qui va le ramener au plus vite chez nous. Gamal a l'intention de prendre avec lui, à l'escale de Londres, notre compatriote le Dr Magdi Yakoub, chirurgien du cœur de renommée mondiale, et il a téléphoné dans ce sens à notre ambassadeur en Angleterre, Hassan Abou Saada. Le Dr Yakoub est en ce moment même en train d'opérer, paraît-il, mais il va confier la suite de l'intervention à un autre chirurgien et partir immédiatement pour l'aéroport avec tout son matériel.

Nous, à l'hôpital de Méadi, nous continuons d'attendre. Une demi-heure passe ; toujours pas de docteur ; toujours le même silence. Bien que je ne veuille pas savoir la vérité, elle finit par s'imposer à moi. Je dois faire mon devoir. Je respire profondément, je me lève et, me tournant vers M. Moubarak :

« Sadate est décédé, semble-t-il, lui dis-je d'une voix assurée. Maintenant c'est à vous de diriger le pays. Je vous en prie, monsieur. Prenez soin de l'Égypte. »

Il me regarde sans réagir ; on le dirait paralysé.

« Ne dites pas cela, madame ! Ne dites pas cela ! » s'écrie quelqu'un. Je me retourne. C'est Anis Mansour, le directeur de la revue *Octobre*, un ami auquel Anouar accordait toutes les semaines une interview. Mais je ne lui réponds rien. Il faut que j'aille là où est mon mari.

Personne ne m'arrête quand je retraverse le hall toute seule et pénètre dans le bloc opératoire. Un homme est là, adossé contre le mur du couloir, comme s'il ne pouvait plus tenir debout sans appui. C'est le patron des chirurgiens. Il a perdu son fils pendant la guerre de 1967 ; j'avais souvent des conversations avec lui dans cet hôpital, je cherchais à le consoler. Mais maintenant, pourquoi n'est-il pas dans la salle d'opération, pour essayer de sauver mon mari ?

« Je ne peux pas supporter de le voir ainsi, me dit-il, les yeux débordant de larmes.

— Je comprends, docteur. Merci de tout ce que vous avez fait. »

Je pousse la porte de la salle d'opération, sans pouvoir m'empêcher, malgré tout, d'espérer encore. Mais il n'y a plus d'espoir. Anouar est étendu sur un lit ; il est encore dans son nouvel uniforme. On en a déchiré une manche pour que les médecins puissent tout de suite procéder à une transfusion. Mais il n'y avait déjà plus rien à faire. Je me précipite vers lui, je me jette en pleurant sur sa poitrine. Je suis tellement éperdue de chagrin que des minutes ont passé quand je remarque les médecins et les infirmières qui se tiennent tout autour de la pièce, eux aussi le visage ruisselant de larmes. Déjà ils lui ont fermé les yeux. Ce sont eux qui lui ont noué un linge autour de la tête, pour tenir sa mâchoire fermée.

C'est un de ces moments qu'on ne peut expliquer : cet homme qui quelques heures à peine auparavant était en pleine vie, qui m'avait adressé le plus radieux des sourires, le revoir tout à coup inerte, comme une pierre ! Je pleure, je pleure, mais silencieusement. Je dois me tenir sur mes gardes. Officiellement, personne ne sait encore que Sadate n'est plus. Et personne ne doit le savoir tant que nous ne serons pas sûrs du pays. Je lisse ses cheveux, je couvre de baisers son visage et ses mains. Mort ? Non, ce n'est pas possible : je ne distingue aucune blessure, il n'y a presque pas de sang sur la veste. Je voudrais tant le réveiller…

A travers mes larmes, je vois un de mes gendres entrer dans la pièce.

« Hassan, lui dis-je. Va chercher mes filles et leurs maris.

— Non, non ! proteste-t-il, refusant de croire ce qu'il voit.

— Hassan, répété-je d'une voix plus ferme. Va chercher mes enfants, s'il te plaît ; ils doivent dire adieu à leur père. »

Bientôt mes filles arrivent avec leurs maris. Elles s'approchent de leur père, l'embrassent sur le front et sur les mains, l'arrosent de leurs pleurs. Comme moi, toutes et tous l'aimaient énormément, ils ne peuvent surmonter leur chagrin. Puis ensemble, nous récitons la traditionnelle prière des morts : *Inna li Allah, wa inna ilayhi raji'un. La illaha ila Allah, wa Muhammad rasul Allah* — « Nous appartenons à Dieu, nous devons retourner à lui. Il n'est de Dieu qu'Allah et Mahomet est son prophète. »

« Partons », leur dis-je au bout d'un certain temps. Je remercie les médecins de ce qu'ils ont fait et j'ajoute :

« Une dernière faveur, s'il vous plaît. Que personne n'entre dans cette pièce. Je ne veux pas qu'on vienne ici, comme cela, pour voir. Laissez-le seul, je vous en prie. »

Tous acquiescent de la tête.

Il faut informer sans tarder les membres du gouvernement. Mon mari a été pendant onze ans le président de l'Égypte. Maintenant cette responsabilité échoit à Moubarak.

« Monsieur le président, lui dis-je en le retrouvant dans la salle d'attente, Anouar el-Sadate est mort. Il ne vit plus. Telle est la volonté de Dieu. Mais l'Égypte, elle, continue à vivre, et elle est en danger. C'est à vous maintenant de nous guider. »

Moubarak est comme pétrifié sur sa chaise. Je continue :

« Mais je vous en prie : n'annoncez pas tout de suite la mort de Sadate, attendez de savoir quelle est la situation dans le pays, et comment vous pouvez y faire face

Les ministres sortent rapidement de la pièce pour se réunir en conseil extraordinaire. Moubarak est toujours sur sa chaise. Un des ministres se retourne vers lui, l'invite à les suivre ; Moubarak ne semble même pas l'entendre.

« Je ne quitterai pas l'hôpital tant que vous n'irez pas à ce conseil, lui dis-je. Vous ne pouvez pas rester ici. Votre devoir est de sauver l'Égypte. »

Finalement, Moubarak s'est levé.

A ce moment de la journée, on continue de croire, dans le pays, que Sadate a simplement été blessé à la main. Mais à l'hôpital, tout le monde sait la vérité. Les longs couloirs que nous refaisons en sens inverse, mes filles et moi, résonnent de sanglots : médecins, infirmières, même nos gardes du corps pleurent à chaudes larmes. J'ai remis mes lunettes de soleil, et je me retiens, je me retiens — jusqu'au moment où une infirmière en chef que je connais bien se jette soudain à mon cou ; et alors, nous pleurons ensemble, silencieusement.

En sortant de l'hôpital, j'aperçois beaucoup de gens, dont des membres du Parlement, qui restent là à se lamenter. Une femme assise par terre — c'est le ministre des Affaires sociales — se frappe la poitrine en invoquant Dieu à grands cris, comme au temps des pharaons... L'affliction causée par la mort de mon mari est très, très profonde. Mon chauffeur aussi ne cesse de pleurer, de plus en plus fort, pendant tout le trajet de retour. Enfin nous entrons dans la maison. Le personnel croit encore que le président n'a été que blessé, que sa vie n'est pas en danger ; mais dès qu'ils nous voient, ils comprennent...

Je ne peux pas leur parler tout de suite. Je me précipite à l'étage avec mes filles, et je sors sur le balcon, devant la chambre d'Anouar, le balcon où il venait souvent s'asseoir pour penser en contemplant le Nil. Enfin je peux m'abandonner à mon chagrin, enfin je peux pleurer l'homme qui pendant trente et un ans fut mon mari et qui vient de payer de sa vie son amour de la paix et de la démocratie. Bientôt, dans toute la maison, s'élèvent les lamentations. La nourrice de ma petite-fille, qui est originaire d'un village, commence à lacérer ses vêtements tout en sautillant et hurlant comme une forcenée. Je lui ordonne d'arrêter, craignant qu'elle ne se fasse mal.

Le téléphone. C'est Gamal, des États-Unis, il va s'envoler.

« Maman, on va passer prendre le Dr Yakoub. »

Je respire profondément. La ligne sur laquelle il a appelé n'est pas sûre.

« Viens directement ici, Gamal, lui dis-je posément. Ne dérangeons pas le Dr Yakoub pour si peu... »

Une pause, terrible.

« Je comprends, dit-il finalement. Je vais téléphoner à l'ambassadeur de Londres, pour lui dire qu'il y a assez de médecins au Caire et qu'ils n'ont plus besoin du Dr Yakoub.

— Tu vas bien ?

— Oui, maman. Un médecin ici, à l'ambassade, m'a fait prendre un Valium.

— Sois courageux. Comme ton père l'attendrait de toi. »

J'étais de tout cœur avec Gamal : il avait été si proche d'Anouar. Chaque jour son père passait au moins une heure à marcher dans le jardin, et souvent Gamal se joignait à sa promenade. Anouar tenait à ce que son fils comprît ses responsabilités envers l'Égypte et aussi envers sa famille. En Égypte, en effet, dans quelque milieu que ce soit, le fils aîné est considéré dès son plus jeune âge comme le futur chef de la famille, le futur soutien, matériel et moral, de sa mère et de ses sœurs. Gamal étant, de plus, notre seul fils, Anouar avait consacré beaucoup de temps à le préparer à ce moment où lui-même nous aurait quittés. Désormais, ce moment était venu.

... Cependant, personne, dans le pays, ne le sait encore. La télévision a interrompu le reportage en direct de la cérémonie dès les premiers coups de feu, et l'on a passé à la place un documentaire sur l'art copte. Depuis, les rumeurs se multiplient. Selon certains, c'est une véritable révolution qui vient de commencer. Les fanatiques musulmans seraient en train de s'emparer de la radio pour appeler les masses à se mobiliser au nom de l'islam. On dit aussi que les assassins ont échappé aux forces de l'ordre et se sont réfugiés à l'université d'Assiout, centre intégriste, où ils seraient en train de massacrer sur le campus tous ceux qui leur résistent. Quant au président, si certains déjà le disent mort, d'autres affirment au contraire qu'il est indemne et organise la répression de la révolte.

En fin d'après-midi, un verset du Coran apparaît soudain sur les écrans de télévision : « Rien ne nous arrivera en dehors de ce que Dieu a décrété. Il est notre Gardien. Que les croyants fassent confiance à Dieu. » Devinant que le pire est arrivé, les gens s'attroupent devant chez eux dans les rues et commencent à pleurer leur dirigeant. Chez nous les téléphones ne cessent de sonner, mais les domestiques me protègent, en affirmant que le médecin m'a administré un calmant pour me faire dormir. Jimmy Carter lui-même, l'ex-président des États-Unis qui a tant fait pour la paix entre l'Égypte et Israël, est poliment éconduit. D'ailleurs, je serais incapable d'aller jusqu'au téléphone, incapable de parler aux gens. Comme mes filles, je suis anéantie.

A huit heures, sept heures après l'attentat, Moubarak apparaît finalement à la télévision pour annoncer la triste nouvelle. « Dieu a voulu que Sadate meure, déclare-t-il solennellement, en ce jour qu'il a marqué à jamais, au milieu de ses soldats, au milieu des héros et du peuple célébrant fièrement l'anniversaire du jour où la nation arabe a recouvré sa dignité. » Peu après, la Voix de l'Amérique, qui est très écoutée des Égyptiens, se mit à passer la *Marche funèbre* de Chopin en annonçant à intervalle régulier qu'Anouar el-Sadate, président de la République arabe d'Égypte, était mort.

Entre-temps Gamal était arrivé, et mes filles et moi-même essayions de contenir nos larmes pour répondre à ses questions. Comment était-il possible que des militaires eussent tiré sur lui ? Et qui fallait-il accuser du manque de sécurité au moment du défilé ? Anouar lui-même, c'était un fait, avait demandé à son garde du corps personnel de ne pas se tenir entre lui et les forces armées, non seulement parce qu'il ne craignait rien de sa propre armée, mais pour ne pas se montrer vulnérable. Le groupe de protection spéciale du président, d'ailleurs, avait été placé hors de vue, tout au bout des tribunes.

Mais beaucoup de choses restaient inexpliquées. D'abord ce régiment de guérilla qui avait été annoncé mais qu'on avait attendu en vain : les autres années, il défilait en tête puis prenait position entre la tribune et le reste des troupes. D'autre part, pourquoi n'avait-on pas posté comme d'habitude des tireurs d'élite sur les toits des immeubles alentour ? Enfin, comment ces trois hommes, qui avaient mitraillé mon mari presque à bout portant, avaient-ils pu franchir tous les contrôles, en camion qui plus est, alors qu'on avait toujours veillé à ce qu'aucune munition de combat ne parvienne jusqu'au lieu du défilé ?

S'agissait-il d'un vaste complot ? C'était ce que tout le monde, dans les tribunes, avait pensé. La plupart, en entendant les grenades et les armes automatiques au moment même où les avions passaient au-dessus de nos têtes, avaient cru à un bombardement et, d'instinct, s'étaient accroupis, en se bouchant les oreilles, persuadés que tout était fini. C'était comme aux États-Unis en 1963 lors de l'assassinat de John Kennedy personne ne pouvait admettre que cet attentat contre le président de l'Égypte fût le fait de quelques individus, et l'on imaginait toute une conspiration.

Les heures passaient dans cette atmosphère. Tout le monde accusait tout le monde. La garde présidentielle rejetait la faute sur la garde militaire et inversement. Et toutes deux incriminaient le groupe de protection spéciale du président. Entre-temps, les lamentations, dans notre rue, se faisaient de plus en plus déchirantes.

Mes larmes séchèrent, le chagrin faisait place au soupçon, un soupçon qui n'épargnait personne.

Le lendemain, alors que je recevais dans mon salon les condoléances des ambassadeurs, le premier ministre, Fouad Mouhi el-Dîn, appela pour me demander de l'autoriser à faire retirer une balle du corps d'Anouar, dans le cadre de l'enquête. Bien sûr, lui répondis-je, mais à une condition : que j'assiste, avec mon fils Gamal, à l'opération. Il faut accorder à Gamal cette dernière occasion de dire adieu à son père mort loin de lui, dis-je ; cela est conforme à la volonté de Dieu.

Ma vraie raison, cependant — que je ne dis pas au premier ministre —, c'était que Gamal était membre du Club de Tir du Caire et connaissait très bien les armes à feu. Voyant le projectile, il saurait m'en dire la provenance : pistolets mitrailleurs de terroristes ou autre type d'arme, fusil, voire revolver. Je n'excluais pas, en effet, que mon mari eût été en fait abattu de dos, par un partisan des fanatiques ayant eu accès aux tribunes, ou même par un membre de la garde ! Je me méfiais de tout le monde.

Mouhi el-Dîn fut presque choqué par cette exigence et essaya de me dissuader d'affronter une telle épreuve ; mais j'insistai, et mon fils et moi partîmes pour l'hôpital. Personnellement, j'étais plus préoccupée par l'effet que ce spectacle aurait sur Gamal que sur moi-même — encore que je fusse persuadée qu'après une fusillade aussi nourrie, le corps d'Anouar ne devait pas être beau à voir. Pour préparer Gamal, je lui rappelai que si toute chair est mortelle, l'âme de son père, au contraire, vivrait à jamais au paradis. Anouar avait été d'une piété qui avait confiné au mysticisme dans ses dernières années, quand il s'était mis à jeûner et à prier plus qu'il n'est prescrit. Son âme ira certainement au ciel, dis-je à Gamal, et elle aura droit à la plus haute récompense spirituelle : elle pourra contempler la face de Dieu.

« Ce que tu vas voir ne doit pas t'affecter, Gamal, continuai-je. Réjouis-toi que ton père soit au ciel. Je suis sa femme, tu es son fils, nous sommes encore sur cette terre : il est de notre devoir d'honorer sa dépouille. Il ne faut pas qu'il soit seul quand on l'opérera, c'est pourquoi nous serons à ses côtés. »

Puis je lui confiai mes soupçons :

« Regarde attentivement la balle, pour voir de quel type elle est. Tu t'y connais en projectiles, moi pas. Si elle est d'un type différent des autres, ce sera la preuve que ces trois militaires n'ont pas agi seuls. »

A l'hôpital, le chirurgien général entreprit à son tour de me faire renoncer à mon projet.

« Il ne faut pas que vous gardiez de votre mari une telle image, me dit-il avec gentillesse. Ce dernier souvenir vous hantera toute la vie.

— Je veux être à ses côtés, insistai-je. Ne discutez pas, s'il vous plaît. De toute façon, cette opération ne se fera que si mon fils et moi sommes admis auprès de mon mari. »

Comme il continuait de résister, Gamal téléphona au président Moubarak, et celui-ci, après avoir dit en parlant de moi : « Je ne peux pas l'en empêcher. C'était son mari. Je ne peux lui dire non », ordonna aux médecins de nous laisser assister à l'autopsie.

On amena le corps d'Anouar, couvert d'un drap, sur un chariot de la morgue de l'hôpital. La vue de son visage me coupa le souffle : comment était-ce possible ? Jamais je ne lui avais vu un air aussi détendu, aussi heureux. Il souriait… Lui qui avait toujours les yeux bouffis, au contraire, à cause du manque de sommeil, quand je le réveillais chaque matin à neuf heures ! Bien souvent il disait : « Laisse-moi dormir encore dix minutes… » Le sommeil éternel semblait lui avoir apporté le bien-être et la sérénité. On eût dit qu'une lumière émanait de lui, qu'il allait se mettre à parler.

On enleva le drap et ce fut une nouvelle surprise. Son corps n'avait nullement été déchiqueté par les balles comme je l'avais craint. On n'y distinguait que trois tout petits trous, un sur la jambe, deux sur la poitrine, juste à côté du cœur. Cela ressemblait à de simples bleus, vraiment pas à des blessures mortelles… surtout pour un tel homme. Je tendis la main, tant il avait l'air vivant. Mais non, aucune vie, j'en eus le frisson. Je baisai quand même une dernière fois son front. Il était de glace.

Gamal, malgré mes encouragements, ne put retenir ses larmes. Mais, s'essuyant les yeux, il resta tout près du chirurgien quand celui-ci ouvrit l'épaule d'Anouar et en retira avec les doigts la seule balle qui n'était pas ressortie du corps. Gamal la prit, l'examina. Elle était du même type que celles des mitraillettes utilisées par les terroristes. Ainsi personne d'autre n'avait tiré sur mon mari.

« Nous pouvons nous en aller maintenant », dis-je à Gamal. Et nous rentrâmes tandis que les médecins terminaient l'autopsie.

Aussitôt après l'attentat, on avait proclamé la loi martiale et imposé le couvre-feu. La police militaire était en train d'arrêter des centaines d'extrémistes religieux, et les perquisitions effectuées à leurs domiciles avaient déjà abouti à la découverte de formidables caches d'armes ; on avait même mis la main sur un plan détaillé de l'insurrection. Nos forces de sécurité ne savaient donc rien jusqu'alors ?

Ainsi ce qui a causé la mort de mon mari, c'est la négligence et l'incurie ; mais aussi l'affection que lui-même portait aux forces armées, sa conviction qu'elles ne se laisseraient jamais infiltrer par les fanatiques musulmans…

« C'est inconcevable ! » Telles furent les dernières paroles de Sadate à Hosni Moubarak, quand il vit se précipiter vers lui ses propres soldats, avec leurs mitraillettes crachant la mort.

Anouar a été enterré dans une tombe en forme de petite pyramide à Medinet Nasr, la Cité de la Victoire, juste en face de l'endroit où il est tombé. C'est moi qui ai pris cette décision. Lui aurait voulu être enterré ailleurs. Il abordait souvent ce sujet, surtout au cours des derniers mois, car, c'est certain, il avait la prémonition de sa mort prochaine. Et le lieu qu'il eût préféré pour sa sépulture était le village de son enfance, Mit Aboul Kôm, dans le delta du Nil.

« Tu n'y penses pas, Anouar ! Nous n'allons tout de même pas perdre chaque fois une heure et demie pour aller te voir, les enfants et moi ! » disais-je sur le ton de la plaisanterie. Je n'aimais pas le voir s'abîmer dans ces sombres pensées, j'essayais toujours de l'en détourner. Mais il insistait :

« Si Mit Aboul Kôm ne convient pas, alors au pied du mont Sinaï, près du monastère de Sainte-Catherine, où nous ferons édifier aussi une mosquée et une synagogue. Si on m'enterre là-bas, ce sera une façon de dire aux gens que toutes les religions s'équivalent, que Dieu est le même pour tous. »

Belle idée, assurément, qu'Anouar m'a exposée plusieurs fois, quand nous nous promenions dans le jardin. Son rêve le plus cher était de voir juifs, chrétiens et musulmans vivre enfin en bonne entente. Et le Sinaï, effectivement, est un haut lieu de nos trois religions. C'est dans le Sinaï que le prophète Moïse a vu le buisson ardent et reçu de Dieu les Tables de la Loi. Et c'est par le Sinaï que le prophète Jésus est passé avec sa famille lors de la fuite en Égypte.

Mais le Sinaï avait aussi une profonde signification personnelle pour Anouar, lui qui des années durant consacra tant d'efforts pour qu'on nous rendît cette terre, occupée par les Israéliens depuis l'époque de Nasser, et qui y parvint finalement par des moyens pacifiques, signant par là — cruelle ironie de l'histoire — sa propre sentence de mort. Oui, ç'aurait été un lieu de sépulture idéal...

Néanmoins, quand Moubarak me demanda où il fallait l'enterrer, je résolus de passer outre aux désirs de mon mari. Ce fut un grand homme, pensai-je, pas un homme ordinaire. Pourquoi l'enterrer loin de son peuple, dans cette montagne ou dans ce village où personne n'ira jamais le voir ? Non, le meilleur endroit pour sa tombe, c'est là où il est mort, dans ce haut lieu de l'armée, dont il était si fier. Il aimait tant, chaque année, aller ranimer la flamme du monument du Soldat inconnu, écouter les fanfares du 6 octobre, passer en revue les troupes qui avec tant de bravoure avaient servi l'Égypte ! C'est là qu'il doit être, pour rappeler au plus de gens possible tout ce qu'il a fait pour son pays. Et dorénavant, tous les ans lors de la parade du 6 octobre, chaque soldat, chaque officier, passant devant cette tombe, se dira : « Sadate est là », et le saluera.

Comment aurais-je pu prévoir, alors, que Moubarak abolirait ce défilé du 6 octobre pour ne pas s'exposer à subir le sort de son prédécesseur ? Et que pendant les deux années suivantes il déclarerait le 5 octobre jour officiel du deuil de Sadate, le 6 restant consacré uniquement à la fête de la victoire sur Israël ? Anouar n'aurait pas aimé ça. Il aimait associer les extrêmes. N'avait-il pas choisi le 5 juin, jour anniversaire de notre défaite humiliante lors de la guerre des Six Jours de 1967, pour rouvrir dans la joie le canal de Suez, en 1975, transformant ainsi un jour de honte national en un jour de fête ?

Mais ce jeu sur les contrastes, sur les contradictions apparentes est étranger à la pensée de Moubarak.

« Le 6 octobre est un jour qui appartient à Sadate, lui disais-je. Vous ne pouvez pas le lui enlever. »

A quoi pendant deux ans, Moubarak répliqua qu'il craignait de me faire de la peine en associant la fête de la victoire à l'anniversaire de la mort de mon mari.

« Il y a bien d'autres choses qui me font de la peine », répondais-je.

Il a dû finir par me croire, puisque maintenant les deux événements sont commémorés en même temps. Et tous les 6 octobre, où que je sois dans le monde, je retourne au Caire pour rendre honneur à mon mari et m'incliner sur sa tombe.

Le jour des funérailles nous nous trouvâmes donc de nouveau dans les mêmes tribunes, et moi dans le fauteuil même d'Anouar. Et j'avais la curieuse sensation de jouer dans un théâtre : où était la réalité, où la fantaisie ? Et je ne cessais de penser : ici même où je suis assise, on l'a tué, ici même, l'autre jour, il était lui aussi assis, débordant d'énergie, de vie, d'amour pour son pays. Le revoici maintenant, mais ce n'est que son corps. Quelques jours, quelques jours ont suffi à changer du tout au tout nos vies et notre avenir...

Il y avait très peu de gens dans les rues du Caire pour suivre l'enterrement, l'état d'urgence interdisant les rassemblements de plus de cinq personnes sur la voie publique. Mais les gens suivaient la cérémonie à la télévision, chez eux. Auparavant on avait passé un documentaire sur la vie d'Anouar : Anouar se rendant au front en 1973 malgré le danger, Anouar priant dans la mosquée d'Al-Aksa à Jérusalem, lors de son audacieuse mission de paix en Israël, Anouar s'adressant à la Knesset... Mon mari n'était pas tombé victime de la guerre. C'était une victime de la paix.

Comme le veut notre tradition, seuls les hommes suivaient le cercueil ; parmi eux Jimmy Carter, Richard Nixon et Gerald Ford, tous trois anciens présidents des États-Unis, le prince Charles, le roi Baudouin, le grand-duc Jean de Luxembourg, le chancelier Helmut Schmidt, le président François Mitterrand et Valéry Giscard d'Estaing, son prédécesseur, des dirigeants d'Union soviétique et d'Afrique... Des centaines de dignitaires étrangers étaient venus rendre ce dernier hommage à mon mari — y compris le premier ministre israélien, dont la présence suscitait bien des controverses. Quant aux femmes, assises dans les tribunes, j'avais pour plus proches voisines Farah Diba, mon amie, ancienne impératrice d'Iran, Rosalyn Carter, Jeanne Kirkpatrick, ambassadrice des États-Unis auprès de l'ONU, et Boussaïna el-Néméiry, femme du président soudanais.

L'absence de tous les dirigeants arabes — à l'exception de Néméiry et du président somalien, Ziad el-Bery — me choqua et m'attrista. Certes, la paix conclue par Anouar avec Israël avait provoqué un déchirement entre l'Égypte et les autres pays arabes, et tous — à l'exception du Soudan, d'Oman et de la Somalie — avaient rompu les relations diplomatiques avec nous après la signature des accords de paix de Camp David. Mais l'islam nous appelle à oublier toutes les querelles, même les plus graves, devant la mort. Le devoir des dirigeants arabes, de quelque bord qu'ils soient, était d'être ce jour-là avec leur frère, en bons musulmans. Ils n'y étaient pas. Pourquoi ? Je l'ai demandé par la suite à certains d'entre eux : « Parce qu'il y avait Begin ; il est hors de question de participer à un cortège, même funèbre, où l'on admet un premier ministre israélien. » Je sais que ce n'était qu'une excuse. Leur attitude m'a profondément blessée.

Le cercueil arrivait transporté sur un caisson tiré par des chevaux, précédé d'un car de police et suivi d'un autre, et escorté par deux motards, de part et d'autre. Secouant la tête — comme si j'avais pu nier ce qui se passait ! —, je traversai la rue avec mes filles pour rejoindre, à côté du tombeau, le président Moubarak et le président Néméiry. Le cercueil était enveloppé dans un drapeau égyptien. J'imaginais Anouar, à l'intérieur, tel qu'on l'avait préparé pour la mort, selon notre coutume : les narines et les oreilles bouchées avec du coton parfumé, les chevilles liées ensemble et les bras croisés sur la poitrine. On l'avait parfaitement lavé, puis aspergé d'eau de rose et enveloppé dans sept linceuls blancs. Hassan Maré'i, mon gendre, et Talât, le frère d'Anouar, avaient assisté à tout cela, mais Gamal, terrassé par le chagrin, avait dû s'éloigner.

Je ne pus retenir mes larmes quand on porta le cercueil dans la tombe. Puis, me ressaisissant du mieux que je pus, je suivis des yeux Gamal, mes gendres et les frères d'Anouar, qui descendaient dans le tombeau pour accomplir les derniers rites et pour l'ultime adieu. La tradition interdit aux femmes de suivre le corps de leur mari dans la tombe, mais je savais ce qui allait s'y passer. Et je voyais, comme si j'y étais, le cercueil posé dans le sable et orienté vers La Mecque, le couvercle légèrement tiré pour faire apparaître le visage d'Anouar, et tout autour les hommes récitant des versets du Coran. « Quel est ton Dieu ? — Allah. » « Quelle est ta religion ? — L'islam. » « Quel est son prophète ? — Mahomet », chuchotaient-ils, rappelant à Anouar les réponses qu'il devrait donner aux anges Nâkir et Nakîr pour être admis au paradis.

Nous naissons de la poussière et nous retournons en poussière. De nouveau je dus me dominer quand retentit la musique funèbre, d'abord toute la fanfare, puis le solo de trompette de la sonnerie aux morts. Les hommes ressortirent quelques minutes plus tard du tombeau, et on scella l'entrée. Leur dernier acte avait été d'envelopper le corps d'Anouar dans le drapeau qui recouvrait auparavant le cercueil, le drapeau de son pays tant aimé, pour lequel il avait donné sa vie — l'Égypte.

...

Anouar ! Est-ce possible ? J'étais en train de dormir dans son lit, après l'enterrement. Et soudain, je le sens, là, à côté de moi, je le *vois* auprès de moi, il dort. Est-ce un rêve ? Non, je suis tout à fait éveillée. Et il est là, auprès de moi. Il se tourne vers moi, il ouvre les yeux, il sourit. Je n'ose pas bouger, je prie, je demande au ciel de me le laisser. Je tends la main, lentement, pour le toucher. Il continue de sourire. Puis il n'est plus là.

« Maman ! » C'est Gamal. Sa voix, aiguë, révèle une forte émotion. « Papa était dans ma chambre. Il m'a parlé. » Je ne peux retenir mes larmes en voyant les yeux incroyablement écarquillés de Gamal. « Je lisais au lit quand tout à coup j'ai entendu sa voix. Il m'a dit : Gamal, je suis heureux et en paix.

Dis à ta mère et à tes sœurs de ne pas s'en faire pour moi. Je vais bien. — J'ai sauté du lit pour voir où il était, j'ai regardé même dans le salon. Mais je n'ai pas réussi à le voir. »

Quarante jours après le décès, toute la famille se réunit devant sa tombe pour l'*arbaʿin* ; il y avait là ses frères, ses sœurs, ses neveux, ses nièces, ses cousins, ses trois filles du premier lit — nous étions plus de cinquante. Nous pleurâmes encore, mes trois filles et moi, en entendant le cheikh réciter des passages du Coran. Je n'arrivais pas à chasser de mon esprit ce que le secrétaire d'Anouar, Fawzi Abdel Hafez, m'avait dit peu auparavant. Que juste après la fusillade — tous deux s'étaient retrouvés allongés par terre l'un à côté de l'autre —, il avait vu les yeux de mon mari s'ouvrir et se tourner vers le haut des tribunes (là où j'étais avec nos petits-enfants). Anouar ne pouvait plus parler et il savait qu'il allait mourir. Mais ses yeux avaient dit : Veille sur les miens. Prends soin d'eux, Fawzi. Fawzi était un de ses meilleurs amis. Il l'est resté aussi pour nous. Que de fois il est revenu nous voir ! Que de larmes nous avons versées ensemble !

Maintenant c'est toute seule que je retourne sur la tombe d'Anouar. J'y reste un moment, récitant toujours les mêmes passages du Coran. Que ce soit le matin, l'après-midi ou même parfois tard le soir, quand je n'arrive pas à dormir, toujours il y a du monde quand j'arrive. On m'a dit qu'après les pyramides et le Sphinx, le tombeau d'Anouar est le lieu le plus visité du Caire.

Quand je pense à mon mari, j'ai toujours les larmes aux yeux. Pourtant, dès le premier jour j'ai compris que je devais accepter sa mort et continuer. Que je devais faire front avec courage, pour ma famille, pour l'Égypte. Ce chagrin, cette tristesse ne me quitteraient plus : il fallait apprendre à vivre avec eux. C'est dur quand jusqu'alors on a vécu, trente et un ans durant, avec un homme comme Anouar. Un homme qui m'aimait autant que je l'aimais. Nous nous complétions, nous nous comprenions, nous nous respections totalement l'un l'autre. Il était ma force, j'étais sa lumière. Perdre cela, c'était perdre tout.

Maintenant j'essaie d'arrêter mes pleurs, et de penser à l'image qu'il aimerait avoir de moi. Voir mon chagrin le décevrait. A ses yeux j'ai toujours été un être qui lutte, il était fier de moi pour cela. Il faut donc continuer. Dans toutes circonstances je pense à ce que lui-même penserait de moi, et quand je sens que je vais me laisser aller à la tristesse ou à la faiblesse, aussitôt je me dis : Ressaisis-toi. Anouar ne veut pas que tu sois comme ça. Anouar veut que tu sois forte, comme toujours. C'est ainsi, c'est grâce à cette image de lui que je porte toujours en moi, que depuis sa mort je surmonte les difficultés — malgré tout ce que je vois.

Chapitre 2

Une enfance au Caire

C'est à onze ans seulement que j'ai su que mon vrai prénom était Jehane, prénom persan choisi par mon père, qui signifie « le monde ». Ma mère, qui était anglaise, m'avait surnommée Jean, et c'est ainsi que m'appelaient également mon père, mes maîtresses à l'école de la mission chrétienne et mes amies. Porter un prénom européen n'avait rien d'exceptionnel. J'avais des camarades de classe qui s'appelaient Mimi, Fifi, Helen, Betty. Les Égyptiens admiraient beaucoup les manières européennes depuis que, cent ans auparavant, notre pacha Méhémet Ali avait ouvert l'Égypte à l'influence étrangère. Ce qui est curieux, en revanche, c'est que j'ai ignoré mon vrai prénom jusqu'à la fin de l'école primaire.

« Qui est cette Jehane ? demandai-je à l'institutrice, en voyant ce prénom inscrit sur mon certificat d'études, au-dessus de mon adresse.

— Toi. »

Je me précipitai à la maison.

« Comment je m'appelle ? demandai-je à ma mère.

– A l'école, dorénavant, tu seras Jehane. Mais tu restes Jean pour la famille. »

De fait, c'est ainsi que ma sœur et mes frères m'appellent encore aujourd'hui.

Je suis née le 29 juillet 1933, dans l'île de Rôdah, au Caire. Cette île, que des ponts, enjambant les deux bras du Nil, reliaient au centre (à l'est) et à Guizeh (à l'ouest), était un quartier agréable, avec des jardins et des villas couleur pêche où habitaient des familles de la bourgeoisie égyptienne. L'île voisine de Zamalek, où vivaient beaucoup de familles anglaises et de la meilleure société locale, était encore plus chic, avec ses terrains de cricket et de polo, ses courts de tennis, ses piscines et son bar où l'on servait des boissons alcoolisées. Toutes ces merveilles appartenaient au Sporting-Club de Guézira et n'étaient accessibles qu'à ses membres, des étrangers, le roi Farouk et quelques « indigènes » (les quotas, pour ceux-ci, étaient très stricts). Nous n'en faisions pas partie ; pour moi, comme pour presque tous les Égyptiens d'alors, le « Club » était comme situé dans un autre monde.

J'étais la troisième de quatre enfants, et la première fille. Beaucoup d'années me séparaient des aînés : Magdi avait dix ans de plus que moi, Ali sept. Ma mère, d'après ce qu'on m'a dit, tenait absolument à avoir une fille qui la peignât, qui brodât ses robes. Le jour de ma naissance fut l'occasion d'une grande fête à la maison ; et pour couronner le tout, juste à ce moment-là, mon père eut une augmentation (il était fonctionnaire au ministère de la Santé). Ainsi mes parents ont tout de suite considéré mon apparition comme un bon augure. Vingt et un mois plus tard naquit ma sœur Dalia, la benjamine, et la famille fut au complet.

Nous avions tous la peau très claire, caractère que nous tenions non seulement de ma mère mais aussi de la famille de mon père : de ma grand-mère paternelle, qui était d'origine turque, et de mon grand-père lui-même qui pourtant était un Saïd de Haute Égypte — race d'hommes grands, en général à la peau sombre, qui descendent directement des Égyptiens de l'époque pharaonique. Eh bien, ce n'en était pas moins un blond aux yeux bleus, et tous ses enfants — mon père, mon oncle, et mes deux tantes paternelles — avaient hérité ces traits de lui.

Comme toutes les familles égyptiennes, nous étions très unis. J'ai passé ma prime enfance sous le même toit que tous nos proches parents. J'avais cinq ans lors de la première séparation ; et encore, personne ne déménagea bien loin. Mon oncle Mustafa, alors célibataire, se mit à habiter à une maison de chez nous avec sa sœur Aziza, car celle-ci venait de divorcer : il était de son devoir de frère de veiller sur elle et sa fille Aïda. Tous les après-midi j'allais chez tante Aziza, Tante Zouzou comme nous la surnommions, et elle venait souvent passer la soirée chez nous. C'était la tante que je préférais ; elle m'aimait énormément, elle me gâtait, elle était vraiment ma « mère égyptienne ».

Quand l'oncle Mustafa finit par se marier, à trente-huit ans, Tante Zouzou continua d'habiter chez lui ; une femme ne pouvait pas vivre toute seule à l'époque, cela aurait choqué. Cela dit, je suis sûre qu'elle se sentait très seule ; mais elle repoussait toutes les propositions de mariage qu'on lui faisait, de crainte que sa fille n'eût à en pâtir.

Mon autre tante, Fatima, que l'on surnommait Tante Batta (ce qui veut dire tante « coin-coin »), habitait juste à la sortie du Caire, sur la route des Pyramides. Elle était moins affectueuse que Tante Zouzou, mais c'était une forte personnalité. C'est elle qui prit la place de notre grand-mère quand celle-ci mourut. C'était chez elle que toute la famille se retrouvait pour rompre le jeûne le premier soir du ramadan ; et c'était à elle qu'on demandait conseil. Son mari, Hosni Abou Zaïd, était un dirigeant du Wafd, le parti nationaliste, et il avait été gouverneur de deux provinces, celle de Minieh et celle de Menoufiyèh. Oncle Hosni avait une voiture de fonction, c'était un fameux signe d'élévation sociale en ce temps-là, et j'étais aux anges quand il m'emmenait avec lui dans Le Caire. La plaque officielle et le fanion de Menoufiyèh obligeaient tous les militaires qui voyaient notre voiture à saluer. Et il me plaisait d'imaginer que c'était à la petite fille que j'étais que s'adressaient tous ces saluts.

Enfant de Rôdah, vivant à Rôdah, je compris tout de suite pourquoi l'historien Ibn Khaldoun, au XIVe siècle, a appelé Le Caire « la mère du monde » : les témoignages de son très riche passé, en effet, étaient omniprésents. Juste de l'autre côté du Nil, vers l'est, il y avait le vieux Caire que les Fatimides occupèrent en 973. Mais ce quartier est resté un centre de la religion et de l'art coptes (c'est-à-dire du christianisme égyptien d'avant l'islam) : en me rendant à l'école, je voyais l'église Saint-Serge, du IVe siècle, construite à l'endroit même où la Sainte Famille aurait séjourné pendant la fuite en Égypte. Au-delà, dans un tout autre quartier, je pouvais par moments apercevoir la haute muraille du XIVe siècle de la mosquée du sultan Hassan et la mosquée moderne d'Er-Rifaï — où reposent aujourd'hui le roi Farouk et le chah d'Iran. Encore plus loin s'élevait la mosquée d'El-Azhar, le centre d'enseignement confessionnel le plus ancien et le plus influent du monde, puisque plus de 100 000 étudiants, provenant de tous les pays musulmans, de l'Indonésie à la Mauritanie, s'y retrouvent chaque année pour approfondir leur connaissance de l'islam.

Vers l'ouest, toujours en restant à Rôdah, on pouvait contempler le grand bras du Nil et les jardins au bord de l'eau des riches marchands de Guizeh ; au-delà apparaissaient l'université du Caire et le début de la route des Pyramides. Par temps clair, quand il n'y avait ni poussière ni sable dans l'air, je distinguais jusqu'aux pointes des trois grandes pyramides. Et par tous les temps, j'entendais cinq fois par jour les belles voix des muezzins, tout en haut des minarets (il y a mille mosquées au Caire), appelant les croyants à la prière.

Que l'île de Rôdah était calme et agréable alors ! Durant mon enfance tout le monde avait de verts jardins, et entre les villas on pouvait toujours voir le Nil, des deux côtés de l'île. En 1933 l'Égypte ne comptait qu'une quinzaine de millions d'habitants, et Le Caire moins d'un million.

Il fallait vraiment que mes parents eussent du courage, ma mère pour s'être résolue à quitter son Angleterre natale et venir vivre en Égypte, mon père pour avoir décidé d'épouser une étrangère. Non que ce type de mariage fût contraire à l'islam, puisque les enfants d'un musulman seront toujours eux-mêmes musulmans (par contre, on aurait effectivement interdit à une musulmane d'épouser un non-musulman, pour que ses enfants ne fussent pas éduqués en dehors de l'islam). Mais mes grands parents s'opposèrent farouchement à ce mariage, au nom de la tradition familiale.

Mon père, Safouat Raouf, fit la connaissance de ma mère, Gladys Charles Cotrell, à Sheffield, en 1922 ; il faisait alors ses études de médecine, elle enseignait la musique. Leur amour fut très fort, dès le début, et mon père annonça qu'il n'épouserait pas sa cousine — comme la famille, au Caire, l'avait déjà décidé. « Personne dans la famille ne s'est jamais marié avec un étranger, lui écrivit mon grand-père. Je ne te donnerai jamais la permission d'épouser cette Anglaise. »

Mes grands-parents savaient très bien qui étaient les Anglais, car il y en avait beaucoup en Égypte à l'époque. Depuis les années 1880, plus de 10 000 soldats britanniques s'y trouvaient en permanence, pour « protéger » notre gouvernement. Le pouvoir réel était, en fait, aux mains du haut-commissaire britannique, lord Cromer, et un « condominium » franco-britannique contrôlait nos finances. Même les actions que l'Égypte avait dans le canal de Suez, achevé en 1869, avaient dû être cédées aux Anglais par le khédive Ismaïl, criblé de dettes. Ainsi les Cairotes étaient déjà habitués à voir dans les rues des Anglais et beaucoup d'autres étrangers. Mes grands-parents étaient simplement de ces gens qui ont du mal à accepter les nouveautés.

« Si vous n'autorisez pas ce mariage, répondit mon père, je me laisserai mourir de faim. » A quoi mon grand-père, aussi têtu que lui, répliqua : « Je ne te donnerai pas ma permission. » Et leur correspondance continua sur ce ton. Mais ma grand-mère finit par s'inquiéter et craindre que mon père ne mît vraiment sa menace à exécution, ou ne revînt plus du tout au pays ; et elle dit à mon grand-père : « Accorde-lui ta permission. Qu'il revienne ici avec sa femme, nous les accueillerons comme il faut. Cela vaut bien mieux que de forcer notre fils à rester dans un pays où on ne vit pas du tout comme nous. »

Mon grand-père céda et, conformément à la tradition égyptienne, ma grand-mère envoya à ma mère, comme cadeau de fiançailles, un anneau avec un diamant et un collier de diamants et de saphirs qu'elle avait elle-même hérités de son grand-père. Elle lui envoya aussi de l'argent pour le voyage de noces quand ils se marièrent, civilement, en Angleterre. Ce n'est que trois ans plus tard que mon père revint au Caire, avec sa femme et mon premier frère, qui était né entre-temps à

Liverpool. Comme le voulait la coutume, ils s'installèrent chez mes grands-parents, à Rôdah. Ceux-ci se prirent bientôt d'affection pour ma mère, mais ce ne dut être facile pour personne, car notre société était bien plus conservatrice à l'époque, et ma mère avait effectivement de bien étranges habitudes.

Jamais elle ne mangeait à l'égyptienne ; il fallait que le cuisinier soudanais lui préparât des repas spéciaux : viande bouillie, légumes bouillis, tout bouilli. On pouvait servir à table les mets les plus appétissants : pigeons grillés, poissons grillés, *kebab* d'agneau ou *kofta* (boulettes d'agneau haché avec des épices), *ouara eïnab* (feuilles de vigne farcies), *méloukhia* (soupe préparée avec l'herbe du même nom, finement hachée, et du bouillon de poulet), *bamia* (bouillon de gombos que l'on a fait sauter au beurre, avec des oignons, de l'ail et de la purée de tomate, et que l'on sert presque toujours accompagné de riz et de différentes sortes de pois et de salades), etc. — ma mère, elle, s'en tenait à son mouton bouilli, avec pommes de terre bouillies et sauce à la menthe.

Nous, les enfants, avions droit aussi à un petit déjeuner différent. Le matin (comme à tous les autres repas d'ailleurs) les Égyptiens mangent du *foul*, c'est-à-dire de la pâte de fèves relevée de divers condiments ; pour le premier repas, on y ajoute un œuf frit. Mais chez nous, on nous donnait des flocons de céréales, des œufs à la coque et de la confiture, faite par ma mère, que nous étalions sur de fines tartines grillées — et non sur le pain égyptien, plat et sans levain, qu'on appelle *'aïch*. On prenait le thé à quatre heures, mais c'était du vrai thé anglais, et non le thé à la menthe, très sucré, que boivent les Égyptiens ; ma mère nous le servait avec des biscuits, cakes et gâteaux anglais de sa confection et qui étaient vraiment délicieux, surtout sa *lemon curd* — sorte de crème de citron tout à fait inconnue en Égypte.

Tous les ans nos voisins ouvraient de grands yeux, au moment de Noël, quand ma mère apportait à la maison un petit pin qu'elle ornait d'étoiles, de boules brillantes et, tout en haut, d'un petit Père Noël. Fatima et Zaïneb, les enfants de la famille qui partageait avec nous la maison (ils habitaient à l'étage), mais aussi les autres enfants du voisinage se précipitaient chez nous : c'était le seul endroit où ils avaient jamais vu un arbre de Noël.

très peu de familles égyptiennes célébrant cette fête. Et ils nous enviaient non seulement notre arbre et notre délicieux pudding de Noël, mais aussi, bien sûr, nos cadeaux.

Ce n'était pas facile, pour ma mère, de vivre si loin de son pays. Durant la seconde guerre mondiale toutes les communications furent interrompues entre l'Angleterre et l'Égypte ; et ma mère, n'ayant aucune nouvelle des siens, se faisait beaucoup de souci. Un jour, en revenant de l'école, je suis entrée dans sa chambre : elle pleurait.

« Qu'est-ce qu'a maman ? demandai-je à Betty, une de ses amies, qui était chez nous en visite.

— Elle vient d'apprendre le décès de son père, me dit Betty. Ta maman a reçu de sa famille un peu d'argent ct la montre de son père. »

Quelques mois plus tard, elle perdait sa mère.

J'étais très triste pour elle. Moi je n'aurais jamais voulu vivre si loin de ma famille. Mais elle ne voulait pas laisser ses enfants ou son mari, ne fût-ce que pour une petite visite. Elle n'est retournée en Angleterre qu'au bout de trente ans ; elle ne reconnaissait plus la ville, elle n'arrivait même pas à retrouver la maison de sa famille, à Sheffield. Alors elle a mis une annonce dans le journal local, en disant à quel hôtel elle était descendue. L'après-midi même sa sœur et d'autres parents sont venus la voir. Ce furent des retrouvailles très émouvantes, après une si longue séparation, et il y eut un article sur ma mère dans le journal de Sheffield.

L'éducation que nous donnait ma mère ne tendait pas du tout à faire de nous des Anglais. Tout le monde à la maison parlait arabe, elle compris. Elle ne faisait pas de prosélytisme, ne cherchait pas à nous détourner de l'islam. Malgré tout j'avais remarqué dès le plus jeune âge le crucifix au-dessus de son lit, et je savais que c'était le prophète Jésus ; et parfois je la voyais agenouillée devant, priant les mains jointes à la façon des chrétiens. Car je savais aussi, bien que les petits enfants ne prient pas chez nous, que les musulmans prient différemment, en écartant les bras puis en se prosternant jusqu'à terre. Et j'étais troublée par cette différence entre ma mère et le reste de ma famille.

« Pourquoi es-tu chrétienne alors que nous sommes tous musulmans ? lui demandai-je un après-midi, après qu'une camarade de classe m'eut posé des questions à ce sujet.

— Personne ne choisit sa religion, m'expliqua ma mère d'une voix très douce. Tous, nous sommes ce que nous a faits notre naissance. L'essentiel est de se rappeler que toutes les religions n'ont qu'un seul Dieu. Peu importe la façon dont nous l'adorons, du moment que nous avons la foi. »

Mais cette question continuait de me tracasser. Le christianisme de ma mère me poussait à réfléchir vraiment à nos traditions musulmanes — alors que pour les autres, celles-ci allaient de soi. A l'école de la mission copte, unique école primaire de Rôdah, la maîtresse, chrétienne, nous enseignait l'histoire sainte, nous parlait de tous les prophètes dont il est question dans la Bible et de Jésus-Christ ; et chaque matin, avant le début de la classe, il y avait la prière chrétienne. La maîtresse ayant dit que nous n'étions pas forcées d'y participer, je restais dans la salle, à mon pupitre, tandis que tous les autres, ma sœur y compris, qui était trop jeune pour comprendre, se rendaient à la chapelle.

« Pourquoi tu ne viens pas ? me disait-elle.

— C'est pour les chrétiens. Nous, on est musulmans.

— Mais la maîtresse ne sera pas contente, insistait-elle.

— Cela m'est égal, répondais-je. Je ne vais tout de même pas aller écouter un prêtre juste pour faire plaisir à la maîtresse ! »

Mais comme l'avait prévu ma sœur, la maîtresse devint effectivement méchante avec moi ; elle me mettait au coin pendant les récréations.

« Ta sœur va à la prière, me disait la maîtresse. Et les autres élèves aussi qui, elles, ont leurs deux parents musulmans. Pourquoi dois-tu te distinguer ?

— Je ne suis pas chrétienne », répliquais-je.

Et hop, de nouveau au coin. Je n'avais que huit ans à l'époque et au bout de trois semaines de ce régime, je finis par m'en plaindre à mon père. Le lendemain même, il alla parler à la directrice, qui était anglaise.

« Je ne veux pas que mes filles participent à la prière

chrétienne, madame, dit-il. Ce n'est pas leur religion, leur maîtresse les force à y aller. »

La directrice fut choquée, manifestement, par la sévérité avec laquelle j'étais traitée, et elle dut en toucher un mot à ma maîtresse, car après la visite de mon père, celle-ci devint très gentille avec moi. Et dès lors Dalia et moi restâmes à nos pupitres quand les autres se rendaient à la chapelle.

A la différence de beaucoup de ses amies anglaises mariées à des Égyptiens, ma mère ne s'est pas convertie. Rien n'était plus simple pourtant : il suffisait de se rendre à la mosquée d'El-Azhar en compagnie de deux témoins, et d'y prononcer cinq fois la profession de foi : « Je déclare qu'il n'est de dieu que Dieu et que Mahomet est son prophète. » Sur quoi on vous inscrivait dans les registres. Mes oncles et mes tantes, et aussi les amis de mon père, ne comprenaient pas l'attitude de ma mère ; ils faisaient souvent des remarques à ce propos. Mais mon père aimait trop ma mère pour la contraindre. Du reste, nous autres les enfants vivions au même rythme que la famille de mon père : mêmes coutumes, mêmes fêtes. Ma mère y prenait part dans une certaine mesure, elle jeûnait même quelques jours, pendant le ramadan, pour nous encourager. Ainsi nous étions une famille musulmane — avec une mère chrétienne.

D'autre part, elle n'était pas du tout mère poule, comme les Égyptiennes. Quand nous tombions en jouant dans le jardin, mes tantes se seraient aussitôt précipitées pour nous ramasser. Elle les en empêchait :

« Qu'ils se relèvent tout seuls », disait-elle.

Autre exemple : quand on nous lavait les cheveux. Dans ce cas, beaucoup de mères égyptiennes forcent leurs enfants à rester dedans jusqu'à ce que leurs cheveux soient secs. Elle trouvait cela « absurde ». Je l'entends encore :

« Va te sécher dehors, au vent et au soleil ! »

On a aussi l'habitude, chez nous, le soir, quand les enfants se couchent, de rester avec eux jusqu'à ce qu'ils soient endormis, puis de laisser dans leur chambre une lumière allumée, pour qu'ils n'aient pas peur s'ils se réveillent. Ainsi vous en ferez des êtres dépendants et sans caractère, déclarait ma mère. Elle, au contraire, voulait nous apprendre à ne pas redouter l'obscurité, à ne pas avoir peur d'être seul. Et pour cela, chaque soir, juste avant le coucher, elle nous obligeait à faire trois fois le tour du jardin, tout seul, dans le noir. Elle avait bien raison.

Pendant les guerres de 1956 et de 1967, quand il y avait le black-out au Caire et qu'il m'arrivait de passer des heures dans des abris sans lumière, j'étais très calme, alors que beaucoup, dans le noir, avaient des crises de nerfs. Cela ne me faisait rien non plus de dormir seule pendant la guerre de 1956 : Anouar était alors directeur du quotidien *El-Goumhouriyya* et passait toutes les nuits à son bureau.

« Mais vous n'avez pas peur ? me demandaient mes amies, en me raccompagnant de l'abri à la maison.

— Bien sûr que non », répondais-je.

Mon courage, je l'avais reçu dans notre jardin, grâce à ma mère.

Nous étions une famille unie et heureuse. Chaque jour mon père rentrait du bureau à deux heures de l'après-midi, sa journée de travail terminée (comme dans tous les bureaux de l'administration), et jamais il ne manquait de ramener quelque chose : des petits pains, un nouveau fromage français, de la langue fumée... Après le déjeuner nous faisions la sieste jusque vers quatre-cinq heures, comme tous les Cairotes. Mais ensuite, à la différence de ses compatriotes masculins qui, en fin d'après-midi, se retrouvent dans les cafés pour boire (du café essentiellement), jouer au trictrac ou fumer le narguilé — mon père, lui, restait avec nous à la maison ; ou bien nous sortions tous ensemble.

Parfois, le vendredi (qui est notre jour de repos), mon père nous emmenait tous en promenade dans les vieux quartiers qui commencent à Bab el-Metoualli, ou « Porte du Saint Homme ». D'après une légende, un grand *soufi* (un mystique musulman) vécut à cet endroit il y a des siècles, puis son esprit y resta, accomplissant des guérisons miraculeuses. Le Caire avait beau être ma ville natale, elle ne cessait de m'émerveiller, par son histoire fabuleuse et par tous les spectacles qu'elle offrait. Dans les ruelles du vieux Caire, bien trop étroites pour les automobiles, c'était un trafic incroyable de chevaux, d'ânes et même de gens chargés de légumes, de fagots de bois, de vases de cuivre et de laiton qu'on allait vendre au bazar de Khan el-Khalili. Le Caire fut durant des siècles le premier centre commercial du monde, et c'était là, dans le caravansérail du Khan el-Khalili, que les marchands du Moyen Age, venus de tout le monde arabe, déchargeaient leurs caravanes. C'était non loin de là aussi que les sultans fatimides avaient construit un zoo pour les girafes, les autruches et les éléphants que les royaumes d'Afrique leur envoyaient entre autres tributs.

Les douze mille échoppes du Khan el-Khalili étaient pleines de vestiges du passé ; de vestiges qui servaient toujours. Mes parents nous faisaient souvent prendre les venelles tortueuses et sombres qui mènent au marché de l'or et de l'argent, situé en plein cœur du bazar, pour le protéger des envahisseurs. Là, ma sœur et moi pouvions nous acheter des bracelets d'argent pour l'équivalent de cinquante centimes. Tandis que ma mère s'arrêtait au marché aux épices, pour acheter la sauge, le thym et la menthe nécessaires à ses sauces anglaises, nous, les enfants, répondant à une sorte d'instinct ancestral, tendions l'oreille pour percevoir dans le brouhaha les castagnettes du vendeur ambulant de jus de tamarin, ce jus noir, froid, doux, sirupeux, et nous tannions notre père jusqu'à ce qu'il nous en achète.

Non loin de Khan el-Khalili il y avait la mosquée d'El-Hakim, le calife fatimide fou de l'an 1000. Il voulut forcer les femmes à ne plus sortir en interdisant aux cordonniers de leur faire des chaussures, et il ordonna de massacrer tous les chiens de la ville. Il aimait aussi rôder la nuit sur son âne, pour épier ses sujets, et faisait exécuter ceux dont la conduite ne lui plaisait pas. Tout le monde se mit à le détester, bien sûr, et nul ne le pleura quand un soir de 1020, monté sur son baudet, il disparut à jamais dans les collines de Moqattam. El-Hakim était un chiite, comme tous les califes de la dynastie fatimide, originaire d'Afrique du Nord, qui avait conquis l'Égypte au Xe siècle. En Égypte maintenant, nous sommes sunnites, comme 90 p. 100 des 800 millions de musulmans.

Dans mon enfance, je n'ai jamais connu de chiites, cette secte remuante et parfois violente de l'islam, dont le centre est en Iran. La division entre sunnites et chiites remonte à la querelle de succession qui suivit la mort du Prophète, en 632, celui-ci n'ayant pas laissé d'héritier mâle. La plupart des croyants reconnurent Abou-Bakr, son beau-père, comme son successeur légitime ; mais quelques passionnés soutinrent que la direction de l'islam devait revenir à Ali, son gendre, et à sa descendance ; et contre les premiers (les sunnites), ils formèrent le parti d'Ali, en arabe *Chi'at 'Ali* — d'où leur nom de chiites. En 680 une armée sunnite attira le chef des chiites, Hussein fils d'Ali, dans une embuscade et l'assassina ; et ce fut le début de la tradition chiite de rejet de l'autorité et de glorification du martyre, qui domine l'Iran aujourd'hui, 1350 ans après.

La différence entre les sunnites, « modérés », et les chiites, plus « radicaux », m'apparaissait très clairement dans la façon dont les uns et les autres nous célébrions la mémoire de Hussein. Le *mouled* (la naissance) d'Hussein était chez nous une fête qui durait une semaine, et que j'adorais. Une fois l'an, la famille au grand complet, comme la plupart des gens du Caire, se rendait à la mosquée qui porte son nom, dans la vieille ville. Et quand on ressortait, quel spectacle ! Les tentes dressées sur la place, et dessous les musiciens et les chanteurs qui interprétaient les *tawachih*, ces splendides poèmes religieux que nous connaissions tous et qu'on écoutait avec ravissement ; et partout dans les rues, les petites voitures des marchands ambulants regorgeant de bonbons, de noix et de jouets ; et les balançoires et les manèges qu'on installait à cette occasion pour les enfants... En Iran et dans les autres communautés chiites, on commémorait aussi la naissance de Hussein. Mais le plus important, pour les chiites, c'est l'anniversaire de sa mort.

Ce jour-là, les chiites les plus fervents, se sentant eux-mêmes coupables de ne pas avoir sauvé la vie de Hussein, se frappent la tête et la poitrine jusqu'au sang, avec des chaînes et des fouets, pour se punir et partager l'agonie du fils d'Ali. Je n'avais jamais vu de mes yeux ces processions de flagellants, mais rien que d'en entendre parler me rendait malade. Je préférais cent fois l'allégresse et l'aménité des célébrations sunnites du *mouled* de Hussein, et j'aimais par-dessus tout les *zikr*, les récitations dansées qu'exécutaient les soufis dans leurs tentes bariolées.

Au son des tambours et des cymbales, et tandis qu'un cheikh psalmodiait le texte sacré, les soufis dansaient en balançant les épaules à droite, à gauche, et en criant à chaque mouvement « Allah ! ». Peu à peu la musique s'accélérait, et les danseurs tourbillonnaient de plus en plus vite en proférant de plus en plus souvent le nom de Dieu. Ce rite produit une véritable transe, et beaucoup de soufis affirment qu'il les fait entrer en union avec

Dieu et les libère du monde physique. Pour démontrer cette vertu du *zikr* durant le *mouled*, certains soufis se couchaient par terre et des cavaliers leur passaient sur le dos, ou bien ils avalaient des serpents, ou se mettaient des charbons ardents dans la bouche — toutes choses qui, normalement, font horriblement mal, qui peuvent tuer même ; mais Dieu sait comment, les soufis s'en sortaient toujours indemnes.

En grandissant j'ai fini par admirer, par envier même, l'intimité de la relation que les soufis ont avec Dieu. Contrairement aux fanatiques, qui obéissaient mécaniquement aux règles de l'islam, les soufis se tournaient vers Dieu avec amour et émotion. C'étaient des hommes doux, ils ne recherchaient pas les plaisirs du monde et se contentaient de peu ; ils respectaient toutes les créatures, beaucoup composaient des poèmes et des chants en l'honneur des oiseaux et des autres animaux. Encore aujourd'hui, en Égypte, quand on s'aperçoit qu'un serpent s'est installé dans une maison ou dans un immeuble de bureaux, on fait venir un soufi *darawish* (un derviche) qui le fait partir de son trou en jouant une très belle musique. Grâce à cette musique, le soufi réussit toujours à emmener le serpent sans lui faire de mal.

Ces promenades dans la vieille ville étaient toujours un enchantement. Les vieilles maisons des sultans mamlouks, avec leurs harems... C'étaient des pauvres qui y habitaient désormais ; quand on passait devant, ça sentait l'oignon frit et on entendait cacarder les oies... Mais il y avait ces anciens harems (toutes les maisons construites au temps des mamlouks devaient en comporter un), avec leurs moucharabiehs, ces fenêtres à treillis de bois sculpté qui permettaient aux femmes de regarder à l'extérieur sans être vues des passants. Ma sœur et moi sursautions de frayeur les rares fois où nous réussissions à y distinguer des yeux fixés sur nous. Je m'imaginais que c'étaient les yeux d'un fantôme. Mais je ne me voyais pas du tout recluse là-dedans, comme l'avaient été tant de personnes de mon sexe. Ma mère non plus ; elle qui se promenait bras dessus, bras dessous avec mon père, comment aurait-elle pu s'abaisser au degré de soumission de ces femmes invisibles d'autrefois ? Grâce au ciel, me disais-je, ces choses-là n'existent plus ! Mais je me trompais, comme j'allais bientôt le découvrir.

Vers huit ans, je me souviens, je suis allée en visite chez une amie, dans notre quartier, et j'ai vu sa mère servir son mari, comme une domestique, sans manger elle-même tant qu'il n'eut pas fini. Cela m'a choquée. Jamais elle ne s'asseyait avec lui à table, elle ne se considérait pas comme assez digne… Elle ne sortait que très rarement, uniquement pour acheter de bonnes choses à cuisiner pour son homme. Dès qu'il avait terminé son repas, il allait rejoindre ses amis, la laissant seule. Une fois que j'étais là, un de ces amis est passé. C'est la femme qui a ouvert la porte, mais aussitôt elle s'est réfugiée dans une autre pièce, pour ne pas être vue. Quand je lui ai raconté ça, mon père a dit en riant : « Ils sont vieux jeu… »

Chez nous, c'était tout à fait différent. Souvent, le soir, le frère et les sœurs de mon père, ou les amies de ma mère — pour la plupart des Anglaises mariées à des Égyptiens — venaient nous rendre visite. Tout le monde, hommes et femmes, s'asseyait dans le salon, et nous aussi, les enfants, restions parfois avec eux, écoutant leur conversation. Pour nous c'était naturel — mais pas pour l'ensemble des familles égyptiennes, où les hommes et les femmes se divertissaient chacun de leur côté. Anouar lui-même était scandalisé après notre mariage quand, en son absence, je faisais entrer dans la maison des amis à lui, leur offrais à boire, leur parlais en m'enquérant de leur famille, tandis qu'ils l'attendaient.

« Jehane, comment peux-tu faire une chose pareille ? Tu les connais à peine », me disait-il après, furieux.

Nous n'avions pas reçu la même forme d'éducation, tout simplement.

« Je suis la maîtresse de maison, répondais-je. Je dois recevoir nos visiteurs, hommes ou femmes, sans faire de différence. »

Mais pour Anouar c'était une différence de taille, et ce n'est qu'au bout de plusieurs années qu'il cessa de me faire des scènes à ce sujet.

Ma famille n'était ni riche ni pauvre, nous appartenions à la petite-bourgeoisie — classe très peu nombreuse à l'époque en Égypte, et qui était constituée presque exclusivement de fonctionnaires. D'autre part, elle n'était pas vraiment définie par le revenu, comme dans d'autres pays, mais par un ensemble de comportements. Les employés de l'État, comme mon père, s'habillaient à l'européenne, avaient une instruction, parlaient en arabe et ne gagnaient pas beaucoup d'argent — à peine une quinzaine de livres égyptiennes par mois (équivalant alors à 15 dollars*). Le reste, autrement dit l'ensemble de la population égyptienne, sous le roi Farouk, était divisé en deux classes : quelques personnes immensément riches, qui possédaient de grands domaines et ne parlaient que français ; et les millions de pauvres et d'indigents, qui ne savaient ni lire ni écrire et pouvaient gagner tout au plus dans les 50 dollars (d'alors) par an (moins de 3 500 F d'aujourd'hui). Dans leur grande majorité, c'était des fellahs (littéralement, « laboureurs »), petits paysans travaillant les terres des riches. Les fellahs furent toujours l'épine dorsale de l'Égypte.

Et puis il y avait, bien entendu, la colonie étrangère, l'Égypte ayant longtemps été un carrefour de peuples : 300 000 Grecs, 100 000 Italiens, 50 000 Juifs apatrides et des milliers d'autres qui, munis de passeports français ou anglais, s'étaient installés, après la première guerre mondiale, au Caire et à Alexandrie. Beaucoup de Chypriotes, Maltais et Arabes d'Afrique du Nord s'étaient aussi établis en Égypte. La seconde guerre mondiale avait fait affluer encore plus de réfugiés que la première, ainsi que des milliers de soldats combattant sous le drapeau britannique : Anglais, Indiens, Australiens et Africains des colonies anglaises. Au Caire, un haut mur garni de barbelés entourait les quartiers de l'armée anglaise, tout le long du Nil à partir de la place Tahrir (la place où s'élève le Nile Hilton). Le Caire de mon enfance était en fait deux villes parfaitement distinctes : un centre moderne et occidental et, tout autour, les quartiers traditionnels, typiquement égyptiens.

Souvent je regardais les officiers anglais passer en fiacre ; ils allaient en visite chez des amis, dans les grands immeubles d'appartements, immaculés, avec leurs jardins suspendus ; ou bien ils allaient les retrouver au Shepherd's, au Ritz, au Cecil, et dans les autres cafés et restaurants fameux du centre. Le soir, ils se rendaient aussi à l'Opéra, construit pour l'inauguration du

* Soit dans les 1 000 francs français d'aujourd'hui *(NdT)*.

canal de Suez et la première représentation d'*Aïda*. Je leur trouvais toujours un air tout à fait bizarre, avec leurs faces rubicondes, aussi rouges que les fez qu'ils portaient — pour se confondre avec les indigènes. Ils avaient aussi l'air très contents. En Égypte le soleil brille toujours, le travail ne coûte pas cher, et Le Caire leur offrait tout ce qu'offrait Paris — mais au tiers du prix.

Nous aussi nous menions la grande vie, dans les années quarante. La guerre avait attiré au Caire des centaines de milliers de fellahs venus travailler pour les Anglais ; les gens louaient leurs services pour une bouchée de pain. Chez nous, à Rôdah, nous avions neuf domestiques, un cuisinier soudanais, Osmane (il était toujours à notre service quand nous nous installâmes, des années plus tard, à la villa présidentielle), deux jardiniers, deux chauffeurs, quatre femmes pour le ménage et la lessive. Cela n'avait rien d'exceptionnel dans les familles de la bourgeoisie : les gages ne dépassaient pas, alors, les deux ou trois livres égyptiennes par mois. Les finances de la famille s'étaient nettement améliorées, d'autre part, depuis que mon père, ainsi que son frère et ses sœurs, avait hérité de mon grand-père une propriété de plus de 60 hectares à Bouhaïra. Le revenu de cette terre, exploitée par les fellahs, faisait de nous quasiment des privilégiés. Souvent, désormais, nous sortions en voiture, pour aller à la campagne ou aux pyramides — à dix minutes à peine du Caire dans le Sahara —, ou pour célébrer nos fêtes religieuses et traditionnelles.

Le ramadan, qui commémore le mois au cours duquel le Coran fut révélé au Prophète, était une des festivités religieuses que je préférais dans mon enfance. Trente jours durant, nous jeûnions du lever au coucher du soleil, le Coran interdisant de manger ne fût-ce qu'une miette, de boire ne fût-ce qu'une goutte d'eau. Interdit aux époux ne serait-ce que de se toucher, interdit de fumer, de jurer, de se quereller... du crépuscule du matin au crépuscule du soir durant tout le ramadan. Toutes les préoccupations profanes devaient céder la place aux pensées spirituelles. On disait qu'il suffisait d'un mensonge, d'un regard lascif, pour ôter toute valeur au jeûne de la journée.

Le ramadan tombait toujours à un moment différent de l'année — onze ou douze jours avant l'année précédente — puisque l'année du calendrier musulman se compose de douze mois lunaires, et donc ne correspond pas à l'année solaire du calendrier occidental. Il était plus difficile de supporter le jeûne quand c'était l'été. Mais le message spirituel restait bien sûr toujours le même : apprendre à se dominer, à s'unir en pensée avec les pauvres, en se privant des plaisirs de ce monde.

A l'approche du ramadan, l'excitation de l'attente grandissait de jour en jour, car personne ne savait à quel moment exactement les cheikhs verraient pour la première fois apparaître la lune du neuvième mois. « Le ramadan commencera sans doute demain, annonce la radio. La nouvelle lune n'a pas été aperçue ce matin. » Finalement la grande nouvelle est donnée par le journal du soir, le ramadan commencera donc le lendemain, dès les premières lueurs de l'aube, quand on peut distinguer l'un de l'autre un fil blanc et un fil noir tendus sur le fond du ciel... Bien que le Coran n'oblige pas les enfants à jeûner, on nous incitait néanmoins, comme dans la plupart des autres familles, à rester un ou deux jours au moins sans manger lorsque nous atteignions l'âge de onze-douze ans. Personnellement, j'ai essayé dès onze ans de jeûner pendant tout le ramadan, mais je n'y suis parvenue qu'à treize ans : cela exige une très grande maîtrise de soi.

La vie n'était pas tellement différente pendant la journée : la plupart des bureaux et des commerces continuaient d'ouvrir, mais plus tard, pour permettre aux gens de dormir un peu le matin après les longues veillées. Le soir, par contre, quand approchait l'heure de l'*iftar* (de la rupture du jeûne), l'atmosphère changeait du tout au tout. Les rues de Rôdah et même du Caire se vidaient soudain, tous les magasins fermaient, plus une seule voiture, plus un seul autobus ne circulait ; car tout le monde, y compris les chauffeurs de bus, s'était précipité chez soi pour se préparer au moment où l'on aurait de nouveau le droit de boire et de manger.

Avec quelle impatience nous tendions tous l'oreille pour entendre les coups de canon qui, dans chaque quartier, signalaient que le soleil s'était couché ! Aussitôt, tous les minarets de la ville s'illuminaient. Et aussitôt, pour fêter cet instant, nous étanchions notre soif en buvant une boisson spéciale, appelée *qamar el-din*, à base de jus d'abricot. Puis le festin du soir commençait — et il en était ainsi dans millions d'autres familles, dans toute l'Égypte.

Malgré les épreuves qu'il impose, le ramadan était — et reste d'ailleurs — le mois le plus gai et le plus animé de l'année. Toute la famille, oncles, tantes, cousins, une bonne vingtaine de personnes en tout, se retrouvait pour le repas du soir, tantôt chez nous, tantôt chez les autres. Et jamais nourriture ne nous avait semblé plus appétissante... Quel parfum ! Et quel goût quand on se mettait à manger ! Enfants, nous faisions cercle autour de la table juste avant le coucher du soleil, et dévorions des yeux ces mets qu'on ne préparait que pour cette période de l'année : *kadaïf* (pâtisserie fourrée aux pistaches, aux amandes et aux raisins secs, et mouillée dans un sirop de citron), *kounafa* (gâteau aux cheveux d'ange, garni de raisins secs, noix et crème), *kouchâf* (compote d'abricots, figues, prunes et raisins secs). Après les coups de canon, nous nous empiffrions, puis restions à table des heures durant, racontant des histoires, échangeant des plaisanteries.

Que j'aimais ce temps de ramadan ! La moindre action quotidienne prenait une valeur particulière ; chaque instant était comme transfiguré. La nuit devenait comme le jour, et la vie semblait plus longue, plus riche. Nous autres, les enfants, courions de maison en maison, frappant aux portes et demandant des friandises. Les rues du Caire grouillaient de monde jusque bien après deux heures du matin, car la veillée familiale ne suffisait pas, il fallait encore aller voir ses amis. Tout le monde se saluait dans la rue en disant « *Ramadan Karim !* » (« Ramadan est bon pour nous »). Pour éclairer le chemin aux grandes personnes, nous portions des *fanouzes*, lanternes spéciales en forme de mosquée, avec des verres colorés ; mais il y avait aussi, à chaque coin de rue, de grandes lanternes ouvragées, suspendues à des poteaux. Tout le long de la nuit, des cheikhs récitaient le Coran sous des tentes aux couleurs vives, plantées place Hussein, de même que sur toutes les places de village d'Égypte. Au Caire, ces récitations alternaient souvent avec des spectacles de chant et de danse.

Je restais debout très tard pendant le ramadan — et je me levais très tôt. A peine avions-nous fermé l'œil, ma sœur et moi, que déjà, nous semblait-il, la belle voix du *misaharati* nous tirait de notre sommeil. Le *misaharati* était l'homme chargé, dans chaque quartier, de réveiller les croyants avant l'aube. Chantant une mélopée en s'accompagnant de son petit tambour, il s'arrêtait devant chaque maison ; et il avait un couplet spécialement destiné aux enfants qui y dormaient : « Réveille-toi, Jehane. Réveille-toi, Dalia. Réveille-toi, Nadia. Réveille-toi, Tahani. Jeûner est mieux que dormir. Réveillez-vous pour louer l'Éternel. » Le lendemain de la fin du ramadan, le *misaharati* revenait encore, cette fois pour recevoir son *ʿaidiyya* — quelques piastres qu'on lui donnait, pour le remercier d'avoir chanté pour nous. Parfois nous enveloppions les pièces de monnaie dans une feuille de papier, y mettions le feu pour qu'il vît où elle tomberait, et la lancions par la fenêtre. La seule chose qui m'était insupportable, pendant le ramadan, était de devoir me lever à trois heures du matin pour manger le *souhour*, le repas d'avant l'aube. « Je n'ai pas envie de manger, disais-je à ma mère quand elle venait me chercher. Laisse-moi dormir. » Mais elle insistait jusqu'à ce que je me lève, comme je devais moi-même le faire plus tard avec mes propres enfants, malgré leurs protestations identiques. Mais un repas par jour n'est pas suffisant pour des organismes en pleine croissance.

L'obligation de jeûner pendant le ramadan ne s'applique pas à tous les musulmans. Outre les enfants, le Coran en dispense spécifiquement ceux qui voyagent, ceux qui mènent la guerre sainte, et les malades. Ainsi les musulmans qui souffrent de troubles rénaux, ou de diabète, ou de toute autre maladie qui oblige à manger et boire régulièrement ne sont pas tenus de jeûner — mais dans ce cas, ils doivent donner à manger aux pauvres. Sont dispensées également les femmes enceintes ou qui allaitent leur enfant, de même que celles qui ont leurs règles. En général, toute femme dont le corps est impur est exclue du jeûne et même de la prière.

A la fin du ramadan commençait une autre fête religieuse, de trois jours, l'*Aïd el-Seghir*, qui était l'exact opposé du ramadan. Pendant l'*Aïd el-Seghir*, en effet, *il fallait* manger ; ne pas le faire eût été offenser Dieu. Mais c'était un péché qui ne tentait personne. Commerces, écoles, usines, bureaux, tout fermait. Les serviteurs recevaient de leurs patrons des primes généreuses ou des dons en vêtements. Les enfants avaient droit à de nouveaux habits et de nouvelles chaussures. Personne ne devait se sentir oublié à la fin du ramadan. Puis la vie reprenait son cours habituel.

Il y avait aussi les fêtes laïques — si l'on peut dire, car en fait elles remontent à des pratiques religieuses antérieures à l'islam. D'abord il y avait *Cham en-Nessim*, le « Parfum de la Brise ». Pour les coptes, c'est le lundi de Pâques ; pour nous, c'est la fête du premier jour du printemps. Le lendemain de la Pâque copte, donc, tous les Cairotes qui en avaient les moyens allaient à la campagne dès l'aurore, car la tradition veut que le vent qui souffle ce matin-là ait des vertus particulièrement bénéfiques.

Beaucoup de rituels qu'on accomplit à l'occasion de *Cham en-Nessim* (comme d'ailleurs dans de nombreuses autres circonstances de la vie, en Égypte) s'étaient transmis intacts depuis l'époque des pharaons. Dans notre famille on ne les observait pas tous ; mais nos domestiques, par exemple, mettaient la veille au soir, avant de dormir, un oignon sous leur oreiller, ou commençaient la journée en ouvrant un oignon et en le sentant, pour mieux s'imprégner, ensuite, des effets de la brise. Mais pour nous, *Cham en-Nessim* était surtout une agréable journée de printemps, l'occasion de sortir à la campagne en nombreuse compagnie, avec toute la famille et les amis.

Les préparatifs déjà étaient très amusants. Ma sœur et moi coloriions des œufs durs en rouge, jaune et bleu, selon des dessins que nous tracions au bâton de cire. Les bonnes années, mes parents nous emmenaient aussi, quelques jours avant, chez Groppi, le fameux confiseur du Caire, choisir des paniers remplis d'œufs et de lapins en chocolat. De bon matin nous nous rendions chez ma tante Batta, dont la maison dominait un bras du Nil, puis nous allions aux Pyramides, aux jardins publics près du Barrage, ou à Guizeh, où nous renoncions régulièrement à visiter le zoo ; il y avait toujours une telle affluence...

D'ailleurs toutes les routes étaient noires de monde, de même que les rives du Nil ; mais personne ne trouvait cela gênant. Tous les enfants portaient des habits flambant neufs. Partout, sur l'herbe, des familles pique-niquaient. Des vendeurs de fleurs, chargés de jasmin et de roses, passaient dans les allées des parcs. Souvent mon père louait une felouque, cette embarcation à une seule voile héritée de l'époque pharaonique, et nous voguions de long en large à travers les courants rapides, respirant à pleins poumons la plus fraîche des brises.

Parfois nous allions prendre une collation à Mena House Hotel. Sur la terrasse, près de la piscine, nous buvions des boissons fraîches tout en mangeant les plats traditionnels qui symbolisaient le printemps, le renouveau de la vie : œufs durs, petits oignons frais, laitues, et *fessikh*, ce poisson salé, piquant, que l'on fait « mûrir » dans le sable. L'odeur est atroce, mais le goût est délicieux. Ma mère, évidemment, refusait toujours d'y goûter, elle commandait à la place des œufs au fromage.

Ma mère, cela dit, aimait énormément la Mena House. Conçue à l'origine comme pavillon de chasse du khédive Ismaïl, près des Pyramides, elle avait été transformée en hôtel en 1869, lors des festivités qui accompagnèrent l'ouverture du canal de Suez. De nombreux Anglais y prenaient régulièrement le thé, sur la terrasse, à l'ombre de la pyramide de Chéops, et les meilleures familles du Caire les imitaient. Plus tard, mon mari et moi devions à notre tour emmener nos enfants à la Mena House pour *Cham en-Nessim*. Et c'est là qu'Anouar et le président Jimmy Carter se rencontrèrent à maintes reprises pour négocier la paix avec Israël.

J'aimais beaucoup aussi la fête de *Wafà en-Nil*, ou de « l'Abondance du Nil », qui se célébrait à la fin du mois d'août. Ce jour-là, on coupait le barrage juste en amont du Caire, et le Nil commençait sa crue annuelle de deux mois, répandant sur les terres d'Égypte le riche limon qu'il charriait depuis l'Ouganda et l'Éthiopie.

Le mieux, dans cette fête, c'est qu'elle se déroulait à Rôdah même. Un certain temps auparavant, le *munadi el-Nil*, ou crieur du Nil, se mettait à passer chaque jour dans les rues de notre quartier, pour annoncer la hauteur que le fleuve avait atteinte au célèbre nilomètre — grand puits gradué, communiquant avec le Nil, qui fut construit au VIIIe siècle à la pointe sud de notre île, à l'endroit même, dit-on, où Moïse enfant fut trouvé parmi les roseaux. Chaque jour le niveau des eaux se rapprochait un peu plus de la seizième coudée sur le nilomètre, soit une élévation de plus de six mètres par rapport à la normale.

On savait que ce niveau — celui des pleines eaux — était atteint, quand le crieur apparaissait accompagné de petits garçons jouant du tambourin et agitant de petits drapeaux. « Le fleuve a donné l'abondance, il a donné toute sa mesure ! » proclamait le crieur — à quoi les petits garçons répondaient en chœur : « Dieu a donné l'abondance ! » Et cela durait, devant chaque maison, jusqu'à ce qu'on se décide à leur donner quelques pièces.

La fête commençait le soir même. Des felouques se rassemblaient sur le Nil juste à hauteur de Rôdah ; leurs gréements étaient tout illuminés et elles étaient décorées de bannières et de banderoles bariolées. Le long de la rive aussi brillaient d'innombrables lanternes. Il y avait des musiciens sur certains bateaux, on entendait des chants s'élever au-dessus du fleuve. Pendant toute la journée, des canonnières avaient tiré des salves, de quart d'heure en quart d'heure, jusqu'à neuf heures du soir, pour appeler tout le monde au bord du fleuve.

C'était un spectacle magnifique — et, pour moi, très romantique. Amarré à la jetée, au bout de notre île, il y avait en effet un bateau peint de couleurs vives, qui portait une grande statue décorée représentant une jeune fille : « La Fiancée du Nil ». Le premier jour de la crue, au coucher du soleil, on la jetait dans le fleuve pour qu'elle s'unît à son « fiancé » ; c'était un rite propitiatoire, pour obtenir de bonnes récoltes l'année suivante. Sur la rive tout le monde battait des mains et poussait des cris de joie, les femmes lançaient leurs youyous aigus, et l'on tirait des feux d'artifice. Je trouvais merveilleuse cette histoire d'amour au sein des eaux, tout en me réjouissant que la « fiancée » ne fût désormais qu'une statue... Dans l'ancienne Égypte c'était une fraîche jeune fille que l'on sacrifiait chaque année au Nil.

Quand le phénomène de la crue annuelle disparut, en 1964, avec l'achèvement du Haut Barrage d'Assouan, on cessa aussi de célébrer *Wafà en-Nil*. J'en fus très attristée, encore que beaucoup de traditions se fussent déjà perdues ; ainsi ce n'était plus le crieur du Nil qui annonçait le niveau atteint par les eaux, mais Radio-Le Caire... Cependant certaines légendes se rapportant à cette fête ont subsisté jusqu'à aujourd'hui. C'est ainsi que les lotus, ces fleurs splendides qui fleurissent sur les bras morts du fleuve, portent toujours leur vieux nom de « fiancées du Nil ».

Dans mon enfance, avant la construction du Haut Barrage, le Nil, d'ordinaire si calme, si régulier, devenait durant les deux mois de crue un fleuve rapide et traître. Chaque matin, pour nous rendre à l'école, nous passions le long de la rive, et en automne l'eau montait jusqu'à deux mètres à peine du chemin. Mes parents nous recommandaient toujours vivement de ne pas nous approcher du bord. Mais nous étions des enfants, nous manquions parfois de prudence.

Un jour — j'avais alors huit ans, ma sœur six —, j'aperçus un chat noir sur le bord d'une felouque qui se balançait juste à côté des marches qui descendaient dans le Nil.

« Il faut sauver ce chat ! dis-je à Dalia. Sinon il va finir par se noyer. »

En fait, c'est elle qui faillit y rester. Pétrifiée d'horreur, je la vis glisser sur la dernière marche, tomber à l'eau et aussitôt disparaître, aspirée par un tourbillon.

« Au secours ! Au secours ! »

Mes frères qui nous suivaient accourent, plongent, Ali à son tour est pris dans les remous.

Mon frère aîné, Magdi, a réussi à les attraper tous les deux, mais j'ai peur qu'il ne soit emporté lui aussi, et je ne cesse de pousser des cris. Enfin — miracle ! — il ramène Ali et ma sœur sur la rive et s'écroule, épuisé. Un attroupement s'était formé, plusieurs personnes entourèrent Dalia pour lui pratiquer la respiration artificielle. J'étais folle de terreur. Elle avait le ventre tout gonflé, la face cramoisie. On la retourna, on la souleva par les jambes, on lui tapota le dos. Jamais je ne m'étais sentie aussi coupable. J'avais fait passer ce chat avant ma propre sœur... Finalement elle vomit l'eau qu'elle avait avalée et se remit à respirer. Nos parents, qu'on avait avertis, se précipitèrent sur les lieux et nous ramenèrent tous à la maison. Pour la première et unique fois de ma vie, je fus sévèrement punie. Mon père et ma mère me passèrent un savon carabiné. Puis mon père m'enferma dans ma chambre, me battit sur les jambes et me gifla. Comme c'était mérité, je ne songeais même pas à résister.

On me considérait toujours comme responsable des autres dans la famille, et pourtant mes frères étaient bien plus âgés que moi. Peut-être était-ce à cause de l'idée que j'avais de moi-même, j'étais persuadée que j'aurais une vie « pas comme les autres ».

Souvent je rêvais que les gens me témoignaient le plus profond respect ; je racontais ces rêves à ma mère, à mon père, à Tante Zouzou.

« Je ferai quelque chose d'extraordinaire quand je serai grande », leur disais-je à tous. Ces propos épouvantaient ma tante Zouzou.

« Ne dis pas cela, répliquait-elle, effrayée de me voir prophétiser avec une telle arrogance, redoutant que je n'attire sur moi le mauvais sort.

— Ne t'en fais pas », lui répondais-je. Et je lui rappelais ce qui est dit dans le Coran, à propos du prophète Joseph qui, une fois devenu un personnage puissant, pardonna à ses frères de l'avoir vendu comme esclave.

« Le jour venu, disais-je, je vous comblerai de bienfaits, toi et toute la famille, exactement comme Joseph. »

Ma tante riait puis, encore une fois, me conjurait de garder ces rêves pour moi.

Je ne sais d'où venaient ces rêves : enfants de Rôdah, nous menions une existence très protégée, et je me figurais que toutes les familles vivaient comme nous dans le confort et dans la paix. Nous ne voyions pas la pauvreté qui frappait tant d'Égyptiens. Ce n'est qu'à treize ans que j'ai vu un village pour la première fois, ayant accompagné mon père qui se rendait sur les terres de la famille. Mais les problèmes du monde extérieur devaient forcément se révéler tôt ou tard. Mon apprentissage de la vie commença avec une vieille femme, qui habitait dans un tronc creux.

Une camarade me parla d'elle, un jour ; aussitôt après l'école, j'allai voir ce mystère. C'était la vérité. La vieille dame me dit qu'elle n'avait pas d'enfants, personne pour s'occuper d'elle. Je trouvais cela si triste que je décidai de prendre soin d'elle moi-même ; j'avais dix ans alors. Je lui rendais visite chaque jour en allant à l'école et en en revenant, je lui donnais mon argent de poche et le sandwich que j'étais censée manger à midi. Je ne parlais d'elle à personne, pas même à ma mère. Elle était mon secret, mon amie secrète.

« Est-ce que vous aimeriez venir habiter chez nous ? lui demandais-je, non sans inquiétude, en pensant à la réaction de ma mère.

— Mais ça me plaît ici, disait la vieille femme, blottie dans son arbre. Continue simplement de venir me voir. »

Comme elle avait les yeux qui pleuraient, je mis dans mon cartable des gouttes et de la pommade, que j'appliquais délicatement sur ses yeux. Toujours elle me laissait faire.

Au bout d'une semaine, comme je rentrais toujours en retard à la maison, ma mère me posa des questions. Je fondis en larmes et je lui dis tout. Très émue elle-même, elle envoya aussitôt un médecin examiner les yeux de la vieille femme. C'est alors que je découvris qu'elle était aveugle — sans doute à cause d'une maladie d'yeux commune, transmise par les mouches, qu'on appelait la « cécité du fleuve ». Mon secret n'en étant plus un, j'allai la revoir accompagnée de mes amies.

« Vous n'avez pas d'enfants à vous, lui dis-je en les présentant. Maintenant, c'est nous qui sommes vos enfants. »

Pendant des mois nous continuâmes de la voir après l'école, lui apportant de quoi manger, de quoi se vêtir. Puis, un jour, nous trouvâmes le tronc vide.

« Où est-elle ? demandai-je à l'homme qui vendait des bonbons au coin de la rue.

— Elle est morte ce matin de bonne heure, dit-il. La police est venue la prendre. »

J'avais le cœur brisé, car je m'étais imaginé que mes attentions la maintiendraient en vie. Je ne l'ai jamais oubliée.

Les étés, au Caire, étaient torrides. En juillet et août la température montait régulièrement au-dessus de 40°. Aussi, comme beaucoup d'autres familles, nous allions passer les vacances au bord de la Méditerranée, dans une maisonnette près de la plage, que nous louions à Port-Saïd, juste à l'entrée du canal de Suez, à 160 kilomètres du Caire. L'après-midi, mon père allait pêcher sur un pont, à l'embouchure du canal. Quand les poissons qu'il rapportait avaient tous la même taille, nous devinions que ce n'était pas lui qui les avait pris : il les avait achetés.

La ville de Port-Saïd avait un aspect plus européen qu'égyptien, avec ses maisons de brique bien alignées, aux toits blancs et aux jardins bien entretenus. Les cabanes de bois que louaient Tante Zouzou, Tante Batta et mon père étaient construites directement sur la plage, sur des pilotis que les vagues atteignaient de temps en temps. C'était là, sous les maisons, qu'il faisait le plus frais, et que nous nous retrouvions pour jouer, avec nos cousins et nos amis. Le soir, les trois familles mangeaient toutes ensemble, tantôt chez les uns tantôt chez les autres. On s'éclairait avec des lampes à pétrole. J'aimais beaucoup cette lumière douce, et je fus très triste à quatorze ans, en constatant que l'électricité était arrivée jusqu'à Port-Saïd.

Les familles les plus riches passaient leurs étés à l'étranger, mais je ne les enviais pas du tout. A Port-Saïd, je passais toute la journée en maillot de bain ; on nageait, on jouait à la balle sur le sable. Le soir, entre enfants, on jouait à colin-maillard ou à cache-cache, tandis que nos parents faisaient la causette et jouaient au trictrac. Même une fois la nuit tombée, nous restions dehors, à côté d'un des réverbères qui longeaient le rivage. On ne rentrait qu'à neuf heures, pour le dîner.

Alexandrie, à 150 kilomètres vers l'ouest, était une grande ville de mer, cosmopolite, surpeuplée, sophistiquée. A Port-Saïd venaient surtout des familles égyptiennes, que l'on retrouvait d'une année sur l'autre. Le soir, on allait souvent au cinéma, un énorme cinéma en plein air avec des chaises de rotin, où nous grignotions par sachets entiers des graines de courge grillées, ou mangions des *méchabbeks*, ces délicieuses gaufres trempées dans le miel qu'on ne trouvait qu'à Port-Saïd ou à Damiette. L'Égypte produisait beaucoup de bons films à l'époque, en fait, elle était le deuxième producteur de films du monde. J'aimais bien aussi les films qui nous venaient d'Amérique et d'Europe. Je ne saurais dire combien de fois j'ai vu *Autant en emporte le vent*, ou regardé Esther Williams sauter dans des cerceaux de fleurs avec ses skis nautiques. L'air était aussi doux que les *méchabbeks*, et j'aurais voulu que l'été ne finît jamais.

Le premier jeudi de chaque mois, comme des millions d'Égyptiens, voire des dizaines de millions de gens dans tout le monde arabe, nous nous rassemblions autour de notre poste de radio, à Port-Saïd, au Caire, où que ce fût, pour écouter le concert mensuel d'Oumm Kalthoum.

Jamais, ni avant elle, ni après elle, chanteur arabe n'a connu une telle popularité. Oumm Kalthoum chantait l'amour et le chagrin avec une telle émotion que beaucoup de spectateurs ou d'auditeurs ne pouvaient s'empêcher de pleurer. Elle avait une voix magique, un talent extraordinaire. Elle pouvait tenir la note pendant une minute et demie. Chaque fois elle ne chantait que trois chansons, les deux premières duraient environ deux heures, la dernière une heure. Sans cesse elle reprenait le même refrain, en ne lui faisant subir que d'infimes variations.

Les Européens trouvaient ses chansons monotones, nous pas. Pour les étrangers, toutes les dunes du désert se ressemblent ; nous, nous savions que chaque grain de sable est différent des autres. De même en était-il des concerts du jeudi d'Oumm Kalthoum, qui attiraient au Caire des admirateurs venus de tous les pays arabes ; des hommes d'affaires libanais, des cheikhs de Koweit ou d'Arabie n'hésitaient pas à prendre l'avion chaque mois pour venir l'entendre.

Oumm Kalthoum avait pour nous tous une telle importance que lorsque sa voix s'éteignit, en 1953, à cause d'une maladie de gorge, les articles, dans les journaux, parurent encadrés de noir. Aucun médecin arabe n'aurait osé la soigner, de peur d'aggraver les choses. Et finalement, ce fut le centre médical de la marine américaine de Bethesda, dans le Maryland, qui prit le risque de l'opérer. L'opération réussit, et Oumm Kalthoum put de nouveau chanter. Certains disaient — Nasser était alors au pouvoir — que ce geste avait été la seule contribution au maintien des relations entre l'Égypte et l'Amérique...

Plus tard encore, Oumm Kalthoum et moi devînmes amies, et elle chanta aux fiançailles de ma fille aînée. Lorsqu'elle fut trop âgée et trop malade pour se produire, je pris l'habitude d'aller la voir, de faire des promenades avec elle. Mais elle faiblissait de plus en plus, à la fin elle ne quittait plus son lit.

« Souma, lui dis-je, la dernière fois que je la vis, en 1975, en l'appelant par son célèbre surnom. Je dois aller passer quelques semaines en Amérique. Je veux que vous soyez complètement remise quand je reviendrai, pour que j'aie quelqu'un avec qui me promener.

— D'accord, madame. Promis », dit-elle faiblement.

A mon retour elle était morte. Le jour de sa mort, après le journal du soir, Radio-Le Caire passa des versets psalmodiés du Coran, honneur exceptionnel qu'on réserve aux chefs d'État et aux très grandes célébrités. Aujourd'hui encore, sur la station de radio que les Égyptiens appellent la « Station Oumm Kalthoum », il y a un programme, de cinq à sept heures du soir, qui commence et se termine par une chanson d'Oumm Kalthoum.

A onze ans, ma vie changea : je me mis à traverser tous les jours le pont pour me rendre au lycée de Guizeh. C'était un lycée de jeunes filles — alors que l'école primaire que j'avais fréquentée jusqu'alors était mixte. D'autre part, bien que ce fût un établissement public, mon père payait désormais pour mes études trois livres par mois. C'était injuste, bien sûr, puisque cela excluait les enfants des pauvres de l'école secondaire ; cela dit, l'enseignement que nous y recevions était excellent.

L'Égypte étant occupée par les Anglais, on nous avait déjà enseigné l'anglais à l'école primaire, non seulement à le parler, mais à le lire et l'écrire. Nous avions aussi appris quelques rudiments d'arabe classique — l'arabe égyptien, que nous utilisions dans la vie quotidienne, n'étant qu'un dialecte. Au lycée on apprenait de nouvelles matières : les mathématiques, les sciences, mais surtout on s'initiait aux beautés, aux finesses, aux harmonies de l'arabe littéral. Désormais j'allais être capable de comprendre le Coran, le chef-d'œuvre de notre littérature, mais aussi les discours que nos hommes d'État prononçaient, pour les grandes occasions, en arabe classique.

A l'entrée au lycée, il fallait choisir entre deux voies. La première m'aurait préparée à l'université ; on y enseignait avant tout la géométrie, l'algèbre, le français, la littérature et les sciences. La seconde, plus traditionnelle pour les filles, insistait sur des matières telles que les arts et la musique, la peinture, l'histoire, la couture et la cuisine ; c'était la préparation au mariage. Je ne sais ce qui me poussa : l'indolence, ou l'envie de rester avec mes amies ? En tout cas, je choisis la deuxième possibilité.

Depuis, j'ai toujours regretté cette décision, et je n'ai jamais admis que mes propres filles se condamnent à leur tour à un avenir bouché. Mais on n'avait pas les mêmes idées, dans les années quarante.

« Dans quelle classe dois-je entrer ? » demandais-je à ma mère. Elle-même n'avait pas d'ambition. Cela lui suffisait d'être une bonne épouse et une bonne mère de famille.

« A ta place je prendrais l'enseignement ménager, répondait-elle. Cela te servira quand tu seras mariée. »

Je posais la même question à mon père.

« Tu es jolie, tu te marieras jeune sans doute, disait-il. Cela te préparera à être une bonne épouse. »

Il ne venait à l'esprit de personne, le mien compris, que je pusse faire autre chose que me marier.

Quand j'eus treize ans, un drame se produisit dans la famille. Après une longue résistance et plusieurs semaines de sanatorium dans le désert de Hélouan, ma cousine 'Awatif, fille aînée de Tante Batta, mourut de tuberculose. Son organisme avait été affaibli non seulement par deux grossesses très rapprochées, mais aussi par le régime qu'elle avait suivi, en dépit des conseils de tout le monde, pour retrouver sa « ligne ». Elle était belle, je l'avais toujours admirée. J'eus le cœur brisé, mais je fus aussi effrayée de voir qu'on pouvait être emporté si jeune. Ce fut ma première expérience de la mort.

Un an était à peine passé que l'oncle Mustafa mourut lui aussi, de la typhoïde. De nouveau, je fus atterrée. Oncle Mustafa était si jeune, juste trente-neuf ans, et c'était un tel maniaque de la propreté qu'il nettoyait tous les soirs même les pièces de monnaie qu'il avait dans les poches. Il venait juste de commencer à être heureux, ayant épousé une lointaine cousine qu'il avait connue à l'enterrement de 'Awatif. Leur mariage, d'ailleurs, était le premier que j'eusse arrangé.

« Tu n'as personne, oncle Mustafa, lui avais-je dit quand toute la famille s'était réunie, après les funérailles. Il faut que tu te maries avec Nini. C'est une cousine à nous, on ne peut mieux rêver pour toi. Tu as besoin de quelqu'un qui s'occupe de toi et te donne des enfants. »

Oncle Mustafa avait éclaté de rire.

« La petite insolente ! Occupe-toi de tes oignons ! »

Il en fallait plus pour me faire renoncer à mon idée.

« Oncle Mustafa est seul. Il faut qu'il épouse Nini », dis-je à

Tante Zouzou. Pour elle, cela signifiait qu'une autre femme entrerait dans la maison qu'elle partageait avec son frère, mais elle était d'accord :

« Nini nous est parente, ça ira, dit-elle. Je vais en parler avec sa mère. »

Celle-ci donna aussi son accord, en disant qu'un tel mariage serait un honneur pour sa famille. Un an plus tard, sa fille, déjà enceinte de quatre mois, se retrouvait veuve.

Alors je me tournai vers Dieu. J'avais besoin de comprendre ces deux morts, et je cherchai les réponses dans le Coran. Déjà j'aimais le langage musical du Coran : cinq fois par jour, j'entendais les muezzins des mille mosquées du Caire appeler les fidèles à la prière, et chaque fois j'étais profondément émue, comme quand j'entendais réciter le Coran à la radio. Les récitations du Livre saint sont un tel plaisir pour l'oreille que déjà elles m'avaient inspiré l'envie de m'exprimer moi-même en vers, ainsi qu'une grande admiration pour les poètes. (Le Coran a cet effet sur beaucoup de musulmans.) Mais maintenant, c'était un réconfort que je demandais à notre religion.

C'est la tante d'une de mes amies qui me fit entrer dans la communauté des croyants et m'enseigna à prier. Cette tante Ni'mat (mon amie s'appelait Raga) avait une mise très traditionnelle : longues robes lui couvrant bras et jambes, grand châle sous lequel toute sa chevelure disparaissait. Cela m'avait toujours intriguée, car dans ma famille, on était plutôt moderne. Aussi quand Raga, un après-midi, m'invita à prendre le thé chez sa tante, acceptai-je sans hésiter. Ce fut le début d'une longue série de rencontres qui me firent découvrir mon identité de musulmane et de vraie croyante, et transformèrent ma personnalité.

Tante Ni'mat m'enseignait beaucoup de choses que je savais déjà, mais je n'étais pas assez mûre jusque-là pour les comprendre vraiment. Je savais, par exemple, que le Coran est la parole de Dieu révélée au prophète Mahomet par l'ange Gabriel en l'an 610 après Jésus-Christ ; que dans le Coran c'est Dieu lui-même qui parle, à la différence de ce qui se passe dans les livres sacrés des juifs et des chrétiens, où ce sont des hommes qui rapportent et interprètent la parole de Dieu. Je connaissais aussi les cinq piliers de l'islam, les cinq rites et lois morales infrangibles de notre religion : la profession de foi dans le seul Dieu, la prière, la charité, le jeûne et le pèlerinage à La Mecque, pour ceux qui en ont les moyens. Dieu, dans sa miséricorde, pardonne aux croyants qui sont trop pauvres ou trop faibles pour faire le voyage.

Enfant, j'accomplissais déjà ces devoirs autant que je pouvais, donnant mon argent de poche à la vieille aveugle, jeûnant avec ma famille pendant le ramadan. Ce que j'ai appris de Tante Ni'mat, c'est le rituel de la prière. La prière est un devoir fondamental de l'islam, à tel point qu'on l'appelle « la Clef du Paradis ». Aucun musulman ne peut être dispensé de ce devoir. Les infirmes, ceux qui sont incapables d'exécuter les mouvements de la prière, doivent la faire assis. Les personnes entièrement paralysées, qui ne peuvent même pas parler, peuvent prier avec les yeux. Si diverses raisons — voyages, réunions, etc. — vous empêchent de prier aux heures prescrites cinq fois dans la journée, on doit exécuter les cinq prières de suite le soir avant de se coucher. Tout croyant doit prier. Tante Ni'mat m'enseigna donc les attitudes et les mouvements strictement réglés de la prière, et notre religion acquit soudain pour moi une nouvelle signification, intérieure, émotionnelle.

Nous n'allions pas prier à la mosquée. Ce n'était pas nécessaire, ce n'était pas dans la tradition non plus. Si le Prophète n'a pas expressément interdit aux femmes de prier en public à la mosquée, il nous a exhortées, en revanche, à prier chez nous, dans notre intimité. Les femmes qui tenaient à aller à la mosquée priaient séparément, derrière les hommes. La plupart des femmes portaient des vêtements qui leur descendaient jusqu'à la cheville, il fallait que personne n'eût de pensées impures pendant la prière. En ce qui me concerne, je préférais prier toute seule ou avec ma famille, en privé. Ma foi en Dieu ne regardait que moi. Et, d'autre part, le rituel de la prière était partout le même.

La première chose que nous apprenions de Tante Ni'mat, c'était la propreté, car Dieu n'accepte pas les prières d'un être sale et impur. Dans les mosquées, il y a de grandes *hanafiyya*, fontaines rituelles où les hommes font leurs ablutions avant d'aller prier. Chez la tante de mon amie, il y avait, dans le cabinet de toilette, une petite *hanafiyya* de cuivre étamé réservée à cet effet.

Quand il est impossible de se procurer de l'eau, comme dans le désert, on peut la remplacer par de la poussière ou du sable.

A Rôdah, bien sûr, on ne manquait pas d'eau. Tous les après-midi donc, Raga et moi commencions par suivre Tante Ni'mat dans la salle de bain, où nous la regardions attentivement se laver les mains trois fois, se rincer la bouche avec de l'eau qu'elle prenait dans la main droite, puis se nettoyer le nez, le visage, les bras jusqu'aux coudes, la tête, les oreilles, le cou et, pour finir, les pieds jusqu'aux chevilles. En moins de deux minutes, elle avait terminé ; Raga et moi, qui n'avions pas encore le coup de main, étions beaucoup plus lentes. C'est avec un certain soulagement que nous apprîmes qu'il n'était pas nécessaire de répéter ce rituel avant chacune des cinq prières, si nous n'avions pas commis sciemment un acte impur depuis la dernière ablution.

Quand nous nous étions rincées trois fois, Tante Ni'mat nous emmenait dans sa chambre, où nous nous mettions à prier, pieds nus, face à La Mecque (c'est-à-dire, au Caire, face à l'est). Raga et moi nous nous tenions toujours à quelques pas derrière sa tante. Son âge et ses connaissances en faisaient notre *imam* ; l'imam est celui qui dirige la prière, en rythmant les mouvements des autres fidèles, qu'il s'agisse d'une nombreuse assemblée dans une mosquée, ou de deux collégiennes en blouse verte dans une chambre à coucher. Donc, nous mettions nos paumes sur nos joues, en proférant en chœur *« Allahu Akbar »* (« Dieu est le plus grand »), et la prière de l'après-midi, *'asr salah*, commençait. Les autres prières se font juste après le coucher du soleil ; à la nuit tombée quand il fait complètement noir ; juste avant l'aube et un peu après midi. C'est parce que les païens adoraient le soleil au moment précis de son lever et de son coucher que le Prophète a dit de commencer la prière un peu avant ou un peu après. Les personnes très pieuses peuvent faire deux prières facultatives en plus, pendant la nuit. Mais Raga et moi n'en étions pas encore là, nous qui commencions tout juste à découvrir notre foi…

Au nom de Dieu clément et miséricordieux.
Louange à Dieu, maître des Mondes,
Le Clément, le Miséricordieux,
Le Roi du Jour du Jugement !

C'est Toi que nous adorons, c'est Toi dont nous implorons le secours.
Conduis-nous dans la voie droite,
Voie de ceux que Tu as comblés de Tes grâces,
Et non de ceux qui encourent Ta colère
Et non de ceux qui s'égarent.

Tenant devant nous notre main gauche dans notre main droite, nous commencions toujours par réciter ce passage qui ouvre le Coran (la *Fatiha*), texte d'une immense signification religieuse. Je doute que l'on puisse trouver, dans le monde entier, un seul musulman qui ne sache la *Fatiha* par cœur et en arabe, que sa langue maternelle soit l'indonésien ou un dialecte d'Afrique, qu'il sache lire et écrirc ou soit illettré. En Égypte c'est la *Fatiha* que tout enfant commence par apprendre, c'est par la *Fatiha* que l'on commence la prière, et c'est la *Fatiha* que l'on récite plusieurs fois par an sur la tombe de ceux qui nous furent chers. « Au nom de Dieu clément et miséricordieux » est une formule que les musulmans prononcent presque toujours au début d'un discours, d'un cours, d'un sermon ; elle figure en haut de tout feuillet de papier à écrire. Il est même prescrit de réciter la *Fatiha* en suivant un rythme précis, indiqué dans le Coran ; Raga et moi écoutions donc très attentivement notre imam, pour voir quelles voyelles elle allongeait ou abrégeait et à quels endroits elle faisait une pause pour respirer.

« Islam » veut dire « soumission », et musulman « celui qui s'est soumis ». Ces définitions prenaient toute leur valeur pour moi quand, après avoir lu d'autres passages du saint livre, on arrivait au moment des prosternations. Le pouvoir de la prière provient en grande partie de la discipline qu'implique son exécution, cette discipline rend la croyance plus forte. Se tourner vers La Mecque et toucher le sol avec le front, c'est, symboliquement, confirmer qu'on est soumis à Allah. De même, les ablutions qui précèdent la prière symbolisent l'exigence de pureté, pour rester au service de Dieu. De même également, la fréquence quotidienne des prières nous rappelle constamment notre foi, et en nous faisant répéter toutes les trois ou quatre heures la parole divine, nous empêche de nous éloigner de Dieu.

Que la prosternation semblait un acte simple, quand Tante

Ni'mat l'accomplissait ! En un seul long mouvement lié, elle se courbait complètement au niveau des hanches, puis, redressant la tête, glissait sur les genoux et, finalement, touchait le sol du nez et du front — tout en répétant trois fois : « Dieu est le plus grand. Je loue la perfection de mon Seigneur, le Plus Haut. » Elle recommençait deux fois, et nous l'imitions tant bien que mal. Puis on revenait à la position debout et on récitait ensemble la profession de foi : « Il n'est de Dieu que Dieu, et Mahomet est son prophète. »

Enfin — dernier moment du rituel — nous regardions par-dessus notre épaule droite, puis par-dessus notre épaule gauche, en disant chaque fois aux anges gardiens qui veillent sur nous : « La paix soit avec toi et la miséricorde de Dieu. » A ce point, nous dit Tante Ni'mat, les musulmans les plus dévots prenaient leur *sebbha*, un chapelet de quatre-vingt-dix-neuf perles, et disaient trente-trois « La perfection de Dieu », trente-trois « Louange à Dieu » et trente-trois « Dieu est le plus grand ».

Ces après-midi chez la tante de Raga furent pour moi une véritable naissance religieuse, qui me donna le besoin impérieux d'apprendre davantage. Je me mis à lire des vies du Prophète et à apprendre le Coran par cœur, le soir tard ou à la fin de la nuit. Je mettais mon réveil à cinq heures du matin, je me levais quand toute la famille dormait encore pour répéter la parole de Dieu tout en contemplant le lever du soleil. Je lisais toujours le Coran tout haut, en travaillant et retravaillant la langue des passages les plus ardus, écrits il y a plus de quatorze siècles.

Même à treize ans, je percevais dans l'arabe du Coran, avec sa richesse mélodique, quelque chose de transcendant et, en effet, de divin. Le prophète Mahomet était illettré, comme la plupart de ceux qui le suivaient ; c'est pour cette raison que Dieu a choisi ses mots de façon non seulement à instruire mais à émouvoir. La beauté de la langue du Coran est ineffable. Le réciter en faisant ressortir comme il faut son rythme, ses rimes, ses assonances, est un art ; les meilleurs récitants sont aussi célèbres chez nous qu'en Occident les grands interprètes de musique classique. L'arabe du Coran exerce une telle fascination que quiconque se convertit à l'islam, même les non-Arabes, se sent poussé à apprendre à lire notre langue tout haut.

Ma ferveur religieuse s'épanouit avec tout l'enthousiasme de l'adolescence. A quatorze ans, je ne me contentais plus des cinq prières quotidiennes, et deux fois par jour je lisais le Coran. Je lisais aussi les *Hadith*, livres qui rapportent ce qu'a dit le Prophète en diverses occasions, et j'essayais de m'en inspirer dans ma conduite pratique. Je jeûnais non seulement pendant le ramadan, mais aussi une ou deux fois par semaine et, bien que le Coran ne l'exige pas, je changeai ma manière de m'habiller et demandai à ma mère de m'acheter des vêtements recouvrant les poignets et les chevilles, comme ceux de la tante de Raga. Enfin, aussi incroyable que cela me semble maintenant, je me mis à faire la tournée de tous les gens que je connaissais, famille, amis, simples relations, pour leur demander de donner de l'argent aux Frères musulmans.

Il y avait beaucoup de Frères musulmans à Rôdah, comme partout au Caire ; ils enseignaient aux jeunes l'histoire de l'islam, aidaient les gens à interpréter les commandements de Dieu tels qu'ils sont transmis par le Coran, et les encourageaient à suivre le sentier de la vertu. A mes yeux de jeune fille, ce groupe fondamentaliste possédait les plus hauts idéaux religieux et moraux, et une vision du monde qui n'était pas seulement utopique, mais réalisable. En effet, les Frères musulmans avaient créé dans les plus pauvres quartiers du Caire des cliniques où l'on donnait des soins médicaux et dentaires gratuits, et des pharmacies qui vendaient les médicaments beaucoup moins cher qu'ailleurs ; ils avaient même fondé un système d'assurances sociales à une époque où les travailleurs n'avaient plus rien pour faire vivre leur famille s'ils tombaient malades. Chaque jour je pouvais voir dans les cours d'école de Rôdah les jeunes gens à la mine sérieuse, qui travaillaient pour l'organisation, proposer aux lycéens de les instruire dans leur religion et de leur apprendre son histoire. Pour ce qui est des filles, on laissait dans l'ensemble ce soin aux familles ; néanmoins quelques-unes rejoignaient l'association, plus discrète, des Sœurs musulmanes.

Qu'on invitât mes frères à ces réunions d'études, et pas moi, m'était bien égal, car pour moi, il était tout à fait normal que les garçons fussent traités d'une façon, et les filles d'une autre.

Je trouvais même cela très encourageant, et j'admirais beaucoup les garçons, et ils étaient nombreux, qui délaissaient leurs terrains de jeux et leur « foot » pour les réunions de la Confrérie et l'étude du Coran, et qui se défaisaient de leur puérilité pour adopter une attitude sérieuse.

Les Frères musulmans acceptaient avec gratitude toute contribution en argent sur ce point, ils ne faisaient pas de différence entre les sexes. Et c'est ainsi qu'une fois par semaine, sans rien dire à personne, je portais le produit de ma collecte hebdomadaire à Hassan el-Houdaybi, bras droit du « Guide suprême », Hassan el-Banna. Hassan el-Banna, fondateur de l'association des Frères musulmans, avait réuni autour de lui en 1928 un petit groupe de jeunes prosélytes décidés à propager les principes de l'islam. Vingt ans avaient passé depuis (on était en 1947, j'avais quatorze ans), et ce petit groupe était devenu une armée de jeunes professionnels, actifs dans toute l'Égypte, surtout dans les quartiers habités par la classe moyenne.

A l'époque, comme maintenant, l'appartenance à la Confrérie était en principe secrète. Mais allez garder l'anonymat dans un quartier égyptien ! Tout le monde y connaît tout le monde, tout se sait. Je savais donc, naturellement en quelque sorte, que Hassan el-Houdaybi, dont la maison se trouvait à une rue de chez nous, était un des chefs des Frères musulmans. Je frappais à la porte et, sans poser de questions, je remettais mon argent à l'homme qui m'ouvrait.

« C'est pour les Frères musulmans, chuchotais-je sur un ton de conspirateur, très heureuse d'être moi aussi dans le secret.

— Merci, ma sœur, répondait l'homme. Puis-je savoir d'où ça vient ? »

Chaque fois je secouais la tête, et, me retournant pour partir, murmurais mystérieusement : D'une amie...

Outre la religion, je découvrais alors une autre passion : la politique. Malgré mon jeune âge, j'étais emportée moi aussi par la vague de nationalisme qui déferlait sur l'Égypte. La guerre mondiale était finie Les Anglais avaient gagné. Pourquoi ne laissaient-ils pas l'Égypte aux Égyptiens ? Pourquoi ne rentraient-ils pas chez eux ?

Il était évident que les Anglais se souciaient comme d'une guigne du peuple égyptien lui-même. Certes ils avaient construit pour des raisons militaires des aéroports et des routes, du Caire à Port-Saïd et à Suez, que nous utilisions. Mais depuis tant d'années qu'ils nous « protégeaient », ils n'avaient rien fait pour améliorer le sort de la population. Dans les campagnes, où la moitié des enfants mouraient avant l'âge de cinq ans, où la proportion de personnes aveugles était la plus élevée du monde, où soixante-dix pour cent des adultes, à force de boire l'eau du Nil, avaient des parasites, les Anglais n'avaient pas créé un seul hôpital ni percé un seul puits. L'analphabétisme était général, mais l'administration britannique n'avait pas ouvert une seule école pour les villageois. Des millions d'entre eux vivaient dans des huttes, mais les Anglais n'avaient pas construit un seul logement à bon marché. C'était un scandale, je n'arrivais pas à comprendre ça, et je fus gagnée par le patriotisme ardent que ressentaient tous les Égyptiens. Pour moi, la libération de l'Égypte, la fin du colonialisme, devint une véritable obsession.

De plus en plus de gens voulaient aussi en finir avec le roi Farouk qui, pour garder le trône, rampait devant les Anglais. Au lieu de secourir les indigents, comme l'ordonne le Coran, il ne pensait qu'à s'enrichir, suivre son caprice et satisfaire ses envies puériles. Ainsi, ayant fait installer des téléphones verts dans toutes les chambres de ses palais, il interdit par loi à toute autre personne d'avoir un combiné de cette couleur. Il avait acheté aussi pour son usage personnel deux yachts, treize avions, et plus de deux cents automobiles, dont la moitié étaient des Rolls Royce et des Cadillac. Il conduisait comme un fou, toujours pleins gaz, même sur les routes les plus étroites ; une fois, il tira dans les pneus d'une voiture qui essayait de le dépasser. Pour ne pas risquer de se faire arrêter par la police de la route, il fit peindre presque toutes ses voitures en rouge vif et s'arrogea le droit exclusif de posséder des voitures de cette couleur…

Une corruption extraordinaire régnait dans l'administration ; on disait que beaucoup de fonctionnaires avaient acquis des terres en faisant trafic de titres et de positions dans l'État. Toutes les personnes proches du roi, même ses barbiers et ses jardiniers, s'enrichissaient ; et pendant ce temps les paysans, dont les récoltes formaient l'essentiel de l'économie égyptienne, s'appauvrissaient et souffraient de plus en plus. « Nous sommes comme l'aiguille, disaient les fellahs. Nous habillons les autres, mais nous, nous sommes toujours nus. »

J'aurais voulu être fière de notre roi, il me faisait mourir de honte. Farouk n'était même pas égyptien, mais albanais par son quadrisaïeul Méhémet Ali, qui avait régné sur l'Égypte de 1805 à 1848. Un jour, on nous fit sortir tous de l'école parce que le cortège royal allait passer par là ; toutes mes camarades saluaient la voiture du roi, moi, je restais de glace. « L'Égypte appartient aux Égyptiens », ne cessais-je de dire à mes amies, à l'école ; elles me regardaient comme une folle : ce n'étaient pas des pensées « normales » chez une fille de treize-quatorze ans. Mais j'avais des aspirations de plus en plus vastes. Je rêvais du jour où les Anglais, et Farouk aussi, auraient libéré l'Égypte de leur présence.

Mon engouement pour la politique intriguait énormément ma famille, d'autant plus que mon père ne s'y intéressait pas du tout. Mais je ne pouvais m'empêcher de parler à tout propos de l'indépendance de l'Égypte. « Où vas-tu chercher toutes ces idées ? » demandait mon père en hochant la tête, l'air infiniment perplexe. C'était tout juste s'il jetait un coup d'œil aux journaux ; moi, je les dévorais. Surtout quand éclata la guerre de Palestine.

Au cours des deux guerres mondiales, les Anglais, pour obtenir l'appui des Arabes contre les Allemands, s'étaient engagés à accorder l'indépendance à la Palestine. Mais en mai 1948, trahissant toutes leurs promesses, les Anglais se retirèrent brusquement de ce pays, permettant ainsi la création du nouvel État d'Israël, avec l'accord de l'ONU. C'était monstrueux : les prétendus protecteurs de la Palestine la poignardaient dans le dos et laissaient Israël s'installer en pays arabe. Dans ma naïveté, je me demandais pourquoi on n'avait pas mis Israël en Australie.

Aussitôt après le départ des Anglais, l'Égypte entra en guerre contre le nouvel État, aux côtés de la Syrie et de la Jordanie. Les champs de bataille étaient loin du Caire, mais j'étais de tout cœur avec les combattants qui, là-bas, défendaient la dignité de notre pays et celle des Palestiniens. La vue des bataillons de volontaires, armés et entraînés par les Frères musulmans, défilant dans les rues du Caire, me remplissait d'orgueil. Parmi ces *fedayin* (littéralement : « ceux qui donnent leur vie pour une cause »), il y avait des étudiants et même des *gawwala*, des scouts, partant pour le front dans leur uniforme kaki. Même après la défaite, deux mois plus tard, les Frères musulmans refusèrent d'abandonner la lutte et continuèrent d'envoyer des volontaires dans le Sinaï. Les banderoles qu'ils brandissaient en défilant exprimaient exactement mes propres sentiments : « La Palestine aux Palestiniens ! » « Angleterre-trahison ! »

Paradoxalement, c'est de mon Anglaise de mère que j'avais hérité l'ardeur de mon patriotisme. Sans cesse, pendant les repas, à l'heure du thé, ma mère évoquait le courage des pilotes et soldats anglais qui s'étaient sacrifiés pour leur patrie, pendant la seconde guerre mondiale. Son grand héros était le Premier anglais, Winston Churchill ; elle avait pour lui une admiration sans bornes. L'orgueil qu'elle éprouvait pour sa civilisation s'étendait jusqu'aux pièces de porcelaine qu'elle avait apportées de chez elle. « Regarde, Jean, disait-elle, en retournant une assiette ou un petit pot à crème. Regarde : Spode. Made in Great Britain. »

Aimant énormément ma mère, je voulais être son égale. Je devais donc ressentir pour mon propre pays le même amour passionné qu'elle avait pour le sien. Certes, l'« ennemi », en Égypte, c'étaient les Anglais, mais je ne voyais dans ce fait aucune contradiction, car ce qui comptait, c'était la loyauté envers sa propre patrie, et le devoir de se sacrifier pour elle.

Si je tenais de ma mère mon amour pour l'Égypte, en revanche ce sont Tante Zouzou et ses amies qui éveillèrent en moi la fierté d'être femme. Déjà, comme beaucoup de mes camarades, j'avais une passion pour les biographies des grandes héroïnes de l'Égypte et de l'Islam — reines, poétesses, saintes et guerrières. J'avais lu je ne sais combien de fois la vie d'El-Khansa qui vivait au temps de Mahomet et qui remportait toujours le premier prix au grand concours de poésie qui se tenait tous les ans près de La Mecque. Les poétesses avaient un rôle de premier plan en Islam ; elles écrivaient l'histoire, elles dénonçaient les injustices sociales, elles célébraient les héros morts au combat. El-Khansa elle-même perdit son frère à la guerre ; et l'on dit qu'alors elle fut possédée par les esprits qui ne daignent communiquer qu'avec les plus grands poètes. Son chagrin lui dicta des vers où s'incarnaient toutes les souffrances de son peuple luttant pour la vie, des vers qui m'inspiraient et m'incitèrent à écrire moi-même des poésies.

J'étais fascinée aussi par le personnage de Khadîja, la première femme du Prophète ; je me sentais presque en communion spirituelle avec elle. Khadîja, riche veuve de la tribu des Qoraïchites, avait engagé le jeune Mahomet, pour qu'il conduisît ses caravanes ; puis elle l'épousa. Elle fut la première à embrasser la nouvelle foi. Quand Mahomet, bouleversé, effrayé, lui raconta que l'archange Gabriel lui était apparu dans une grotte du mont Hira et l'avait proclamé Envoyé de Dieu, aussitôt elle le réconforta et lui affirma sa confiance. « Réjouis-toi, ô fils de mon oncle, s'écria-t-elle, et prends courage ! En vérité, par Celui qui tient entre ses mains l'âme de Khadîja, tu seras le prophète de ce peuple ! Dieu ne t'infligera pas la honte, car Il connaît ta sincérité et ton authenticité. » Le courage de Khadîja et la force de son amour firent que Mahomet lui resta fidèle tant qu'elle vécut. Ce n'est qu'après sa mort qu'il prit une deuxième femme.

J'aimais beaucoup aussi l'histoire d'Aïcha, fille d'Aboû Bakr : quand le Prophète la prit pour fiancée, elle n'avait que neuf ans. Mais brave et sage, elle devint, comme on dirait aujourd'hui, la femme de sa vie. On lui doit beaucoup de *Hadith,* ces relations des faits et gestes et surtout des dires du Prophète qui ont tant d'importance pour la compréhension de l'islam. Toute femme qu'elle était, elle fit la guerre sainte ; montée sur sa chamelle, elle chargea dans une bataille quelques années avant la mort du Prophète. Que Mahomet devait lui être attaché ! Il est mort la tête posée sur le sein d'Aïcha.

Il aurait fallu plusieurs existences pour connaître la vie de toutes les héroïnes de l'Islam. Beaucoup étaient des saintes, comme Sayyida Zeineb, la patronne des infirmes de naissance, ou Rabi'a el-Adawiyya, que ses sacrifices, sa pureté et son amour de Dieu élevèrent à la sainteté. Bien qu'il n'y ait pas de prêtres en Islam, pas de clergé, je découvrais continuellement l'existence de nouveaux saints, de nouvelles saintes. Les tombes de saintes ou les mosquées qui leur étaient dédiées étaient très fréquentées par les gens en quête de *baraka* (ce qui ne veut pas dire vraiment « chance » mais « bénédiction »), qui espéraient des miracles ou imploraient la clémence divine. Et il y avait une telle affluence à la prière du vendredi dans les mosquées des saintes, qu'il fallait y arriver plusieurs heures à l'avance pour être sûr d'avoir une place.

J'avais aussi lu les vies d'héroïnes occidentales, comme Marie Curie, ou Florence Nightingale qui, pour soigner les malades, renonça au confort et sacrifia sa propre santé. Il y avait aussi Helen Keller, qui, sourde-muette et aveugle de naissance, avait néanmoins réussi à devenir quelqu'un. Mais ce qui me passionnait le plus, c'était ce que ma tante racontait à propos de femmes de l'Égypte moderne.

C'est avec fascination, avec émerveillement, que je l'entendais parler — quand j'allais prendre le thé chez elle, l'après-midi — de Houda Cha'arawi qui fut l'une des premières chez nous à se révolter contre les Anglais et pour les droits des femmes. Sans Houda Cha'arawi, beaucoup d'Égyptiennes n'auraient jamais reçu la moindre instruction scolaire. C'est elle qui en 1920, scandalisant la société du Caire, ouvrit le premier établissement d'enseignement général pour jeunes filles. En 1920, avec son amie Siza Nabarawi, elle fonda la première association de femmes et publia la première revue pour femmes, *L'Égyptienne*, que Tante Zouzou lisait régulièrement. En 1923, à Alexandrie, alors qu'elle rentrait d'une conférence internationale des femmes qui s'était tenue à Rome, elle fut la première femme d'Égypte à enlever publiquement son voile, le dénonçant non seulement comme symbole de la domination masculine, mais aussi comme une tradition étrangère importée chez nous par les Turcs.

J'admirais éperdument cette femme qui, pour améliorer notre sort, n'avait reculé devant aucun sacrifice. Quand elle refusa de porter le voile, son mari, qui était son cousin germain, la répudia. Mais elle continua la lutte et en 1924 réussit à imposer au moins une de ses revendications : il ne fut plus possible de marier les filles à douze ou treize ans comme cela se faisait communément, l'âge minimum fut fixé à seize ans. Elle proclama aussi le droit des femmes à l'enseignement supérieur, dénonça la polygamie et les mariages arrangés, réclama l'abolition de la prostitution et de l'excision des filles ; mais aucune de ces tentatives de réformes n'aboutit de son vivant. Cela dit, ce qui marqua le plus l'adolescente que j'étais, c'était son attitude face aux Anglais.

« Raconte-moi encore ce que Houda Cha'arawi a fait contre les Anglais », demandais-je à Tante Zouzou. Lors du soulèvement national qui suivit la première guerre mondiale — l'Angleterre continuant d'occuper l'Égypte malgré ses promesses — Houda Cha'arawi, accompagnée de 350 femmes, se rendit dans les bureaux du haut-commissaire britannique pour demander la liberté pour l'Égypte. Le commissaire ne lui donna pas la moindre réponse. Un mois plus tard, au Caire, comme on enterrait solennellement des victimes, hommes et femmes, des manifestations, les Anglais tirèrent de nouveau dans la foule, tuant encore des Égyptiens. Alors Houda Cha'arawi sortit du cortège, se planta devant le capitaine qui commandait la cavalerie et déclara, dans un anglais parfait : « Me voici, en face de vous. Pourquoi ne me tirez-vous pas dessus, comme vous tirez sur les autres Égyptiennes ? Nous voulons la liberté pour notre pays. Nous n'accepterons jamais votre domination ni le déshonneur qu'elle nous cause. » Stupéfié par tant de courage, l'officier anglais fit aussitôt cesser la fusillade. Cette histoire, que Tante Zouzou racontait sans jamais en omettre les paroles légendaires de Houda Cha'arawi, me fascinait. Saurais-je être moi-même aussi brave ?

« Jean, Tante Zouzou t'invite à passer le ramadan chez elle, à Suez, me dit ma mère peu avant mon quinzième annniversaire. Tu veux y aller ? »

Évidemment, j'aimais quitter Le Caire pendant les vacances, et je me faisais une joie de retrouver ma cousine Aïda, dont le mari, Hassan Izzat, était l'incarnation de mon image du héros. Pendant la seconde guerre mondiale, les Anglais l'avaient incarcéré pour intelligence avec les Allemands. Comme beaucoup d'officiers égyptiens, Hassan avait considéré qu'une victoire allemande en Égypte, en provoquant le départ définitif des Anglais, nous aurait rendu notre souveraineté. « Les ennemis de nos ennemis sont nos amis », dit un proverbe arabe. Depuis, Hassan était ingénieur, ayant été rayé des cadres de l'armée de l'air par les Britanniques.

Nous partîmes donc, Tante Zouzou et moi Malgré la chaleur torride (c'était une journée de l'été 1948), les quelque cent vingt kilomètres qui séparent Le Caire de Suez par la route passèrent comme dans un rêve : je me voyais déjà nageant dans l'eau limpide de la mer Rouge, je voyais les plages splendides sur le fond bleu pâle des montagnes d'Ataka, j'entendais déjà Hassan, qui était un merveilleux conteur, évoquer comment ses camarades et lui avaient défié l'occupant. J'étais une collégienne romanesque, à l'imagination fertile. J'avais juste quinze ans, et j'étais sur le point de rencontrer mon destin.

Chapitre 3

Le révolutionnaire et la collégienne

Je ne l'ai pas reconnu la première fois que je l'ai vu. Peut-être à cause de l'heure : il était deux heures du matin, j'étais avec ma tante, dans sa cuisine, à Suez, et nous préparions le *souhour* — le repas qu'on prend avant l'aube pendant le ramadan. Peut-être aussi parce que tout cela était incroyable : le héros national chez ma cousine, assis à deux pas de moi, dans le couloir ! Cela semblait impossible.

« Nous avons un hôte », avait dit Hassan en venant nous voir dans la cuisine. Il rentrait juste du Caire. « Il a beaucoup souffert, nous devons lui offrir ce que nous avons de meilleur.

— Qui c'est ? » demandai-je, curieuse de savoir le nom de cet homme, qui comme mon cousin avait souffert pour l'Égypte. Mais la réponse de Hassan m'abasourdit, j'en laissai tomber par terre la mangue que je tenais dans les mains.

« Anouar el-Sadate. »

Non, ce n'est pas vrai ! Hassan s'amuse à me faire marcher, pensai-je en ramassant la mangue. Depuis trois semaines que nous étions à Suez, nous n'avions pas parlé d'autre chose que d'Anouar el-Sadate et du calvaire que ses camarades et lui enduraient. Cela faisait huit mois qu'on les jugeait pour l'assassinat, deux ans auparavant, du traître Amine Osmane, ministre des Finances. Dans les derniers temps, les quotidiens avaient publié chaque jour des photographies du meneur présumé, le capitaine Anouar el-Sadate, ainsi que des articles décrivant ses évasions. Je les avais tous lus, de la première à la dernière ligne.

Que Sadate fût impliqué ou non dans l'assassinat d'Osmane ne m'importait guère, puisque cette action, en elle-même, était juste. Osmane n'avait cessé de prôner la collaboration avec les Anglais et, peu avant d'être tué, avait déclaré, soulevant une réprobation générale, que les liens entre l'Égypte et la Grande-Bretagne étaient comparables à un mariage catholique — autrement dit, qu'ils étaient indissolubles. Ces paroles, venant qui plus est d'un Égyptien, d'un membre de notre gouvernement, furent ressenties par beaucoup comme un acte de trahison pur et simple. Et en janvier 1946, Amine Osmane fut abattu. C'était Anouar, comme je l'appris par la suite, qui avait entraîné, dans le désert, le commando chargé de cette exécution.

Mon admiration pour Sadate et les autres allait augmentant à chaque article que je lisais sur eux. Chaque jour je mourais d'impatience, en attendant que mon cousin revienne du centre ville avec les journaux. Les privations du ramadan n'étaient rien, comparées à cette attente. J'étais complètement prise par le drame du procès — et envoûtée par l'héroïsme des accusés.

« Abeh Hassan, parle-moi encore d'Anouar el-Sadate », demandais-je au mari de ma cousine, chaque soir, quand nous avions rompu le jeûne. « Abeh » est un terme de respect, d'origine turque, qu'on emploie en parlant à un frère aîné ou un cousin plus âgé. « S'il te plaît, Abeh », insistais-je. Et Hassan me racontait un autre épisode de la vie d'Anouar, qu'il avait connu à l'armée, où tous deux étaient pilotes, puis retrouvé en prison. Ils étaient devenus amis.

J'avais des frissons, quand il me racontait la première arrestation d'Anouar : en perquisitionnant chez lui, la police anglaise avait trouvé un poste émetteur allemand qu'il était en train de réparer pour communiquer un projet de traité à Rommel, arrivant alors par le désert, à l'est d'Alexandrie. Aux termes de ce traité, Anouar proposait notre appui militaire aux Allemands en échange de l'indépendance.

Anouar fut donc jeté en prison. Cela se passait en 1942. Il s'échappa deux fois et finit par vivre dans la clandestinité d'octobre 1944 à septembre 1945. Pour lui, ce fut, dans l'ensemble, une période de terribles épreuves. Il se laissa pousser la barbe, se fit appeler Hadj Mohammed, et se mit à travailler pour Hassan : il chargeait et déchargeait son camion. « Il livrait même des fruits et des légumes aux Anglais, au camp militaire de Tal el-Kébir, dans la zone du canal. » Et Hassan de rire. « Ils les a toujours bernés. »

Mais c'était un travail pénible. Ceux qu'il trouva par la suite l'étaient encore plus. A Mazghouna, non loin du Caire, sur le Nil, il déchargea des barges pleines de pierres concassées destinées à la construction d'une nouvelle route entre Le Caire et Assouan en Haute Égypte. Il ne pouvait se payer qu'un repas par jour — une soupe de lentilles, racontait Hassan — et dormait dans un garage. Puis il trouva de l'embauche dans la petite ville d'Abou Kébir, province d'El-Charqièh ; là, il s'agissait de creuser un canal. Quand ce fut fini, il transporta du marbre, d'une carrière de la ville de Sannour, dans le désert, jusqu'aux environs des pyramides de Guizeh. Comme les esclaves qui élevèrent ces pyramides, 2 500 ans avant Jésus-Christ, Anouar devait porter lui-même les lourdes plaques de marbre sur le dos. Et à quoi devait servir ce marbre ? demandai-je. A construire une maison de repos pour le roi Farouk, répondit Hassan en s'esclaffant.

Ce n'est qu'à la fin de l'été 1945, la guerre étant terminée, qu'Anouar put enfin reprendre sa véritable identité et rentrer chez lui. Les Anglais, bien entendu, ne voulaient plus de lui dans l'armée. Mais d'autres possibilités s'offraient à lui : il aurait pu prendre une ferme dans son village ou se mettre à travailler au Caire. Mais le pays était toujours enchaîné, et Anouar décida de continuer la lutte. Il employa sa nouvelle liberté à créer une organisation secrète ; au bout d'un mois, c'était fait. Cette fois, il s'agissait de libérer l'Égypte non seulement des Anglais, mais aussi des dirigeants égyptiens qui collaboraient avec eux. Quatre mois plus tard, on l'arrêtait de nouveau, pour l'assassinat d'Osmane. Il passa les deux ans et demi qui suivirent en prison, à attendre l'ouverture de ce procès dont les comptes rendus dans les journaux me captivaient. S'il était reconnu coupable, ce serait la mort, ou les travaux forcés à perpétuité

Je ne pouvais penser à rien d'autre pendant ces vacances à Suez. Cet homme personnifiait tout ce que j'admirais, tout ce que j'aurais voulu être. C'était un héros. Il n'y avait pas d'idéaux plus élevés que les siens. Il avait su garder sa dignité. Il avait tout sacrifié pour l'Égypte et subi la répression sans perdre ni son courage ni sa conviction. Un jour, je vis dans le journal une photo de lui, debout face au tribunal, dans la cage de fer qu'on avait construite pour les accusés : « Condamnez-moi à mort si vous voulez, s'était-il écrié. Mais que le ministère public cesse de faire l'éloge de l'impérialisme britannique, qu'il respecte cette honorable cour de justice égyptienne ! » Le verdict était prévu pour début août.

Je n'en dormais plus, j'avalais sans les savourer les fruits et les gâteaux délicieux avec lesquels nous rompions le soir ce jeûne d'été qui est le plus difficile à supporter. Le sort de cet homme était devenu ma nouvelle obsession. Les autres filles ne rêvaient qu'acteurs de cinéma et chanteurs de charme, moi, je ne rêvais qu'à Anouar el-Sadate. Et je faisais des prières pour son salut. « Mon Dieu, si on l'acquitte, s'il a la vie sauve, je fais le vœu de jeûner encore un mois », dis-je le matin du verdict. Ce n'était pas un petit sacrifice de la part d'une fille de quinze ans qui adorait bien manger.

J'étais dans un tel état, ce jour-là, que je décidai de sortir avant que mon cousin rentre avec le journal. Mais, étant une jeune fille, je ne pouvais m'éloigner toute seule de la maison.

« Viens, Saneyya, dis-je à la servante de ma tante. Il y a une chose urgente que je dois faire en ville. »

Je suis sûre qu'elle ne fut pas dupe, néanmoins elle me suivit.

De loin. De plus en plus loin. Car dans ma hâte, je franchis presque en courant les cinq bons kilomètres qui séparaient la maison du centre de Suez — sous la canicule, soulevant de petits nuages de poussière derrière moi car la route était recouverte de sable. Des regards curieux se posaient sur moi : enfants menant leurs bourricots chargés de paille et de trèfle, femmes portant des cruches d'eau sur la tête et des enfants dans le dos. Essoufflée, assoiffée — d'une soif d'autant plus insupportable qu'il fallait attendre le soir pour l'étancher — j'arrachai un journal au premier kiosque.

Grand titre. « Sadate acquitté ! »

Jamais, de toute ma vie, je n'ai éprouvé une telle joie, un tel soulagement. Sinon, peut-être, trente ans plus tard, en 1977 quand Anouar rentra indemne de son voyage à Jérusalem ou en 1979 quand les Israéliens eurent effectué leur premier retrait dans le Sinaï (alors, j'ai fait un jeûne de trois mois pour rendre grâce à Dieu). Mais ce jour-là, à Suez, avec la force que peuvent avoir les émotions de l'adolescence, je me sentis comme transportée au paradis. *« Fa Allah khayru hafiz wa huwwa arham al-rahimin »*, récitai-je, le visage ruisselant de larmes. Dieu est le meilleur protecteur et le plus miséricordieux. Sadate était sauf.

Pour fêter l'événement le soir même, lors de la rupture du jeûne, j'achetai une boîte de chocolats, et je m'offris, ainsi qu'à Saneyya qui m'avait finalement rejointe, un retour à la maison en taxi. Je ne savais pas alors que cette journée me réservait encore un événement exceptionnel.

Anouar el-Sadate... Chez nous, la nuit même ! Je continuais de regarder Hassan, complètement ahurie, dans notre cuisine.

« Est-ce que je vais faire sa connaissance ? articulai-je enfin.

— Bien sûr, petite sotte, répondit Hassan, très content de m'avoir causé un tel choc. Il va rester chez nous quelque temps, pour décider ce qu'il doit faire. »

Distraitement je passai ma main sur mon visage, y laissant une longue traînée de jus de mangue. Je regardai ma robe, une robe tout à fait ordinaire, encore pleine de poussière après ma course jusqu'à Suez. J'avais les mains poisseuses d'avoir épluché les fruits, et les cheveux tout ébouriffés.

« Je dois aller me préparer », dis-je à mon cousin.

Je sortis comme une flèche de la cuisine pour aller dans ma chambre, et ce n'est qu'après l'avoir dépassé que je pris conscience qu'il était là, assis silencieusement dans le couloir. De nouveau je fus comme paralysée. Mais pourquoi s'était-il mis dans le couloir ? Pourquoi n'était-il pas assis dans le salon ?

Lentement il tourna la tête, de mon côté. J'aurais dû baisser les yeux — comme devant tout homme, d'ailleurs — mais en cet instant, j'étais incapable de me dominer. Il faisait sombre dans ce couloir, mais ce visage m'était tellement familier, je l'avais vu tant de fois en photographie dans le journal, que ce fut comme si toutes les lampes avaient été allumées. Ses yeux arrêtés sur les miens étaient pleins de gravité et de tristesse, et je ne pouvais m'en détacher. Son visage, encore plus sombre que sur les photos, exprimait une lassitude infinie, comme s'il avait supporté le fardeau du monde.

Nous restions prisonniers de cet instant quand, subitement, je me souvins qu'il fallait le saluer. Oubliant que j'avais la main toute poisseuse, je la lui tendis. Il la prit calmement. Pas un mot ne fut échangé. Mais à ce moment-là, je me rappelai une noisette que j'avais ouverte une semaine avant. C'étaient en fait deux noisettes philippines. Sur l'une, les rides semblaient dessiner le nom d'« Anouar », en gracieux caractères arabes ; sur l'autre, j'avais clairement lu : « Allah ». J'avais évidemment interprété cela comme un bon signe, en pensant à son procès ; mais maintenant j'y voyais aussi un heureux présage pour moi.

Nous prîmes tous ensemble la collation de la fin de la nuit. Je ne pouvais détourner les yeux de lui. Il devait sûrement avoir grand faim, après tant d'années passées en prison, mais il ne mangeait presque pas. Comme d'habitude, on plaisantait, on racontait des histoires ; Anouar ne dit pas un mot. Moi non plus — ce qui de ma part était tout à fait anormal. Toutes les questions qui jaillissaient dans mon esprit étaient bien trop directes pour que je pusse les lui poser. Pourquoi était-il là avec nous ? Pourquoi n'était-il pas avec sa femme et ses enfants (je savais par les journaux qu'il était marié) ? Pourquoi était-il si taciturne ?

Ce silence dura deux jours. Le lendemain matin — je n'avais pas fermé l'œil, n'arrivant toujours pas à croire qu'il dormît sous le même toit que moi —, Hassan s'offrit à conduire ma tante à Suez, où elle avait rendez-vous chez son dentiste. Je m'assis avec elle à l'arrière de la voiture, Anouar monta devant, à côté de Hassan. Il ne parlait toujours pas. Enfin j'osai dire — c'était comme si je m'étais décidée à sauter au-dessus du vide : « Abeh Hassan m'a parlé de votre courage remarquable, de votre patriotisme, de votre héroïsme ! » Il se tourna vers moi en inclinant la tête, murmurant des remerciements, et de nouveau se mura dans son silence.

Je sais maintenant ce que signifiait ce silence : il pensait aux actions à entreprendre, il mûrissait ses décisions. Souvent, quand nous fûmes mariés, je l'ai vu méditer ainsi, en silence, des heures durant, assis sur la terrasse, contemplant le Nil tout en tirant sur sa pipe. Il avait entendu ses ministres, lu tous les documents possibles, les statistiques, les prévisions... Mais il avait besoin d'être absolument seul pour parvenir à une décision. A l'époque ce silence, dans la voiture, sur la route de Suez, en faisait à mes yeux un être infiniment mystérieux.

Je téléphonai au Caire ce jour-là : « Papa, est-ce que je peux rester plus longtemps que prévu chez Tante Zouzou ? Il doit faire affreusement chaud à la maison, ici je peux aller nager. » Je retins ma respiration : je ne voulais pas dire à mon père mes véritables raisons, il m'aurait tout de suite ordonné de rentrer.

Il me donna sa permission sans me poser aucune question.

Je raccrochai en poussant un soupir de soulagement. Aimant et respectant mon père, je n'aurais jamais pu lui mentir. Mais si je lui avais dit pourquoi, en fait, je restais, il aurait eu les plus graves soupçons — et à juste raison — concernant mes sentiments envers Anouar. Dans la classe sociale à laquelle nous appartenions, beaucoup de filles étaient déjà mariées à dix-sept ans. J'avais à peine quinze ans, mais dans la famille, on comparait déjà les divers partis qui se présentaient pour moi. Le frère de Hassan, Ali, venait souvent me voir chez nous, au Caire, et il était clair que c'était pour le bon motif. Mais je n'étais pas très emballée : Ali était un gentil garçon, il avait un travail bien rémunéré et même une auto. Mais qu'il était rasoir ! Il n'avait aucun esprit. Je le soupçonnais aussi de manquer totalement de courage.

Il me raconta que pendant la guerre, il s'était trouvé à Alexandrie pendant un bombardement allemand ou italien. Alexandrie, à cent kilomètres du front, dans le désert, subit beaucoup de bombardements. Ali avait eu une telle peur, quand les sirènes avaient retenti, qu'il en était tombé par terre. « J'étais incapable de bouger, je me disais sans arrêt que j'allais mourir. » C'était une réaction tout à fait humaine, mais en me racontant cela, il perdit d'un coup toute mon estime. Je voulais un homme qui n'eût peur de rien, ni des raids aériens ni de mourir. Comment admirer quelqu'un qui s'écrase par terre ?

J'avais un autre prétendant, Ahmed Abou Zaïd, le fils de Tante Batta. C'était un officier de la police militaire, homme très riche, très respectable. Il avait fait partie du groupe chargé de surveiller Anouar et les autres accusés du procès, de les transporter de la prison centrale au palais de justice et inversement, et de les empêcher de manifester dans la cage où on les enfermait pendant les audiences. Je n'en voulais pas à Ahmed pour cela, puisqu'il ne faisait que son travail. Mais aussi arrêtés que fussent les projets de Tante Batta, si je l'aimais bien comme cousin, je n'en voulais pas pour mari.

Le fils d'un de nos voisins, aussi, avait demandé ma main. Il était riche, beau, n'avait que cinq ans de plus que moi, et je le connaissais déjà ; mais ce n'était vraiment pas l'homme de mes rêves, et je rejetai cette possibilité. A la différence de ce qui se passe en Occident maintenant, où garçons et filles peuvent à loisir se fréquenter et se connaître avant le mariage, chez nous, de mon temps, on nous enseignait dès la puberté à éviter la tentation ; et il était tout à fait exclu qu'un jeune homme et une jeune fille se retrouvent seuls en présence l'un de l'autre.

Jamais il ne nous serait venu à l'esprit, à ma famille et à moi, que je pouvais, pour Dieu sait quelles raisons, ne pas me marier. Nous appartenions à la bonne société, nous avions des biens et, de plus, je n'étais pas repoussante. Tous ces atouts devaient me permettre de faire un bon mariage, autrement dit, conformément aux vœux de mes parents comme de tous les Égyptiens ayant des filles à marier, d'épouser un homme qui me plût et qui fût un beau parti.

Or Anouar, d'après ce que m'en disait Hassan, avait une famille aussi pauvre que lui-même. Son père, Mohammed, était employé aux écritures à l'hôpital militaire de Koubbèh ; sa mère, Sitt el-Barrein, était la fille d'un fellah soudanais. La vie avait toujours été une lutte pour Anouar, dès son enfance.

Troisième fils de la seconde femme de son père, il était né dans un village du Delta, le 25 décembre 1918. Dans ce village de Mit Aboul Kôm, il n'y avait ni électricité ni eau courante. Sa grand-mère, Oumm Mohammed, était la guérisseuse de la communauté : elle soignait les maladies avec les herbes selon des recettes immémoriales, résolvait les « problèmes psychologiques » au moyen de charmes et d'amulettes. La famille d'Anouar, comme presque tous les gens des campagnes, n'avait guère d'argent à donner à ses enfants. A l'école coranique, où les garçons du village apprenaient par cœur les 114 sourates (chapitres) du Coran, Anouar n'avait rien d'autre à manger que les bouts de pain et de fromage sec qu'il fourrait dans la poche de sa *galabieh* en sortant de chez lui.

Quand il n'allait pas à l'école, il menait les vaches et la gamousse* au canal, conduisait les bœufs tirant la batteuse dans les champs de blé, ou bien aidait à la récolte des dattes et du coton. Le soir il se couchait sur le *fourn* familial, le four traditionnel couvert d'une plate-forme de terre sèche, il mangeait l'oignon qu'il y avait mis à griller et écoutait sa mère et sa grand-mère lui raconter les exploits des héros modernes de l'Égypte, qui s'étaient dressés contre les Anglais. Il était très attaché à ce souvenir, il m'en parlait souvent, et quand nous fîmes construire dans son village natal, il tint absolument à ce que notre maison comportât, outre la cuisinière à gaz, un de ces fours traditionnels de terre sèche.

A sept ans, Anouar quitta son village chéri. Son père loua au Caire un appartement de quatre pièces. Au début, ils y vivaient à six : son père, sa mère, sa grand-mère, ses deux frères, Taalat et Esmat, et sa sœur Nafissa. Mais à cette époque-là, son père prit une autre femme, Amina, elle aussi de Mit Aboul Kôm, qui lui donna neuf enfants ; et ils ne changèrent pas d'appartement...

Et il n'y avait que le salaire paternel pour nourrir toutes ces bouches. L'argent de poche que recevait Anouar lui permettait tout au plus d'acheter un verre de thé au lait par jour. En allant à l'école, il passait devant le palais de Koubbèh ; c'était un des palais du roi Fouad, au printemps ses vergers regorgeaient d'abricots. Mais Anouar n'aurait jamais osé en cueillir un seul, ç'aurait été un crime passible du châtiment le plus épouvantable.

Anouar aurait été probablement condamné lui aussi à une existence obscure et misérable si le traité anglo-égyptien de 1936 — prévoyant un renforcement de la puissance militaire de l'Égypte — n'avait ouvert les cadres de l'armée aux jeunes gens de toutes les conditions. Jusque-là, en effet, depuis la révolte de 1882 contre le khédive Tewfik, à laquelle avaient participé les élèves des écoles militaires, seuls les fils des très grandes familles, qui composaient la classe dominante, avaient le droit de devenir officiers. Ainsi l'armée était aux mains d'une minorité de privilégiés ayant partie liée avec la maison royale. Mais une telle discrimination ne pouvait durer

* Espèce de buffles de petite taille *(NdT)*

Depuis la fin de la première guerre mondiale surtout, l'opinion était de plus en plus nationaliste, le mécontentement populaire de plus en plus vif ; pour calmer les esprits, le roi Fouad se résolut donc à démocratiser le recrutement des officiers. Cette décision devait être fatale à son fils Farouk. Anouar fut l'un des premiers enfants du peuple à sortir de l'École militaire royale, en 1938, avec le grade de sous-lieutenant. Cette école forma également, à la même époque, Gamal Abdel Nasser, futur organisateur du coup d'État qui renversa le roi Farouk quatorze ans plus tard, et les autres officiers qui constituèrent avec lui le Conseil de la Révolution.

Jeune officier, Anouar avait devant lui un avenir assuré, et il pouvait être certain de s'élever de plus en plus dans la société d'alors. Mais il choisit de tout sacrifier à la libération de l'Égypte. Dès sa première arrestation, il fut rayé des cadres. Avec le dossier qu'il avait désormais, m'expliqua Hassan, il était exclu qu'on le réintégrât dans l'armée. Par contre, il risquait fort de retourner un jour ou l'autre en prison s'il décidait de continuer l'action politique.

Mais ce qui me fit enfin comprendre le silence d'Anouar à Suez, ce fut la dernière chose que me révéla Hassan : s'il était venu passer quelques jours chez nous, au lieu d'aller retrouver les siens, c'était parce qu'il était en train de divorcer. Or sa femme et leurs petites filles habitaient chez son père à lui, au Caire. Il n'avait donc nulle part où aller et, après trois ans de prison, pas un sou en poche. De plus, une bonne partie de ce qu'il réussirait à gagner, désormais, irait à ses enfants. Ce n'était pas seulement la loi, c'était son devoir. Il avait donc à prendre des décisions écrasantes.

D'un point de vue strictement pratique (mais la fille de quinze ans que j'étais n'y pensait absolument pas), les informations que m'avait données Hassan auraient dû me refroidir ; elles ne firent qu'aviver mon intérêt. Contrairement à ce qu'auraient pensé beaucoup d'Égyptiennes, je le trouvais très beau, avec son teint de peau bien plus sombre que le mien, et très élégant dans sa veste et ses pantalons tout fripés — les seuls qu'il avait. Je savais qu'il avait quinze ans de plus que moi, mais en regardant son visage, j'y voyais les idéaux de la jeunesse. J'écoutais son silence et je sentais une forte personnalité, digne de mon admiration

Il était l'incarnation du héros de mes rêves. Je n'aurais jamais imaginé que moi, aussi, j'occupais ses pensées.

« Je vous ai apporté une figue », lui dis-je, en lui tendant le fruit, que j'avais cueilli dans le jardin. Pour la première fois, il me regarda et sourit.

« Est-ce vrai que vous venez d'avoir votre anniversaire ? me demanda-t-il.

— Oui », répondis-je, le souffle court, tant j'espérais qu'il viendrait avec nous ce jour-là. Nous allions à la plage à Ismaïlia.

« Il m'est impossible de vous offrir un cadeau », dit-il, comme s'excusant. Mais cela m'était bien égal.

« Est-ce que vous venez avec nous à la plage ? »

Il hésita, j'étais morte de peur à l'idée qu'il pouvait préférer passer la journée tout seul dans notre jardin.

« Je viens », dit-il enfin.

Cette journée fut dès le début un enchantement. Je chantai dans la voiture à l'aller, tandis que nous longions d'un côté le désert, de l'autre la mer Rouge, jusqu'à l'entrée du canal, à Ismaïlia. Aller en voiture me donne toujours envie de chanter ; mes chauffeurs, quand j'en eus, des années plus tard, connaissant cette habitude chez moi, cherchaient à la radio des stations où l'on passait ma chanteuse préférée, Oumm Kalthoum, pour que je puisse chanter avec elle. Mais ce jour-là, ce qui était extraordinaire, c'était la voix d'Anouar.

« Je ne peux rien vous offrir pour votre anniversaire, me dit-il soudain dans la voiture. Mais je vais vous chanter une chanson. »

Et il se mit à me chanter une chanson d'amour de Farid el-Atrach ; il avait une très belle voix ; je n'arrivais pas à croire au changement qui s'était produit en lui. Il ne broyait plus du noir, son visage s'animait. Il n'avait plus le regard perdu dans le lointain ; il s'était retourné sur son siège et me regardait droit dans les yeux. Mon bonheur ne fit que croître quand nous nous installâmes au bord de la mer pour pique-niquer.

Toutes les questions que je ne lui avais pas posées, par respect pour sa solitude, affluèrent sur mes lèvres. Et il me répondait, avec de plus en plus de vivacité. « Que faisiez-vous en prison ? » Au début, me dit-il, ce n'était pas si terrible que ça. On l'avait mis dans la prison des étrangers : il avait un lit, des couvertures, une chaise, une petite table, même des cigarettes. C'était le gardien qui lui donnait du feu, car les prisonniers n'avaient pas le droit d'avoir des allumettes. Mais il avait le droit de lire des journaux et des livres, et il passa beaucoup de temps à améliorer son anglais. Deux fois par jour, on lui permettait de faire une promenade d'un quart d'heure dans la cour.

Ensuite on le transféra dans un centre pour détenus politiques, un somptueux palais en Haute Égypte, où il passa presque un an et étudia l'allemand en lisant un roman d'Edgar Wallace traduit dans cette langue. L'année suivante, il se retrouva au centre de détention de Zeytoun, près du Caire. A Zeytoun, ses camarades et lui élevèrent des lapins, et ils firent bonne chère — d'autant plus qu'un des détenus, comte des Balkans, était fin cuisinier — jusqu'au moment où les lapins tombèrent malades et moururent. Mais Anouar supportait mal de rester en prison à ne rien faire. L'Allemagne était en train de perdre la guerre, et l'Angleterre tenait toujours l'Égypte. Il fallait s'évader. Et il s'évada, deux fois.

« Comment avez-vous fait pour vous échapper ? » lui demandai-je tandis que nous nous promenions le long de la plage d'Ismaïlia, après le déjeuner. Il rit :

« La première fois, dit-il, nous étions six. Il y avait Hassan Izzat. Nous avons fait un trou dans le toit, nous sommes sortis en montant sur un escabeau, et nous sommes descendus dans la rue. Personne ne s'en est aperçu jusqu'au lendemain matin.

— Pourquoi êtes-vous retournés en prison ? » lui demandai-je en ôtant mes chaussures pour marcher dans l'eau. De nouveau il rit :

« Je voulais humilier le gouvernement et ça a réussi. Nous sommes entrés, très sûrs de nous, dans le palais d'Abdine, et nous avons signé le livre d'or du roi, comme font beaucoup de gens, soit pour remercier le roi de ses faveurs, soit pour prendre congé de lui. Puis nous avons déclaré au secrétaire que nous nous étions évadés momentanément de Zeytoun, pour transmettre au roi le message de ne pas céder aux Anglais. »

J'ouvris de grands yeux devant tant d'audace, j'étais aussi estomaquée qu'avait dû l'être ce secrétaire.

« Et qu'avez-vous fait ensuite ?

— Nous avons pris un taxi et nous sommes rentrés à Zeytoun. »

A la fin de l'été 1944, la victoire des Alliés étant désormais certaine, tous les prisonniers politiques furent libérés, sauf Anouar et son groupe qui restaient incarcérés sur ordre des Anglais. En octobre, neuf mois après l'équipée au palais d'Abdine, Anouar, n'y tenant plus, décida de s'évader de nouveau, et cette fois pour de bon.

« J'ai fait la grève de la faim pour les obliger à me transférer à l'hôpital — c'était le règlement », dit-il, en enlevant à son tour ses chaussures et en retroussant ses jambes de pantalon pour pouvoir marcher lui aussi près des vagues. « Puis un jour, au moment du repas — c'était une heure où l'hôpital grouillait de monde — j'ai faussé compagnie à mon garde et je me suis précipité au-dehors : Hassan m'attendait dans sa voiture, le moteur déjà en marche. J'ai passé ensuite un an à me cacher de la police. »

Cela faisait au moins une heure désormais que nous marchions sans cesser de parler. Il était grand temps de retourner auprès de ma cousine et de Hassan ; mais ma conduite ne me causait aucune honte, tant j'étais fascinée par le récit d'Anouar. Il y avait entre nous une sympathie, une intelligence que je n'avais jamais ressenties avec personne. Quand finalement nous nous rassîmes à côté de ma cousine — une autre heure avait passé — Anouar la questionna sur mon âge : il ne pouvait croire que je n'avais que quinze ans. Ce fut une journée tellement extraordinaire que des années après, jusqu'à la veille même de son assassinat, il nous arrivait encore d'en parler.

Ainsi il avait gardé ses sentiments pour lui, comme moi j'avais refoulé mes questions. Nous éprouvions le même soulagement, lui à parler, moi à écouter, encore qu'il ne cessât de me considérer avec une certaine perplexité : confier ses pensées à une petite collégienne... Et pourtant il est peu de chose que nous ne nous soyons dit cet après-midi-là, sur la plage d'Ismaïlia, et les jours suivants, pendant nos promenades dans la campagne autour de Suez. Mon respect et mon admiration pour lui n'en furent pas diminués, bien au contraire, et mon béguin d'adolescente se transforma bientôt en véritable amour.

De son côté il était de plus en plus troublé, et pas seulement par la grande différence d'âge entre nous : il pensait aussi à son engagement politique et à ses devoirs envers sa première famille.

Financièrement, sa situation était catastrophique. A cette époque un second mariage était hors de question dans son esprit. Pendant ses années de prison, il avait été incapable, dès le début, de subvenir aux besoins de sa famille. Son père avait fait ce qu'il pouvait, mais cela ne suffisait pas.

« Mais votre famille vit toujours..., observai-je.

— Uniquement grâce aux Frères musulmans. Tous les mois, ils ont versé dix livres à ma femme. Je leur en serai toujours reconnaissant. »

Je souris.

« Alors, j'ai peut-être contribué un peu moi aussi », dis-je, en lui racontant comment j'avais fait la collecte pour la Confrérie.

Le sort de sa femme et de ses filles l'angoissait. Comme le veut la coutume dans les villages, il s'était marié jeune, à vingt-deux ans, aussitôt sorti de l'École militaire. Sa femme, Ekbal Madi, était une lointaine cousine, du même village. Ces mariages arrangés à l'intérieur d'une même famille étaient et sont toujours très courants dans les campagnes : ils renforcent la position des familles et permettent d'agrandir les exploitations. Pour Anouar lui-même, Ekbal était un bon parti : c'était la fille de l'*'oumda*, le chef du village. Elle avait sept ans de plus qu'Anouar, et c'était une brave femme. Mais c'était aussi une paysanne sans instruction. Elle n'avait jamais été au Caire.

« J'aurais tant voulu une femme avec qui partager ma vie, mes rêves. Mais elle ne pouvait me comprendre — ce qui bien sûr n'était pas sa faute... »

C'est au cours de son deuxième emprisonnement, à partir de 1946, pour le meurtre d'Amine Osmane, qu'Anouar se rendit compte soudain de l'importance de l'amour — ou plutôt de l'absence d'amour dans sa vie. Cette fois, ses conditions de détention, dans la prison centrale du Caire, étaient extrêmement dures. Pendant trente mois, on l'isola dans une cellule minuscule. Pas de lit, pas de table, pas de chaise, pas même de lampe ; interdit de lire, d'écrire, d'avoir une radio. En hiver une eau froide suintait le long des murs. En été la cellule, y compris la paillasse de palmes pourries et la couverture raide de crasse, grouillait de cafards.

« J'avais au moins la consolation d'avoir été élevé à la dure au village, me dit-il au cours d'une de nos promenades. Cela m'aidait à supporter cet enfer. »

Ce devait être vraiment horrible, surtout quand on pense à l'importance qu'a la propreté pour les musulmans, pour la prière. Il y avait dans chaque cellule un seau d'eau, et un autre seau qui servait de tinette. Dans ces conditions, la gale était endémique chez les trois mille détenus de la prison. Une fois par jour, on lui jetait par le guichet un sandwich de *foul* (de purée de fèves). Anouar réussissait rarement à la manger : les privations et les épreuves le rendaient incapable de digérer, et ce fut irrémédiable. Pendant tout le reste de son existence, il fut obligé de prendre chaque matin au lever un verre de sels d'Eno ; et malgré cela, il devait surveiller son alimentation et manger très peu. Vers la fin, ses repas se réduisaient à un peu de soupe.

Abandonné à lui-même, des mois durant, dans cette cellule 54, il pensait, pensait, et l'inanité de son mariage lui torturait l'esprit. Mais toujours la même question revenait, lancinante : « Comment pourrais-je punir ma femme en divorçant, quand elle n'a rien fait d'autre que m'attendre, pendant toutes ces années ? » Que j'admirais son sens du devoir ! Peu d'Égyptiens ressentent aussi profondément leurs obligations envers leurs femmes, la plupart du temps ils ne tiennent aucun compte de ce qu'elles peuvent penser ou éprouver. Ekbal pouvait se remarier, certes ; mais, avec trois enfants, ce n'était guère probable.

Pendant un an et demi, cette question le tourmenta nuit et jour. « Dieu n'a rien créé qu'il haïsse plus que le divorce », disent les *Hadith.* Mais Anouar ne voyait pas d'autre solution, et finalement il fit savoir à sa femme qu'elle devait cesser de venir le voir à la prison. Et aussitôt après sa libération il lui dit personnellement qu'ils ne pouvaient continuer de vivre ensemble. C'était à l'Égypte, à tous les êtres, à Dieu, qu'il devait consacrer le besoin d'aimer qu'il s'était découvert en prison.

Jamais, que ce fût à quinze ans ou avant ou après, je n'ai eu besoin qu'on me démontre la force de l'amour. C'est une émotion qui vient facilement aux femmes, qui peut causer les plus grandes joies commes les pires souffrances. Toute ma vie devait être dominée par l'amour que j'éprouvais pour mon mari, mes enfants, mon pays. Celle d'Anouar aussi, quand il eut pris conscience, dans la solitude de sa cellule, de l'importance de l'amour. Et pourtant, pas une seule fois, pendant tout le temps qu'a duré notre mariage, il ne m'a dit tout simplement qu'il m'aimait. J'avais beau le taquiner, insister, pour lui arracher cet aveu, par besoin d'être rassurée, comme toutes les femmes : toujours il se dérobait. Je savais très bien qu'il m'aimait, mais il était impossible de le lui faire dire.

« Ne sois pas si sotte, Jehane, répondait-il en faisant semblant de se fâcher. Tu connais mes sentiments à ton égard, tu vois comment je te respecte. Tout ce que j'ai est pour toi.

— Mais je veux te l'entendre dire. Sinon je vais être jalouse de toutes les femmes qui te regardent... »

Jamais il ne se laissait fléchir. Peut-être était-il trop timide.

Ma tante et ma cousine, pour revenir à ce séjour à Suez, comprirent bien avant moi ce qui se passait entre nous, ce qui les mit dans une situation très embarrassante. Une jeune fille ne devait pas rester tant de temps toute seule en compagnie d'un homme, surtout d'un homme comme lui.

Hassan, étant l'homme le plus âgé de la famille en l'occurrence, n'aurait jamais dû me permettre de me promener seule avec Anouar. Sa position était d'autant plus délicate qu'il savait que son propre frère voulait m'épouser. Mais Anouar était pour Hassan quelqu'un d'au moins aussi important que son frère. Et c'était un héros national.

Quant à moi, tout ce que je voulais, c'était être avec Anouar, l'entendre parler de son passé, de ses luttes, et même des livres qu'il lisait en prison. De mon côté, je ne pouvais guère alimenter la conversation, ayant mené une vie protégée sans événements marquants. Je ne me lassais pas d'entendre sa voix profonde et forte, très forte même, mais je m'y étais déjà habituée. Anouar avait deux voix : l'une presque inaudible, l'autre retentissante.

« Pourquoi est-il en colère ? me demandaient les gens par la suite, après avoir entendu un de ses discours.

— Il n'est pas en colère, répondais-je en souriant. C'est simplement la voix qu'il a quand il parle. »

Je n'avais mon mot à dire, au cours de ces conversations de Suez, que lorsqu'il se mettait à parler de livres. On l'avait finalement autorisé, pendant les six derniers mois qu'il avait passés dans la cellule 54, à louer des meubles — une chaise, une table, un matelas bourré de balle de riz — et, surtout, à lire. Il avait dévoré tout Jack London, avec une prédilection pour

L'appel de la forêt : il s'identifiait au loup qui ne se laisse pas apprivoiser. Il avait été ému aussi par les ouvrages en style biblique de Lloyd Douglas. Mais le plus important, ç'avait été un article du *Reader's Digest*, écrit par un psychologue américain : cet article avait vraiment changé sa vie.

« On m'avait toujours arrêté le matin, au moment où il fait le plus froid ; ça avait fini par me donner des complexes. J'avais peur de m'endormir, souvent je me réveillais vers trois-quatre heures du matin, tremblant comme une feuille, avec la certitude qu'on allait encore une fois m'emmener. Je n'avais jamais connu la peur auparavant, mais dans la cellule 54, j'en suis même arrivé à me demander si cela valait la peine d'endurer tout ça pour l'Égypte. Si cela changeait quelque chose. Si ce n'était pas moi qui risquais d'être détruit. »

Ainsi il en était venu à douter de lui-même. La réponse lui fut donnée par cet article du *Reader's Digest* : c'est Dieu, avait écrit le psychologue américain, qui envoie aux simples mortels des crises personnelles de toutes sortes, pour leur apprendre non seulement à les supporter, mais à en combattre les conséquences. Ce n'est pas méchanceté de la part de Dieu, bien au contraire, c'est un acte de bienveillance par lequel il apprend à ses créatures a jouer les rôles qui leur sont assignés. Avec la foi et avec l'amour de notre Dieu bon, juste et miséricordieux, on peut ouvrir toutes les portes et vaincre l'adversité. Grâce à cette lecture, Anouar parvint à la paix de l'esprit et à une conscience claire de son identité. Plus rien, désormais, ne réussirait à l'ébranler.

« Que dois-je faire ? » demandai-je à ma cousine. Nous étions sur la terrasse de l'hôtel Beau-Rivage. Aïda, Hassan, Anouar et moi étions venus à Alexandrie passer les trois jours de fête de l'Aïd el-Seghir, la fin du ramadan. « Je vais tomber amoureuse de cet homme...

— Sois prudente, me dit-elle. Ne te promène pas avec lui toute seule le matin. »

Ces promenades que nous faisions tous les deux le matin le long de la plage étaient un ravissement. Une fois, il est vrai, nous étions tombés sur des amis de mes parents, des gens du Caire. Cachant mon trouble extrême, je les avais salués en passant, pour bien montrer que ma conduite n'avait rien de répréhensible. Mais en moi-même, j'étais terrorisée à la pensée qu'ils allaient tout raconter à mes parents. Mais ils ne dirent rien. Cependant, nous courions désormais trop de risques.

« Je resterai avec Anouar et toi, pour que vous puissiez être ensemble », me promit Aïda, en précisant que Hassan, son mari, l'y avait autorisée. De fait elle se mit à nous accompagner partout, déjeunant avec nous au Beau-Rivage, dînant avec nous au San Stefano, se promenant avec nous sur la Corniche. Nous étions en train de faire une chose impensable, innommable en Égypte à l'époque. Nous avions une histoire d'amour.

Mais c'était plus fort que nous. Nous étions emportés par nos émotions. Nous devions absolument nous voir, être ensemble, quel qu'en fût le prix.

« Tu es trop jeune. Quand je serai vieux, toi, tu n'en seras qu'au début », disait-il.

Sa peau était devenue encore plus noire, après toutes ces promenades sous le soleil d'été ; il prétendait que moi, au contraire, j'étais « rouge comme une langouste ».

« Pense à toutes les années que nous aurons entre-temps, lui répondais-je. Je t'aime, la différence d'âge n'a aucune importance.

— J'ai déjà été marié, j'ai des enfants à nourrir. Ce n'est pas juste pour toi. »

Je le regardais en secouant la tête.

« C'est à moi, disais-je, d'accepter ou de refuser. »

Voulait-il m'éprouver, me montrer toutes les raisons que j'aurais de l'oublier ? Je n'aurais su le dire. Je le trouvais trop réaliste, pas assez romantique.

« Je n'ai aucun projet d'avenir, aucun travail. Tu n'es pas habituée à vivre dans la gêne.

— Mais nous nous aimons, c'est tout ce qui compte », disais-je avec la conviction de mes quinze ans.

Cependant il fallait en parler à mes parents et obtenir leur consentement. Mais comment ? C'était à Hassan Izzat, étant donné les circonstances, de présenter la demande en mariage Cela s'annonçait très mal, et nous eûmes beaucoup de discussions tous ensemble sur la stratégie à suivre.

« Il faut mentir à ton père, suggéra Hassan. Je vais dire

qu'Anouar est un homme riche, qu'il a des terres, des vergers qui lui assurent un confortable revenu. Ils me croiront, car bien qu'on ait beaucoup parlé d'Anouar dans les journaux, il n'a jamais été question de sa situation personnelle, mais uniquement de politique.

— C'est impensable, rétorqua Anouar. Je n'admets pas qu'on trompe les gens. »

Pour une fois, c'est moi qui fus la plus réaliste. J'étais certaine que mon père refuserait d'accorder la main de sa fille à un homme sans ressources, tandis qu'un petit mensonge nous permettrait de gagner du temps. Mon père alors ferait la connaissance d'Anouar, il ne pourrait que le respecter et l'aimer lui aussi et donc finirait par consentir à notre union. Mais d'abord, c'était Anouar qu'il fallait convaincre.

« Mais moi, tu ne me trompes pas, lui dis-je, et c'est cela l'essentiel, puisque c'est moi qui serai ta femme. Bien sûr, j'avouerai tout à mon père avant le mariage, car je n'ai pas l'habitude de lui mentir. Mais si nous lui disons tout de suite, il ne voudra plus rien entendre. »

Anouar se taisait ; nous interprétâmes son silence comme un douloureux acquiescement.

Le premier entretien entre Hassan et mes parents, au Caire, fut houleux, comme il fallait s'y attendre. Les fabuleux revenus d'Anouar ne firent aucune impression. Ma mère déclara que j'étais trop jeune, qu'Anouar était d'une famille trop modeste pour nous, que jamais personne, dans la nôtre, n'avait épousé un homme divorcé ; enfin qu'il avait la peau vraiment noire, ce qui était indéniable, elle avait vu assez souvent sa photographie dans le journal pour le savoir.

Donc Hassan avait échoué. C'était à moi désormais de plaider la cause de mon bonheur, car jamais je n'aurais épousé Anouar, ni qui que ce soit, sans le consentement de mes parents. J'avais trop de respect pour eux, comme tous les enfants en Égypte, pour m'opposer à leur volonté ; de plus, notre religion me l'interdisait. Le Coran ordonne d'obéir à ses parents comme à Dieu lui-même. Jamais il ne me serait venu à l'idée de passer outre aux désirs de mes parents, surtout sur une question aussi importante que le mariage.

Mais ma mère restait inflexible.

« Quinze ans de différence entre vous, c'est trop », disait-elle, et j'avais l'impression d'entendre Anouar. « Tu le regretteras plus tard. Et puis il est marié, il a des enfants. Tu n'auras jamais une vie tranquille.

— Pourquoi, maman ?

— Parce que tu devras t'en occuper, et tu seras jalouse. Il dépensera pour eux tout son argent et ça te gâchera toute ton existence.

— Mais je l'aime », protestais-je. Mais c'etait un argument sans valeur.

« Tu penses qu'il n'y a que l'amour ? disait-elle, haussant le ton. Ton amour ne durera pas longtemps, il y a bien d'autres choses à considérer.

— L'amour peut tout résoudre », insistais-je.

Mais elle était aussi têtue que son héros Winston Churchill. Je la conjurai d'accepter au moins de le voir. Elle refusa.

Mon père se montra tout aussi ferme, mais plus compréhensif. Lui aussi s'était fait arrêter, quand il était étudiant à Assiout, pour avoir manifesté contre les Anglais. Ses parents étaient restés trois jours sans savoir ce qu'il était devenu ; ce premier contact avec la prison lui avait amplement suffi, et il avait décidé de ne plus jamais se mêler de politique. Cette décision s'appliquait à moi également.

« Anouar el-Sadate a déjà été en prison et dans des camps d'internement, me dit-il, tandis que je me tenais devant lui, les yeux baissés. Qu'est-ce qui me garantit qu'il n'y retournera pas un de ces jours s'il continue de faire de la politique ? »

Je ne pouvais nier cette éventualité — bien que, pour moi, ce fût un bon point pour Anouar. C'était le patriotisme d'Anouar qui d'abord m'avait attirée vers lui. Je voulais être la femme d'un patriote, je voulais défendre, en agissant à ses côtés, les idéaux que nous partagions. C'était précisément ce que redoutait mon père.

Je perdis l'appétit et le sommeil. Maintenant que j'étais revenue à la maison, je ne pouvais même plus le voir. Nous nous téléphonions. Il avait pris une chambre dans une pension du centre. J'avais toujours été le boute-en-train de la famille, la première à chanter, à plaisanter ; maintenant j'étais pâle et taciturne, et mon père commençait à s'inquiéter. Hassan revint chez nous, pour parler encore une fois à mon père en faveur d'Anouar. Mon père se montra plus doux, il avait compris mes vrais sentiments et ma situation difficile. Je me souvins alors que lui aussi avait fait un mariage d'amour, contre ses parents.

« Je ne donnerai mon consentement, dit-il prudemment, que si je peux être sûr qu'avec lui, ma fille ne manquera de rien. Je ne veux pas que ma fille s'expose à des privations en épousant un homme qui n'a qu'un salaire et pas de biens personnels, pas de revenu indépendant. Elle n'est pas habituée à ça.

— Mais au contraire, il a de la fortune », insistait Hassan, décrivant de nouveau les champs et les vergers qu'Anouar était censé posséder.

J'étais assise à côté d'eux, j'étais déchirée. Pourquoi est-ce que je trompe mon père, mon propre père qui m'aime tant ? Pourquoi ne pas lui dire la vérité tout de suite ? Mais une autre voix disait en moi : « La vérité peut attendre, Jehane. Sinon tu n'auras jamais Anouar. »

Quand mon cousin enfin partit, j'éclatai en sanglots.

« Mon père, pas un mot de ce que vous a dit Hassan n'est vrai, dis-je, le visage ruisselant de larmes. Anouar n'a rien, mais nous savions que sinon vous ne donneriez jamais votre consentement. »

Mon père ne fut guère surpris, il savait que Hassan faisait partie de ces gens qu'il ne faut jamais croire. Cette révélation accrut mon désespoir.

« Mais je l'aime, papa, je l'aime, m'exclamai-je en pleurant. L'argent ne compte pas pour moi. Je ne veux pas de servantes. Je ferai moi-même la cuisine, je ferai moi-même la lessive. Je ferai tout. Même s'il gagne trois fois rien, ce sera toujours assez pour moi. Donnez votre consentement, je vous en supplie.

— Si c'est vraiment ce que tu veux, Jean, alors je le donne », dit-il enfin.

Je tombai à genoux et lui baisai la main. Je n'arrivais pas à y croire. Mais il fallait encore convaincre ma mère.

« Ne dites pas à maman qu'Anouar n'a pas un sou. Ce serait le comble pour elle, ça m'ôterait tout espoir. »

Il fit oui de la tête.

« Tu as raison, Jehane, dit-il en me caressant la tête. Ce doit être notre secret. Sinon elle me dira : Pourquoi ? Pourquoi acceptes-tu un tel homme ?

— Voulez-vous m'aider à la convaincre ? » demandai-je. Il sourit.

« J'essaierai. Mais c'est une Anglaise, elle est très têtue. »

Pendant les semaines qui suivirent, je fis tout ce que je pus pour la faire changer d'idée. Mais le retournement de mon père n'avait pas eu beaucoup d'effet.

« Nous pouvons au moins nous fiancer, maman, et si après quelques mois je l'aime toujours autant, alors tout ira bien. Sinon, vous aurez eu raison, et vous pourrez casser tout. »

J'allai jusqu'à lui promettre ça, mais elle refusa. J'insistai ; je revenais sans cesse à l'attaque, et un jour je me jetai à ses pieds, embrassant ses mains, ses genoux, et je m'écriai : « Maman, je vous en supplie, au moins voyez-le. Et s'il ne vous semble pas comme il faut, alors vous direz non, et tout sera fini. » Je sentis qu'elle cédait un peu, je continuai : « Vous savez bien que je ne suis pas une jeune fille sentimentale ne connaissant rien à la réalité (ce que j'étais bien sûr). J'aime vraiment cet homme, je ne peux pas vivre sans lui.

— Très bien, très bien, je le verrai », dit-elle de mauvaise grâce, en essayant d'écarter mes bras enlacés autour de ses jambes.

L'entrevue fut fixée pour la semaine suivante.

Maintenant j'étais réellement terrorisée. Je voyais d'un côté ma mère, si fanatiquement attachée à son pays, et de l'autre Anouar, le nationaliste, l'anti-Anglais le plus célèbre d'Égypte. D'un côté ma mère qui nous avait si souvent parlé de l'héroïsme des soldats anglais pendant la guerre et ne jurait que par Winston Churchill — et de l'autre Anouar qui avait agi contre cette armée et détestait entre tous ce Winston Churchill.

C'était Churchill qui, à la demande de notre Parlement, en 1941, avait donné l'ordre à l'armée égyptienne de se retirer de Mersa Matrouh dans le désert de l'ouest, puis, pour la punir, l'avait humiliée en confisquant ses armes. Anouar qui servait à Mersa Matrouh dans les transmissions, s'était rebellé, et avait refusé de rendre les armes. Mais Anouar avait une raison encore plus forte d'en vouloir au héros de ma mère : en 1942, la 8e Armée ayant été enfoncée par l'offensive de Rommel, le Premier

ministre britannique s'était rendu secrètement à El-Alamein pou
remonter le moral des troupes. C'est à cette occasion que Churchill donna le commandement à Montgomery, inversant par cet acte le cours de la guerre. Mais il changea aussi le cours de la vie d'Anouar en promettant la vie sauve aux espions allemands faits prisonniers, s'ils dénonçaient leurs « contacts » égyptiens. Leurs aveux envoyèrent Anouar en prison pendant deux ans.

J'étais de plus en plus angoissée au fur et à mesure qu'approchait le jour où Anouar viendrait prendre le thé avec nous. Je passais le plus de temps possible en prière. Pour ce qui est de mon père, j'étais certaine qu'il apprécierait Anouar, et d'autant plus qu'il resterait plus longtemps avec lui. Mais ma mère... Anouar et elle allaient se quereller, j'en étais tout aussi certaine, elle allait le rejeter, j'entendais déjà ma mère me disant : Non, Jean, ce mariage ne se fera pas.

Anouar allait-il, au moins une fois, laisser ses principes de côté, pour dire à ma mère ce qu'elle avait envie d'entendre ? Il s'était dressé contre la domination britannique, il avait dénoncé les Anglais publiquement devant le tribunal ; la noblesse de son caractère n'était plus à démontrer. Mais ma mère était ce qu'elle était — et toute ma vie était en jeu. Comment allaient-ils se comporter tous les deux ?

Je m'assis entre elle et lui. Je n'osais regarder ni l'un ni l'autre, je fixais mes yeux sur le tapis avec une telle intensité que ses motifs sont restés à jamais gravés dans ma mémoire. La conversation s'engagea : cela n'avait rien de mondain, c'était un véritable interrogatoire.

« *Bni'ra 'ânak ktêr fil garayyid, ya sayyid el-Sadat.* Nous avons lu beaucoup de choses sur vous dans les journaux, monsieur, disait ma mère sèchement. Êtes-vous toujours contre l'occupation britannique ? »

Mon cœur se serra.

« Bien sûr que je suis contre cette occupation. Je suis égyptien, aucun pays n'a le droit de nous dicter notre destin. Accepteriez-vous que l'Angleterre soit dans la même situation ? »

Bravo ! pensai-je. C'est une chose qu'elle peut comprendre.

« Souhaitez-vous que tous les Anglais quittent l'Égypte ? »

De nouveau mon cœur cessa de battre. Mais Anouar fut magnifique :

« Pas du tout. Je n'ai rien contre les Anglais eux-mêmes. Nous sommes tous des êtres humains, avec les mêmes rêves, les mêmes espoirs. C'est à l'État anglais que je m'oppose, parce que c'est l'État anglais qui occupe mon pays. »

Je commençai à jeter des regards en coin tantôt vers l'un tantôt vers l'autre : leurs visages étaient parfaitement inexpressifs, seules les lèvres remuaient, lançant les questions, assenant les réponses. Je me tournai angoissée vers mon père, mais ne pus rien lire non plus sur son visage. Comme moi il se taisait, sachant que tout se jouait entre ma mère et Anouar.

Puis la question que je redoutais entre toutes retentit :

« Que pensez-vous de Winston Churchill ? »

C'est fini ! me dis-je en me demandant si j'allais m'évanouir ou avoir une crise cardiaque, tant mon cœur frappait fort dans ma poitrine. J'essayai d'attirer l'attention d'Anouar, pour le supplier de mettre des gants. Mais il continuait de regarder ma mère franchement, droit dans les yeux.

« Winston Churchill est un brigand. La souveraineté de l'Égypte a été proclamée en 1923, mais Churchill n'a cessé de fouler aux pieds sa fierté et son indépendance. Sa politique est la pire qui soit, parce que l'idée qu'il a des intérêts de son pays implique l'humiliation de mon pays. C'est peut-être un grand dirigeant aux yeux des Anglais ; pour nous, c'est un ennemi détestable. Avec tout le respect que je vous dois, madame, je n'ai que mépris pour votre Winston Churchill. »

Ma mère le dévisageait sans rien dire, sa soucoupe et sa tasse de thé anglais dans les mains. Les paroles d'Anouar continuaient de résonner à mes oreilles, je ne savais plus où me mettre. Enfin mon père dit, sans regarder personne :

« Il faudra que vous reveniez nous voir, monsieur. Tout cela était très intéressant. »

Et il reconduisit Anouar à la porte. Je restai à côté de ma mère, j'étais pétrifiée. J'attendais le verdict.

« Je suis en complet désaccord avec ce qu'a dit ton monsieur Sadate, sur Winston Churchill et la politique anglaise. »

J'eus un coup au cœur.

« Mais, continua-t-elle, je le respecte, car il a été très franc, très direct. Il n'a pas cherché à me plaire. Et ça, c'est admirable. »

Je bondis de joie : « Alors, nous allons nous fiancer ? m'exclamai-je.

— Je ne sais pas encore. Je trouve toujours que tu es encore trop jeune. Il faut que je le revoie encore une fois et que j'en discute avec ton père. »

Quelques semaines s'écoulèrent. J'étais tantôt très gaie, tantôt complètement abattue. Tante Batta était tout le temps fourrée chez nous : enrageant à la pensée que je n'épouserais pas son Ahmed, elle ne cessait de monter ma mère contre Anouar. Elle ressortait les mêmes arguments que ma mère, en faisant valoir en plus que son fils Ahmed non seulement était un bien meilleur parti, mais qu'il était de la famille. *« Nar el-qarib walla gannit el-gharib »,* elle citait à tout bout de champ cet adage : L'enfer d'un sien parent vaut toujours mieux que le paradis d'un étranger...

« Pourquoi ne pas attendre quelques années, Jean ? me dit un jour ma mère. Si tu l'aimes vraiment, tu l'aimeras encore alors. »

Quelques années ? C'était l'éternité ! Le fils de notre voisin, qui avait lui aussi demandé ma main, n'arrangeait pas les choses. Anouar el-Sadate n'a aucun avenir, disait-il à mon père. Qui entretiendra Jehane quand il sera retourné en prison ? Mon père commença à exprimer ses doutes. J'étais désespérée.

« Parlons encore une fois tous les trois avec Anouar », répétais-je à ma mère, voyant mon avenir s'évanouir devant toutes ces objections, qui étaient indéniablement fondées. Mais il fallait que mes parents découvrissent la vraie personnalité d'Anouar, alors ils changeraient peut-être d'avis.

« Parle de livres, lui dis-je à voix basse au téléphone. C'est sa passion. »

« J'aime beaucoup Dickens...

— Vous connaissez Dickens ? » s'exclama ma mère, reposant sa tasse de thé. Pour la première fois elle lui avait parlé en anglais. Anouar répondit que oui, et ils se lancèrent dans une grande discussion, toujours en anglais, sur les *Grandes espérances* et *Oliver Twist*, romans pour lesquels il avait une prédilection parce qu'il y est question d'orphelins, de leurs sacrifices, de leur héroïsme. Les orphelins sont un sujet qui éveille toujours la sympathie des musulmans — chez nous, il suffit de perdre son père *ou* sa mère pour être considéré comme tel. Mahomet lui-même devint orphelin à l'âge de six ans, et le Coran ordonne l'équité et la bonté envers tous les orphelins.

Je les écoutais avec intérêt, car Dickens était aussi un de mes auteurs préférés. J'avais lu *Oliver Twist* au lycée et j'avais passé un examen sur *L'histoire de deux villes*. Et surtout mon espoir renaissait : au moins, ma mère et Anouar ne parlaient pas de politique. Visiblement, ils étaient aussi contents l'un que l'autre d'avoir une occasion d'aborder ce genre de sujets, et ma mère s'animait de plus en plus en parlant de « ses » écrivains chéris, dans sa langue maternelle, avec un Égyptien cultivé, dont l'accent n'était peut-être pas parfait, mais qui avait un vocabulaire étendu et précis.

« Bien, Jean. Bien, me dit-elle quand Anouar fut parti. Je comprends maintenant tes sentiments pour cet homme. Il est intelligent. Il a du caractère. Avec lui tu seras dans de bonnes mains. » Et elle ajouta une considération à laquelle aucune mère égyptienne n'aurait jamais pensé : « Et tu ne t'ennuieras jamais. »

Je l'embrassai si fort que j'en eus mal aux bras. Les fiançailles furent fixées à la semaine suivante. J'étais très excitée et un peu inquiète à la pensée de connaître la famille d'Anouar. Je ne les avais jamais vus, en effet, et j'étais certaine qu'ils seraient très différents de mes propres parents.

Ils vinrent presque tous participer à la fête chez nous. Il y avait là Talaat et Néfissa ; Sakina, Effate, Zaïn et Zeynab ; le père d'Anouar, Mohammed, avec Sitt el-Barrein, la mère d'Anouar, et Amina, sa seconde femme ; Esmat, le frère d'Anouar, avec la première de ses deux femmes, Zeynab. Je fus impressionnée par leur nombre, mais toutes mes craintes s'évanouirent aussitôt. C'étaient des gens détendus et aimables ; ils avaient cette ouverture d'esprit et ce sens de l'humour qui caractérisent souvent, comme je le découvris par la suite, les familles des campagnes égyptiennes.

« Quel veinard, notre frère, d'avoir dégoté une fille aussi blanche que vous ! Comment il a fait ? »

Ses frères et ses sœurs ne cessaient de me plaisanter avec beaucoup de délicatesse. Son père me dit avec chaleur qu'il était fier d'accueillir quelqu'un comme moi dans sa famille. Quant à sa mère, elle était littéralement muette de bonheur, mais de temps à autre elle se précipitait vers moi pour m'embrasser. Ils étaient tous si affectueux ; tout de suite je me sentis bien avec eux. J'espérais seulement pouvoir me rappeler le nom de chacun.

Et pourtant ils n'avaient pas la vie facile : je m'en aperçus dès la première visite que je leur rendis, avec Anouar. Toute la famille — nièces, neveux, petits-enfants, frères et sœurs — se retrouvait pour manger le soir. Ce n'est pas une famille, c'est une tribu, pensai-je en voyant cette immense tablée où se côtoyaient trois générations. Je fus stupéfaite aussi de voir la quantité de plats différents qu'ils servaient à chaque dîner. Comme ma mère, j'accordais peu d'importance au manger, préférant garder mon argent pour m'acheter une robe ou un tableau, ou quelque bibelot pour embellir un coin de ma chambre. Mais les parents d'Anouar, étant d'une autre génération, avaient en quelque sorte la religion de la nourriture, les repas devaient être plantureux. « Tu as un appétit d'oiseau, Jehane », disait Sitt el-Barrein quand je déclarais en m'excusant que je n'en pouvais plus. Mais en fait c'était Anouar qui mangeait le moins : il ne prenait qu'un peu de soupe et de viande chaque soir. Il était bien plus sérieux que le reste de sa famille, souvent il les laissait tous blaguer et rire autour de la table et allait se plonger dans un bouquin.

D'ailleurs il ne ressemblait à personne, ni dans sa famille ni dans la mienne. Il avait une mission. Dès le jour des fiançailles, je perçus les dangers et les tensions qu'il pourrait en résulter pour notre mariage. Par défi, il avait tenu à revêtir son uniforme d'officier, sachant très bien que c'était un délit puisqu'on l'avait chassé de l'armée. Mon ancien prétendant, le fils des voisins, qui était aussi officier, voyant Anouar arriver en uniforme, avait été le dénoncer à la police, par jalousie. La fille du portier était montée me prévenir — mais, heureusement, la police avait sans doute d'autres chats à fouetter.

Mais mon père tira aussitôt la leçon de cet épisode.

« Anouar, dit-il, en le prenant à part. Je vous aime comme un fils et j'ai beaucoup de respect pour vous, mais je ne peux donner mon consentement à ce mariage si vous ne me promettez pas de ne plus jamais vous occuper de politique. Je n'admettrai pas que ma fille soit impliquée dans une existence aussi dangereuse. Donc, à vous de choisir. »

Anouar était confronté au plus cruel des dilemmes. Pour vivre avec moi, il devait renoncer à sa raison de vivre. Mais d'autre part, il était clair qu'en continuant la lutte politique, avec tous les risques que cela comportait, il ne pouvait nous garantir une existence stable — ni à moi, ni à sa première famille.

« Je le promets », dit-il, à contrecœur. Et c'est à contrecœur aussi qu'il accepta de travailler dans l'entreprise de construction de Hassan Izzat.

Moi, j'étais aux anges. L'avenir m'apparaissait sous les couleurs les plus radieuses. Le 29 mai 1949, je deviendrais Jehane el-Sadate ! Qui aurait pu savoir que ces huit mois allaient être une des périodes les plus violentes et les plus troublées de l'histoire de l'Égypte ?

La déception, la frustration, la colère étaient générales. La guerre de Palestine nous avait apporté non seulement l'humiliation de la défaite, mais aussi la crise économique. Les prix s'envolaient, les sans-travail pullulaient, les revenus baissaient. Tout le monde, sauf la classe dominante, se serrait la ceinture : fonctionnaires, diplômés de l'université qui ne trouvaient pas à s'employer, même les militaires dans leur ensemble. On rationnait de nouveau des biens aussi nécessaires que le sucre, la farine, ou le pétrole qui était le seul combustible utilisé dans les villes, pour la cuisine, pour chauffer l'eau, etc. On institua des cartes d'identité indiquant le nombre de personnes à charge dans chaque famille, et on distribua des carnets de bons pour l'achat des produits rationnés. Mais il n'y avait rien à acheter ; même le *dammour* — le type de cotonnade le plus simple dont on fait les *galabieh*, cette espèce de robe que portent les gens du peuple — était introuvable.

Nos dirigeants se montraient peu préoccupés par cette situation. Les parlementaires, étant eux-mêmes des gens riches dans leur grande majorité, s'opposaient régulièrement à l'augmentation des impôts sur les grandes fortunes. Leur sens de la justice n'était nullement choqué du fait que 65 p. 100 de la richesse de l'Égypte appartînt à 5 p. 100 seulement de la population et que 2 p. 100 à peine des Égyptiens possédassent plus de la moitié des terres arables du pays : c'étaient eux ces privilégiés, c'étaient eux ces grands propriétaires fonciers qui s'enrichissaient de la sueur des fellahs.

Les manifestations de pauvres et de chômeurs se multipliaient La seule réponse du gouvernement consistait à arrêter les protestataires, en leur infligeant souvent les pires traitements. La presse, relativement libre à l'époque, parlait de tout cela, ce qui rendait plus aiguë la conscience de la différence entre les classes et exacerbait les tensions.

De fait, les tensions s'étaient accumulées partout. Les travaux d'irrigation — construction de barrages sur le Nil, percement de canaux pour gagner de nouvelles terres cultivables sur le désert — ne pouvaient faire face à l'explosion démographique : nous étions passés de seize millions en 1930 à vingt-deux millions en 1948 ! Au Caire la surpopulation était incroyable, on s'entassait à 10 000 par pâté de maisons. Les bus et les trams passaient débordant de grappes humaines. La criminalité, traditionnellement rare en Égypte, augmentait. Les milliers de fellahs qui étaient venus travailler dans les villes pendant la guerre mondiale s'étaient retrouvés sans emploi. Et d'autres milliers ne cessaient d'affluer tous les jours, bien que le roi Farouk eût expressément interdit aux fellahs de quitter leurs villages.

Dans ces conditions, les Frères musulmans étaient de plus en plus forts. Désormais (décembre 1948), plus de deux cent mille personnes avaient adhéré au mouvement en Égypte, professant les principes intégristes du Chef suprême, Hassan el-Banna. Les fedayin continuaient de se battre dans le Sinaï pour défendre leurs sœurs et leurs frères musulmans de Palestine. Et alors que des millions d'Égyptiens protestaient contre la corruption et l'humiliante occupation britannique, les Frères avaient porté leur guerre sainte dans les rues mêmes de nos villes.

Depuis des mois les actes de violence se multipliaient, contre l'État, contre les Anglais et même contre les étrangers avec lesquels les Égyptiens avaient vécu jusqu'alors en bonne entente. Alors que nos soldats battaient en retraite en Palestine, au Caire les attentats s'étaient multipliés contre les maisons de commerce étrangères et juives — l'élégant David Ades où ma mère, ma sœur et moi achetions verres et porcelaines, les grands magasins Cicurel, Benzion et Gatinigno. Tout établissement non égyptien était devenu une cible : le cinéma de la MGM, les bureaux en ville des sociétés anglaises et françaises. Il restait une importante colonie juive au Caire — bien que beaucoup eussent fui en Europe pendant la guerre, lors de la percée allemande vers Alexandrie. Durant l'été 1948, alors que j'étais à Suez avec Anouar, une bombe explosa dans le quartier juif — Haret el-Yahoud — faisant plus de vingt morts et des dizaines de blessés.

Maintenant on s'en prenait aux Égyptiens eux-mêmes, à ceux qui collaboraient avec le gouvernement. En décembre 1948, trois mois après nos fiançailles, le préfet de police du Caire fut tué par des étudiants qui avaient lancé une grenade sur sa voiture. Le Premier ministre Noukrachi, soupçonnant les Frères musulmans, décréta la dissolution de leur communauté religieuse et la confiscation de leurs biens.

La police découvrit de formidables caches d'armes : fusils, mitrailleuses, munitions. Une partie des Frères avait formé le Jihaz el-Sirri, armée secrète qui se proposait entre autres buts le renversement du gouvernement ; et l'on découvrit que dans toute l'Égypte, ils avaient installé des centres clandestins d'entraînement militaire, attirant de plus en plus de volontaires.

Ces révélations inquiétaient Anouar autant que moi. La vue des énormes quantités d'armes confisquées, dans les journaux et les magazines, vous donnait le frisson. Anouar, tout en ayant une grande admiration pour Hassan el-Banna, le chef des Frères, qu'il avait rencontré à maintes reprises, ne pensait pas que la formation du Jihaz el-Sirri fût la bonne réponse aux problèmes de l'Égypte. Ni que ce fût une bonne idée d'interdire la Confrérie.

« Il faut que quelqu'un fasse quelque chose pour arrêter cette folie, me disait-il souvent. La violence ne peut qu'engendrer de nouvelles violences. Il faut mettre un terme à la corruption, il faut donner satisfaction aux gens, seule l'armée peut le faire, de manière organisée. »

Comme beaucoup d'Égyptiens de ma génération, j'avais des sentiments contradictoires vis-à-vis des Frères musulmans. J'admirais leur ténacité, leurs principes, leur fidélité à notre religion ; comme eux, je voulais le départ des Anglais et du roi Farouk. Mais je ne voulais pas d'eux, je ne voulais pas de leurs procédés autoritaires et violents. Les assassinats politiques, les massacres d'innocents qui les accompagnaient créaient un profond malaise chez tous les Egyptiens. Nous jouissions depuis peu d'une nouvelle liberté d'expression politique, et la vie culturelle aussi florissait. La Scala donnait des représentations à l'Opéra du Caire, on se pressait au théâtre pour voir la Comédie-Française. Beaucoup d'Égyptiens trouvaient les Frères trop rigoristes, trop prompts à condamner tout ce qui ne venait pas de l'islam. S'ils prenaient le pouvoir, nous risquions d'avoir non la démocratie et la liberté auxquelles tant d'Égyptiens aspiraient, mais un régime totalitaire.

Et pourtant l'interdiction des Frères musulmans ne me rassura pas, bien au contraire. Le gouvernement espérait, par cette mesure, arrêter la violence. Je savais, au plus profond de moi, que ce gouvernement ne pouvait résoudre les problèmes qui déchiraient l'Égypte, et que les Frères musulmans n'abandonneraient pas la lutte. De fait, comme je le craignais, ils passèrent dans la clandestinité, et la violence continua.

Le 26 décembre, trois semaines après la dissolution officielle de la Confrérie, le pemier ministre Noukrachi, se rendant à son bureau, fut assassiné par un Frère déguisé en policier. Deux mois plus tard, Hassan el-Banna lui-même, le fondateur des Frères musulmans, était abattu par la police secrète de Farouk, dans une rue du Caire ; le bruit courut alors que les hommes de Farouk l'avaient laissé saigner jusqu'à ce que mort s'ensuive. Je fus scandalisée. Tout le monde fut outré. Hassan el-Banna était devenu très populaire ; c'était un homme profondément religieux et supérieurement intelligent ; quand il prononçait un discours, il captivait son auditoire des heures durant. Ses propres partisans, en inaugurant la tactique des assassinats politiques, avaient indirectement causé sa perte.

Le premier ministre était mort. Hassan el-Banna était mort. Mais rien n'avait été fait pour enrayer l'engrenage de la vengeance et de la violence, entre les extrémistes religieux et l'État. Scission après scission, la Confrérie engendrerait des organisations de plus en plus déterminées et fanatiques. Ce conflit, jamais résolu, devait atteindre son point culminant, trente-trois ans plus tard, avec l'assassinat de mon mari.

Je me réveillai très tôt le jour de mon mariage. Le soleil n'était pas encore levé. La brume, au-dessus du Nil, se teintait peu à peu de rose. Quelle sérénité ! Je pris le Coran et je lus la sourate *Yâ Sîn*, celle où il est dit : « Gloire à lui qui fit ses créatures mâles et femelles : les plantes de la terre, les humains eux-mêmes, et les choses vivantes dont ils ne savent rien ! »

Jamais je ne m'étais sentie aussi heureuse. J'allais épouser l'homme que j'aimais, que j'avais moi-même choisi ! Si peu de mes amies auraient cette chance... Mes camarades avaient ouvert de grands yeux, quand je leur avais annoncé la nouvelle... et montré la photo d'Anouar. « Il est riche ? » avaient-elles demandé. Je secouai la tête. « Il est d'une bonne famille ? » De nouveau, je fis non de la tête. « Mais alors, pourquoi tu te maries avec lui ? s'étaient-elles exclamées, stupéfaites. Il est si vieux, si laid ! »

Je levai la main pour admirer encore une fois les deux bagues qu'Anouar m'avait offertes pour les fiançailles. L'une avait la forme d'un papillon. Il les avait achetées toutes les deux avec l'aide de mon père. En Égypte, le fiancé offre traditionnellement à la fiancée une bague et un autre bijou, broche, boucles d'oreilles, etc. Or Anouar n'avait pas le moindre sou à ce moment-là.

« Qu'allons-nous faire ? » demandai-je à mon père, sachant qu'Anouar n'admettrait jamais lui-même qu'il ne pouvait respecter cette coutume. Mais il fallait absolument rassurer ma mère et mes tantes.

« Eh bien qu'il vienne avec moi, suggéra mon père. Nous achèterons la bague ensemble. »

Anouar n'était pas très chaud.

« On ne pourrait pas attendre que j'aie les moyens de t'offrir quelque chose ? » me dit-il. Il travaillait alors pour *Dar el-Hilal*, la maison d'édition qui avait publié ses carnets de prison. Mais il ne lui restait pas grand-chose de ses droits d'auteur : il avait presque tout envoyé à sa première famille. Cela dit, il fallait absolument que je pusse montrer à tout le monde ce gage de son amour — surtout à ma mère, qui ne savait toujours pas à quel point Anouar était pauvre. Je le suppliai d'accepter la proposition de mon père que, d'ailleurs, il pourrait rembourser plus tard. Finalement, tous deux étaient allés chez Bayokki, le bijoutier, et avaient choisi ces deux bagues.

En Égypte la fiancée apporte en dot des meubles, des ustensiles de ménage et de cuisine, et les draps. Mais le Coran ordonne aussi au fiancé de constituer une dot pour sa future femme, et dit même (*Les femmes*, sourate IV) : « Assignez librement à vos femmes leur dot. » Il s'agit d'une somme d'argent dont le montant est fixé par négociation entre le représentant de la fiancée, en général son père, et le fiancé, et ensuite inscrit dans le contrat de mariage. Les deux tiers de la somme sont versés tout de suite ; le reste est gardé en réserve, pour être remis à la femme en cas de divorce. Cette « dot » du mari varie selon la condition sociale des fiancés, elle peut atteindre des milliers de livres ; le minimum, pour les plus pauvres, est de 25 piastres.

Anouar s'engagea à m'offrir 150 livres, mais il ne les paya jamais. Je l'ai souvent plaisanté à ce sujet par la suite :

« Tu m'as eue pour rien ! J'ai vraiment été une idiote. »

Mais jamais mon père ne révéla à ma mère cet aspect de notre mariage. Il s'occupa avec générosité et avec un plaisir manifeste des préparatifs, acceptant même de vendre, à bon prix il est vrai, les terres qu'il avait reçues en héritage. Il nous accompagna, ma mère et moi, quand nous allâmes chez la couturière choisir les étoffes pour le trousseau — que j'avais moi-même dessiné, mettant à profit mes connaissances acquises à l'école : draps et nappes de lin, chemises de nuit brodées, de soie et de crêpe de Chine, robes et manteaux. Il nous accompagna aussi au bazar de Khan el-Khalili où nous achetâmes les couverts — en argent massif pour les grandes occasions, simplement argentés pour la vie de tous les jours ; deux grands services — l'un de porcelaine fine, l'autre plus simple et plus solide ; et enfin les verres, ordinaires et en cristal.

C'est tous ensemble encore que nous cherchâmes l'appartement, à Rôdah même. Dans les villages, la coutume veut que les jeunes mariés s'installent chez les parents du mari. Au Caire et dans les grandes villes, ce n'est plus le cas, en général — mais on s'arrange pour que le jeune ménage habite à proximité de la famille de l'un ou de l'autre. Nous trouvâmes un appartement, dans un immeuble neuf, à quelques minutes à peine de chez mes parents ; j'étais ravie. Il comportait deux chambres, un salon, une salle à manger et trois balcons. De l'un, on avait vue sur les deux bras du Nil, de part et d'autre de notre île. Le mouvement était incessant sur le fleuve : canots automobiles filant dans toutes les directions, felouques aux voiles blanches louvoyant entre les courants, grands vapeurs emportant vers la Haute Égypte des meubles, des cuisinières, ou en revenant, chargés de canne à sucre et d'énormes jarres de mélasse.

De l'autre balcon, de l'autre côté de l'appartement, le panorama s'étendait jusqu'au désert et aux trois pyramides de Khéops, Képhren et Mykérinos. Que de fois nous avons regardé le soleil se coucher derrière elles ! Que de fois nous les avons découvertes toutes rouges dans l'aurore ! Entre Rôdah et le désert, il n'y avait alors qu'une longue bande verte de jardins et de champs ; la ligne de séparation était si nette qu'on eût dit une pièce découpée aux ciseaux. A la merveille de toute cette verdure porteuse de vie répondaient les mystères du désert et des pyramides.

Contrairement à beaucoup d'Égyptiens, j'aimais le désert ; il me donnait la sensation de l'infini, il me faisait imaginer l'endurance qu'il exige. Parfois je distinguais au loin les caravanes arrivant du Soudan par le Sahara. Tout le temps on pouvait y apercevoir des gens à cheval. Anouar passait des heures sur ces balcons, non seulement à cause de la beauté du paysage, mais parce que ses années de prison l'avaient rendu un peu claustrophobe. Il restait dehors autant qu'il le pouvait, même par les pires chaleurs.

J'avais eu raison en supposant qu'Anouar plairait à mon père. A partir du moment où nous fûmes fiancés, Anouar vint souvent passer la soirée chez nous. Mon père et lui, parlant beaucoup ensemble, jouant au trictrac après le dîner, apprirent à mieux se connaître, ce qui augmenta leur affection et leur estime réciproques. Quand, par la suite, Anouar voulut rembourser à mon père ce qu'il avait dépensé pour les bagues, les meubles et même le trousseau, mon père refusa catégoriquement. « Je ne vends pas ma fille, lui dit-il. Et je gagne un fils. »

Anouar ne devait jamais oublier la générosité de mon père. Quand bien plus tard mon père prit sa retraite, Anouar, qui était alors président du Parlement, tint absolument à ce que mes parents abandonnent leur appartement, juste en face de chez nous sur la route des Pyramides, et viennent s'installer chez nous.

« Il dit qu'il sera un poids, dis-je à Anouar après avoir parlé à mon père.

— Dans ce cas, m'ordonna Anouar, va chez eux et fais apporter tous leurs meubles ici. Quand je pense à tout ce qu'il a fait pour moi dans les premières années de notre mariage... C'est un devoir, c'est un honneur de lui rendre toutes ses faveurs. Que fera-t-il de ses journées maintenant ? Je n'accepterais jamais qu'il soit seul. Je veux que le matin, en ouvrant les yeux, il trouve ses petits-enfants sur son lit, je veux qu'il prenne son petit déjeuner, son déjeuner, son dîner toujours avec nous. »

Mon père pleura à chaudes larmes en me voyant arriver avec les déménageurs, car il ne désirait rien tant que de vivre à côté de nous et de ses petits-enfants, mais il se sentait gêné à cause de la position d'Anouar. Il mourut un an plus tard. Ma mère lui survécut quatorze ans, et s'installa avec nous dans notre villa de Guizeh, après l'élection d'Anouar à la présidence. Je la soignai moi-même durant la longue maladie qui l'emporta à la veille de mon premier voyage en Israël. Pendant les six derniers mois de sa vie, elle ne prononça plus un mot d'arabe ; elle ne parlait plus qu'anglais.

« Jean ! » La voix de ma mère, m'appelant le matin de mon mariage. « Jean, il faut commencer ! » Je descendis en courant accueillir ma bonne, Chamia, qui arrivait chez nous pour accomplir la première cérémonie — le *halawa*, l'épilage des bras et des jambes, tel qu'il se pratique en Égypte et dans tout le Moyen-Orient depuis des siècles. On n'utilise pas la cire fondue, mais une pâte que l'on obtient en mélangeant à feu doux du sucre et du jus de citron. Chamia faisait très bien cela. Que je me sentais douce, que j'embaumais quand ce fut fini et que je m'habillai en attendant Anouar ! C'était lui qui devait m'emmener chez la couturière.

« Tu as l'air trop jeune », me dit la couturière, en me considérant d'un œil critique, après avoir ajusté ma longue robe de mariée et mon voile. (C'était encore moi qui les avais dessinés.) « Je vais te maquiller un peu. » Je m'assis et elle me passa du rouge sur les lèvres et sur les joues. Je frissonnais de joie, car je ne m'étais encore jamais fardée.

Puis nous allâmes tous les deux chez le photographe. Cette fois je me sentais nerveuse, pas à cause de la photo, mais à cause d'Anouar qui, encore une fois, avait tenu à revêtir pour l'occasion son uniforme d'officier. Sans les plaisanteries du photographe, j'aurais sans cesse pensé au fait qu'Anouar pouvait se faire arrêter à tout instant.

« Vous en avez de la chance, dit-il à Anouar tandis que nous posions. Jamais je n'ai vu une fiancée aussi jolie ! »

Il devait dire cela à tout le monde, mais, évidemment, le compliment me toucha.

« Tu vois que tu es un veinard ! chuchotai-je à Anouar, qui prenait une pose solennelle à côté de moi. Il l'a dit lui-même, que tu ne pouvais pas trouver mieux que moi ! »

Anouar se taisait, affectant de ne pas entendre mes taquineries. Des années plus tard, il avait exactement la même attitude lors des réceptions officielles, lorsque nous nous retrouvions devant des files interminables d'invités. Parfois, il est vrai, il me disait : « Raconte-moi quelque chose de drôle », pour soulager notre ennui, tandis que les gens avançaient, l'un après l'autre, pour nous serrer la main. Mais en général, les petites pointes que je lui décochais à mi-voix le rendaient furieux. « Tiens-toi tranquille, marmonnait-il. On dirait que tu es la seule à ne pas savoir te tenir. » Mais je ne pouvais quand même pas me tenir tout le temps tranquille le jour même de mon mariage !

Tout le monde nous attendait déjà à la maison pour la cérémonie — la réception, au contraire, devait avoir lieu dans le jardin de Tante Batta, près des pyramides. Rayonnante de bonheur je m'assis au milieu de ma famille (nous n'avions invité que les plus proches parents) ; mon bouquet de roses, jasmin et iris à la main, je m'assurai que mon voile tombait bien droit et que ma robe blanche ne faisait pas de plis, puis je fixai mes yeux sur le cheikh qui allait célébrer le mariage, et sur Anouar et mon père, assis l'un en face de l'autre. Étant donné mon jeune âge, en effet, mon père me remplaçait.

Au moins j'avais le privilège d'assister à mon propre mariage — au lieu d'attendre dans une autre pièce avec les femmes que la cérémonie soit accomplie, comme c'est très souvent le cas lorsque la fiancée n'a pas encore atteint l'âge (vingt et un ans) où une femme a capacité pour contracter. Et bien souvent aussi, c'est la domestique qui sert les rafraîchissements aux hommes dans la salle voisine qui lui apprend soudain qu'elle est mariée, en se mettant à pousser le *zaghrît*, ces longs youyous de joie, aigus et modulés. Aussitôt toutes les femmes, y compris la mariée, l'imitent, et ce concert de *zaghrît* conclut la cérémonie.

A mon mariage, c'est moi qui pousserais le *zaghrît* le plus fort ! Je pouvais déjà à peine contenir mon émotion quand le cheikh demanda tout d'abord à mon père si j'acceptais Anouar comme mari. Selon l'islam, toute femme a le droit de répondre non à cette question, même si tout est déjà arrangé. Certes cela n'arrive, semble-t-il, que dans les films ; mais cette question produit toujours un tout petit moment de tension. Mon père se tourna vers moi, les yeux pétillants de malice. « Oui », fis-je de la tête, avec une telle énergie que je faillis déplacer mon voile. « Elle consent », dit mon père au cheikh.

Alors mon père et Anouar joignirent leurs mains droites, pouce contre pouce, le cheikh les recouvrit d'un linge blanc — comme si ces deux mains symbolisaient les deux mariés — et la brève cérémonie commença. Mon père récita le premier la formule consacrée : « Anouar, je te donne en mariage ma fille, la vierge Jehane, contre une dot de cent cinquante livres. » Et Anouar répondit : « J'accepte celle que tu me confies, je la prends sous ma garde, et m'engage à lui accorder ma protection. Vous qui êtes présents, vous en êtes témoins. » Trois fois, il répéta cette dernière phrase.

Puis le cheikh lut un passage du Coran pour bénir notre union, et alors notre *zaghrît* retentit si fort qu'on dut l'entendre dans tout le voisinage : Anouar et moi étions mari et femme.

Quelle fête nous attendait chez ma tante ! Tout de suite en arrivant, j'aperçus trois chevaux danseurs évoluant gracieusement dans le jardin au son d'une unique flûte. Leurs queues et leurs crinières, toutes blanches, étaient entrelacées de fleurs. Nous restâmes à les admirer jusqu'à ce que tous les invités fussent là, puis Anouar et moi entrâmes dans le cortège nuptial, la *zaffa*, conduite par les artistes que nous avions engagés pour la soirée : chanteuses, danseuses, musiciens et un acteur.

De nouveau un concert perçant de youyous s'éleva, poussés par toutes les présentes, y compris les voisines et les simples passantes, pour saluer cette marche vers une nouvelle vie. Et une pluie de pièces de monnaie, jetées à pleines poignées par les amis et les parents (pour nous porter chance), s'abattit sur nous. Et pourtant, il ne s'agissait pas d'un grand mariage ! Aujourd'hui ces réjouissances se déroulent de plus en plus souvent dans les grands hôtels du Caire, et quand la *zaffa* passe de salon en salon, le bruit des milliers de pièces qui tombent et des *zaghrît* des femmes devient assourdissant. Il y a des mariages qui coûtent dix millions, vingt millions et même plus. Mais ceux qui ne peuvent se le permettre éprouvent les mêmes joies et s'amusent tout autant.

Anouar et moi, donc, nous assîmes sur les deux petits trônes ornés de fleurs qu'on avait préparés pour nous. Nous mangeâmes d'énormes assiettées de viandes, de salades, de gâteaux. Nous bûmes la boisson nuptiale, un jus de fruits rouge, très frais, parfumé à la fraise. Et toute la nuit les danseuses exécutèrent la danse du ventre, les musiciens jouèrent, les chanteuses chantèrent des chansons d'amour — et l'acteur raconta des histoires lestes.

« Je vous préviens, on vous garde ici jusqu'au matin, me dit-il en clignant de l'œil.

— Aucun inconvénient », répondis-je en riant, sachant que je ne me retirerais pas avec Anouar cette nuit-là. Notre appartement, situé dans un immeuble tout neuf, n'étant pas encore prêt, Anouar retournerait à sa pension et moi, je rentrerais chez mes parents.

Mais nous passâmes quand même notre nuit de noces ensemble. Bientôt, en effet, l'aube se leva. Et les invités se mirent à défiler devant nous pour nous saluer.

« Dieu vous bénisse, disaient-ils en nous serrant la main.

— Dieu vous bénisse aussi, pour l'honneur que vous nous avez fait », répondions-nous à chacun. Et nous fûmes seuls.

« Viens », me dit Anouar. Me prenant par la main, il me mena à la voiture, et nous allâmes faire un tour aux pyramides toutes proches.

Quel silence dans le désert après le bruit de la fête ! Nous marchâmes dans le sable jusqu'au pied de la Grande Pyramide, regardant, tout en haut, sa pointe à cent quarante mètres au-dessus de nous. Cela faisait presque cinq mille ans qu'elle était là, avec ses pierres si parfaites quand on l'avait construite que, dit-on, on n'aurait pu glisser entre elles ne fût-ce qu'une lame de rasoir. Je l'avais vue souvent, ainsi que les autres pyramides et le Sphinx, couché à quelques centaines de mètres de là. Mais ce matin-là je voyais tout avec des yeux différents.

Pourrions-nous être aussi sages que le Sphinx qui contemple l'Égypte avec la tolérance de l'éternité ? Son visage avait servi de cible d'entraînement aux soldats de Napoléon Bonaparte — saurions-nous survivre aux attaques avec la même dignité ? Notre amour serait-il immortel comme la Grande Pyramide ? Jamais je n'ai ressenti un tel espoir : ce que l'avenir nous réservait devait être à la mesure des richesses et des merveilles de notre passé. Le soleil était déjà haut dans le ciel quand Anouar me ramena enfin chez mes parents, puis continua seul vers sa pension.

J'ai souvent repensé à cette aube dans le désert. Et je me dis que c'est la volonté divine qui nous a poussés à aller là-bas, pour nous rappeler à notre destin, pour le souder au destin de notre pays. Dès le début de notre mariage, notre amour l'un pour l'autre fut toujours lié à notre amour pour l'Égypte. L'Égypte imposerait tant d'épreuves et de sacrifices, mais jamais nous ne pourrions nous empêcher de les affronter.

Dieu nous avait tracé cette voie. Tout ce qui nous arriverait, en bien et en mal, viendrait de lui. *Masir*. Le destin. Nous ne savions pas ce que Dieu avait voulu pour nous, sauf que c'était déjà écrit. Cette première aube au pied des pyramides était pour Anouar et moi le début d'un voyage dont les étapes avaient été soigneusement prévues. Nous ne savions pas où il nous mènerait. Souvent nos itinéraires divergeraient. Mais toujours notre destination serait la même. L'amour. La dignité. L'honneur. La paix.

Chapitre 4

La libération de l'Égypte

« Ma femme était de si mauvaise humeur aujourd'hui qu'elle a refusé de me faire à manger. Tu imagines ? Pas de déjeuner ! Si ça arrive encore une fois, je divorce.

— Chez moi, c'est affreux. Tout le monde se bouffe le nez. Ma femme a tout arrangé pour qu'une de ses nièces épouse notre fils. Mais lui, il veut la fille des voisins. Toute la journée, c'est des hurlements ! Je ne rentre pour ainsi dire plus chez moi. La paix du foyer, tu parles !

— Moi, je ne sais pas quoi faire. J'ai connu chez mon cousin une fille, une merveille, il faut que je l'épouse ! Mais je verse déjà une pension à ma première femme, ma seconde femme est encore enceinte. Si je divorce d'elle maintenant et qu'elle a un fils, je serai forcé de renoncer à ma nouvelle femme… »

Jour après jour, durant notre lune de miel à Zagazig (où Anouar était venu pour son travail), je m'installais sur le balcon de notre chambre d'hôtel, et j'écoutais les conversations qu'avaient les hommes, assis en dessous à la terrasse du café. Ils sirotaient leur café à la turque ou leur thé à la menthe, fumaient le narguilé, jouaient au trictrac, et, comme tous les Égyptiens, ils parlaient fort. Mais je n'avais encore jamais entendu des hommes parler ainsi de leurs femmes. Ces hommes ne parlaient même pas de politique, comme la plupart des Égyptiens, qui se lancent alors dans des discussions acharnées et interminables ; non, ils se retrouvaient au café pour étaler publiquement leurs problèmes les plus intimes.

La belle éducation que je recevais à Zagazig ! C'est un gros bourg du Delta, à mi-chemin entre Le Caire et Alexandrie, où Hassan Izzat avait envoyé Anouar surveiller la construction de conduites d'eau potable pour cinquante-deux villages. Il travaillait seize heures par jour. Nous y restâmes un mois. Pour la première fois, je connus la solitude, la solitude d'une petite Égyptienne de seize ans sans personne de sa famille à côté d'elle. Tous les deux ou trois jours, je parlais avec ma sœur et mes parents au téléphone, mais la liaison avec Le Caire était très mauvaise. Que je me sentais loin d'eux chaque fois ! Et il m'était impossible de me faire des amies. Les filles de mon âge allaient toutes à l'école et les femmes mariées étaient prises par les soins du foyer. D'ailleurs j'étais trop timide pour me lier avec des gens que je ne connaissais pas.

L'hôtel et notre balcon devinrent tout mon univers. Il eût été malséant de ma part de sortir seule de l'hôtel et, à part le marché, où aurais-je pu aller ? Au cinéma, non accompagnée ? C'était exclu, bien sûr ; quant aux cafés, seuls les hommes les fréquentaient. Le matin, donc, je lisais ; et l'après-midi je me mettais à mon balcon, comme au théâtre — sauf que ces hommes ne savaient pas que je les écoutais.

« Aujourd'hui le déjeuner n'était pas prêt et quand on me l'a servi, c'était pas bon. Ça suffit. J'ai répudié ma femme.

— La jeune fille que j'ai rencontrée chez mon cousin m'a accepté. J'ai décidé de ne pas divorcer tout de suite, au cas où ma femme actuelle aurait un garçon. Je vais lui annoncer ce soir que ma nouvelle femme viendra vivre chez nous… »

Le soir, quand Anouar rentrait, nous allions, à pied ou en fiacre, dîner au restaurant. Et je lui parlais des « événements » de la journée.

« Jehane, me disait-il, ces hommes ne sont pas des gens cultivés, raffinés, comme ceux que tu connais au Caire. Ils ont une façon brutale de parler, ils friment, mais beaucoup sont de très braves types. Je suis sûr qu'on peut reconnaître, à leur voix, ceux qui au fond aiment leurs femmes et leurs enfants. »

Je suivis son conseil, je me mis à écouter encore plus attentivement, et une fois j'entendis un homme refuser de jouer à l'argent, en disant qu'il avait besoin de cet argent pour sa famille. Une fois...

La désinvolture avec laquelle ces hommes traitaient leurs femmes me faisait bouillir d'indignation. Pour eux, divorcer semblait aussi simple que prendre un verre d'eau. Ils parlaient de leurs mariages comme on parle d'un lieu de villégiature : « Qui sait si cet endroit va me plaire ? » semblaient-ils se demander. « Essayons voir. Si je m'ennuie, je pourrai toujours aller ailleurs. » J'étais de tout cœur avec les femmes, dont la sécurité dépendait des humeurs de ces hommes. Que c'était injuste ! Je ne devais jamais oublier ces bavardages de Zagazig.

« Je suis bien misérable, Jehane, me dit Anouar quand nous fûmes rentrés au Caire. Je sais maintenant que je ne peux pas être un homme d'affaires. Travailler uniquement pour l'argent est la négation de tout ce sur quoi j'ai fondé ma vie. Pardonne-moi. »

Mais je n'avais rien à pardonner, car j'étais ravie de cet aveu. A cause de son travail, Anouar n'était jamais à la maison — à la différence de beaucoup d'Égyptiens, comme mon père, qui rentrait dès quatorze heures à la maison. Et maintenant, ça allait être encore pire : Hassan voulait envoyer Anouar surveiller un autre chantier, cette fois dans la province de Minieh en Haute Égypte. « Laisse Jehane au Caire », dit d'abord Hassan. Puis il changea d'idée : « Emmène Jehane... »

Il nous considérait vraiment comme des marionnettes ! Nous comprenions maintenant pourquoi il avait favorisé notre mariage. Il faisait de très bonnes affaires, depuis qu'Anouar était son associé. Mais malgré sa nouvelle prospérité, il refusait de verser à Anouar ce qu'il lui devait, sans doute pour l'obliger à aller en Haute Égypte. Hassan était un rusé : il savait que nous ne pouvions nous battre contre lui, ç'aurait signifié pour moi rompre avec ma cousine Aïda que j'aimais comme ma sœur depuis toujours — car la femme doit toujours être du côté de son mari. La force des liens de famille nous empêchait d'arracher à Hassan l'argent qu'il devait à Anouar. Mais Anouar le quitta, en sacrifiant la possibilité d'avoir cet argent ; il me promit qu'il ne dirait jamais rien contre Hassan, mais il ne le reverrait plus. « Quand tu iras voir Aïda, tu devras y aller seule désormais », me dit-il.

Dès le début, Anouar m'avait chargée de tenir les cordons de la bourse. Les comptes n'étaient pas son fort. Quand nous sortions, que nous allions au cinéma ou prendre un jus de fruits dans un café, je lui glissais l'argent juste au moment de payer, car sur lui il n'avait rien. Cela dit, quand Anouar quitta son travail — un mois à peine après notre mariage —, je me rendis compte qu'il n'y aurait plus désormais ni cinéma ni jus de fruits au café tant qu'Anouar n'aurait pas trouvé une autre source de revenu.

Une fois mises de côté les douze livres égyptiennes du loyer, les deux livres pour la note d'eau et l'électricité, et les dix livres qui allaient à la première famille d'Anouar, il ne nous restait même pas de quoi acheter des fruits. Pour la première fois de ma vie, j'eus faim. Pour nous distraire, nous n'avions que les promenades le soir sur les bords du Nil. Et c'était une fête quand, n'y tenant plus, nous achetions à un vendeur ambulant une miche de pain au sésame saupoudrée d'origan — une piastre !

Tandis que mes amies étaient à l'école, je lavais les draps, balayais, lavais et repassais les chemises de mon mari (tout cela à la main bien sûr). Il y avait beaucoup de ménage à faire : à cause du vent soufflant du désert, je n'avais pas sitôt nettoyé qu'une nouvelle couche de poussière s'accumulait partout. Quant aux courses, elles ne me posaient pas qu'un problème d'argent : en effet, l'ascenseur de notre immeuble n'était toujours pas terminé ; chaque fois, cela me faisait neuf étages à gravir avec mon cabas et mes paquets.

J'aurais bien aimé continuer d'aller à l'école avec mes amies, mais à cette époque ce n'était plus possible quand on était mariée. J'essayais d'étudier à la maison, mais c'était très difficile, cela me créait autant de soucis que nos finances. Anouar ne voulait surtout pas que j'emprunte de l'argent à mes parents.

« Ça va, ma fille ? me demandait mon père chaque jour, en passant me voir après le travail. Tu as besoin de quelque chose ?

— Non, de quoi aurais-je besoin ? » répondais-je, en lorgnant les fruits, les légumes, la viande qu'il m'apportait ; il savait que ce qu'il avait craint de pire pour moi était en train de se réaliser. Mais jamais nous n'en parlâmes, par respect pour Anouar.

« Mange tout seul. Je déjeunerai plus tard », disais-je chaque matin à Anouar, en déposant devant lui l'œuf sur le plat avec les fèves. Parfois je buvais un verre de thé en restant avec lui jusqu'à son départ. Il allait soit au quartier général, car il cherchait à se faire réintégrer dans l'armée, soit à la rédaction d'un journal où il avait des relations qui pouvaient lui procurer du travail. Je lui disais que le matin, je n'avais pas d'appétit, que je préférais déjeuner plus tard ; mais en fait je ne mangeais rien du tout jusqu'à son retour, le soir, tant nous étions fauchés. Cela dura sept mois.

Je ne le disais à personne, ni à mes amies, ni à ma famille. D'autres femmes, je le savais, faisaient des confidences même à leur coiffeuse. Ce n'était pas mon genre. Nos problèmes, à Anouar et à moi, ne concernaient que nous, et c'était à nous de les résoudre. Devant les autres, je faisais comme si tout allait bien. Et d'ailleurs, c'était en grande partie vrai.

« Est-ce que ton mari ouvre ton courrier ? me demandèrent mes camarades d'école, venues me voir un après-midi.

— Non, jamais.

— Est-ce qu'il te demande ce que tu as fait toute la journée ?

— Non, dis-je en riant. De toute façon, je lui raconte tout. »

Elles se regardèrent, l'air inquiet.

« Est-ce qu'il t'a déjà battue quand il était mécontent de toi ? »

Cette fois, elles me choquèrent.

« Absolument pas », répondis-je fermement. Elles eurent l'air encore plus inquiètes.

« Alors, comment peux-tu être sûre qu'il t'aime ?... »

En janvier, cependant, nous nous retrouvâmes vraiment sans un sou. Comment allions-nous payer le loyer ? Comment allions-nous régler la note de l'épicier ? Nous étions de plus en plus angoissés. Anouar avait demandé en bonne et due forme à être réadmis dans l'armée, mais il était de plus en plus certain que cette démarche n'aboutirait pas ; à cause des Anglais, évidemment, avec le dossier qu'il avait...

Un soir nous sortîmes pour notre promenade habituelle et nous dirigeâmes vers le pont Abbas qui relie Rôdah à Guizeh. Comme nous passions devant la terrasse du café, à l'entrée du pont, un diseur de bonne aventure nous aborda. Je sortis une de mes dernières piastres de ma poche, en me disant que si ce gitan avait de bonnes nouvelles à nous donner, cela chasserait peut-être les idées noires de mon mari. Sinon, cela ne changerait rien de toute façon : c'était le lendemain que tombait le dernier jour, pour le loyer et l'épicier. L'homme, prenant ma main dans la sienne, l'examina longuement, puis dit, me regardant droit dans les yeux : « Tu seras la première dame d'Égypte. »

Je fus surprise. C'était un titre qui n'existait pas chez nous.

« Qu'est-ce que ça veut dire ? » lui demandai-je, malgré le peu d'intérêt que j'avais toujours porté à ces choses-là. Ma sœur, mes tantes, comme beaucoup d'Égyptiennes, croyaient à la magie, à tout ce qu'on peut lire dans le marc de café ou entendre dans les coquillages ; moi, cela me faisait sourire. Pourquoi les devins ne sont-ils pas les rois du monde, s'ils savent tout ? Et puis, qui peut connaître le dessein de Dieu ?

« Tu seras reine d'Égypte », précisa le diseur de bonne aventure.

J'éclatai de rire. Moi qui avais seulement besoin de l'argent du loyer… Mais l'homme n'avait pas fini :

« Tu auras quatre enfants, mais seulement un fils. Et tu feras des voyages dans le monde entier. »

Je ne l'écoutais plus. D'autant plus qu'il avait vraiment accompli un miracle : Anouar souriait pour la première fois de la journée. Il refusa de montrer sa paume, en disant que puisque j'étais sa femme, il était fixé lui aussi !

Le lendemain matin, le téléphone sonna. C'était Youssef Rachad, vieil ami d'Anouar, qui était devenu médecin du roi. Youssef avait usé de ses influences : Anouar allait être réintégré dans l'armée. C'était une chance incroyable.

Anouar avait connu Rachad huit ans auparavant pendant la guerre, dans un camp militaire entre Alexandrie et la frontière libyenne, en plein désert. Rachad était alors un jeune médecin, et Anouar servait dans les transmissions. C'était lui qui avait, dans sa tente, tous les téléphones du camp. Or, Rachad se faisait un sang d'encre pour son petit garçon, qui avait la pneumonie, et il aurait bien voulu rester en contact par téléphone avec les siens. Anouar mit ses appareils à sa disposition, jour et nuit. Cela ne lui coûtait rien, mais Rachad lui en fut éternellement reconnaissant.

Or — deuxième hasard, peu après la guerre — le roi Farouk, fonçant à toute allure au volant d'une de ses nombreuses voitures de sport, sur la route qui s'enfonce dans le désert après Alexandrie, rentra dans un camion anglais. On le transporta à l'hôpital le plus proche où, ce jour-là, Youssef Rachad était de service. Farouk déclara qu'on ne l'avait jamais si bien soigné, prit Rachad à son service et en fit un de ses confidents...

« Va voir el-Farik Mohammed Haïdar pacha, dit Rachad à Anouar. Il t'attend. »

Anouar se rendit le jour même — 10 janvier 1950 — chez ce personnage, qui n'était autre que le général en chef de l'armée égyptienne. Le 15 janvier, Anouar était de nouveau capitaine.

Au début il touchait une solde de trente-quatre livres. Ce n'était pas énorme, il faudrait encore se serrer la ceinture — mais cela nous mettait définitivement à l'abri de gens comme Hassan. De plus, avantages non négligeables, l'armée égyptienne mettait à la disposition de ses officiers une voiture, un chauffeur et même un domestique.

Notre armée était non seulement la plus importante de tous les pays arabes, elle était aussi, et de loin, la plus respectée. Il fallait voir les réactions des gens dans la rue, quand ils voyaient passer un officier en uniforme ! Devenir officier était le rêve de beaucoup de jeunes Égyptiens, car cela vous donnait un prestige impossible à atteindre autrement.

Anouar ne pouvait croire à son bonheur. Moi aussi, j'étais au comble de la joie. Aucune autre carrière n'aurait pu le satisfaire. De nouveau, il était au service direct de l'Égypte : il la défendrait, il la représenterait en portant l'uniforme de son armée, et il reprendrait le combat pour son indépendance. Ses vieux amis, ses anciens camarades de l'école militaire, Abdel Hakim Amer, Gamal Abdel Nasser et d'autres, lui téléphonèrent pour le féliciter.

Après de brèves missions de routine à Ismaïlia et El-Kantara, sur le canal de Suez, il fut envoyé dans le Sinaï, à El-Arich, puis à Rafah. La chance décidément nous souriait, car sa solde fut doublée — le Sinaï étant considéré comme zone à risques. De plus, toutes nos dépenses principales — loyer, électricité, nourriture — seraient prises en charge par l'armée. Quel soulagement ! Nous allions même pouvoir mettre de l'argent de côté. Nous étions enfin solvables ! Pour fêter ça, nous achetâmes une auto, une Vauxhall, à crédit.

Quand Anouar partit pour le Sinaï, je retournai vivre chez mes parents, avec l'intention de terminer mes études secondaires. Comme je ne pouvais pas retourner à l'école, on me fit donner des leçons particulières. Il fallait rattraper le temps perdu : je devais non seulement réviser tout ce que j'avais appris pendant les trois premières années, car on pouvait toujours être interrogé dessus à l'examen de fin d'études, mais aussi, évidemment, étudier le programme de la quatrième et dernière année. De plus, je voulais aussi me préparer aux épreuves de géométrie, algèbre et sciences pour pouvoir ensuite entrer à l'université. Je me mis au travail avec ardeur. Toute la journée j'étais penchée sur mes bouquins. Le soir je m'isolais pour penser à Anouar et je lisais et relisais ses lettres d'encouragement. Un mois avant les examens, j'allai passer quelques jours avec lui, à Rafah.

C'était la première fois que j'allais le voir dans le Sinaï. Il avait trouvé pour nous une jolie petite maison, isolée, en bordure du désert. N'étant guère sociable, il avait demandé l'autorisation d'habiter en dehors du quartier, et on la lui avait accordée. Nous étions tout seuls, c'était merveilleux. J'étais encore timide, à dix-sept ans, et puis je ne désirais pas d'autre compagnie que la sienne. Nous faisions de longues promenades le soir dans le désert ; le vendredi nous allions à la plage, emportant notre pique-nique ; et tout le temps, nous parlions d'histoire et de politique. Souvent, à l'heure de la prière, Anouar sortait dans le désert, se sentant plus près de Dieu dans cette immense sérénité.

La vie commune nous unissait de plus en plus l'un à l'autre ; chacun puisait des forces dans celles de l'autre. Anouar avait tendance à se plonger dans ses pensées, à broyer du noir. Moi, j'étais plus enjouée, plus ouverte. En le taquinant, je parvenais souvent à le dérider. Mais il y avait des fois où je devinais, rien qu'en le regardant, que c'était impossible. Malgré tout j'essayais de le distraire ; j'aimais tant, quand il était dans ces états-là, voir son visage soudain s'éclairer et l'entendre rire de mes plaisanteries ! Mais quand il me disait doucement : « S'il te plaît,

Jehane, il faut que je pense », aussitôt je le laissais, respectant sa solitude.

Je retournais régulièrement chez mes parents, une semaine par mois, et pendant tout l'hiver (qui est très froid dans le désert). La vie au Caire me semblait une vie de luxe, comparée à celle que nous menions au fin fond du Sinaï. Quand Anouar était en permission, nous étions tout le temps fourrés au cinéma — dans les cinémas en plein air du centre ; souvent nous voyions deux films dans la journée, de trois à six et de six à neuf, sortant d'un cinéma pour aussitôt entrer dans un autre. Je me rattrapais aussi sur le chapitre de la nourriture quand j'étais à la maison, car il n'y avait pas le moindre restaurant dans notre avant-poste. Je n'avais pas été fichue de préparer quoi que ce soit de mangeable, à Rafah ; Anouar avait fini par engager une cuisinière pour que nous ne crevions pas de faim. Mais il ne s'était pas fâché contre moi, il n'était guère exigeant dans ce domaine.

Ce que j'avais vu dans le nord du Sinaï m'avait profondément choquée. La guerre avait laissé des traces partout ; elle avait surtout marqué les gens. Rafah était juste à côté de la « bande de Gaza » où avaient afflué un grand nombre de Palestiniens chassés de leur patrie par la création d'Israël et les combats qui s'en étaient suivis, en 1948. Plus d'un million d'Arabes s'étaient retrouvés soudain sans terre, sans logis, entièrement dépendants, pour leur subsistance, de l'organisme de secours des Nations unies. Partout, quand nous sortions avec Anouar, on voyait, le long des routes, dans les bourgades, sur les places de Rafah, El-Arich et Gaza, des femmes en noir avec leurs enfants, attendant accroupies, avec leurs paniers de paille, qu'on leur distribue des vivres. Leurs regards vides et la souffrance qu'exprimaient leurs visages me brisaient le cœur.

Gaza, sur la Méditerranée, à 270 kilomètres du canal de Suez, était avant la guerre une belle station estivale pour les gens qui pouvaient échapper à la fournaise des villes de l'intérieur entourées de déserts. De riches familles des pays arabes voisins y venaient chaque année pour se baigner dans les eaux d'un bleu profond, s'empiffrer de poisson frais, savourer les légumes, les fruits bien mûrs et les amandes vertes. Maintenant, c'était terminé.

Chaque semaine, Anouar et moi nous nous rendions au

marché de Gaza dans une jeep de l'armée. La route était peut-être toujours aussi belle, mais quel spectacle accablant que ces camps qui s'alignaient partout ! On eût dit d'immenses pièces de toile, tant les tentes étaient serrées les unes contre les autres. Je me demandais toujours avec inquiétude comment on pouvait faire la cuisine dans de telles conditions sans mettre le feu à tout.

Une école de fortune avait été installée en plein air, mais les allées entre les tentes étaient pleines de gosses. Partout on voyait des groupes d'hommes accroupis, jouant au *siga* (jeu qui consiste à poser et déplacer des cailloux sur une figure géométrique tracée dans le sable), et des femmes toujours vêtues de noir, passant avec des cruches d'eau ou du bois à brûler sur la tête.

« Ta famille va bien ? » demandai-je à notre cuisinière, qui était une réfugiée palestinienne des camps. Elle baissa les yeux.

« Ce n'est pas comme avant, dit-elle calmement.

— Dis-moi », insistai-je, en admirant son front haut et ses yeux bien espacés — traits caractéristiques de beaucoup de Palestiniens.

« Du camp, commença-t-elle lentement, comme à contrecœur, on voit les cimes des citronniers et des orangers de notre ancienne ferme. Sur notre terre c'était toujours vert et il faisait toujours chaud. Ici dans le désert il fait très froid. La nuit dans notre tente, on dort tous les uns contre les autres pour se réchauffer. »

Je frissonnai, en pensant aux pluies diluviennes qui m'empêchaient de dormir tant elles faisaient résonner notre toit d'aluminium, aux nuits d'hiver glaciales que je ne pouvais supporter, et aussi aux scorpions du désert. Ma sœur avait été piquée par un scorpion quand elle était venue nous voir ; nous avions dû l'emmener à l'hôpital militaire — et après nous avions mis des seaux remplis d'eau sous les quatre pieds de notre lit. Mais les Palestiniens n'avaient ni lits ni hôpitaux, et même pas assez de couvertures.

« Et ton mari ? lui demandai-je. Qu'est-ce qu'il fait ? »

Elle baissa la tête.

« Chez nous il était paysan. Mais ici dans le désert, que peut-il faire ? Il passe toute sa journée à jouer au *siga* avec les autres hommes.

— Tu es la seule à travailler ! m'exclamai-je.

— Hé oui », murmura-t-elle.

Le soir même je lui donnai des couvertures, ainsi qu'une douzaine d'œufs que j'avais achetée aux bédouines qui venaient chaque jour du désert vendre leurs produits aux militaires.

Je ne pouvais détourner mes pensées des souffrances de ces gens qui avaient la même religion que moi, la même langue, la même histoire que moi. Je voyais ces femmes qui se tuaient de fatigue pour faire vivre leur famille, et moi, j'en étais encore à apprendre la couture et la cuisine ! Je voyais ces enfants, maigres, apathiques, et je pensais aux enfants que j'aurais. Je voyais ce peuple à qui on venait de voler sa patrie, et moi, malgré tous les problèmes de l'Égypte, je ne pouvais m'imaginer vivant sans elle. Il me semblait que tout autour de moi, la trame de mon monde s'effilochait.

L'armée égyptienne, et en particulier les camarades officiers d'Anouar (lequel, à cette époque-là, en 1948 croupissait en prison), avaient été écœurés par la façon dont le gouvernement égyptien avait mené cette guerre de Palestine. On leur avait livré des armes défectueuses, le ravitaillement était inexistant, la stratégie inepte. « Ce qui se passait à Fallouja, écrivit plus tard Gamal Abdel Nasser, qui avait défendu cette ville assiégée, c'était tout simplement ce qui se passait dans toute l'Égypte. L'Égypte aussi n'était pas seulement assiégée par un ennemi, mais ravagée de l'intérieur. L'Égypte aussi avait été trompée et envoyée à un combat pour lequel elle n'était pas prête. Elle aussi était le jouet des intérêts, des intrigues, des passions personnelles ; elle aussi avait été jetée, sans armes, sous le feu. »

Les militaires, les fellahs, tout le monde en avait franchement assez du roi Farouk. Cette guerre perdue ne lui faisait manifestement ni chaud ni froid ; les fêtes continuaient, dans ses palais, ses villas et ses « maisons de repos royales » ; et on ne le voyait jamais au Parlement. Il était devenu tellement gras que c'en était grotesque ; sa gloutonnerie était la fable de tout le pays. Au « petit » déjeuner, il engloutissait trente œufs. Au dîner, six ou sept plats de viande avec légumes. Et il buvait trente bouteilles de jus de fruits ou de limonade par jour. Sa masse gênait ses mouvements, et il avait fallu lui confectionner des chaises et des fauteuils spéciaux.

Mais le plus honteux, pour les Égyptiens, pour nous tous, c'était sa conduite publique. Il ne pouvait se faire couper les cheveux que par des coiffeurs européens, qu'il faisait venir par avion ; quand il allait à la plage, il lui fallait deux manucures, une pour chaque main. Faisant fi du Coran qui interdit de miser quoi que ce soit aux jeux, notre roi musulman était un grand habitué des casinos. A Monte-Carlo, il ne prenait que des jetons de mille dollars, et pouvait perdre jusqu'à 50 000 dollars en une seule soirée. Aux casinos d'Alexandrie, créés pour les étrangers, il dépensait moins, mais allait plus souvent. En hiver, Farouk restant alors au Caire, on pouvait voir toutes les nuits des voitures royales garées devant les night-clubs du côté des pyramides, où le roi faisait la noce avec des danseuses.

On reprochait aussi à Farouk d'être un étranger. Il était connu que notre roi préférait parler français ou anglais qu'arabe. Il se plaisait à fréquenter les étrangers du Sporting-Club de Guézira, et son meilleur ami était un intendant italien. Comme Farouk n'était pas d'origine égyptienne, il n'avait jamais réussi, malgré tous ses efforts, à faire croire qu'il descendait du Prophète. Il fut le premier roi d'Égypte à répudier sa femme, la reine Farida, parce qu'elle ne lui donnait pas d'enfant mâle ; Farida était aimée de tous, cet acte le rendit encore plus impopulaire. Enfin, l'image prestigieuse de son quadrisaïeul, Méhémet Ali, fondateur de l'Égypte moderne, se retournait désormais contre lui. Le sang royal n'est plus que de l'eau de boudin, disaient les Égyptiens. Le « boudin », bien sûr, c'était Farouk.

Enfin on supportait de plus en plus mal la présence des Anglais. Ceux-ci le savaient et, en 1950, avaient déplacé du Caire à Suez leur quartier général. Leurs baraquements, qui occupaient une énorme partie du centre de la ville, avaient disparu. Les uniformes anglais aussi s'étaient faits rares dans les rues. Pour éviter les incidents, l'occupant conseillait désormais à ses soldats de sortir en civil.

Je n'arrivais pas à croire qu'Anouar se tînt à l'écart des événements. Et j'avais raison. Tandis que je préparais mes examens et faisais la navette entre Le Caire et Rafah, au début de 1951, Anouar avait rallié, sans me le dire (à cause de la promesse faite à mon père) le « Comité des officiers libres » dirigé par Gamal Abdel Nasser, qui conspirait contre le roi et le gouvernement.

En décembre, le premier ministre Nahhas pacha, cédant à la pression de l'opinion de plus en plus nationaliste, abrogea le traité anglo-égyptien de 1936 (ce traité qui avait permis à Anouar et aux autres révolutionnaires de devenir officiers). Cela ne signifiait pas forcément que les troupes britanniques devaient s'en aller, mais c'est ainsi que beaucoup interprétèrent le geste du premier ministre : les quelque cent mille Égyptiens qu'employait l'armée anglaise se croisèrent les bras ; les chauffeurs de locomotives refusèrent de conduire les transports de troupes et de matériel anglais ; les douaniers firent la grève du zèle pour tous les articles que les Anglais se faisaient envoyer de l'étranger ; même les commerçants, grossistes ou détaillants, cessèrent de les fournir. Dans les rues du Caire, on voyait de plus en plus souvent des passants bousculer des militaires anglais.

Il y eut des attaques contre les garnisons britanniques dans la zone du canal, à Suez, Ismaïlia et Port-Saïd. L'armée égyptienne ne pouvait participer ouvertement à ces actions, mais les fedayin étaient souvent approvisionnés en armes et entraînés par nos officiers (Anouar, entre autres, comme je le sus par la suite). Les Anglais réagirent en coupant toutes les communications entre la zone du canal et le reste du pays.

La guérilla continuait malgré tout, et alors les Anglais allèrent trop loin. En janvier 1952, ils tentèrent d'occuper la ville d'Ismaïlia, où ils massacrèrent à la mitrailleuse une compagnie d'auxiliaires de la police égyptienne qui, sur l'ordre du gouvernement, leur résistait avec quelques vieux fusils. Les Anglais furent impitoyables ; il y eut cinquante morts parmi les Égyptiens, et encore plus de blessés. Le lendemain matin 26 janvier, Le Caire s'enflamma.

C'était horrible, affreux. J'étais dans ma chambre, chez mes parents, quand j'entendis une explosion, puis une autre, une autre encore. Nous nous précipitâmes sur le toit : des nuages de fumée noire et d'énormes flammes s'élevaient partout au-dessus de la ville. Le Nil lui-même, qui reflétait l'incendie, semblait s'être embrasé. C'était terrible de voir notre ville brûler — et sans savoir pourquoi. Je courais d'un côté à l'autre du toit, car les explosions se succédaient, l'incendie gagnait partout : on eût dit que tout le pays était la proie des flammes. Était-ce la guerre ? Israël encore ? Ou bien le commencement d'une révolution ?

C'était une émeute, comme nous l'apprîmes à la radio : les étudiants avaient convoqué une manifestation contre le roi Farouk et le gouvernement, et tout avait dégénéré. Jusqu'au soir nous continuâmes d'observer de notre toit cet accablant spectacle. Nous sombrions dans le chaos. Les policiers étaient en grève ce jour-là, pour protester contre le gouvernement qui avait envoyé leurs camarades d'Ismaïlia à l'abattoir. Mais le gouvernement lui-même, apparemment, ne faisait rien. Plus tard on sut que Farouk, ce jour-là, avait été bien trop pris par le banquet de six cents couverts qu'il donnait en l'honneur de son héritier nouveau-né pour s'intéresser à ce qui se passait au Caire.

Dès le matin de ce « Samedi noir », des foules de gens s'étaient répandues dans les quartiers du centre, pillant les magasins, brûlant les immeubles, s'attaquant à tout ce qui rappelait la présence étrangère. Le Rivoli et le Metro — cinémas où nous allions souvent, Anouar et moi — les grands magasins appartenant à des juifs, où j'avais fait des achats quand je constituais mon trousseau, le salon d'exposition de Ford, la banque Barclay : tout cela avait brûlé.

On avait aussi incendié les magasins de vins et d'alcools ainsi que les grands bars et restaurants du centre — le Cecil, le St. James, l'Hermitage et le Turf Club ; les flammes redoublaient et changeaient de couleur quand explosaient les bouteilles alignées sur les étagères. Quelques étrangers, surpris au Turf Club, furent massacrés. Des gens affirmèrent par la suite avoir vu des jeunes à moto, fonçant dans les rues du centre pour mettre le feu partout, ou des hommes transportant dans des jeeps des bidons d'essence et des bâtons pour faire des torches.

Le dernier immeuble attaqué fut le Shepherd's, hôtel de renommée internationale installé dans l'ancien palais d'un bey ottoman. Anouar et moi n'y étions jamais allés, c'était trop chic et trop cher pour nous. Son café en terrasse était très apprécié des officiers anglais, et dans le grand salon Louis XIV on donnait souvent des bals costumés où les touristes étrangers se déguisaient en Égyptiens. Les pompiers ne purent maîtriser le feu ; plusieurs témoins déclarèrent avoir vu les émeutiers taillader à coups de couteaux les tuyaux d'incendie.

A la fin de la journée, on comptait plus de quarante morts et des centaines de blessés. L'émeute n'était plus qu'à quelques centaines de mètres du palais d'Abdine. Enfin, le gouvernement décréta le couvre-feu et fit intervenir l'armée. Anouar appela de Rafah. Il me conseilla d'être très prudente. « Ne sors pas, tant que la ville ne sera pas de nouveau complètement sûre. Personne encore ne sait de quoi il s'agit. »

Le lendemain il s'avéra que ces émeutes n'avaient pas été le prélude d'une révolution : personne, en effet, n'avait tenté de renverser le gouvernement. Cependant l'incendie du Caire avait été trop bien organisé pour être spontané. Mais organisé par qui ? Certains soupçonnaient les communistes. D'autres les Frères musulmans. D'autres encore le roi lui-même... Ce qui était certain, alors que l'aube révélait les nuages noirs qui s'attardaient au-dessus du Caire, c'était que la fin de Farouk était proche. Les Égyptiens ne se demandaient plus si le gouvernement serait renversé. Toutes les conversations tournaient autour de la question de savoir quand il le serait.

Le grand incendie du Caire se grava au plus profond de la mémoire de l'Égypte et modifia le cours de son histoire. Il avait révélé l'ampleur du mécontentement populaire et ébranlé le trône. Youssef Rachad, ne se doutant pas qu'Anouar participait à une conspiration contre le roi, lui confia que Farouk avait eu une telle peur qu'il se préparait à la fuite. Les « Officiers libres », qui ne pensaient pas la révolution possible avant 1955, avancèrent la date à 1953 : ils ne se donnaient plus qu'un an pour passer à l'action.

Youssef Rachad avait à cette époque une importance capitale (que j'ignorais) dans la vie d'Anouar. En effet, Farouk venait de mettre Youssef à la tête de ses services de renseignements — ce qui mettait Anouar en communication directe, en quelque sorte, avec le palais. Cela lui permettait entre autres de faire parvenir au roi de fausses informations, à une époque où il n'était question que de l'imminence d'un coup d'État (dirigé selon les uns par les Frères musulmans, selon les autres par l'armée) et où Farouk, évidemment, voyait partout des conspirateurs. Sachant que ses camarades et lui pouvaient être arrêtés à tout moment, Anouar passa une bonne partie des mois de mai et juin 1952 à Alexandrie où le roi et Youssef étaient en villégiature, afin de voir son ami régulièrement et de le persuader que malgré toutes les rumeurs, le roi n'avait rien à craindre de l'armée.

J'assistai à une de leurs entrevues, au début de juillet. Je l'avais rejoint à Alexandrie et un soir, après une très belle journée passée avec lui à la plage, il me demanda de l'attendre un instant dans la voiture parce qu'il avait un mot à dire à Youssef à l'Automobile-Club. Youssef, apprenant que j'étais là, ordonna à Anouar d'aller me chercher et nous invita tous les deux à dîner. J'étais enchantée. Après cette journée au grand air, j'avais une faim de loup.

Je commandai des gambas grillées — de ces énormes gambas qu'on pêche dans la Méditerranée. Soudain, des gens s'étant installés à la table voisine, je sentis un regard posé sur moi. Je levai les yeux et rencontrai ceux du roi.

Je ne saurais exprimer la peur qui s'empara de moi. Tout le monde savait en Égypte ce que le roi faisait quand une femme attirait son regard : il envoyait ses gens la prendre, tout simplement. Il avait été question récemment d'un homme qu'on avait trouvé mort, après que le roi lui eut ravi sa femme. On ne savait trop s'il s'était suicidé ou si c'était le roi qui l'avait tué. Mais l'important, c'était que j'étais là, à l'Automobile-Club, face à face avec ce monarque lubrique. Je n'étais pas laide, je le savais. Et j'avais dix-huit ans, l'âge préféré de Farouk.

« Docteur Rachad, Sa Majesté désire vous parler un instant », dit à Youssef un homme de la suite de Farouk. Il va lui demander qui je suis, pensai-je, pétrifiée. Je voulais regarder Anouar, pour lui faire comprendre que je voulais partir, mais je n'osais lever les yeux, sentant que le roi continuait de me regarder.

« Il faut que j'aille aux toilettes », réussis-je à murmurer, et je quittai la table. En revenant, je m'assis dans le fauteuil de Youssef, pour tourner le dos à Farouk.

« Le roi voulait savoir qui vous êtes, dit Youssef avec indifférence en se rasseyant avec nous. Je lui ai dit que vous êtes des amis à moi. »

Je me sentais défaillir. Je fixais des yeux les gambas qu'on avait apportées, mais je n'avais plus aucun appétit.

« Docteur Rachad, le roi vous demande. »

Plusieurs fois, Youssef fut ainsi convoqué à la table du roi

Anouar semblait de plus en plus anxieux. J'en conclus que lui aussi était inquiet pour moi ; mais plus tard je compris qu'évidemment, il craignait d'être lui-même interrogé et démasqué. Il savait qu'on avait présenté au roi des rapports sur les « Officiers libres », et sur lui-même en particulier, comme sur toutes les personnes que la rumeur accusait de comploter. Ainsi il était aussi terrorisé que moi.

« Dépêche-toi de manger, Jehane, me dit-il avec brusquerie. Il faut que nous partions. »

Mais j'étais incapable de manger. Je ne pouvais même pas bouger, tant mon cœur battait vite. Le roi va envoyer ses gens me chercher demain, pensais-je. Bien sûr, je refuserai de les suivre. Mais alors il me tuera, ou il tuera Anouar. Mon imagination s'emballait ; j'avais beau être une femme mariée, j'étais encore presque une enfant. Je vais m'enlaidir, décidai-je ; je vais me noircir la figure avec un bouchon brûlé. Non, c'est ridicule, je suis bête. La seule chose à faire est de barricader la porte et de ne répondre à aucun coup de sonnette...

Aussitôt le dîner terminé, nous retournâmes au Caire. Anouar ne dit presque rien pendant tout le trajet. Moi non plus. Je gardais mes craintes pour moi, voyant l'état dans lequel il était déjà... Nous rentrâmes chez nous, nous nous couchâmes, mais je ne dormis pas de toute la nuit. Certaine qu'on viendrait me prendre pour m'emmener au palais, je décidai de me tuer plutôt que de me rendre. Le matin, quand Anouar partit faire son rapport à Nasser, je fermai la porte à triple tour. Je me rappelai qu'il y avait le judas, après tout ; ça facilitait les choses. Mais personne ne vint. Le soir même Anouar retourna à Rafah et, avec soulagement, je retrouvai ma chambre chez mes parents.

Farouk avait évidemment d'autres chats à fouetter. Une nouvelle crise gouvernementale s'annonçait — alors que depuis l'émeute de janvier, six mois auparavant, trois ministères déjà s'étaient succédé (l'un avait été renvoyé par le roi, les deux autres avaient démissionné). Le 20 juillet, trois semaines après sa formation, le nouveau ministère lui aussi démissionna à son tour. Le bruit courut que Farouk allait faire entrer dans le suivant son beau-frère, le « colonel » Ismaïl Chirine qui, en fait, n'avait jamais mis les pieds à l'école militaire. L'armée se sentit insultée.

« Jehane, j'ai une nouvelle permission, j'arrive, me téléphone Anouar le 22 juillet.

— Une nouvelle permission ? Déjà ?

— Oui, ma mère est malade », m'expliqua-t-il.

Je l'avais vue le jour même, elle se portait comme un charme. Très intriguée, j'allai attendre Anouar à la gare. Aussitôt descendu du train, il me proposa d'aller faire un tour sur la route des Pyramides.

« Jehane, tu te rappelles la promesse que j'ai faite à ton père de rester à l'écart de la politique ? »

Nous avions déjà atteint le désert.

« Bien sûr », répondis-je, regardant Anouar avec curiosité. Il fumait cigarette sur cigarette. Il semblait très nerveux.

« Je dois te confesser que si je ne fais pas vraiment de la politique, il m'arrive malgré tout d'avoir d'assez longues conversations à ce sujet avec les amis de temps en temps, et après, je me sens coupable... Comprends-moi bien, s'empressa-t-il d'ajouter, je n'ai pas d'activité politique, je fais part de mes idées aux amis, c'est tout. »

Cet aveu me fit plaisir — et ne me surprit pas du tout.

« Si tu ne parlais pas de tes idées politiques à tes amis, tu ne serais plus le grand patriote que j'ai épousé. (J'étais certaine, cependant, qu'il ne m'avait pas dit toute la vérité.)

— Oui, mais j'ai fait à ton père une promesse, et je ne la respecte pas entièrement. »

Il avait les yeux fixés sur la route. Je mis ma main sur son bras :

« Anouar, mon père t'a demandé de faire cette promesse à cause de moi, et c'est aussi à cause de moi que tu l'as faite. Mon père et toi, vous avez fait ça pour moi. Mais on ne m'a pas demandé ce que j'en pensais, moi.

— Et qu'est-ce que tu penses ? »

Parfaitement consciente de l'importance de ma réponse, car une promesse entre parents — ce qu'Anouar et mon père étaient l'un pour l'autre désormais — est une chose sacrée, je dis :

« La plupart du temps, les femmes ne veulent pas que leur mari choisisse une existence dangereuse. De peur qu'il aille en prison. Pour ne pas compromettre leur propre sécurité… Mais tu n'es pas un mari comme les autres. Et moi, je ne veux pas que tu le sois. Le Anouar qui a fait cette promesse à mon père n'est pas celui que j'ai épousé, ni celui avec qui je parle maintenant. Mon père a fait son devoir envers sa fille, en te demandant cet engagement. Mais maintenant je suis ta femme. Ne pense plus à cette promesse. »

Aussitôt Anouar se détendit.

« Et si on invitait tes parents au cinéma ce soir », suggéra-t-il.

C'était incroyable : quelques mots avaient suffi à le libérer d'un poids qui semblait énorme. Mais je ne savais toujours pas pourquoi il était au Caire.

« Jehane, tu veux une glace ? » « Jehane, tu veux des chocolats ? » « Allez, Jehane. Prends une autre glace.

— Anouar, je vais éclater. Ça suffit.

— Mais si, mais si. Prends tout ce que tu veux, ne te gêne surtout pas. »

Il était vraiment plus affectueux avec moi que d'habitude. Pendant tout le film il garda son bras autour de moi. Je ne le repoussais pas, bien sûr ; mais qu'est-ce qui se passait ? Deux fois la projection fut interrompue à cause d'ennuis techniques, mais il ne montra pas la moindre irritation. Je ne me doutai pas un instant qu'il était en train de me dire adieu…

A Rafah il avait reçu un message de Nasser, signé du nom de code Abou Menkar : le coup d'État était imminent, il devait avoir lieu entre le 22 juillet et le 15 août, et Anouar devait revenir immédiatement au Caire. La date du putsch avait été encore avancée — cette fois à cause d'une rumeur selon laquelle le roi avait « pressenti », pour le nouveau ministère, non seulement l'imposteur Chirine, mais aussi et surtout Hussein Sirry Amer. Cet homme connaissait personnellement sept officiers du comité révolutionnaire, et il menaçait de tout révéler au roi. Nasser avait dit à Anouar, utilisant une métaphore commune en arabe : « Il faut manger Amer au déjeuner, sinon il nous mangera au dîner. »

Au point où en étaient arrivées les choses, les Officiers libres étaient donc acculés : il fallait sauter, tout risquer. Tandis que j'acceptais joyeusement les petits cadeaux d'Anouar, lui n'avait qu'une pensée : qu'il me voyait peut-être pour la dernière fois...

« Où est ton mari ? » me demanda le portier quand nous rentrâmes chez mes parents vers minuit.

« Il met la voiture au garage. »

Le portier me tendit un billet, m'expliquant qu'un homme qui cherchait Anouar était venu deux fois chez nous et, finalement, avait laissé ce message. Je le lui remis dans l'escalier — nous montions prendre nos affaires pour aller ensuite dans notre appartement. Il blêmit.

« Il faut que je parte tout de suite », me dit-il en se précipitant à l'intérieur de la maison. Je me mis à courir derrière lui jusque dans notre chambre à coucher : il avait déjà enlevé son pantalon et sa chemise d'été et revêtait en hâte son uniforme.

« Où vas-tu en pleine nuit ?

— Un de mes amis est très gravement malade, il faut que j'aille chez lui.

— En uniforme ? »

Il hésita un instant.

« S'il faut que je l'emmène à l'hôpital ou que je lui achète des médicaments à une heure pareille, l'uniforme rendra tout plus facile... » Il m'embrassa sur la joue et commença à dévaler les escaliers.

« Anouar, si tu vas en prison, je n'irai pas te voir », lançai-je du palier. Il s'immobilisa.

« Qu'est-ce que tu as dit, Jehane ? »

Ses yeux jetaient des éclairs. Je riais, ne me rendant pas compte de ce que j'avais dit. Mais son regard, toute son attitude et surtout le ton de sa voix me figèrent. Je le comprenais très bien. Il y avait des fois où je pouvais rire et le taquiner. Mais pas toujours... Cette fois, l'heure n'était pas à la plaisanterie.

« Dieu soit avec toi, Anouar », lui dis-je calmement. Et il disparut.

J'attendis toute la nuit son retour, ou au moins un coup de téléphone. « L'absence est sa propre excuse », ne cessait de me dire mon père, qui lui aussi attendait. A sept heures moins le quart enfin, le téléphone sonna. C'était lui ! A ma joie succéda aussitôt la colère ·

« Où es-tu ? Où as-tu passé la nuit ?

— Ah, Jehane. Allume la radio, tu sauras tout. »

Encore une fois, je sentis dans sa voix une force singulière qui dissipa mes soupçons et même mon anxiété.

« Tu vas bien ? lui demandai-je.

— Parfaitement.

— Alors que Dieu soit avec toi et qu'il t'accorde le succès, quoi que tu sois en train de faire », dis-je.

A la radio, un cheikh récitait le Coran, comme d'habitude à ce moment-là de la journée. Qu'avait voulu dire Anouar ? Mais quelle ne fut pas ma surprise quand, à sept heures trente, j'entendis soudain la voix de mon mari, lisant une déclaration du Comité des Officiers libres !

« L'Égypte a traversé une période difficile de son histoire, où la corruption, les malversations, les trafics d'influence sont devenus un fléau national. Ce sont les éléments corrompus qui sont responsables de notre défaite pendant la guerre de Palestine. Pour cette raison, nous avons entrepris une épuration. L'armée est dirigée maintenant par des hommes en qui vous pouvez avoir entière confiance, que ce soit pour leur intégrité, leurs capacités et leur patriotisme. »

Anouar n'avait pas parlé de coup d'État, il n'avait pas dit un mot non plus du roi Farouk. Cela semblait un mouvement limité à l'armée. Je ne me doutais nullement, quand je sortis pour rendre visite à une camarade d'école, Ola, que trois jours allaient passer avant que j'entende de nouveau la voix d'Anouar.

Rôdah était aussi tranquille que d'ordinaire, ce matin du 23 juillet ; tout semblait normal. Mais l'angoisse me reprit bientôt quand la cousine d'Ola téléphona qu'elle ne pouvait venir comme prévu : les rues du centre étaient pleines de tanks et de soldats, toutes les sorties de la ville étaient bloquées. Des tanks ? Des soldats dans les rues ? On n'avait jamais vu ça. A qui obéissaient-ils ? Anouar avait-il été arrêté ? Ou bien les militaires avaient-ils déposé le roi ?

Je courus chez mes parents ; mon père était déjà rentré de son bureau. Ses collègues et lui, tout fonctionnaires qu'ils étaient, savaient tout au plus, comme tout le monde, qu'il y avait eu des changements dans l'armée.

« Alors Farouk est toujours au pouvoir ? lui demandai-je anxieusement.

— Je n'en sais rien, Jehane. Sans doute, mais qui sait ? »

La notion de révolution n'avait pas sa place dans l'univers mental de mon père, comme dans celui de beaucoup d'Égyptiens. Pendant plus de 1 400 ans, nous avions été gouvernés par des gens venus du dehors ; qu'ils se fissent appeler rois, califes, khédives, sultans ou empereurs, ils étaient tous des étrangers. L'Égypte a été envahie par les Hyksôs, les Perses, les Grecs et les Romains ; puis au VIIe siècle par les Arabes, à qui nous devons l'islam, notre religion ; envahie de nouveau, du XIIe au XVIe siècle, par les armées des Fatimides, des Ayyoubides et des Ottomans. En 1798 ce fut au tour des Français, avec l'expédition de Napoléon Bonaparte. Enfin, depuis 1882, nous étions occupés par les Anglais. Rien d'étonnant que les Égyptiens aient mis un certain temps à comprendre que ce qui venait de commencer chez eux était une révolution.

Les onze chefs révolutionnaires eux-mêmes eurent du mal à comprendre toutes les implications de leur propre mouvement. S'ils s'emparèrent très rapidement des aéroports, de la radio, des grandes routes et des ponts, tout en occupant le centre du Caire, en revanche il leur fallut trois jours pour former un gouvernement et prendre une décision au sujet du roi, qui était à Alexandrie. Certains voulaient le tuer. D'autres l'envoyer tout de suite en exil. D'autres encore le garder chez nous et l'obliger à reconnaître le nouveau gouvernement. Un quatrième parti, enfin — dont était Anouar — préconisait un règlement négocié et sans effusion de sang, qui amènerait le roi à abdiquer de lui-même. « Si on commençait à faire couler le sang, on risquait de ne plus pouvoir l'arrêter », me dit Anouar par la suite.

Mais on ne nous dit pas grand-chose pendant ces trois jours. Partout où j'allais, je voyais des gens attroupés autour des radios, chez eux, dans les cafés, dans les magasins ; on espérait à chaque instant avoir enfin des nouvelles. On passait des heures au téléphone pour être informé des dernières rumeurs. Les rues, d'habitude pleines de voitures et d'animation, étaient étrangement vides. L'air lui-même, en ces suffocantes journées d'été, semblait chargé de menaces. Personne ne savait rien, moi non plus bien sûr. J'espérais bien que l'armée nous avait débarrassés de Farouk, et chaque jour qui passait renforçait mon espoir. Mais je redoutais de plus en plus aussi de ne jamais revoir mon mari. Les fidèles de Farouk ou les Anglais allaient le faire prisonnier et le tuer...

Cette crainte, je devais souvent l'éprouver dans ma vie : Anouar est en danger... On va le tuer... Il ne reviendra jamais à la maison. Mais même pendant la révolution, je la gardais pour moi. Elle ne regardait que moi, après tout. Et puis je me disais qu'il ne faut pas imposer aux autres ses souffrances ou ses idées noires. A dix-huit ans déjà, j'apprenais à ne pas extérioriser tous mes sentiments. « Tout ce que je sais, répétais-je aux gens qui m'interrogeaient, c'est qu'Anouar m'a téléphoné le matin où il est allé à la radio et qu'il m'a dit d'écouter. Je n'en sais pas plus que vous. »

C'était à Alexandrie que tout était en train de se jouer. Le 25 juillet, troisième jour de la révolution, à sept heures du matin, l'armée prit position autour du palais de Râs el-Tin où se trouvait le roi. Des coups de feu furent échangés entre la garde royale et les révolutionnaires, mais Farouk ordonna à ses hommes de fermer les portes du palais et de se retirer à l'intérieur. Craignant d'être assassiné par ses propres gardes cependant, il demanda à l'ambassadeur américain de venir le voir. Celui-ci, sachant à quel point le roi était désormais impopulaire, et pour ne pas se mettre à dos les forces révolutionnaires, lui envoya un simple secrétaire.

Je ne savais pas cependant qu'Anouar était parti pour Alexandrie avec deux autres révolutionnaires, Gamal Salem et Mohammed Néguib. Le matin du 26 juillet, ils remirent au roi l'ultimatum du comité. Farouk devait quitter le pays le jour même avant dix-huit heures, sinon les Officiers libres ne répondraient pas de ce qui pourrait se passer. Il fallut cinq minutes à peine à Farouk pour se décider à accepter. Il était tellement terrorisé que ses mains tremblaient lorsqu'on lui fit signer l'acte d'abdication (en faveur de son fils, Fouad, qui n'avait que quelques mois), et il dut s'y reprendre à deux fois pour écrire correctement son propre nom. Farouk ne connaissait même pas l'orthographe de son nom en arabe ! Aux yeux de beaucoup de nationalistes, cet épisode fut une preuve de plus que ce roi n'avait rien à voir avec nous.

Gamal Salem et Mohammed Néguib allèrent ensuite diriger les préparatifs du départ, tandis qu'Anouar donnait l'ordre à l'aviation et à la marine de saluer le roi au moment où il sortirait des eaux territoriales. C'était un signe de respect, mais c'était aussi une façon de s'assurer qu'aucun garde-côte n'ouvrirait le feu sur le *Mahroussa*, le yacht royal — certains marins avaient menacé de le faire, en effet ; mais Anouar et le comité révolutionnaire voulaient éviter toute effusion de sang, et leur plan réussit. A dix-huit heures, le *Mahroussa* appareilla. Tandis qu'Anouar et Gamal Salem surveillaient les opérations du pont d'un vaisseau de guerre, une salve de vingt et un coups de canon retentit au-dessus du port. Le roi était parti pour l'exil, avec sa nouvelle reine Narimane et leur bébé, le petit prince héritier. La révolution était terminée.

Au Caire nous ne savions rien de ce qui se passait à Alexandrie. Personnellement, je manquai le communiqué qui annonçait le départ du roi. Je me rendais alors chez le dentiste. C'était le soir du 26.

« Entrez, entrez, madame », me dit ce dentiste, en me voyant arriver. Lui aussi était officier.

« Mais il ne faut pas que j'attende mon tour ? dis-je, surprise en voyant tous les gens qui étaient déjà là.

— Vous n'avez pas entendu, madame ? L'armée a expulsé le roi. Tout est terminé. Votre mari est un des nouveaux chefs de l'Égypte. »

Je fus abasourdie. C'était le couronnement des innombrables rumeurs et des rares communiqués. Ainsi il y avait bien eu une révolution. J'exultais et j'avais peur tout à la fois. Le roi était parti. C'était merveilleux. Mais qu'allaient faire les Anglais ? Avec toutes les troupes qu'ils avaient en Égypte, allaient-ils se contenter d'observer les événements ? Et qu'allait-il arriver à Anouar ? Je ne pouvais passer chez le dentiste un moment pareil. Je me précipitai dans la rue. Tout avait changé. Les rues étaient pleines de gens dansant, poussant des cris de joie. Les cafés étaient envahis par des foules bruyantes mais débonnaires. « Tout est gratuit aujourd'hui ! » hurlait un patron de bar.

Je rentrai à la maison, tout le monde était à côté de la radio. Mon exaltation ne m'empêchait pas de continuer de craindre pour la vie d'Anouar ; de plus, maintenant je redoutais la réaction de mon père. « S'il te plaît, ne te mets pas en colère contre Anouar, s'il a trahi sa promesse », commençai-je à dire à mon père. Mais il ne m'entendit même pas tant il était préoccupé par toutes ces nouvelles. Bientôt il ne me resta plus qu'une seule pensée : Anouar. Où était-il ? Pourquoi ne rentrait-il pas ?

Je ne pus retenir mes larmes quand soudain il arriva, le lendemain, épuisé mais plein d'allégresse.

« Vite, un bain chaud, quelque chose de chaud à manger et mon autre uniforme ! »

Je m'empressai d'exécuter ses ordres, tout en le harcelant de questions.

« Où étais-tu ? Qu'est-ce qui se passe ?

— Plus tard, Jehane. Plus tard. »

Il nous expliqua à tous pendant le dîner ce qui s'était passé. « Maintenant l'Égypte sera à tous les Égyptiens, et pas seulement à une minorité de riches, nous dit-il avant d'aller rejoindre Nasser. Jamais plus les rois n'utiliseront des armées d'esclaves pour percer les canaux ou construire des palais ; ils ne pourront plus gaspiller notre argent dans des entreprises qui ne profitent qu'à eux. La terre sera donnée à ceux qui depuis toujours la cultivent pour les autres. Et les Anglais seront enfin forcés de nous laisser nous gouverner nous-mêmes. » Je ne pouvais détourner les yeux de lui ni me rassasier de ses paroles. Son rêve s'était réalisé. Le mien aussi : l'Égypte était libre. Même ma mère était heureuse, puisque tous les gens qu'elle aimait étaient égyptiens.

Tandis que nous restions assis à table ce soir-là, je pris peu à peu conscience de ce qu'allait signifier, pour moi, d'être la femme d'un des nouveaux dirigeants du pays. Ce serait mon devoir de rester à ses côtés, quoi qu'il arrivât. La prophétie du gitan me revint à la mémoire... Je regrettais de ne pas être mieux préparée aux responsabilités qui m'attendaient. On était à deux jours de mon anniversaire. J'allais avoir dix-neuf ans.

Chapitre 5

L'époque de Nasser

Est-ce qu'on va nationaliser toutes les terres ? Est-ce que nous allons devenir un pays communiste ? C'est vrai qu'on force les étrangers à quitter le pays ?

Partout où nous allions, Anouar était bombardé de questions par nos amis — ingénieurs, médecins, avocats, professeurs d'université, petits propriétaires terriens : tous voulaient savoir ce que signifiaient les nouvelles lois émanant du Conseil de la Révolution. Il y avait beaucoup de confusion dans les esprits ; personne ne savait exactement ce qui se passait.

Pas un soir ne passait que nous ne fussions invités quelque part. Et Anouar chaque fois arrivait en retard, très en retard. « Ne m'attends pas pour aller chez eux. Je vous rejoindrai au moment du dîner », me disait-il tous les matins avant de sortir. Le Conseil de la Révolution siégeait pour ainsi dire en permanence. Ces attentes le soir chez nos amis ! Parfois minuit arrivait, et il n'était toujours pas là. Et moi, j'étais chaque fois de plus en plus inquiète, me demandant ce qui avait bien pu lui arriver — mais je n'en montrais rien, mon « rôle politique » me l'interdisait. « Oh, il ne tardera pas », disais-je avec le plus grand calme. Je n'osais même pas manifester mon soulagement quand finalement il arrivait. Aussitôt les questions fusaient :

« Est-ce que le gouvernement va nationaliser les usines ?

— Est-il vrai qu'on va instituer l'enseignement gratuit pour tous ? »

Toutes ces questions étaient justifiées, car une période de réformes radicales venait de commencer. En vingt ans, la vie des Égyptiens allait être complètement transformée comme jamais elle ne l'avait été en 1 400 ans, depuis l'invasion des Perses. Cela commença presque aussitôt, deux mois après la révolution, avec la proclamation de la loi de réforme agraire, qui abolit les grands domaines et les distribua aux fellahs. Il était interdit, désormais, de posséder plus de 200 *feddans* (80 hectares), maximum qui fut ramené à 100 feddans (40 ha) en 1961. D'autre part, toutes les terres possédées par des étrangers furent expropriées. Il y avait huit millions de fellahs sans terre : la division des grands domaines (dont les propriétaires reçurent des bons d'État) permit de leur attribuer à chacun 5 feddans (2 ha). Les 250 000 hectares que possédait la famille royale — un dixième de toute la superficie cultivable — furent confisqués sans aucune compensation.

Mon père et mes oncles, ayant vendu leurs terres quatre ans avant la révolution, ne furent pas affectés par cette mesure. D'ailleurs ils ne l'auraient pas été, possédant moins de 200 feddans. Mais beaucoup de gros propriétaires se retrouvèrent tout à coup « sans rien » — c'est-à-dire avec 80 ha seulement — à la grande joie des fellahs. En trente ans de régime parlementaire, pas une seule mesure n'avait été prise dans leur intérêt. Beaucoup de paysans gagnaient tout juste cinq livres égyptiennes par mois alors que les propriétaires s'arrogeaient la plus grande partie des récoltes — parfois plus de 80 p. 100.

Je connaissais une famille qui possédait des milliers de feddans dans le Delta du Nil ; après la récolte du coton, ils engageaient des gardes armés pour convoyer l'argent jusqu'à la banque. Le fellah qui avait cultivé la terre, semé, arrosé, ramassé à la main les vers parasites du coton, récolté le coton, voyait passer les camions où s'entassaient les sacs pleins d'argent. Pourquoi les propriétaires n'en distribuaient-ils pas au moins une partie aux fellahs qui travaillaient pour eux ? C'était vraiment inadmissible dans un pays où la majorité était très pauvre.

Je connaissais une autre famille de riches propriétaires, en

Haute Égypte, qui, tout le monde le savait, donnait de splendides réceptions. Il y avait toujours plein de restes, bien sûr, mais au lieu de les donner aux paysans ou aux domestiques, ils les brûlaient — pour que les fellahs n'y goûtent pas. Ç'aurait pu leur donner l'envie de manger autre chose à leur repas que du pain, un bout de fromage et quelques feuilles de légumes. Ils en auraient conçu de l'animosité contre la famille. Cela aurait dérangé « l'ordre ». Une telle attitude était très cruelle, elle méritait de disparaître. Cette réforme qui fut menée tambour battant dans tout le pays était celle à laquelle non seulement les fellahs mais aussi les officiers révolutionnaires tenaient le plus. Beaucoup d'entre eux, en effet, étaient originaires des villages et avaient eux-mêmes pâti de ces scandaleuses inégalités de la propriété foncière.

De nombreuses autres réformes suivirent immédiatement. Création de coopératives d'État dans les zones rurales pour accorder des prêts aux fermiers, réglementation des fermages, salaire minimum garanti et réduction du temps de travail aussi bien pour les ouvriers d'usine que pour les ouvriers agricoles. Ouverture de cliniques financées par l'État dans les villages. En une seule année on construisit plus d'écoles qu'au cours des deux décennies précédentes et l'instruction devint obligatoire pour tous les enfants, garçons et filles, même dans les campagnes. Les universités, réservées auparavant aux privilégiés, furent ouvertes à tous les Égyptiens, et l'on garantit des postes dans l'administration à tous les diplômés. Conformément au nouvel esprit égalitaire, les vieux titres turcs de pacha, bey et effendi furent abolis, et ce fut une explosion de joie dans une société qui étouffait sous le poids des hiérarchies. La façon dont les Égyptiens avaient pris en main leurs propres affaires, la vitesse avec laquelle on démantelait l'*ancien régime** laissaient bien augurer de l'avenir.

La confiscation des quatre palais du roi Farouk fit sensation : la quantité de richesses personnelles qu'il avait réussi à amasser aux dépens des Égyptiens défiait l'imagination. Bien qu'il eût emporté avec lui des centaines de malles en quittant Alexandrie, il avait laissé tant de trésors dans les 400 pièces du palais de Koubbèh qu'il fallut faire venir de l'étranger des spécialistes (de la célèbre agence Sotheby's de Londres) pour les expertiser avant

* En français dans le texte *(NdT)*.

de les mettre aux enchères. Farouk s'était constitué une collection de plus de 80 000 pièces et médailles d'or. Sa collection de presse-papiers, dont beaucoup étaient ornés de pierres précieuses, n'avait pas d'équivalent au monde. Dans toutes les pièces on avait trouvé des objets d'art en or, en particulier un support en or massif pour ses bouteilles de Coca-Cola et une œuvre de Fabergé, le célèbre joaillier russe.

Dans l'aile ouest du palais, où Farouk avait ses appartements, on trouva dans les salles de bain des vasques d'albâtre oriental vert. Les énormes garde-robes contenaient plus de cent costumes et des centaines de cravates. Et on se remit à parler de certains aspects de la vie privée du roi. Selon la rumeur, on avait découvert dans sa chambre un placard où étaient accrochées cinquante clés d'appartements du Caire, chacune au nom d'une jeune femme différente. Et partout, surtout dans sa salle de jeux, sur sa table de roulette, sur sa table de chemin de fer, etc., des statues de marbres dans des poses lascives, des peintures plus que suggestives, et des dizaines et des dizaines d'images érotiques, toujours, sur des cartes à jouer, des montres, même des boîtes à musique.

Il fallait bien reconnaître, aussi pénible que ce fût, que nous avions eu pour roi un monstre de dépravation et de rapacité. Mais toute cette richesse allait finalement revenir au peuple qui l'avait produite. La vente des biens de la famille royale rapporta 70 millions de livres égyptiennes (plus de 100 milliards de francs 1953), que l'État consacra à la création de centres de santé, hôpitaux et écoles dans les villages.

La fin de l'occupation britannique figurait aussi, bien sûr, au programme du gouvernement révolutionnaire, et des négociations furent engagées avec les Anglais pour fixer la date de leur départ. Anouar s'était toujours battu pour cela ; cette période aurait dû être la plus heureuse de sa vie. Or, bien au contraire, il était de plus en plus affligé par les chamailleries internes du Conseil de la Révolution, et, en particulier, par l'hostilité que lui témoignait son président, le général Mohammed Néguib

Les Officiers libres étant des hommes très jeunes, ils avaient ressenti la nécessité, autant pour rassurer le public que pour se rassurer eux-mêmes, de nommer à leur tête le général Néguib, plus âgé et estimé de tous — et ils en avaient fait peu après le premier président de la nouvelle République égyptienne. Mais bientôt il y eut du tirage entre lui et les « jeunes », et c'était avec Anouar que ça allait le plus mal. Néguib alla jusqu'à faire courir le bruit qu'Anouar voulait lui prendre la présidence de la République, et il cherchait à créer autour de lui une atmosphère de jalousie et de soupçon. Ce n'était qu'un aspect d'une évolution plus générale ; le Conseil, en effet, au lieu de se consacrer exclusivement aux tâches pratiques, comme la nouvelle politique économique, l'application des réformes ou la révision des relations internationales de l'Égypte, était de plus en plus absorbé par des luttes intestines. Anouar en fut d'abord indigné, puis cela le déprima profondément. Ce n'était pas pour en arriver là qu'il avait fait tant de sacrifices !

Néguib essaya même de m'utiliser contre Anouar !

Je faisais ce que je pouvais pour soutenir mon mari. Un matin, par exemple — Anouar était parti en pèlerinage à La Mecque avec Nasser, profitant d'une période de fête religieuse — j'entendis un tintamarre de sirènes approchant dans la rue, celle qui passait devant notre immeuble. Je vais au balcon et je vois arriver tout un cortège, de motos, voitures de police, véhicules militaires et, au milieu, le président Néguib, dans une longue automobile découverte. Tout le monde s'était mis aux fenêtres ou aux balcons. Le cortège ralentit et s'arrêta devant chez nous. Les moteurs vrombissaient, les sirènes continuaient de hurler ; le vacarme était infernal.

En un éclair je compris ce qu'il était venu faire : pendant les périodes de fêtes, c'est une tradition de rendre visite à ses amis et à ses parents, après la prière du matin, pour leur présenter ses vœux ; or, Néguib savait parfaitement qu'Anouar était à La Mecque ; ainsi il avait eu l'idée de rendre visite à la femme de Sadate, de la manière la plus voyante et la plus bruyante, pour camoufler la campagne qu'il menait contre Anouar !

Les voisins se sentaient sans doute honorés de cette attention du président, moi pas. Je n'avais aucune intention d'accueillir chez nous un homme qui empoisonnait la vie de mon mari.

« Cours dire au président qu'il n'y a personne à la maison, dis-je à notre femme de ménage. Et que je suis sortie pour toute la journée. »

Le cortège s'ébranla. Je poussai un ouf ! de soulagement. Ils firent demi-tour et repassèrent le Nil...

Je n'avais jamais vu Anouar dans un tel état. Rien ne pouvait le sortir de sa dépression. A la maison, il était d'une humeur de chien :

« Jehane, il manque un bouton à cette chemise ! »

Et moi aussitôt de courir prendre une aiguille et du fil.

« Jehane, je n'ai pas dormi de la nuit, avec ces draps tout froissés ! (Il n'avait fait que ruminer ce qui se passait au Conseil, évidemment.) Tu ne pourrais pas veiller à ce qu'on les repasse mieux ? »

« Jehane, me dit-il une fois, regarde cette pièce : ça fait au moins deux jours que ça n'a pas été nettoyé ici !

— C'est impossible, Anouar. Le ménage est fait tous les jours dans toutes les pièces. »

Mais il n'y avait rien à faire, il cherchait la petite bête :

« Regarde ce mouchoir dans le coin : je me rappelle très bien l'avoir laissé ici il y a deux jours.

— Non, ce devait être aujourd'hui, à midi... »

J'étais au bord des larmes, il s'en aperçut et aussitôt se radoucit et se rendit compte de son erreur.

« Pardonne-moi. C'est toi qui as raison. »

Je savais bien que ce n'était pas à moi qu'il en voulait, je réagissais le moins possible à ses accès de colère. Mais son état ne laissait pas de me préoccuper énormément. Que de fois dans les premiers mois de la révolution, je l'ai trouvé assis tout seul sur un de nos balcons ! Il ne lisait pas, n'écrivait pas, ne faisait rien que penser. La tristesse de son regard m'accablait. Souvent je m'asseyais moi aussi et restais à côté de lui, en silence, attendant une heure, même plus, qu'il me confiât ce qui lui pesait tant. « Qu'est-ce qu'il y a, Anouar ? » disais-je enfin. Parfois il me répondait.

Ces terribles silences n'avaient rien à voir avec moi, la plupart du temps. Nous nous disputions, bien sûr, comme tout le monde.

Mais rarement. Et dès le début de notre mariage nous avions découvert que nous n'avions aucun don pour cela, ni l'un ni l'autre — à la différence des hommes et des femmes qui peuvent s'envoyer des chapelets d'insultes. Il en résultait qu'en beaucoup de choses, nous nous rencontrions, et que nous avions beaucoup de respect l'un pour l'autre. Je le comprenais comme si j'avais été en lui, même dans ses pires moments de détresse.

Un soir il m'annonça : « Jehane, on quitte le pays. »

Quitter l'Égypte ? J'en perdis la parole, pour une fois.

« Je ne peux plus supporter ces ragots que Néguib fait courir sur moi. Le Conseil lui-même est divisé, nous ne faisons que nous entre-déchirer. Je suis écœuré, j'ai écrit ma lettre de démission. »

Je le regardais, éberluée. C'était un tourbillon d'images dans ma tête : mes parents, ma maison, mon pays...

« Tu viendras avec moi ? dit-il.

— Bien sûr, réussis-je à articuler. Où que tu ailles.

— Bien, dit-il. Allons au Liban. C'est un beau pays, c'est un pays arabe, à Beyrouth je trouverai du travail. »

Sur quoi il sortit de sa veste deux tickets, deux passeports tout neufs avec les visas de sortie. Il n'avait pas douté de ma réponse. Heureusement, ses amis au Conseil, Nasser et Abdel Hakim Amer, le persuadèrent de revenir sur sa décision, et nous restâmes au Caire.

Cependant, il décida de ne plus consacrer tout son temps à la direction des affaires. Ayant une certaine expérience dans le domaine de l'édition et du journalisme, il fonda un quotidien, *El-Goumhouriyya* (« La République »), pour diffuser les conceptions du nouveau régime. Dès lors je ne le vis plus : il partait à l'aube et ne rentrait qu'en pleine nuit pour aussitôt se coucher. Et, à la différence des autres Égyptiennes, je ne pouvais même pas l'attraper en lui demandant pourquoi il rentrait si tard, etc. — puisque je savais où il était, et pourquoi. Je respectais infiniment ce qu'il faisait pour notre pays, mais j'étais vraiment délaissée et insatisfaite.

Les femmes mariées avaient le droit d'aller à l'école, maintenant ; je m'inscrivis pour terminer ma dernière année. Mais ce fut impossible. Anouar, avec son emploi du temps complètement déréglé, pouvait passer n'importe quand à la maison pour se changer ou avaler quelque chose en vitesse. Etant sa femme, je devais être là.

« Je regrette, dis-je à mes professeurs, après avoir raté je ne sais combien de cours. Il faut que je renonce à mes études provisoirement. »

S'ils furent déçus, ils ne le montrèrent pas. Eux aussi comprenaient mes devoirs de femme et mes responsabilités comme femme d'Anouar el-Sadate.

J'étais devenue très attentive à mon apparence ; en toutes circonstances, je devais avoir un air digne. Manches longues, col haut. Les Égyptiens tiennent aux traditions ; un écart de ma part, et tout le monde aurait critiqué mon mari. Je choisissais aussi une mise très simple et très commode pour la vie de tous les jours — pour faire apparaître le moins d'écart possible entre moi et les femmes du peuple. Toujours, pas d'écart ! C'était l'arrogance avec laquelle les riches avaient signalé cet écart vis-à-vis des dizaines de millions de pauvres qui avait été une des premières causes de la révolution. Maintenant tous les Égyptiens étaient égaux, et les chefs pas plus que les autres !

Or, malgré la révolution et son message égalitaire, et à ma grande déconvenue, les gens du quartier me traitaient comme une célébrité. Plus jamais je ne pouvais faire la queue devant un cinéma ou attendre patiemment mon tour dans une clinique. Tout le monde me poussait à la première place. Et mon boucher : « Vous allez rester notre cliente, madame ? » Quelle anxiété dans sa voix ! De même dans celle du pharmacien, de l'épicier et même du papetier chez qui j'achetais mon papier et mes plumes, quand eux aussi me posèrent la même question.

« Bien sûr, leur disais-je à tous. Ma position a changé mais je reste la même, et vous aussi. »

Je vis apparaître des écriteaux, aux vitrines des magasins « Madame Sadate est notre cliente. »

Dans un magasin où j'achetais des habits pour Anouar, le changement fut spectaculaire. Je me rappelais un jour, avant la révolution, où j'y étais allée : on me servait quand un ministre avec toute sa suite était entré, cigare aux lèvres. Aussitôt la vendeuse s'était précipitée vers lui, et j'étais sortie, sachant qu'on ne s'occuperait plus de moi pendant Dieu sait combien de temps. Quand j'y suis retournée après qu'Anouar fut devenu président du Parlement, les mêmes personnes ont accouru vers moi, oubliant toutes les autres clientes. Mon Dieu ! ai-je pensé. Rien n'a changé ! Mais j'ai dit à la vendeuse : « Je vous en prie, servez les personnes qui étaient là avant moi. J'attendrai mon tour. »

De même, nous ne pouvions plus sortir, Anouar et moi, sans être reconnus. Les gens partout nous faisaient fête. Au cinéma, au restaurant, nous étions constamment dérangés par des inconnus qui venaient serrer la main d'Anouar en disant : « Dieu te bénisse, Sadate ! » ou « Dieu vous bénisse, monsieur ». Mais je ressentais rarement comme une contrainte cet effet de la popularité d'Anouar ; au contraire, j'étais heureuse d'être saluée moi aussi par tous ces gens. Si nous nous donnions pour notre pays, nous étions largement récompensés par la chaleur des sentiments que l'on nous témoignait.

« Ce doit être pénible, me disaient mes amies.

— Pas du tout », répondais-je. Et mon opinion n'a jamais varié sur ce sujet.

« On peut continuer de t'appeler Jehane et de te dire tu ? me demandèrent mes camarades d'école.

— Mais évidemment. Quelle différence y a-t-il entre nous ?

— C'est que maintenant tu es devenue quelqu'un de très important... »

A leur égard, je me sentais exactement la même qu'auparavant.

« Les autres peuvent penser ça, répondais-je, mais vous, vous voyez bien que je suis toujours pareille. »

Et nous riions en évoquant nos souvenirs d'école.

« Tu te rappelles quand je t'ai donné des coups de pied dans la cour, une fois que la maîtresse ne nous surveillait pas ? me dit une amie.

— Si je me rappelle ! dis-je en la serrant dans mes bras. Je vais prendre ma revanche maintenant. Tu verras ! »

Je découvris bientôt que j'avais désormais une foule de responsabilités auxquelles je ne m'étais pas du tout attendue. Dès que Farouk eut quitté le pays, des femmes, par centaines, vinrent à moi pour me demander des services ou des faveurs.

« S'il vous plaît, aidez-nous, madame Sadate, me dit une femme qui m'attendait sur le palier de notre appartement. Mon mari a perdu son travail. Pouvez-vous dire à son patron de le reprendre ? »

« Madame, madame, me chuchota un autre jour une femme dans un magasin. Mon fils n'a pas réussi à se faire admettre à l'école de médecine du Caire. Pouvez-vous, je vous prie, en toucher un mot au doyen de ma part, et lui dire qu'ils doivent le prendre ? »

Tous les jours en rentrant je trouvais sur mon palier quatre ou cinq femmes, attendant que je leur accorde une audience. Souvent elles me présentaient une requête écrite. Le vendredi, qui est notre jour de repos, elles étaient beaucoup plus nombreuses.

Et je me mis soudain à recevoir des centaines de lettres de gens me demandant d'user de mon influence en leur faveur. Pour leur trouver un appartement, par exemple. Ou bien quelqu'un qui n'avait pas eu la promotion qu'il méritait me suppliait de parler de lui à son supérieur, etc. Comme si j'avais pu tout résoudre d'un coup de baguette magique. On me prenait pour une reine... Je repensais souvent aux paroles du diseur de bonne aventure, ou à mes prémonitions d'enfant, quand j'étais tellement certaine qu'un jour, je serais en situation d'aider tout le monde... J'y étais maintenant, dans cette situation. C'était effrayant. Je n'avais que dix-neuf ans.

Mais je me mis à répondre à toutes les lettres, et consacrai tous mes après-midi à recevoir les solliciteuses. J'appris la patience en écoutant leurs problèmes — une patience qui n'était nullement dans ma nature. Souvent elles répétaient inlassablement leur demande — un enfant à faire admettre à l'école, un mari à faire sortir de prison — mais jamais je ne disais : « Ça suffit. Ça fait je ne sais combien de fois que vous me dites ça. » Non, car je me sentais investie de la mission d'aider ces gens, de faire de mon mieux pour améliorer leur existence. Ce pouvoir, c'était Dieu qui me l'avait donné. Je devais m'en servir. Jamais, jusqu'à la fin, jusqu'à la mort d'Anouar, je n'ai considéré que j'avais le droit d'être laissée en paix.

Je ne repoussais aucune demande et faisais tout mon possible pour les satisfaire. Il en avait toujours été ainsi en Égypte ; depuis des siècles, on ne pouvait rien obtenir sans implorer la faveur des puissants, des beys, des pachas ; cette situation ne pouvait disparaître du jour au lendemain. Anouar, par exemple, ne serait jamais entré à l'école militaire — et donc ne serait jamais devenu ce qu'il était — si son père n'avait pas sollicité l'appui d'un grand personnage, le général Ibrahim Khayri pacha. L'abolition des titres honorifiques par la révolution ne pouvait faire disparaître d'un jour à l'autre cette situation. C'était un système humiliant assurément, qui renforçait la dépendance des classes les plus pauvres, qui les mettait à la merci du caprice et de l'arbitraire des grands.

Il engendrait aussi une mentalité servile et intrigante qui était tout à fait opposée aux objectifs de la révolution. Anouar fut le premier, quand il devint président, à essayer de mettre un terme à ces pratiques, au moyen d'institutions et de lois équitables appliquant à tous les mêmes critères. C'est ainsi que notre fils Gamal, qui n'avait pas le nombre de points suffisant pour s'inscrire en médecine, dut se contenter de faire des études d'ingénieur...

Je surmontai rapidement ma timidité en m'occupant des affaires de tant de gens. Certaines lettres, d'autre part, étaient de véritables appels au secours. Des femmes que je n'avais jamais vues m'écrivaient par exemple : « Mes enfants et moi avons grand faim parce que mon mari nous a quittés. Il avait promis de nous fournir les aliments mais il a disparu. » Ou bien : « Mon mari a amené une autre femme chez nous, je ne sais pas quoi faire. » Ces lettres m'émouvaient profondément. Il s'agissait de problèmes très personnels, mais ces femmes se raccrochaient à l'espoir que je pourrais réparer leur vie brisée.

« Si vous craignez une rupture entre un homme et sa femme, dit le Coran, appelez un arbitre de la famille du mari et un autre de celle de la femme. Si les deux époux désirent la réconciliation, Allah les fera vivre en bonne intelligence... »

J'étais peut-être un meilleur arbitre encore, puisque je n'étais ni de la famille de l'un ni de celle de l'autre. Et effectivement, je pouvais parfois faire quelque chose.

« J'ai reçu une lettre de votre femme, téléphonai-je à un homme qui était médecin. Elle veut que vous reveniez à elle. Je serais désolée que vous pensiez que je me mêle de votre vie privée, ce n'est pas du tout le cas : je vous parle comme une sœur, pour voir si je peux faire quelque chose pour vous aider à vous réconcilier. Voulez-vous venir me voir ? »

Il vint. Il restait debout, l'air nerveux, dans mon salon. Puis il dit :

« Si vous voulez que je retourne à ma femme, je le ferai, madame. Mais si vous saviez ce que j'ai souffert de sa part, vous me comprendriez. » Et il me raconta que sa femme était si jalouse qu'elle le suivait partout, jusqu'à la clinique où il exerçait, pour voir comment il se comportait avec les patientes. Je convins que c'était une situation insupportable.

« J'espérais pouvoir vous aider, dis-je, mais je vois que c'est impossible...

— Mais si, vous pouvez : chaque mois je lui verse sa pension alimentaire. Or, elle prétend ne rien recevoir. Pour qu'elle ne m'accuse plus injustement, je pourrais la lui donner par l'intermédiaire de quelqu'un de votre famille...

— Mais bien sûr », lui dis-je.

Dès lors, je fis remettre chaque mois cet argent à sa femme.

Le cas de cette femme n'était pas isolé. A un moment, je fus bouleversée de constater combien de femmes gâchaient leur existence et celle de leur famille à cause de leur jalousie morbide. Elles vivaient dans une telle terreur de perdre leur mari que celui-ci, n'en pouvant plus, finissait par les quitter vraiment. C'est qu'elles étaient complètement dépendantes de leur mari ; elles faisaient dépendre de lui jusqu'à leur propre identité ; ce n'étaient pas des femmes, c'étaient des prisonnières du mariage. Pour vivre pleinement et librement, elles devaient d'abord apprendre à vivre seules.

... Je dis à la femme de ce médecin de venir me voir.

« Votre mariage est fichu, lui dis-je. Vous devez regarder la vie en face maintenant. Vous devez vous faire une autre vie. Pourquoi ne prenez-vous pas un travail ?

— Un travail ? s'écria-t-elle.

— Oui. Je vous aiderai à en trouver un. »

Ce que je fis, et sa vie en fut transformée. Maintenant elle est remariée, elle travaille toujours et elle est très heureuse.

D'autres cas étaient plus simples. Par exemple, j'opérais des réconciliations très simplement : en laissant les deux époux se parler l'un l'autre par mon intermédiaire. Ou bien c'étaient les femmes qui se créaient leurs propres problèmes.

« Vous devez mieux traiter votre mari, sinon vous le perdrez, conseillai-je à une femme, après avoir entendu ses plaintes injustifiées. Gagnez vous-même un peu d'argent, au lieu de le tanner pour qu'il vous en donne plus... »

« Pourquoi te laisses-tu entraîner dans tout ça ? me disait Anouar. Tu n'es pas du tout tenue de t'occuper de la vie privée des gens. »

Je n'étais pas d'accord.

« Alors, pourquoi toutes ces femmes viennent ici, comme si je pouvais faire des miracles ? disais-je. Tu voudrais que je les renvoie, sans rien essayer de faire pour elles ? »

Les nouveaux chefs de l'Égypte ne plaisaient pas à tout le monde, bien sûr. Six mois à peine après la révolution, on déjoua un complot ourdi par des politiciens et certains officiers. Aussitôt le Conseil de la Révolution décréta la dissolution de tous les anciens partis politiques, mit leurs chefs en prison et fit passer les officiers en cour martiale. Un an plus tard, le 12 janvier 1954, les Frères musulmans tentaient à leur tour de s'emparer du pouvoir. Recourant à leur vieille tactique, ils incitèrent les étudiants du Caire à manifester contre le gouvernement et provoquèrent des émeutes, lors d'un rassemblement à la mémoire de ceux qui étaient tombés en attaquant les Anglais dans la zone du canal.

Le Conseil de la Révolution, sans perdre un instant, fit arrêter les chefs des Frères et interdit leur organisation. Mais, encore une fois, celle-ci continua d'exister clandestinement. Et en mars, les Frères se crurent de nouveau assez forts pour marcher sur le palais d'Abdine — rebaptisé palais de la République — en déployant des linges ensanglantés et en criant des slogans contre la révolution. Manifestement, rien ne pouvait satisfaire les Frères musulmans. Le nouveau gouvernement avait chassé le roi impie ; il avait commencé à diminuer la pression de l'étranger sur notre pays ; mais cela ne leur suffisait pas : ils voulaient tout le pouvoir, et ne reculeraient devant rien pour l'avoir.

C'était une période extrêmement troublée. De nouveau, Anouar n'était presque jamais à la maison ; il passait ses nuits en réunions avec les autres révolutionnaires. Et je passais le plus clair de mon temps seule. Mais cette fois, cela me fut presque égal, car à moi aussi, il arrivait quelque chose de vital. J'étais enceinte.

Juste après la révolution, j'avais fait une fausse couche. Que j'attribuais alors au fait qu'aussitôt appris la bonne nouvelle, j'avais marché pendant des heures pour commander les robes de grossesse et les linges pour le bébé. Aussi, cette fois — c'était l'été 1954 — je me mis au lit. Le docteur protestait : « Levez-vous et marchez, me disait-il. Vos muscles ont besoin d'exercice... » Je ne savais pas à quel point j'étais ridicule. J'étais persuadée que si je me levais, l'enfant tomberait. Pour ne pas le perdre, je chassais de mon esprit toutes les images où je me voyais déjà mère, et je restais couchée, lisant, tricotant, apprenant le crochet et la broderie au petit point. Bientôt j'eus accumulé de quoi fournir plusieurs maisons en napperons, appuie-tête, abat-jour brodés, etc. Mes parents et ma sœur venaient me voir de temps en temps. Et je ne désirais rien d'autre de la vie.

Malgré mes précautions, les douleurs vinrent tôt, et j'accouchai dès le septième mois. Le 7 septembre 1954, Anouar m'amena à la clinique et resta toute la nuit avec moi ; les médecins avaient l'air de plus en plus inquiets.

« Qu'est-ce qui ne va pas ? ne cessais-je de demander. Il y a quelque chose qui ne va pas du côté du bébé ? »

Terrassée par la souffrance, je voyais le visage d'Anouar se fondre avec celui de ma mère, de mon père, de ma sœur. Chut. Détends-toi, me disaient sans cesse ces visages. Et je n'entendis pas les médecins dire à Anouar que le bébé se présentait mal, par les pieds, que son cœur battait faiblement, qu'il n'avait qu'une chance sur deux de vivre. Anouar lui-même ne me répéta rien de tout cela.

« Nous avons une jolie petite fille, Jehane, m'annonça-t-il quand je revins à moi. Je n'en croyais pas mes yeux quand on me l'a montrée. Elle est belle, elle a la peau claire et les yeux bleus. »

Je voulais qu'on me la donne tout de suite. Je jouais avec ses doigts minuscules, je chatouillais ses tout petits pieds. Loubna, c'était ainsi que nous avions decidé de l'appeler. Que j'étais heureuse ! Soudain je fondis en larmes. Un des petons de Loubna restait inerte. Il y a quelque chose qui ne va pas ! criai-je au docteur. Il m'expliqua que pendant l'accouchement, qui avait été très difficile, les nerfs du pied droit de Loubna avaient failli se rompre ; mais il m'assura que cet engourdissement ne durerait pas. L'après-midi même, il lui fixa un petit appareil orthopédique, pour que son pied se développe normalement.

Je ne me considère pas du tout comme quelqu'un de superstitieux, mais, dès que je le pus, je mis une perle bleue sur le berceau de Loubna, pour la protéger « contre le malheur de l'envieux qui nous envie », comme dit l'avant-dernière sourate, *L'aube du jour*. Nous croyons, en Égypte, que la couleur bleue écarte le mauvais œil.

Le septième jour eut lieu la *sebou'a* de Loubna, la fête de sa naissance. Tous les nouveau-nés en Égypte ont leur *sebou'a,* chez les riches comme chez les pauvres, car le don d'un enfant est le plus grand don qui soit.

Comme le veut la coutume, je passai toute la fête couchée dans mon lit. Ma mère, ma sœur, mes tantes, mes cousines, mes amies et les voisines envahirent la chambre pour voir Loubna dans son berceau d'osier. Par précaution, j'avais épinglé des perles bleues à ma liseuse : une jeune mère peut craindre, en effet, qu'on lui envie non seulement sa beauté mais aussi son bébé. Le soir aussi, je me mettais des perles bleues pour que mon lait ne tarisse pas pendant la nuit.

A côté de mon lit était posé le *qollah* de Loubna — une cruche d'eau que les femmes de ma famille avaient ornée, selon la coutume, de rubans et de dentelles ; et, l'enfant étant une fille, elles y avaient accroché une paire de minuscules boucles d'oreilles. Mes tantes, mes cousines, toutes les femmes se passèrent la *qollah*, buvant chacune une gorgée d'eau ; et je n'arrivais pas à me rappeler si elles faisaient ça pour porter chance à Loubna ou pour signifier la fécondité. Puis la *sebou'a* commença.

Tante Zouzou mit Loubna dans un *ghorbal*, une passoire de cuir tressé prise dans la cuisine, pour « filtrer » son corps en quelque sorte, pour en éliminer tout ce qu'il pouvait contenir d'esprits mauvais et d'envie du mauvais œil. Ma cousine Aïda prit un mortier de cuivre et se mit à le battre comme une cloche avec le pilon, et toutes les femmes se mirent à chanter : *Halaatak, Bergalatak* — « Obéis à ta mère. Obéis à ton père. » Toutes allumèrent des bougies, Tante Zouzou prit le *ghorbal* avec Loubna dedans (c'était elle aussi qui m'avait portée à ma propre *sebou'a*), et le cortège commença à faire le tour de l'appartement, Aïda en tête avec son mortier.

Moi, je restai béatement au lit, tandis que leurs chants joyeux et leurs *zaghrît* retentissaient dans toute la maison. Dans chaque pièce elles jetaient des grains de blé (pour appeler la prospérité sur l'enfant) et du sel en psalmodiant : « Le sel soit dans l'œil de celui qui ne bénit pas le Prophète. Le sel immonde soit dans l'œil de l'envieux. » Et dans chaque pièce elles recommandaient bien à Loubna d'obéir à ses parents et à ses aînés. Aujourd'hui encore on dit que si des enfants sont désobéissants, c'est parce qu'on ne les a pas mis dans le *ghorbal* le septième jour.

Dans mon lit, entre-temps, je sirotais le *mughat*, la boisson traditionnelle des accouchées, mélange de céréales, crème et sucre, auquel on ajoute des amandes et des pistaches. Non seulement c'est délicieux, mais c'est très nourrissant, très bon pour le lait en particulier. Pendant cette période, j'avais toujours un verre de *mughat* à portée de la main ; on en mettait aussi un grand bol dans le salon, à l'intention des visiteurs. A part les soucis que me causait le pied de Loubna, mon bonheur était parfait.

Pendant les trois mois suivants, j'ai emmené chaque jour Loubna chez le médecin, pour des séances d'électrothérapie. A la maison, je lui massais le pied, comme m'avait montré le médecin, pour que ses muscles se développent. Je ne la quittais pas un instant, même le vendredi. « Restons à la maison avec le bébé au lieu d'aller faire un tour », disais-je à Anouar. Et il restait avec nous, comprenant mon obsession. Et pour qu'Anouar pût continuer de dormir tranquillement, je m'étais installée dans la chambre de Loubna.

Une fois, une seule fois, je sortis sans elle. Depuis la naissance, j'avais trop négligé mon apparence : finalement, j'allai chez ma coiffeuse, laissant Loubna à ma mère et à ma sœur. J'étais comme une âme en peine. Sous le casque, je ne pus retenir mes larmes. Je ne cessais de me demander si elle allait bien, si elle avait faim, si elle pleurait... Dès que ce fut fini je me précipitai chez nous, éplorée. « Mais elle va très bien, me dit ma mère en me consolant. Elle va *très* bien. » Et c'était vrai.

Son orteil bougeait ! Je le vis, je n'arrivais pas à le croire. Il bougea encore. Je la pris et courus chez le médecin. Il l'examina et vit lui-même son gros orteil bouger. « Maintenant, vous pouvez être tranquille », dit-il. Perdant toute retenue, je me jetai au cou du médecin et l'embrassai sur les deux joues.

Ce jour aurait dû être le plus heureux de ma vie. Mais, comme cela devait se reproduire je ne sais combien de fois tout au long de ma vie, les événements politiques projetaient leur ombre sur ma félicité : depuis deux mois, je craignais sans arrêt qu'Anouar fût assassiné.

« Un attentat a été commis contre Gamal Abdel Nasser à Alexandrie, avait annoncé la radio le 26 octobre, un mois à peine après la naissance de Loubna. Huit coups de feu ont été tirés, mais Nasser n'a pas été touché. »

J'étais alors à la maison, avec Loubna. C'était terrifiant. Tuer Nasser... Pourquoi ? Ç'aurait dû être une journée de réjouissance, non de violence. L'accord mettant fin à soixante-quinze ans d'occupation britannique venait d'être signé, juste une semaine auparavant. Et c'était pour célébrer cet événement que Nasser, qui dirigeait la délégation égyptienne pendant les négociations avec les Anglais, était allé présider un rassemblement populaire à Alexandrie. Pendant qu'il parlait, un jeune homme avait tiré sur lui avec un pistolet, et Nasser avait failli être tué. On soupçonna cet homme, qui était plombier au Caire, d'être lié aux Frères musulmans.

Des milliers de personnes furent interrogées, des centaines furent arrêtées, et il s'avéra que la Confrérie était en train d'ourdir un vaste complot pour renverser le gouvernement. Au Caire, nous nous sentions entourés de conspirateurs. Deux de mes cousins au second degré, qui étaient des gens très pieux, s'enfuirent à l'étranger par crainte d'être arrêtés. Un ami officier d'Anouar, Abdel Moun'em Raouf, prit le même chemin ; on l'avait dénoncé comme le chef d'une faction favorable aux Frères dans l'armée. On découvrit que Néguib lui-même entretenait des rapports avec la Confrérie. Il fut démis de ses fonctions de président de la République et mis aux arrêts domiciliaires.

En novembre 1954 un « Tribunal populaire » fut constitué. Anouar, nommé par Nasser, était l'un des trois juges. Plus de mille personnes en tout, accusées de haute trahison, devaient passer devant ce tribunal ou devant les tribunaux militaires, et six Frères seraient condamnés à mort. Alors commencèrent les coups de téléphone anonymes.

« Je suis chez Sadate ?

— Oui. Qui parle ?

— Il est là ?

— Non. Pas en ce moment.

— Qui êtes-vous ?

— Sa femme.

— Alors, écoutez bien : nous allons tuer votre mari.

— Qui êtes-vous ?

— Ça n'a pas d'importance. Sachez seulement que Sadate paiera ce qu'il a fait aux Frères musulmans, nous le descendrons ! »

Et l'on raccrochait.

D'autres menaces arrivaient dans le courrier, ou nous étaient révélées par les services de renseignements. Passant presque toutes mes journées à la maison avec Loubna, je me mis à avoir peur du téléphone. Chaque fois qu'il sonnait, mon cœur se mettait à battre la chamade.

« Tu n'as qu'à raccrocher tout de suite, me disait Anouar. Ou bien ne réponds pas. »

Mais presque toujours je ne pouvais m'empêcher de répondre, et j'écoutais très attentivement au cas où j'aurais découvert quelque indice, quelque moyen de protéger mon mari.

Malgré tous les efforts que cela me coûtait, je lui cachais mes craintes. Il devait accomplir son devoir au tribunal, sans se faire de soucis pour moi. Mais certaines nuits, après avoir répondu à ces appels, je m'écroulais en larmes. Comment les Frères musulmans pouvaient-ils avoir l'idée de tuer mon mari, lui qui avait été si proche d'eux avant la révolution ! Allais-je devenir veuve à vingt et un ans ? Et notre petite Loubna orpheline à quelques mois ?

« Ne t'en fais pas, me disait Anouar. Quand quelqu'un veut

vraiment tuer, il ne prévient pas. C'est simplement pour te tourmenter qu'ils font cela. »

Je me raccrochais à ses paroles, je réussissais vaguement à le croire... jusqu'au coup de téléphone suivant.

On affecta des policiers à notre protection ; l'un montait la garde sur le palier, devant la porte de l'appartement, les autres dans la rue, devant l'immeuble. Je me réjouis de cette initiative, encore que la présence de ces gardes du corps me rappelât constamment qu'Anouar était en danger de mort. Je ne pouvais chasser cette pensée, j'étais persuadée qu'on allait le tuer. Que pouvais-je faire moi-même pour le sauver ? Personnellement, je ne me sentais pas menacée, comme cela m'arriva parfois, plus tard, quand Anouar fut devenu président.

Des coups de feu. J'entends des coups de feu. Je saute de mon lit, cours sur le balcon, je scrute l'obscurité de la rue, neuf étages en dessous. Ça y est. C'est fait. Mon mari a été tué. Mais je ne vois rien... Je m'habille en hâte — il faut que je le trouve, pour l'emmener tout de suite à l'hôpital. Mais je m'arrête. Que vont penser les gardes du corps, les soldats postés autour de l'immeuble ? Que Mme Sadate a peur ? Ou qu'elle est devenue folle, pour se précipiter ainsi dans la rue à deux heures du matin ? Alors, descendre normalement et demander calmement ce qui s'est passé ? Ou rester dignement à la maison ? Je vais à la porte, je retourne au balcon, je retourne à la porte, sans savoir quel parti prendre...

Un quart d'heure plus tard, j'entends la clé tourner dans la serrure et Anouar apparaît avec son grand sourire.

« Qu'est-ce qu'il y a, Jehane ? dit-il tandis que je me jette dans ses bras en sanglotant.

— Je pensais qu'on t'avait tué. »

Il rit, de son rire profond que j'aimais tant.

« Écoute-moi bien, Jehane, dit-il, prenant ma tête dans ses deux mains. Quand mon heure sera venue, ni toi, ni moi, ni personne d'autre ne pourra rien empêcher. Souviens-toi du Coran : Où que vous soyez, la mort viendra vous prendre, même au sein des forteresses. Quand ce sera mon tour, que tu sois là ou pas pour m'emmener à l'hôpital, cela ne changera rien. Alors tranquillise-toi, calme-toi. Tu peux faire tout ce que tu veux · ça n'ajoutera pas un jour, pas un instant à mon existence. »

Je savais qu'il avait raison, bien sûr. *Masir.* Le destin. Personne sur terre n'a le pouvoir de changer quoi que ce soit à ce que Dieu a voulu pour nous. Jusqu'à la fin de ma vie je devais me rappeler ces paroles d'Anouar. Et tout se passa comme il l'avait dit : je ne pus rien faire pour empêcher sa mort.

Malgré tout, il m'arrivait souvent de penser que peut-être, mon destin à moi était justement de sauver Anouar. Et que donc, j'avais raison de ne pas rester passive. L'idée que je serais impuissante à le protéger m'était insupportable, dans mon for intérieur.

Un homme, qui questionnait le Prophète à propos du destin, lui demanda s'il devait attacher sa chamelle quand il entrait au temple pour prier ou s'il devait simplement confier à Dieu le soin de la garder. Et le Prophète répondit : « Attache ta chamelle, et aie confiance en Dieu ! »

Je ne pouvais attacher Anouar, bien sûr. Mais n'y avait-il vraiment rien à faire pour l'aider, le protéger ?

C'est vers cette époque-là, après les premières menaces des Frères musulmans, que je me mis à souffrir régulièrement de terribles migraines. Les symptômes sont toujours restés les mêmes : ça commence dans la nuque, puis ça monte peu à peu, à la fin j'ai l'impression que ma tête va éclater, ou qu'on me la broie dans un mortier. Je ne peux plus rien avaler quand je suis dans cet état. Ma vision se trouble et toute lumière me fait un mal insupportable. Les médecins en Égypte et à l'étranger ont tout essayé, rien n'y fait.

« C'est nerveux », me disent-ils toujours après m'avoir examinée, sans rien trouver d'anormal. Ça, je le sais. Ce qu'ils ne peuvent comprendre, c'est la tension dans laquelle j'ai toujours vécu.

« Comment faites-vous quand vous avez mal ? m'a demandé un médecin de Paris. Est-ce que vous criez, est-ce que vous pleurez ?

— Non, jamais.

— Alors que faites-vous ?

— Tout au plus, lui ai-je dit, je demande aux gens avec qui je suis de m'excuser un moment, je m'enferme dans la salle de bain et je laisse couler mes larmes. Puis je me lave la figure pour qu'on ne remarque rien. »

Toute ma vie j'ai caché mes douleurs, j'ai fait croire à tout le monde que j'étais satisfaite et sans inquiétude, j'ai lutté contre moi-même pour apparaître détendue et sûre de moi, afin que les autres, en me regardant, eussent eux-mêmes confiance, quel que fût le danger. C'était mon devoir envers mon pays, et surtout envers mon mari. Mes migraines étaient le prix de notre amour.

Un vendredi (le seul jour qu'il passait toujours avec moi), je lui demandai de m'apprendre à conduire. Beaucoup de jeunes femmes que je connaissais voulaient elles aussi apprendre à conduire pour faire des achats dans d'autres quartiers, ou emmener leurs enfants à la campagne. Mes raisons étaient différentes. En effet, il pouvait très bien arriver qu'un fanatique tire sur Anouar sans qu'il y ait personne d'autre que moi dans la voiture. Il fallait, dans ce cas, que je puisse me mettre moi-même au volant pour l'emmener le plus vite possible à l'hôpital. Ainsi j'appris à conduire.

Une autre fois je lui dis :

« Apprends-moi à tirer. »

Il me regarda d'un air narquois, mais dit simplement :

« Très bien. »

Et le vendredi suivant, il m'emmena dans le désert, du côté des pyramides, me tendit un petit pistolet, me montra comment m'en servir, comment viser, puis posa une vieille boîte de conserve dans le sable.

« Ça ne me plaît pas du tout, que tu veuilles un revolver, me dit-il.

— Je le sais. Mais ça me tranquillisera quand je serai avec toi.

— Je comprends, dit-il. J'espère seulement que tu ne feras pas de bêtises avec...

— Comme de dévaliser une banque ? dis-je en éclatant de rire.

— Bon, vise ! »

Pas une seule fois je n'ai été fichue de toucher cette boîte. J'étais aussi myope que je le suis maintenant. De plus, je n'arrivais pas à empêcher le pistolet de sauter chaque fois dans ma main, ni à m'empêcher moi-même de sursauter à chaque détonation..

« Je regrette, Anouar. S'il t'arrive quelque chose, il faudra que je me contente de crier pour appeler les gardes du corps. Ce sera toujours plus facile que d'apprendre à tirer. »

Il eut l'air profondément soulagé.

Anouar et Nasser passaient beaucoup de temps ensemble. Souvent Anouar dînait chez lui, ou Nasser chez nous. Et moi-même j'allais parfois en visite avec Anouar chez Nasser et sa femme, Tahia. Ils avaient des rapports qui me semblaient trop cérémonieux, très vieux jeu. Tahia ne le tutoyait pas, ne l'appelait pas par son prénom, mais lui disait « el-raïs », même en notre présence. Leurs cinq enfants aussi l'appelaient « el-raïs » (« le chef », « le président »). Cela dit, Tahia, très timide, très modeste, n'ouvrait presque jamais la bouche pendant les repas ; elle semblait gênée d'être à la même table que les hommes, et complètement indifférente aux conversations politiques.

Anouar avait beaucoup d'affection et de respect pour Nasser, comme moi. Mais parfois Nasser était vraiment difficile à vivre. Nasser était de Haute Égypte ; il avait le sang chaud, il était jaloux et soupçonneux. Sans cesse il redoutait quelque coup fourré, il ne savait jamais quoi penser de ceux qui l'entouraient. Je le plaignais de se tourmenter ainsi, mais je le comprenais.

Le succès même de la révolution l'avait rendu encore plus méfiant. Le fait que le mouvement des Officiers libres s'était développé pendant dix ans dans la plus complète clandestinité, dans un pays où tout le monde savait les secrets de tout le monde, l'avait persuadé que lui-même, à chaque instant, pouvait être victime d'une semblable conspiration. Sans compter que ses collaborateurs, pour prouver leur loyauté, ne cessaient de « découvrir » des complots imaginaires, en plus de ceux, bien réels, des Frères musulmans et d'autres factions politiques.

Anouar était un des rares à jouir de la confiance de Nasser, car il ne désirait pas le pouvoir, il voulait seulement mener à bien la révolution. Ce n'était pas le cas de beaucoup d'autres. Nasser, qui le sentait, était tout à fait paranoïaque à leur égard, ils cherchaient à consolider leur pouvoir en dénonçant tous leurs concurrents comme ennemis de la révolution. Ainsi les arrestations succédaient aux arrestations.

Résultat, plus personne n'osait parler ouvertement et franchement, de peur d'être lui aussi arrêté ou du moins interrogé. On se répétait une anecdote à ce sujet ·

Un homme dit à un autre :

« Ouh, quelle chaleur en ce moment !

— N'avions-nous pas décidé de ne pas parler de politique ? » réplique l'autre...

Anouar était conscient de ce malaise général, et cela l'affectait beaucoup.

« Nasser a ça dans le sang, lui disais-je, il ne peut s'en empêcher... »

Beaucoup étaient d'accord avec moi, semble-t-il, car Nasser restait malgré tout très populaire. A la différence des politiciens du roi Farouk, il ne prononçait pas ses discours en arabe littéral, mais s'adressait au peuple en dialecte ; ce qui est bien plus expressif et immédiatement compréhensible par tout le monde. Les gens du peuple se reconnaissaient en lui, *ibn el-boustagui*, « le fils du facteur ». Comme eux Nasser mangeait du *foul* (de la purée de fèves) à son petit déjeuner, allait prier chaque vendredi à la mosquée, et tous les premiers jeudis du mois s'installait devant sa radio pour écouter le concert d'Oumm Kalthoum, et alors le monde aurait pu crouler... C'était un Égyptien, corps et âme.

Il a rendu aux Égyptiens orgueil et dignité. Presque tout le monde restait pauvre certes, mais au moins nous étions maîtres chez nous, nous étions tous égaux, c'était comme un temps de printemps, frais et vivifiant. Même entre eux, les Égyptiens de la haute société ne parlaient plus français, mais arabe. La politique du pays n'était plus décidée à l'ambassade d'Angleterre, mais dans nos ministères. Après des millénaires de domination étrangère, nous redécouvrions notre héritage.

Sous Nasser, l'Égypte commença à défaire ses liens avec l'Europe et à se rapprocher des autres pays arabes et musulmans. En 1955, Nasser nomma Anouar secrétaire général du Congrès islamique nouvellement créé. Au cours des années suivantes Anouar passerait énormément de temps à l'étranger, rendant visite au roi Hussein de Jordanie, au président Chamoun à Beyrouth, au roi Mohammed V du Maroc ; voyageant en Malaisie, Indonésie, Pakistan et dans presque tous les pays musulmans ; se liant d'amitié avec les familles régnantes des États du Golfe et avec la famille royale d'Arabie saoudite.

Nasser avait choisi une route périlleuse, cependant. Les difficultés internes n'étaient pas surmontées qu'apparut la menace étrangère. En janvier 1955, le Premier britannique Anthony Eden demanda à Nasser d'adhérer, avec la Turquie, l'Irak et le Pakistan, au pacte de Bagdad, alliance militaire antisoviétique dominée par la Grande-Bretagne. Nasser, qui venait de conclure avec succès les négociations sur l'évacuation des troupes britanniques installées en Égypte, naturellement refusa. Aussitôt Israël, appuyé par l'Angleterre et l'Amérique, lança une série d'attaques meurtrières contre des camps de l'armée égyptienne dans la zone démilitarisée du Sinaï, à Gaza, Kuntilla et Sabha. Cette agression, le dernier jour de février 1955, modifia le cours de la révolution, la carrière de Nasser et toute l'histoire récente du Moyen-Orient.

Des armes ! D'un jour à l'autre, la question des armes s'imposa à Nasser, Anouar et aux autres révolutionnaires. Jusqu'alors, personne n'avait envisagé de guerre avec Israël. Nasser n'avait jamais parlé, aussi bien en public qu'en privé, que de réformes, que de la façon dont l'État allait s'y prendre, étant donné le peu d'argent dont il disposait, pour éliminer les trois ennemis traditionnels de l'Égypte : la pauvreté, l'analphabétisme et les épidémies. Maintenant il ne parlait plus que d'acheter des armes. Les seules armes dont nous disposions, en effet, étaient la quincaillerie qu'avait achetée Farouk ; la guerre de 1948 en Palestine avait montré ce qu'elle valait.

Nasser s'adressa d'abord aux États-Unis et à la Grande-Bretagne. Anthony Eden, dans un premier temps, fit savoir, en substance, que nous n'aurions pas d'armes tant que nous n'aurions pas signé un accord sur le statut du canal de Suez, porte maritime de l'Orient, d'une importance financière et stratégique capitale pour l'Occident. Puis il exigea carrément la signature d'un nouveau traité d'alliance entre l'Égypte et l'Angleterre. Nasser dit non, évidemment.

Les conditions imposées par John Foster Dulles, le secrétaire d'État américain, étaient encore plus despotiques : les États-Unis ne nous vendraient des armes que si nous acceptions la collaboration de conseillers militaires américains. Autant dire qu'à peine son indépendance conquise, l'Égypte devait devenir une marionnette des États-Unis !

L'attitude de Nasser irrita les deux leaders occidentaux. Mais Nasser ne voulait pas tomber sous leur coupe. L'Égypte avait une longue tradition de neutralité. Nasser en fit, en avril 1955, un principe officiel de la politique égyptienne. Après avoir assisté à la conférence afro-asiatique de Bandung en Indonésie, il déclara que l'Égypte rejoignait le groupe des pays non alignés du tiers monde. Désormais, il ne pouvait absolument plus être question d'acheter des armes anglaises ou américaines. Nasser fut forcé de se tourner vers le bloc de l'Est. En septembre 1955, il conclut un marché d'armes avec la Tchécoslovaquie et l'Union soviétique.

La révolution en Égypte entrait alors dans une deuxième phase. En janvier 1956, une nouvelle constitution fut proclamée : dorénavant, le président de la République serait élu au suffrage universel. Quand le plébiscite eut lieu, en juin, personne ne fut surpris par la victoire écrasante de Nasser. Avec quel enthousiasme j'ai voté pour lui, non seulement parce que c'était un grand chef, mais parce que c'était la première fois que les femmes avaient le droit de vote ! L'avenir était radieux. Les Égyptiens dansèrent dans les rues ; les derniers soldats anglais venaient de quitter le sol égyptien, le 18 juin, et Nasser lui-même hissa notre drapeau sur la dernière base anglaise de la zone du canal.

Quel choc le mois suivant, pour Nasser et pour tous, quand l'Angleterre et les États-Unis, pour punir l'Égypte de sa liberté et des contrats d'armement qu'elle avait passés avec l'Est, refusèrent brusquement, violant leur parole, de financer la réalisation du vieux rêve de l'Égypte : le Haut Barrage d'Assouan, dont l'édification était vitale pour notre avenir !

L'Égypte, en effet, étant de plus en plus peuplée, ne pouvait plus se permettre de dépendre d'une économie essentiellement agricole. Le Haut Barrage aurait produit les milliards de kilowatts-heure nécessaires à la fondation chez nous d'une grande industrie ; il aurait rendu possible, par l'irrigation, la transformation de presque un demi-million d'hectares (un million de *feddans*) en terres cultivées ; il aurait permis aux fellahs d'obtenir trois récoltes par an au lieu d'une. Sans compter que l'électricité serait arrivée dans les villages, chez des millions de ces mêmes fellahs qui depuis toujours s'éclairaient avec des lampes à huile et des chandelles, et depuis quelque temps avec des lampes à pétrole. Le Haut Barrage d'Assouan n'était pas qu'une belle idée. C'était comme je l'ai dit un rêve, un grand rêve qui était au centre du projet des révolutionnaires. Les États-Unis et l'Angleterre le tuaient dans l'œuf.

Cette trahison indigna Nasser, et encore une fois, il accepta les propositions des Soviétiques qui s'offraient à financer la construction du Haut Barrage. Personne, cependant, ne savait encore à quel point Nasser avait été scandalisé par le comportement des Occidentaux.

Le 26 juillet 1956, il devait prononcer un discours à Alexandrie, pour commémorer le quatrième anniversaire du départ du roi Farouk. Il avait demandé à Anouar de l'accompagner, mais à la dernière minute Anouar avait été terrassé par une crise de gastro-entérite.

« Je regrette que tu ne viennes pas aussi », lui avait dit Nasser. Et il avait ajouté — ce qui à Anouar avait semblé assez étrange : « Mais, s'il te plaît, écoute ce que je dirai. »

Ce jour-là j'étais à Port-Saïd avec mes parents. Nous n'en crûmes pas nos oreilles, pas plus que les millions d'autres Égyptiens qui d'Alexandrie à Assouan en Haute Égypte écoutèrent Nasser à la radio. Ce que nous entendions dépassait nos rêves les plus fous.

« Nous ne répéterons jamais le passé, nous éliminerons le passé, disait Nasser. Nous éliminerons le passé en reprenant nos droits sur le canal de Suez... Le canal appartient à l'Égypte ! »

Nous nous regardâmes stupéfaits, mes parents et moi.

« Tandis que je vous parle en ce moment, continuait Nasser, des Égyptiens, vos frères, se préparent à administrer la compagnie du Canal. En ce moment même, ils prennent pour nous la direction de la compagnie du Canal — compagnie égyptienne désormais, et non plus "compagnie universelle" du Canal ! A partir de maintenant, nous construisons notre avenir dans la dignité ! »

Aussitôt, dans toute l'Égypte, les gens descendirent dans la rue pour manifester leur joie. Partout, à Port-Saïd des hommes dansaient, bras dessus-bras dessous, tandis que les femmes battaient des mains et poussaient le *zaghrît*. A Suez on fêta l'événement en dynamitant la statue de bronze de Ferdinand de Lesseps. Personnellement j'essayais de dominer mon excitation, car j'étais de nouveau enceinte, de deux mois. Mais les paroles de Nasser et son initiative audacieuse nous avaient tous transformés.

Avec le plus grand des courages, il s'était dressé contre les puissances qui depuis si longtemps nous dictaient leur loi, et rendu à l'Égypte sa fierté. En nationalisant d'un instant à l'autre et sans formules inutiles le bien le plus précieux des Occidentaux, Nasser était devenu presque un héros mythique aux yeux de tous les Égyptiens. Désormais, avait proclamé Nasser, les quelque vingt milliards de francs (d'alors) que le canal rapportait chaque année à ses propriétaires anglais et français nous reviendraient, et nous pourrions les employer, si nous en décidions ainsi, à la construction du Haut Barrage. Et la mémoire des cent vingt mille Égyptiens qui étaient morts en creusant le canal serait vengée et honorée.

Je me précipitai au téléphone pour appeler Anouar.

« Anouar ! criai-je très émue. Tu écoutes la radio ? As-tu entendu Nasser dire que le canal est de nouveau à nous ? »

Les cris de joie des gens qui affluaient chez mes parents couvrirent sa réponse.

« Qu'est-ce qu'il y a ? Qu'est-ce que tu as dit, Anouar ? » dis-je, tendant l'oreille.

Sa réponse me fit l'effet d'une douche glacée :

« Je partage la joie de tout le monde, mais je pense aux répercussions et je suis très inquiet, réussis-je finalement à entendre. L'Occident ne peut se permettre de perdre le canal. Et nous ne sommes pas prêts à affronter une guerre. »

A part le crépitement des armes à feu, je ne connais pas de son plus affreux que le hurlement de toutes les sirènes d'une ville avant un bombardement. Ce son, je l'ai entendu pour la première fois le 29 octobre 1956, et mon sang se fige chaque fois que j'y repense. Nasser avait tenu bon, même quand les gouvernements anglais, français et américain avaient répondu à la nationalisation du canal en gelant tous les avoirs égyptiens déposés dans leurs pays. Maintenant l'incroyable se produisait : Israël envahissait le Sinaï, tandis qu'Anglais et Français se mettaient à bombarder Le Caire. « L'affaire de Suez », ou « l'aventure militaire franco-britannique », ou encore « l'Agression tripartite » comme on l'appela chez nous, avait commencé.

En Égypte, la stupeur était générale. Comment pouvait-il se faire, en effet, que deux grandes puissances mondiales se fussent coalisées avec Israël pour attaquer l'Égypte, et rien que l'Égypte ? Nasser lui-même refusa au début de le croire jusqu'au moment où étant monté sur le toit de sa maison, il vit les cocardes françaises et anglaises sur les ailes des avions qui survolaient la ville. Mais il ne se laissa pas intimider. Le jour de la première attaque, les Anglais et les Français lui avaient adressé un ultimatum : on lui donnait douze heures pour retirer nos troupes à quinze kilomètres à l'ouest du canal, ce qui équivalait à abandonner non seulement le canal mais aussi toute la péninsule du Sinaï. Nasser avait rejeté cet ultimatum, refusant de céder aux menaces brutales des grandes puissances. Et les avions arrivèrent.

« Chut, Loubna, il ne faut pas avoir peur », disais-je à notre petite fille qui s'agrippait à moi, terrorisée par les hurlements des sirènes. Malgré les consignes des autorités, je restais dans notre appartement pendant les raids ; je ne me sentais pas de force à affronter nos neuf étages, à pied, avec Loubna dans les bras, alors que j'étais enceinte de six mois... Dehors, bien que les bombardements eussent lieu de nuit, on y voyait comme en plein jour, à cause des milliers de fusées éclairantes que les Anglais et les Français lançaient pour éclairer leurs cibles. Dedans, au contraire, c'était l'obscurité totale ; le gouvernement avait ordonné le black-out dans toute l'Égypte.

« Allume la lumière », ne cessait de dire Loubna en cachant sa tête dans mon cou. Sa frayeur augmentait encore lorsque les bombes commençaient à tomber, ébranlant toute la maison « J'ai peur. Arrête ce bruit », gémissait-elle nuit après nuit.

« Regarde comme le ciel est joli », lui dis-je, une fois que je l'avais emmenée sur le balcon, pensant que la vue du spectacle la calmerait peut-être. Mais, en fait, la ville avait un air étrange, sinistre. La lumière des fusées éclairantes était trop blanche, elle éliminait toutes les couleurs habituelles, on avait l'impression de voir les immeubles aux rayons X. Je réprimais ma peur, à cause de Loubna :

« On dirait le feu d'artifice que tu as vu cet été, hein, tu te rappelles ? » (Elle avait beaucoup admiré le feu d'artifice du 23 juillet.) Mais, même à deux ans, Loubna n'était pas dupe ; elle faisait très bien la différence.

Sept jours de suite, les émissions de propagande de la radio israélienne nous avertirent que leur aviation allait bombarder la nuit même tantôt les usines, tantôt l'immeuble de la radio, tantôt les bureaux des trois grands journaux. Cette guerre psychologique était très efficace : tout le monde était terrorisé. Anouar, pour donner l'exemple aux employés d'*El-Goumhouriyya*, passait toutes ses nuits au journal, dormant dans son bureau. C'est pour cela que j'étais seule à la maison. Longtemps, longtemps je restais au chevet de Loubna, lui chantant des berceuses, lui racontant des histoires dans le noir, jusqu'à ce qu'elle s'endorme épuisée. Mais chaque matin, en me réveillant, je la trouvais dans mon lit, ses bras serrés autour de mon cou. C'était atroce de voir les souffrances de cette enfant, atroce aussi d'imaginer celles du bébé qui était en moi.

Nous ne descendîmes dans l'abri qu'une seule fois, Loubna et moi — sur l'ordre des hommes de la défense passive qui étaient venus frapper à ma porte. Je ne me fis pas prier, car j'étais plus inquiète que d'habitude cette nuit-là, les Israéliens ayant annoncé qu'ils bombarderaient les ponts du Caire. Notre immeuble était juste à côté du pont Abbas.

Tout le monde se pressait sur le palier du premier quand les sirènes retentirent. Dans la mêlée, Loubna et moi fûmes poussées contre la propriétaire de l'immeuble qui poussait des cris d'orfraie.

« Pourquoi criez-vous ? hurlai-je moi-même pour me faire entendre dans ce vacarme. Vous voulez que ce soit la panique ?

— Mais vous n'entendez pas les sirènes, madame Sadate ? s'écria-t-elle en roulant des yeux terrorisés.

— Bien sûr que je les entends. C'est terrible. Mais elles ne vont pas s'arrêter parce que vous criez. Je regrette ! »

Elle me regarda, médusée. Je fis passer Loubna sur mon autre hanche. La propriétaire tremblait comme une feuille, elle fermait les yeux et se bouchait les oreilles.

« Si nous devons mourir, au moins mourons dignement, lui dis-je d'une voix ferme. Nous ne pouvons rien faire, au moins nous pourrions rester calmes.

— Je ne vous comprends pas, madame Sadate », me dit-elle. Mais elle ne hurlait plus. Et les avions passèrent.

Nous n'eûmes plus à descendre dans l'abri les autres nuits, car le lendemain matin, Anouar, passant outre à mes résistances, car j'aurais voulu, au moins moi, rester avec lui, m'ordonna de partir avec Loubna pour la campagne, chez ma sœur et mon beau-frère, dont la famille avait une propriété dans la province de Bouhaïra, à deux heures de voiture du Caire.

Nuit et jour, j'avais l'oreille collée à la radio. Je n'arrivais toujours pas à croire à ce qui nous arrivait. Toutes les nouvelles étaient mauvaises. Les avions que venaient de nous livrer les Russes avaient été détruits au sol avant que nos pilotes eussent appris à s'en servir. Port-Saïd n'était plus que ruines ainsi que les autres villes du canal, Suez et Ismaïlia, où j'allais en vacances enfant et où j'avais connu Anouar. Nous étions sans défense, mais l'agression continuait. Nasser ayant retiré presque toutes nos troupes de la péninsule du Sinaï pour mieux défendre l'Égypte continentale contre l'invasion qui se préparait, les Israéliens, en deux jours, étaient arrivés sur le canal de Suez.

Encore une fois, les fedayin se couvraient de gloire dans la zone du canal. Port-Saïd était occupé par les Anglais et les Français, mais des femmes réussissaient à y introduire des armes cachées sous les fruits et les légumes qu'elles apportaient en ville. Des hommes attaquaient les occupants avec ces armes et mettaient le feu à leurs baraquements avec des bombes rudimentaires. Des jeunes filles attiraient les soldats étrangers dans les ruelles, où leurs frères et leurs cousins leur coupaient la gorge. De simples citoyens ne pouvaient certes pas, à eux seuls, rejeter les envahisseurs à la mer ; mais cette scandaleuse agression incitait à l'héroïsme. Un de mes amis d'enfance de Port-Saïd trouva la mort en tentant de faire sauter un train transportant des troupes anglaises.

Trois jours après le début des bombardements, les Nations unies proposèrent un cessez-le-feu que l'Égypte accepta immédiatement, mais auquel la France et l'Angleterre opposèrent leur veto. Ce n'est que cinq jours plus tard, le 5 novembre, qu'un second appel à cesser le feu fut accepté par tous les pays concernés. Mais les combats continuaient dans la zone du canal. Au Caire, les dégâts matériels étaient limités (c'était surtout l'aéroport et les alentours qui avaient été touchés) ; mais l'impact psychologique des bombardements avait été terrible pour tout le monde. Et pour moi en particulier.

Bien que je fusse en sécurité à la campagne, j'avais vécu ces quelques jours dans l'angoisse. Que se passait-il au Caire ? Quel allait être le sort de mon mari et de tous les révolutionnaires ? Je ne pouvais exprimer mes sentiments, bien sûr, tout le monde sachant qui j'étais. Toute la journée, je plaisantais et m'amusais avec la famille de Mahmoud Abou Wafia, mon beau-frère, tout en suivant à la radio ce qui se passait. Les discours de Nasser vilipendaient nos agresseurs tout en louant le courage des Égyptiens. Nasser avait l'air si sûr de lui et de nous ! Comme tous les Égyptiens, je me répétais ses paroles pour dominer ma peur. Mais quand je me retrouvais seule, la nuit, cette peur reprenait parfois le dessus. Reverras-tu ton père ? songeais-je en regardant Loubna, qui, traumatisée par les bombardements, ne pouvait toujours pas dormir seule. Seras-tu bientôt orpheline ?

Le 12 novembre, quinze jours après le premier raid aérien au-dessus du Caire, les douleurs commencèrent. Non ! m'écriai-je. C'est bien trop tôt ! Mais ça continuait. Non, mon Dieu, non, implorai-je de nouveau. Je ne suis enceinte que de six mois et deux semaines. Le bébé mourra. Non... Mais évidemment la guerre et les bombardements avaient mis mes nerfs à trop rude épreuve.

« Il faut appeler Anouar », dit ma sœur le lendemain matin.

Je fis non de la tête. « Je ne veux pas lui infliger ce tourment supplémentaire, dis-je. Je subirai ça comme n'importe quelle paysanne, comme n'importe quelle autre femme. »

L'après-midi elle fit venir le médecin de l'endroit.

« Vous avez déjà fait des accouchements ? lui demandai-je.

— Oui », me répondit-il un peu nerveusement, en reconnaissant qu'il n'était malgré tout qu'un médecin de médecine générale.

J'étais dans un état voisin de l'hystérie quand la nuit arriva

Le bébé arrivait trop tôt pour pouvoir survivre sans soins spéciaux. Mais on ne pouvait pas aller à l'hôpital. Il n'y avait pas de cliniques privées dans la région, les hôpitaux étaient pleins de blessés et, de plus, les hôpitaux aussi devaient respecter le black-out.

Il ne restait qu'à s'accrocher. Il le fallait. Mais le pourrais-je ? Quand arriva l'heure du dîner, j'étais folle de douleur et d'inquiétude. Encore une fois, je priai Dieu de me laisser garder mon enfant encore un peu. Mais les douleurs continuaient, de plus en plus fortes, de plus en plus fréquentes. Mon beau-frère appela du Caire, pour voir comment nous allions.

« Jehane est en train d'accoucher avant terme », lui dit ma sœur. Elle me regarda : « Il peut le dire à Anouar ? »

J'inclinai la tête. Je n'en pouvais plus.

J'avais tellement mal que je me rendis à peine compte de l'arrivée du docteur le matin du 13 novembre à trois heures. Je ne sus qu'après qu'Anouar, aussitôt informé de mon état, avait mis une voiture à la disposition du Dr Mohammed Magdi Ibrahim, le médecin qui avait aidé à mettre au monde le fils de Farouk. Le Dr Magdi avait pris l'oxygène, les anesthésiques et les instruments chirurgicaux et était immédiatement parti pour Bouhaïra avec une infirmière. Il ne fallait que deux heures pour arriver, normalement ; ils mirent quatre heures, à cause du couvre-feu ; ils devaient expliquer leur mission à tous les barrages routiers de l'armée ; d'autre part, il y avait un trafic militaire intense sur les routes, et il fallait conduire sans les phares. Je ne savais rien de tout cela. Quand je reconnus le visage du Dr Magdi, je me laissai aller. « Maintenant je peux avoir mon enfant », lui dis-je juste avant qu'il me mît le masque sur le visage. Et alors toute l'angoisse que j'avais contenue en moi pendant les derniers quinze jours éclata...

« Dieu sauvera notre pays ! » m'écriais-je de temps à autre (paraît-il) devant le médecin éberlué. « Dieu sauvera Gamal Abdel Nasser ! Pourquoi les Anglais ravagent-ils notre pays ? Vive l'Égypye ! Vive notre Président ! »

Quand je repris connaissance, j'avais un garçon, un tout petit garçon ; il pesait à peine trois livres.

« C'est mon premier accouchement patriotique ! » disait le médecin en riant. Par la suite, il répéta cette plaisanterie à je ne sais combien de personnes.

Mais l'enfant était bien trop petit. La nuit de novembre était froide, on nous enveloppa dans des couvertures, on nous mit dans une voiture, et nous partîmes pour Le Caire, où se trouvait l'hôpital du Dr Magdi. L'infirmière tenait un masque à oxygène sur le visage du bébé, mais celui-ci ne cessait de faire de drôles de bruits, une espèce de pépiement — ses poumons n'étaient sûrement pas encore assez développés. Et sans cesse nous étions arrêtés par les barrages routiers.

« Qui êtes-vous ? Où allez-vous ? »

J'étais trop faible pour répondre. Finalement, on me braquait une torche électrique sur le visage, et alors la police militaire nous laissait repartir.

Les effets de l'anesthésie continuaient de se faire sentir : je me figurais que nous jouions la scène d'*Autant en emporte le vent*, où Scarlett s'improvise sage-femme pour aider Mélanie à accoucher en pleine guerre de Sécession. Quand nous arrivâmes enfin à l'hôpital, je refusai le fauteuil roulant qu'on me proposait, mais après avoir fait deux pas, j'eus une hémorragie et il fallut me transporter à l'intérieur. Quant au bébé, on le mit aussitôt sous une tente à oxygène.

J'avais la tête qui continuait de tourner dans ma chambre à l'hôpital, j'étais encore à moitié inconsciente. A un moment, le père d'Anouar entra et, sans me dire un mot, se prosterna et se mit à prier.

« Dieu soit loué, mon fils a un garçon ! » ne cessait-il de répéter.

Puis il y eut la mère d'Anouar, Sitt el-Barrein, toute menue, qui se lança dans une danse hystérique à travers la pièce, et mes yeux se troublèrent. De temps en temps, elle s'arrêtait pour m'embrasser, et je rouvrais les yeux... Maintenant mon père était là, assis dans la pièce, ma sœur aussi. Et Sitt el-Barrein qui ne cessait de bondir autour du lit, et mon beau-père de se prosterner et de rendre grâces à Dieu... Je voyais tout cela à travers une sorte de brouillard. Ce doit être comme ça quand on est ivre, songeai-je avant de fermer les yeux et de les oublier tous.

« Ne te donne même pas la peine de voir le bébé, me dit Anouar en arrivant le lendemain matin. On dirait un singe. Notre fille est bien plus jolie. »

J'ignorais alors qu'Anouar avait parlé avec le médecin et que celui-ci lui avait dit que notre enfant n'avait même pas une chance sur deux de survivre. Ce que je savais, c'était que j'étais de tout cœur avec Anouar à ce moment-là, car je comprenais parfaitement ce qu'il voulait me dire, en fait. Il voulait me dire : j'essaie de te préparer à la mort de notre fils. Ne t'en fais pas pour lui ni pour moi, quoi qu'il arrive. Je suis très heureux avec toi et avec Loubna... Mais je refusais de le croire.

Nous avions pensé appeler notre premier garçon Safouat, comme mon père. Mais étant donné les circonstances, nous décidâmes de l'appeler Gamal, en l'honneur de Nasser. Le petit Gamal devait vivre. Il le fallait.

« Tu es un vieux lutteur, exactement comme le grand Gamal », chuchotais-je à la minuscule créature.

Il n'arrivait pas à avaler. Il ne tétait même pas. J'essayai de le nourrir avec un tampon de coton que j'imbibai de lait et fourrai dans sa petite bouche, mais il était trop faible pour le sucer. Je me fis donner un petit compte-gouttes. Cette fois, cela semblait marcher. Mais bientôt je m'aperçus que mon lait tarissait — sans doute à cause des épreuves et de la tension accumulées. Les infirmières allèrent recueillir du lait auprès de toutes les autres mères du service pour le donner à Gamal.

« Quel dommage ! Maintenant nos enfants ne pourront plus se marier ! » me dit en riant la maman d'une petite fille, faisant allusion au Coran qui interdit les mariages entre frères et sœurs de lait.

Pendant tout le temps que Gamal resta en couveuse, un mois, je ne dormis pour ainsi dire pas, passant mes nuits assise dans la nursery de l'hôpital pour lui donner moi-même son lait, toutes les heures.

« Tu es épuisée, Jehane, me disait Anouar. Laisse-le un peu aux infirmières de temps en temps. »

Mais je refusais. Je voulais absolument que cet enfant vive.

La naissance du premier enfant mâle d'Anouar, après Loubna et les trois filles qu'il avait eues de sa première femme, aurait dû être une grande joie. Mais je n'arrivais pas à me sentir heureuse. Anouar venait me voir à l'hôpital aussi souvent qu'il le pouvait, c'est-à-dire rarement. Il m'emmenait faire des promenades en voiture, pour essayer de me distraire, de me remonter le moral. Mais j'avais trop de contrariétés : Loubna, ne pouvant rester avec moi à l'hôpital, était chez ma sœur ; Anouar n'était jamais là ; mon pays était occupé ; mon petit garçon luttait entre la vie et la mort. J'en voulais un peu à tout le monde, même à ma mère. Parce qu'elle était anglaise et que les Anglais nous avaient bombardés.

« Maman, pourquoi ton pays a-t-il envahi le mien ? Pourquoi ? Nous ne leur avons rien fait, lui demandais-je sans cesse à l'hôpital.

— Mais ce n'est pas moi qui vous ai envahis, ma chérie. Ce n'est pas ma faute...

— Je le sais. Mais pourquoi les Anglais nous font-ils la guerre ? C'était notre droit de nationaliser le canal, il est à nous.

— Chut, Jehane, disait-elle en me caressant les cheveux. Les Anglais ont mal fait. Ils ont mal fait... »

Peu à peu, très lentement, Gamal prenait des forces ; je m'en aperçus la première fois qu'il referma sa bouche sur le compte-gouttes et se mit à sucer. Quand enfin je pus l'emmener chez nous, je n'ignorais plus rien des soins à donner aux prématurés. Par la suite, au cours de mes voyages à l'étranger, je me suis toujours intéressée aux équipements les plus récents dans ce domaine, et je veillais à ce qu'on les importe chez nous.

« La naissance de Gamal a été comme un beau rêve au milieu d'un long cauchemar », devait me dire Anouar, quand le cauchemar fut terminé. Mais à cause de la guerre, Gamal n'eut pas de *sebou'a*, pas de fête de la naissance. Tout le monde était trop préoccupé. Nous n'avions pas de temps à consacrer aux fêtes et aux plaisirs ; nous n'y pensions même pas. Apparemment c'était notre destin, à Anouar et moi, de ne jamais pouvoir jouir pleinement des meilleurs moments de notre vie.

Nasser, par le truchement du président syrien, Choukri al-Kuwatli, avait demandé à l'Union soviétique d'user de son influence pour faire cesser l'occupation anglo-française de l'Égypte ; mais Khrouchtchev et Boulganine refusèrent. Nasser fit alors appel aux Américains, qui se montrèrent plus compréhensifs. Le président Eisenhower, furieux d'avoir été trompé par les Anglais et les Français (ils ne lui avaient rien dit de leurs préparatifs de guerre contre l'Égypte), demanda instamment à nos agresseurs de se retirer. La France et l'Angleterre s'exécutèrent un mois après les bombardements.

Mais Israël n'abandonna la péninsule du Sinaï que trois mois plus tard, en mars 1957, après avoir systématiquement détruit toutes nos routes, voies ferrées et installations militaires. Les Nations unies envoyèrent alors dans le Sinaï une force de paix, qui devait y rester jusqu'en 1967.

La guerre, en quelques jours, avait fait énormément de victimes. L'une des premières conséquences en fut, hélas, que les sentiments antijuifs, qui avaient fait une première apparition après la guerre de Palestine, en 1948, atteignirent alors leur paroxysme. Des milliers et des milliers de Juifs égyptiens, avec lesquels nous avions toujours vécu pacifiquement, soit furent expulsés, soit s'enfuirent.

Du point de vue humain, leur départ fut une très grande perte pour notre pays. Jusqu'alors les Juifs jouaient un rôle de premier plan dans notre vie culturelle, et ils étaient pleinement acceptés par notre société. Le *Who's Who* égyptien des années cinquante comprenait au moins un quart de noms juifs : acteurs, écrivains, avocats, banquiers, industriels — beaucoup de nos compatriotes les plus célèbres et les plus populaires étaient juifs. Pendant la seconde guerre mondiale, quand les nazis étaient arrivés à cent kilomètres d'Alexandrie, des familles musulmanes et chrétiennes de cette ville avaient caché des familles juives dans leurs caves ou dans leurs greniers. Souvent, le samedi, des musulmans allaient chez les Juifs les plus pratiquants pour allumer les lumières ou accomplir à leur place d'autres menues tâches — la loi juive interdisant toute activité le jour du sabbat. Mais la création d'Israël et la guerre de Suez avaient détruit cette harmonie. Et maintenant les Juifs égyptiens émigraient en masse, non pas vers Israël — ce qui prouvait encore une fois leur attachement pour leur pays — mais vers l'Europe, les États-Unis et l'Amérique du Sud. Seuls leurs noms — Cicurel, David Ades, Ben Zion, Shallon et Gabriel — restaient, sur les magasins qui dans mon enfance avaient été les plus prestigieux du Caire.

Les Occidentaux qui vivaient en Égypte depuis des années étaient eux aussi en butte au soupçon et à la haine ; partout on les regardait de travers. Ma mère elle-même se terra chez elle pendant quinze jours. D'autre part, Nasser, par mesure de représailles, se mit à « égyptianiser » les grandes banques et les compagnies d'assurances anglaises et françaises — en tout, plus de 15 000 établissements furent ainsi nationalisés en novembre-décembre 1956. Alors, craignant pour leurs propres affaires, même les Grecs, les Turcs et les Arméniens, qui vivaient chez nous depuis des générations, commencèrent à s'en aller ; les uns retournèrent dans leur « patrie », qu'en fait ils n'avaient jamais vue, les autres reprirent leur migration, vers l'Europe, l'Amérique ou l'Australie. Quand je me suis mise à voyager dans le monde entier, partout j'ai rencontré des gens qui, tout en ayant des noms européens, parlaient l'arabe égyptien et étaient avides de nouvelles du Caire.

Nasser devait porter le processus de nationalisation à son terme en 1961, quand il décréta la socialisation de toutes les banques, industries, entreprises de commerce et sociétés d'assurances. Sa politique générale devait l'éloigner de plus en plus de l'Angleterre et des États-Unis, et ouvrir une nouvelle ère de coopération entre l'Égypte et le bloc de l'Est. Des conseillers tchécoslovaques allaient affluer, apportant avec eux non seulement de nouvelles armes, mais de nouveaux équipements pour l'industrie et la construction. L'Allemagne de l'Est accepterait de construire un nouveau pont sur le Nil entre Rôdah et Guizeh, tandis que les Russes aideraient nos savants à installer notre premier laboratoire nucléaire. Au Caire, des chanteurs, des danseurs, des cirques de l'Europe de l'Est se succéderaient sur les affiches de nos théâtres ; des livres imprimés en Roumanie, Bulgarie et Hongrie feraient leur apparition aux vitrines des libraires, et des marchandises russes sur les rayons des grands magasins du centre. On donnerait même des films russes pour élargir la clientèle de nos cinémas à tous les Européens de l'Est venus vivre chez nous

En décembre 1956, donc, quand je fus rentrée de l'hôpital avec Gamal, nous reprîmes notre vie de famille à Rôdah ; mais bientôt, nous nous rendîmes compte qu'il fallait déménager. Je raffolais de cet appartement avec toutes ses vues sur le Nil. Mais nous commencions à être trop nombreux, et je souhaitais un jardin, surtout pour les enfants. Ils devaient pouvoir jouer dehors ; j'avais eu une peur terrible un jour que j'avais surpris Loubna en train d'essayer de sortir par une fenêtre de l'appartement (nous étions au neuvième !).

« J'ai vu une maison à louer sur la route des Pyramides, m'annonça peu après Anouar, un matin. Viens, allons y jeter un coup d'œil. »

Je poussai un cri en la voyant. S'il y avait beaucoup de belles demeures sur la route des Pyramides (construite au siècle dernier par le khédive Ismaïl, pour faciliter l'accès des pyramides aux hôtes étrangers qui avaient afflué au Caire à l'occasion des cérémonies d'ouverture du canal de Suez), cette maison-là, par contre, était affreuse. Elle était massive et lugubre. Les peintures s'étaient écaillées sur les murs, et il y avait de grands trous dans le plâtre, là où l'ancien propriétaire avait arraché, en partant, les installations électriques. Le jardin, très grand il est vrai, était complètement à l'abandon.

« Je ne pourrai jamais vivre dans cette maison », dis-je à Anouar presque en pleurant, dans le vestibule, délabré, sinistre. Mais lui, il était très séduit.

« Ne la vois pas telle qu'elle est maintenant. Imagine ce que ce sera quand tout sera remis en état. »

Il avait raison, bien sûr. Je me suis vite énormément plu dans cette maison, où nous sommes restés quinze ans. J'achetai pour la garnir et la décorer quantité de meubles anciens et d'antiquités dans les salles des ventes et à l'Attarine, le marché aux puces d'Alexandrie. C'était le moment en effet où les étrangers s'en allaient, se débarrassant de tout ce qu'ils ne pouvaient emmener ; on pouvait se procurer pour une bouchée de pain de beaux meubles français, des lustres de cristal, des vases de Gallé et bien d'autres pièces de grande valeur. Mais je mis aussi çà et là des répliques d'œuvres d'art de l'ancienne Égypte, pour donner à notre intérieur une touche « nationale ». Et tout ce que je ne pouvais pas utiliser sur le moment, je le rangeais dans notre grande cave — pour les dots des enfants.

J'aime la nature, la verdure, les fleurs. Peu à peu nous remîmes le jardin en état et y plantâmes beaucoup d'arbres et d'arbustes. Du balcon de ma chambre, au second, je pouvais aussi bien cueillir les grappes de la treille qui montait de la terrasse en dessous, que les dattes du palmier. Bientôt mon père et ma mère prirent un appartement en face de chez nous, tandis que ma sœur, son mari et leurs quatre enfants emménageaient dans la maison d'à côté. Nous ouvrîmes le portail entre nos jardins ; ainsi les enfants avaient beaucoup d'espace pour jouer, tout en étant toujours surveillés.

En décembre 1958, Nasser créa avec la Syrie la République arabe unie. Je me rappelle très bien cette date, car c'est alors que j'eus ma deuxième fille — ainsi qu'une grande dispute avec Anouar à propos du nom que nous allions lui donner. Anouar était dans l'avion qui le ramenait de Damas au moment de la naissance. « *Mabrouk !* (Félicitations !) Vous avez une fille ! » lui annonça le radio de bord. Aussitôt arrivé, Anouar se précipita à l'hôpital pour me dire qu'il voulait appeler l'enfant « Zenoubiyya » (Zénobie).

« Zenoubiyya ? m'exclamai-je, n'en croyant pas mes oreilles.

— Oui. C'est le nom de la reine de Palmyre qui elle-même réunit en un seul pays, autrefois, l'Égypte et la Syrie. (Cela s'était passé au IIIe siècle.) Notre fille est née juste au moment où je venais de mettre sur pied le même genre d'union entre nos deux pays, donc on ne peut rêver mieux comme nom.

— Jamais de la vie ! Elle ne s'appellera pas Zenoubiyya, rétorquai-je.

— C'est ce qu'on verra ! » répliqua-t-il, d'un ton aussi ferme ; sur quoi il sortit pour aller faire son rapport à Nasser.

Peu après Mme Nasser vint me voir ; j'étais encore furieuse, et je lui parlai de l'incident.

« Vous voyez cette pauvre petite à l'école avec un nom pareil ? dis-je à Tahia. Quand la maîtresse l'appellera, ce sera le fou rire dans la classe. Anouar dit qu'on pourra lui donner un surnom, Zizette, mais ses professeurs l'appelleront par son nom. Ce sera un supplice pour elle. »

Quand Tahia rentra chez elle, elle fit part de mon chagrin à son mari et à Anouar qui était toujours là. Nasser le gronda :

« Anouar, pourquoi tiens-tu à donner à ta fille un prénom aussi impossible ? Qui a porté cet enfant pendant neuf mois ? Qui a souffert pour le mettre au monde ?

— Jehane, bien sûr, fut forcé de répondre Anouar.

— Alors, laisse-la donner à votre enfant le prénom qu'elle veut », dit Nasser.

Je l'appelai Noha — ce qui ne signifie pas « unité », comme s'empressèrent de préciser les journaux, mais « intelligent ». Je dois dire qu'aucun prénom ne pouvait mieux lui convenir... Il n'y eut aucune dispute en revanche quand notre dernier enfant naquit en 1961. C'était une fille, et nous l'appelâmes Jehane, comme moi ; mais tout le monde l'a toujours appelée par son diminutif, « Nana ».

Contrairement à la plupart de mes « collègues », femmes de dirigeants, je n'avais pas de bonne pour mes enfants. Pendant leur enfance, je leur ai consacré toute ma vie ; je leur faisais la lecture, je leur donnais à manger, je jouais avec eux, je les baignais tous ensemble dans la baignoire, je les coiffais, je leur faisais les tresses, et je veillais à ce qu'ils absorbent tous les jours assez de vitamines et de lait pour leurs os, et un verre de jus de carotte pour leur peau et leurs yeux. Quand ils jouaient au jardin, soit je les surveillais du balcon, soit je me mettais avec eux. Quand, parfois, je faisais la sieste, je les prenais tous avec moi dans ma chambre et je fermais la porte à clé, pour réduire au minimum les risques de catastrophes.

Je considérais mes enfants un peu comme des plantes. Si on donne à une plante l'eau et tous les soins dont elle a besoin, après elle vous donnera des fruits. Tant qu'ils étaient tout petits, je les gâtais. Puis, à partir de cinq ans environ, j'essayais de leur inculquer le plus clairement possible mes principes et mes valeurs, ainsi que le sens du respect. Ils apprirent ainsi, par exemple, à ne jamais croiser les jambes quand on est assis devant quelqu'un à qui on doit le respect. Ils apprirent à dire à leur père *hadritak* (Monsieur) et à moi *hadritik* (Madame) ; et à se lever, pour nous offrir leur siège, quand nous entrions dans une pièce. S'ils étaient impolis, je les réprimandais, et s'ils répondaient, je n'hésitais pas à les frapper, avec une pantoufle quand ils étaient petits. « Ne vous irritez pas contre vos parents, et ne leur faites pas de reproches », disais-je, citant le Coran.

Souvent nous priions tous ensemble, en famille, dans le salon. Anouar devant (étant l'homme le plus ancien, il était notre imam, celui qui dirige la prière), puis Gamal, dès qu'il fut en âge de prier, vers cinq-six ans, puis les filles et moi. Cela nous semblait tout à fait naturel et tout à fait juste. A la maison comme à la mosquée, les femmes prient toujours derrière les hommes. Le vendredi, quand Anouar emmenait Gamal à la mosquée, nous priions entre femmes à la maison, et alors c'était moi qui devenais l'imam et prenais la première place pour diriger la prière.

Aussi bien Anouar que moi tenions à transmettre à nos enfants la paix et la compréhension des choses que nous donnait à nous-mêmes notre religion. Très tôt je leur appris à connaître le Coran, à prier et à jeûner. Au début ils étaient bien sûr trop petits pour jeûner pendant tout le mois de ramadan, mais je les incitais à rester sans manger au moins un jour, pour qu'il ne leur vienne pas d'aversion contre ce rite.

« Si tu tiens bon le premier jour, je mettrai vingt livres pour toi à la banque, leur disais-je, alors qu'ils étaient à un âge où l'on ne reçoit d'argent de poche que quelques piastres.

Loubna, ma première fille, y réussit à dix ans. Mais je revois encore Gamal, fondant en larmes, à huit ans :

« Maman, disait-il en pleurant, je ne veux pas d'argent. Je ne veux pas de jouets. Je veux mon goûter. »

Cependant, tous firent leur premier ramadan à onze ans ou douze ans.

Je leur appris aussi que la mort ne concerne que le corps, mais que l'esprit survit toujours. Plusieurs fois par an — deux fois à l'occasion de fêtes religieuses, et de nombreuses fois pour l'anniversaire des membres décédés de la famille — nous nous rendions tous ensemble à la Cité des Morts, l'immense cimetière qui s'étend à l'est du Caire. Les jours de fête, la route du cimetière était noire de monde, et encombrée de voitures et de chariots tirés par des ânes, avec des monceaux de fleurs et de nourriture. Comme beaucoup d'autres familles, nous partagions notre repas avec les familles pauvres qui étaient à côté de nous et leur donnions aussi de l'argent ; et nous récitions des versets du Coran pour faire pénétrer la lumière jusque dans les tombes les plus sombres et consoler les âmes de ceux qui ne sont plus sur terre.

Hélas ! Juste un an après notre installation route des Pyramides, le moment arriva d'aller rendre visite aussi à la tombe de mon père. Un soir que nous étions allés rompre le ramadan chez Abdel Hafez Fawzi, le secrétaire d'Anouar, Osmane, notre cuisinier, notre vieil ami, téléphona pour dire que mon père ne se sentait pas bien. Nous nous précipitâmes chez nous, j'entrai, je vis Osmane pleurant dans le salon. Il nous dit que mon père lui avait semblé soudain très faible. Il avait aussitôt appelé le docteur puis, pris d'une impulsion soudaine, avait supplié mon père de prononcer la *chahâda*, la profession de foi musulmane. Mon père, se fiant au conseil d'Osmane qui était entré à notre service bien avant ma naissance, lui obéit : « Il n'y a de Dieu que Dieu, murmura-t-il, et Mahomet est son prophète. » Quelques instants plus tard, il mourait d'une crise cardiaque.

Le lendemain, après la cérémonie et l'enterrement, Anouar, mes deux frères et le mari de ma sœur, Mahmoud Abou Wafia, reçurent les condoléances des hommes dans une tente que nous avions louée devant la mosquée. Ma mère, ma sœur et moi reçûmes les condoléances des femmes à la maison. *« El-ba'iyya fiy hayatik »*, chuchotaient à chacune de nous les femmes des amis de mon père : Que les années qui lui restaient soient ajoutées aux vôtres... Comme c'était ramadan, nous ne pouvions leur offrir la traditionnelle tasse de café, pas même des cigarettes ; mais énormément de gens étaient venus, car mon père était très aimé. Sa mort m'affecta beaucoup ; j'étais effondrée. Pour me consoler, je portais chaque jour des fleurs fraîches sur sa tombe — je le fis pendant des semaines ; et je lisais des livres sur l'âme et sa montée au ciel.

J'emmenais souvent les enfants sur la tombe de mon père, à côté de celles de Tante Zouzou, Tante Batta et de mon oncle Mustafa. Pour savoir ce qu'est la vie, leur disais-je devant ces tombes, quand ils furent en âge de comprendre, il faut d'abord savoir ce qu'est la mort. Nous sommes poussière et nous retournons à la poussière. Il ne faut pas tenir aux choses matérielles. Plus personne n'a rien quand on l'enterre.

Mes enfants me trouvaient très sévère ; je l'étais peut-être. Quand ils rentraient de l'école, je restais toujours à côté d'eux pendant qu'ils faisaient leurs devoirs. Je leur faisais écrire devant moi tous les mots qu'ils devaient apprendre. S'ils avaient une leçon de lecture, ils devaient la lire tout haut, devant moi. Je les laissais rarement seuls ; même quand je leur avais dit bonne nuit, le soir, je m'asseyais sur un divan, dans le couloir à côté de leurs chambres pour m'assurer qu'ils s'endormaient tout de suite. « Attention ! Voilà le lion ! » criaient-ils quand j'entrais dans leurs pièces.

Je les empêchais aussi de frayer avec les enfants de familles que je ne connaissais pas.

« Jehane, pourquoi ne les laisses-tu pas aller à cette fête d'anniversaire ? me disait Anouar, qui était beaucoup plus faible que moi avec les enfants. Tu es trop sévère avec eux.

— Mais toi non plus, tu ne connais pas cette famille », répondais-je. Et Anouar de me regarder en secouant la tête :

« Vraiment, Jehane, ils devraient avoir le droit de fréquenter leurs amis.

— Je t'en prie, Anouar. Laisse-moi faire mon devoir de mère. »

Parfois, il passait outre à mes ordres et laissait les enfants faire ce qu'ils voulaient, ce qui me rendait furieuse. Mais nous ne nous querellions jamais devant eux. D'ailleurs nous étions presque toujours d'accord.

Les enfants aimaient beaucoup les histoires qu'il leur racontait pour les endormir — beaucoup plus que les miennes. Les histoires d'Anouar, me disaient-ils, étaient toujours différentes, alors que moi, ils m'accusaient de répéter toujours les mêmes. Souvent, après dîner, je voyais Anouar sur le balcon, l'air songeur : il était en train d'inventer les contes de la soirée — qui devaient toujours contenir une morale. Le vendredi après-midi, il jouait avec eux dans le jardin : à cache-cache, au ballon, etc. Il passait des heures à courir et à rire avec eux.

« Anouar, tu es bien plus jeune que moi ! » soupirais-je. Et je le pensais vraiment. « Pourquoi n'as-tu pas de rides ? Tu as quinze ans de plus que moi, et c'est moi qui ai les rides !

— C'est à cause de toute la poudre que tu te mets sur la figure ! » répondait-il. Je savais bien que ce n'était pas ça. Son âme était toujours jeune et honnête, et cela se voyait.

En 1959 deux des premières filles d'Anouar, Raouïa et Camélia, qui avaient alors treize et onze ans, vinrent habiter chez nous, leur sœur aînée s'étant mariée. C'étaient des filles charmantes, et je fus ravie de les avoir enfin à la maison. Pendant des années, en effet, j'avais tanné Anouar pour qu'il leur dise de venir vivre avec nous, mais il était opposé à cette idée. Quand nous nous étions mariés, il n'avait même pas voulu me faire connaître ses premiers enfants :

« Tu es trop jeune, m'avait-il dit. Rien ne presse. »

Une fois j’avais vu Raouïa ; elle avait eu une crise d’appendicite, et Anouar m’avait emmenée la voir à l’hôpital. A cette occasion, j’avais fait aussi la connaissance d’Ekbal, sa première femme. On ne nous avait pas présentées, mais dès le premier coup d’œil je devinai que c’était elle.

Raouïa et Camélia restèrent deux ans chez nous, route des Pyramides. Mes enfants avaient beaucoup d’affection et de respect pour elles ; et elles leur manquèrent énormément quand elles nous quittèrent en octobre 1961 pour se marier à leur tour.

Aucun enfant n’est parfait, bien sûr. Et les miens ne l’étaient pas plus que les autres. Parfois ils étaient vraiment infernaux. Une fois je m’aperçus qu’ils fumaient des mégots ramassés dans les cendriers.

« Faites sentir votre haleine », dis-je. Et chacun reçut une paire de claques.

Je me rappelle aussi une fois où je dus gifler Loubna : je lui avais demandé de m’apporter quelque chose, et je l’avais entendue pousser un soupir. « Ne vous irritez pas contre vos parents... », lui dis-je pour la énième fois. J’étais un peu ennuyée pour Loubna après. Mais, étant l’aînée, elle devait donner l’exemple aux autres.

Il leur arrivait de se liguer contre moi. Une fois (nous étions à Alexandrie) je dis à Gamal, qui devait avoir dans les treize ans, d’aller chez le coiffeur. Les jours passaient, il avait toujours les cheveux aussi longs. Au bout d’une semaine, excédée par sa résistance, je pris une paire de ciseaux, le fis asseoir sur une chaise, et coupai.

« Voilà ! dis-je quand ce fut ‘‘terminé’’. Maintenant tu iras peut-être chez le coiffeur faire arranger ça ! »

Il n’avait cessé de pleurer et de crier pendant toute la durée de l’opération. Il était indigné, outré. Or la petite Nana l’était tout autant, elle ne pouvait supporter que son grand frère eût été ainsi humilié.

Nous avions un singe apprivoisé, Bani ; les enfants savaient que je l’aimais beaucoup. Je lui donnais à manger des fruits, parfois je lui faisais boire de la limonade à la bouteille.

« Viens, Gamal, dit Nana à son frère. On va couper les cheveux au singe. On va voir ce que ça va lui faire, à maman ! »

Le pauvre animal, si vous aviez vu sa tête ! C’était bien pis que ce que j'avais fait à Gamal. Je devinai tout de suite que Nana était dans le coup, car c'était un petit démon. Mais je compris aussi qu'elle avait fait cela par amour pour son frère. Aussi je ne les ai punis ni l'un ni l'autre.

Notre maison, route des Pyramides, présentait un gros inconvénient : elle était loin de tout, et en particulier des écoles des enfants. Les écoles étrangères n'avaient pas fermé malgré le départ en masse des Européens après 1956, et elles continuaient d'offrir un enseignement meilleur que les nouvelles écoles d'État. Loubna et Gamal commencèrent donc à aller, respectivement, à l'école allemande et à l'école anglaise. Quand il n'y avait pas de circulation, il me fallait vingt minutes en voiture pour les emmener ou les ramener ; mais quand les rues étaient encombrées, cela pouvait durer une heure et plus. Les choses s'arrangèrent un peu quand je les mis tous à l'École de Port-Saïd, établissement privé de Zamalek (le quartier chic dans la partie nord de l'île de Guézira) ; mais à cette époque, ils avaient commencé à fréquenter le conservatoire français, il fallait donc ressortir l'après-midi pour les leçons de musique.

Il y avait une autre plaie dans cette maison : les moustiques, car la route des Pyramides ne passe pas loin d'un bras du Nil. Les enfants étaient les premières victimes de ces bestioles : on eût dit qu'ils avaient en permanence la rougeole. Il fallut mettre des moustiquaires à tous les lits. Le soir, j'avais l'impression de grimper dans une prison de gaze. Les enfants grandissant, je me dis qu'il fallait trouver une maison plus près de leurs écoles. J'étais très séduite par une ancienne maison de marchand, à Guizeh, qu'une fille de Nasser avait prise à bail. Mais Anouar et moi ne trouvions jamais un moment pour aller la voir ensemble.

En 1960, Nasser demanda à Anouar de se porter candidat à la présidence de l'Assemblée nationale. Anouar accepta et il fut élu. Il se mit à travailler encore plus. Nous ne le voyions pour ainsi dire plus, les enfants et moi. Soit il était en voyage, dans les États du Golfe, en Malaisie, en Indonésie, ou au Pakistan ; soit il était en conférence avec Nasser, au Caire ou à Alexandrie.

Comme tous les autres dirigeants du pays et leurs familles, nous passions l'été à Alexandrie. J'aimais beaucoup la maison que l'État nous allouait, à Maamoura, juste à la sortie de la ville.

C'était une maison isolée, dans un coin tranquille qui dominait la plage. En face, il y avait un îlot qui n'était qu'à nous, avec une cabine. Comme la plage était privée, mes filles et moi pouvions nager et goûter le plaisir de l'eau. Mes enfants adoraient nager avec des lunettes et un tuba et ramasser des coquillages. Il y avait aussi un splendide jardin, avec un court de tennis et un court de squash. Aussi bien pour les enfants que pour moi, ces vacances étaient un enchantement. A Alexandrie, l'atmosphère était bien plus détendue qu'au Caire. Souvent les Nasser, qui habitaient juste à côté, venaient nous voir. Anouar et Nasser jouaient au trictrac, et Tahia et moi faisions d'interminables promenades dans le jardin.

Alexandrie... J'avais l'impression d'entrer dans quelque chose de grand chaque fois que nous arrivions à Alexandrie. Ce n'était pas seulement à cause des dimensions de la ville, sans commune mesure avec le Port-Saïd de mon enfance, ou à cause de la plage qui s'étirait à perte de vue sur plus de vingt kilomètres. C'était à cause de l'histoire. A Alexandrie, j'étais dans un haut lieu de l'histoire du monde. Alexandre le Grand la fonda en 332 avant J.-C., après avoir conquis l'Égypte ; et là où végétait un petit port surgit une cité florissante... Elle fut pendant des siècles la capitale des Ptolémées... Elle avait ce célèbre phare, aujourd'hui disparu, que les Anciens comptaient parmi les sept merveilles du monde : il mesurait plus de 120 mètres de haut... Et Cléopâtre choisit Mersa Matrouh, à l'ouest d'Alexandrie, pour y faire construire son somptueux palais, celui où elle vécut avec Jules César. Non loin de là, près d'une lagune, se trouve un grand bassin naturel où l'eau de la mer pénètre et se renouvelle continuellement grâce à deux galeries taillées dans le roc ; la légende dit que c'est Cléopâtre qui les fit creuser pour avoir une eau toujours fraîche pour se baigner à cet endroit — qu'on appelle toujours « le bain de Cléopâtre ». J'y emmenais souvent les enfants. Nous allions voir aussi les ruines de l'amphithéâtre romain d'Alexandrie, où, dit-on, Cléopâtre rencontra Antoine, qui allait devenir son amant, juste avant la conquête de l'Égypte par les Romains, en 30 avant J.-C.

A l'époque romaine, Alexandrie eut les deux plus illustres bibliothèques du monde, et on y fonda la première université. C'est à soixante kilomètres à l'est d'Alexandrie, à Rosette, qu'un capitaine de l'armée de Bonaparte déterra par hasard la célèbre « pierre de Rosette » qui permit à Champollion de déchiffrer les hiéroglyphes. Et c'est à cent kilomètres à l'ouest d'Alexandrie, à El-Alamein, que fut livrée, en plein désert (alors que j'avais moi-même dix ans) une des batailles décisives de la seconde guerre mondiale.

Des tribus de bédouins continuaient de mener leur existence nomade dans ce désert, bien que les mines laissées par les Anglais et les Allemands eussent durant des années ravagé leurs troupeaux de moutons et de chèvres. Souvent je m'enfonçais en voiture dans le désert pour voir les bédouines ; elles avaient de splendides robes brodées aux couleurs vives, et, aux poignets et aux chevilles, de lourds bracelets d'argent garnis de clochettes.

Bien que la plupart des Grecs, Italiens et Juifs eussent quitté la ville après la guerre de 1956, Alexandrie continuait d'avoir un air plus méditerranéen qu'oriental. Tout le long de la Corniche et de la plage, sur plus de vingt kilomètres, se succédaient kiosques de marchands de glaces, gargotes où l'on mangeait à toute heure, dehors, des poissons et des pigeons grillés, terrains de sport, courts de tennis, et clubs huppés où l'on dînait au bord de l'eau. Anouar et moi nous fîmes beaucoup d'amis à l'Automobile-Club — ce même club où nous nous étions trouvés nez à nez avec le roi Farouk. Cela dit, nous n'avions guère de temps à consacrer à nos amis, nous étions très pris, tous les deux, par nos fonctions officielles.

A Alexandrie, comme au Caire, c'était un va-et-vient continuel de délégations étrangères, d'Europe et du monde arabe. Et chaque fois que nos visiteurs venaient avec leurs épouses, nous autres, femmes de dirigeants égyptiens, étions mises à contribution. Sans cesse, il me fallait aller à des déjeuners et des rencontres entre femmes, où l'on ne parlait que chiffons et enfants. Moi qui avais toujours beaucoup vécu seule (depuis que j'étais mariée surtout) et consacrais mes loisirs à lire des ouvrages d'histoire, ou de politique, ou des biographies de femmes que j'admirais — bref, à m'instruire et à m'enrichir, en attendant le moment où je pourrais reprendre mes études inachevées — j'étais horriblement frustrée par ces réunions : elles ne m'apportaient rien, ce n'était qu'une perte de temps. De plus ces « déjeuners » étaient de véritables festins, et nous passions tant d'heures à table que je commençais à grossir.

« Faisons de ces rencontres quelque chose d'utile, au lieu de perdre notre temps », suggérai-je pendant un de ces repas. Mes consœurs ouvrirent de grands yeux. « Oui, continuai-je, nous pourrions nous contenter d'un seul service, et après nous demanderions à nos invitées de nous parler de tel ou tel sujet. Nous pourrions demander à Salah Abdoul Sabour de nous parler de poésie, par exemple, ou aux femmes des ambassadeurs arabes de nous raconter ce qui se passe au Koweit ou en Arabie saoudite. Qu'est-ce que nous savons, au fond, de ces pays, de leur économie, de leur situation politique, de la condition des femmes ? » Mes « collègues » étaient stupéfaites. « La prochaine fois, dis-je, le repas aura lieu chez moi, et il y aura une conférencière ! »

Finalement mon idée fut reprise. Au bout d'un an nous avions déjà appris beaucoup de choses. Amina el-Saïd, l'une de nos premières journalistes et la première femme éditeur d'Égypte, nous raconta ses débuts comme assistante de Houda Cha'arawi, la célèbre féministe, quand elle était obligée de signer ses articles d'un nom d'homme, car sinon aucun journal ne les aurait publiés. Somayya, l'épouse de l'ambassadeur palestinien auprès de la Ligue arabe, nous passa un film sur les territoires occupés par Israël, et évoqua la terrible situation des réfugiés palestiniens privés de leur patrie et rejetés par tous les pays. Après cette réunion avec Somayya, nous décidâmes de faire don aux Palestiniens de l'argent que nous économisions depuis que nous avions renoncé à nos somptueux banquets, ainsi que de toutes autres contributions que nous pourrions obtenir par ailleurs.

Ainsi nous nous mîmes à parler d'autres choses que de nos problèmes domestiques ou de nos enfants. Entre femmes de dirigeants arabes, c'était un fait nouveau. Mais n'était-il pas de notre devoir de nous tenir informées des affaires intérieures et internationales auxquelles nos maris consacraient tout leur temps ? J'en parlai à Anouar, il fut très surpris. Assurément, certaines d'entre nous auraient peut-être préféré continuer de parler uniquement de leur famille. Mais moi, j'en avais assez de mon ignorance politique qui me condamnait à un rôle purement décoratif, quand Anouar et moi recevions des diplomates étrangers. Je voulais participer. Pour cela, il fallait apprendre énormément de choses. Et à cet égard, la transformation de nos déjeuners de femmes en causeries politiques eut pour moi une importance inestimable. Chaque fois que l'on m'annonçait une de ces réunions, je demandais tout de suite : Qui allons-nous entendre ? Et si la maîtresse de maison qui se chargeait de la réception avait besoin de mon aide j'organisais tout avec elle.

Pour la première fois, il me fallut parler devant tout un groupe de personnes : « Chères amies, je suis sûre que nous allons bien employer notre temps aujourd'hui. Nous allons entendre notre invitée, le Dr Untel, nous parler de la condition de la femme avant et après l'islam. » Etc. Au début, j'avais le trac. Comme toutes les Égyptiennes, je n'avais jamais appris à parler en public. Bien au contraire, on incitait les femmes à rester silencieuses en société, surtout quand il y avait des hommes. Heureusement, aucun homme, par définition, n'assistait à ces réunions ; aussi n'eus-je à surmonter que ma propre nervosité.

Or, aussi paradoxal que cela puisse paraître au premier abord, ces causeries produisirent bientôt en moi un malaise, une gêne croissante que je n'arrivais pas à m'expliquer. Les femmes qui nous parlaient étaient très cultivées, très brillantes. Les auditrices réagissaient avec grand intérêt, posaient des questions, prenaient des notes. Pourquoi n'en était-il pas tout le temps ainsi entre nous, entre femmes ? Nous avions bien une cervelle, nous aussi, nos opinions, notre propre façon de penser. Pourquoi nos coutumes empêchaient-elle d'exprimer tout cet aspect de nous-mêmes ?

« Jehane, le philosophe indien Narayan vient manger chez nous ce soir, me dit Anouar un matin.

— Je serai ravie de le recevoir », répondis-je.

L'heure du dîner arriva, nous nous assîmes, et presque aussitôt il fut question d'Israël. Narayan prôna la réconciliation de l'Égypte avec Israël, et ne comprenait pas pourquoi nos deux nations étaient ennemies :

« Toute terre appartient à Dieu, disait-il, pas à l'homme. A quoi cela sert qu'un pays fasse la guerre à un autre pour une chose qui en fait n'appartient ni à l'un ni à l'autre ? »

Je me raidis sur ma chaise, en pensant à ce que nous avait déjà coûté la création d'Israël. Anouar me jeta un coup d'œil inquiet, mais je ne voulais plus me taire :

« Les Israéliens ont essayé de prendre, dans le Sinaï, des terres qui ne leur appartiennent pas, dis-je. S'ils cherchaient à vous prendre un morceau de l'Inde, diriez-vous alors que toute terre appartient à Dieu ? Je vous le demande... »

Narayan se taisait.

« Nous ne haïssons pas les Israéliens, poursuivis-je. Mais c'est notre terre, et nous la voulons. »

Narayan continuait de se taire. Je regardai Anouar du coin de l'œil ; il était un peu nerveux, certes, mais il était surtout fier de mon audace. Je n'avais pas été impolie. J'avais simplement répondu à cet homme. Et il ne savait plus quoi dire.

« Tu vas m'attirer des ennuis, Jehane, me dit Anouar quand nous fûmes seuls. Bien sûr tu as eu raison de dire ce que tu as dit. Mais ton attitude risque de choquer les gens qui n'y sont pas habitués.

— Je regrette, Anouar. Mais comment pourrais-je me taire, ou me contenter de parler de la pluie et du beau temps, quand j'ai tant de choses dans la tête ? »

Bientôt, cependant, ce fut Anouar qui eut vraiment trop de préoccupations en tête. Au printemps 1960, il travaillait presque vingt-quatre heures sur vingt-quatre. L'union de l'Égypte et de la Syrie périclitait. De graves tensions étaient apparues entre les anciens du Conseil de la Révolution, et des ragots circulaient de nouveau sur le compte d'Anouar, sur ses ambitions politiques, etc., ce qui amena Nasser, soupçonneux comme il était, à se retourner quelque temps contre son vieil ami. Dans ces circonstances, Anouar ne fut pas mécontent de quitter momentanément l'Égypte, en mai 1960, pour aller présider une conférence à Conakry, en Guinée ; malheureusement, le climat de l'Afrique occidentale, torride et surtout très humide, ne lui convenait absolument pas.

Aussi je lui trouvai l'air mal fichu quand le 15 mai, peu de temps après son retour, nous passâmes à table pour le déjeuner. Bien qu'il réussît toujours à donner une impression de calme, et même de détachement par rapport aux chamailleries mesquines qu'alimentaient les politiciens opportunistes, je savais que dans son for intérieur, il était profondément déçu, et qu'il bouillonnait de colère. De plus, il était inquiet pour Nasser ce jour-là : on venait d'apprendre que le président avait le diabète. Les dirigeants ne cessaient de se surmener depuis la révolution ; la nature commençait à exiger son tribut.

Ainsi Anouar avait passé toute la nuit précédente à rédiger un discours. Il n'avait pris que deux heures de repos au petit matin, il était allé à son bureau, puis était rentré pour le déjeuner. Il était blême, jamais je ne l'avais vu comme ça.

« Je vais m'allonger, dit-il en sortant de table.

— Bonne idée, remarquai-je, dissimulant mon anxiété. Je vais empêcher les enfants de faire le moindre bruit. »

Mais Anouar, au lieu de s'endormir, se mit à vomir, de plus en plus fort. Il avait très mal à la poitrine, et la douleur s'étendit au bras gauche.

J'appelai le médecin qui arriva aussitôt avec un électrocardiographe.

« Il lui faut trois semaines d'immobilité absolue, au lit, me dit le médecin en examinant les graphiques qui traduisaient le rythme cardiaque d'Anouar. Que personne ne le dérange, pas de visites, pas de coups de téléphone. Il ne faut même pas qu'il se lève pour aller aux cabinets.

— Mais qu'est-ce qu'il a, docteur ? » Mon propre cœur battait à tout rompre.

Le docteur baissa la voix, pour qu'Anouar n'entende pas :

« Il a eu une crise cardiaque. »

Une crise cardiaque ? Mais Anouar était un homme jeune encore, il n'avait que quarante-deux ans. Une crise cardiaque !

« Il va mourir ?

— Non, répondit le docteur en me regardant avec sympathie. Mais vous devez prendre grand soin de lui.

— Sait-il qu'il a eu une crise cardiaque ? » demandai-je.

Le médecin fit non de la tête.

« Et il ne faut pas lui dire, ajouta-t-il, pour ne pas lui donner un motif d'anxiété supplémentaire. »

Pendant les trois semaines qui suivirent, je ne quittai pas son chevet. Le médecin nous envoya de l'hôpital un lit réglable avec une manivelle pour qu'il n'eût pas à faire l'effort de se redresser. Je passais mon temps à le soigner, à lui faire la lecture, à lui parler de ce que faisaient les enfants et d'autres sujets non explosifs. Le médecin m'avait dit qu'il ne devait plus fumer, et je fus intraitable sur ce chapitre. De même que sur celui des visites. Personne n'entra dans sa chambre, pas même sa sœur, qui en fut très fâchée.

« Si vous tenez vraiment à votre frère, lui dis-je, alors ne demandez pas à le voir. Si je laisse entrer une seule personne, le défilé va commencer. Or, il ne doit même pas faire l'effort de parler ou de répondre à des questions. »

Je me mis à avoir des cauchemars. Je voyais Anouar, mais lui ne me voyait pas. Je l'appelais, il ne m'entendait pas, j'essayais de le toucher, il ne me sentait pas. Mes enfants aussi apparaissaient dans mes rêves. Qu'allaient-ils devenir, ces pauvres enfants ? Ils étaient encore tout petits. Et moi, je me voyais déjà veuve, c'était une pensée horrible, car j'aimais énormément Anouar. Durant ces trois semaines de garde auprès de lui, mes vieilles peurs me reprirent. Souvent j'allais pleurer dans la salle de bain. Puis je me lavais la figure et je revenais vers lui souriante.

C'était un malade difficile. Il refusait d'utiliser le bassin et allait dans la salle de bain comme si de rien n'était. Je le dis au médecin.

« Dans ce cas, répondit-il, il faut lui dire qu'il a eu une crise cardiaque. »

Ce que je fis. Dès lors, Anouar ne bougea plus de son lit et se montra beaucoup plus obéissant.

Cet événement changea sa vie. Il acquit de tout autres habitudes, auxquelles il se conforma jusqu'à la fin. Il renonça absolument aux cigarettes et se mit à la pipe. On lui conseilla aussi de marcher tous les jours, pour la santé et pour les nerfs. Le premier jour où le médecin l'autorisa à se lever, il se promena cinq minutes dans le jardin, le lendemain dix minutes, etc. A Bad Nauheim en Allemagne, où nous allâmes passer quinze jours pendant sa convalescence, nous restions le matin au sanatorium, et nous nous promenions en ville tous les après-midi. Et durant tout le restant de sa vie, Anouar s'astreignit tous les jours à marcher au moins une heure, tantôt seul, tantôt avec moi, ou avec Gamal, ou avec son ami Osmane Ahmed Osmane (qui devint le beau-père de Nana).

Il apprit aussi des exercices de relaxation. L'après-midi il restait une demi-heure allongé par terre, dans notre chambre, avec une écharpe sur les yeux. Les enfants trouvaient cela très drôle, évidemment ; ils s'asseyaient à califourchon sur lui et sautaient, jouant au train ou au cheval. Anouar aussi aimait beaucoup ça ; il m'arrêtait toujours d'un geste quand je voulais les chasser.

Cependant il continuait de travailler trop. En 1969, il eut une deuxième crise, beaucoup moins grave cependant, alors qu'il remplaçait Nasser à la tête du pays (Nasser était allé soigner son diabète en Russie). Encore une fois, cela le prit à midi ; il ne vomit pas mais ressentit la même douleur. C'était un avertissement, comme dit le médecin : Anouar devait cesser de se surmener.

Anouar suivit scrupuleusement ce conseil. Il se mit à travailler beaucoup moins ou, du moins, à consacrer beaucoup moins de temps à son travail — même quand il devint président de la République. Un homme qui passe dix-huit heures par jour à travailler n'en fait pas plus qu'un homme bien reposé en huit heures de travail intense, disait-il, citant son expérience ; et après six heures du soir, on n'a plus la clarté d'esprit nécessaire pour prendre de bonnes décisions. Sauf quand la situation était absolument exceptionnelle, il refusait de travailler le soir. Tout au plus lisait-il des rapports ; et il ne répondait aux coups de fil de ses ministres que s'il s'agissait d'une affaire capitale. Mais la plupart du temps, après le dîner, il descendait dans notre cave, où nous avions aménagé un cinéma de fortune, et regardait des films de cow-boys. Et alors que moi, je continuais de me lever régulièrement à cinq heures, lui dormait parfois jusqu'à huit heures. Et il fallait respecter son repos !

Je regrettais qu'il lui eût fallu deux crises cardiaques pour le rendre sage, mais j'étais profondément heureuse de le voir enfin se ménager, mener une existence normale. De plus en plus souvent, il passait le plus de temps possible à Mit Aboul Kôm, le village de son enfance. C'est là, là seulement, dans ce cadre de vie simple, où tous participaient au travail, aux peines et aux joies de tous, qu'il pouvait vraiment se détendre. C'était là qu'étaient ses racines, et son cœur — et moi aussi, de plus en plus.

Chapitre 6

La vie au village

« Oumm Gamal, ton fils va bien ?

— Oumm Gamal, que je suis désolée pour toi ! Il faut que tu aies d'autres enfants. »

Mes trois jolies petites filles ne comptaient absolument pas, aux yeux des femmes de Mit Aboul Kôm, le village d'Anouar. Absolument pas. Pas plus que les filles de n'importe qui d'autre. Au village j'étais « Oumm Gamal », la mère de Gamal. J'avais beau protester, même après la naissance de notre dernière fille, Jehane, en 1961, toutes les femmes du village me répondaient, sur un ton de reproche :

« Tu n'as qu'un enfant..

— J'en ai quatre !

— Mais tu n'as qu'un fils. Il faut que tu essayes d'en avoir un autre, comme ça il ne sera pas tout seul.

— Il n'est pas tout seul ! Il a trois sœurs, et trois demi-sœurs en plus. »

Mais les villageoises échangeaient des regards en coin et faisaient non de la tête. Et elles opinaient gravement :

« Il faut que tu aies d'autres enfants. Sinon tu risques de perdre ton mari. »

Du Caire, il nous fallait deux heures en voiture pour atteindre le village d'Anouar dans le Delta. C'était un trajet magnifique. La route était bordée de sycomores et d'eucalyptus, et sur des kilomètres on passait entre les champs de coton s'étendant à perte de vue, d'un vert étincelant en hiver, et d'un jaune très pâle quand le coton était en fleur. Sitôt arrivé à Mit Aboul Kôm, Anouar devenait un autre homme. Il remisait le complet veston dans un placard, revêtait la longue galabieh blanche des fellahs, et nous partions faire une longue promenade avec les enfants. Il riait de les voir se rouler dans le trèfle comme des petits chiots. A la maison, il chantait de sa voix forte les mélancoliques chants de travail des paysans et, malgré mes craintes, nos voisins ne se plaignaient jamais. Il montrait aux enfants comment cuire le pain comme lui-même aimait le faire dans son enfance, en rompant un œuf sur la pâte juste avant d'enfourner. Ils s'exerçaient, s'exerçaient, et finirent par attraper le coup.

Anouar était très inquiet à cause de moi, la première fois qu'il m'amena dans son village.

« Ici, tu ne peux pas sortir de toute la journée. Tu dois rester à l'intérieur en attendant le soir.

— Pourquoi ? dis-je, stupéfaite.

— Parce que si tu sors, les gens du village ne comprendront pas.

— Mais qu'est-ce que cela signifie ? »

Il était visiblement mal à l'aise.

« Tu as les habitudes d'une femme de la ville, dit-il. Les gens de mon village sont très traditionnels. Ils ne te respecteront pas s'ils te voient la tête découverte, dans tes vêtements de ville qui montrent les bras et les jambes. Ici, les femmes ne s'habillent pas comme ça. »

Mais pourquoi, alors, pouvais-je me montrer le soir ?

« C'est un moment à part, c'est l'heure des visites, quand les propriétaires et les fonctionnaires sortent dans les villages. Le soir les choses sont différentes, les villageois s'y sont habitués et ils l'acceptent. »

Le lendemain, j'allai à Tanta, j'achetai du tissu pour une ample robe longue, un châle tout en couleurs et, pour le fixer sur ma tête, comme le faisaient les paysannes, un ruban à fleurs. Et quand nous retournâmes à Mit Aboul Kôm, je sortis.

A Mit Aboul Kôm, au début, j'avais l'impression d'avoir été transportée non seulement dans un autre pays, mais dans un autre siècle. Les rues n'étaient pas pavées, et tous les passants avaient une petite auréole de poussière. Les maisons étaient en pisé et avaient très peu de fenêtres ; la fumée sortait par de simples ouvertures dans les toits de palmes tressées, sur lesquels séchaient au soleil les briques de bouse de vache mêlée de paille qui servaient de combustible domestique. Beaucoup de portes de maison étaient peintes en bleu pour éloigner les djinns, ces mauvais génies dont parle le Coran. On voyait aussi un peu partout sur les murs des empreintes de mains bleues, symbole de Fatima, la fille du Prophète : c'étaient les paysans qui les apposaient après s'être enduit les mains de bleu, pour se protéger contre le mauvais œil et les malédictions des envieux. Ils accrochaient aussi au linteau de leur porte et aux harnais de leurs bêtes de trait des fers à cheval et des mains de terre cuite incrustées de perles bleues ; ils en suspendaient même au-dessus de leur lit. Ils étaient profondément superstitieux.

Les rares qui avaient eu la chance d'aller à La Mecque avaient figuré leur pèlerinage sur les murs de leur maison. On y voyait tantôt un bateau sur les flots, quand ils étaient allés en Arabie en traversant la mer Rouge, tantôt un avion, et souvent, en plus, un autocar ou une voiture. Tout le voyage était évoqué en images colorées sur ces murs ; et toujours il y avait une représentation de la Ka'ba — ce petit édifice noir, en forme de boîte, au centre de la Grande Mosquée de La Mecque — qui est le sanctuaire le plus sacré de l'islam.

Les pluies étant très rares, on était en sécurité dans ces maisons de terre sèche ; mais elles étaient très rudimentaires. Avant l'achèvement du Haut Barrage d'Assouan, en 1968, il n'y avait à Mit Aboul Kôm ni électricité ni eau courante. Les villageois se levaient avec le soleil et se couchaient à la lune. La plupart des maisons n'avaient que deux pièces, une pour la famille, où l'on faisait la cuisine, où l'on dormait, où l'on priait — l'autre pour les animaux : la gamousse (bufflonne de petite taille), les ânes, les vaches, parfois même un chameau, et la basse-cour. Entre ces pièces, il y avait en général un petit passage découvert, où les femmes suspendaient leurs *hasira* — clayons de bambou où elles mettaient à égoutter les fromages.

Au centre du village s'élevait un grand pigeonnier, toujours bruissant de battements d'ailes. Ces beaux pigeons blancs étaient pour ainsi dire la seule viande que mangeaient les fellahs ; et ils en avaient suffisamment pour en vendre les jours de marché. Le pigeonnier n'était dépassé en hauteur que par la mosquée, construite peu après la révolution pour remplacer une ancienne petite mosquée en pisé. Elle était en brique rouge et flanquée d'un haut minaret. Anouar avait lui-même contribué à son édification, en virant aux constructeurs le premier chèque qu'il avait reçu du journal *El-Goumhouriyya*.

Au début j'avais vraiment le cafard en regardant les femmes du village. Toutes les « vieilles » — à partir de quarante ans ! — étaient entièrement vêtues de noir, et toutes, vieilles et jeunes, travaillaient sans arrêt, plus que les hommes. Elles se levaient à l'aube, quand le muezzin appelait les croyants à la prière du matin, puis préparaient le repas du matin pour toute la famille : fromage blanc et thé noir, très sucré. La matinée se passait à balayer le sol de terre battue de la maison, donner à manger aux animaux, pétrir la pâte à pain et aller au puits du village ; elles pompaient l'eau à la main et la rapportaient à la maison, dans de grandes cruches qu'elles plaçaient sur leur tête. Alors il fallait préparer le repas de midi et le porter aux hommes dans les champs — où elles restaient jusqu'au soir, désherbant, sarclant, participant à la récolte du coton, aux moissons, à la fenaison, etc.

Tous les jours les mêmes scènes se répétaient à Mit Aboul Kôm. Dans la première lumière, la procession des hommes en galabieh s'en allait vers les champs, suivie des enfants qui menaient vaches et gamousses au pré et à l'eau. Des nuées d'aigrettes blanches voletaient derrière eux, puis se posaient dans les champs où elles dévoraient les vers sortis de terre pendant la nuit. De loin, la campagne m'apparaissait alors comme un immense tapis vert à pois blancs. Vers le milieu de la matinée, les aigrettes se rabattaient sur les bestiaux, picorant allégrement leurs dos grouillant de bestioles.

Au crépuscule la procession revenait ; mais cette fois, en plus, il y avait les femmes. Marchant derrière les hommes, les enfants et les bêtes, elles formaient une masse sombre, indistincte, avec leurs longues robes et leurs énormes fardeaux — car c'étaient elles qui portaient sur leur dos tout ce qu'il fallait ramener des champs. Les aigrettes aussi rentraient au village, et quand elles se perchaient sur leurs arbres, les branches devenaient instantanément toutes blanches.

Ce spectacle, quelle que fût sa beauté, me fit froid dans le dos la première fois que je le vis. Les femmes semblaient ravalées au rang de bêtes de somme — à moins même, car les hommes avaient plus d'attentions pour leurs vaches que pour leurs femmes. Quand une vache mourait inopinément, son propriétaire était accablé de chagrin ; la vache qui fournissait lait, beurre, fromage, à consommer et à vendre au marché, était tout son capital. Le paysan qui perdait sa femme était triste, bien sûr. Mais, après tout, il lui en coûtait moins d'en prendre une autre que d'acquérir une nouvelle vache.

Les hommes affirmaient et défendaient constamment leur suprématie. « Tue ton chat la nuit de tes noces ! » se disaient entre eux les hommes mariés. Quand une petite fille naissait, on l'accueillait avec affection bien sûr, car tous les Égyptiens aiment les enfants, mais la naissance d'un garçon provoquait d'incroyables transports de joie. *« Illi taht el-tarha malhach farha »*, disait-on au village : « Ce qui porte le voile n'apporte pas de joie. » Les hommes n'appelaient presque jamais leur femme par son prénom, ils disaient simplement *« Ya sitt ! »* (Hé, femme !). La femme ne devait pas interrompre son mari s'il parlait avec des amis, et quand ils se rendaient ensemble quelque part, elle marchait derrière lui. Les pauvres malheureuses ! pensais-je en moi-même. Quelle pitié ! Eh bien, je me trompais.

« Quelle mine réjouie, Amina ! Qu'est-ce qui t'arrive ?

— J'ai vendu ce matin au marché trois poulets et quatorze œufs. Maintenant je vais avoir de quoi acheter du sucre et du thé pour le restant de l'hiver.

— Notre vache, dit une autre femme en souriant, notre vache donne tellement de lait ces derniers temps que j'ai vendu dix kilos de fromage. Vous verrez quand je vais marier ma fille : on n'aura jamais vu de plus belle noce au village ! »

Etc. Voilà le genre de papotages que j'entendais tous les jours quand vers midi, comme toutes les femmes du village, j'allais au puits — plus précisément à la sakièh, la noria égyptienne. Tandis qu'on remplissait les cruches, et que l'âne ou le buffion actionnant la machine hydraulique tournait sans cesse autour du puits, les conversations allaient bon train. Et jour après jour, l'idée que je me faisais de ces femmes changeait. Certes, selon les critères modernes, elles étaient désavantagées, puisqu'elles étaient presque toutes illettrées. Mais, dans les années cinquante et même soixante, les villageoises jouissaient d'une bien plus grande liberté et indépendance que la plupart des femmes de la bourgeoisie égyptienne.

Au Caire et à Alexandrie, c'était un peu différent. Mais dans les petites villes, l'horizon des femmes se limitait à leur foyer. Elles n'étaient guère cultivées, et certes pas assez instruites pour prétendre à des emplois intéressants. Et de toute façon, la tradition de la domination masculine était encore toute-puissante, et leur devoir était de rester à la maison et de s'occuper uniquement de leur mari et de leurs enfants. Ne participant même pas à l'existence extérieure de leur mari, elles vivaient dans un isolement social complet.

Dans les campagnes, en revanche, les femmes travaillaient avec les hommes, participaient à tous les aspects de leur vie quotidienne. Ensemble ils irriguaient les champs, désherbaient, moissonnaient, semaient. Quand une vache mettait bas, la femme aidait de bon cœur le mari, car un veau, mâle ou femelle, c'était toujours une bénédiction pour la famille. Mis à part le profit qu'on pouvait en tirer dans l'avenir, cela signifiait d'abord plus de lait, et donc de l'argent. D'autre part, les femmes avaient leur propre petite activité économique. Elles élevaient leurs poulets, leurs oies, faisaient leur fromage, en vendaient ce qu'elles réussissaient à mettre de côté, vendaient aussi des œufs, etc. Petites libertés, certes ; mais beaucoup de petites choses changent la vie. Dans un sens, je les enviais. Elles avaient plus d'activités extérieures et une vie sociale plus développée que moi, quand mes enfants étaient petits.

J'aimais leur façon directe de s'exprimer. Elles étaient pleines d'esprit et de vie, comme mon amie Hanem, dont le fils était infirmier à la nouvelle clinique du village. Hanem ne savait ni lire ni écrire, mais comme elle écoutait toute la journée son transistor, elle était mieux informée que beaucoup de ses contemporaines des villes. Souvent, quand j'allais la voir, j'avais droit à de véritables conférences : elle s'intéressait à tout ce qui se passait dans le monde et retenait tout.

Bien que les hommes ne l'eussent jamais admis, c'étaient les femmes qui prenaient la plupart des décisions importantes concernant l'économie domestique : quand construire une pièce supplémentaire, quand acheter des animaux à élever pour la vente, etc. Comme le dit un autre adage paysan : « L'homme est le fleuve, la femme est le barrage. » A Mit Aboul Kôm les femmes avaient même constitué une *gam'iyya*, une coopérative financière. C'était tout simplement une caisse commune qu'elles alimentaient tous les mois, et dont chacune se servait à tour de rôle. De la sorte, même une femme très pauvre pouvait, par exemple, payer le « prix de la fiancée » de son fils, ou acheter un nouveau divan, des tapis de paille, ou une nouvelle robe qu'elle s'empressait de montrer à toutes à la sakièh.

Les femmes s'entraidaient de multiples façons. Les vieilles gardaient les enfants en bas âge pendant que leurs mères étaient aux champs. Quand une femme tombait malade ou accouchait, les autres faisaient le ménage et la cuisine à sa place. Quand une femme perdait son mari — ou un enfant — les autres se relayaient pour apporter à manger chez elle, sachant qu'elle devait manquer d'argent et, de toute façon, n'était pas d'humeur à faire la cuisine.

J'étais restée longtemps sans retourner au village, quand Oumm Mohammed perdit son fils. Je n'eus aucune peine à trouver sa maison pour lui présenter mes condoléances : les clameurs funèbres des femmes rassemblées chez elle s'entendaient de partout. Elles étaient là une soixantaine autour de la pauvre mère, toutes en noir, toutes éplorées comme si leur propre fils était mort.

« Je me le rappelle petit garçon ! Je le revois la dernière fois qu'il est venu au village, dans son bel uniforme, et en jeep, comme un prince ! » criait une femme. Et aussitôt toutes les autres de se répandre en lamentations ; certaines se frappaient la poitrine et déchiraient leurs vêtements.

Quand les pleurs et les cris diminuèrent, une autre s'écria : « Je le revois assis à son mariage il y a cinq ans ! Jamais il n'avait paru si beau, dans sa galabieh blanche, avec son écharpe de soie. Il avait l'air d'un ange ! »

Et de nouveau toutes les femmes poussèrent des plaintes déchirantes. Leur deuil était tellement poignant que moi-même je me mis à pleurer, à ressentir la douleur de la mère et à la partager.

« Nous ne reverrons jamais plus Mohammed ! sanglotait une autre femme, serrant Oumm Mohammed dans ses bras. Quel fils tu avais ! Je me souviens quand il t'a apporté son premier chèque et qu'il t'a dit : Tiens ! Mère, mon premier salaire est pour toi. Tu as souffert, tu t'es sacrifiée pour moi. Tu as été sévère avec moi parce que tu voulais que je sois officier. Maintenant j'ai l'honneur de pouvoir te remercier ! »...

Pendant trois jours les femmes du village allèrent ainsi se lamenter avec Oumm Mohammed. De l'aube jusqu'au soir (alors elles devaient s'occuper de leurs familles), pas une seconde elles ne laissaient seule leur sœur en deuil Le premier jour, un tiers des femmes préparaient le déjeuner commun, le lendemain un autre tiers, etc. Mais elles ne préparaient pas de très bonnes choses ; et elles ne sucraient pas le thé ou le café, même quand elles le servaient aux gens qui venaient présenter leurs condoléances. Le deuil interdisait ce genre de plaisirs. Seul Oumm Mohammed avait droit à des boissons sucrées et à de bons petits plats — mais elle n'y touchait pas.

« Goûte à ce pigeon, lui répétaient les femmes. Essaye d'avaler un peu de cette limonade.

— Laissez-moi mourir ! s'écriait-elle. Quel bonheur me reste-t-il dans cette vie, maintenant que je ne pourrai jamais plus revoir mon fils ? »

Et aussitôt les lamentations recommençaient.

Elles atteignaient leur paroxysme le soir, quand les petits-enfants d'Oumm Mohammed, qu'on envoyait pendant la journée chez quelqu'un d'autre, rentraient à la maison.

« Regardez comme ils sont petits ! Et dire qu'ils sont déjà orphelins ! »...

A la fin des trois jours, toutes, y compris Oumm Mohammed, étaient épuisées. Le chagrin restait, certes, mais après avoir été extériorisé à ce point, il avait perdu sa virulence ; la blessure morale d'Oumm Mohammed avait été en quelque sorte nettoyée par ces flots de larmes, elle pouvait maintenant se cicatriser. Ses amies et ses voisines, d'ailleurs, restaient à ses côtés ; et chaque jeudi, jusqu'à la cérémonie du quarantième jour, toutes les femmes du village retournaient se lamenter avec elle, encore que moins violemment ; et la douleur d'Oumm Mohammed peu à peu s'estompait. Au Caire les deuils n'avaient pas un caractère aussi collectif, chacun gardait sa peine pour lui. Mais au village, on partageait tout avec tout le monde.

Tout le monde avait aussi des rôles bien définis, y compris les enfants qui participaient aux côtés de leurs parents aux moissons et à la récolte du coton et des fruits. Le chant de la moisson s'élevait dans l'air matinal : « O vous qui avez planté les orangers, qui les avez plantés et qui avez souffert, voici enfin venu le temps de la récolte. » Avant la révolution, la situation des enfants était bien pire. Souvent on les envoyait travailler dans les champs sans leurs parents, dès l'âge de cinq, six ans. Des surveillants, engagés par les propriétaires, passaient entre eux, une longue badine à la main, et frappaient ceux qui paressaient ou plaisantaient. Leur tâche consistait à désherber et à détruire les vers du coton ; ils devaient bien inspecter les plantes et, quand ils trouvaient des œufs, les mettre dans leur galabieh. Ces vers noirs, répugnants, me faisaient horreur, je ne sais pourquoi. J'ai gardé jusqu'à aujourd'hui cette phobie des vers. C'est au point que je n'ai même pas besoin de couper un fruit pour savoir qu'il y a un ver dedans ! Si j'ai un soupçon, je n'y touche pas. Je préférerais me trouver face à un lion que devant un vermisseau.

Désormais les enfants du village allaient à l'école. Mais on continuait de leur confier quelques tâches quotidiennes, comme d'emmener les bestiaux dans les prés et au bord du Nil.

« Maman, nous avons emmené notre vache nager avec celles des autres enfants ! » disaient aussi bien Gamal que les filles, très excités — à la grande joie d'Anouar qui tenait à ce qu'ils s'initient aux responsabilités de la vie communautaire.

« Si toute l'Égypte pouvait ressembler à un village, disait-il, alors nous pourrions accomplir ensemble n'importe quoi. »

Tous les ans nous allions passer au village les vacances scolaires de printemps ; nous y restions aussi au moins une quinzaine de jours pendant l'été, avant d'aller à Alexandrie ; et nous y retournions le 25 décembre, pour l'anniversaire d'Anouar. Et il ne transigea pas quand les enfants, ayant grandi, commencèrent à préférer les divertissements qu'offrait Alexandrie :

« Ils doivent connaître leurs racines. Le village est le cœur de l'Égypte ! » déclarait-il.

Pour Anouar, Mit Aboul Kôm représentait tout ce qu'il y a de bon dans la vie, tout ce qui mérite de durer. Exception faite bien sûr de l'extrême pauvreté qui continuait d'y régner, et à laquelle il s'efforçait de remédier directement en versant tous ses droits d'auteurs à Mit Aboul Kôm ; il fit don aussi à son village de la somme qu'il reçut quand on lui décerna, en même temps qu'à Menahem Begin, le prix Nobel de la paix, après la signature des accords de Camp David en 1978.

Dans les premiers temps, quand nous allions à Mit Aboul Kôm, nous habitions dans la maison de son père, petite construction de terre sèche semblable à toutes les autres maisons du village. Plus tard, Anouar acheta quelques *feddans* de terre et fit construire une petite maison de brique que nous agrandîmes peu à peu. Au début nous y vivions très simplement. Nous n'avions même pas un chauffe-eau à butane ; pour préparer un bain, nous faisions chauffer l'eau dans de grands récipients sur le Primus et la versions dans un bac. Nous nous éclairions avec des lampes à pétrole. Et notre seul chauffage en hiver était un brasero de cuivre, posé par terre, autour duquel on s'asseyait. Il y avait aussi le four à pain, en terre, qu'on alimentait avec du petit bois et des plantes de maïs séchées. Même quand nous fûmes installés bien plus confortablement, Anouar insista pour garder ce four qui lui rappelait son enfance, et nous continuions d'y faire le pain et les gâteaux.

Dans notre jardin, nous plantâmes des arbres fruitiers, orangers, mandariniers, pêchers, pruniers, un manguier et un goyavier, ainsi que des vignes. Le sol est si fertile dans cette région que pour avoir un dattier, par exemple, il suffit d'en planter une pousse et d'attendre. Nous cultivions aussi nos propres légumes : concombres, laitues, courgettes, tomates, ainsi que des herbes aromatiques, coriandre, basilic, persil. Nous avions aussi quelques animaux, un âne que montaient les enfants, et une vache pour le lait. Pendant nos absences, nous confiions la maison et le jardin à un homme du village, Charabi. Encore aujourd'hui, il continue de s'en occuper.

J'aimais beaucoup la nourriture simple du village — très facile à préparer de plus. Dès que nous arrivions du Caire, j'envoyais les enfants chercher du bois pour le four, et nous faisions tout de suite un gâteau de riz et de lait délicieux, dont les villageoises m'avaient donné la recette. J'appris aussi à faire le fromage blanc avec le lait de notre vache, ainsi que le beurre, en battant la crème salée avec une cuiller en bois. Par contre, jamais je n'ai été capable de traire la vache moi-même. Je crois que pour que le lait coule, il faut qu'il y ait un certain rapport entre la vache et la personne qui la trait, et moi je n'ai jamais réussi à l'établir. Mais je faisais un très bon *mich*, fromage salé, très piquant, que les paysans laissaient mûrir pendant des mois dans une cruche, avec du poivre vert et l'écorce d'un *lareng* (fruit intermédiaire entre la mandarine et l'orange). Pour les gâteaux, on utilisait non pas le sucre, mais la *naddagha* (à base de mélasse noire) ; et pour relever les plats, des pickles de navets et de carottes macérés dans du vinaigre, du jus de citron et des herbes.

Très vite je me fis aux habitudes et aux coutumes du village, et très vite les femmes m'acceptèrent. Anouar n'en revenait pas. Mais dans presque tous nos villages, les gens sont très accueillants. L'étranger qui entre dans Mit Aboul Kôm, dans ses ruelles tortueuses et poussiéreuses, entend bientôt qu'on le salue de l'intérieur des maisons, on lui souhaite la bienvenue, on l'invite à prendre une tasse de thé. Même les plus pauvres invitent l'étranger à partager le peu qu'ils ont, et ils sont très déçus si on refuse. L'hospitalité est générale dans tous les pays arabes ; non seulement elle est prêchée par le Coran, mais c'est une loi de la vie dans le désert, une question de vie ou de mort. En Irak, par exemple, les tribus accordent l'hospitalité à tout voyageur pendant trois jours, sans lui poser de questions. A une moindre échelle c'était la même chose à Mit Aboul Kôm.

« Où tu étais ? » me demanda Anouar un soir, comme je rentrais à la maison. Il était déjà huit heures.

« J'ai dîné avec une femme du village, chez elle.

— Et qu'est-ce que tu as mangé ? dit-il, l'air préoccupé.

— Oh, c'était très bon : des courgettes farcies qu'elle a sorties d'un coffre. Deux autres femmes sont passées, et elle les a aussi invitées à manger.

— Tu n'as pas mal au ventre ?

— Non, je me sens très bien. »

Son visage s'illumina.

« Alors, je n'ai plus à me faire de souci pour toi, dit-il. Maintenant tu es immunisée, tu ne pourras plus rien attraper... »

Cela dit, Anouar avait raison de redouter les infections. Dans son enfance, l'espérance de vie dans les villages n'était que de trente-trois ans. Moi-même, je surveillais de très près l'état de santé de nos enfants et celui de leurs camarades de jeux, surtout les yeux, pour voir s'ils ne coulaient pas, s'ils n'avaient pas de saletés. Depuis des siècles, les maladies d'yeux étaient une des plaies de l'Égypte, et au village il y avait pas mal d'aveugles. Avant la création de la clinique, les femmes, pour protéger les yeux des nourrissons, leur mettaient du khôl sur les paupières, cette poudre noire que les Égyptiennes de la plus haute antiquité, bien avant Cléopâtre, utilisaient déjà pour se farder. Je ne sais si le khôl protège vraiment contre les infections ; en tout cas, les maladies étaient toujours très répandues, à cause de la poussière et des mouches qui transmettaient les microbes d'une personne à l'autre.

Il y avait aussi le paludisme au village. Par la suite, sur mon initiative, des étudiants en médecine comblèrent les marais autour du village où se reproduisaient les moustiques porteurs de cette maladie. Deux ou trois fois, nous avons eu des débuts de choléra ; mais chez nous, cette maladie n'était pas endémique, comme en Inde. La plupart du temps, en Égypte, le choléra est transmis par les personnes qui ont été à La Mecque où elles se sont trouvées en contact avec les Indiens ou d'autres Asiatiques. Le gouvernement était très conscient du danger représenté par le choléra ; dès qu'il se déclarait quelque part, on isolait toute la région et on y envoyait du vaccin. Nous avions aussi à craindre la rougeole, la polio et évidemment, les conditions sanitaires n'étant pas toujours idéales, toutes les maladies tropicales.

Mais le grand fléau, à Mit Aboul Kôm comme dans tous les villages et les campagnes, c'était la bilharzie, un ver parasite transmis par les escargots qui vivent dans les eaux stagnantes. Avant la révolution et la création des cliniques dans les villages,

70 p. 100 des villageois souffraient de bilharziose. Il faut dire que tout le monde était en contact tous les jours avec des eaux plus ou moins stagnantes. Les femmes qui lavaient le linge et la vaisselle. Les enfants qui entraient dans les bras morts du Nil pour nettoyer les bestiaux de la famille ou, simplement, pour se rafraîchir. Les hommes qui pataugeaient pendant des heures dans les fossés d'irrigation pour les nettoyer.

Il était impossible de ne pas toucher les escargots porteurs de parasites qui pullulaient par milliers juste au bord de l'eau. Alors le germe, microscopique au début, mais qui se transforme en un ver de deux centimètres, entrait par la peau dans les veines des paysans et de leurs enfants et allait se fixer dans le foie et la rate, où il finissait par provoquer un cancer. Les premiers symptômes, que les paysans souvent ignoraient, sont des douleurs aux articulations, une fièvre légère mais constante et un sentiment d'extrême fatigue. En général, ils ne se rendaient compte qu'ils étaient infectés que lorsqu'ils avaient des pissements de sang. Mais alors il n'y avait plus rien à faire.

Maintenant la bilharziose peut être dépistée dès le premier stade, et une seule piqûre suffit à tuer le ver. Le remède est arrivé vraiment à temps, car le parasite s'est mis à proliférer encore plus depuis que la construction du Haut Barrage a mis fin aux crues du Nil qui permettaient au fleuve de nettoyer naturellement son bassin.

Bien que la révolution ait apporté la médecine moderne dans les campagnes, beaucoup de fellahs continuaient de se fier surtout aux vertus curatives de la religion et de la superstition. Dans presque tous les villages, il y avait un cheikh, ou une *cheikha*, qui était à la fois guérisseur, exorciste et sorcier. A Mit Aboul Kôm, ces fonctions étaient remplies par Cheikh Hassan ; il était un des rares à savoir lire et écrire, et le seul réputé capable de confectionner des talismans appelés *hegab* — minuscules bouts de papier sur lesquels étaient écrits des versets du Coran appropriés à chaque « cas ». Le cas de la femme jalouse, par exemple, qui désire que son mari cesse de s'intéresser à sa seconde femme ; ou celui de la mère de nombreuses filles qui veut enfin un garçon, etc. Quelle que fût la demande, le cheikh vous donnait un *hegab* « personnalisé » pour la modeste somme de dix piastres, en indiquant l'endroit où il fallait le placer pour qu'il fût efficace

— dans ses dessous, dans une petite poche portée en sautoir, cousu dans un coin de drap, etc.

Le cheikh prescrivait aussi cetains rites pour accroître le pouvoir du Livre saint ; pour la stérilité par exemple, le sacrifice d'un canard noir ; pour la fièvre, une diète limitée au blanc de poulet, ou une feuille à mâcher au moment exact où le soleil se couche. Je ne croyais pas du tout aux pouvoirs de ces guérisseurs, mais Anouar y avait cru dans sa jeunesse. A un certain moment était apparue sur son bras une tache blanche — d'autant plus visible qu'il avait la peau très foncée. Le père d'Anouar, travaillant dans les hôpitaux militaires, avait pu soumettre le cas à de bons médecins. Ils avaient essayé tous les médicaments possibles, rien n'y faisait. Finalement son père avait emmené Anouar à la femme du village qui faisait les tatouages. Elle planta des aiguilles tout autour de la tache blanche et déclara que cette tache allait devenir verte, et bientôt disparaître. C'est exactement ce qui se passa.

Si la magie me laissait sceptique malgré cette expérience d'Anouar, en revanche je croyais absolument aux vertus des herbes ; d'ailleurs, beaucoup d'Égyptiens, surtout dans les villages, continuent de les utiliser pour se soigner. Quand mes enfants étaient malades, je les emmenais à la nouvelle clinique et je me conformais aux prescriptions du médecin. Mais je recourais aussi aux remèdes naturels. Pour le mal au ventre, une tisane de cumin ou de camomille. Pour la constipation, de l'aloès et des feuilles amères de pommier. Contre la toux, une infusion de feuilles de goyavier. Et comme tonique, quand ils me semblaient un peu à plat, un bouillon de feuilles d'hibiscus. Ces recettes simples, qui se transmettent depuis la nuit des temps, sont plus efficaces dans bien des cas que les médicaments chimiques. Encore aujourd'hui, quand j'attrape un coup de soleil, je me souviens de ma Tante Zouzou, disant à ma mère après une journée que nous avions passée tous ensemble à la plage (il y a de cela des années et des années) :

« Non, non ! Pas la Nivéa ! Mets simplement du yoghourt ! »

C'est moi qui étais concernée, et je peux dire qu'elle avait raison. Aussitôt le yoghourt avait enlevé le feu de mes épaules, et la brûlure avait guéri très rapidement.

Il y avait malgré tout beaucoup de choses au village que je n'ai jamais pu accepter ou auxquelles je n'ai jamais pu me faire. Je redoutais l'eau pour les enfants, à cause de la bilharzie ; quant à moi, tout en sachant très bien que les vers parasites étaient invisibles, je n'osais même pas regarder dans les canaux. A la seule pensée des vers, je me sentais défaillir. Les enfants égyptiens avaient une passion pour les vers à soie : ils s'en procuraient un et le gardaient toujours avec eux, dans une boîte avec des feuilles et une brindille. Quand ils avaient de la chance, ils pouvaient observer le ver s'enroulant dans son cocon et le voir ressortir, après plusieurs mois, sous forme de papillon. Mes enfants avaient interdiction d'amener ça à la maison, ils laissaient leurs vers chez leurs camarades. J'avais aussi une certaine répulsion pour les scarabées. Les anciens Égyptiens considéraient le scarabée comme un animal sacré ; on en voit souvent des reproductions dans les temples. Mais pour moi ce n'était qu'une sale bestiole, et je cherchais à dissuader les enfants de jouer avec : les enfants du village, en effet, s'amusaient à fabriquer de petites norias, avec une paille à laquelle ils attachaient un de ces insectes. Et le scarabée, cherchant à s'échapper, se mettait à tourner sans arrêt, exactement comme les ânes ou les buffles de la véritable sakièh.

L'art de tromper son prochain tenait aussi une grande importance dans la vie du village — comme je m'en rendais compte en écoutant les conversations à la fontaine — surtout quand il s'agissait de marier ses filles. Ainsi une femme avait réussi à caser son aînée, un vrai laideron, en montrant à la famille du jeune homme sa cadette, plus jolie ; mais l'affaire avait été conclue au nom de l'aînée... Une autre avait recouru aussi à une substitution pour marier sa fille de quatorze ans malgré la loi : elle avait envoyé chez le médecin sa fille aînée qui s'était fait remettre un certificat de nubilité en se faisant passer pour sa sœur.

Dans l'ensemble, les filles du village étaient toujours très contentes de se marier. Quand les petites filles perdaient leurs dents de lait, elle les jetaient en l'air en chantant la formule : « *Khudi sinnit el-gamusa widdini sinnit el'arusa !* » (Prends les dents de la bufflonne et donne-moi les dents du fiancé !) Mariage,

mariage. Toute la vie de la femme tournait autour du mariage, comme l'âne autour de la noria. Marier son fils, c'était gagner le repos et la sécurité pour le restant de ses jours, puisque le fils restait à la maison et que tous les soins du ménage incombaient alors à la bru. Et marier ses filles, c'était non seulement ne plus les avoir à charge, c'était l'accomplissement d'un rêve caressé depuis leur naissance. La vie d'une femme passait obligatoirement par le mariage. Les pauvres vieilles filles ! Toute leur famille les considérait comme un poids et un déshonneur. Le mariage, quel qu'en fût le prix, était infiniment préférable.

« Regardez ce que mon mari m'a fait hier », dit un soir une femme, d'une voix gémissante, en montrant sa joue enflée, alors que nous étions assises à côté de la noria. Apparemment elle cherchait à inspirer la pitié ; en fait, elle était très fière que son mari l'aimât assez pour la battre. Et d'ailleurs toutes les autres, pour prouver que leurs maris aussi les aimaient, se lancèrent dans des confidences de plus en plus osées. C'était un vrai concours. Jamais les femmes des villes n'auraient parlé de leurs rapports conjugaux avec une telle liberté, un tel réalisme ! C'était sain peut-être, et parfaitement compréhensible dans une société où la grande peur des femmes est de se faire répudier. Mais ces propos me faisaient rougir jusqu'à la racine des cheveux. Je n'aurais jamais fait de telles confidences à personne, pas même à ma mère avec qui j'étais pourtant très intime.

J'ai assisté à des centaines de mariages à Mit Aboul Kôm. Des centaines. Chaque fois c'étaient les mêmes rites, et chaque fois le village était, vraiment, en liesse. Le matin des noces, toutes les femmes du village, moi y compris quand j'étais là, envahissions la maison de la mariée pour lui adresser nos vœux. La jeune fille, toujours, était en beauté ; ses amies s'étaient rassemblées chez elle, dans la nuit, pour lui donner son bain, étendre ses habits et ses bijoux et lui enluminer au henné les paumes et les plantes de pied. En Égypte on utilise le henné comme cosmétique depuis la plus haute Antiquité ; on aime la couleur qu'il donne à la peau, d'un orange tirant sur le rouge, et on le considère comme un symbole de pureté. Dans certaines parties du monde arabe, les femmes s'en passent chaque semaine sur les paumes et sur les pieds ; personnellement, comme beaucoup d'autres je l'ai toujours utilisé pour les cheveux qu'il fortifie

Si seules les femmes allaient voir la mariée dans sa famille, en revanche tout le monde, du plus riche propriétaire de terres au plus misérable des mendiants, se rassemblait, à l'heure du couchant, pour fêter son déménagement.

Un autre adage du village disait : « La femme ne fait que deux sorties dans sa vie : de chez son père chez son homme, et de chez son homme à la tombe. »

Le cortège soulevait une joie de plus en plus folle sur son parcours dans les petites ruelles de Mit Aboul Kôm. En tête, toutes les jeunes filles du village, dont mes filles, battant du tambour, battant des mains et chantant des chants nuptiaux. Puis, exposé dans des voitures découvertes ou sur des chars tirés par des ânes, le trousseau, bien en évidence : cuivres astiqués flambant neufs, grand coffre peint de couleurs vives, tout l'ameublement de la chambre à coucher, lit, matelas, literie et linge étincelants, garde-robe neuve, sofa. Puis la famille de la mariée portant dignement, sur de grands plateaux, canards, oies, légumes, riz, haricots, pain, gâteaux, bref, tout ce dont on allait s'empiffrer au banquet. Enfin, déchaînant un tonnerre d'acclamations, la mariée, puis le marié.

La mariée passait assise dans un cadre de fleurs, entourée de femmes de sa famille — dans une automobile ou une voiture tirée par un âne, décoré de fleurs lui aussi. Souvent à son passage les hommes tiraient des coups de feu en l'air ; et toujours, nous, les femmes, poussions le *zaghrît* et jetions des pincées de sel en l'air pour conjurer le mauvais œil. Le fiancé suivait ; il venait de la maison de son meilleur ami. A lui aussi, ses amis avaient donné le bain rituel et mis du henné sur les paumes. Ils l'avaient coiffé d'un turban, habillé d'une galabieh du coton le plus fin et lui avaient remis une épée qu'il tenait dans la main. Faisant cercle autour de lui, portant des torches ou des chandelles, ils l'escortaient dans la rue jusqu'à ce qu'il rejoignît sa fiancée l'attendant devant chez lui.

Alors le cheikh scellait le contrat de mariage entre lui et le père de sa future femme. Pendant cette cérémonie, la mariée accomplissait un dernier rite propitiatoire. Elle s'asseyait sur une chaise entre ses amies, posait dans son giron un Coran et plongeait les pieds dans un grand récipient de cuivre plein d'eau, chaude si le mariage avait lieu en hiver, glacée en été, tandis que ses amies, prenant des feuilles dans des corbeilles, lui en couvraient la tête et déversaient le reste dans l'eau. Le Coran était pour Dieu, le reste pour le bonheur de sa vie. Et pour que cette nouvelle vie commençât dans la douceur, ses amies lui fourraient du sucre dans la bouche. Enfin le contrat était signé, la fête commençait. Elle durait jusqu'à l'aube et tout le village y participait, célébrant le passage des deux adolescents à leur vie responsable d'homme et de femme.

La naissance d'un enfant était aussi une fête collective. Souvent les heureux parents annonçaient fièrement l'événement en illuminant leur maison ou leurs arbres. Le septième jour, pour la *sebou'a*, tout le monde leur apportait des présents — un canard, une oie, parfois même un agneau, et une sorte de pain très riche, fait avec de la crème, *fetir mechaltet*, que l'on mangeait avec le miel. Certains offraient une somme d'argent — que l'on considérait comme une dette, à rembourser au donneur quand lui-même avait un enfant.

Cependant, comme le don d'un enfant est le plus grand que l'on puisse recevoir, beaucoup de parents avaient grand-peur de l'envie. Rien ne pouvait leur faire plus de plaisir que de leur offrir un objet qui conjure le mauvais œil : une réplique de la main de Fatima (la fille du Prophète), par exemple, ou un médaillon d'or, ou un bracelet gravé d'inscriptions de la sourate *Yâ Sîn.* Les parents eux-mêmes, pour protéger le bébé, fixaient une perle bleue dans ses cheveux au-dessus du front ; ainsi, tous les gens qui l'admiraient voyaient d'abord la couleur bleue. Notre petite fille Jehane naquit pendant le voyage d'Anouar à Jérusalem : Golda Meir, l'ancien premier ministre d'Israël, offrit pour cette naissance une main de Fatima en or et des boucles d'oreilles en perles bleues.

Par crainte de l'envie, quelques parents allaient jusqu'à nier carrément, ostensiblement, leur bonheur. Ils feignaient de ne pas attendre d'enfant, ne préparaient pas la corbeille, ni la layette, et quand il était né, allaient quémander quelques haillons aux uns et aux autres — le bébé ne devait surtout pas avoir l'air beau et prospère... Parfois même, les mères négligeaient complètement sa santé jusqu'à l'âge de trois-quatre ans ! Et si elles avaient eu la chance de mettre au monde un garçon, elles l'habillaient en fille pendant la première année !

A l'époque où près de la moitié des enfants égyptiens mouraient en bas âge, on pouvait comprendre que les gens fussent aussi superstitieux. Mais ces coutumes se sont souvent maintenues intactes, alors que tout le monde peut bénéficier, depuis la révolution, des services de la médecine. Encore aujourd'hui, dans les villages, on ne dira jamais à une mère : Quel beau bébé ! Car elle craindrait aussitôt le pire pour son enfant. Elle sera très contente, en revanche, si on lui dit : Mais qu'il est laid ! ou bien : Quelle horrible petite créature !

Certains prénoms, surprenants, s'expliquent eux-mêmes par la peur du mauvais sort. Un homme que mes parents avaient pris à leur service s'appelait Chahhat, ce qui veut dire « mendiant ». Un jour, j'étais encore petite fille, je lui ai demandé :

« Pourquoi tes parents t'ont donné un nom pareil ?

— Ma mère avait eu plusieurs bébés avant moi, et toujours ils étaient morts. Alors, avant que je naisse, ils ont décidé de m'appeler ''mendiant'' pour que personne ne m'envie et que je puisse vivre. Ça a marché, tu vois. »

Il y avait des rites superstitieux pour tous les aspects de la vie. Pour revigorer une vache qui n'avait plus de lait, par exemple. Ou quand une femme attendait, pour que ce fût un garçon. Les femmes qui ne concevaient pas et se croyaient stériles mangeaient une poignée de boue du Nil. Celles qui avaient eu un mort-né, parfois l'enterraient sous le seuil ou l'emmuraient, pour que le bébé suivant vécût. Il y avait un rite qui me plaisait beaucoup : il se répétait tous les vendredis après la prière de midi, quand les fellahs, pour protéger leurs maisons contre l'envie, brûlaient du *boukhour* sur leur four à pain ou dans des brûle-parfum de terre cuite. L'odeur qui se répandait alors partout dans le village, fraîche, piquante, était magnifique ; elle s'apparentait à celles de l'encens et de la myrrhe, bien que le boukhour soit la résine d'un arbre commun, appelé mistika. Moi aussi j'accomplissais souvent cette cérémonie ancestrale, portant de pièce en pièce pour bénir la maison le petit pot de terre où le boukhour fumait sur des charbons ardents. Beaucoup de villageois exécutaient un autre rite à cette occasion : il consistait à passer sept fois à travers la fumée du boukhour pour demander la réalisation d'un vœu.

Les villageois se méfiaient aussi en permanence des djinns, ces génies aériens dont certains s'acharnent à empoisonner la vie des humains. Ils enterraient leurs rognures d'ongles et leurs cheveux coupés ; sinon les djinns pouvaient s'en emparer et leur jouer quelque mauvais tour, ou même les posséder. Et ils prenaient la précaution, le soir, en se déshabillant, de bien remettre leurs vêtements à l'endroit, pour que les djinns n'y entrent pas. Ces vêtements qui descendent jusqu'à terre, aussi bien les longues robes des femmes que les longues galabiehs des hommes, étaient aussi une protection ; car si un djinn voit où vous posez les pieds, il peut marcher sur vos traces pour vous ensorceler...

Je trouvais certaines de ces superstitions désespérantes, car elles empêchaient les femmes surtout de profiter de ce qu'il y a de bon dans la vie moderne. Un matin, sur la route de Mit Aboul Kôm à Alexandrie, j'ai fait la rencontre tout à fait fortuite d'une jeune femme que je n'oublierai jamais. Ma voiture était immobilisée : deux pneus avaient crevé ; le chauffeur était parti à la recherche d'une roue neuve ; en attendant, j'avais sorti des documents de mon sac et je travaillais, quand je vis arriver un homme : c'était le propriétaire des champs qui bordaient la route des deux côtés. Il venait proposer son aide.

« Voulez-vous attendre à la maison, en compagnie de ma femme ? me dit-il fort poliment quand il m'eut reconnue.

— Je vous remercie. Mais il fait très bon aujourd'hui. Je peux attendre ici.

— Je vais vous envoyer quelqu'un pour vous tenir compagnie. »

Je la vis arriver à travers champs, elle ramenait ses cheveux dans son fichu. Qu'elle était maigrichonne, qu'elle était pâle, qu'elle avait l'air fragile ! Nous nous mîmes à bavarder. Ses joues creuses, les taches blanches de sa peau me disaient qu'elle était gravement malade.

Elle n'était pas timide. Sans ambages elle me demanda comment je m'appelais, si j'étais mariée, si j'avais des enfants. Dès qu'elle sut le prénom de mon fils, elle m'appela Oumm Gamal.

« Tu es bénie, Oumm Gamal, Dieu t'a donné un fils. Pas à moi. Mon mari a amené chez lui une seconde femme, elle est jeune et bien portante. »

La jalousie et l'angoisse de la répudiation rendaient beaucoup de femmes vraiment malades. Mais elle, elle avait déjà un pied dans la tombe.

« Vous faites quelque chose pour cela ? lui demandai-je. Vous vous soignez ? Qu'est-ce que vous donne le docteur ?

— Le docteur ? s'exclama-t-elle en secouant la tête. Qu'est-ce que le docteur peut faire pour moi, Oumm Gamal ? C'est un esprit malin qui m'a possédée, il m'a enlevé la santé, je ne pourrai plus jamais avoir un fils. »

Quatre ans auparavant, un matin, elle marchait. Deux oiseaux noirs volaient devant elle. Soudain ils s'étaient retournés pour la regarder.

« Quand nos yeux se sont croisés, le djinn a bondi hors de l'herbe. Je l'ai senti. Il est entré dans moi. Le soir j'ai été voir le sorcier. Il m'a écrit plein de *hegab* qui n'ont jamais rien fait, et maintenant je n'ai plus d'argent à lui donner. Je suis de plus en plus faible, bientôt je ne pourrai plus travailler, et mon mari va me renvoyer. »

Elle avait les symptômes d'une grave anémie, je les avais vus chez d'autres personnes, et je savais que cela pouvait se soigner.

« Je vous en supplie, lui dis-je. Venez avec moi, nous allons voir tout de suite un docteur. »

Elle refusait, son mal n'avait rien à voir avec le corps, tout était à cause des esprits... Le chauffeur revenait sur la route avec sa roue. Et je me dis : il faut que je la convainque tout de suite, sinon la prochaine fois que je repasserai par ici, elle sera peut-être déjà morte.

« Alors, dis-je précipitamment, si vous ne voulez pas voir un docteur, venez voir mon sorcier. C'est le plus grand sorcier de la ville du Caire, il fait des *hegab* minuscules, il les enveloppe dans de toutes petites boîtes colorées, comme des gros œufs de fourmis, on ne les porte pas autour du cou, on ne les coud pas dans ses vêtements, on les avale, parce qu'alors ils sont si près du djinn que le djinn est battu, et il s'en va... »

Cette proposition semblait l'intéresser davantage.

« Ce sorcier, continuai-je, est riche, il ne s'habille qu'en blanc. Il exerce dans de très grandes pièces, et pourtant vous verrez que les gens font la queue pour le voir. Il a appris son art à d'autres. Eux aussi ils sont en blanc, et ils sont dans la même pièce pour l'aider. ›

Elle me regardait fascinée, comme si moi-même je participais de la magie que je décrivais.

« J'irai à ton sorcier », dit-elle.

La semaine suivante, en rentrant au Caire, je m'arrêtai comme convenu au même endroit ; elle était là, elle monta, et je l'amenai à mon médecin, à qui j'exposai le problème en chuchotant. Elle prit ses *hegab*, et toutes les semaines, pendant plusieurs mois, je suis retournée la chercher pour l'amener au Caire. Elle reprenait des couleurs, les taches blanches disparaissaient. Et la dernière fois que je l'ai ramenée chez elle, elle m'a dit que le sorcier l'avait déclarée guérie. Depuis je ne l'ai plus revue. Chaque fois que je repasse entre ses champs, je regarde pour voir si elle est là, et je l'imagine chez elle, élevant son petit garçon.

J'étais désespérée aussi par la pauvreté dans laquelle vivaient tant de villageois. Partout, à Mit Aboul Kôm et dans les villages des environs, des femmes venaient me demander la charité.

« Madame, avez-vous un peu d'argent qui ne vous sert pas ? Mon mari est au lit, malade depuis trois mois, et il ne peut toujours pas aller travailler... »

« Madame, Dieu vous garde, juste dix livres. J'ai trois filles et pas un seul fils. Et maintenant mon mari m'a quittée pour une autre... »

« Madame, qu'est-ce que je peux faire ? Mon mari a perdu tout son argent au jeu et il me bat. Je veux partir de chez lui en emmenant mes enfants, mais la semaine dernière, il a vendu ma machine à coudre, et maintenant je n'ai rien pour faire vivre ma fille. Vous pouvez m'aider ?

— Comment vous appelez-vous ? demandai-je à cette femme.

— Nawwal », répondit-elle en baissant les yeux.

Je lui ai donné dix livres, comme à presque toutes les autres. Mais je ne pouvais continuer à toujours donner. Mon mari était peut-être président du Parlement, il n'était pas un nabab. Et puis cette forme de charité ne changeait rien. Ces dix livres que je donnais permettaient à ces femmes de tenir peut-être quinze jours, mais après ? Il faudrait qu'elles recommencent à mendier.

Il devait bien y avoir un moyen pour que ces femmes

s'unissent et gagnent assez d'argent pour subvenir aux besoins de leur famille, sans avoir à dépendre de leurs tyrans de maris... Je repensais à la caisse commune des femmes de Mit Aboul Kôm. Si elles s'associaient pour aider celle qui tombait malade, ou enceinte, ou avait un enfant à marier, pourquoi ne pouvaient-elles pas s'unir pour gagner leur vie ? L'Égypte s'était libérée des pays étrangers, mais les Égyptiennes des villages n'avaient toujours pas leur indépendance. Elles devaient faire maintenant leur propre révolution. Mais comment ?

Ces réflexions, ces images de femmes implorant une aide, la machine à coudre de Nawwal m'empêchaient de dormir. Depuis qu'Anouar avait été élu président du Parlement, j'avais acquis moi-même une certaine influence ; du moins avais-je accès à des personnes influentes. Cette machine à coudre... Nawwal aurait pu se tirer d'affaire avec, mais elle l'avait perdue. Je ne pensais qu'à cette machine à coudre...

« Je voudrais voir le gouverneur, s'il vous plaît.

— Madame Sadate ! Quel plaisir de vous voir, madame ! En quoi puis-je vous être utile, madame ?

— J'aurais besoin d'une maison, d'une bâtisse quelconque.

— ?

— Oui, je voudrais apprendre à des femmes à travailler. (Que les femmes m'excusent de cette formulation !) Et j'aurais besoin de machines à coudre.

— Des machines à coudre ?

— Oui, ce sera un atelier coopératif pour les femmes de votre gouvernorat qui veulent gagner leur vie en faisant des vêtements. »

Le gouverneur du gouvernorat de Menoufiyèh, où se trouve Mit Aboul Kôm, me regarda abasourdi :

« Le Delta est surpeuplé, madame, comme vous le savez. Et toutes les maisons des anciens maîtres sont occupées depuis longtemps par les bureaux de l'administration. »

Je m'attendais à cette objection.

« Mais il doit bien y avoir quelques locaux vides quelque part, insistai-je. Nous ne voulons pas un palais, il suffit de quatre murs où l'on soit à l'abri des mouches et de la poussière. »

Le gouverneur réfléchit.

« Il y a un poste de police désaffecté à Talla, dit-il enfin. Les murs sont fissurés, mais il est toujours utilisable.

— Je le prends. Et les machines ?

— Je me rappelle maintenant, dit-il, avec un commencement d'intérêt, qu'il doit en rester quelques-unes dans nos dépôts. Il y a eu un projet, mais qui n'a jamais abouti... »

L'ancien poste de police de Talla, bourgade un peu plus grande que Mit Aboul Kôm, n'était certes pas un palais. Mais le gouverneur avait eu raison : il était utilisable. Restait à y faire venir des femmes, des femmes qui voulaient gagner elles-mêmes de l'argent, au lieu de demander de l'argent, comme on le leur avait enseigné depuis des millénaires.

Je me fis prêter un micro et un haut-parleur par le gouverneur, je fixai le haut-parleur sur le toit de ma voiture, et je fis le tour des petites rues de Talla :

« Femmes qui voulez travailler ! Venez demain soir au poste de police abandonné ! Venez, que vous soyez célibataires, mariées, veuves ou divorcées ! Venez, que vous ayez déjà des talents ou vouliez en apprendre. Mais que les paresseuses s'abstiennent ! Ne venez que si vous êtes prêtes à travailler dur et vite pour gagner de l'argent pour vos familles. Venez demain soir à l'ancien poste de police à l'heure des visites ! »

Plusieurs fois je répétai cet appel. Le lendemain j'étais très émue, le cœur me battait. J'avais demandé à Anouar ce qu'il pensait de mon initiative. Il s'était montré neutre ; il ne croyait pas vraiment à la réussite de ce projet. J'arrivai à Talla avant l'heure fixée. Plein de monde, déjà, attendait dans la salle ! Les hommes étaient assis d'un côté ; curieux d'apprendre comment les femmes pouvaient faire de l'argent, curieux aussi de voir la femme dont ils avaient entendu la veille la voix au haut-parleur. Les femmes étaient assises de l'autre côté, impatientes, incertaines. Les questions se mirent à pleuvoir.

La première concernait les machines à coudre.

« L'État nous fournira tout le matériel nécessaire, répondis-je. Puis nous le rembourserons sur nos bénéfices.

— Et qui s'occupera des enfants pendant que nous travaillerons ?

— Nous-mêmes, dis-je. Nous installerons une crèche dans cette maison pour vos enfants, et aussi pour les autres enfants du village. Et il ne s'agit pas de travailler sans cesse toute la journée. Il faut bien continuer de préparer les repas et tout.

— A qui nous vendrons ces vêtements ? Personne au village n'aura de quoi les acheter.

— Nous irons les vendre en ville, au Caire », dis-je.

Un murmure parcourut l'assemblée. Le Caire ? La plupart n'y avaient jamais été.

« Si nous faisons les vêtements aussi bien qu'on les fait à la ville, dis-je, mais pour cela il faut s'appliquer, je connais des magasins qui les achèteront.

— Et si les habits qu'on fait ne sont pas assez bien pour les vendre ?

— Alors nous ferons des confitures, ou des cornichons et autres condiments, ou d'autres produits qui nous rapporteront de l'argent. Nous commencerons à cette même heure la semaine prochaine. Venez si vous voulez commencer une nouvelle vie. Venez si vous avez de l'amour-propre, si vous voulez que vos maris vous respectent, et leur prouver qu'ils se trompent s'ils jugent les femmes incapables de gagner elles-mêmes de l'argent ! »

Quand je suis retournée au poste de police, la semaine d'après, j'ai été accueillie par Nawwal au premier rang, et vingt-cinq autres femmes qui savaient toutes coudre et couper. Nous avons commencé par faire des tabliers, tandis que les plus expertes brodaient des foulards et du linge. Puis, quand tout le monde a été bien entraîné, nous sommes passées à des choses plus compliquées : vêtements de travail pour hommes, vareuses et pantalons de brousse, vêtements d'enfants et chemises de nuit brodées. Chaque jour, bien que Talla soit à deux heures du Caire, j'étais là pour encourager ces femmes par ma présence et surveiller ce qu'elles faisaient. Je ne leur ménageais pas mes critiques : Cette couture n'est pas droite... Refaites cet ourlet, il est tout de travers...

Bientôt il n'y eut plus rien à redire à leur travail.

« Qu'est-ce qui ne va pas, madame Jehane ? me demandèrent-elles inquiètes. Vous ne parlez plus soudain. Vous ne nous aimez plus ? »

Peu après, une amie du Caire, qui elle-même avait une entreprise de confection, me parla des contrats qu'elle passait avec l'armée ou avec les dirigeants des grandes usines, pour des uniformes ou des bleus de travail.

« Je suis sûre, dit-elle, que tu pourrais faire travailler les femmes de Talla pour des entreprises de la région. Je te prêterai mon maître tailleur. Il s'y connaît ! Il fera les patrons et coupera. Les femmes auront simplement à coudre. »

Cette idée était la bienvenue. C'était une solution pour que la coopérative de Talla acquît rapidement son autonomie financière. Et dès que je suis retournée à Talla, je suis passée chez le patron d'une usine de textile locale.

« Nous pouvons confectionner d'excellents vêtements de travail pour vos employés, bon marché et rapidement, lui dis-je. Pourquoi ne vous adressez-vous pas aux femmes de Talla, ici même, au lieu de passer vos commandes à l'extérieur de la province ? »

M* fit venir son chef du personnel.

« Avons-nous besoin de vêtements de travail ? demanda-t-il.

— Oui. »

Nous eûmes la commande. Tout excitée, j'annonçai la nouvelle aux femmes. Fidèle à sa promesse, mon amie du Caire nous envoya son tailleur. Il alla à l'usine prendre les mesures de tous les employés ; ce n'était pas une mince affaire : ils étaient presque cinq mille ! Puis il revint à Talla couper le tissu. Les femmes se mirent à leurs machines et exécutèrent la commande très rapidement. Je débordais d'orgueil quand je remis les pantalons et les chemises au patron de l'usine.

« Les femmes de Talla sont d'excellentes travailleuses, lui disais-je, assise devant lui dans son bureau. Vous serez très satisfait, je pense même très étonné, par la qualité de leur travail... »

On frappe à la porte.

« Voulez-vous voir les nouveaux vêtements ? » demande le chef du personnel. Sur ce, neuf hommes entrent. C'était une catastrophe. Ils étaient tous plus ridicules l'un que l'autre. Aucun de ces vêtements ne leur allait !

Je devins rouge de honte, j'aurais voulu rentrer sous terre.

« C'est notre faute, dis-je au patron de l'usine. Je reprends tout. Donnez-nous quinze jours et tout ira bien. »

J'étais furieuse contre le tailleur. Je l'engueulai, j'aurais voulu le tuer.

« Ne vous en faites pas, madame, me répondit-il avec un calme et une assurance incroyables. Dans dix jours seulement, vous verrez. Nous connaissons notre travail. »

On imagine dans quel état je rentrai au Caire, et toutes les pensées qui m'agitaient. Ces femmes... Mes enfants dont je m'occupais beaucoup moins, forcément, depuis pas mal de temps... Cette belle idée gâchée à cause d'un prétendu tailleur... Je n'en dormais plus.

Dix jours plus tard, j'étais à l'usine de Menoufiyèh.

« Alors, c'est prêt ? demandai-je au tailleur.

— Oui, madame. Vous allez voir ça tout de suite. »

Quelle angoisse tandis que nous attendions dans le bureau du patron ! J'eus un coup au cœur quand on frappa à la porte.

« Voulez-vous voir les nouveaux vêtements ? » demanda de nouveau le chef du personnel.

J'acquiesçai de la tête, tout en me demandant si j'allais survivre à cette nouvelle humiliation. Les hommes entrèrent un par un. C'était parfait. On se serait presque cru à un défilé de mode !

« Splendide ! » opina le patron.

...

« Comment vous vous y êtes pris ? demandai-je peu après au tailleur. Ces nouveaux vêtements sont une merveille !

— Nouveaux vêtements ? Ce sont les mêmes qu'avant, répondit-il.

— Comment ? ! Ça ne peut pas être les mêmes : la dernière fois aucun n'allait...

— La dernière fois, j'avais oublié le chef du personnel... Et il a fait exprès de mettre les grandes tailles aux petits et inversement. »

J'en eus le souffle coupé. Il fallait graisser la patte au chef du personnel ! Je n'y avais pas pensé. Et était-ce bien ? Mes principes protestaient. Mais en même temps je me trouvais bien innocente. Je m'étais donnée entièrement à cette coopérative de femmes, mais cela ne suffisait pas. Si nous voulions vraiment exister, il fallait connaître les lois du monde des affaires et s'y conformer. Certes tout le monde n'est pas aussi corrompu que ce chef du personnel, me disais-je ; mais comment savoir dans chaque cas ? L'important était de savoir que ce problème pouvait se poser.

Peu après je commandai des centaines de mètres de dentelle pour faire des bordures à des chemises de nuit. Les bandes de dentelle arrivèrent, toutes trop courtes ! J'allai voir la femme à qui j'avais donné les mesures et je lui offris du parfum et quelques sachets du meilleur café du Yémen. Deux jours plus tard, on nous livra de la dentelle bien taillée. Que c'était simple ! Et que le prix à payer était dérisoire, quand il en allait de la dignité même des femmes de Talla !

L'argent affluait dans les caisses. Des femmes étaient enfin indépendantes, pouvaient faire vivre leurs enfants sans se soumettre aux caprices de leurs hommes. A la sakièh de Mit Aboul Kôm, le ton des conversations changea.

« Qu'allons-nous devenir ? s'écria un matin Fatima. Mon mari m'a quittée. Comment vais-je nourrir nos six enfants ?

— Patience ! disaient les autres. Il reviendra… »

Mais Fatima était inconsolable.

« Il dit que les enfants sont insupportables, qu'ils n'arrêtent pas de se chamailler… Mais c'est lui qui en a voulu autant.

— Je comprends, dis-je à Fatima. Mais comme va le monde, c'est à vous de vous en occuper. Au lieu de vous lamenter, pourquoi ne venez-vous pas travailler à Talla pour avoir de l'argent à vous ?

— Mais je ne sais pas coudre, gémit-elle en pleurant encore plus.

— On vous apprendra… »

Le lendemain, au lieu de se morfondre en attendant le retour de son homme, elle monta dans ma voiture et vint avec moi à Talla. Son mari ne revint jamais, mais elle n'eut pas à mendier pour élever ses six enfants.

Les femmes travaillaient de mieux en mieux, et nous nous mîmes à faire toutes sortes de choses. Un an après l'incident des vêtements de travail, nous pûmes organiser une exposition, avec l'aide d'autres volontaires, dans les salons de l'hôtel Sheraton, au Caire. Au Caire ! A part une ou deux, les vingt-cinq femmes qui arrivaient avec moi, dans plusieurs minibus pleins à craquer — nous apportions trois cents boîtes de vêtements et autres articles — n'étaient jamais venues dans la capitale. La hauteur des immeubles les remplissait d'inquiétude. « Est-ce qu'ils ne vont pas tomber ? » me demanda l'une d'elles. A chaque coup de klaxon, quand nous fûmes descendues sur le trottoir, devant l'hôtel, elles sursautaient et se serraient peureusement les unes contre les autres, bloquant la marée des passants. Jamais elles n'avaient vu autant de monde : rien que des gens qui se pressaient, et qu'elles ne connaissaient pas, en plus ! Mais ce n'était encore rien.

Dans les salons du Sheraton, juste à côté de notre exposition, on donnait ce jour-là un grand défilé de mode. Très axé de plus sur les sauts-de-lit, les déshabillés vaporeux... Mes femmes de Talla, couvertes de noir des pieds à la tête, en restaient bouche bée ; certaines se voilaient la face, ou mettaient leurs mains sur leurs yeux. « Il y a un homme ! » s'écria l'une d'elles. Effectivement, le couturier était là, dans le vestiaire où les mannequins ne cessaient de se changer, se montrant sans cesse à lui en culotte et soutien-gorge. Je dus rappeler à mes villageoises que nous étions là pour exposer, j'eus toutes les peines du monde à les décider à déballer nos affaires : tout ce qu'elles venaient de voir en si peu de temps, depuis notre arrivée au Caire, leur faisait tourner la tête.

Mais le succès de leur exposition fut encore plus étourdissant. Il n'y avait pas une seule boîte à ramener quand le soir elles remontèrent dans les petits cars pour rentrer à Talla. Elles se partagèrent la moitié du produit de la vente, et investirent le reste, pour améliorer l'équipement de la coopérative.

Que j'aimais ces femmes des villages ! Je n'étais plus du tout seule quand Anouar était parti : partout où j'allais maintenant, je voyais des femmes accourir en m'appelant par mon nom pour m'embrasser. On ne cache pas ses émotions au village ; amour, chagrin, les fellahs expriment sans penser ce qu'ils ressentent. Ils semblent même doués de télépathie pour tout ce qui se passe dans le voisinage.

Un jour de 1965 je sortis du village dans ma voiture, à toute allure, sans répondre aux saluts. Loubna venait de me dire en sanglotant, alors que je rentrais de Talla pour déjeuner :

« Maman, Gamal s'est crevé un œil ! Papa l'a emmené à l'hôpital. Il courait après le canard pour le sauver, parce que les chiens voulaient le manger. Et il est tombé sur les pointes en fer de la clôture. Il y avait du sang partout, papa l'a emmené tout de suite. »

Gamal ! J'eus l'impression que j'allais m'évanouir. Je ne voyais plus qu'une chose : mon fils, borgne, allant de-ci, de-là, un bandeau noir sur l'œil comme Moshé Dayan.

Mais dans quel hôpital étaient-ils ? Nous n'avions pas le téléphone. Mais le gouverneur l'a ! pensai-je. Sur la route je croisai la voiture d'Anouar qui revenait.

« Gamal ! Gamal ! m'écriai-je en voyant son bandeau.

— Calme-toi, il n'y a rien de grave, me dit Anouar. Il s'est blessé juste sous l'œil. C'était tellement enflé et ça saignait tant qu'on croyait qu'il se l'était crevé. Les docteurs l'ont recousu, il n'y a plus de souci à se faire.

— Dieu merci », dis-je.

Nous étions rentrés et je mettais Gamal, qui n'avait encore que neuf ans, au lit, pour qu'il se repose, après l'anesthésie, quand j'entendis chanter dans la rue : *Salma, ya salâma, Gamal rigi' bil salâma* — « Sauf, ô sain et sauf, Gamal est revenu sain et sauf... » Je regardai par la fenêtre : des femmes de la coopérative, et d'autres femmes du village aussi, arrivaient devant chez nous dans deux chars à bœufs. Elles envahirent la chambre de Gamal en dansant et en chantant, en battant des mains, l'hymne au soldat qui revient de guerre.

Comment avaient-elles su si vite ? Non seulement qu'il s'était, apparemment, gravement blessé, mais qu'en fait, ce n'était rien ? Il n'y avait pas de téléphone au village... Cela tenait de la magie

Je pleurais, de joie pour Gamal, d'amour pour ces femmes. Elles fêtèrent Gamal pendant une demi-heure, puis elles repartirent, aussi rapidement qu'elles étaient venues. Cet accident ne devait laisser à Gamal qu'une petite cicatrice sous l'œil ; curieusement, son père en avait une exactement au même endroit, à cause d'une chute qu'il avait faite, lui aussi à neuf ans.

Après le succès de notre exposition au Caire, je me mis à travailler encore plus dur pour la coopérative, qui prit bientôt le nom de Société de développement social. De plus en plus de femmes nous rejoignaient, et nous finîmes par avoir cent trente-cinq machines à coudre. Comme le vieux poste de police menaçait ruine, le ministère des Affaires sociales construisit pour nous un immeuble, juste en face, dans lequel nous installâmes aussi un atelier de menuiserie pour les hommes. Nous ouvrîmes d'autres coopératives de travail, deux à Menoufiyèh, une à Béni

Souef et une à Alexandrie, et notre production journalière passa de soixante bleus de travail à quatre mille.

Nawwal travaille toujours à Talla. La dernière fois que je l'ai vue, elle portait une robe avec des manches descendant en pointe jusqu'aux coudes, puis s'ouvrant comme des fleurs ; comme les autres femmes, elle s'intéressait désormais à la mode du Caire, et elle la suivait. Elle portait aussi de nouveaux bracelets d'or à chaque poignet, et elle était pleine d'enthousiasme.

« Mon mari ne joue plus, me dit-elle, et il ne me bat plus. Maintenant il me respecte. »

J'étais très satisfaite de la réalisation de mon premier projet.

« Alors, qu'en penses-tu ? dis-je à Anouar, le jour où une filiale de l'atelier de Talla ouvrit ses portes à Mit Aboul Kôm.

— Très bien. Jamais je n'aurais cru ça possible, me répondit-il. Mais sois prudente, tout le monde n'apprécie pas que les femmes sortent pour travailler de leur côté. Elles ont toujours leurs devoirs de mère et d'épouse à remplir. Et toi aussi.

— Ah ! Tu seras toujours un villageois, Anouar ! m'exclamai-je en riant. Mais pourquoi votre révolution ne devrait-elle concerner que les hommes ? »

Il sourit.

« Dans ce cas, dit-il, je te confie les femmes d'Égypte !

— Accepté ! Tu verras comme tu seras fière de moi. »

Cependant, la révolution était en train de prendre certains aspects dont nous n'étions fiers ni l'un ni l'autre.

Chapitre 7

Le calvaire de l'Égypte

« Madame, il se passe des choses inhumaines à Kamchich, me dit un jour de l'été 1966 un chef de village, à Mit Aboul Kôm. Hier des agents de la police militaire ont fait sortir le vieil el-Fiqqi de chez lui, lui ont passé une corde au cou et l'ont forcé à se mettre à quatre pattes, en le traitant d'âne. Et ils l'ont traîné ainsi dans tout le village, en ordonnant aux fellahs de lui cracher dessus, parce qu'il est un ''symbole du féodalisme'' comme ils disent... »

L'homme parlait bas, nerveusement, en évitant mon regard. Il critiquait le gouvernement : quelle allait être ma réaction ? Mais il ne pouvait admettre ce qu'il avait vu, il en avait le cœur brisé.

« Madame, nous aimons votre mari et nous sommes pour la révolution, continua-t-il d'une voix pleine d'angoisse ; mais les gens vont se mettre à haïr la révolution s'ils voient des choses comme ça. Les el-Fiqqi, cette famille de richards, je n'ai jamais pu les sentir, mais il ne faut pas traiter un homme pire qu'un animal. Avec ces méthodes, les gens finiront par avoir plus de sympathie pour les riches que pour la révolution. C'est trop humiliant. »

Peur. Répression. Trahison. Humiliation. Tel serait le triste héritage de la campagne d'épuration que le gouvernement entreprit au milieu des années soixante et qui dura deux ans. Les premiers frappés furent les Frères musulmans, en 1965 : informé qu'ils tramaient un nouveau complot, le gouvernement donna l'ordre à la police militaire — qui dépendait directement du ministre de la Défense, Abdel Hakim Amer — de traquer et d'arrêter tous les militants intégristes. Sur la lancée, Nasser décida au printemps 1966 d'extirper les derniers vestiges du féodalisme, autrement dit de s'attaquer à ce qui subsistait de l'ancienne aristocratie foncière. Depuis longtemps, le bruit courait que des centaines de « féodaux » continuaient de détenir et d'exploiter illégalement de grands domaines. On décida de vérifier ces rumeurs et de séquestrer les biens de tous ceux qui avaient osé violer les lois de réforme agraire ; à cette fin, on constitua un « Comité pour la Liquidation du féodalisme » — qui, rapidement, se fit une sinistre réputation. C'est encore Amer, le ministre de la Défense, qui fut chargé de mettre en pratique les idéaux socialistes du gouvernement. Et le règne de la terreur s'instaura.

Si des gens continuaient d'exploiter la misère des fellahs, Nasser avait raison de vouloir les punir ; mais les agissements du Comité de quarante membres présidé par Amer n'avaient rien à voir avec la justice. Beaucoup de collègues d'Amer utilisaient les pouvoirs extraordinaires qu'on leur avait donnés pour se débarrasser des personnes qui ne leur plaisaient pas et étouffer toute critique contre le gouvernement. Cette fois, personne n'était à l'abri : toute personne soupçonnée d'être un membre de la Confrérie ou même seulement de connaître des Frères était emmenée pour interrogatoire et souvent torturée. Les biens des anciens politiciens étaient confisqués par l'État. L'armée prenait la direction de tous les services publics, et il suffisait de se plaindre du manque de logements, ou du mauvais fonctionnement du téléphone ou des transports en commun, toujours bondés, pour se faire arrêter. Et les arrestations d'innocents se comptaient par milliers.

Les descentes de la police militaire chez les gens ayant lieu très souvent la nuit, ses agents reçurent le surnom redouté de Zouwwar el-Fagr, « Visiteurs de l'aube ». On ne savait jamais où ils allaient frapper. Ils faisaient irruption chez les gens qui s'y attendaient le moins, réveillant les familles en sursaut et emmenant les hommes. Ils ne disaient jamais où ils les emmenaient ni pourquoi. Souvent les hommes eux-mêmes ne savaient absolument pas pourquoi on les arrêtait. Tout le monde se mit à vivre dans la peur.

Un jour, je vis arriver chez nous, route des Pyramides, une amie du village voisin de Kirdassa, accompagnée de deux femmes — ses deux belles-sœurs. Toutes trois étaient éplorées.

« Jehane, il faut que ton mari nous aide. Les Zouwwar el-Fagr sont venus chez nous cette nuit. Ils cherchaient des Frères musulmans qui se sont échappés de prison. Les agents pensent qu'ils se cachent dans notre village. Nos maris ne savent rien de tout ça, mais ils les ont emmenés avec beaucoup d'autres hommes du village. »

C'était incroyable ! Camélia et son mari étaient de très bons amis à nous ; ils appartenaient à une famille très respectée. Et j'étais certaine quant à moi que jamais ils n'auraient conspiré contre le gouvernement ou la révolution. Les policiers militaires avaient perdu la tête. Peu de temps auparavant, ils avaient bloqué un bus plein de gens et battu les passagers pour chercher à savoir où étaient passés ces Frères évadés. Maintenant c'était au tour d'amis à nous de subir l'arbitraire des hommes d'Amer.

« Anouar est en pèlerinage à La Mecque avec Abdel Nasser, et il ne rentrera que dans quelques jours, dis-je à Camélia.

— Alors nous attendrons son retour ici, chez vous. Jusqu'à ce qu'on nous rende nos maris. »

Anouar fut aussi choqué que moi quand il revint et eut parlé avec ces femmes. Aussitôt il téléphona au ministre de la Défense.

« Hakim, pourquoi as-tu arrêté ces deux hommes de Kirdassa ? Ce sont des amis, ils sont innocents. »

Amer répondit qu'il ne savait rien de ces deux arrestations, et tout de suite téléphona à la prison pour faire libérer nos amis. Bientôt ils arrivèrent chez nous, mais dans quel état ! Ils nous montrèrent leurs dos : on les avait fouettés jusqu'au sang, partout la chair était à vif. Ils nous dirent que les soldats les faisaient sortir toutes les heures de leur cellule, et les fouettaient jusqu'à ce qu'ils s'évanouissent, tout en hurlant : « Où sont les deux Frères ? Où sont les deux Frères ? » J'étais écœurée. On ne les avait pas seulement torturés, on les avait aussi humiliés. Comme tous les hommes de chez nous, ils tenaient beaucoup à leur apparence, et portaient la moustache, signe de dignité. Ces diables de la prison leur avaient rasé la moitié de la moustache et aussi un sourcil pour les défigurer et les marquer comme traîtres. Voilà quelles étaient les méthodes de la police militaire ! Et ce n'était qu'un exemple sur des milliers.

Les Égyptiens sont un peuple très fier, qui surmonte les épreuves avec beaucoup d'énergie. Ils peuvent supporter tout : la faim, la pauvreté, la maladie, même la mort — tout sauf de perdre leur dignité. L'homme le plus riche sacrifiera tout ce qu'il a pour défendre l'honneur de son nom. Or, c'était l'orgueil même de beaucoup d'Égyptiens qui était brisé par cette campagne de répression.

Ce que je voyais, ce que j'entendais dire me troublait d'autant plus qu'Abdel Hakim Amer était un vieil ami d'Anouar. Nos deux familles se fréquentaient beaucoup, surtout pendant l'été à Alexandrie. Mes enfants appelaient Amer « Tonton » ; quand il venait nous voir, ils se précipitaient sur lui pour fouiller dans ses poches qui étaient toujours pleines de chocolats et de chewing-gums à leur intention. Qu'Amer, révolutionnaire de la première heure, fût responsable de ce qui se passait maintenant en Égypte, cela me semblait impossible.

Le hasard fit que je le vis le jour même où ce chef de village m'avait parlé du supplice infligé au vieil el-Fiqqi. En rentrant au Caire, en effet, je trouvai Amer chez nous : il était en train de parler avec Anouar dans le salon. Tremblante de colère, pleurant presque, je leur répétai ce que je venais d'apprendre à Mit Aboul Kôm.

« Si cet homme a commis un crime contre la révolution, s'il a fait quelque chose de mal, il faut le juger, c'est tout, dis-je à Amer. Qu'on le condamne à mort, même, mais qu'on ne le ravale pas au rang d'un âne ! Qu'on ne lui enlève pas sa dignité ! Il n'est pas permis de déshonorer et d'humilier ainsi quelqu'un. »

Amer avait l'air très contrarié.

« Personne n'a ordonné aux soldats de traiter les riches comme des animaux, dit-il. Il faut croire que ces soldats exerçaient sur cet homme une vengeance personnelle.

— Mais alors, pourquoi ne mettez-vous pas un terme à ces

abus ? lui demandai-je. Les gens commencent à détester la révolution. Vos objectifs ne les intéressent plus ; leur sympathie va aux victimes. »

Amer intervint — comme dans tous les cas d'injustice qu'on lui signalait — et les soldats cessèrent de tyranniser la famille el-Fiqqi. Mais peu de gens osaient dire la vérité au ministre de la Défense.

Nasser lui-même, quand on lui parlait des excès auxquels se livraient les hommes d'Amer, faisait la sourde oreille. Peut-être par amitié : Amer et lui avaient combattu côte à côte en Palestine ; ensemble ils avaient organisé les Officiers libres et conduit l'Égypte à la révolution ; chacun avait donné à son fils le prénom de l'autre. Amer était d'une loyauté absolue envers notre président — ce qui n'empêchait pas Nasser de se méfier de lui depuis qu'il était devenu chef de l'armée !

Cependant beaucoup de membres du Comité pour la Liquidation du féodalisme et des « centres de puissance » *(marakiz el-quwwa)* de la police ne poursuivaient plus que leur intérêt personnel, et éliminaient systématiquement leurs adversaires dans l'administration et dans la justice. On disait que chacun d'eux avait sa liste noire et qu'il suffisait que l'un d'eux vous enviât pour se faire arrêter.

En mars 1967 le Comité, franchissant une nouvelle étape dans cette campagne ignominieuse, décida de confisquer les biens de la bourgeoisie. Les méthodes des Zouwwar el-Fagr devinrent encore plus impitoyables. Souvent les jeunes militaires ne savaient même pas ce qu'ils devaient exproprier. « Montrez-nous ce que vous avez ! » ordonnaient-ils lors des perquisitions chez les riches ou chez des personnes qui étaient simplement soupçonnées de l'être. Ils entraient dans les chambres à coucher où les femmes se blottissaient folles de terreur, et arrachaient les bagues, les bracelets, les boucles d'oreilles ; ils mettaient tout sens dessus dessous pour trouver de l'argent ; et souvent ils fourraient leur prise directement dans leurs poches. Des familles entières, de la grand-mère aux petits-enfants, se retrouvèrent littéralement à la rue. Et personne n'osait protester. Il n'était jamais question de ces atrocités dans les journaux ; on les aurait interdits.

Maintenant c'étaient les anciens riches, les anciennes classes dominantes qui faisaient la queue à ma porte pour solliciter des faveurs. Certains me demandaient de les aider à recouvrer leurs biens. D'autres voulaient de l'argent, ou une augmentation de la pension ridicule que leur avait accordée l'État. Notre religion prêche la charité envers tout le monde ; aussi je transmettais toutes leurs réclamations à Anouar. Mais je ne pouvais rien faire d'autre pour eux. J'étais déchirée : j'adhérais entièrement au principe du Comité pour la Liquidation du féodalisme, qui consistait à donner aux pauvres les richesses d'une minorité ; mais je voyais les femmes riches souffrir et j'étais de tout cœur avec elles. J'étais pour les objectifs socialistes du gouvernement, et contre les moyens qu'on employait pour les atteindre.

Beaucoup de soldats étaient issus de familles pauvres, et c'était comme s'ils se vengeaient des torts subis par les pauvres depuis des générations, sur les membres actuels des grandes familles, dont les noms étaient honorablement connus dans toute l'Égypte. C'était le cas de certaines de mes amies, comme Néfissa Abdel Ga'far, qui un jour vint me voir en larmes.

« S'il te plaît, Néfissa, lui dis-je. Tu es ma sœur. Accepte que je te donne un peu d'argent.

— Non, je ne suis pas venue te demander la charité.

— Alors, insistai-je, accepte ça comme un prêt, que tu me rendras quand tu pourras. »

Elle refusa encore.

« Mais comment fais-tu pour vivre ? lui demandai-je.

— Je vends peu à peu les bijoux de famille que j'ai réussi à cacher aux Zouwwar el-Fagr... »

Dans d'autres cas je n'ai su que plus tard ce qui s'était passé. Gladys Sursouk appartenait à une grande famille de propriétaires terriens, et elle s'est enfuie en France pendant cette terrible période ; elle m'a raconté ce qu'elle avait subi quand elle est revenue chez nous en visite :

« Les Zouwwar el-Fagr ont frappé à ma porte, à Zamalek, en pleine nuit. Ils sont entrés avec leurs blocs-notes et leurs stylos, et ont fait l'inventaire de tout ce que nous avions : meubles, porcelaines, argenterie, etc. Et ils m'ont dit : "Ne touchez à rien de tout ça, et surtout ne vendez rien. Cela appartient à l'État." Et ils ont ajouté qu'il était inutile pour moi d'aller à la banque, car nos comptes avaient été bloqués. "Vous avez trois jours pour partir !"

« Que faire ? Mon mari était en Europe pour affaires. Je n'avais ni argent ni nulle part où aller. Ils m'ont dit : ''Allez au tribunal !''

« J'y suis allée le lendemain, et on m'a promis une pension, mais qui était complètement insuffisante. Je suis rentrée chez moi. Ils avaient mis les scellés sur toutes les vitrines. ''Vous ne pouvez rien emmener.''

« J'ai téléphoné à mon mari en France.

''Ne reviens pas. Tu te ferais coffrer !

— Pourquoi ?

— Parce que tu es riche...'' »

Gladys était une très bonne amie à moi ; nous avions les larmes aux yeux toutes les deux quand elle termina son histoire. Maintenant elle vit à Paris, où son mari et elle ont dû recommencer leur vie à zéro.

Une autre amie, I'timad el-Tarabulsi, dont la famille possédait des centaines d'hectares dans la province d'el-Charqièh, eut au moins le droit de rester chez elle, dans sa maison de Dokki*, quand on confisqua les terres de sa famille ; mais les Zouwwar el-Fagr la traitaient comme une prisonnière.

Plusieurs fois par semaine, les agents revenaient chez elle pour s'assurer qu'elle n'avait rien fait disparaître. Comme beaucoup de gens aisés, I'timad avait suivi des cours de peinture et de couture, simplement pour occuper son temps. Il n'était plus question de se trouver des passe-temps désormais ! Femme très courageuse, elle décida d'exploiter les connaissances qu'elle avait acquises en suivant ces cours.

« Avec la pension qu'on me donnait, je n'avais même pas de quoi payer pour m'acheter à manger, encore moins de quoi acheter les médicaments pour ma mère malade. Ma sœur et moi, nous avons emprunté de l'argent à la banque, pour nous acheter une machine à coudre et plusieurs métiers à tisser, et nous nous sommes mises à faire des vêtements de soie pour gagner notre vie.

« Un jour, une cliente me dit : ''Quand je vous vois à genoux par terre, en train de faire ce travail, je n'arrive pas à le croire, vous qui étiez si riche avant...''

* Quartier du Caire *(NdT)*.

« Je lui ai répondu : ''C'est un honneur pour moi de dépendre de moi-même, au lieu de passer mon temps à me lamenter sur ma richesse perdue.''

« Après, elle a essayé de marchander. Quand elle est partie, j'ai fermé la porte à clé et j'ai fondu en larmes. »

Des gens de ma propre famille étaient touchés par cette campagne.

« Jehane, est-ce que tu veux me garder ça dans un endroit sûr ? » me demanda un jour le beau-père de ma sœur, Abou Wafia, en me tendant un petit paquet. Il avait été très gentil avec moi pendant la guerre de 1956 : c'était dans sa propriété de campagne que j'avais accouché avant terme de Gamal. J'aurais fait n'importe quoi pour lui.

« Bien sûr, lui dis-je. Qu'est-ce qu'il y a dedans ?

— Juste quelques bijoux appartenant à ma femme.

— Combien ? lui demandai-je, pour être sûre qu'aucun ne manquerait quand il les reprendrait.

— Cela n'a pas d'importance. Ta maison est un endroit sûr, et j'ai besoin de ton aide. »

Je mis ce paquet dans l'armoire de ma chambre sans rien dire à Anouar, et je refermai la porte en gardant la clé sur moi. Au début j'étais tellement inquiète que je n'osais plus sortir de la maison. Je savais que si l'on prenait quelque chose dans ce sac, Abou Wafia ne me le dirait jamais, et cette idée m'empoisonnerait toute l'existence. Finalement un matin, je m'enfermai dans ma chambre. Je marchais de long en large devant cette armoire, quand soudain je me dis : C'est ridicule ! Mais six longs mois allaient passer avant que je puisse lui rendre ce sac.

Ce fut une période atroce pour moi. Le but de la révolution n'était pas de maltraiter les riches et de les chasser du pays. On avait certes décidé de faire l'inventaire des richesses possédées par les gens, mais les militaires n'étaient pas censés s'en emparer. Et les brutalités des sinistres Zouwwar el-Fagr contre les présumés ennemis du régime s'opposaient à tous les principes dans lesquels je croyais. La torture me révoltait, elle est inadmissible dans tous les cas. Si quelqu'un a tué, il mérite d'être lui-même exécuté. Je suis d'accord avec cette forme de châtiment. Mais pas avec la torture. Le bruit courait que beaucoup de personnes pieuses, craignant d'être prises pour des Frères musulmans, avaient caché leurs Corans. On disait même qu'on amenait des femmes dans les prisons et qu'on menaçait de les battre devant leurs maris, pour forcer ceux-ci à parler. Tout cela était écœurant, démoralisant.

Les classes moyennes se retournaient contre le régime. Elles détestaient Amer. Elles détestaient Nasser et tous les révolutionnaires, mon mari compris. Les fellahs souriaient maintenant, quand on leur parlait de la lutte contre le féodalisme. Mes plaidoyers en faveur de la révolution sonnaient creux à mes propres oreilles.

« On ne peut pas passer du capitalisme au socialisme sans que certains en pâtissent, répétais-je inlassablement aux amis et à d'autres groupes de personnes. On ne peut pas faire des lois qui contentent tout le monde. Mais la majorité y gagnera. »

Au cours de cette brève période, plusieurs centaines de « féodaux » furent incarcérés et vingt-cinq mille hectares confisqués par la police militaire — de manière tellement illégale souvent que, par la suite, il fallut restituer une partie des biens saisis à leurs propriétaires. Ce fut l'œuvre des tribunaux dans un premier temps, puis de mon mari quand il rétablit « la souveraineté de la Loi » en Égypte. Quelle époque honteuse pour notre pays ! Il fallut une nouvelle provocation d'Israël pour mettre un terme aux agissements diaboliques du Comité pour la Liquidation du féodalisme et rappeler au gouvernement égyptien quel était notre véritable ennemi.

En mai 1967, en effet, il devint évident que la guerre avec Israël était imminente. Depuis six mois, la situation était de plus en plus tendue. En novembre, Israël avait lancé une attaque en règle contre le village d'el-Samou, à cinquante kilomètres à l'intérieur du territoire jordanien. Prétendant que ce village était une base de l'Organisation de Libération de la Palestine (OLP), ils avaient détruit cent vingt-cinq maisons, la clinique du village, l'école et la mosquée, tué dix-sept personnes et blessé cinquante-quatre autres, et utilisé les chars et les voitures blindées pour chasser de leurs foyers les cinq mille habitants du village.

En février, le président syrien Nour el-Din Attassi rappela

publiquement tous les Arabes à leur devoir : il faut, dit-il, « abandonner partout nos positions défensives et engager la bataille pour libérer notre terre usurpée. Chacun doit faire face à l'épreuve et engager la bataille jusqu'au bout ».

Le 7 avril, l'aviation israélienne bombarda les faubourgs de Damas (à la suite d'un attentat perpétré en Israël par un commando palestinien) et six Migs syriens furent abattus. Israël aurait pu « donner à la Syrie une leçon bien plus cuisante », déclara le 12 mai à la radio le premier ministre israélien Lévi Eshkol. « Il est clair que la Syrie est le foyer des terroristes, et c'est à nous qu'il appartient de décider quand, où et comment riposter à l'agresseur. »

L'Égypte étant alliée à la Syrie par un pacte de défense commune, notre gouvernement prit cette menace très au sérieux. En avril, lors d'un voyage à Moscou, Anouar apprit par Kossyguine qu'Israël concentrait des troupes sur la frontière syrienne et se préparait à attaquer à la mi-mai. A la mi-mai, Nasser donna l'ordre à Amer, le ministre de la Défense, de regarnir notre frontière avec Israël, et des unités de l'armée retraversèrent le Sinaï.

Nos frères arabes, en particulier le président syrien Attassi et le roi Hussein de Jordanie, ne virent dans cette décision que simple rodomontade, sans engagement sérieux de notre part. Nasser doit cesser de s'abriter derrière les Casques bleus (la force de paix de l'ONU stationnée depuis 1956 dans le Sinaï), déclarait la radio jordanienne. Et de citer surtout l'exemple de Charm el-Cheikh, port égyptien du Sinaï qui commande le détroit de Tiran, unique accès d'Israël à la mer Rouge, à la sortie du golfe d'Akaba — où les Casques bleus continuaient de patrouiller pour garantir la liberté de passage des Israéliens. Les chefs arabes pressaient Nasser de mettre finalement un terme à cette situation.

Entre-temps, les Israéliens menaient une formidable campagne de propagande pour convaincre le monde entier qu'Israël, tout petit pays de deux millions d'habitants à peine, était menacé par une horde de cent millions d'Arabes. Ils étaient assurément très habiles, puisque tout le monde voyait en Israël une victime innocente, au moment même où cet État, avec son armée ultra-moderne, préparait contre nous une agression foudroyante.

Chaque jour, dans nos journaux, à la radio, à la télévision, nous avions droit à un nouveau chapitre de la propagande israélienne. Les Israéliens exploitaient à outrance une déclaration que le leader palestinien Ahmed el-Choukeïri avait faite après la constitution de l'OLP en 1964 : il avait dit que les Arabes n'auraient de cesse qu'Israël ne soit rejeté à la mer.

Cette petite phrase devait nous coûter l'équivalent de millions et de millions de dollars d'aide occidentale. Les Israéliens l'ont toujours utilisée pour prouver à l'Occident que les Arabes veulent un nouvel Holocauste. Qu'une propagande aussi fausse eût un tel succès dans le monde, en Égypte cela nous rendait absolument furieux. Comment aurions-nous pu rejeter Israël à la mer ? Israël, avec l'Amérique derrière lui, était plus puissant que toutes les armées arabes réunies.

Au printemps 1967, l'ignoble propagande israélienne accréditait dans le monde une image complètement caricaturale des Arabes. A les entendre, nous étions tous pauvres, ignorants et sales. « Si vous mettez tous les Arabes dans une passoire et que vous secouez, il ne restera presque rien », prétendait le ministre des Affaires étrangères d'Israël, Golda Meir... Elle accusa aussi les femmes arabes d'être frivoles et superficielles, de gaspiller tout leur argent en robes et en produits de beauté au lieu de l'utiliser pour s'instruire et « s'améliorer ». Certains Arabes avaient assurément un mode de vie archaïque, comparé aux Israéliens. Mais j'étais profondément choquée par les généralisations de Mme Meir et par les insinuations des Israéliens — comme si les Arabes, dont beaucoup avaient à peine de quoi nourrir leur famille, avaient eu la liberté de choisir ou de rejeter les conditions d'existence plus modernes et privilégiées qui étaient celles des Israéliens...

Les 14 et 15 mai, la Syrie, l'Égypte et Israël proclamèrent l'état d'urgence et mobilisèrent. Le 18, répondant favorablement aux pressions des autres dirigeants arabes, Nasser demanda aux Nations unies de retirer les Casques bleus du Sinaï. Pour que cette force de paix reste dans la région, U Thant, le secrétaire général de l'ONU, demanda à Israël de l'accepter sur son territoire, en rappelant que le projet initial de l'ONU, après la guerre de 1956, prévoyait de répartir les Casques bleus de part et d'autre de la frontière. Israël refusa. Les Casques bleus s'en allèrent.

Du jour au lendemain, Nasser acquit une popularité inouïe dans le monde arabe et redevint le grand héros de tous les Égyptiens. Encore une fois, il avait libéré notre sol de la présence de soldats étrangers. Et, sans coup férir, il avait effacé l'humiliation de la défaite de 1956. Mais maintenant, nous étions de nouveau face à face avec les Israéliens, et tout le monde en Égypte savait ce que cela signifiait : une nouvelle guerre.

Le 21 mai l'armée égyptienne reprit position à Charm el-Cheikh. Mais Nasser n'ordonna pas la fermeture du détroit de Tiran, espérant que la menace suffirait à amener les Israéliens à la table des négociations.

Le même jour, pendant la réunion du Comité exécutif suprême, Nasser demanda au maréchal Abdel Hakim Amer :

« Notre armée est-elle prête en cas de conflit ?

— Il suffit de lui donner l'ordre de marcher ! J'en prends la responsabilité. »

Israël ne manifestant aucune intention de négocier, Nasser ferma le détroit de Tiran le lendemain, 22 mai.

Dès lors, le prestige d'Israël était en jeu. Israël devait montrer au reste du monde qu'il n'accepterait pas de se laisser marcher sur les pieds par les Arabes.

« Israël ne peut accepter ce qui vient de se passer, écrivit le journal *Al-Ahram* le 26 mai. Qu'Israël porte le premier coup ! Notre riposte le mettra KO ! »

Deux jours plus tard, Nasser déclare à la presse étrangère qu'il ne veut pas la guerre, mais qu'il combattra pour l'honneur des Arabes si Israël attaque. Il n'y a que l'Égypte, dit-il, pour prendre le parti des Arabes. Les États-Unis « sont à cent pour cent pour Israël ». Les autres puissances occidentales ne font que parler des droits d'Israël et font cause commune avec lui. « Où sont les droits des Arabes ? » demande-t-il aux correspondants du *New York Times*, du *Times* et du *Monde*. « Il n'y a personne pour parler des droits des Arabes ou du droit du peuple palestinien dans son propre pays, dans sa patrie ! »

Tout le monde en Égypte et dans tout le Moyen-Orient se rengorgeait en entendant ces paroles de Nasser : enfin quelqu'un se dressait en défense des Arabes, contre les grandes puissances d'Occident ! Au Caire on attendait presque avec impatience le moment où l'on allait pouvoir riposter à l'attaque israélienne. Dans les cafés, dans les maisons, la radio était allumée en permanence, et tout le monde prêtait l'oreille. Nous avions tous confiance, nous avions tous une mission.

« Nous revenons par la force des armes. Nous revenons comme le matin après la nuit profonde », chantait Oumm Kalthoum dans une chanson composée pour la circonstance. « Armée de l'Arabisme, Dieu soit avec toi !... La tragédie de Palestine t'appelle aux frontières. Tous nous sommes avec toi dans les flammes de la bataille. »

Elle donnait concert sur concert dans tout le monde arabe et versait toutes ses recettes au gouvernement égyptien. Des organisations de soutien à l'armée s'étaient formées, et elles recueillaient dans tous les milieux des dons en argent et en nature. Moi-même, comme beaucoup de femmes, j'offris mes bagues de fiançailles et de mariage. Mes trois filles, qui avaient alors treize, huit et six ans, firent don de leurs bracelets d'or.

Anouar passait ses journées en réunions avec les autres dirigeants ; il disparaissait à l'aube et ne rentrait que vers minuit. Seule à la maison, je luttais contre mes angoisses : les enfants étaient-ils en sécurité, et qu'allait devenir notre pays ?

« Est-ce qu'Israël va attaquer ? demandais-je à Anouar, quand il passait en coup de vent à la maison pour se changer.

— Tout peut arriver désormais, Jehane », répondait-il, en enfilant un uniforme propre. Puis il se précipitait vers la porte.

Mais j'étais certaine que le conflit allait éclater d'un jour à l'autre. Et au lieu de continuer de me morfondre à la maison, je décidai de participer moi aussi aux préparatifs de guerre. Cette décision devait modifier le cours même de ma vie.

Je pris le téléphone et j'appelai les femmes qui venaient régulièrement à nos déjeuners-causeries, les responsables des organisations féminines, les femmes des ambassadeurs arabes et toutes les femmes que je connaissais dans les services publics. Et à chacune je disais :

« Allons toutes ensemble donner notre sang à l'hôpital de Kasr el-ʿAïni, pour que les banques de sang soient pleines quand arriveront les premiers blessés. »

J'alertai aussi les journaux. Ils publièrent des articles et des photos de femmes venant donner leur sang et, comme je l'espérais, on suivit notre exemple.

Puis j'allai au Croissant-Rouge — équivalent, dans les pays musulmans, de la Croix-Rouge. Les responsables furent très étonnés quand je leur dis que je voulais adhérer à leur organisation pour les aider, par tous les moyens en mon pouvoir, à se préparer à la guerre. Je n'avais pas rejoint le Croissant-Rouge pendant la guerre de Suez, car j'étais alors enceinte de Gamal. Mais maintenant j'avais soif d'action.

« Que voulez-vous qu'on fasse, madame ? » me répondirent-ils Cette fois, c'est moi qui fus éberluée...

« Voyons les choses d'un point de vue pratique, dis-je. Au lieu d attendre que la guerre commence et alors de perdre un temps précieux à trouver des bandes, des vêtements d'hôpital, etc., mettons-nous au travail sans plus attendre. »

Pour moi, il n'y avait plus un instant à perdre. J'organisai une réunion de femmes au Croissant-Rouge, et j'exhortai celles qui étaient venues à battre le rappel de leurs amies, de leurs parentes, de leurs voisines.

« Dites-leur, conclus-je, que les héros de l'Égypte vont avoir besoin de leur aide ! »

Ce mot d'ordre se répandit comme une traînée de poudre, et bientôt une armée de femmes se mit à travailler volontairement au siège du Croissant-Rouge. Il y avait dans les caves du Croissant-Rouge des rouleaux d'étoffe de coton que nous utilisâmes pour confectionner des vêtements d'hôpital ; et quand ce stock de coton fut terminé, nous en achetâmes d'autres. Nous préparâmes aussi, pour les blessés qui seraient hospitalisés, des colis contenant un savon, un linge de toilette, une serviette, un rasoir, un flacon d'eau de Cologne, un pyjama, une galabieh, un Coran pour les musulmans, une Bible pour les coptes. Chaque jour nous livrions ces colis aux hôpitaux.

« Qu'est-ce qui vous manque ? demandais-je aux responsables des hôpitaux. De quoi avez-vous besoin ? Nous pouvons peut-être vous le procurer. »

Certains avaient besoin de davantage de draps, d'autres d'appareils pour la cuisine, de mixeurs par exemple, pour préparer la nourriture de certains blessés. Nous leur apportâmes ce que nous pouvions prendre sur nos propres affaires, puis nous organisâmes une grande collecte.

A un moment je m'aperçus, à ma grande surprise, que je n'avais pas demandé la permission d'Anouar — que je ne lui avais même pas demandé conseil avant de me lancer dans cette entreprise. Les circonstances faisaient que nous n'avions plus le temps de parler. Mais je me sentais de plus en plus sûre de moi, de plus en plus résolue, en voyant l'enthousiasme de toutes ces femmes, dont beaucoup n'avaient jamais rien fait en dehors de chez elles jusque-là. L'intérêt avec lequel on acceptait notre aide, dans les hôpitaux, était aussi un fait très encourageant ; j'avais craint que nous ne fussions mal reçues, car c'était la première fois, en Égypte, que tant de femmes prétendaient elles aussi à un rôle social. Ainsi, un nouveau respect pour les femmes était apparu ; j'en étais très fière. J'étais certaine, maintenant, que si la guerre éclatait, les femmes participeraient en égales des hommes à l'effort du pays ; rien n'était plus conforme à l'esprit authentique de la révolution.

Cependant les diplomates des grandes puissances s'efforçaient de résoudre la crise du Moyen-Orient par des moyens pacifiques, en exerçant, il est vrai, davantage de pressions sur l'Égypte que sur l'agresseur israélien. L'Union soviétique avertit Nasser qu'il risquait une guerre en précipitant les choses. De leur côté, les Américains le priaient instamment d'éviter tout affrontement militaire au moment même, disaient-ils, où le Département d'État allait proposer sa médiation entre Israël, l'Égypte et les pays arabes. Une médiation, c'était bien sûr ce que Nasser voulait depuis le début ; aussi fut-il soulagé quand un responsable du Département d'État lui assura, le 3 juin, qu'Israël aussi recherchait une solution diplomatique. Le même jour, à Jérusalem, Moshé Dayan, le ministre de la Défense israélien, lança un faux message d'espoir. Comme on lui demandait, au cours d'une conférence de presse, si Israël ne perdait pas trop de temps en manœuvres diplomatiques, il répondit : « [Il est] trop tard pour réagir militairement en ce qui nous concerne [...] et trop tôt pour tirer des conclusions quant au règlement diplomatique de l'affaire. »

Dayan a menti. Deux jours plus tard, le 5 juin 1967, je rentrais à la maison dans la matinée, après avoir accompagné les enfants à l'école, quand soudain il me sembla que le monde éclatait. Une nuée de chasseurs-bombardiers supersoniques passait dans le ciel du Caire, frappant de stupeur tous les gens coincés dans les embouteillages. Sur la route des Pyramides, le vacarme était assourdissant, des détonations formidables se succédaient, faisant sursauter la maison elle-même, et toutes les vitres des fenêtres tremblaient à se rompre. Notre aviation doit être en train de repousser les Israéliens, pensais-je. Je me précipitai dans notre chambre où j'avais laissé Anouar lisant le journal au lit. Maintenant il mettait calmement son uniforme.

« Anouar ! Ça y est ! C'est la guerre !

— Semble-t-il, dit-il en me souriant. Cette fois nous allons donner aux Israéliens une leçon dont ils se souviendront longtemps ! »

Soudain je pensai aux enfants. Il fallait tout de suite les ramener à la maison.

« Ne te fais pas de souci pour eux, Jehane. Ils sont en sécurité là-bas... »

Mais je tenais absolument à ce qu'ils fussent chez nous, où ma sœur et ma mère pourraient veiller sur eux, pendant que moi j'irais au Croissant-Rouge. Je savais que, sinon, je serais incapable de me concentrer sur le travail qui m'attendait. Il fallait faire vite.

« Vous avez vu le chauffeur ? » demandai-je à la femme de ménage en courant vers la voiture.

Il était allé faire une course. Je partis sans l'attendre.

Les rues étaient horriblement encombrées. Chacun cherchait à rentrer chez soi. Une fois à Zamalek, je ne pus approcher de l'école, tant les parents étaient venus en nombre reprendre leurs enfants. Au grondement effroyable des explosions était venu s'ajouter le hurlement des sirènes ; et de grands nuages de fumée noire s'élevaient au-dessus du désert. Je marchais, à tout instant une bombe pouvait nous tomber dessus... Les gens autour de moi se hâtaient dans tous les sens, en tournant des regards craintifs vers le ciel. Mais malgré le chaos, nous étions tous fiers à la pensée que notre aviation se battait au-dessus du Caire avec les avions israéliens...

Revenue à la voiture, je mis la radio à plein volume, pour pouvoir entendre au milieu du vacarme général. « La vaillante armée de l'air égyptienne a abattu cent cinquante appareils ennemis ! » hurlait le speaker sur La Voix des Arabes. J'étais au comble de l'exaltation, comme tous les groupes qui se pressaient autour des transistors dans les cafés ou à côté des kiosques. Beaucoup de gens, au lieu de courir aux abris, comme les y invitaient les sirènes, dansaient dans la rue. A la radio les communiqués se succédaient, plus triomphants les uns que les autres. Ces communiqués de guerre, qui émanaient tous du gouvernement, vaudraient bientôt à ce speaker, Ahmed Saïd, qui savait les lire avec une telle fougue, une réputation assez peu enviable...

Aussitôt les enfants déposés chez ma sœur, j'allai au Croissant-Rouge.

« Bonjour, mes amies, mes sœurs, dis-je aux quelque trois cents femmes qui y avaient afflué. La guerre est là, et nous sommes prêtes ! »

Je les répartis en équipes, avec chacune à sa tête une responsable, et affectai chaque équipe à un hôpital militaire différent. L'après-midi j'accompagnai toutes mes volontaires à leurs postes et les présentai aux chefs des hôpitaux. La ville même du Caire ne semblait pas avoir été touchée, bien que, d'après le bruit, la bataille aérienne continuât de faire rage. Je rentrai à la maison épuisée, mais le moral était haut : toutes les équipes étaient à leur place, attendant les premiers blessés ; et les nouvelles de la guerre, à la radio, étaient toujours aussi bonnes.

« Où est votre père ? » demandai-je aux enfants en arrivant. Je voulais tout de suite lui parler : cette journée avait été un tel triomphe...

« Il est en haut, sur le balcon », répondit Loubna.

En une seconde je me retrouvai au premier étage.

« Anouar ! criai-je avant même de le voir. J'ai de très bonnes nouvelles. Les femmes sont fin prêtes, dans tous les hôpitaux. Tout est en place. »

Il ne répondit pas, ne me regarda même pas.

« Anouar ! continuai-je. Cette fois on ne perdra pas un seul instant. Jamais nos blessés n'auront été mieux soignés ! »

Il était toujours aussi immobile dans son fauteuil.

« Qu'est-ce qu'il y a, Anouar ? dis-je, soudain inquiète en pensant à son cœur. Tu te sens mal ?

— Non. C'est bien pire que ça », dit-il se retournant enfin vers moi. Quel visage ! Jamais je ne lui avais vu un air aussi torturé.

« Quoi ?

— Nous avons perdu la guerre. »

Perdu la guerre ? Elle venait tout juste de commencer, et il n'était question que de victoire...

« Tu dois te tromper, Anouar. Rien qu'ici, dans la rue, en face de la maison, c'est plein de gens qui dansent et qui s'amusent. Les gens sont même venus par camions entiers des campagnes pour participer à la fête.

— Jehane, dit-il, en continuant de me regarder droit dans les yeux. Je viens de parler avec Amer et Nasser. (Il parlait lentement, comme refusant lui-même de croire à ce qu'il disait.) Tous nos avions ont été détruits. L'infanterie israélienne s'est déjà emparée d'el-Arich. Nos soldats fuient devant leur avancée. C'est un désastre pour l'Égypte. »

Ce désastre s'était produit au moment même où j'étais allée rechercher les enfants, le matin. En deux heures à peine, les Israéliens avaient détruit au sol toute notre aviation. Amer était alors lui-même en avion, pour une tournée d'inspection de nos bases aériennes ! Et ordre avait été donné de ne tirer aucun missile tant qu'il serait en l'air ! Les Israéliens s'en étaient donné à cœur joie, bombardant tous nos aéroports, entre le Caire et Alexandrie, rendant les pistes elles-mêmes inutilisables pour plusieurs semaines.

Simultanément, les forces terrestres d'Israël avaient déferlé dans le Sinaï. Beaucoup de nos unités étaient déjà complètement encerclées.

Et tandis qu'Anouar parlait, péniblement, on entendait dans la rue, la foule en liesse scandant : *« Hanharib ! Hanharib ! Kull el-nass hatharib ! »* (Nous combattrons ! Nous combattrons ! Tout le monde combattra !)

J'étais paralysée, toute force m'abandonnait.

« Mais pourquoi, Anouar ? réussis-je enfin à articuler. Qu'est-ce qui n'a pas marché ? »

Il était anéanti.

« C'est le plan d'Amer, dit-il, qui ne valait rien. Les Israéliens ont réussi à tout détruire à l'improviste. Maintenant nous n'avons plus de couverture aérienne pour les soldats du Sinaï Ils vont se faire massacrer.

— Mais la radio..., objectai-je sans conviction.

— Ce n'est rien que de la propagande. Nasser ne veut pas démoraliser les gens en leur disant la vérité. Ne dis rien, surtout. »

Je restais là sur le balcon, les yeux fixés sur mon mari, je ne m'étais même pas assise. Ce que je venais d'apprendre continuait de me dépasser.

Lentement il se détourna, et il recommença à regarder le jardin.

« C'est fini », dit-il, à part soi.

Alors, en le quittant pour aller préparer le dîner des enfants, je compris soudain que je n'avais pas entendu une bataille aérienne le matin, qu'effectivement nos avions n'avaient pas contre-attaqué ; que ce que nous entendions, c'était simplement les bombes des Israéliens tombant sur l'aéroport ouest du Caire, et les tirs de la DCA.

Pendant quatre jours, les avions israéliens survolèrent Le Caire, la plupart du temps sans rien bombarder. Ils passaient très bas, à vitesse supersonique. A chaque « bang », les immeubles tremblaient sur leur base et les vitres volaient en éclats. Certains barricadèrent leurs fenêtres avec des planches. Ceux qui ne pouvaient se le permettre mirent aux vitres du ruban adhésif. On éleva en hâte des murs de brique à un mètre à peine des portes donnant sur la rue, pour protéger les gens qui entraient ou sortaient. La nuit on se blottissait dans les appartements sans lumière, sans savoir ce qui allait encore se passer.

Les Israéliens augmentaient par leur propagande la terreur de la population ; et leurs espions faisaient circuler les rumeurs les plus alarmantes. « Demain ils vont bombarder Héliopolis » (quartier périphérique du Caire). « Vendredi ce sera le tour de Méadi » (autre quartier périphérique). Les gens fuyaient par familles entières, mais le plus souvent il n'y avait aucune attaque. Les Israéliens savaient que, s'ils bombardaient Le Caire, nous finirions par nous venger sur Tel-Aviv. Mais « l'intoxication » et les vols terrifiants à basse altitude exerçaient sur nous le même effet psychologique que si nous avions été bombardés ; ils nous rappelaient en permanence que nous étions totalement à leur merci. Notre petite dernière, Jehane, se mettait à hurler et était prise de tremblements au moindre bruit d'avion. Je décidai d'envoyer tous les enfants à Mit Aboul Kôm, avec leurs cousins, ma sœur et ma mère. La vie à la campagne les calmerait, et moi, je cesserais de me faire de la bile pour eux pendant mon travail à l'hôpital.

Quatre-vingts appareils israéliens abattus ! Soixante chasseurs israéliens détruits ! N'est-ce pas formidable ? me disaient chaque matin les femmes que je retrouvais à l'hôpital. Je faisais oui de la tête en souriant, mais j'avais comme une pierre sur le cœur. J'allais d'hôpital en hôpital, passant entre les rangs des premiers blessés qu'on avait amenés au Caire. La radio (j'avais toujours sur moi un transistor, dans la poche de mon uniforme d'infirmière) continuait d'annoncer, comme le gouvernement l'exigeait, des victoires plus imaginaires les unes que les autres.

Mais les gens écoutaient aussi les radios étrangères, la BBC, La Voix de l'Amérique et bientôt l'accablante vérité s'imposa aux Égyptiens. L'euphorie avait complètement disparu :

« Jamais plus nous ne ferons confiance au gouvernement », disaient les parents des blessés dans les hôpitaux. L'un des premiers blessés que je vis me dit que sa brigade était arrivée dans le Sinaï douze heures seulement avant l'attaque :

« Les avions israéliens nous ont mitraillés à l'aube sans prévenir, dit-il. Nos armes n'étaient pas encore prêtes, nos radios non plus. Nos soldats ont été fauchés là où ils étaient. »

Les autres militaires étaient tout autant démoralisés par ce qui apparaissait comme l'inexistence d'un simple plan de campagne.

« Nous n'avons même pas eu la possibilité de tirer un seul coup, me dit un soldat éploré qui avait perdu un bras. Nous étions prêts à mourir en combattant, mais il n'y a même pas eu de combat. Nous avons été tués pendant la retraite. »

Le 8 juin, trois jours après le début de la guerre, les sirènes encore une fois retentirent, alors que je rentrais de l'hôpital en compagnie d'une amie. Nous n'étions pas loin de chez elle. Nous courûmes nous abriter dans la cave de son immeuble, et nous y restâmes toute la nuit. Ce fut la pire nuit de ma vie. Nous étions dans l'obscurité la plus totale. Au-dessus de nous la terre ne cessait de trembler, et on entendait les longs hurlements des fusées éclairantes lâchées par les avions israéliens. Vais-je mourir ici toute seule ? me demandais-je sans arrêt. Les enfants étaient à Mit Aboul Kôm, et mon mari avec Nasser.

Je n'avais pas du tout peur du noir, grâce à ma mère. Mais beaucoup de femmes étaient terrorisées. Les plus calmes étaient peut-être celles qui avaient des petits enfants à consoler ; mais d'autres criaient ou pleuraient. C'était atroce. Et la radio, dans ma poche, continuait de trompeter les communiqués triomphants du gouvernement...

C'était trop. Nasser ne pouvait plus cacher la vérité aux gens. Le lendemain après-midi, Ahmed Saïd annonça à Radio-Le Caire que les combats avaient cessé et que Nasser s'adresserait au peuple le soir même. Nous étions le 9 juin. A sept heures du soir, le visage ravagé, Nasser annonça à la télévision et à la radio que l'Égypte avait subi une *nakba* — qu'elle avait essuyé un revers — dont il assumait, dit-il d'une voix blanche et tremblante, les yeux pleins de larmes, toute la responsabilité et toute la honte. Je me mis moi-même à pleurer en le voyant sur l'écran de la télévision de l'hôpital. Cet homme que j'avais toujours connu si fort, si courageux, si fier, était maintenant complètement brisé : cela m'était insupportable. Mais ce qu'il dit ensuite était proprement bouleversant :

« J'ai décidé de renoncer définitivement à toute fonction officielle et à tout rôle politique, déclarait-il, pour retourner dans le peuple accomplir mon devoir de simple citoyen. »

J'étais anéantie. Nasser démissionner ? C'était impossible, il ne devait pas le faire. Il était notre chef, et en cette heure tragique, nous avions plus que jamais besoin de lui. Nous avions été battus, certes. Mais lui seul pouvait nous sortir de l'abîme de la défaite, nous mener à la revanche. Il était tout pour l'Égypte. Sans lui nous étions perdus. J'étais près de la panique, comme tout le monde...

Les cris de *« Nasser ! Nasser, reste ! »* retentirent dans la rue, avant même la fin du discours. Le slogan s'amplifiait : *« Nasser ! Nasser ! »*

Nous nous précipitâmes aux fenêtres : des centaines, des milliers de gens, certains déjà en vêtements de nuit, se déversaient des immeubles et couraient vers le centre, vers la

Maison de la radio et de la télévision, pour arrêter l'émission ! pour empêcher Nasser de démissionner !

J'appelai tout de suite Anouar à son bureau.

« Anouar, empêche-le de démissionner. Nous avons besoin de lui pour continuer. C'est à lui de nous sortir de cette défaite et de préparer notre revanche. Je t'en supplie, persuade les députés, ils ne doivent pas accepter sa démission !

— Du calme, Jehane. Les députés ont déjà voté, ils ont rejeté sa démission. »

Mais qui pouvait empêcher Nasser de s'en aller, s'il le voulait vraiment ?

Le Caire vécut dix-sept heures incroyables jusqu'au lendemain midi. Les manifestations de masse continuaient. Oubliant tous leurs griefs, toute leur amertume, les gens envahissaient les rues par dizaines de milliers, pour crier leur soutien à Nasser. Les sirènes elles-mêmes poussaient leurs plaintes, bien qu'il n'y eût plus de bombardements à craindre...

« Ya Nasser, Nasser, ihna ma'ak. Lan neqbal el-hazima ! » (Nasser, Nasser, nous sommes avec toi. Nous n'accepterons pas la défaite.)

Toute la nuit une foule de près d'un demi-million de personnes se massa autour de la maison de Nasser, à Manchièt el-Bakri. Je passai toute cette nuit au téléphone à appeler les autres infirmières volontaires.

« Nous devons manifester notre soutien au président, disais-je à chacune d'elles. Préparez des pancartes et des banderoles. Et appelez vous-mêmes toutes vos amies à venir défiler avec nous demain. »

Nous fixâmes des points de rendez-vous, et le lendemain matin je me retrouvai à la tête d'un cortège de quelque cinq cents femmes toutes en blouses blanches ; nous franchîmes le pont Gala'a, le pont el-Tahrir et nous dirigeâmes vers le Parlement, en scandant sans cesse : « Reste, Nasser, reste ! » Des milliers de gens grouillaient autour de nous, poussant leurs propres supplications : « Nasser ! Nasser ! Ne nous abandonne pas ! Nous avons besoin de toi ! » La bousculade était effroyable, la foule s'agitait dans tous les sens à la fois. La police était visiblement débordée.

Mais quel soulagement ! Ce débordement d'émotion rachetait

tout. Les horreurs de la défaite étaient oubliées, tout reprenait un sens, je riais aux éclats. « Nasser ! Reste, Nasser ! » criais-je à pleine voix, tandis que le mouvement de la foule nous emportait vers l'Assemblée. Un homme s'évanouit ; quelqu'un, voyant ma blouse blanche, me demanda de faire quelque chose. Je donnai à l'homme par terre quelques claques énergiques, et il reprit connaissance.

Nous débouchâmes rue Kasr el-'Aïni ; devant l'hôtel Hilton, la police nous attendait avec les autopompes. La police devait faire quelque chose effectivement : il y avait tant de gens dans les rues, sans aucune direction, une émeute pouvait éclater à chaque instant... Ils actionnèrent leurs canons à eau. Sous le choc, je tombai par terre, et une amie à côté de moi perdit sa perruque. Nous pleurions tellement nous riions en cherchant cette perruque... Je rentrai à la maison complètement trempée et m'assis dans la cuisine, écoutant la radio... qui bientôt annonça, comme je l'espérais, que Nasser restait à la présidence. C'est Anouar qui lisait la lettre de Nasser. Nasser remerciait le peuple de son soutien. Dehors dans la rue, les cris se faisaient de plus en plus joyeux, et les slogans scandés faisaient place aux chants de fête.

Mais la fête mourut bientôt, quand nous apprîmes tout ce que nous avions perdu. Jérusalem, la troisième ville sainte de l'Islam, après La Mecque et Médine, était maintenant tout entière sous domination israélienne, et les Israéliens avaient occupé la Cisjordanie palestinienne, avaient pris aux Syriens les hauteurs du Golan, et à nous toute la péninsule du Sinaï. En six jours de guerre, Israël avait triplé les territoires qu'il occupait.

Plus de quinze mille soldats égyptiens avaient été tués, et les blessés se comptaient par dizaines de milliers. Un million de Palestiniens étaient sous occupation israélienne, et des centaines de milliers de Palestiniens n'étaient plus que des réfugiés. Mais les Israéliens continuaient de nier qu'ils étaient en train de détruire un pays, la Palestine, ils déniaient même aux Palestiniens toute identité nationale.

« Le peuple palestinien ? Cela n'existe pas », déclarait le nouveau premier ministre d'Israël, Golda Meir.

Ce peuple qui avait prospéré pendant des milliers d'années ! Comment pouvait-elle être aussi aveugle, aussi cruelle ? Les

Israéliens ne s'étaient donné une patrie qu'en prenant la patrie d'une autre nation. De même que les Européens avaient persécuté les Juifs, de même les Juifs maintenant persécutaient les Palestiniens.

Chez nous, l'humiliation était générale, totale. Comment « cela » avait-il pu arriver ? C'était la troisième fois que nous étions vaincus par Israël, mais cette défaite était bien pire que les autres. En 1956, personne n'avait cru possible une victoire sur les forces combinées de la Grande-Bretagne, de la France et d'Israël. Mais cette fois, il n'y avait pas d'excuse, et le préjudice subi était bien plus grave. Pour nous tous, cet effondrement était très difficile à supporter.

Bientôt tout le monde se mit à rejeter sur les autres la responsabilité du désastre. On accusait Nasser, Amer, les généraux, même les soldats — qui à leur tour accusaient les Russes de nous avoir livré des armes désuètes par rapport à celles que les Israéliens avaient reçues des Américains. En tout cas, toute l'armée était frappée de déshonneur.

« Regardez, encore un des ces lapins ! Hé, pourquoi vous avez pas gagné la guerre ? » criaient les gens dans la rue quand passait un homme en uniforme.

Résultat, on ne vit plus d'uniformes ni non plus de véhicules militaires, les officiers se sentant plus en sécurité au volant d'une voiture ordinaire. Nous avions perdu notre fierté.

Les conséquences financières de la guerre étaient elles aussi catastrophiques. Nous avions perdu deux de nos principales sources de revenus : le pétrole du Sinaï et le canal de Suez, bouché par les navires qui avaient été coulés pendant les combats. Le tourisme aussi était momentanément en pleine crise. Nos frères arabes vinrent à notre secours : l'Arabie saoudite, la Libye et le Koweit nous offrirent une aide de 95 millions de livres égyptiennes par an (presque 300 millions de dollars). Mais au cours des trois années suivantes, un quart de notre budget fut consacré aux achats d'armements, au détriment des services dont les Égyptiens avaient si cruellement besoin. Tout le monde était de plus en plus découragé.

Nous en vînmes même à douter de notre ferveur religieuse. Des articles parurent dans nos journaux, affirmant que les Juifs, eux, avaient la foi, que c'était pour cela qu'ils avaient gagné la guerre, tandis que nous nous étions écartés de Dieu. La fréquentation des mosquées augmenta de 600 p. 100. Les églises aussi, le dimanche, étaient pleines à craquer. Dans les rues on voyait de plus en plus de gens en costume traditionnel : hommes en galabieh, femmes en *hegab* — coiffure qui ressemble beaucoup à une coiffe de religieuse. Pendant plus d'un mois, des centaines de coptes virent la Vierge apparaître au-dessus d'une église d'un quartier populaire. Quand les anciens de la communauté copte interprétèrent le message de la Vierge en ces termes : « Je sais, Égyptiens, que vous ne pouvez plus venir me voir à Jérusalem, c'est pourquoi je suis venue vous voir au Caire », l'événement fit la une d'*Al-Ahram*, le plus lu et le plus renommé de nos quotidiens.

Il y eut des manifestations de rues provoquées par la rage de la déception. La foule en colère incendia la Bibliothèque du Centre américain quand on apprit que les États-Unis, non contents d'armer Israël, lui avaient communiqué des renseignements qui nous avaient poignardés dans le dos. C'était avec l'aide des Américains qu'Israël avait cassé tous nos codes secrets — ce qui avait permis aux militaires israéliens d'attirer dans des pièges nos unités du Sinaï.

Les semaines passaient, et on amenait toujours autant de blessés dans les hôpitaux. Leur calvaire devint le mien. Anouar aussi souffrait terriblement. Bien qu'il n'eût pris aucune part aux décisions militaires, il se jugeait responsable de la défaite au même titre que les autres dirigeants. Moi, je cherchais à surmonter mon accablement en redoublant d'activité. Lui, au contraire, s'abandonnait à la dépression. C'était horrible.

« Est-ce que monsieur est sorti aujourd'hui ? » demandais-je à Osmane tous les soirs en rentrant de l'hôpital. Jour après jour, j'obtenais la même réponse : non. Je savais qu'Anouar avait besoin de rester seul pour penser quand il avait des problèmes en tête ; dans ce cas, la seule chose que je pouvais faire pour lui était d'empêcher les enfants de chahuter. Mais cette fois c'était inquiétant et très pénible. Trois semaines durant, il passa toutes ses journées immobile dans son fauteuil, sans répondre au téléphone, sans parler à personne.

« Anouar, pourquoi tu ne vas pas à l'état-major ? lui dis-je un soir.

— A quoi bon ? »

« Anouar, dis-je le soir suivant, essayant une autre tactique, les soldats, à l'hôpital, ont besoin de voir un de leurs chefs. Tu veux venir leur rendre visite avec moi ? »

Il ne répondit même pas et continua de regarder fixement le jardin. Cette défaite était trop humiliante pour un militaire de carrière comme lui. Nasser aussi s'était enfermé, anéanti, dans sa villa.

Quand les blessés du Sinaï arrivèrent par camions entiers, l'horreur dépassa tout ce que je pouvais imaginer. Beaucoup de nos soldats avaient été atrocement brûlés par le napalm que les Israéliens leur avaient jeté dessus pendant qu'ils fuyaient dans le désert. Certains avaient perdu bras et jambes, d'autres leurs yeux. Et des centaines avaient été rendus fous par l'inutilité de leurs souffrances. Il n'y avait guère de famille, dans toute l'Égypte, où l'on n'avait perdu dans cette guerre un mari, un fils, un neveu, un petit-fils. Plusieurs de mes cousins et de ceux d'Anouar avaient été horriblement blessés.

D'où me venait mon énergie ? Comment pouvais-je supporter tant de scènes affreuses ? Peut-être que nous tenions notre force, les autres infirmières volontaires et moi, de notre expérience de mère. D'instinct nous savions comment consoler, comment apaiser, et nous savions aussi qu'il fallait gronder parfois. « Oumm el-Chouhada », m'appelaient les blessés, Mère des martyrs. Et c'est vrai, je me sentais vraiment leur mère.

« Mère, je suis aveugle », me dit un jour un soldat en pleurant. Je jetai un coup d'œil au médecin qui m'accompagnait dans mes rondes. Il fit non de la tête : comme beaucoup d'autres, ce soldat souffrait de cécité traumatique, et non pas physiologique. Il aurait pu voir. Mais il ne voulait pas. Je passai deux heures assise à son chevet, à lui parler de sa famille qui attendait son retour, à louer le courage dont il avait fait preuve, etc. Et je revins le voir tous les jours, jusqu'au jour où il me dit : « Ah, je vois que vous êtes en blanc… »

Certains traumatisés se prenaient pour le Prophète, d'autres croyaient toujours entendre les bombes et les avions et hurlaient de terreur. Certains avaient le regard vide, immobile, d'autres regardaient dans tous les sens avec des yeux hagards.

Je compris certaines de leurs angoisses en les entendant parler des fantassins israéliens. Perdus dans le désert, beaucoup étaient tombés sur des unités ennemies. Parfois les soldats israéliens les rassuraient trompeusement, en leur offrant de l'eau et des fruits, puis ouvraient le feu sur eux. D'autres Israéliens, en revanche, s'étaient montrés très aimables, et avaient aidé nos soldats à rentrer chez eux. Les bédouins aussi, tantôt aidaient nos soldats en leur fournissant contre de l'argent des galabiehs pour se déguiser et en les cachant des Israéliens ; tantôt, après les avoir rançonnés les livraient, toujours en échange d'argent, aux unités israéliennes. Nos garçons ne savaient absolument plus à qui se fier.

Beaucoup de blessés étaient amers, hargneux ou ne croyaient plus à rien ; il fallait trouver les mots justes pour les détourner de tels sentiments. Et ma tâche était d'autant plus difficile, personnellement, qu'ils tenaient tous nos dirigeants pour responsables de leurs souffrances.

« Ce n'est pas à cause des Israéliens que j'ai perdu mon pied, c'est à cause de notre commandement inepte, me dit un jeune officier avec mépris.

— Alors, pourquoi êtes-vous entré à l'école militaire, au lieu de devenir poète ou de faire des études de médecine ou de droit ? lui répondis-je. C'était votre destin de faire cette guerre et d'y perdre votre pied, ce n'est pas la faute de vos chefs. Nous ne sommes pas le premier pays qui subit une défaite. Vous pouvez vous-même faire quelque chose pour que cela ne se reproduise pas : écrivez un rapport sur tout ce que vous avez vu qui n'allait pas dans nos plans de batailles et donnez-le à votre chef pour qu'on ne recommence pas les mêmes erreurs. »

Mes devoirs me conduisaient à accomplir des choses dont jamais je ne me serais crue capable. Au moment où je parlais à ce garçon qui avait perdu son pied, on amena de la salle d'opération un autre officier ; il était encore à moitié endormi ; il avait la tête tout enveloppée de bandes, on ne voyait que sa bouche. Du coin de l'œil, je vis qu'il commençait à vomir. Aucune infirmière, aucune femme de salle en vue. (Les hôpitaux étaient bondés, et le personnel tout à fait insuffisant.) Pas de récipient en vue non plus. Sans hésiter, sans même y penser, je fis une coupe de mes mains et fis vomir l'officier dedans, puis me lavai les mains à l'évier et revins vers l'homme pour lui essuyer le tour de la bouche. Quand je repassai le voir, le lendemain, il ne cessa de me baiser la main.

« Avec votre permission, dit-il, j'appellerai Jehane la première fille que j'aurai.

— Tout l'honneur sera pour moi », répondis-je.

Mais rien de ce que je pouvais dire à Anouar en rentrant ne réussissait à le distraire, jusqu'au jour où je rendis visite, entre autres blessés soignés à l'hôpital de Méadi, au général Kamal Hassan Ali (qui fut plus tard premier ministre).

« Je désirerais vous parler seul à seule, madame. »

On fit sortir tout le monde de sa chambre.

« Il faut absolument que je parle à votre mari. Il y a des choses qu'il doit savoir, concernant la guerre. »

Le soir, je transmis à Anouar le message du général ; et Anouar, pour la première fois depuis trois semaines, parut intéressé. Le lendemain même il allait voir le général Ali, et aussitôt après se rendit chez Nasser. Anouar ne me révéla jamais ce que Hassan Ali lui avait dit ; mais quel soulagement j'éprouvai en lui voyant retrouver goût à l'existence !

Pendant cinq mois, je me consacrai aux blessés. Je me levais à l'aube, faisais le tour de tous les hôpitaux, parlais chaque fois avec le directeur pour noter ce dont son établissement avait besoin et, le soir, j'allais au Croissant-Rouge pour la réunion quotidienne des responsables d'équipe. Pour satisfaire certaines demandes des hôpitaux, nous nous mîmes en rapport avec les femmes des ambassadeurs égyptiens à l'étranger et organisâmes un véritable réseau d'aide internationale. Ainsi, les médecins de l'hôpital militaire d'Héliopolis m'ayant dit qu'au lieu d'amputer certains brûlés, ils auraient pu sauver leurs membres atteints grâce à certains équipements ultramodernes, je téléphonai à la femme de notre ambassadeur à Londres qui nous fit envoyer immédiatement ce matériel. Ce vaste réseau d'entraide nous permit de sauver beaucoup de vies, mais pas toutes...

En juillet, avec d'autres volontaires du Croissant-Rouge, nous nous rendîmes sur le canal de Suez. Là-bas, les souffrances des soldats, victimes de la débâcle, étaient effroyables. Tous les jours il continuait d'en arriver du désert du Sinaï, où ils avaient erré plus d'un mois. Malgré le cessez-le-feu, la guerre couvait encore le long du canal, et nos pauvres rescapés devaient attendre toute la journée sur la rive orientale. Le soir seulement, quand les tirs d'artillerie avaient cessé, de petites felouques les ramenaient de notre côté, où enfin ils étaient en sûreté. Les infirmières qui se rendaient sur la rive orientale étaient elles-mêmes constamment harcelées par les soldats israéliens, malgré leur blouse blanche et l'insigne du Croissant-Rouge.

Les populations civiles aussi fuyaient cette région maudite. Des obus tirés par l'artillerie israélienne, solidement implantée de l'autre côté du canal, ne cessaient de tomber sur les villes de Suez, Ismaïlia, Port-Saïd, El-Kantara, déjà rudement éprouvées par les bombardements aériens. Des milliers de réfugiés, des milliers de blessés, affluaient au centre du Croissant-Rouge d'Ismaïlia. Au début, nous les logeâmes en dehors de la ville, dans les baraquements d'un chantier de bonification ; mais comme cela ne suffisait pas, il fallut réquisitionner les écoles et installer des camps de tentes dans les cours des mosquées. Ces gens venaient à nous, portant leurs enfants sur leurs dos ; leurs maisons avaient été détruites, ils n'avaient plus rien ; quel spectacle pitoyable !

De tous les Égyptiens, ce sont les habitants de la zone du canal qui pâtirent le plus de cette guerre. Pour les dédommager, Anouar fit de Port-Saïd une ville franche quand il rouvrit le canal en 1975. Et l'on a placé dans le centre de Suez un char d'assaut pris aux Israéliens (de marque américaine), pour perpétuer le souvenir des épreuves infligées à la population.

Je voulais aller de l'autre côté du canal moi aussi ; mais le commandement militaire d'Ismaïlia m'en dissuada : je risquais en effet d'y être retenue ou ridiculisée publiquement par les Israéliens. Je me contentai donc d'accueillir nos soldats sur notre rive.

Beaucoup avaient les jambes horriblement enflées, après avoir marché si longtemps dans le désert, qui est une fournaise le jour, une glacière la nuit. Ils avaient les pieds en sang et pleins de crevasses. Beaucoup aussi, n'ayant rien bu pendant des jours, avaient la langue toute noire et tellement épaisse qu'ils avaient de la peine à parler. O mère, mère, articulaient-ils, d'une voix étrange qui ressemblait à un croassement, tandis que je baignais leurs pieds et leurs jambes et leur donnais à boire des jus de fruits.

« N'essaye pas de parler, garde tes forces pour te remettre », leur répondais-je.

Ceux qui n'avaient souffert « que » de leur longue errance

dans le désert étaient envoyés en camp de repos. Seuls les blessés étaient hospitalisés.

Dans les salles où s'entassaient les brûlés, flottait une odeur insoutenable de viande pourrie. Et pourtant je réussissais à surmonter mon dégoût en concentrant toute ma pensée sur les hommes que j'essayais de consoler. Je leur disais qu'ils étaient les héros de l'Égypte, qu'en un sens ils avaient plus de chance que moi, car leurs blessures étaient la preuve que, eux, ils avaient sauvé leur honneur... Il m'arrivait de rester des heures au chevet d'un soldat jusqu'à ce qu'il s'endormît. Parfois on ne voyait que leurs yeux, tout le reste de leur corps était couvert de bandes. Souvent ils mouraient devant moi, et je prononçais sur leur dépouille les paroles du Coran : *Ya ayyatuha al-nafs al-mutma'ina. Irja'i ila rabbiki radiyya murdiyya.* — O âme en paix, retourne à ton Seigneur ! Satisfaite dans son bon plaisir.

Je ne m'habituais ni à ces morts ni à toutes ces souffrances ; mais je n'ai flanché qu'une seule fois : un soir que je m'apprêtais à donner à boire à un jeune soldat, aux jambes terriblement enflées lui aussi, qu'on venait de nous amener. J'approchais le verre de ses lèvres quand soudain ce que je vis me figea la sang. Il avait sous le nez une affreuse plaie ouverte, et dedans il y avait des vers.

J'étais paralysée, le verre tremblait dans ma main, je fis un terrible effort de volonté, j'essayai de lever la main un peu plus vers ses lèvres... Impossible ! J'étais incapable de détourner les yeux de cette plaie et de ce qui grouillait dedans. J'allais m'évanouir. Mais pouvais-je dire à ce garçon, après tout ce qu'il avait enduré, qu'il avait des vers dans sa chair et que cela me rendait incapable de le soigner ? Finalement je lui dis : « Un instant, mon fils », et je m'enfuis dans la pièce d'à côté.

« Qu'est-ce qu'il y a, madame ? me demanda une volontaire qui se trouvait là, Akila el-Sama'. Vous êtes blanche comme un linge, vous tremblez. Vous êtes malade ? »

Quand j'eus repris mon souffle, je lui expliquai l'état de ce soldat et ma phobie.

« Ne vous en faites pas, me dit-elle, rassurante. Je vais m'en occuper. » Et aussitôt elle alla nettoyer ses blessures avec du Dettol dilué dans de l'eau bouillie, et les recouvrit avec des pansements.

« Où est Mme Sadate ? lui demanda le soldat. J'ai été tellement heureux de la voir.

— Elle est très fatiguée, elle a cru qu'elle allait s'évanouir, lui répondit cette brave femme. Elle n'a pas voulu que vous voyiez à quel point elle est épuisée ; elle se repose un peu en ce moment.

— Remerciez-la de ma part », dit le soldat.

Les Israéliens savaient par leurs espions que j'étais là. C'était une information qu'ils utilisaient pour accroître le désarroi des pauvres rescapés du désert. Vous allez trouver Mme Sadate qui vous attend sur l'autre rive, leur disaient-ils. Nos soldats ne les croyaient pas, évidemment : on n'avait jamais vu au front aucune femme de dirigeant. Beaucoup, en me voyant, poussaient des cris de terreur, ou s'exclamaient : Ils savent tout ! en tremblant de tout leur corps.

« Allons, allons, vous êtes en sécurité maintenant, disais-je à chacun. Vous n'avez plus rien à craindre. Vous devez guérir, ne gaspillez pas votre énergie. »

La paix... Quand on a vu ce que j'ai vu, on ne peut pas ne pas mettre la paix au-dessus de tout. En cet été 1967, j'ai appris directement, pratiquement, que la guerre ne doit jamais être la solution d'aucun conflit. Le prix à payer est trop élevé.

Jusqu'à l'automne je n'ai cessé de faire la navette entre Le Caire, la zone du canal et Mit Aboul Kôm où étaient les enfants. Quand j'ai été certaine qu'il n'y aurait plus d'attaques contre Le Caire, je les ai ramenés à la maison, route des Pyramides. Je continuais de m'en occuper très peu : il y avait trop à faire dans les hôpitaux. Mais je ne m'inquiétais pas pour eux. Parfois je les emmenais avec moi ; ils faisaient la lecture aux soldats, leur récitaient des poésies, écrivaient des lettres à leur place. Sinon, ils passaient leurs journées avec leurs cousins, surveillés par ma mère et ma sœur. Je ne me sentais vraiment pas coupable envers eux.

Anouar n'était pas du même avis. Théoriquement, il était pour la liberté des femmes, et je suis sûre qu'il était fier de ce que je faisais ; mais dans son cœur, il restait un Oriental.

« Jehane, tu négliges ton foyer, ton mari, tes enfants, me répétait-il tous les matins. Les enfants sont encore très jeunes, je veux qu'à deux heures, tu sois rentrée ici. C'est à toi de veiller à ce qu'ils fassent leurs devoirs, c'est à toi de suivre ce qu'ils font à l'école. Que le matin tu partes dès cinq heures à l'hôpital, d'accord, je t'admire. Mais il faut qu'à deux heures tu sois revenue ici, comme avant.

— Rien n'est plus comme avant, Anouar. Nous avons subi une terrible défaite. Il y a des milliers de blessés et de moribonds dans les hôpitaux. Et c'est la première fois que les femmes ont offert leur aide. Elles ont besoin de moi.

— Moi aussi, qui suis un homme : j'ai besoin qu'à partir de deux heures de l'après-midi, ma femme soit à la maison... »

De part et d'autre c'étaient toujours les mêmes arguments

« Anouar, insistais-je, s'il y a quelque chose que je peux vraiment faire pour un blessé, ou si un blessé réussit finalement à me dire ce qu'il ressent, ce qu'il veut, est-ce qu'alors je vais regarder ma montre et lui dire : Oh, il est deux heures, mon mari a dit qu'il fallait que je rentre, fini pour aujourd'hui !... Comment tu te sentirais à sa place ?

— Je n'ai rien à ajouter à ce que je t'ai dit. Compris ? disait-il, d'un ton qui n'admettait pas de réplique.

— Bon, bon, répondais-je, partagée entre mon amour pour Anouar et mon devoir de citoyenne. Je ferai ce que je pourrai. »

Le jour même, je rentrais ponctuellement à deux heures, le lendemain à deux heures et demie, le surlendemain à trois heures, etc., et finalement je reprenais mon « horaire » à plein temps.

Les soirs où j'avais dû rester très tard dans un hôpital, je montais dans la chambre sur la pointe des pieds, mes souliers à la main. Mais la plupart du temps il m'entendait, rallumait la lumière si elle était éteinte, regardait ostensiblement sa montre et me foudroyait du regard.

« Tu sais très bien, répondais-je à ces mimiques, que je n'étais ni à une soirée ni dans une boîte de nuit. Tu sais parfaitement où j'étais. »

Quand j'étais à Port-Saïd ou à Ismaïlia, je l'appelais rarement, je déteste les disputes au téléphone. Mais le plus accablant, c'est de commencer la journée par une dispute : aussi j'appris à dire, calmement, docilement : Oui, Anouar, j'essaierai — chaque fois que me voyant partir à l'aube, il m'ordonnait d'être rentrée à deux heures.

Je le comprenais très bien. Son idéal était celui de tous les maris du monde : le mari rentre à la maison, sa petite femme, un grand sourire aux lèvres, accourt, se jette à son cou ; le repas est prêt, la table est mise ; tout est en ordre dans la maison, les enfants sont proprets, obéissants, ils ont fait tous leurs devoirs, tout le monde est heureux, joyeux... Vraiment, les hommes voudraient que leurs femmes soient des robots, qu'elles aient toujours bonne mine et soient toujours de bonne humeur...

Mais moi je venais de découvrir ma voie, je savais désormais que j'étais faite pour me consacrer aux blessés, aux malades, aux invalides, à tous ceux qui ont besoin d'être aidés ; et à la paix, et à l'émancipation des femmes. Anouar devait accepter mon indépendance, maintenant ; et de fait, peu à peu, sa résistance faiblit. Mais cela ne se passa pas sans heurts. Durant cette terrible période qui suivit la guerre de Juin, notre vie conjugale fut comme un reflet de la vie de l'Égypte.

Dans le pays, en effet, les crises succédaient aux crises. Tandis que je passais toutes mes journées dans les hôpitaux, le bruit courut qu'Abdel Hakim Amer, le ministre de la Défense, l'ancien grand ami de Nasser, était en train de préparer un putsch contre celui-ci. Amer, qui avait assuré à Nasser que notre armée était fin prête et qu'elle vaincrait, se sentait maintenant abandonné et trahi par lui. Après la défaite, tous les ministres avaient offert leur démission — sauf Amer, qui vit dans cette initiative un complot pour faire retomber sur son dos toute la responsabilité de la débâcle. Son pauvre esprit était de plus en plus dérangé : il se figurait que Nasser et lui avaient des destins jumeaux ; si Nasser était resté malgré tout au pouvoir, pourquoi lui, Amer, aurait-il dû démissionner ? A la fin, Nasser dut le renvoyer ; il nomma à sa place le général de corps d'armée Mohammed Fawzi.

Mais Amer ne s'avouait pas vaincu ; il cherchait à consolider ses appuis dans l'armée et accumulait chez lui un véritable arsenal. Et comme il jouissait d'une grande popularité auprès des officiers et avait encore élargi les bases de sa puissance en dirigeant le Comité pour la Liquidation du féodalisme, Nasser craignait vraiment une rébellion des militaires en faveur d'Amer. Et pourtant, Nasser n'arrivait pas à se décider à agir contre lui. La situation devenait extrêmement dangereuse.

Un jour que je rentrais de l'hôpital cet été-là, j'eus la surprise de le trouver à la maison, en conversation avec Anouar ; son renvoi l'avait profondément blessé dans son amour-propre et, manifestement, il n'avait plus toute sa tête.

« Comment Abdel Nasser a-t-il pu me traiter de la sorte ? disait-il à Anouar sur le balcon. Je me suis toujours conduit comme un frère envers lui. »

Il semblait avoir vieilli de dix ans, et à sa voix, on sentait qu'il était complètement anéanti.

« La question n'est pas de savoir si Nasser vous aime ou pas, lui dis-je doucement, espérant le raisonner. En ce moment il ne s'agit pas de s'opposer à Nasser, il s'agit de sauver l'Égypte. Écoutez mon conseil, je vous parle comme une sœur : pourquoi n'iriez-vous pas vous détendre quelque temps en famille, chez vous à Estal ? Cette mauvaise période passera, et alors vous pourrez vous réconcilier avec votre vieil ami. Vous ne gagnerez rien à essayer de contraindre Nasser à vous reprendre, bien au contraire. Faites ce que je vous dis, Hakim, je vous en supplie. »

Mais il était bien trop préoccupé pour m'écouter : « Je ne suis pas le seul responsable de la défaite, s'obstinait-il à dire. Nous avons tous commis des fautes.

— Là n'est pas la question, dis-je. Que cela vous plaise ou pas, c'est à vous que le peuple attribue la responsabilité de cette défaite. C'est le genre de choses qu'il faut accepter quand on devient un dirigeant. Si quelque chose va mal au Croissant-Rouge, vous pourrez toujours aller dire aux gens que le responsable est Mme X ou M. Y ! Non, toute la faute retombera sur Jehane Sadate... C'est la situation dans laquelle vous êtes en ce moment. »

Amer secoua la tête et ne me répondit même pas. Aucun argument n'aurait pu le convaincre. Quinze jours après cette conversation, il essaya de pénétrer dans l'immeuble de la Radio et de la Télévision pour défendre sa cause devant le peuple tout entier. On le mit aux arrêts domiciliaires. Trois semaines plus tard, le 14 septembre, il se suicida en avalant une capsule de cyanure.

J'allai pleurer et réciter la Fatiha sur sa tombe. J'étais toute seule : Nasser ne pardonnait pas à Amer d'avoir menacé le régime, et il avait demandé aux révolutionnaires de ne pas assister aux funérailles de leur vieux camarade. Sitôt appris la triste nouvelle (nous étions alors à Alexandrie), j'étais partie pour le village d'Estal, en Haute Égypte, pensant y trouver la famille d'Amer. Mais ils étaient déjà retournés à Guizeh, où je leur rendis visite le lendemain.

Je fus assez mal reçue.

« Ce n'est pas vrai, il ne s'est pas suicidé ! s'écria sa fille en me voyant. C'est le gouvernement qui l'a tué ! »

Mais je ne représentais pas le régime ; j'étais venue simplement en amie. Dans le jardin, je rencontrai un des fils d'Amer, qui était officier : Pourquoi, tante Jehane, pourquoi ? me dit-il en pleurant. Pouvais-je lui répondre que son père avait perdu le sens de la réalité au point de se faire l'ennemi de son meilleur ami ? Moi-même je n'arrivais pas à comprendre pourquoi. Si Amer s'était donné la mort juste après notre défaite du 5 juin, tout le monde aurait compris, tout le monde se serait dit : il n'a pu supporter la honte de l'Égypte, c'était un grand chef militaire et un homme d'honneur ! Maintenant, au contraire, son suicide était un acte pitoyable.

Cette mort fut un nouveau coup pour Nasser. Son diabète empira subitement. Notre président avait une mine épouvantable. A cette époque, il venait chez nous au moins une fois par semaine parler avec Anouar. Il faisait vraiment peine à voir : il était tout voûté, comme s'il portait sur lui le poids de tous les chagrins du monde, et il avait des rougeurs si douloureuses que le seul contact de ses vêtements lui était un supplice. Quand finirait le calvaire de Nasser ? Et quand celui de l'Égypte ?

Des Égyptiens continuaient à se battre et à mourir. Malgré la proclamation officielle du cessez-le-feu en juin, une guerre non déclarée, qui devait durer encore six ans, se poursuivait, affectant surtout la zone du canal, mais aussi la Haute Égypte et, de temps à autre, Le Caire. Les Israéliens pilonnaient régulièrement Suez, Ismaïlia et Port-Saïd ; de notre côté, nous essayions de les empêcher de fortifier leur fameuse ligne Bar Lev. A partir de 1969, ils se mirent à bombarder, outre des objectifs militaires, des installations industrielles et même les populations civiles ; ce fut ce qu'on appela « la guerre d'usure ».

Nasser eut une crise cardiaque en septembre 1969 — encore qu'officiellement, ce ne fût qu'une « grippe ». Se rendant compte que désormais il pouvait disparaître, alors qu'il était sans cesse en butte à de nouvelles intrigues politiques, il se tourna du côté de son seul véritable ami. Le 20 décembre il devait partir pour le Maroc participer à une conférence des dirigeants arabes, et il était convenu qu'Anouar l'accompagnerait à l'aéroport. Le jour même Nasser demanda à mon mari de venir avec son Coran, et chez lui, dans la villa présidentielle, le nomma vice-président et lui fit prêter serment.

Entre-temps, la guerre d'usure continuait. Les villes de la zone du canal offraient un spectacle de désolation : *mahgoura*, plus aucune vie. Comme tout le monde, je pleurai en découvrant Ismaïlia qui n'était plus qu'un champ de ruines, en voyant les murs qui subsistaient çà et là, les cages d'escalier montant vers le ciel, les placards où pendaient encore des vêtements, les lits calcinés... Que de rêves détruits ! Que de victimes innocentes ! Je ne pouvais retenir mes larmes. Les rues étaient entièrement vides ; toute la population avait été évacuée et regroupée dans des camps, dans le désert.

L'aviation israélienne bombardait aussi nos industries, jusqu'à Assouan tout au sud du pays, sur le cours supérieur du Nil. Bien que le Haut Barrage soit une véritable montagne, tout le monde craignait que les Israéliens ne le fissent sauter : ç'aurait été un épouvantable cataclysme, des millions de personnes auraient été noyées, même Le Caire, à 800 km en aval, aurait été englouti sous l'inondation.

Un jour que je visitais un hôpital du gouvernorat d'El-Charqièh, un combat aérien s'engagea au-dessus de nos têtes. Je restais sur le balcon à regarder. Les soldats me criaient : Rentrez, rentrez ! Mais je ne me sentais pas moi-même en danger... Ce qui m'était insupportable, au contraire, c'était de voir notre peuple continuer de souffrir de cette guerre sournoise ; aucune catégorie sociale n'était épargnée ; 4 000 techniciens égyptiens en ont été victimes, pour ne citer qu'un seul exemple...

En janvier 1970, il y eut au Caire une nouvelle alerte aérienne. Les gens, courant aux abris, se pressaient encore derrière les murs de brique et de sacs de sable qu'on avait laissés devant les immeubles, quand l'air retentit des premières déflagrations. Soixante-dix ouvriers d'une usine à la périphérie de la ville moururent sous les bombes.

L'indignation vint à son comble quand on apprit que les Israéliens avaient aussi bombardé l'école primaire de Bahr el-Baqar, dans la province d'El-Charqièh, près de Bilbaïs.

Les Israéliens avaient-ils vraiment voulu tuer et blesser des enfants ? Contrairement à beaucoup d'Égyptiens, je ne les croyais pas capables d'une telle cruauté. J'accourus dans les hôpitaux où l'on avait mis ces pauvres gosses, qui avaient perdu leurs bras, leurs jambes ; je pleurais tellement que j'étais incapable d'articuler le moindre mot. Les invalides de guerre qui avaient subi les mêmes amputations, les mêmes souffrances, savaient au moins que leur devoir était de défendre leur pays, que leur métier comportait ces risques. Ces enfants, au contraire, ne savaient rien de tout cela. Je restai avec eux pendant des semaines. Mais qu'il était difficile, aussi bien pour moi que pour toutes celles qui travaillaient dans ces hôpitaux, de garder notre sang-froid, tandis que nous essayions de soulager et de réconforter les enfants de Bahr el-Baqar !

Quelqu'un devait intervenir, pour faire cesser ce carnage insensé. En novembre 1967, les Nations unies avaient adopté la Résolution 242, aux termes de laquelle Israël devait se retirer des territoires occupés, et les Arabes lui reconnaître le droit d'exister à l'intérieur de frontières intangibles. Aussi bien Israël que l'Égypte avaient accepté cette résolution ; mais Israël ne respectait pas ses engagements, en prétextant que l'ONU ne lui avait pas demandé d'évacuer *tous* les territoires occupés !

En mai 1970 les États-Unis, grand allié d'Israël, alors sous la présidence de Richard Nixon, proposèrent une solution, le plan Rogers (d'après le nom du secrétaire d'État de l'époque, William Rogers) : ce projet prévoyait le retrait des troupes d'occupation israéliennes, une trêve de quatre-vingt-dix jours et une médiation de l'ONU pour régler le problème palestinien. Nasser l'accepta. Israël le rejeta.

Combien de sacrifices faudrait-il encore supporter avant que les Israéliens consentissent à négocier ? Déjà les Palestiniens se déchaînaient contre l'Égypte, accusaient Nasser d'abandonner leur cause et juraient sa perte ainsi que celle de tous ceux qu'ils tenaient pour leurs ennemis. En Jordanie, la situation dégénérait rapidement, les extrémistes palestiniens s'insurgeaient contre le roi Hussein. L'unité arabe se désintégrait.

En juillet 1970, Nasser invita au Caire tous les chefs arabes, pour tenter, au moins, de rétablir la paix en Jordanie. La conférence se tint à l'hôtel Hilton ; quatre jours durant, presque sans arrêt, ce ne furent que réunions, discussions, altercations, algarades : ce fut épuisant pour Anouar, et surtout pour Nasser. Tous les rois arabes, tous les chefs d'États arabes étaient là — y compris Yasser Arafat, le président de l'Organisation de Libération de la Palestine nouvellement fondée, et le nouveau dirigeant révolutionnaire libyen, Mouammar el-Kadhafi.

J'avais fait la connaissance du président Kadhafi peu avant la conférence, lors d'un banquet donné par Nasser ; à cette occasion, j'avais eu une prise de bec avec Nasser qui m'avait fait redouter d'avoir perdu son amitié.

A un moment Fathiyya, l'épouse de Kadhafi, se plaignit à Nasser de ce que son mari avait fait arrêter son oncle.

« Frère Mouammar, pourquoi as-tu fait cela à un parent de ta femme ? dit Nasser, galant mais d'un ton guère sérieux. Il faut que tu ordonnes sa libération. »

Tous les convives marquaient leur assentiment. Le visage de Kadhafi se rembrunit : « J'ai fait arrêter cet homme, dit-il fermement, parce que c'est un ennemi de la révolution. » Un court silence s'ensuivit. Je me tournai vers Nasser :

« Moi je suis d'accord avec le président Kadhafi, dis-je. Toute révolution doit se protéger, surtout dans les premières phases, contre tous ceux qui cherchent à la faire échouer. »

J'entendis tout le monde retenir son souffle, car jamais personne n'osait contredire Nasser en public — surtout une femme ! Je ne regardai pas Anouar directement, mais du coin de l'œil, je le vis se crisper. Quant à Nasser, il était manifestement agacé par ma remarque.

« Ne fais pas attention à elle, dit-il vivement à Kadhafi. D'ailleurs, sa mère est anglaise. » Cette remarque me piqua au vif :

« Auriez-vous oublié, monsieur le président, Gaouad Hosni, ce grand patriote qui combattit les Anglais dans la zone du canal ? » Nasser me regardait stupéfait. « Sa mère était anglaise !... Il ne l'a jamais dit aux soldats anglais qui l'ont arrêté et torturé, qui ne lui donnaient même pas une goutte d'eau ! S'ils avaient su qu'il était à moitié anglais, ils en auraient agi moins cruellement envers lui : c'est pour cela qu'il ne leur a rien dit. Cet étudiant a vécu en héros de l'Égypte, il est mort en héros de l'Égypte, déchiqueté par la meute de chiens que les Anglais lancèrent sur lui. Il était à moitié anglais peut-être, ça ne l'a pas empêché d'être un grand Égyptien ! »

Un nouveau silence suivit, puis quelqu'un détourna la conversation...

« Tu vas m'attirer des ennuis », me gourmanda Anouar comme nous rentrions à la maison. Pour moi, je ne regrettais rien.

« Accepterais-tu qu'on insulte tes origines ? » lui demandai-je. Il rit.

« Tu as raison. Mais tes façons ne sont pas forcément du goût de tout le monde... »

Nasser, quant à lui, n'avait nullement été blessé par mon franc-parler. Ta femme, avait-il dit en riant à Anouar, est le type même des gens de chez nous (de Haute Égypte). Pour nous, la vengeance est un plat qui se mange encore tout chaud !

Le matin du dernier jour de la conférence, je me réveillai en sursaut, le cœur battant à tout rompre. Je me précipitai chez Anouar. « Je viens de faire un horrible cauchemar, m'écriai-je, terriblement angoissée.

— Quoi ? dit-il, sortant de son sommeil.

— Il est arrivé quelque chose de grave à Nasser.

— Mais non, mais non. J'étais avec lui hier, il est crevé par toutes ces réunions, mais c'est tout. Aujourd'hui tout le monde va partir et il va pouvoir se reposer.

— Je t'en supplie, Anouar, écoute-moi. Je suis sûre que quelque chose ne va pas. Je rêvais que j'étais sur le balcon de la maison de mes parents à Rôdah ; juste après le coucher du soleil j'ai vu des gens, plein de gens, arrivant dans la rue, vers chez nous. En regardant attentivement, j'ai reconnu le président Néméiry du Soudan, il pleurait à chaudes larmes, deux autres personnes aussi, à côté de lui, pleuraient. Puis j'ai vu Kadhafi, avec toute sa suite, tous eux aussi pleuraient.

— Et pourquoi pleuraient-ils ? demanda Anouar, pour me faire parler, pour me calmer.

— Kadhafi ne cessait de répéter : C'est incroyable. Incroyable. Qu'est-il arrivé à Nasser ? Qu'est-il arrivé à Nasser ? »

Anouar bâilla. « Allons, dit-il, Nasser se porte très bien en ce moment. Oublie ce rêve. »

Le téléphone sonna. C'était Nasser. Dieu merci ! faillis-je m'exclamer en reconnaissant sa voix.

« Jehane, j'aimerais bien venir dîner chez vous ce soir, me dit-il.

— Avec plaisir, monsieur le président, répondis-je. Je vous passe Anouar. » Il venait souvent chez nous, mais cette fois, cette perspective me comblait de joie. Il aimait beaucoup nos enfants — qui le lui rendaient bien — surtout la petite Jehane : « Je vais te donner une grosse grosse bise », lui disait-elle toujours, et tous deux riaient aux éclats. Quand il avait terminé sa petite visite aux enfants, je les emmenais, puis je servais à Nasser et Anouar leur repas.

« Notre président vient dîner ce soir à la maison, dis-je à notre cuisinier. Inutile de préparer des ortolans : il sera très content de manger du kébab, de la salade et des feuilles de vigne farcies. »

C'était moi, en fait, qui ne me sentais pas bien. Que se passait-il ? Nasser avait l'air en forme. J'allais le voir dans quelques heures... Je ne me comprenais pas.

Je suis peut-être en train de tomber malade, pensai-je. Je pris deux cachets d'aspirine et je me remis au lit — ce qui ne m'arrivait pour ainsi dire jamais. Mais j'étais certaine que dès l'après-midi je me serais retapée, et alors je ferais préparer la table et disposer les fleurs selon mon goût. Or je me sentais de plus en plus mal. Je descendis déjeuner ; en sortant de table j'avais l'impression de peser deux cents kilos. J'arrivais à peine à me traîner. C'est peut-être une véritable grippe, me dis-je. Je laissai un billet à l'intention d'Anouar qui devait rentrer à trois heures, et je remontai me coucher.

A six heures le téléphona sonna. Quelqu'un, de chez Nasser, me dit : « Voudriez-vous prier M. Sadate de venir à la résidence du président ? » Cela me parut plutôt curieux.

« Il aura changé d'idée pour ce soir, me dit Anouar, qui ne partageait absolument pas mes inquiétudes. Il a raison : après une journée pareille, il vaut mieux pour lui qu'il reste chez lui à se reposer. »

Rien n'était plus logique, puisque Nasser avait passé toute la journée à l'aéroport, accompagnant à leurs avions respectifs tous les dirigeants du monde arabe. En partant pour la villa présidentielle (qui était à trois quarts d'heure de voiture de chez nous), Anouar me dit qu'il m'appellerait au cas où Nasser maintenait son invitation.

Anouar me téléphona une heure et demie plus tard pour me demander de le rejoindre. Cela, c'était tout à fait exceptionnel : nous n'allions jamais ensemble chez les Nasser, au Caire, sinon pour les réceptions ou les dîners officiels. Dans tous les autres cas, nous les fréquentions séparément. A Alexandrie au contraire, où l'atmosphère était plus détendue, nous nous voyions tous ensemble : on bavardait un moment tous les quatre, en prenant un jus de fruits ; puis Tahia m'emmenait faire un tour dans son jardin, tandis qu'Abdel Nasser et Anouar discutaient ou regardaient un film. C'était ainsi que les choses se passaient à Alexandrie. Mais pas au Caire.

Un sinistre pressentiment me glaça le cœur quand mes yeux rencontrèrent ceux de mon chauffeur dans le rétroviseur de la voiture. C'était un regard que je ne lui avais jamais vu — sauf trois ans auparavant quand il m'avait ramenée en toute hâte à la maison après la crise cardiaque, et le décès, de mon père. A cet instant même, je sus que quelqu'un était mort chez les Nasser.

« Mettez la radio, s'il vous plaît », lui dis-je, voulant chasser ces noires pensées de mon esprit. On passait la célèbre chanson de Nagat el-Saghira *O mon Égypte bien-aimée* — sur les émigrants égyptiens. Elle en était au passage précis où l'homme de la chanson quitte le pays.

« Éteignez, s'il vous plaît... » Le chauffeur me jeta un regard interrogateur. Je détournai les yeux et me mis à regarder par la fenêtre. « Excusez-moi, lui dis-je. Je ne sais pourquoi, je n'ai pas envie de parler. »

La première personne que je vis en entrant chez Nasser, ce fut le ministre de l'Intérieur, assis sur les marches de l'escalier, la tête dans les mains.

« Qu'y a-t-il ? » lui demandai-je. Pas de réponse.

Je passai dans le jardin où je trouvai un assistant de Nasser, en pleurs. Puis je tombai sur un domestique : « Est-il arrivé quelque chose à notre président ? » lui dis-je. Mais l'homme était trop bouleversé pour parler. « Où est Mme Nasser ? insistai-je avec douceur.

— Elle est dans sa chambre. Le docteur lui a donné quelque chose pour qu'elle se calme », réussit-il à me dire.

Je montai vers sa chambre quand je rencontrai Khalid, leur fils aîné. « Puis-je voir votre mère ? lui demandai-je.

— Je regrette, on l'a endormie. »

Personne pour me dire ce qui s'était passé ! Cela ne faisait qu'accroître la confusion dans laquelle j'étais depuis le matin. Que faire ? Quelle décision prendre ? Et Anouar, où était-il ? Et moi, pensai-je tout à coup, que fais-je là dans cette robe bleu clair ? ! Quoi qu'il soit arrivé ici, il faut que je retourne immédiatement à la maison me changer. Je pourrai toujours revenir ici ensuite si l'on a besoin de moi — pour rester avec les femmes, pour aider à recevoir les visiteurs... Dans la voiture je me sentis gagnée par la panique. Pour recouvrer mon sang-froid, je me forçai à réfléchir : qu'est-ce que je sais ? Ce ne peut pas être Mme Nasser, vu qu'on lui a administré un calmant. J'ai vu Khalid, donc, donc...

Donc c'est Abdel Nasser. Mais c'est impossible. Comment survivrons-nous sans Nasser ? La panique me reprit — comme si personne d'autre n'eût pu diriger notre pays. Comme si l'Égypte avait été un navire dans la tempête, sans personne à bord capable de remplacer le capitaine... Il était notre chef depuis dix-huit ans ; personne ne doutait qu'il continuerait de l'être pendant au moins autant de temps...

Je ne pouvais arrêter mes larmes.

« Qu'y a-t-il, madame ? me demanda le chauffeur.

— Je ne sais pas », répondis-je. Et c'était vrai. Mais je ne pouvais m'empêcher de pleurer.

« Qu'y a-t-il ?

— Je ne sais pas, je ne sais pas. On ne m'a rien dit. Je vous en prie, ne me posez plus de questions. »

Rentrée à la maison, j'allumai la télévision. Rien de spécial concernant Nasser : on voyait les reportages tournés l'après-midi même à l'aéroport. Regardant très attentivement, je vis la tête de Nasser se poser sur l'épaule de l'émir du Koweit au moment où ils se donnaient l'accolade. Effectivement, Nasser avait l'air épuisé, il n'avait ni sa vigueur ni son entrain habituels. Je passai sans cesse d'une chaîne à l'autre. Aucun communiqué. Je mis la radio. Rien non plus.

« Pourquoi pleurez-vous, maman ? me demandaient les enfants. Il est arrivé quelque chose à papa ?

— Non, pas à votre père, leur répétais-je. Pas à votre père. »

Tous mes vêtements d'été étaient de couleurs trop claires. Je pris l'escabeau pour choisir une des robes de laine noire qui étaient rangées en haut du placard.

A ce moment le téléphone sonna. C'était une amie, femme de député :

« Qu'est-ce qu'a Nasser ? me demanda-t-elle.

— Je ne sais pas », dis-je. Mais elle pleurait, et moi aussi.

« Nous allons venir chez vous, dit-elle. Tout le monde dit qu'Abdel Nasser est mort. »

Comment les gens pouvaient-ils savoir ? C'est impossible à expliquer. Mais la rumeur se répandait comme une traînée de poudre. Nasser est mort. Nasser est mort. Une lamentation muette semblait monter des rues où déjà l'on s'attroupait. Nasser est mort. Nasser est mort.

A sept heures, la télévision se tut. Plus d'images. Des versets du Coran apparurent sur les écrans de toute l'Égypte. Puis à huit heures, on vit Anouar : avant même qu'il se mît à parler, tout le monde devina que ses pires craintes s'étaient avérées. Anouar ne pleurait pas, n'avait même pas les larmes aux yeux. Son visage communiquait une souffrance au-delà de toute expression.

« O âme en paix ! commença-t-il à réciter. Retourne à ton Seigneur, satisfaite dans son bon plaisir ! » Il s'arrêtait souvent respirant profondément, la gorge serrée. Il poursuivit : « Je vous apporte la plus triste des nouvelles. Le plus valeureux des hommes, le plus noble des hommes, disait-il lentement, le président Gamal Abdel Nasser est mort d'un mal foudroyant contre lequel toutes les ressources de la médecine moderne ne pouvaient rien. »

Comment était-ce possible ? Nasser n'avait que cinquante-deux ans. Tout le monde en Égypte trouvait cette mort soudaine inexplicable. Mais dans le plus proche entourage du président on savait que Nasser, lui aussi, était tombé victime de la guerre. Sa santé, sa force, sa confiance en soi avaient été brisées par notre terrible défaite.

« Gamal, certes, continuait de marcher et de parler après la guerre de Juin, me dit un jour Anouar ; mais on voyait la mort dans la pâleur de sa face et de ses mains. Il n'est pas mort le 28 septembre 1970. Il est mort le matin du 5 juin 1967. »

Le jeudi 1er octobre 1970, cinq millions de personnes accablées de chagrin firent la haie dans les rues du Caire, le long du parcours du cortège funèbre. Contrairement à notre tradition — qui veut que l'enterrement ait lieu le jour même de la mort — on avait attendu trois jours pour donner le temps d'arriver à tous les dirigeants du monde qui voulaient rendre à Nasser un dernier hommage. Et quel hommage ! Jamais, dans le monde entier, on n'a vu de si grandes funérailles.

Je revivais mon rêve : Néméiry pleurait en descendant de son avion ; immédiatement après arrivait Kadhafi avec toute sa suite, et il ne cessait de répéter, terrassé par l'émotion : « Incroyable ! Incroyable ! »

Je ne vis plus Anouar pendant les trois jours qui précédèrent l'enterrement : il était sans cesse en réunion, accueillait les chefs d'État qui arrivaient, prenait soin de leur sécurité, dirigeait l'organisation des cérémonies. Il ne rentrait même plus à la maison ; il s'était déjà installé dans le palais présidentiel de Koubbèh où le corps de Nasser était exposé. Le jour des funérailles, il eut un malaise ; on le transporta à l'immeuble du Conseil de la Révolution. Il ne se réveilla que cinq heures plus tard, avec une idée fixe en tête, qui le terrorisait : les foules en deuil, hystériques, s'étaient emparées de la dépouille de Nasser... (Heureusement il n'en était rien.)

Pendant qu'Anouar surveillait les préparatifs des obsèques, moi je passais mes journées avec Tahia Nasser, les femmes de sa famille et les femmes des autres dirigeants. Puis sept jours durant après l'enterrement, je fus à ses côtés pour la soutenir tandis que des centaines, des milliers de gens venaient lui présenter leurs condoléances. Je me mettais à sa place, sachant à quel point elle était brisée par le chagrin ; mais son deuil devait être public, ce devait être atroce. Souvent elle n'en pouvait plus, elle fondait en larmes. « Ne pensez pas, ne pensez pas, lui murmurais-je, la prenant par l'épaule. C'est la volonté de Dieu. » Moi-même je n'arrivais pas à surmonter ma tristesse.

« *Mabrouk*, madame, me chuchota une femme qui arrivait dans la file interminable. Mes félicitations ! »

Je la foudroyai du regard. Quel manque de tact !

Et de plus, je n'avais pas la moindre envie d'être la femme du président de l'Égypte. Je ne voulais pas du fardeau d'une telle responsabilité. Et que resterait-il de notre vie privée, déjà si réduite ? Anouar aussi était complètement accablé. Il n'avait jamais envisagé de devenir le chef de l'État. Il aimait le pays, il aimait profondément Nasser ; aussi avait-il toujours accepté avec plaisir les responsabilités que celui-ci lui confiait. Mais jusque-là, le responsable de tout, en dernière instance, avait toujours été le défunt président.

Maintenant cette charge lui tombait sur les épaules — même si on ne l'élut officiellement président qu'un mois plus tard. Et c'était une charge terrible : la défaite, la guerre d'usure, l'occupation d'une partie du pays, et les finances dans une situation tellement catastrophique qu'on commençait à se demander comment continuer à verser leur solde aux combattants du front et leur traitement aux fonctionnaires. Plus de 23 000 prisonniers politiques, dans leur grande majorité des Frères musulmans, s'entassaient dans les prisons. Et la seule grande puissance étrangère qui nous aidait était l'Union soviétique — à l'égard de qui Anouar éprouvait une méfiance absolue.

Mais je savais qu'Anouar était à la hauteur de la tâche ; qu'il était le plus capable, le plus courageux de tous les successeurs possibles de Nasser. Je savais que l'ardeur de sa foi lui donnait une très grande force intérieure ; Dieu serait toujours avec lui. Et pourtant, j'avais peur pour lui : le gouvernement de Nasser avait toujours été infesté d'intrigants ambitieux, qui n'avaient cessé d'exploiter le naturel soupçonneux de leur chef pour se débarrasser de tous ceux qui pouvaient menacer leurs positions acquises. C'était de tels ministres qu'allait hériter Anouar.

Ils seraient dès le départ contre lui et ne manqueraient pas une occasion de lui mettre des bâtons dans les roues. A cause d'eux, Anouar devrait affronter seul les problèmes de l'Égypte, en ayant à subir, en plus, leur déloyauté et leur malignité. Tout cela je le sus, je le vis du moment où Nasser disparut, du moment où mon mari devint le président de notre pays.

Chapitre 8

La trahison et les traîtres

Qu'on me permette de raconter encore un de mes rêves. Je suis dans notre jardin, à Guizeh. Autour de moi, l'air prend soudain un éclat orange, menaçant ; une vive lueur entoure les magnolias et le sapin qui domine notre maison. Mais que cette lumière est sinistre ! Le feu a pris à la maison ! De grandes flammes jaillissent de toutes les fenêtres à la fois. Je veux courir vers la maison pour sauver mes enfants, mon mari, ma mère. Mais je suis comme paralysée. Je veux crier, appeler à l'aide. Mais aucun son ne sort de ma bouche. Impuissante, je regarde la fumée qui maintenant s'amasse en un grand nuage au-dessus du Nil. Mais, mais… Cette fumée n'est pas noire, elle est blanche ! Il y a encore de l'espoir. Dieu, aide-nous ! m'écrié-je. Aide-nous à sauver l'Égypte !

Aussitôt réveillée, je me précipite dans la chambre d'Anouar pour lui raconter cette vision.

« Le complot contre toi échouera, lui dis-je, tout excitée. Tes ennemis essaieront de te tuer pour prendre le pouvoir, mais ils ne réussiront pas à t'atteindre. J'en suis certaine, parce que la fumée de l'incendie qu'ils allumaient dans mon rêve était blanche, elle n'était pas noire. L'Égypte sera sauvée, et toi aussi ! »

Anouar souriait, sans rien dire. Croyait-il à mes rêves ? Y croyais-je moi-même ? Et pourtant j'avais bien vu en rêve, plusieurs jours à l'avance, l'enterrement de Nasser. . ce nouveau rêve était-il lui aussi prémonitoire ? Il me plaisait de le croire. Mais Anouar n'en était pas moins en grand péril, et je continuais de redouter le pire.

Anouar, en effet, combattait la forme d'opposition la plus obstinée qui puisse être : le pouvoir d'un spectre. Sa vision de l'Égypte était au fond très différente de celle qu'avait eue Nasser, à laquelle beaucoup de gens dans le pays restaient farouchement attachés. Contrairement à Nasser, Anouar voulait supprimer la censure et encourager le débat politique ; rouvrir le pays au commerce prospère avec l'Occident ; mettre un terme à la guerre d'usure avec Israël. Mais tout président qu'il était, sa position était très délicate. D'aucuns considéraient même qu'il n'aurait jamais dû le devenir.

Les membres les plus influents du gouvernement : Ali Sabri (le premier ministre), Cha'arawi Gom'a (ministre de l'Intérieur), Sami Charaf (secrétaire d'État à la présidence), Mohammed Fawzi (ministre de la Défense), Mohammed Fayek (ministre de l'Information) et Amine Howeïdi (le chef des services secrets) étaient contre Anouar. Ces hommes, dont beaucoup avaient fait partie du sinistre Comité pour la Liquidation du féodalisme, avaient, des années durant, arrêté ou fait chanter leurs adversaires, mis les téléphones sur écoute, fiché des milliers de citoyens ordinaires, etc., et, par ces méthodes policières, acquis un énorme pouvoir, auquel ils n'entendaient nullement renoncer.

Or, Anouar prit tout de suite des décisions qui tendaient à saper l'influence de ce groupe. Deux mois à peine après être entré en fonctions, il abolit les décrets qui permettaient aux divers « comités » de séquestrer arbitrairement, au nom de l'État, les biens des particuliers, et il interdit les écoutes téléphoniques non autorisées par le pouvoir judiciaire. Anouar était tellement attaché au respect de la vie privée des citoyens qu'il refusa même de jeter un seul coup d'œil aux transcriptions des conversations téléphoniques (cela faisait des montagnes de paperasses) entre les Égyptiens que les comités avaient soupçonnés. La moindre de ces mesures de libéralisation rendait les ministres fous de rage.

Nasser était devenu nettement prosoviétique ; ses héritiers

politiques l'étaient tout autant. A une époque où l'Europe et l'Amérique exprimaient leur optimisme à propos de ce qu'elles appelaient « le printemps du Caire », les ennemis de mon mari utilisaient tous leurs moyens de propagande pour critiquer sa politique. « Sadate et ses partisans représentent les forces de la réaction », disaient-ils aux membres du parti, l'Union socialiste arabe. « Les réactionnaires se regroupent pour supprimer les droits acquis par les ouvriers et les fellahs. »

Sur les huit membres du Conseil exécutif suprême de l'Union socialiste arabe, notre unique parti politique, cinq étaient si farouchement prosoviétiques qu'Anouar les surnommait hargneusement « le Bureau politique ». Ce « Bureau politique » ne faisait pas mystère de ses intentions : ses membres s'acharnaient à discréditer mon mari, colportaient sur son compte les pires calomnies. Bientôt les journaux se mirent à reproduire leurs critiques ; et même les diplomates étrangers s'en firent l'écho. « Je ne donne pas six semaines à Sadate », rapporta au président Nixon l'envoyé spécial des États-Unis, Eliot Richardson, après l'enterrement de Nasser. Les Soviétiques étaient du même avis.

Mais les nouvelles libertés qui provoquaient la furie de la fraction nassérienne étaient au contraire très bien accueillies par le peuple. Les Égyptiens se réjouirent surtout de l'abrogation du décret qui rendait presque impossibles les voyages à l'étranger. Les entretiens avec la police, les tampons de multiples bureaux, les interminables formulaires à remplir — tout ce qui était auparavant nécessaire à l'obtention d'un visa de sortie fut supprimé. Les Égyptiens aisés qui avaient fui le pays commencèrent peu à peu à rentrer. L'Égypte se dégageait de la chape de plomb de son isolement. C'est alors que les nassériens lancèrent leur campagne pour renverser mon mari.

« Jehane, le ministre de l'Intérieur n'a pas mâché ses mots hier soir, pendant le dîner, en parlant de ton mari », m'avertit une amie, peu après l'élection officielle d'Anouar à la présidence.

« J'ai entendu dire à Sami Charaf, m'informa une autre, que ton mari est un faible et qu'aucun de ses ministres ne le respecte. »

Les gens qui connaissaient notre numéro de téléphone m'appelaient pour me transmettre sans cesse de nouvelles

Mon père, Safouat Raouf, et ma mère, Gladys Cotrell, au Caire. *Ci-contre :* mon grand-père, chirurgien, qui s'opposa à leur mariage *(DR)*

A gauche : Tante Zouzou, ma « mère égyptienne » *(DR)*
A droite : Tante Batta, qui voulait me faire épouser son fils *(DR)*

Moi, en compagnie des filles orphelines
de ma cousine 'Awatif à Port-Saïd *(DR)*

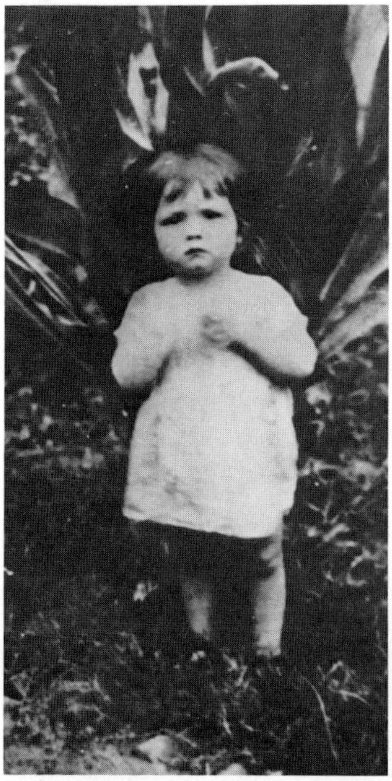

A deux ans,
dans notre jardin,
à Rôdah *(DR)*

Anouar, debout à droite,
avec ses camarades de classe,
au Caire *(DR)*

De gauche à droite : ma sœur Dalia, la sœur d'Anouar, Sakina, moi, Hassan Izzat, Anouar et ma mère, à Suez, après nos fiançailles *(DR)*

A quinze ans à Suez : la première photo qu'Anouar a eue de moi *(DR)*

29 mai 1949, le jour le plus heureux de ma vie *(DR)*

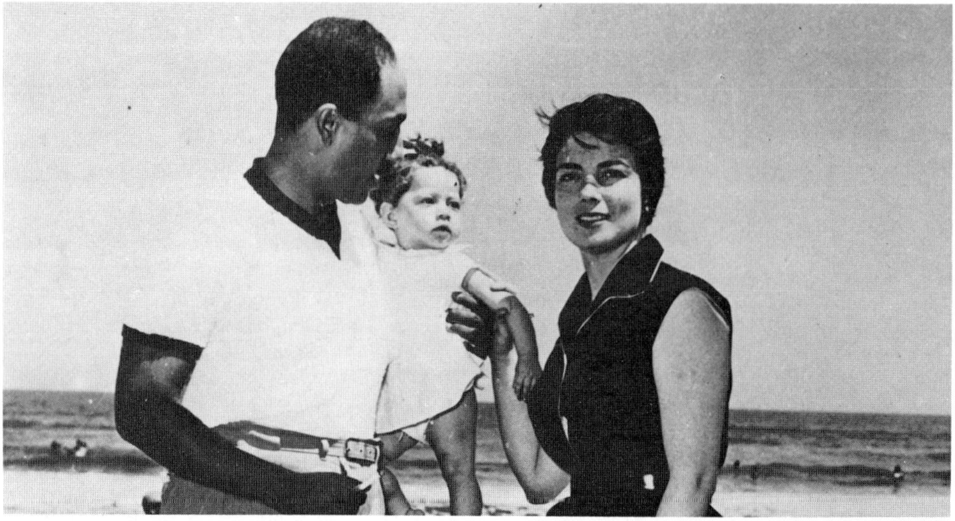

Quand Loubna, notre première fille, née en 1954, n'était encore qu'un bébé. Nous l'emmenions partout avec nous : *ci-dessous*, au mariage de ma sœur Dalia, à Port-Saïd *(DR)*
En bas à gauche : notre première maison avec Anouar, à Rafah *(DR)*

Loubna fut bientôt suivie de Gamal, puis Noha *(en haut)* dans le jardin de notre maison route des Pyramides. Quand la petite Jehane (ci-dessus, surnommée « Nana ») naquit en 1961, la famille fut au complet *(DR)*

Le lieu de villégiature favori d'Anouar : Mit Aboul Kôm, le village de son enfance *(DR)*

Dans la ville voisine de Talla, je fondai ma coopérative de femmes, pour les villageoises désireuses de gagner elles-mêmes leur vie *(DR)*

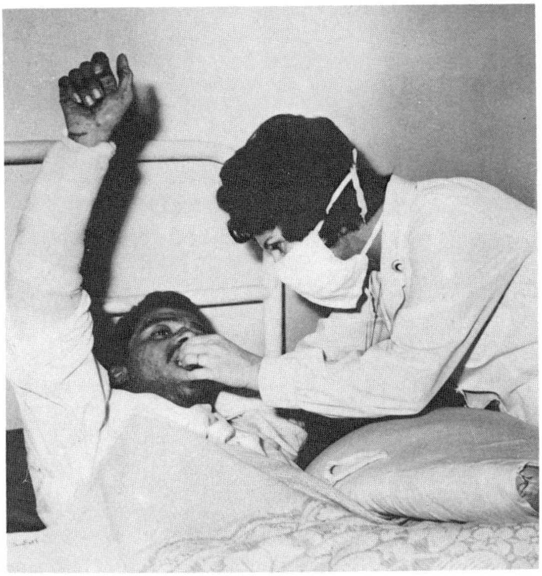

Le coût de la guerre. Pendant notre humiliation, en 1967 : ce soldat, ayant subi un grave traumatisme, ne mangeait plus. Après notre victoire, en 1973 : je visitai la ligne Bar Lev en compagnie du général Fouad Aziz Ghali, héros copte; je réussis à passer quelques instants *(à droite)* avec Anouar au palais el-Tahira où s'était établi l'état-major *(DR)*

« Vous qui avez servi l'Égypte, vous qui avez versé votre sang pour notre dignité, vous êtes des héros, nos héros! » *(DR)*

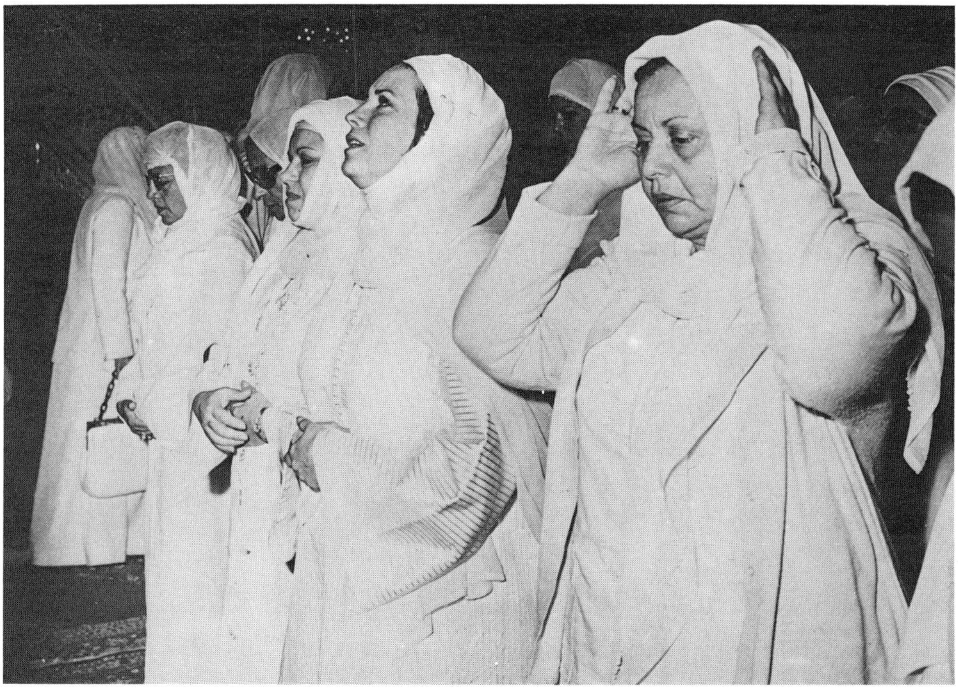

Après la guerre de 1973, avec mon groupe d'infirmières volontaires, j'allai à La Mecque rendre grâces à Dieu, puis je fis une tournée dans la zone du canal pour remercier nos soldats *(DR)*

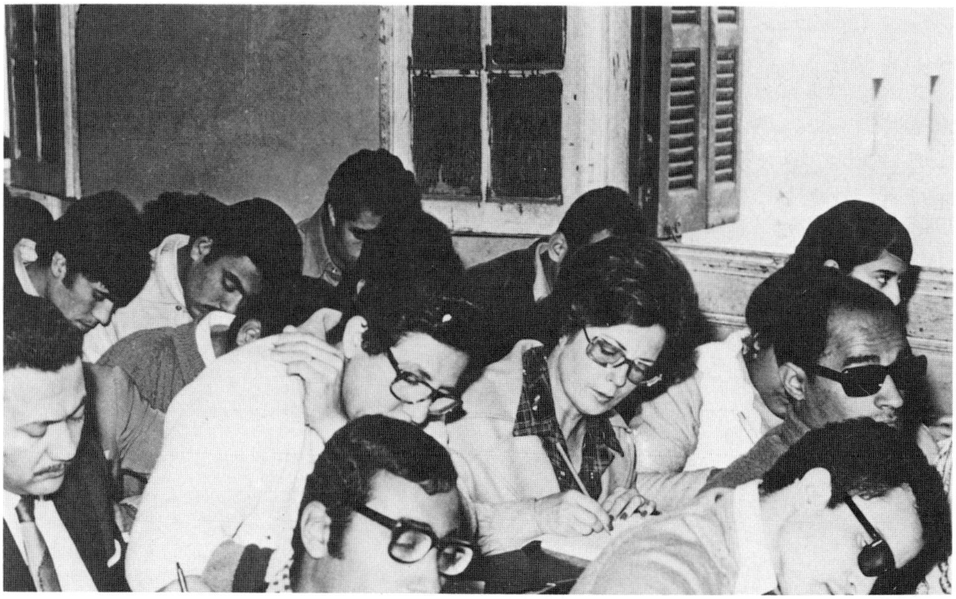

A quarante et un ans, je m'inscrivis à l'université du Caire *(DR)*

Six ans plus tard, je passai ma maîtrise de littérature arabe, avec le soutien moral non seulement *(de gauche à droite)* de Nana, Dina (la femme de Gamal), Loubna et Noha, mais aussi de milliers de téléspectateurs égyptiens *(DR)*

Mon amie, feu la reine Alia de Jordanie, venue me voir au Caire

Safiyya Kadhafi aussi, me rendant visite lors de son premier voyage seule à l'étranger *(ci-contre) (DR)*

En 1974, deux cents femmes venues de trente pays se réunirent au Caire pour le premier congrès des femmes arabes et africaines *(DR)*

Je me faisais beaucoup d'amies lors de nos voyages à l'étranger; entre autres la reine Elizabeth qui m'invita avec toute ma famille à déjeuner au palais de Buckingham, et Rosalynn Carter, avec qui je partageai bien des angoisses durant les pourparlers de paix *(DR)*

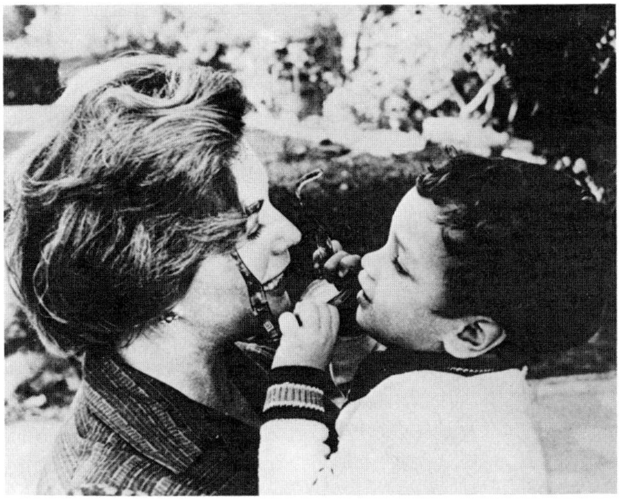

Ma famille que j'ai toujours portée dans mon cœur *(de haut en bas) :* mon petit-fils Charif; Gamal et Dina lors de la naissance de leur fille Yasmine; toute la famille, un peu anxieuse, réunie à Ismaïlia avant le voyage d'Anouar à Jérusalem *(DR)*

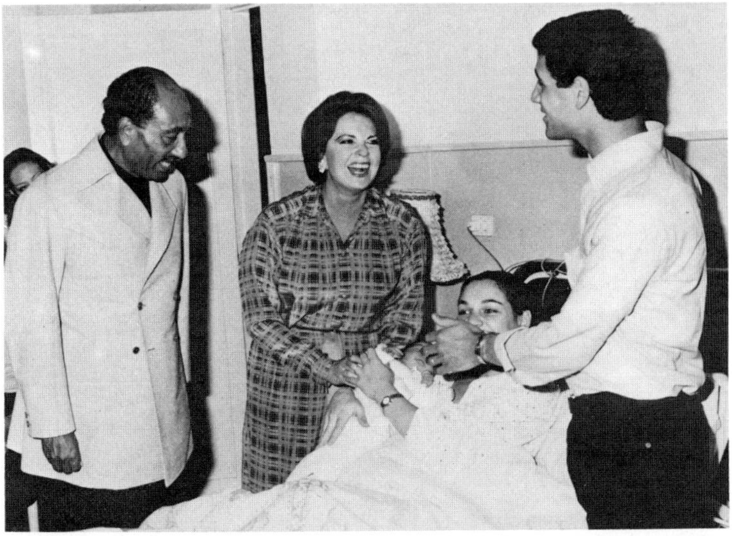

Mme Begin, Mme Carter et moi *(premier rang à droite)* étions assises côte à côte au moment de la signature des Accords de Camp David, en 1979 *(DR)*

Mais la paix avec Israël puis, en 1980, l'hospitalité que nous accordâmes au chah et à l'impératrice d'Iran mirent en colère la minorité intégriste d'Égypte *(DR)*

Avec Mme Nancy Reagan qui devait devenir
l'une de mes meilleures amies à Washington
(© White House Photo)

6 octobre 1981. Quelqu'un a pris cet instantané de moi et de Charif alors qu'en bas dans les tribunes, Anouar (assis entre le vice-président Moubarak et le ministre de la Défense) vivait ses derniers instants *(DR)*

Bientôt le monde entier pleurerait la disparition d'un homme de paix *(© UPI/Bettmar)*

rumeurs. Ceux qui ne l'avaient pas, de fidèles Égyptiens que je n'avais jamais vus, n'hésitaient pas, malgré le danger, à venir carrément chez nous, même à la nuit tombée, pour m'avertir eux aussi des menaces qui pesaient sur mon mari. Je donnai l'ordre à nos domestiques de ne renvoyer personne, quelle que fût l'heure, et je les recevais tous. Un coup d'État me semblait de plus en plus probable, et je voulais savoir exactement ce qui se tramait dans le dos d'Anouar.

La situation s'aggrava quand, quatre mois après son arrivée au pouvoir, Anouar annonça au Parlement une nouvelle initiative de paix. Il se déclarait prêt à rouvrir le canal de Suez si Israël retirait ses forces du Sinaï, et à prolonger de trois à six mois la trêve proposée par le plan Rogers. D'autre part, il exprima son désir de renouer les relations diplomatiques avec les États-Unis.

Mais ce qui surprit le plus, ce fut sa proposition d'une médiation des Nations unies pour aboutir à la signature d'un traité de paix avec Israël. Depuis vingt-deux ans qu'Israël existait, aucun dirigeant arabe n'avait fait un tel geste. Alarmés par ce tournant radical de notre politique, les ennemis d'Anouar redoublèrent leurs efforts pour le discréditer. Anouar, étant de plus en plus populaire, devenait pour eux un véritable danger. De plus, tous ces tenants des Soviétiques voyaient d'un mauvais œil la perspective d'un rapprochement avec l'Occident : il leur fallait étouffer cette évolution dans l'œuf.

Tous les soirs, je rapportais à Anouar les rumeurs et les ragots que j'avais appris. En avril, sixième mois de la présidence d'Anouar, ses adversaires se vantaient de disposer de « centres de rumeurs » tellement efficaces qu'une anecdote « anti-Sadate » lancée au Caire y revenait une heure après, après avoir fait le tour de tout le pays... Nos propres lignes de téléphone — à la présidence ! — avaient été mises sur écoute, comme j'en eus la preuve quand on me rapporta le contenu exact de certaines de mes conversations téléphoniques.

« Pourquoi votre mari laisse-t-il le pouvoir à ses ennemis ? me demandaient les fidèles d'Anouar. Pourquoi laisse-t-il ses ministres persuader les gens qu'il n'est qu'une potiche, comme la reine d'Angleterre, et que ce sont eux qui gouvernent vraiment l'Égypte ?

— Il attend son heure », répondais-je. Mais moi aussi, je commençais à perdre patience.

« Anouar, lui dis-je un soir de ce mois d'avril, qu'est-ce que tu attends ? Qu'ils t'arrêtent, te jettent en prison, qu'ils te tuent ? Je me fais du souci pour toi parce que je suis ta femme, bien sûr, mais je m'inquiète aussi pour l'Égypte. Si les communistes prennent le pouvoir, ils fermeront tout de nouveau. Toi, tu nous conduis vers la démocratie, vers la paix avec Israël, vers l'amélioration de nos relations avec beaucoup d'autres pays ; mais eux, ils annuleront tout ça. »

Malgré tous mes efforts, je ne parvenais pas à rester calme, à parler posément : « Il y a une course engagée entre toi et tes ennemis, le gagnant est celui qui saura le plus vite se débarrasser de l'autre, dis-je, haussant un peu le ton. Ils sont tous contre toi, et ils peuvent mobiliser des masses de gens. Qu'est-ce que tu attends, Anouar. Dis-le-moi ! »

Il sourit. « Tu oublies une chose très importante, Jehane », dit-il doucement. Il pointa le doigt vers le ciel. « Dieu est avec moi.

— Je n'en doute pas. Mais tu dois agir toi aussi, sinon il risque de se lasser de te voir continuer à ne rien faire. Cela ne suffit pas, Anouar, de dire : Dieu est avec moi ! »

Il continuait de sourire.

« Je le sais très bien, Jehane. Et Dieu m'est témoin que j'agis, mais calmement, sans précipitation. Je ne suis pas impatient comme toi. Et peu m'importent toutes ces menaces, ce ne sont que des mots. Quand le moment sera arrivé, tu verras que je suis prêt.

— Que puis-je faire pour t'aider à être prêt ? » lui demandai-je. Je voulais être rassurée, avoir une preuve qu'il se préparait vraiment à riposter.

« Demande aux personnes qui te rapportent toutes ces rumeurs de les mettre par écrit, de signer, et tu me transmettras tout ça. »

Ah ! me dis-je, profondément soulagée, croyant deviner qu'il avait l'intention d'arrêter les factieux et d'utiliser ces documents signés comme pièces à conviction. Le lendemain je demandai à une femme, membre du Parlement, de coucher par écrit et de signer ce qu'elle m'avait déjà dit. Et elle rapporta consciencieusement ceci : « Les ministres, s'adressant à l'Union socialiste arabe, ont déclaré que notre direction est faible, qu'ils n'ont aucune confiance dans cette direction, et que la politique actuelle de l'Égypte s'oppose à tous les principes qui inspiraient l'action de Nasser. »

« Bien, dit Anouar quand je lui remis ce témoignage. Je vais montrer ça au ministre de l'Intérieur. »

Au ministre de l'Intérieur ? Au chef même de l'opposition ? !

« Anouar ! m'écriai-je. Comment peux-tu faire une chose pareille ? Tu veux la perte de cette femme qui a eu la bonté de nous aider ?

— Je sais ce que je fais, Jehane, me répondit-il fermement. Tu vas voir. »

Je savais qu'Anouar n'était pas homme à transiger avec les principes. Mais alors pourquoi compromettre ces hommes et ces femmes qui s'étaient rangés de notre côté en communiquant à l'ennemi leurs noms et leurs dénonciations ? Mais je finis par comprendre la stratégie d'Anouar : en montrant ces rapports menaçants aux ministres qui étaient contre lui, il leur faisait connaître qu'il connaissait lui-même leurs intentions. Il montrait à ses ennemis qu'il était entièrement sûr de lui. En tant que président — eux-mêmes le savaient, autant que lui — il disposait du pouvoir suprême et pouvait les faire arrêter quand il le choisirait. Mais à qui obéirait l'armée ? Le ministre de la Défense était lui aussi un ennemi juré d'Anouar.

Un matin, une voisine vint me voir :

« Nous avons reçu la visite d'un officier envoyé par votre mari. Un homme très bien ! » me dit-elle.

Un officier... Quel officier ?

« Il est venu hier avec le ministre de l'Intérieur. Il nous a demandé s'il pouvait observer votre maison depuis les fenêtres de notre dernier étage. Ils voulaient voir quelle est la meilleure façon de défendre votre maison au cas où l'on monterait une attaque contre votre mari. »

Je la remerciai infiniment du grand service qu'elle pensait nous avoir rendu, mais en moi-même, je me dis : Tu parles ! Ils sont venus voir quelle est la meilleure façon d'attaquer la maison, quand ils viendront arrêter Anouar...

Jamais je ne m'étais sentie si seule. Nous n'avions personne avec qui parler, personne à qui demander conseil. Je me mis à dormir toutes les nuits dans la chambre d'Anouar, me sentant plus en sécurité à côté de lui et du revolver qu'il avait toujours à portée de main, sur sa table de chevet.

« Ferme la porte à clé, lui dis-je.

— Pourquoi ? Nous n'avons jamais fermé cette porte à clé.

— Oui, mais maintenant il le faut. »

Il me regarda, de cet air hébété qu'il prenait parfois et qui avait le don de m'exaspérer.

« Au moins, continuai-je, s'ils viennent t'arrêter en pleine nuit, avant qu'ils réussissent à entrer dans la chambre tu auras le temps de te réveiller et d'armer ton pistolet. Tu pourras en descendre deux ou trois avant qu'ils te tuent.

— Jehane, s'il te plaît. Ton imagination nous tuera tous. »

Mais il n'ajouta rien quand je me levai et fermai la porte à double tour.

Je subissais moi aussi, et presque autant qu'Anouar, l'opposition des nassériens. Dès le début, ils me critiquèrent pour avoir choisi de jouer un rôle public, et ils cherchèrent même à entraver mes activités. Mais je m'y attendais, je savais que mon comportement public susciterait les controverses, car j'allais bien sûr heurter la tradition en ne me contentant pas de rester à la maison et d'être honorablement connue pour une bonne épouse et mère de famille... Et pourtant, même chez nous, il n'en avait pas toujours été ainsi : l'ancienne Égypte fut à maintes reprises dirigée par des femmes, et on les respectait infiniment. La reine Hatshepsout, par exemple, monta des expéditions militaires qui étendirent la domination de l'Empire sur la Somalie et Djibouti. Et elle ordonna aux sculpteurs qui ornèrent son gigantesque tombeau de Louxor de la représenter portant la barbe, symbole du pouvoir. Ce n'est qu'à une époque plus récente que les Égyptiennes furent reléguées dans des rôles subalternes. Et la plupart se soumirent.

Mais je ne voulais pas — je ne pouvais pas — renoncer à mes activités sociales. C'était Dieu, j'en étais persuadée, qui m'avait donné ce pouvoir d'aider les gens, cette capacité de les comprendre ou de travailler avec eux. Femme du nouveau président, je pouvais être le lien entre Anouar et les gens du peuple, en partageant leurs souffrances, en me consacrant à leurs problèmes. Je savais aussi que certains reprocheraient à Anouar de permettre à sa femme d'apparaître trop souvent en public. Mais j'étais fermement résolue à ignorer tous ces détracteurs. C'était à moi, et à moi seule, de décider quel usage faire de ce don reçu de Dieu.

La résistance des conservateurs se manifesta immédiatement, le soir même de l'investiture officielle d'Anouar, lors de la réception des ambassadeurs étrangers au palais d'Abdine. Cette cérémonie, pour une telle occasion, était tout à fait dans la tradition. Le discours d'Anouar, déjà, le fut moins : « Dites à vos gouvernements, déclara-t-il aux diplomates, que l'Égypte désire la paix, mais nous n'accepterons pas que l'on continue d'occuper une partie de notre pays. » Mais surtout, il me demanda, quand nous arrivâmes à cette réception, de faire mon entrée à ses côtés — alors que dans ce genre de circonstances Mme Nasser avait toujours suivi son mari à cinq pas. De plus — autre révolution dans l'étiquette — au moment des salutations, il me plaça avant lui, de sorte que j'étais la première à qui nos hôtes serraient la main. Jamais un chef d'État musulman n'avait témoigné de tels égards à une femme ; c'était du jamais vu ! D'ailleurs les photographes nous mitraillaient à cœur joie... La réaction ne se fit guère attendre :

« Ce n'est pas à vous de faire le service ! me siffla la femme du ministre de l'Intérieur, comme je tendais son assiette à chaque diplomate. Vous êtes la femme du président ! »

Elle trouvait que mon attitude manquait de dignité ; alors que moi, j'entendais confirmer par ce geste ce qu'Anouar voulait faire comprendre à ces représentants du monde entier : qu'en Égypte, les choses allaient changer, que son nouveau président était un homme moderne, que chez nous l'égalité ne serait plus un vain mot.

« Qu'est-ce que je perds à être polie ? répondis-je en souriant à cette femme, tout en continuant de servir les diplomates. Je veux traiter nos hôtes étrangers exactement comme je traiterais chez moi mes propres invités : ainsi ils verront que j'ai de l'assurance, et ils me respecteront. » De nouveau les éclairs des flashes illuminèrent la salle.

Le lendemain, je n'apparaissais sur aucune des photographies publiées par le journal ! On pouvait y voir Anouar, tous les ambassadeurs étrangers, toutes leurs femmes, mais moi, c'était comme si je n'avais pas été là : sur l'une des photos, il est vrai, on voyait ma main, juste au bord — petite erreur de découpage… J'éclatai de rire, mais en même temps j'étais furieuse. Certes les journaux n'avaient que rarement publié des photos de Mme Nasser ou des femmes du roi Farouk ; mais là, le message était clair : les femmes à « leur » place ! Eh bien, si la vieille garde nassérienne voulait engager le combat sur ce terrain, elle allait être servie !

Je téléphonai aussitôt à Fawzi Abdel Hafez, le secrétaire personnel d'Anouar : « Appelez le secrétaire d'État à la présidence, lui dis-je, et demandez-lui pourquoi il m'a fait disparaître de toutes les photographies. Dites-lui qu'il devrait être fier au contraire de pouvoir montrer la femme du président dans le journal ; et qu'il ne se permette plus de me supprimer des photos sans mon autorisation !

— Très bien, madame », répondit Fawzi ; mais je sentis tant de mauvaise grâce dans sa voix que j'aurais dû deviner tout de suite qu'il ne transmettrait pas mon message.

Une heure plus tard, je descendais les escaliers pour aller accueillir un visiteur, lorsque Fawzi me rappela : « Sami Charaf [le secrétaire d'État à la présidence] est en route pour chez vous, me dit-il.

— Lui avez-vous transmis mon message ?

— Non, dit-il d'une voix pitoyable.

— Vous pouvez me jurer que vous ne lui avez rien dit ? insistai-je.

— Je le jure.

— Alors ce que vous me dites est bien plus grave, dis-je.

— Pourquoi ? demanda Fawzi.

— Parce que cela prouve que nos téléphones sont écoutés. Sinon comment a-t-il pu savoir ? »

Mes soupçons furent confirmés quand Sami Charaf arriva, car ses premières paroles furent :

« Excusez-moi, madame, de ne pas avoir fait publier votre photo. Mais j'ai pensé à nos soldats sur le front du désert, à tout ce qu'ils endurent depuis quatre ans, et je me suis dit : que vont-ils penser s'ils voient votre photographie ? »

Le ridicule de cette excuse n'avait d'égal que la gravité des menaces qui pesaient sur Anouar et moi.

« Voir dans le journal la femme du président : quel ma y a-t-il à cela ? » répliquai-je.

Le pauvre Charaf transpirait par tous ses pores : « Nos soldats vont penser que pendant qu'ils souffrent pour le pays, leurs dirigeants, au Caire, font la fête, dit-il maladroitement, sans conviction.

— La fête ? m exclamai-je. Quel genre de fête ? Nous avons accompli une fonction officielle. Nous n'étions pas en train de danser ou de recevoir des amis. Nous recevions les ambassadeurs, c'est notre devoir.

— Je n 'ai pas voulu offenser nos soldats, répéta-t-il, obstiné.

— C'est moi que vous avez offensée. En voyant les photographes, devais-je m'enfuir chez moi en me voilant la face pour qu'aucun homme ne me voie ?

— Je suis désolé, madame. Mais vous serez sur les photos des magazines, je vous le garantis.

— Ce qui est bon pour les magazines ne l'est pas pour les journaux : j'aimerais bien que vous m'expliquiez ça... »

Mais le malheureux était à bout d'arguments.

Peu après, nouvel incident. L'unique femme du gouvernement, le Dr Hikmat Abou Zeïd, m'avait invitée à une réception en l'honneur de Valentina Terechkova, la première « femme de l'espace ». Ç'avait été un dîner fort agréable. Quelques jours plus tard, elle m'appelle : « Alors, me dit-elle, que dois-je dire de votre part à ce groupe de femmes que je vais rencontrer au Soudan ?

— Quel groupe de femmes ? Vous allez au Soudan ? fais-je, très étonnée.

— Comment ? Vous n'avez pas reçu mon télégramme ?... »

Mon sang se figea. On avait intercepté ce télégramme ! Je n'eus guère de difficultés à identifier le coupable : ce cher secrétaire d'État aux affaires de la présidence voulait à tout prix m'empêcher d'apparaître comme une sympathisante, et à fortiori une militante de l'émancipation des femmes égyptiennes. Non, il fallait donner au public l'image d'une présidente épouse modèle, grillon du foyer, etc., et surtout n'ayant aucune activité sociale personnelle. En cela, Charaf et les nassériens étaient les dignes représentants de la majorité des hommes d'Égypte.

Et pourtant, rien dans notre religion ne justifie l'asservissement des femmes. Nulle part il n'est écrit dans le Coran que les femmes doivent rester à la maison et s'abstenir de toute activité publique. Le Coran prescrit des récompenses et des peines égales aux hommes et aux femmes, dans cette vie et au-delà. « Si l'on agit selon la justice et qu'on a la foi, qu'on soit homme ou femme, on entrera au Paradis », dit notre Livre saint. Le Coran fait même l'éloge du pouvoir des femmes : « J'y ai vu une femme régner sur un peuple ; elle possède toutes sortes de choses ; elle a un trône magnifique », peut-on lire dans la sourate *La fourmi* (27, 24).

Ce n'est pas le Coran, ce ne sont pas les enseignements du Prophète qui ont réduit les musulmanes à un rôle subalterne : c'est la tradition arabe séculaire de domination masculine, à laquelle les femmes de l'Islam ont peu à peu succombé, génération après génération, et se sont finalement habituées. Mais les habitudes, songeais-je, peuvent changer !

Mais par où commencer ? Assiout ! C'était là que je devais d'abord aller : vu l'opposition farouche que ma volonté d'action rencontrait dans l'État, je devais me ménager des appuis dans la société, et surtout dans les milieux les plus religieux. Or Assiout, avec son université, en Haute Égypte, était le fief du conservatisme religieux, aussi bien musulman que chrétien ; c'était là, en particulier, que se maintenait le mieux la coutume prétendument islamique du port du voile pour les femmes et de la galabieh pour les hommes. Aussi les gens d'Assiout étaient-ils, potentiellement, mes pires ennemis. Mais si, par une initiative hardie, je réussissais à rallier à ma cause les cheikhs d'Assiout, les étudiants fondamentalistes de l'université et aussi les coptes, nombreux dans cette ville, alors la bataille serait à moitié gagnée !

Prévoyant que la réunion que j'aurais avec eux serait très difficile, je ne préparai aucun discours, pour pouvoir leur parler le plus spontanément possible, du fond du cœur ; mais je dois admettre que j'eus un moment de découragement en découvrant mon auditoire, presque exclusivement composé d'hommes...

« Je suis venue chez vous, à Assiout, commençai-je, parce que vous êtes les gens les plus conservateurs de toute l'Égypte. Je sais que vous respectez profondément les femmes qui restent chez elles pour s'occuper de leur mari et de leurs enfants. Je les respecte autant que vous. Mais je veux vous poser une question.

« J'ai le choix entre deux possibilités. Étant la femme de votre président, je peux rester à la maison, passer mon temps à me détendre avec mon mari et mes enfants, assister à quelques réceptions officielles en l'honneur des femmes des hommes d'État qui nous rendent visite, et de temps en temps les raccompagner à l'aéroport. Ce serait vraiment la belle vie pour moi, à une époque où la vie est si dure pour tant de gens. Aussi j'aimerais avoir votre avis sur la deuxième possibilité qui s'offre à moi.

« Au moment où je vous parle, une partie de notre pays est occupée. Pour moi, mon pays est comme ma maison — et mon jardin est occupé. Dois-je rester enfermée chez moi, sans pouvoir descendre dans mon propre jardin ou dois-je essayer d'aider mon mari à rentrer en possession de notre jardin ? Dois-je supporter ma part du fardeau de l'Égypte, aider à soulager le sort des femmes, des enfants, des invalides, des pauvres, ou vais-je laisser mon mari se charger seul de tout cela ? Que doit-on exiger de la femme mariée que je suis ?

« Je sais quant à moi ce que je veux faire. Je veux aider mon mari, je veux faire tout ce que je peux pour mon pays, je veux jouer un rôle. Je ne recevrai pour cela pas un sou. Bien au contraire j'y sacrifierai mon temps, parfois ma santé, quand je serai surmenée, et souvent mon confort, toutes les fois que je ne serai pas chez moi. Dans un sens, ce rôle n'a rien d'agréable. Malgré tout, rien ne pourra me faire plus de plaisir car je crois que c'est Dieu qui m'a donné cette mission. Et je veux l'accomplir. »

Je repris mon souffle. Puis je conclus : « Alors, quel est votre avis ? Je veux l'entendre. »

Il y eut un moment de silence. Puis un tonnerre d'applaudissements.

« Merci, merci, m'écriai-je, profondément émue. Que j'apprécie votre réponse ! Je vous promets que j'agirai de mon mieux dans l'intérêt de notre pays. »

D'Assiout, je me rendis directement sur le front, à Suez, pour obtenir le soutien, tout aussi essentiel, des militaires. Je leur parlai des héroïnes des premiers temps de l'Islam, qui s'étaient distinguées par leur force et leur bravoure. De Noussiba Bint Ka'ab el-Ansariyya, qui prit l'épée, participa à de nombreuses batailles contre les Infidèles et terrassa un homme qui s'apprêtait à tuer le Prophète. D'Oumm Mouslim el-Milhan qui, même enceinte, combattait aux côtés du Prophète. Et d'Aïcha, la femme préférée de Mahomet, montée sur son chameau, chargeant nos ennemis... Or on ne l'avait pas traitée de mauvaise musulmane. Au contraire, le Prophète l'avait donnée en exemple à tous, et avait dit à tous les croyants, hommes et femmes : « Prenez d'elle la moitié de votre religion. »

Puis, pour bien montrer à mes militaires que tout cela n'appartenait pas à un passé révolu, je leur citai l'exemple de l'héroïne algérienne Gamila Bou'hered qui, comme tant d'autres Algériennes, participa à la lutte contre la France en transportant dans son sac des armes et des bombes. Elle fut prise, et cruellement torturée par les Français, mais jamais ils ne réussirent à lui arracher le nom d'aucun combattant. Comme les Algériens, leur dis-je, nous sommes une seule grande famille, face aux dangers. Notre devoir d'épouses et de mères est de nous associer à la lutte, pas de rester à la maison en nous déchargeant de cette terrible tâche sur nos hommes.

La réaction des soldats me réchauffa le cœur, autant que celle des gens d'Assiout. *Allah ma'aki !* scandaient-ils. « Dieu soit avec toi ! » Je retournai au Caire, pleine de confiance.

Peu après, les étudiants les plus réactionnaires de l'université du Caire, considérant comme déplacée mon apparition seule devant tant de soldats, manifestèrent contre moi. Cela ne me surprit pas ; je m'attendais encore à bien d'autres résistances. Mais ce qui me choqua, ce fut le slogan choisi par ces étudiants : *« Hukm Dayan walla hukm Jehan ! »* (Mieux vaut être gouverné par Dayan que par Jehane !) Ces jeunes gens auraient-ils vraiment préféré la domination du ministre israélien de la Défense pour la seule raison qu'il était un homme ? Incroyable ! Ce slogan me blessa profondément. Mais ne savais-je pas dès le début que je m'exposais aux pires critiques en voulant donner un rôle nouveau aux femmes d'Égypte et, en général, en m'attaquant à toutes les injustices ? J'espérais seulement que j'aurais le courage de tenir.

Tous les jours, maintenant que j'étais au Caire, je recevais la visite de femmes porteuses de pétitions demandant la libération de leurs maris incarcérés sous Nasser. Je n'en éconduisais aucune. Bientôt, le bruit courut que Mme Sadate perdait son temps pour des gens qui ne le méritaient pas ; c'était bien entendu les nassériens qui avaient fait arrêter ces innocents qui étaient à l'origine de ces rumeurs.

« Faites savoir à ceux qui répètent cette critique contre moi, dis-je à Fawzi Abdel Hafez, le secrétaire d'Anouar, que j'accueille volontiers toute personne qui a besoin d'aide. »

Et je continuai de voir ces femmes de prisonniers et de transmettre leurs pétitions à Anouar — lequel les libéra, ainsi que des milliers d'autres, dans les mois qui suivirent.

Je m'arrangeais aussi pour continuer à fréquenter les femmes de nos adversaires, en faisant semblant d'ignorer que leurs ministres de maris complotaient contre Anouar. Ces femmes étaient depuis des années des amies. Or que faisais-je d'autre, maintenant, sinon les espionner ? Tandis que nous parlions de nos enfants en sirotant des boissons fraîches comme si de rien n'était, moi, j'étais à l'affût de leur moindre gaffe, du moindre lapsus qui me révélerait tout à coup ce qui se tramait… Mais peut-être ne savaient-elles rien des projets sinistres de leurs maris ? En tout cas, quel conflit en moi-même ! Je tirais réconfort d'un de mes adages favoris : « C'est celui qui tend le piège qui finit par y être pris. »

Que la crise était imminente, on le vit à l'occasion du 1er mai — qui, depuis que nous étions les grands amis des Russes, était devenu chez nous aussi la fête des travailleurs. Je regardai à la télévision le grand rassemblement où parlèrent Anouar, le ministre du Travail, le gouverneur de la province du Caire et tous les chefs de syndicats. C'était effarant.

Chaque fois qu'on montrait la foule acclamant les orateurs, les premiers rangs brandissaient bien haut des portraits géants de Nasser — ce qui revenait à dire, très clairement, aux millions de téléspectateurs égyptiens : « Sadate n'est rien comparé à Nasser ! Ne faites pas attention à ce qu'il dit, n'écoutez que ceux qui sont restés fidèles au Raïs ! »

Les hommes qui composaient les six premiers rangs avaient été recrutés par les ministres pour manifester contre mon mari ; l'ensemble parfait avec lequel ils brandissaient les photos de Nasser était une autre preuve que tout avait été parfaitement organisé. Maintenant tout le pays savait : la conspiration s'était montrée à visage découvert. J'étais au bord de la panique.

Quand Anouar rentra, je me précipitai vers lui :

« Anouar, qu'est-ce que tu vas faire ?

— Attends jusqu'à demain. Tu verras », me dit-il, très calme. Le lendemain, il destitua Ali Sabri, l'un des deux vice-présidents et chef de la fraction prosoviétique.

Quelle allait être la réaction de nos ennemis ? Chaque matin, en me réveillant dans notre chambre fermée à clé, je remerciais le ciel en voyant Anouar à côté de moi, encore en vie...

« Ne quittez pas le président d'une semelle ! disais-je tous les jours à ses gardes du corps. Soyez très, très prudents. »

Des gens continuaient de venir chez nous, jour et nuit, pour m'apporter les dernières rumeurs. L'information la plus menaçante me fut donnée par Mohammed Heikal, le rédacteur en chef d'*Al-Ahram* :

« Madame, me dit-il, jurez-moi de ne répéter à personne ce que je vais vous dire. Le président se comporte avec un tel calme que je ne crois pas qu'il se rende compte à quel point la situation est devenue dangereuse. J'ai assisté à beaucoup de réunions où il n'est question que de plans pour le renverser. Et surtout votre mari ne doit pas approcher de la Maison de la radio et de la télévision : le ministre de la Défense l'a fait cerner par des hommes qui ont mission d'arrêter le président au cas où il voudrait s'adresser au peuple pour dénoncer les conspirateurs. »

J'allai aussitôt voir Fawzi Abdel Hafez qui était responsable de la sécurité d'Anouar :

« Si mon mari veut se rendre dans les studios de la télévision, empêchez-le. Je ne peux pas vous dire pourquoi ni comment je le sais, mais ce serait pour lui extrêmement dangereux.

— Très bien, madame », répondit Fawzi, l'air lugubre.

Quelques jours plus tard, Anouar me fit part de son projet d'aller le 13 mai dans la province d'el-Tahrir, où l'on avait lancé une expérience pilote de défrichement. Je le conjurai d'annuler cette visite.

« N'y va pas, je t'en supplie. J'ai le pressentiment que quelque chose de terrible va se passer à el-Tahrir, tu vas tomber dans un guet-apens et on te tuera. »

Qu'il ait cru ou non à mon intuition, Anouar ajourna ce voyage. « J'ai déjà bien assez à faire ici, me dit-il. Il n'est pas nécessaire que j'aille là-bas tout de suite. »

Les signes les plus menaçants s'accumulaient autour de nous. Mais lui, continuait de refuser de prendre l'offensive. Cela me rendait folle.

« Fais-les arrêter, Anouar, fais-les tous arrêter avant qu'ils ne te tuent, ne cessais-je de lui répéter.

— Ce pays est un État de droit, répondait-il. Je ne veux pas qu'il redevienne un État policier où l'on arrête n'importe qui sur de simples soupçons : il me faut des preuves, des pièces à conviction. »

Nous en eûmes une, de taille, le 11 mai. J'étais assise dans le salon, avec ma sœur et son mari, membre du Parlement, et nous attendions l'heure du dîner quand Fawzi entra :

« Madame, il faut que je vous parle tout de suite. »

Je m'excusai et le rejoignis dans le vestibule.

« Un officier de police fidèle à votre mari vient de m'apporter une bande magnétique, me dit-il tout bas. Il paraît que c'est l'enregistrement d'une conversation entre Farid Abdel Karim et Mahmoud el-Sa'dani, qui révèle un complot pour renverser le régime et tuer le président.

— Dieu bénisse cet homme ! dis-je. Mais nous devons nous comporter de façon parfaitement normale. Il y a peut-être des espions à eux parmi le personnel de service. Il vaut mieux attendre que ma sœur et son mari soient partis après le repas pour écouter cette bande. »

Cette soirée fut un vrai supplice. Nous parlâmes de la situation politique ; bien entendu, je ne dis rien de cet enregistrement. Anouar rentra tard ; lui non plus ne savait rien. « Pars. Rentre chez toi », ne cessai-je de penser en regardant ma sœur. Il était presque minuit lorsque enfin ils s'en allèrent. Aussitôt je dis à Anouar ce qui s'était passé. Nous montâmes sur la terrasse du troisième étage où Fawzi nous apporta l'enregistrement. Mais c'était une bobine trop grande pour le magnétophone que nous avions pris avec nous.

« Nous en avons un plus grand, il est dans la cave », dis-je à Anouar. Je descendis sans aucune précipitation (au cas où un de nos domestiques nous eût épiés) et remontai avec le bon appareil.

Je tremblais en écoutant cette horrible conversation. C'était bien mon mari que ces démons projetaient d'assassiner, le chef de leur parti, le président de leur pays ! Je retins ma respiration quand on entendit Abdel Karim, le chef de la section de Guizeh de l'Union socialiste arabe, parler au journaliste et membre du parti Mahmoud el-Sa'dani de la visite qu'Anouar comptait faire à el-Tahrir. « Nous nous débarrasserons de lui quand il ira voir les opérations de défrichement », disait Abdel Karim.

J'en eus le souffle coupé. Mon intuition ne m'avait pas trompée.

La bobine continuait de tourner. « Et s'il va à la télévision lancer un appel au peuple ? Est-ce qu'on est assuré de ce côté-là ?

— Évidemment. Nous avons posté des hommes à nous tout autour pour l'empêcher d'entrer, ils l'arrêteront sur-le-champ.

— Ça alors ! m'écriai-je. C'est exactement ce que Mohammed Heikal m'a dit... »

Anouar arrêta le magnétophone. « Mohammed Heikal t'a dit ça ? » s'exclama-t-il. Son visage se rembrunit : « Tu savais déjà ça et tu ne me l'as pas dit ?

— Oui, avouai-je.

— Pourquoi, Jehane, pourquoi ?

— Parce que Heikal m'a fait jurer de ne le répéter à personne. J'ai simplement dit à Fawzi de te dissuader d'aller à la Maison de la radio, sachant qu'on t'en interdirait l'entrée.

— Qui s'est permis de donner un ordre pareil ? (Anouar hurlait maintenant.) S'emparer des organes d'information nationaux et empêcher le président de s'adresser à son peuple, ça c'est un véritable complot ! Les paroles sont une chose, mais là, il s'agit d'actes précis. Il faut que je parle immédiatement à Heikal. »

Lui téléphoner ? La conversation serait certainement écoutée. Et il était plus d'une heure du matin. Heureusement, Heikal n'habitait pas loin de chez nous. Très tôt, le lendemain matin, je réveillai ma fille, Noha, qui n'avait encore que treize ans.

« Cours, Noha ! lui dis-je. Va avertir Heikal que ton père veut le voir tout de suite ! » Bientôt, Noha revint avec Heikal.

Anouar lui demanda pourquoi il ne lui avait pas dit à lui directement ce qu'il m'avait révélé. Heikal se montra très hésitant dans sa réponse, comme s'il ne voulait s'engager ni d'un côté ni de l'autre :

« Je voulais simplement vous mettre en garde, vous recommander la plus extrême prudence... », dit-il.

Grâce à cette bande, nous avions la preuve qu'un coup d'État se tramait, et nous savions qui était contre nous. Mais qui était avec nous ?

Le jour même, le 12 mai, Anouar fit organiser une grande rencontre avec les chefs de l'armée, qui fut retransmise par la télévision.

« Je n'admettrai pas que se constituent des "groupes d'influence", déclara-t-il fermement, prenant le taureau par les cornes. Toute sorte de lutte pour le pouvoir doit cesser ! Que ceux qui agissent contre les intérêts de l'Égypte sachent qu'ils seront réduits en bouillie ; nous les passerons au hachoir ! »

Je tremblais en voyant à la télévision le visage impassible de Mohammed Fawzi, le ministre de la Défense, assis à la droite de mon mari. Ce Fawzi était un des chefs de la conspiration. La tension était incroyable. Anouar se savait aimé des militaires ; malgré tout, comment allaient-ils réagir ?

Ils l'acclamèrent, en criant *Yahya Sadat* ! (Vive Sadate !) ; ils lui apportaient un soutien écrasant. Cela surprit : peu de gens savaient, en dehors de l'armée, à quel point les officiers en avaient assez des nassériens, de leurs méthodes policières, de leurs comportements douteux.

Le lendemain 13 mai, Anouar renvoya le ministre de l'Intérieur, Cha'arawi Gom'a, autre chef des traîtres. D'autre part, il convoqua le général el-Leithy Nassif, chef de la garde présidentielle, lequel ne dépendait d'aucun ministre mais du président lui-même. Anouar connaissait le général Nassif pour un homme de principes, et profondément religieux, mais il savait aussi que Nassif avait été un féal de Nasser et, des années durant, avait agi en étroite collaboration avec les conjurés — qui étaient non seulement ses collègues, mais aussi ses amis.

« Leithy, lui dit Anouar, si je vous demandais d'arrêter les ministres, le feriez-vous ?

— Oui, monsieur le président, répondit le général Nassif sans hésiter. Mon devoir est d'exécuter vos ordres, quels qu'ils soient.

— Disposez-vous des forces et de l'équipement nécessaires pour les arrêter tous, chacun chez lui ?

— C'est une opération que je pourrais mener à bien sur l'heure ! »

Était-ce vrai ? Anouar et moi pouvions imaginer la bataille qui se livrait, dans le cœur de Nassif, entre le sens du devoir et l'amitié...

« Je compte sur votre discrétion, évidemment, Leithy.

— Évidemment, monsieur le président. »

Le soir même nous regardions le journal de dix heures — dernière émission de la journée — quand on frappa à la porte. C'était le gendre de Nasser, Achraf Maraouane, qui, à l'époque, travaillait au secrétariat d'État aux affaires présidentielles (dirigé par ce Sami Charaf qui tenait tant à mon image de femme au foyer). Achraf, au contraire, était un ami ; aussi nous l'accueillîmes avec joie. Mais ce qui l'amenait était moins réjouissant : il nous apportait les cartes (ou plutôt leurs copies) du jeu que nos adversaires se préparaient à abattre : c'était un paquet de lettres de démission : du président de l'Assemblée nationale, du ministre de la Défense, du ministre de l'Information, de Sami Charaf, ainsi que de plusieurs membres du Comité central et du Comité exécutif suprême du parti.

« Ces démissions vont être annoncées à la télévision dans quelques minutes », dit-il, l'air penaud.

Le plan des conspirateurs était simple : créer une crise constitutionnelle spectaculaire, qui contraindrait Anouar à présenter lui aussi sa démission ; sitôt celui-ci parti, les démissionnaires reprendraient leurs fonctions, personne d'autre qu'Anouar n'ayant l'autorité morale et constitutionnelle de s'opposer à eux ; et le pays serait à eux. Ils avaient bien choisi leur heure : les derniers instants avant la fin des émissions de la télévision, de sorte qu'Anouar n'eût pas le temps de s'adresser au peuple.

Anouar regardait Achraf en hochant la tête...

« ... On vient de me transmettre ce communiqué, disait le présentateur. Le ministre de l'Information a présenté sa démission, ainsi que le ministre de la Défense. Le ministre de... »

« Achraf, pourquoi tu ne nous as pas avertis plus tôt ? Anouar aurait pu préparer sa contre-attaque...

— Les ministres se sont débrouillés pour me faire rester au bureau le plus tard possible... »

C'était tout à fait vraisemblable. Après tout, Achraf n'était qu'un subordonné, il devait obéir à ses supérieurs. Malgré tout, je ne savais plus que croire.

Anouar pensait tout haut, je me mis à faire attention à ses réflexions :

« ... Maintenant, tout est beaucoup plus facile, disait-il, les yeux fixés sur la télévision, le regard noir. Ces messieurs ont annoncé *leurs* démissions — mais pas la mienne !... Ils ont fait tout le travail à ma place !... Eh bien ! en tant que président de la République, j'accepte vos démissions. Et maintenant, tous aux arrêts ! »

Le général Nassif fut convoqué. Il était prêt.

« C'est le moment, dit Anouar. Déclarez-les tous en état d'arrestation, chez eux, cernez leurs domiciles et empêchez-les de communiquer entre eux. »

Nassif dépêcha divers détachements de la garde présidentielle chez les ministres et les autres hauts responsables de l'État et du parti qui s'étaient conjurés contre Anouar.

Le coup échouait lamentablement.

Or, à minuit, le téléphone retentit.

« Madame Sadate ? » C'était Fawzi Abdel Hafez. « Madame, des chars d'assaut se dirigent vers chez vous. Est-ce sur ordre du président ? Pour protéger votre résidence ? »

En un éclair, je fus dans la salle de bain où Anouar était en train de se raser, pour pouvoir sortir dès le point du jour.

« Je n'ai donné aucun ordre aux blindés », dit-il. Je transmis cette réponse à Fawzi.

Qui a fait sortir ces tanks ? De quel côté sont-ils ? Le ministre de la Défense aurait-il réussi, Dieu sait comment, à retourner l'armée contre nous ? Dans mon esprit, ces chars ne pouvaient venir que pour nous cerner, pour enlever à Anouar toute possibilité de résister.

Mais d'abord, soustraire les enfants au péril qui approche, grondant par les rues obscures ! Je me précipite chez Loubna, l'aînée. Avant d'ouvrir sa porte, je respire profondément pour reprendre mon calme. Depuis le début, j'avais tout fait pour leur cacher ce qui se tramait autour de nous : ils étaient encore très jeunes, Loubna seize ans, Gamal quatorze, Noha treize et la petite Jehane dix seulement. Mais évidemment, comme tous les enfants, ils en savaient bien plus long que leurs parents ne pensaient.

« Loubna, dis-je doucement, il y a trop d'agitation dans cette maison en ce moment, avec ces allées et venues perpétuelles de gens à toute heure du jour et de la nuit. Pourquoi n'iriez-vous pas passer quelque temps chez ta tante, tous les quatre ? Je sais que je peux te confier ton frère et tes deux sœurs. Là-bas, vous seriez bien plus au calme... »

Loubna me regardait droit dans les yeux : « Vous voulez nous envoyer ailleurs parce qu'il y a trop de danger à rester ici, maman ?

— Peut-être, dis-je, avouant un peu de la vérité.

— Selon vous, le pire qui pourrait nous arriver, c'est que la maison soit attaquée et qu'on nous tue tous ? »

Elle savait tout, je n'en revenais pas.

« Mais selon moi, continua-t-elle, le pire serait qu'on vous tue, vous et papa, pendant que nous, nous sommes ailleurs. Nous avons discuté de ça entre nous, et on a décidé qu'on ne veut pas vivre sans vous. Si même ils nous tuent tous, au moins nous serons tous ensemble.

— Vous avez parlé de ça entre vous ? »

Loubna fit oui de la tête. « Avec Gamal », précisa-t-elle.

Je passai dans la chambre de Gamal : son lit était vide.

« Où est ton frère ? demandai-je à Loubna.

— Dehors avec son fusil. » J'en restai bouche bée. « Oui, continua-t-elle, depuis plusieurs nuits, il fait la ronde dans le jardin, il croit qu'il peut protéger papa si ses ennemis arrivent. »

Je trouvai Gamal assis sur les marches, devant la porte, et sur ses genoux, j'aperçus effectivement le fusil avec lequel il allait en compagnie de son père à la chasse aux petits oiseaux.

« Gamal, lui dis-je, l'entourant de mes bras, ton père sera très fier d'avoir un fils aussi brave, mais comment peux-tu le défendre, avec ce fusil ? Allez, viens au lit.

— Je sais que ce n'est qu'un fusil de chasse, répondit-il, mais dans le noir peut-être que nos ennemis ne s'en apercevront pas tout de suite. Cela me donnera le temps d'avertir papa. Si je vois entrer par le portail quelqu'un que je ne connais pas, je lui tirerai dessus. La détonation réveillera papa, et je courrai lui dire qu'ils arrivent avant qu'ils aient le temps de le prendre. »

Mon cœur débordait d'amour et d'admiration pour ce jeune garçon, qui restait assis là, si courageusement dans le noir avec sa carabine, qui, à même pas quinze ans, était prêt à offrir sa vie pour sauver son père. Quel fardeau nous avions transmis à nos enfants ! J'avais toujours voulu les protéger, les empêcher de ressentir eux-mêmes les coups qui nous frappaient, Anouar et moi ; mais je n'y suis jamais vraiment parvenue. Dieu, de même qu'il m'avait liée au destin d'Anouar, y avait aussi associé nos enfants. Aussi, cette nuit de mi-mai 1971, je laissai Gamal sur les marches de notre maison et les filles dans leurs chambres. Les tanks pouvaient venir : nous affronterions tous ensemble les effets de cette nouvelle épreuve. Dieu, aide-nous ! m'exclamai-je avant de rentrer.

De nouveau le téléphone sonnait. Anouar le prit :

« Général Nassif, monsieur le président ! C'est moi qui ai donné l'ordre à ces unités blindées de se disposer autour de la présidence, au cas où il y aurait eu des troubles. Mais nous tenons la situation bien en main. Les conspirateurs sont déjà tous arrêtés... »

Anouar partit pour la Maison de la radio et de la télévision (tandis que j'envoyais Gamal se coucher et annonçais la bonne nouvelle à Loubna) pour rassurer immédiatement les Égyptiens.

Car eux aussi avaient vécu cette nuit dans l'angoisse — l'angoisse de perdre leur nouvelle liberté et l'espoir qu'Anouar avait fait naître en eux : en effet, Anouar était encore en train de parler à la radio et à la télévision, improvisant, déballant tout ce qu'il avait sur le cœur, que déjà les gens envahissaient les rues. Ils étaient fous de joie. Anouar, très ému, déclarait, reprenant l'image qu'il avait utilisée lors de sa rencontre avec l'armée : « Tous ceux qui veulent nuire à mon pays, tous ceux qui menacent les nouvelles libertés et les nouveaux droits que je vous donne à tous, j'en ferai de la viande hachée ! » Jamais formule n'eut autant de succès. « Hache, Sadate, hache, Sadate ! » scandait déjà le peuple *(Ufrum Sadat !)*, qui se massait devant chez nous — brandissant bientôt des pancartes où l'on avait dessiné à la hâte des caricatures des divers ministres tombant dans de grands hachoirs et en ressortant sous forme de chair à saucisses. La foule criait aussi : « Nous sommes derrière toi, Sadate ! Nous sommes avec toi ! » Mais c'est l'image du hachoir, d'Anouarle Hachoir, qui fut le grand symbole de ce tournant de notre histoire qui reçut bientôt l'appellation officielle de « Révolution corrective »...

Anouar, ayant les mains libres, démantela en quelques mois l'État policier : il fit fermer les infâmes centres de détention préventive pour suspects et interdit les arrestations arbitraires. Il ordonna la libération de milliers de prisonniers politiques, c'est-à-dire surtout de milliers de Frères musulmans. Il abolit la censure politique. « Parlez ! Dites haut et fort ce que vous pensez ! » proclama Anouar aux Égyptiens qui, depuis vingt ans, ne pouvaient exprimer leurs opinions et leurs sentiments que lorsque le pouvoir l'exigeait. Il ordonna aussi — initiative hautement populaire — de brûler tous les enregistrements de conversations entre particuliers : des tonnes de bandes magnétiques et de paperasses qui s'étaient accumulées au ministère de l'Intérieur.

Les conjurés furent jugés et tous condamnés à la prison à perpétuité. La seule note triste dans ce tableau fut la fin du général Nassif. Sa fidélité de soldat envers son pays lui avait fait trahir ses amis : peu après, il sombra dans une mélancolie si profonde qu'on l'envoya à Londres dans l'espoir que là-bas on saurait l'en guérir. Mais il y trouva la mort, en tombant d'un balcon situé au cinquième étage.

Tout le monde en Égypte crut à un suicide ; que le général Nassif ne pouvait se pardonner d'avoir manqué aux devoirs sacrés de l'amitié. Personnellement, je pense qu'il est vraiment tombé par accident, soit qu'il ait eu un vertige, soit qu'il ait enjambé ce balcon sans savoir ce qu'il faisait — dans les deux cas parce qu'on l'avait drogué de psychotropes. Anouar pleura sa mort : Nassif avait un courage exceptionnel, et surtout c'était un homme droit comme on en voit peu.

Avec l'aide de Dieu, mon mari venait de surmonter la première crise de sa présidence. Maintenant il pouvait aller de l'avant, dans la direction qu'il s'était fixée, et s'entourer d'hommes prêts à le seconder et non à l'abattre.

J'avais fait un vœu le jour de son arrivée au pouvoir, et je n'avais cessé de le refaire durant ces sept horribles mois : Seigneur, viens au secours de l'Égypte et de mon mari, répétais-je dans mes prières. Si tu les sauves, je jeûnerai un mois en action de grâces, et je ferai le pèlerinage.

J'attendis quinze jours après la Révolution corrective : Anouar avait vraiment le vent en poupe ! Dieu m'avait exaucée. Alors j'accomplis ma promesse et partis pour La Mecque.

Chapitre 9

Le sang d'Abraham

Labayka, Allahumma, labayka ! La charika laka ! « Me voici, ô Seigneur, me voici ! je suis ici à tes ordres. Tu n'as pas d'associés. Je suis ici à tes ordres. Louange à toi ! Tu es le souverain généreux et gracieux ! Tu n'as pas d'associés. Me voici ! »

Je m'étais répété ces paroles dans l'avion, je me les répétais maintenant dans ma chambre d'hôtel. C'est la prière unique traditionnelle que les pèlerins psalmodient quand ils sont sur les lieux saints. Tous les ans, des millions de musulmans affluent à La Mecque, par avion, en voiture, en autocar, et pour certains encore, à dos de chameau. La Mecque est un lieu tellement sacré que depuis quatorze cents ans seuls les croyants y sont admis. Pendant le mois de Dhou el-Hijja, mois du « grand pèlerinage » (le *Hajj*) que tout musulman s'il en a les moyens doit accomplir au moins une fois dans sa vie, deux millions au moins de personnes se retrouvent toutes ensemble à La Mecque — ce qui fait du Hajj le plus grand rassemblement international du monde.

Je n'étais pas à La Mecque pour le Hajj, mais pour l'Oumrah, le « petit pèlerinage » que l'on peut accomplir à n'importe quel moment de l'année. Je l'avais déjà fait une fois, quelques années auparavant : je n'étais restée à La Mecque qu'une nuit — faisant l'aller-retour en avion — à l'occasion d'une visite d'Anouar au roi Fayçal d'Arabie. Je devais le faire encore deux autres fois : Après la guerre de 1973, avec un groupe de soixante-dix femmes, volontaires du Croissant-Rouge, pour les remercier de leur dévouement ; en 1984, avec mes enfants et un petit groupe d'amis, après une fausse alerte à une terrible maladie. Mais dans mon souvenir, c'est ce pèlerinage du printemps 1971 qui compte le plus, car Dieu avait exaucé la plus grande demande que je pouvais lui faire : il avait laissé mon mari en vie, pour le bien de mon pays.

« Me voici, ô Seigneur ! Me voici ! Je suis ici à tes ordres ! » Je prends mon Coran dans ma valise ; toujours, partout, je l'ai avec moi, à portée de la main. « Annonce aux peuples le pèlerinage *de la maison sainte*, qu'ils viennent à pied ou montés sur des chameaux prompts à la course, venant de contrées éloignées. » C'est le vingt-huitième verset de la vingt-deuxième sourate, la sourate du Pèlerinage, qui enjoint à tous ceux qui se sont soumis à Dieu, les musulmans, d'aller à La Mecque.

Je ne cesse de le lire et relire à haute voix. J'écarte de mon esprit tout ce qui me fait penser à moi, je tends mon esprit pour ne penser qu'à l'amour et à la paix. Durant le pèlerinage, on doit se débarrasser de tout ce qui nous attache à ce monde : affections, soucis et autres passions.

Ainsi, en ce printemps 1971 à La Mecque, je ne devais plus penser à nos ennemis défaits, ni à notre victoire remportée après tant d'angoisses...

Je suis à La Mecque pour communier avec Dieu comme tout autre pèlerin, pour ne penser qu'à Son Unicité, pour sentir que nous prions tous ensemble et que c'est une force, Dieu seul sait laquelle.

Avant de quitter l'Égypte, je me suis préparée : j'ai enlevé tout mon maquillage, ôté tous mes bijoux, j'ai pris un long bain, non pas un bain voluptueux : un bain de purification ; j'ai revêtu la longue robe blanche des pèlerins, j'ai mis un linge blanc tout propre sur ma tête : j'ai pris l'*ihram* (ces vêtements simples blancs), je suis entrée en *ihram* (dans l'état sacré). Et avant de partir, j'ai, comme tous les pèlerins qui vont partir, accompli la prière avec deux prosternations, puis dit à Dieu : « Allah, je veux accomplir les rites de l'Oumrah, rends-moi cet hommage facile et accepte-le de moi. »

Dans les rues de La Mecque, des infinités d'êtres en costumes d'*irham* déambulent dans les rues, se faufilent entre les étalages de Corans de toutes tailles et de toutes couleurs ; et sans cesse passent les taxis, les autocars, les voitures qui vingt-quatre heures sur vingt-quatre transportent les pèlerins à la Grande Mosquée de La Mecque, la mosquée sainte.

Les pèlerins hommes sont tout de banc vêtus eux aussi, bien sûr ; mais ils portent deux toges légères, de vraies toges sans couture, et ils sont en sandales.

Après le pèlerinage, on remporte avec soi ces habits blancs : tant qu'on vit, ils rappellent les lieux saints où l'on a été ; quand on meurt, souvent on en fait votre linceul.

« Me voici, ô Seigneur ! Me voici ! » Devant la Grande Mosquée nous attend notre *moutawwif*, celui qui va nous guider de rite en rite et être notre imam pendant les prières. « Me voici, ô Seigneur ! Me voici ! » disent avec moi les autres pèlerins en gravissant les larges degrés de marbre de la mosquée sainte. Ainsi nous proclamons que nous avons répondu à l'appel de Dieu. A l'entrée, tout le monde laisse ses chaussures. Puis la première dame d'Égypte, ses gardes du corps et sa secrétaire sont transportés vers l'intérieur par le mouvement de la foule ; et comme tous les autres, nous disons à voix haute : « Allah, tu es la paix, de toi procède la paix. O notre Seigneur, accueille-nous en paix. »

En répétant cette prière, nous atteignons la Porte de la Paix, où l'on découvre le Haram, l'immense cour de marbre blanc de la Grande Mosquée.

Le Prophète commençait tous ses mouvements du côté droit ; nous aussi, nous veillons bien à ce que notre premier pas dans le Haram soit du pied droit.

Le Haram est un espace qui, chaque fois que je le vois, me coupe le souffle.

Un demi-million de gens peuvent y tenir.

De tous côtés de ce long rectangle auquel on accède par les sept grandes portes de la paix, deux hauts étages d'arcades et de colonnades s'élèvent jusqu'à d'immenses toits en terrasse que dominent sept minarets élancés, colorés, ouvragés dans le ciel.

Le brouhaha des milliers de pèlerins qui psalmodient « Dieu, me voici, Dieu, me voici », soudain s'éteint. Depuis des milliers d'années, bien avant l'islam, le Haram est un sanctuaire, un lieu de paix, où règne toujours le calme et le silence. On dit que même les vols d'oiseaux qui viennent dormir à La Mecque n'osent pas passer au-dessus de la Grande Mosquée,

... On n'entend que de temps à autre les pleurs ou les rires des enfants dont les mères n'ont personne à qui les confier — bruit de la vie, bruit que j'aime.

Sur de longs, d'interminables tapis de soie rouge, aussi longs que le Haram, beaucoup, beaucoup de pèlerins sont assis, méditent, ou lisent en silence leur Coran.

Des hauts minarets retentit l'appel du muezzin : nous nous mettons tous en rang, les hommes devant, les femmes derrière — ou dans la section du Haram qui leur est réservée. Qui sont, d'où viennent ces hommes, ces femmes ? Quelle importance ! Tous ensemble nous suivons notre imam, avec lui nous nous prosternons, avec lui nous nous redressons, nous faisons tous les mêmes gestes, appris dès l'enfance, depuis des générations, dans toutes les langues, dans tous les pays. Nous aussi, nous sommes Un.

Nulle part je n'ai autant ressenti le pouvoir, la puissance de la foi. En priant avec ces multitudes d'autres, je m'humilie devant Dieu, et Dieu m'élève ; je me sens à la fois tout en bas et tout en haut. Dans le Haram, devant Dieu, toutes les différences sont abolies, même celle des sexes : il est interdit aux femmes de couvrir quelque partie que ce soit de leur visage ou de porter des gants. Conformément à l'esprit authentique de l'islam, tous les êtres qui autour de moi, en même temps que moi, s'inclinent et se redressent — tapissiers de Perse, barons du pétrole de Bahrein, ingénieurs et architectes d'Égypte, ouvriers soviétiques des républiques d'Asie centrale, paysans d'Indonésie, ménagères d'Afghanistan ou d'ailleurs, enseignantes ceylanaises, médecins pakistanais, femmes d'émirs et de sultans — tous sont frères et égaux. Il y a même des pèlerins venus d'Amérique. Lors d'un de mes « petits pèlerinages », j'ai vu le célèbre Mohammed Ali (ci-devant Cassius Clay) ressortir du Haram au moment où j'y entrais.

Après les prières, on s'avance en masse vers la Ka'ba, cet

édicule de pierre, en forme de boîte, de 50 pieds de haut et de 35 de long, qui est au centre du Haram. C'est là qu'Ibrahim, notre patriarche qui est aussi celui des juifs et des chrétiens, qui l'appellent Abraham, éleva le premier temple au Dieu unique, à Dieu, il y a plus de trois mille ans — « l'oratoire sacré que nous avons établi pour tous les hommes, que les habitants de *La Mecque* ont le droit de visiter, aussi bien que les externes », dit Dieu dans le Coran. La Ka'ba est vraiment une construction très simple : une sorte de grand cube, pourvu d'une unique porte dont le seuil est à six pieds au-dessus du sol. Mais le pouvoir de la « maison antique » — comme dit Dieu encore dans le Coran — est infini : c'est vers la Ka'ba en effet que tous les musulmans du monde, un cinquième de l'humanité, se tournent cinq fois par jour à l'heure de la prière.

Voir de ses propres yeux la Ka'ba, approcher de cette chose unique qui unit tous les croyants de l'univers : quelle sensation ! Ineffable ! Elle est tout entière recouverte d'une immense pièce de velours noir où sont brodés au fil d'or des versets du Coran : la Kisouèh. Dans ma jeunesse, c'était au Caire qu'on tissait et brodait la Kisouèh ; tous les ans, le jour du départ de la caravane de chameaux qui la portaient à La Mecque à travers les déserts était un grand jour de fête en Egypte. Maintenant ce sont les Saoudiens qui la fabriquent chez eux, à La Mecque, mais elle n'en est pas moins belle. A la fin de Dhou el-Hijja, le mois du grand pèlerinage (le *Hajj*), on la change ; l'ancienne est découpée en petits morceaux que les pèlerins s'arrachent à prix d'or.

Scellée dans le mur, à l'angle sud-est de la Ka'ba, est la Pierre noire, apportée par l'archange Gabriel à Abraham ; elle est le symbole de notre concentration dans l'amour de Dieu. Elle a huit pouces de diamètre et est sertie dans de l'argent. Selon les *Hadith,* le Prophète lui-même aida à la sceller dans le mur, après l'avoir baisée en signe de vénération.

Maintenant nous accomplissons le deuxième rite du pèlerinage : le *tawwaf*, les sept tours de dévotion autour de la Ka'ba. Chaque tour commence devant la Pierre noire, et chaque fois que l'on repasse devant, on dit : *Allahu Akbar* — « Dieu est le plus grand ». Là encore, nous sommes une multitude, et je prends bien garde en accomplissant le *tawwaf* de ne pas bousculer ceux qui marchent à mes côtés, ni surtout ceux qui, trop faibles pour marcher, accomplissent le *tawwaf* portés sur des civières. « O notre Seigneur, accorde-nous le bien en ce monde et dans l'autre, et épargne-nous le tourment des feux de l'enfer ! » psalmodions-nous chaque fois que nous repassons le long du mur méridional de la Ka'ba, sur notre gauche, car on tourne autour dans le sens contraire des aiguilles d'une montre, — répétant la prière faite par le Prophète, que Dieu lui accorde paix et miséricorde ! Chaque fois qu'on approche de la Pierre noire, des centaines de personnes se précipitent pour la baiser, la toucher ou seulement la voir. Personnellement, je renonce toujours à participer à cette ruée, comme beaucoup d'autres personnes d'ailleurs ; et nous nous contentons d'incliner la tête dans sa direction et de lever les bras.

Rares, très rares sont les pèlerins qui peuvent prier à l'intérieur même de la Ka'ba : il faut y être autorisé par la famille royale saoudite. Deux fois on m'a accordé cette faveur insigne. Par un escalier coulissant qu'on appuie en ces rares occasions à la Ka'ba, on accède à la porte incrustée de versets du Coran, eux aussi en argent massif. De là-haut on voit les pèlerins en robes blanches, par centaines, les uns contre les autres, tournant, tournant sans cesse, telles des ondes — comme si la Ka'ba était le soleil, le centre de l'univers — comme si on était en Dieu, entouré de tous ses anges. Cette vision m'a chaque fois fait sentir, de tout mon être, que la religion est en vérité le centre de nos vies.

L'intérieur de la Ka'ba offre l'image même de la spiritualité. Quelle chance j'avais de me trouver dans le lieu le plus sacré du monde ! Je priai dans les quatre coins, demandant à Dieu d'aider mon mari à nous rendre les terres que nous avait prises Israël et à instaurer la paix ; et de nous accorder santé et bien-être, à toute la famille et à tous nos amis. Je sentais Dieu tout près. Il fait très sombre dans la Ka'ba, et elle est absolument vide, pour rappeler que l'oratoire sacré d'Ibrahim fut pendant longtemps truffé d'idoles païennes, jusqu'au moment où Mahomet et son armée de dix mille croyants, en l'an 630 après J.-C., chassèrent les païens de La Mecque, fracassèrent les idoles et rétablirent le culte du seul Dieu, le Dieu d'Ibrahim. C'est alors que Mahomet interdit la ville sainte à tous les non-musulmans, et, au contraire, ordonna à tous les adeptes de la nouvelle religion d'y venir au moins une fois dans leur vie honorer Dieu.

Le *tawwaf* accompli, nous nous rendons tous à la « Station d'Ibrahim », toujours dans la Sainte Mosquée, et là nous exécutons deux prosternations, pour bien nous rappeler que les tours de dévotion de la Ka'ba ne sont pas un culte rendu à cet édifice lui-même, mais, par lui, à Allah, l'Unique, le Seul Unique, l'Eternel et l'Absolu, en dehors duquel rien ni personne ne mérite d'être adoré.

Alors nous quittons le Haram pour le Puits de Zamzam et la Mas'a, le « lieu de la course ». C'est là, dans ces plaines autour de La Mecque, qu'Ibrahim laissa sa seconde femme, Agar, et son fils aîné, Ismaël, Dieu lui ayant donné l'ordre de partir pour le pays de Canaan (la Palestine) avec sa première femme, Sara, et le fils qu'elle avait enfin enfanté, Isaac. La descendance d'Isaac a donné la religion d'Israël puis celle du Christ ; celle d'Ismaël, en Arabie, a parfait la religion dans l'islam. Isaac et Ismaël étant tous deux fils d'Ibrahim, nous disons en Islam que Sara est la mère des juifs et des chrétiens, et Agar la mère des musulmans — et qu'ainsi musulmans, chrétiens et juifs, nous sommes tous cousins.

Abandonnée dans le désert, avec, pour se nourrir, un sac de dattes et rien d'autre, Agar cherchait désespérément un point d'eau pour étancher sa soif et celle de son petit garçon. Sept fois elle courut entre les deux collines de Çafoua et Maroua, espérant trouver de l'eau. Enfin l'archange Gabriel remplit d'eau fraîche de source un puits sec au pied même d'Ismaël ; Dieu le Miséricordieux sauva ainsi Agar et son enfant. Le puits fut appelé Zamzam, c'est une fontaine qui continue jusqu'à aujourd'hui de donner une eau fraîche et pure.

On peut boire quand on veut au puits de Zamzam, quand on a accompli tous les rites dans le Haram ; mais, comme beaucoup d'autres pèlerins, je vais d'abord accomplir le *sa'ay*, « les courses » : sept fois, guidés par notre *moutawwif*, nous allons et venons entre les deux collines, tout en récitant des versets du Coran et scandant *Allahu Akbar* — Dieu est le plus grand. Le long du chemin on voit des signaux qui indiquent aux hommes quand courir et quand marcher ; les femmes, elles, ne doivent que marcher. Je pense à la pauvre Agar sous le soleil brûlant : nous, nous parcourons ce trajet dans une vaste galerie de marbre, climatisée qui plus est, avec une piste au centre pour les civières et les petites voitures des infirmes. Mais l'enseignement de ce lieu reste le même, aussi puissant qu'alors : patience, persévérance ! Comme Agar, nous demandons à Dieu : Aie pitié ! Et ensuite, comme Agar, nous allons nous rafraîchir au puits de Zamzam : aujourd'hui, il est sous une splendide voûte de marbre et garni de centaines de robinets.

Tous autour du puits nous disons : « Au nom d'Allah, qu'elle [cette eau] me soit science utile, abondance de vie et cure de toute maladie. Que mon cœur soit lavé, que mon cœur s'emplisse de vénération pour Toi. » Et nous buvons quelques gorgées de l'eau sainte, et nous en aspergeons nos vêtements et les parties de notre corps qui en dépassent. Beaucoup de pèlerins se sont munis de divers récipients pour rapporter chez eux de l'eau de Zamzam — à cause de ses vertus curatives, dit-on.

Enfin, notre guide nous donne, symboliquement, deux ou trois petits coups de ciseaux aux cheveux : nous sommes sortis de l'état de sacralisation. L'Oumrah est terminé. Cela n'a duré que quelques heures (alors que le Hajj, le grand pèlerinage, dure quatre jours), mais ce n'a pas moins été une renaissance spirituelle.

Tous les ans, le septième jour du mois de Dhou el-Hijja affluent à La Mecque deux millions de *houjjaj* — les pèlerins du Hajj. Les Saoudiens les appellent « les Visiteurs de Dieu ». Pour les accueillir, la maison de Saoud a fait construire, spécialement à leur intention, un immense « terminal » à l'aéroport de Djedda (sur la mer Rouge, à 75 km de La Mecque). C'est le plus grand espace clos du monde et il est pourvu de tous les services pour les *houjjaj* : location de tentes, guides, interprètes, vente de denrées alimentaires, transports, costumes d'ihram, hôpital pour les malades ou les vieillards. Le gouvernement saoudien et les Saoudiens eux-mêmes feraient tout pour les pèlerins, pour leur bien-être : ils considèrent que c'est leur devoir envers Dieu qui a béni leur pays.

Une fois à La Mecque, les *houjjaj* exécutent, le premier jour, les rites que je viens de décrire. Le lendemain, huitième jour du mois, ils partent, à pied ou en autocar, pour la vallée de Mina, à environ dix kilomètres au nord de La Mecque, où ils campent avant d'entreprendre, le lendemain matin, l'ascension du mont Arafa. C'est sur ce mont qu'Adam et Eve se retrouvèrent après leur errance. C'est sur ce mont que Dieu ordonna à Ibrahim de sacrifier son fils Ismaël. C'est sur ce mont que le Prophète prêcha pour la dernière fois, quatre jours avant sa mort, en 632.

« Tous, un jour, vous comparaîtrez devant votre Seigneur, et il vous demandera compte de vos actions. Sachez que tous les musulmans sont frères. Vous êtes une fraternité ; aucun homme ne doit prendre quoi que ce soit à son frère, à moins que celui-ci y consente librement. Gardez-vous de l'injustice. Que celui qui est présent le redise à celui qui est absent : il est possible que celui à qui l'on répétera mes paroles les retienne mieux que celui qui les a entendues maintenant. »

Pour les millions de croyants qui affluent dans cette plaine et gravissent les pentes escarpées du mont Arafa, le neuvième jour de Dhou el-Hijja, le sens de ce dernier message de Mahomet est évident : il n'y a qu'un Dieu. Tous les musulmans sont frères. Tous, il leur faudra affronter le Jour du Jugement. Pour vous y préparer, ne volez pas, ne mentez pas, ne trompez pas votre frère, mais soyez toujours justes et équitables. Et transmettez ce message, pour que les autres aussi voient la lumière.

« Me voici, ô Dieu, me voici ! » ne cessent de répéter les *houjjaj*. Ce neuvième jour est le point culminant du Hajj, c'est le jour où Dieu nous lave de tous nos péchés et nous octroie son pardon. Il faut être à Arafa avant midi, pour ne pas manquer le début de la cérémonie dite « de la station ». Si on arrive trop tard, le pèlerinage perd toute sa valeur. De midi à six heures, on se tient debout sans bouger, on prie, on lit son Coran. Beaucoup de pèlerins restent tête nue sous le soleil ardent, malgré la chaleur qui atteint souvent 50°, pour prouver par la souffrance qu'ils endurent la force de leur foi. D'autres s'abritent sous leur ombrelle ou se mettent à l'ombre. Au crépuscule, tout le monde se rend dans une vaste plaine entre Arafa et Mina : là, on se repose, on prie, et on ramasse de petits cailloux en prévision du rite qui va s'accomplir le lendemain matin, quatrième jour du Hajj et dixième jour du mois.

Ce rite, c'est la lapidation des trois piliers symbolisant le Malin qui s'élèvent au bord de la route de Mina. Chaque pèlerin a divisé en sept lots les cailloux qu'il a ramassés et, par sept fois, tout en psalmodiant . « Au nom de Dieu Tout-Puissant je fais ceci, en haine du Diable et de ses feintes ! *Allahu Akbar !* » — on lapide ces piliers, à l'endroit même où Ibrahim repoussa Satan qui voulait le faire désobéir à Dieu en le dissuadant de sacrifier son fils Ismaël. Chaque petite pierre lancée contre le Démon vous débarrasse d'une peine, d'une mauvaise pensée ou d'une tentation de pécher.

Totalement purifiés désormais, les *houjjaj* célèbrent l''Aïd el-Adha, la fête du Sacrifice, pour commémorer le plus grand acte de soumission d'Ibrahim et la grâce de Dieu, qui lui fit apercevoir un bélier à substituer à son fils. Lors de ce rite, qui est le dernier du Hajj, on égorge plus d'un million de moutons, chèvres et chameaux, dans la vaste plaine de Mina.

Et on en égorge des dizaines de millions dans le reste du monde, partout où les musulmans participent en pensée aux rites qui s'accomplissent sur les lieux saints — suspendant durant quatre jours leurs affaires, achetant à leurs enfants des habits neufs, allant se délasser dans les parcs ou à la campagne, et se procurant pour le dixième jour de Dhou el-Hijja — s'ils en ont les moyens, bien sûr — un mouton à sacrifier, afin de se rappeler, comme les *houjjaj* qui sont alors à Mina, les enseignements du grand pèlerinage : sacrifice, soumission, miséricorde et foi.

Pour 'Aïd el-Adha, j'achetais en général deux moutons, car nous conviions au sacrifice non seulement le ban et l'arrière-ban de nos familles, mais aussi beaucoup de pauvres. Le mouton égyptien n'est pas donné : il coûtait environ cent livres pièce à l'époque ; mais, paissant sur nos plantureuses pâtures de trèfle, nos moutons ont un goût délicieux, et d'autre part ont une queue bien grasse qui fournit une excellente graisse à frire. Les moutons de Somalie étaient meilleur marché, environ soixante livres, mais ils n'ont pas de queue et sont bien moins bons. Durant les quelques jours précédant l''Aïd el-Adha, toutes les rues du Caire retentissent des bêlements de ces animaux. On les attache dans les jardins, sur les toits, sur les balcons des grands immeubles, même dans les salles de bain, et partout, ils font la grande joie des enfants...

Le matin de l''Aïd el-Adha, c'est le cri des bouchers ambulants : *Aïoua, gazzâr ! Aïoua, gazzâr !* (littéralement : « Oui, boucher ! ») qui provient de la rue. Pour quelques piastres, ils égorgent votre mouton selon les rites prescrits par le Coran : ils lui mettent la tête vers La Mecque, lui coupent la gorge, laissent tout le sang s'écouler et alors seulement le dépècent, et pendant tout ce temps ils prient, répétant *Bismillah ! Allahu Akbar !* — « Au nom de Dieu ! Dieu est le plus grand ! » Le dépeçage est lui-même un rite : le boucher fait une fine entaille dans la cuisse de l'animal, par laquelle il fait entrer de l'air jusqu'à ce que, sous la pression, toute la peau se sépare de la chair. Quand j'étais enfant, cela me fascinait toujours de voir le mouton gonfler, gonfler, et le boucher qui tapotait avec un bâton partout sur le corps de l'animal, pour répartir l'air également. Mais il y a des personnes qui trouvent tout cela révoltant — la belle-mère de ma fille, par exemple, qui refusait de manger de l'agneau sacrifié pour la Grande Fête et a fini par devenir végétarienne.

On ne jette rien du mouton. Le matin de la fête, dans chaque famille, on mange au petit déjeuner les abats — selon une recette spéciale à ce jour-là ; c'est un mets succulent que je me faisais un plaisir de préparer avec mes filles, tandis qu'Anouar et Gamal étaient à la mosquée.

On sauve même les peaux : on les sale et on les met sur les toits à sécher. Dans les jours qui suivent la fête, des fourgonnettes de la Santé publique, s'annonçant par le tintement de leurs clochettes, passent dans tout Le Caire pour recueillir ces peaux, qui sont ensuite tannées et distribuées aux pauvres.

L'après-midi de l''Aïd, commence le Grand Festin. Trente, parfois quarante et plus de parents à nous venaient sacrifier en notre compagnie dans notre maison de Guizeh ; tous offraient un peu d'argent à leurs neveux et nièces : c'est le cadeau que l'on fait traditionnellement aux enfants ce jour-là. Mon père me disait que, de son temps, on donnait aux enfants une pièce d'or : je pensais que ce devait être bien plus beau que les billets que reçoivent maintenant les enfants ; mais les miens, surtout Gamal, se moquaient bien de la forme sous laquelle leur arrivait l'argent.

C'est à l'occasion de cette fête que nous découvrîmes que Gamal était un homme d'affaires né : les parents aussi donnent de l'argent à leurs enfants, pour qu'ils s'achètent des sucreries et des pétards pendant les quatre jours que dure l''Aïd el-Adha Moi, je leur donnais une livre, mais pas tout d'un coup, pour répartir leur plaisir sur les quatre jours. Or Gamal n'était pas du tout d'accord avec ce procédé : il voulait tout de suite le plus d'argent possible ; et nous nous aperçûmes qu'il vendait à ses nigaudes de sœurs des bouteilles sans aucune valeur qu'il chipait dans la cuisine. Leur ayant ainsi pris tout leur argent, il courait acheter d'énormes quantités de pétards...

A deux heures de l'après-midi, après avoir prié tous ensemble, nous nous asseyions, comme toutes les familles de toute l'Égypte, et nous attaquions la *fatta*, qui est une délicieuse variante du chich kébab — agneau rôti accompagné de riz — sachant qu'au même moment, les millions de pèlerins assemblés à Mina faisaient comme nous, après avoir troqué leur vêtement blanc contre des habits de couleurs gaies et s'être fait couper un peu de leurs cheveux — symbole qu'ils sont sortis de l'état sacré du pèlerinage. Là-bas, comme en Égypte et dans tout l'Islam, ceux qui sont trop pauvres pour acquérir un animal à sacrifier sur la plaine de Mina mangent eux aussi : les autres leur donnent toute la viande qu'ils veulent. Et ce qui reste de ce festin mondial de Mina est recueilli par l'État saoudien, qui le stocke dans de gigantesques chambres froides, pour le redistribuer ensuite aux nécessiteux des pays d'Islam. Ainsi c'est dans la joie de bien manger et de partager que se termine le Hajj. Pendant deux jours encore — les jours de Tachriq — les *hajji* (hadji), car, lorsque le pèlerinage est accompli on n'est plus *houjjaj* mais *hajji*, restent sur les lieux saints, les revisitant, réaccomplissant l'un ou l'autre rite, priant... Puis ils entreprennent leur long voyage de retour, heureux d'avoir fait le Hajj avant leur mort. Quand un vieillard ou un malade meurt en allant à La Mecque, on se réjouit, on n'est pas en deuil, car celui qui meurt pendant le Hajj va tout droit au Paradis.

Le voyage de La Mecque aujourd'hui, à l'époque des grands avions, est bien moins périlleux qu'autrefois quand des centaines de pèlerins mouraient durant la traversée des déserts.

Faire le pèlerinage est le rêve de tout musulman ; le pèlerin qui revient est accueilli dans l'enthousiasme et avec respect. Dans les campagnes d'Égypte, c'est la fête au village quand se produit cet événement : on illumine les rues de lanternes aux couleurs vives, on revêt ses plus beaux habits comme si c'était un mariage Très fier, le pèlerin lui aussi met des illuminations autour de sa porte et dépeint son pèlerinage sur l'extérieur de sa maison, tandis que tout le monde vient lui dire *Hajj mabrouk !* — le féliciter d'avoir fait le Hajj. Pour le restant de ses jours, il a droit au titre de *Hajji* — qui se place avant le prénom. Ce terme rappelle à tous qu'il a satisfait au cinquième « pilier » de l'Islam — et ainsi complu à Dieu.

Je rentrai au Caire de mon petit pèlerinage très détendue. Anouar, au contraire, était de plus en plus nerveux. Le pays était au bord de la banqueroute ; le Sinaï était toujours occupé ; les accrochages continuaient le long du canal de Suez et le black-out était toujours appliqué dans toute la zone du front, au Caire même, on n'avait toujours pas enlevé les piles de sacs de sable devant les immeubles ni les rubans adhésifs aux fenêtres des magasins et des musées. C'était une atmosphère très déprimante qui régnait durant cette période que les historiens devaient appeler « ni guerre ni paix ». Tout le monde trouvait cette situation insupportable, surtout Anouar.

« Mille neuf cent soixante et onze sera l'année de la décision ! ne cessait-il de proclamer. L'année où nous reprendrons nos territoires, par une nouvelle guerre s'il le faut, et cette fois, nous vaincrons ! » Il faisait si souvent ce genre de déclarations qu'on commença à ne plus le croire. Mais moi, je savais qu'il ne s'agissait pas de fanfaronnades de sa part : en effet, Anouar rencontrait presque tous les jours ses conseillers militaires, et tous les soirs il regardait très attentivement de vieux films de guerre, dans la cave qu'il avait transformée en petite salle de cinéma.

C'étaient les Russes qui l'empêchaient de venger l'honneur de l'Égypte. Anouar avait toujours dit que les Soviétiques, avec leurs façons soupçonneuses et leur habitude de toujours violer leurs promesses, avaient ruiné la santé de Nasser et précipité sa fin. Maintenant, c'était mon mari qu'ils rendaient malade de rage. L'objectif numéro un d'Anouar, depuis qu'il était président, était de rétablir notre puissance militaire en renouvelant notre armement. C'était bien à contrecœur qu'il avait signé, en 1971, un traité d'amitié avec les Soviétiques — attendant de ceux-ci des armes modernes et des missiles. Mais en dépit de ce traité, les Russes ne nous donnaient rien.

Anouar se rendit je ne sais combien de fois à Moscou en 1971-1972, et chaque fois revint bredouille. « Les Israéliens sont à vingt marches au-dessus de nous avec leur armement américain ! fulminait-il. Mais les Russes ne nous aideraient même pas à monter d'un seul degré ! » Jamais je ne l'accompagnai en Russie : ses visites étaient toujours très courtes et, de plus, je n'avais aucune envie d'aller dans un pays où l'on respecte si peu la liberté et la vie privée des gens. Sachant ce que c'était que d'avoir son téléphone sur écoute, je ne tenais pas à renouveler l'expérience.

Au printemps de 1972, Anouar commença à perdre vraiment patience. Encore une fois Brejnev lui avait promis une livraison d'armes, et lui avait assuré qu'elle aurait lieu bien avant les élections présidentielles américaines de novembre. Ce point était capital, car Anouar voulait être certain de pouvoir soutenir une guerre contre Israël au cas où le nouveau président des États-Unis répugnerait à négocier un règlement de la question du Proche-Orient.

Le printemps passait : toujours pas d'armes. Mais une rencontre eut lieu entre Nixon et Brejnev, et en mai, les deux superpuissances proclamèrent une nouvelle politique de « détente ». Et Brejnev, pour ne pas s'aliéner Nixon et montrer qu'il respectait l'esprit de la « détente », ajourna de nouveau les fournitures d'armes à l'Égypte.

Anouar était de plus en plus soucieux, de plus en plus taciturne. Souvent il se retirait pour méditer dans le jardin de la maison de repos du Barrage, résidence présidentielle à l'écart de la ville et de son bruit. Je ne lui posais pas de questions : je ne devais pas le déranger dans son travail. En revanche je m'efforçais de créer autour de lui une atmosphère aussi calme que possible et j'envoyai les enfants dans notre résidence de Guizeh. L'été arrivait, Anouar passait une bonne partie de ses journées assis dans le jardin, et les armes promises n'arrivaient toujours pas. En juillet, trois mois à peine avant les élections américaines, les Soviétiques informèrent Anouar qu'armer l'Égypte était de toute façon inutile, puisque aussi bien l'Égypte était incapable de mener une guerre victorieuse contre Israël.

J'ai très rarement vu Anouar dans une telle colère. « Il faut que je m'adresse au pays », me dit-il. Et il se prépara à partir pour les studios de la télévision. (Nous étions alors dans notre maison d'été, à Maamoura.) Sur le moment je ne réagis pas :

il faisait si souvent des discours. Or il ajouta, en se dirigeant vers la porte : « Je vais expulser d'Égypte tous les conseillers militaires soviétiques ! »

Expulser les Russes ? Un instant je fus prise de panique. Les conseillers militaires soviétiques installés en Égypte étaient plus de quinze mille : les mettre à la porte, c'était risquer une terrible riposte de la superpuissance communiste. Cette initiative spectaculaire pouvait nuire d'autre part à nos relations déjà tendues avec les États-Unis — lesquels, j'en étais alors certaine, en profiteraient pour augmenter encore leurs pressions sur l'Égypte en faveur d'Israël.

« Anouar, m'écriai-je, essayant de le retenir. Es-tu sûr que c'est une bonne idée ? Les Russes vont t'écraser comme une mouche. Et les Américains... »

Mais Anouar n'était plus là.

Je pensai et repensai à sa décision, et je me convainquis de sa justesse : à quoi bon, en effet, garder un allié qui se dérobe systématiquement chaque fois qu'on a besoin de lui ? C'est comme une amitié qui s'éteint quand on a compris que le soi-disant ami jamais n'accordera le moindre coup de main...

Tandis que je regardais Anouar à la télévision, j'entendis les premiers bruits de la fête : les gens sortaient déjà dans les rues et se mettaient à chanter et à danser. Et les jours suivants, partout où j'allais, on entourait ma voiture en faisant le signe de la victoire.

En Égypte personne n'aimait les Russes, absolument personne. Les raisons d'Anouar étaient certes politiques, mais les Égyptiens détestaient les Russes à tous égards : distants, maussades, pingres, ces milliers de « coopérants » soviétiques détenaient le pompon de l'impopularité. Ne se mêlant pas aux gens du pays, jamais ils n'auraient partagé avec eux un repas ou même une boisson fraîche ; ils restaient constamment entre eux. A part l'ambassadeur russe et sa femme, je n'ai jamais fait la connaissance d'un seul Russe au Caire — ni d'ailleurs à Alexandrie, où il y avait pourtant une importante colonie soviétique. L'amabilité et l'hospitalité sont des pierres angulaires de notre tradition et de notre religion, mais les Russes ne s'intéressaient ni à l'une ni à l'autre — pas plus qu'à notre culture. Ils ne participaient pas à nos fêtes et ne nous invitaient jamais chez eux. Ils buvaient leur bière en public, offensant nos croyances alors qu'ils n'avaient même pas une religion à eux. Au moins auraient-ils pu avoir l'air de s'amuser, mais non : alors que les Égyptiens qu'on voit dans les rues rient et plaisantent, les Russes, eux, semblaient des oiseaux de mauvais augure.

C'étaient bien sûr les commerçants qui les haïssaient le plus, car jamais en Égypte on n'avait vu de gens aussi radins que les Russes : ignorant l'extrême pauvreté de notre peuple, pour qui même une piastre peut procurer de quoi au moins calmer sa faim, ils chipotaient lamentablement sur les moindres articles qu'ils achetaient, et ceux-ci n'étaient que très rarement des objets de qualité, comme nos grands plateaux de cuivre ou nos meubles ciselés incrustés d'ébène et de nacre ; ils n'étaient attirés que par la pacotille bon marché — ou, sinon, par l'or : ils nous auraient emporté tout notre or, qui est beaucoup moins cher que le leur, en Russie. Ils acquéraient de telles quantités de bracelets, de colliers et de lingots d'or qu'on disait, en plaisantant, qu'ils cherchaient même à acheter nos dents en or !

On comprendra donc l'extase du peuple quand Anouar les renvoya chez eux.

« Dites au président qu'il est devenu notre héros, depuis qu'il a fichu les Russes à la porte, confia un chauffeur de taxi à une amie qu'il amenait chez nous.

— Mais les Russes ne nous occupaient pas, répondit celle-ci, étonnée. Pourquoi les détester à ce point ?

— Ah, madame, il faut vous faire un dessin ? répliqua le chauffeur. Au marché, dans les restaurants, même dans mon taxi, ils n'arrêtaient pas de marchander que c'en était ridicule Les communistes vous feraient mourir de faim pour ne rien payer ; ils n'ont aucune générosité. »

En juillet 1972, donc, les Russes s'en allèrent, et l'Égypte se retrouva dans la position qu'Anouar appelait de ses vœux : redevable de rien à personne. En effet, comme il me le dit, si des experts militaires soviétiques avaient participé à la guerre qu'il préparait et que cette guerre nous eût donné la victoire, les Russes s'en seraient attribué tout le mérite Or Anouar voulait montrer aux autres nations que les Égyptiens pouvaient se défendre et gagner tout seuls. L'expulsion des Russes répandit d'autre part l'écran de fumée dont il avait besoin elle fit croire aux grandes puissances et à Israël lui-même qu'il avait renoncé à reprendre le Sinaï.

A peine le problème des Russes réglé, apparut un nouveau sujet d'énervement pour Anouar, en la personne du président libyen Mouammar el-Kadhafi.

Que Mouammar el-Kadhafi fût parfois sujet à des réactions bizarres, on s'en était aperçu dès la conférence des chefs arabes réunis par Nasser au Caire en 1970, quand il avait traité le roi Hussein de Jordanie de fou bon pour l'asile. Peu après l'accession d'Anouar à la présidence avait eu lieu une autre rencontre au cours de laquelle Kadhafi avait proclamé la nécessité d'une union entre la Libye, l'Égypte, la Syrie et le Soudan : vingt-quatre heures plus tard, il démentait ses propres paroles... Maintenant Kadhafi avait décidé qu'Égypte et Libye ne devaient plus former qu'un seul pays. Quant à savoir ce qu'Anouar et les Égyptiens en pensaient, cela semblait le dernier de ses soucis.

Cette annonce fut faite, sans même consulter l'Égypte, en août 1972. Anouar serait le président du nouvel État, et Mouammar el-Kadhafi se contenterait du poste de vice-président et commandant en chef de nos forces armées combinées. Anouar éclata de rire en apprenant la nouvelle.

Tous deux s'étaient connus au lendemain de la révolution libyenne, en 1969. Mouammar était un jeune visionnaire alors : il ne voulait pas seulement le bien de son pays mais aussi, hélas !, le mieux, et il consultait souvent Anouar sur telle ou telle question. Anouar, de son côté, respectait l'idéalisme de ce jeune chef qui se donnait comme modèle le mouvement des Officiers libres d'Égypte. Il appelait Kadhafi « mon fils » et l'invitait fréquemment à la maison, au Caire ou à Mit Aboul Kôm. « Vous êtes comme un père pour moi, ne cessait de dire Kadhafi la première année de la présidence de mon mari. Si je fais des bêtises, corrigez-moi ! »

Quelques mois après sa proclamation de la « fusion » de nos deux pays, le président libyen prit une nouvelle initiative irresponsable, mais cette fois très dangereuse. Ayant demandé à Anouar de renforcer la protection navale de la Libye, Kadhafi avait obtenu de celui-ci le prêt de deux sous-marins avec leurs équipages entièrement égyptiens. Le premier ordre qu'il leur donna aurait provoqué une catastrophe mondiale : il s'agissait de rien de moins que de couler le *Queen Elizabeth II* qui faisait alors route vers Israël — et à bord duquel ne se trouvaient, bien évidemment, que des civils, touristes anglais ou américains.

Fort heureusement le commandant d'un de ces deux bâtiments communiqua cet ordre par radio, pour vérification, à la base d'Alexandrie qui, à son tour, avertit immédiatement Anouar. Kadhafi, selon son habitude quand une crise s'annonce, s'était retiré sous sa tente dans le désert. Anouar, ne pouvant le joindre, ordonna lui-même aux deux sous-marins de rentrer à Alexandrie. Quelques heures plus tard nous apprîmes que c'était chose faite, et jamais je ne vis à mon mari un air aussi soulagé... « Kadhafi a autant de tête qu'un gosse, dit-il. L'ennui, c'est que ses jouets sont de vraies armes. »

Si Kadhafi avait réussi son coup, s'il avait réussi à envoyer par le fond le prestigieux paquebot et avec lui des milliers d'innocents, hommes, femmes, enfants, plus personne dans le monde ne se serait soucié des justes raisons qui nous opposaient à Israël. Or — nous étions déjà en 1973 — c'était ce conflit qui occupait le premier plan dans les réflexions d'Anouar. Mais je l'ignorais. Et Kadhafi aussi. Les Américains, les Russes et les Israéliens eux-mêmes ne le savaient pas : Anouar se préparait à partir en guerre.

« Jehane, prépare ma valise, car demain soir je ne coucherai pas à la maison. Et n'oublie pas d'y mettre mes uniformes.

— Tu pars pour l'étranger ?

— Non.

— Tu vas faire une tournée des avant-postes de la zone du canal ?

— Qui sait ?

— Alors un uniforme suffit.

— Non, emballe-les tous. Je serai peut-être absent pendant plus d'une nuit. En cas d'urgence, tu me trouveras au GQG, au palais d'el-Tahrah. »

Au palais d'el-Tahrah ? au Grand État-Major ? Je ne dis rien. Il y avait dans sa voix ce calme profond, dans ses yeux cette lueur menaçante que j'avais appris à connaître et à respecter. Je l'accompagnai dans notre jardin de Guizeh, ce 5 octobre 1973, neuvième jour de ramadan, sachant que ce n'était pas le moment de le taquiner ou de lui poser des questions. S'il avait été nécessaire qu'il me dît pourquoi il se rendait à l'État-Major, il l'aurait fait. De plus, je n'avais aucun besoin de l'interroger. Mon cœur avait compris. J'avais tout compris instinctivement : Anouar était sur le point de frapper un grand coup contre Israël.

Cela faisait des mois que j'en notais les signes précurseurs : ses rencontres de plus en plus nombreuses avec le ministre de la Défense, ses tournées, d'une fréquence inhabituelle elles aussi, sur le front, et ses retraites pour méditer, de plus en plus longues. Et puis il y avait eu, en août, cette lettre d'un militaire du front de Suez que sa femme m'avait apportée. Anxieuse, elle m'avait dit en me la montrant : « Il m'écrit que je dois bien m'occuper des enfants. Cela veut-il dire que nous allons avoir la guerre ?

— Peut-être votre mari fait-il allusion à des manœuvres militaires secrètes... », lui avais-je répondu pour la calmer, mais n'en sachant pas plus long moi-même.

J'avais parlé de cette lettre à Anouar, qui s'était contenté de hausser les épaules. « Rumeurs, rumeurs, avait-il dit. Une lettre qu'un homme écrit du front à sa femme ne signifie pas que l'Égypte se prépare à entrer en guerre.. »

Or moi, j'en étais de plus en plus sûre. Un après-midi de septembre, tout à fait par hasard, j'avais surpris des bribes de conversation entre Anouar et le ministre de la Défense : « Je veux que tout cela soit filmé, pour la postérité », disait mon mari à Ahmed Ismaïl en le raccompagnant à la porte. Filmer quoi pour la postérité ? Ce ne pouvait être qu'un assaut de l'armée égyptienne. Au moins, me dis-je pour me consoler, cette fois nous serions prêts : l'URSS en effet, malgré l'expulsion de ses conseillers, nous avait fourni une partie des armes qu'Anouar attendait d'elle.

Mais j'avais peur. Comme tout le monde. Par trois fois nous avions, moi et tous ceux de ma génération, traversé les angoisses de la guerre, nous avions attendu la chute des bombes, écouté l'écume de la mort au-dessus de nos têtes, vu la douleur et la mutilation de nos jeunes gens, et la dévastation de nos cités. Chaque fois — guerre de Palestine, 1948 ; guerre de Suez, 1956 ; guerre de Juin, 1967 — nous avions été humiliés par les Israéliens et leurs puissants alliés. Trois défaites successives nous avaient démoralisés et privés de notre assurance. Les Israéliens semblaient imbattables.

Dès notre naissance on nous avait enseigné à haïr les Israéliens, et notre expérience nous avait appris à les redouter. A l'école nos enfants dessinaient non pas des fleurs, mais des missiles, des tanks et des avions. On leur avait appris qu'Israël ne s'arrêterait devant rien pour étendre ses frontières, qu'il voulait posséder toute la terre qui s'étend des rives du Nil à celles de l'Euphrate. Il avait déjà pris la Palestine, le Sinaï et des morceaux de la Syrie et de la Jordanie. L'Égypte serait-elle le prochain morceau ?

Les slogans sur nos murs proclamaient, arrogants : « Libérez la Palestine occupée ! » et « Libérez le Sinaï ! », mais en fait nous étions dans nos petits souliers. Les Israéliens avec leur armement américain étaient bien plus forts que nous, et nous avions peur. Les Israéliens étaient à tous égards supérieurs, intelligents, impitoyables ; rien ne semblait pouvoir les arrêter. Le fait que la plupart des Égyptiens, moi y comprise, n'en avaient jamais vu un alimentait le mythe. Comment eussions-nous pu croire les vaincre un jour ?

Pendant cette promenade dans le jardin, le 5 octobre, je dis à mon mari : « Je sais que tu fais de ton mieux pour que notre terre nous revienne ; je sais que personne ne te condamnera si l'Égypte entre en guerre et perd ; tous les dirigeants du monde comprendront et ils t'admireront d'avoir tenté de reprendre le Sinaï qui, de toute façon, est à nous depuis toujours. »

Je cherchais à faire comprendre à Anouar par mes paroles que j'étais avec lui, malgré la défaite qui me semblait inévitable.

« Nous ne vivons qu'une fois, nous ne mourons qu'une fois, lui dis-je. Affrontons notre destin avec courage ; à quoi bon vivre sans dignité ? Il vaut bien mieux agir, même si l'on échoue, que continuer à subir l'humiliation de l'occupation israélienne. »

Anouar s'arrêta brusquement et se tourna vers moi : « Jehane, me dit-il, je sais que cette guerre, je vais la gagner. »

J'étais éberluée. Moi qui, en bonne épouse, cherchais à lui donner du courage ! Il n'avait besoin d'aucun encouragement. D'où lui venaient cette confiance en soi, cette certitude ? Elles ne pouvaient lui venir que de Dieu, j'en eus la certitude immédiate, et moi-même je pris confiance : Dieu était avec lui, avec nous !

Le lendemain matin, 6 octobre, dixième jour du ramadan, je bouclai la valise d'Anouar à la première heure.

« Dois-je envoyer les enfants à l'école aujourd'hui ? lui demandai-je, pour avoir une idée du moment où l'assaut contre Israël serait lancé.

— Bien sûr, pourquoi pas ? »

Je l'embrassai à la porte, en me demandant encore une fois si ce n'étaient pas nos derniers adieux et en lui cachant mes appréhensions : « Les enfants sortent de l'école à une heure. Cela ira ? dis-je sur un ton détaché.

— Qu'ils aillent à l'école comme d'habitude », répondit-il.

Quand il monta dans la voiture, je lui fis signe de la main et lui criai : « Dieu te bénisse et soit avec toi ! »

Une heure de l'après-midi... Anouar m'avait clairement laissé entendre que la guerre ne commencerait pas auparavant. J'annulai tous mes rendez-vous de l'après-midi. Je voulais être seule à partir d'une heure pour écouter sans interruption la radio. Le matin, plusieurs personnes vinrent me voir comme prévu, mais j'étais très distraite ; c'est à peine si j'entendis un mot du dernier entretien que j'eus avant une heure avec Nahla, l'épouse du chanteur Abdel Wahhab. Quand enfin elle partit je me précipitai à l'étage dans nos appartements.

« Tu sais la nouvelle ? dis-je abruptement à Noha, qui venait de rentrer.

— Quelle nouvelle ?

— Oh, ce n'est rien », dis-je maladroitement, regrettant mes paroles.

Je me retirai dans ma chambre où j'allumai la radio : les différentes stations ne passaient que des dramatiques. Fallait-il préparer déjà l'accueil des blessés, prévenir les chefs des groupes féminins du Croissant-Rouge ? J'écartai cette idée : cela entraînerait en effet une agitation soudaine, anormale, autour de nos hôpitaux, qui avertirait les agents d'Israël infiltrés parmi nous et détruirait l'effet de surprise voulu par Anouar. Je ne parlai même pas de mes pensées à mes filles, qui, néanmoins, étaient fort étonnées de me voir avec mon transistor pressé contre l'oreille.

« Qu'est-ce qui vous préoccupe tant, maman ? » ne cessaient-elles de me demander. Mais je ne leur répondais pas.

Soudain, peu après une heure trente, les programmes normaux furent interrompus par un communiqué : « Attention : des forces ennemies ont lancé une attaque contre nos positions dans le golfe de Suez. Notre armée est déjà en train de repousser les agresseurs. »

Je me doutais immédiatement que cette déclaration n'était qu'une feinte pour nous donner le prétexte d'attaquer, et j'avais raison. Peu après, en effet, deuxième communiqué : l'armée de l'air égyptienne était en train de bombarder les positions israéliennes du Sinaï ! Nos fantassins traversaient le canal ! La guerre d'Octobre, comme nous l'appellerions (« guerre de Yom Kippour » pour les Israéliens), venait de commencer.

J'alertai les responsables des équipes féminines du Croissant-Rouge, et je lançai un appel à la population pour qu'on nous fournît couvertures et médicaments. Tout le monde était électrisé. L'incroyable était en train de se produire : nos soldats enfonçaient les défenses israéliennes tout au long des cent soixante-douze kilomètres de la ligne Bar-Lev, cette ligne fortifiée de plus de quinze mètres de haut qui leur avait coûté 238 millions de dollars, et dont les Russes nous avaient assuré que seule une bombe atomique pourrait la détruire.

Allahu Akbar ! hurlaient nos hommes en se ruant de l'autre côté du canal : « Dieu est le plus grand ! » Pour enflammer le courage de nos troupes, Anouar avait choisi de donner à cette opération de franchissement le nom de code de « Badr » — allusion à la bataille de la vallée de Badr, entre Médine et La Mecque, au cours de laquelle Mahomet et trois cents fidèles avaient défait, avec l'aide d'une nuée d'anges, un milliers d'incroyants bien armés de la tribu des Qoraïchites. Maintenant c'était notre armée qui était de nouveau en train d'accomplir l'impossible.

En vingt minutes à peine, notre aviation toucha 90 p. 100 des objectifs israéliens choisis pour cette première vague de bombardements. Au même moment, nos canons de campagne se mettaient à pilonner d'autres objectifs israéliens le long de la ligne Bar-Lev. Notre infanterie, brûlant de venger la perte du Sinaï en 1967, traversa le canal en bateaux pneumatiques avant l'heure prévue, et aussitôt escalada la ligne Bar-Lev en y fixant des échelles de corde pour permettre aux suivants de les rejoindre rapidement. Les bouches à napalm dont les Israéliens avaient truffé les remblais furent rapidement obturées avec du ciment. On jeta des câbles pour hisser les canons antichars et l'artillerie légère. Enfin — tour de force qui stupéfia tous les observateurs — le corps égyptien du génie, utilisant de très puissants canons à eau allemands, perça des « cols » dans le sable de la ligne Bar-Lev tout en jetant au-dessus du canal des ponts flottants pour permettre le passage de nos tanks dans le Sinaï.

Au bout de six heures, les Israéliens perdaient pied. La surprise avait été totale : on avait par exemple annoncé dans nos journaux que nos généraux se préparaient à aller à La Mecque pour un « petit » pèlerinage ; et nos soldats stationnés sur la rive occidentale du canal, au vu des Israéliens, avaient pendant plusieurs jours ostensiblement « coincé la bulle »...

Vingt-quatre heures après l'attaque, la résistance des Israéliens était brisée. Quatre jours plus tard, le canal était de nouveau entièrement à nous. Le mythe d'Israël invincible s'écroulait tandis que le crédit de l'Égypte dans le monde remontait en flèche.

« Nous avons franchi ! Nous avons franchi ! » (sous-entendu : le canal), scandaient les foules devant chez nous. « Dieu bénisse Sadate ! »

Quand les blessés commencèrent à arriver à l'hôpital, la différence entre l'attitude de nos soldats à l'égard de cette guerre et à l'égard de celle de 1967 apparut spectaculaire. Nous avions beaucoup moins de cas psychologiques ; notre plus grand problème, cette fois, consistait à persuader les blessés de rester à l'hôpital tant qu'ils ne seraient pas aptes à retourner au front. De nombreux soldats refusaient d'échanger leurs vêtements sales et souillés de sang contre les pyjamas propres fournis par l'hôpital. Un blessé qui présentait une blessure profonde à la tête était tellement résolu à reprendre le combat qu'il entama une grève de la faim. En désespoir de cause, le médecin qui s'occupait de lui me demanda d'aller lui parler.

« Quand tu seras guéri, tu pourras rejoindre le front, lui dis-je, mais en quoi pourrais-tu être utile dans l'état où tu es ? Nous avons besoin de combattants solides, et non affaiblis comme tu l'es maintenant. » J'approchai une cuillerée de riz de ses lèvres et, pour la première fois en cinq jours, il accepta de manger.

Un autre jour, je me trouvais dans la salle de réveil quand un jeune soldat reprit connaissance. « Mère, me dit-il dans un murmure, sais-tu que c'est moi qui, le premier, ai planté notre drapeau sur la rive est du canal ? » Il serra faiblement mes mains entre les siennes et les embrassa.

Profondément émue par son geste, je lui embrassai spontanément les mains à mon tour. « C'est à toi qu'il faut baiser les mains, pas à moi, lui dis-je, les larmes aux yeux. Grâce à toi notre drapeau flotte de nouveau à la place qui lui revient, sur notre terre. »

Le lendemain le journal publia une photo illustrant la visite que j'avais rendue à ce soldat, mais sans faire aucune allusion au fait que je lui avais embrassé les mains. Ce geste semblait déplacé pour l'épouse du président ! Mais que m'importait... Ce garçon et des milliers d'autres comme lui sont les héros de l'Égypte.

Nos soldats combattaient avec un courage et un à-propos remarquables. Dans l'espoir d'éviter les erreurs désastreuses de 1967, leurs chefs leur avaient donné l'ordre de faire appel à leur propre jugement sur le champ de bataille. « Ne craignez pas de vous tromper, avait déclaré Anouar à nos troupes lors de sa visite au front avant le déclenchement des hostilités. Combattez seulement de toutes vos forces et, s'il ne vous reste pas d'autre issue, mourez avec honneur. Je me porte personnellement responsable des erreurs que vous pourriez faire. » Et ils se battirent magnifiquement contre les occupants.

Pendant la guerre de 1967 on m'appelait « Oumm el-Chouhada » la Mère des Martyrs. Pendant celle-ci j'ai été baptisée « Oumm el-Abtal », la Mère des Héros.

Craignant d'être battus à plate couture, les Israéliens faisaient ce qu'ils pouvaient pour briser le moral de nos troupes. « Nous plongerons vos jours dans l'obscurité de la nuit, nous vous ferons voir les étoiles en plein midi », criait la radio israélienne en langue arabe sur la ligne du front, le long du canal. « Nous aplatirons vos nez dans la boue, nous vous broierons les os. » Mais cette fois la propagande israélienne n'impressionna personne. De nombreux soldats étaient convaincus que Dieu était de leur côté et qu'ils étaient engagés dans une guerre sainte contre Israël. Au Caire, les islamistes radicaux distribuaient des tracts proclamant que les anges combattaient de nouveau aux côtés des musulmans dans l'opération Badr, donnant ainsi une nouvelle impulsion à la montée de l'intégrisme qui avait commencé lors de notre défaite de 1967. Cette vision des choses s'imposa au point qu'Anouar dut rappeler au pays que le général Fouad Aziz Ghali, l'un des premiers chefs d'armée à franchir le canal, n'était pas musulman mais copte !

Pendant des jours j'eus l'impression de planer, je travaillais jour et nuit sans ressentir la fatigue. La joie qui m'habitait me rendait légère. Anouar, que j'étais venue retrouver au palais d'el-Tahrah, partageait mon exaltation. Le premier nuage fut amené par un pilote blessé qui avait pris part à la première vague d'assaut. Cinq minutes à peine après le commencement de l'attaque, il avait vu descendre en flammes le Mirage du jeune frère d'Anouar, 'Atif, âgé de vingt-six ans. Le souffle me manqua. Quel pilote aurait pu survivre dans de telles circonstances ? 'Atif était mort. Je n'annonçai pas immédiatement la nouvelle à Anouar. Hosni Moubarak, le commandant de nos forces aériennes, ne parvint pas plus à s'y résoudre que moi... Personne ne voulait prendre le risque d'entamer le moral de mon mari, de le perturber alors qu'il travaillait nuit et jour à l'État-Major.

« 'Atif est porté disparu », lui dis-je quatre jours après le franchissement du canal. Deux jours plus tard, je lui annonçai que l'on faisait le tour des hôpitaux pour le retrouver. Je préparais ainsi petit à petit Anouar à affronter la vérité. 'Atif et lui étaient très proches l'un de l'autre. 'Atif venait nous voir plusieurs fois par an et prenait part avec nous aux fêtes, aux jeûnes, à la prière. Anouar était à ses yeux un héros. Leur différence d'âge était de vingt-neuf ans et Anouar considérait 'Atif comme un fils plutôt que comme un frère. Finalement, dix jours après le commencement de l'attaque, j'avouai la vérité à mon mari : je lui dis que son frère était mort.

Anouar fut terrassé par cette nouvelle. Pendant un long moment, il resta debout devant moi sans rien dire, se contentant de secouer la tête. « Je le savais, dit-il enfin. Quelque chose en moi me le disait... » Pour la deuxième fois de ma vie je vis ses yeux se remplir de larmes. Je ne l'avais vu pleurer qu'une seule fois auparavant : quand sa mère était morte dans ses bras. Il tenta de se ressaisir. « Tous ces garçons qui sont morts pour notre pays, qui ont fait le sacrifice de leur vie sont mes fils. Et maintenant mon propre frère... » Et malgré son chagrin, il se remit immédiatement au travail : il ne voulait pas que sa douleur personnelle pèse davantage que le deuil d'une famille quelconque.

Tandis que nos forces poussaient leur avantage au Sinaï malgré les appels de l'Union soviétique et des États-Unis en faveur d'un cessez-le-feu, je travaillais toute la journée dans les hôpitaux, et la nuit, dans notre chambre, je répondais aux appels téléphoniques des gouvernements étrangers, tel celui du secrétaire du Foreign Office qui me parvint à cinq heures du matin. Anouar refusait de signer le cessez-le-feu tant qu'Israël n'aurait pas évacué tous les territoires occupés.

Pour la première fois l'Égypte négociait en position de force. Au cours des trois premiers jours de la guerre, nos avions avaient détruit le tiers de la force aérienne israélienne sur le front égyptien. La Syrie, qui s'était jointe à l'Égypte, avait anéanti une grande partie des forces aériennes israéliennes dans le Nord.

Le quatrième jour des hostilités, les forces égyptiennes détruisirent plus de cent vingt tanks de la plus forte division blindée de Tsahal. L'inconcevable s'était réalisé ! Si l'Égypte décidait de s'y engager, la route de Tel-Aviv nous était grande ouverte... En Israël, le ministre de la Défense, Moshé Dayan, éclata en sanglots devant les correspondants des journaux étrangers.

Mais brusquement les nouvelles devinrent menaçantes : Israël suppliait les États-Unis de le sauver, et un rapport du Pentagone confirmait que notre adversaire était en train de perdre la guerre. Les retombées ne se firent pas attendre : le nombre des blessés égyptiens augmenta brutalement dans les hôpitaux de la zone du canal ; et quelles blessures ! On n'en avait jamais vu de semblables... Pour faire face au nouvel afflux de blessés, nos médecins durent prendre des excitants et les volontaires renoncèrent, comme moi-même, à toute idée de sommeil. La radio vint confirmer nos craintes : des navires et des avions américains ravitaillaient les Israéliens en fournitures militaires à el-Arich, dans le Sinaï. Nos adversaires utilisaient maintenant contre nos troupes les technologies américaines de pointe — surtout les nouvelles bombes à fragmentation.

Comment pouvions-nous nous défendre ? Les livraisons d'armes américaines à Israël étaient, comme nous devions l'apprendre par la suite, plus importantes que lors du célèbre pont aérien des Occidentaux sur Berlin après la seconde guerre mondiale : c'est pour plus de 2 200 millions de dollars d'armement que les États-Unis fournirent alors aux Israéliens. Chaque fois que nous détruisions un char d'assaut, un nouveau tank prenait sa place. Certains des chars que nous capturions étaient si neufs que leurs compteurs indiquaient 120 kilomètres, c'est-à-dire la distance d'El-Arich au canal. Le bruit se répandit dans nos hôpitaux que les États-Unis envoyaient sur le front des armes encore plus modernes, ainsi que des volontaires juifs américains sachant les manier. Des fusées américaines détruisirent rapidement deux de nos stations de missiles. Nous n'étions pas préparés à affronter ce nouveau type d'armement.

Comme les combats se faisaient de plus en plus acharnés, nos amis et nos alliés se portèrent à notre secours : Tito livra cent quarante tanks à l'Égypte, et Boumediene cent cinquante. Le chah d'Iran nous expédia des pétroliers chargés de 500 000 tonnes de pétrole. Beaucoup d'États musulmans entrèrent d'une façon nouvelle en guerre à nos côtés : à l'initiative du roi Fayçal d'Arabie saoudite qui déclara la guerre sainte, pour punir les États-Unis de soutenir aveuglément Israël, onze pays arabes producteurs de pétrole imposèrent un embargo sur le pétrole à destination de la superpuissance américaine, provoquant une pénurie d'essence dans tout ce pays et faisant s'envoler les prix des carburants dans tout l'Occident.

En Libye, en revanche, Mouammar el-Kadhafi fit preuve d'une cruauté incroyable à notre endroit. Au lieu de nous aider il fit tout ce qu'il put pour nous mettre des bâtons dans les roues. Avant le début de la guerre il avait promis à Anouar de nous fournir des pièces détachées pour nos vingt-cinq Mirage, ainsi que quatre millions de tonnes de pétrole pour compenser la fermeture, pour raison de sécurité, des champs pétrolifères égyptiens. Il avait proposé de mettre à notre disposition le port libyen de Tobrouk en cas de destruction du port d'Alexandrie. Fort heureusement nous n'eûmes pas besoin d'utiliser Tobrouk, Alexandrie n'ayant pas subi de dégâts, mais le pétrole et les pièces détachées ne nous furent jamais expédiés. Kadhafi ne s'était même pas réjoui de nos premiers succès. Furieux de ce qu'Anouar ne leur eût pas annoncé la date exacte de notre entrée en guerre, les Libyens déclarèrent sur les ondes, deux jours après que nos troupes eurent franchi le canal, que l'Égypte n'avait aucune chance de gagner la guerre. « Les soldats égyptiens sont des lapins qui sont accoutumés à la défaite, et ils seront battus par Israël pour la quatrième fois. » Voilà les propos insultants et défaitistes que diffusait la radio libyenne.

Ils continuèrent à nous invectiver lorsque, au dixième jour d'une guerre qui devait en durer dix-huit, les Israéliens réussirent à ouvrir une brèche dans nos lignes au Déversoir et à faire passer une partie de leurs troupes sur la rive ouest du canal. L'Égypte avait alors plus que jamais besoin du soutien de ses voisins arabes, mais elle ne reçut de Libye que de nouvelles insultes. « Quand j'ai entendu leurs communiqués à la radio, j'ai cru que c'était de la propagande en provenance d'Israël », me confia plus tard Ahmed Badaoui, le commandant de nos troupes au Déversoir. « Quand j'ai compris qu'il s'agissait des Libyens, je n'ai pu m'empêcher de pleurer. Comment l'un de nos propres frères pouvait-il se dresser ainsi contre nous ? »

Devant le soutien formidable des États-Unis à Israël, Anouar n'avait plus d'autre solution que de proclamer le cessez-le-feu. Ce qu'il fit le 19 octobre. « J'ai accepté le cessez-le-feu la mort dans l'âme, câbla-t-il au président Assad de Syrie. Je suis prêt à combattre Israël le temps qu'il faudra, mais non les États-Unis. Je n'exposerai jamais plus mes armées à l'anéantissement. » Mais les Israéliens, loin de respecter le cessez-le-feu, lancèrent une nouvelle offensive deux heures après son entrée en vigueur. Anouar fut contraint de riposter avec prudence afin de ne pas provoquer une nouvelle intervention américaine.

Voyant s'évanouir son rêve de rentrer en possession du Sinaï, il était dans un état épouvantable. « Mange quelque chose, je t'en prie », le suppliais-je chaque soir quand le moment venait de rompre le jeûne du ramadan. Mais il se contentait de secouer la tête en disant qu'il n'avait pas faim. Je souffrais de le voir tant souffrir. Durant des semaines entières, cet homme qui dormait d'ordinaire huit à neuf heures par jour, avait travaillé de dix-huit à vingt heures d'affilée. Il n'acceptait même pas les bols de bouillon que je lui apportais et vivait uniquement de jus de fruits. Je me faisais du souci pour lui, à le voir si pâle et si maigre. En novembre il eut du sang dans les urines. Le cessez-le-feu n'était pas respecté, et des accrochages continuaient sur la rive ouest du canal entre troupes égyptiennes et troupes israéliennes.

Les Américains étaient responsables de l'escalade dans cette guerre ; c'était à eux d'y mettre fin. Le 11 décembre, le secrétaire d'État américain Henry Kissinger vint rendre visite à Anouar au Caire pour la deuxième fois en quatre semaines : il était porteur d'un ultimatum glacial du gouvernement de son pays. Le Pentagone avait constaté sur des photos aériennes que les troupes israéliennes étaient encerclées par les forces blindées et l'artillerie égyptiennes sur la rive ouest du canal, et il savait qu'Anouar s'apprêtait à les anéantir. Kissinger expliqua que les États-Unis seraient contraints d'attaquer l'Égypte si Anouar passait à l'offensive ; la stratégie mondiale des États-Unis ne pouvait tolérer le risque d'une seconde défaite des armes américaines face aux armes soviétiques. Les forces américaines du monde entier avaient été mises en état d'alerte.

En janvier 1974 fut signé le premier accord de désengagement des forces égyptiennes et israéliennes, les États-Unis tenant le rôle de médiateur. Selon les termes de cet accord, l'Égypte reprenait possession de la rive est du canal, et Israël s'engageait à évacuer la rive ouest. Une nouvelle guerre s'achevait ainsi non sans peine, laissant derrière elle des milliers de morts et de blessés égyptiens. Nos pertes étaient cinq fois plus nombreuses que celles des Israéliens.

Cette souffrance ne devait-elle donc jamais finir ? De nombreux blessés de guerre israéliens gisaient dans nos hôpitaux. Leurs cris ne différaient guère de ceux des blessés égyptiens. Leurs parents, leurs femmes, leurs enfants pleuraient sur eux, tout comme les familles égyptiennes sur leurs enfants. Quel sort cruel nous frappait les uns et les autres ! Quelques jours après le premier cessez-le-feu, j'avais reçu une lettre d'une mère israélienne, Mme Ruth Lys, dont le fils était mort au combat :

« Madame, je vous tends la main, par-delà les camps qui nous opposent, pour vous demander de réunir toutes les femmes qui, comme vous et moi, désirent mettre un terme à toutes les hostilités, en constituant une union d'Égyptiennes prêtes à collaborer aux efforts des femmes israéliennes. Unies, nous les femmes, nous représentons une force puissante. N'hésitez pas, chaque jour compte, chaque jour apporte sa nouvelle moisson de morts inutiles... »

Je partageais totalement son point de vue. Quelle différence que nous soyons de telle ou telle nationalité, de telle ou telle religion ? Nos souffrances étaient les mêmes.

« Je souhaiterais voir le mot ''guerre'' rayé du dictionnaire des rapports humains », répondis-je à Mme Lys dans une lettre que la presse israélienne publia, à mon grand étonnement. « J'ai la conviction que les femmes peuvent contribuer activement, en tant que mères, épouses, filles et sœurs, à protéger l'humanité des dangers, des horreurs et des destructions de la guerre. L'instinct maternel nous pousse à nous entourer d'une famille heureuse et à élever nos enfants dans une atmosphère de gaieté, d'amour, de sympathie... de paix. La jeune génération a le droit de rêver d'un avenir merveilleux où elle pourra consacrer ses forces créatrices à l'édification d'une vie meilleure...

« Je souhaiterais que les dirigeants d'Israël dirigent leurs efforts vers la paix, car on n'a jamais résolu les problèmes humains par la force. C'est là ma conviction profonde, et c'est là le message de mon époux. L'amour et l'amitié valent mieux que l'hostilité : nous devons réaliser cela.

« Je soutiens votre appel en faveur de l'amitié et de l'amour. Je voudrais que toutes les femmes consacrent leur temps à travailler d'arrache-pied à l'avènement de la paix. »

Huit ans plus tard, mon mari répondrait à cet appel à la paix par le sacrifice de sa vie.

Chapitre 10

Les fonctions d'une première dame

« Anouar, je t'en prie, il faut absolument que tu parles du planning familial dans tes discours. Signale-le, au moins ! »

« Anouar, pourrais-tu accorder un bref entretien aux spécialistes du cancer qui viennent de l'étranger pour ma conférence ? Tout ce que je te demande, c'est de leur dire bonjour, je te promets que ce sera tout. »

« Anouar, excuse-moi de ne pas être là pour le dîner une fois de plus, mais je dois accompagner les délégations qui arrivent aujourd'hui du Soudan et du Liban pour visiter la Wafa' wal Amal. »

Depuis la guerre d'Octobre, j'étais prise du matin au soir par de nouveaux projets à lancer, d'autres à poursuivre, les problèmes à régler qui étaient légion, sans compter les idées dont je m'étais faite l'avocate. La victoire que nous avions remportée sur les Israéliens nous avait permis de redresser la situation sur les frontières égyptiennes et le gouvernement pouvait enfin se consacrer aux problèmes internes qui, sans cesse, pesaient sur la vie de notre peuple.

En tant que président, Anouar avait toute latitude pour œuvrer en faveur d'une transformation sociale de l'Égypte. Il a toujours existé une relation passionnelle entre les Égyptiens et leur chef d'État, quel qu'ait été son titre : calife, sultan, roi, ou, plus récemment, président. Nos comportements ont toujours été influencés par ceux, bons ou mauvais, de nos dirigeants : s'ils étaient fragiles, le peuple se montrait sans force ; en revanche, si, tel Anouar, un homme solide et novateur se trouvait à la tête de l'État, il faisait preuve de courage et de force. Après la guerre d'Octobre, tout était donc mûr pour un changement social.

Jamais Anouar n'avait été aussi populaire. Le peuple d'Égypte était unanime à lui témoigner sa gratitude. *Yahya Batal al-'Ouboûr*, hurlait la foule en se pressant vers la voiture présidentielle qui se frayait un passage dans les rues : « Vive le Héros du Franchissement. » Dans les villages, la réaction des paysans était plus émotionnelle encore : *Bill-ruh bil damû nifdik, ya Sadate !* (« Nous ferons le sacrifice de notre âme et de notre sang pour toi, ô Sadate ! »), criaient-ils, se battant pour tenter de le toucher, de l'étreindre, de le porter en triomphe sur les épaules, malgré la présence des gardes du corps. Mais si Anouar était incontestablement adoré du peuple égyptien, les problèmes auxquels il devait faire face étaient gigantesques.

Plus de vingt ans s'étaient écoulés depuis la révolution et pourtant les objectifs du gouvernement étaient loin d'être atteints. Dans les zones rurales, où vivait plus de la moitié de la population, de nombreux fermiers utilisaient encore la houe courte, inchangée depuis l'époque des pharaons, et les norias étaient entraînées par des buffles aux yeux bandés. Bien que l'enseignement fût devenu obligatoire, le nombre des adultes analphabètes était encore très élevé : 43 p. 100 d'hommes et 60 p. 100 de femmes. Notre peuple était encore pauvre, avec un revenu moyen de 90 dollars par an. Dans les villes, des centaines d'avocats, d'ingénieurs et autres diplômés d'université restaient désœuvrés dans les postes que le gouvernement leur avait garantis. Le surpeuplement des bureaux était tel que la moitié de ceux qui y travaillaient étaient inutiles.

Anouar savait qu'il lui fallait prendre des mesures draconiennes et il était prêt à se montrer aussi déterminé vis-à-vis des problèmes économiques qu'il l'avait été pour les problèmes militaires. C'est ainsi que, en 1974, il prit le contre-pied de la politique isolationniste de Nasser en lançant la nouvelle politique économique d'*infitah* : l'ouverture. Les touristes affluèrent d'Europe et des pays occidentaux et le nombre des emplois offerts à notre peuple augmenta considérablement. L'Égypte s'ouvrit pour la première fois aux investisseurs étrangers qui commencèrent à établir des projets en commun avec les promoteurs égyptiens : construction d'usines nouvelles, de banques, d'hôtels de luxe. On se mit à fabriquer de la céramique, des machines à laver, des téléviseurs, des chaînes stéréo ; jusqu'aux automobiles Fiat qui furent fabriquées sur place par des Égyptiens. On vit l'industrie lourde se développer dans tout le pays : aluminium, pétrole et produits chimiques.

A la différence de Nasser, Anouar incita également les Égyptiens à s'expatrier pour trouver du travail ; et des milliers d'entre eux, qui n'étaient jamais sortis d'Égypte, allèrent s'installer dans des pays moins développés que le nôtre, comme comptables, médecins, avocats, techniciens. Au cours de la seule année 1974, le ministère de l'Éducation envoya environ trente mille enseignants en Afrique et dans les pays arabes. Nos professionnels accueillirent favorablement toute proposition de poste ou de salaire élevé à l'étranger, ce qui permit à notre économie de profiter du milliard de dollars envoyé chaque année à leurs familles.

Si Anouar, à la place qu'il occupait, avait la possibilité d'agir pour le bien du peuple, j''espérais bien, en tant qu'épouse de président, pouvoir également y contribuer. Après la guerre d'Octobre, je me lançai dans la bataille sociale en prenant la tête d'une trentaine d'organisations de bienfaisance : le Croissant-Rouge égyptien, l'Association égyptienne pour le don du sang, le Conseil supérieur du planning familial (en tant que présidente honoraire), la Société des malades du cancer, la Société de préservation des antiquités égyptiennes, l'Association scientifique des femmes égyptiennes, les Œuvres sociales en faveur des étudiants d'université et d'instituts d'études supérieures.

« Anouar, à quoi cela sert-il d'avoir un enseignement universitaire gratuit si les étudiants ne peuvent se payer les livres ni même les vêtements dont ils ont besoin pour suivre les cours ? » répétais-je sans cesse à mon mari, qui parfois manifestait une certaine irritation devant mon enthousiasme et mes demandes réitérées pour son soutien au planning familial et pour l'accélération du processus législatif en faveur des droits des femmes.

El-sabr gamil, Jehane, me répondait-il, citant l'un de nos proverbes les plus courants : « La patience est belle. » Et je m'efforçais de garder mon calme lorsque, joignant le pouce et les doigts, la paume de la main tournée vers le sol, il faisait le geste égyptien qui exprime la patience. « Dieu a mis sept jours pour créer le monde. Comment veux-tu que je le transforme en une seule journée ? *El-sabr gamil.* »

Ma chambre était encombrée de travaux de recherche et de propositions de projets, tandis que classeurs et chemises débordaient de ma voiture. Je dus transformer l'une des chambres de la résidence de Guizeh en bureau et engager trois personnes pour me seconder ; une attachée de presse fut très vite indispensable car mes projets publics commençaient à attirer l'attention de la presse internationale. Au début je n'appréciai que très modérément cette curiosité, dont je savais trop bien qu'elle allait alimenter les critiques des milieux égyptiens traditionnels à mon égard. En outre, journaux et magazines étrangers s'occupaient beaucoup plus de ma propre personne que des projets qui me tenaient à cœur, ce qui était très gênant. En revanche, la publicité faite ainsi autour de mes projets amenait de nouveaux fonds pour les soutenir. Tout commençait à devenir possible.

Le nombre élevé des mutilés de guerre que j'avais vus au cours de mon travail pendant la guerre de 1967 m'incita à créer, en 1972, un centre de réhabilitation des infirmes. « Notre mère, qu'allons-nous devenir ? » C'est ainsi que m'interpellaient sans cesse, lors de mes visites dans des hôpitaux militaires, des hommes assis dans des chaises ou marchant à l'aide de béquilles. « Les docteurs ne veulent plus de nous ! Ils nous ont dit de retourner dans nos villages mais nous n'avons rien à y faire ; nous allons être un fardeau pour nos familles ! » Quatre années durant, les plaintes de ces hommes ne cessèrent de me hanter. Ils étaient aussi guéris que possible mais ne pouvaient subvenir à leurs besoins, faute de formation adéquate. Ces soldats égyptiens étaient condamnés à vivre sans dignité, avec des pensions si faibles qu'ils ne pourraient compter que sur la charité de leurs familles ou le peu d'argent gagné à vendre des crayons et du tabac dans les rues.

Je ne pouvais admettre que l'Égypte, à l'instar de tant d'autres pays, oublie ses soldats après les avoir accueillis en héros au moment de la victoire. Nos hommes avaient servi leur pays avec courage et celui-ci avait une dette envers eux. Après avoir réfléchi avec les directeurs d'hôpitaux sur les besoins de ces hommes, je décidai de créer un centre de formation qui permettrait aux infirmes d'être réintégrés dans la société en tant que membres à part entière et non comme des assistés. Le gouverneur du Caire m'avait cédé un terrain non viabilisé dans le désert, près du Caire, et le ministre des Affaires sociales avait débloqué quelques fonds pour construire des logements, des ateliers et des dispensaires spécialement conçus pour les infirmes. Ce centre avait reçu le nom de *el-Wafa'*, pour la confiance que notre pays avait en ses infirmes, et *Amal*, à cause de l'espoir qu'ils allaient retrouver : *Medinat el-Wafa' wal Amal* — la « Cité de la Confiance et de l'Espoir ».

L'attitude positive de mon mari et de l'Égypte après notre victoire sur Israël incita l'Arabie saoudite, le Qatar, Abou Dhabi et les autres pays du golfe Persique devenus riches à verser des fonds à ce centre, et je pus ainsi réaliser mon rêve d'ouvrir son accès aux handicapés et infirmes civils. Les réponses à mes demandes de fonds dépassèrent mes espérances. Un Saoudien, entre autres, fit une donation de 120 000 livres égyptiennes, en promettant que la même somme serait offerte au centre après sa mort. Une telle générosité me paraissant incroyable, je demandai à le rencontrer lorsque je fus avisée de son passage au Caire, pensant qu'il devait être âgé et proche de la mort. A ma grande surprise je vis arriver un homme jeune, M. Saleh Kamel. « Je suis complètement en accord avec ce que vous tentez de faire, me dit-il, et j'ai également une dette envers le pays qui m'a donné une aussi bonne éducation. » Depuis lors, cet homme verse chaque mois 10 000 livres égyptiennes au centre.

Des donations au centre Wafa' arrivèrent aussi d'Italie, d'Angleterre, de France et même des États-Unis. « On m'a appris que vous aviez créé un centre de réinsertion des soldats blessés, me dit un jour le secrétaire d'État américain Henry Kissinger au cours d'une visite après la guerre d'Octobre.

— En effet, et j'essaie de trouver des fonds un peu partout monsieur, lui répondis-je, grâce au peuple américain.

— Comment cela, grâce au peuple américain ? m'interrogea-t-il, surpris.

— C'est vrai que nous avons combattu les Israéliens, lui rétorquai-je en souriant, mais leur équipement militaire venait des États-Unis et c'est à cause des dollars des contribuables américains que nos soldats ont perdu bras et jambes et ont besoin de rééducation maintenant ! »

Comprenant qu'il avait donné dans le panneau, il éclata de rire. « Bon, d'accord, maintenant nous devons vous aider », dit-il. Et les États-Unis versèrent une contribution de 6 millions de livres égyptiennes au centre Wafa'.

Dans l'ensemble nous réunîmes 10 millions de livres pour la cité d'el-Wafa', réalisation dont je suis le plus fière. Le projet initial fut élargi pour y inclure des logements spéciaux, des bâtiments de bureaux, un hôpital et une école pour enfants handicapés. Une usine très moderne destinée à la fabrication de membres artificiels fut construite ; des médecins vinrent d'Afrique et de tous les pays du Moyen-Orient pour y étudier nos méthodes et suivre des stages de formation en kinésithérapie appliquée aux amputés. D'autre part, de nombreux pays arabes nous envoyèrent leurs handicapés pour assurer leur rééducation et leur formation professionnelle.

Très rapidement nous pûmes créer aussi des centres de formation pour les malades mentaux, dont certains venaient d'Oman, du Liban, de Jordanie, du Soudan. Tous ceux qui séjournèrent au centre trouvèrent du travail dans des bureaux, des magasins et des restaurants de cette cité spécialement conçue à leur intention. Des milliers d'entre eux allèrent jusqu'au bout du programme du centre, dont les frais d'inscription étaient fonction des revenus des participants — point sur lequel j'insistais tout particulièrement. De même, le fait de payer leurs chaises roulantes, leurs membres artificiels ou leurs voitures spécialement conçues, même par versements partiels et minimes, permettait aux gens de conserver leur dignité.

Chaque fois que je faisais des voyages officiels à l'étranger avec Anouar, je demandais à être emmenée dans les hôpitaux pour voir les matériels les plus modernes pour handicapés et les équipements les plus récents pour prématurés ; je visitais également les jardins d'enfants et les écoles. J'aurais bien aimé aussi faire du tourisme, visiter des musées, mais cela m'arrivait rarement. Il y avait trop de choses à apprendre pour aider le peuple d'Égypte.

A Rome, j'avais pu apprécier la façon dont les Italiens conservaient et restauraient leurs monuments anciens et la manière extraordinaire dont ils les éclairaient la nuit. Nos monuments, beaucoup plus anciens que les leurs, étaient laissés à l'abandon. Par exemple, l'aqueduc qui allait de la citadelle de Saladin au Foum el-Khalig du Caire n'était qu'une décharge publique, cimetière de voitures qui plus est ! Pourquoi des touristes seraient-ils allés visiter des amas de voitures rouillées ? Aussi fondai-je le Comité de préservation des antiquités égyptiennes et lançai-je une campagne de nettoyage et d'illumination de nos plus grands trésors du passé, telles l'église El-Moallaqah, construite au IVe siècle dans le quartier copte du Caire, et la mosquée d'Ibn-Touloûn, datant de plus de mille ans et considérée comme le plus bel exemple d'art islamique au monde. L'Égypte n'étant pas très à jour en matière de techniques modernes de conservation et de restauration des monuments, j'organisai au Caire une conférence réunissant des experts en ce domaine venus du monde entier et qui nous donnèrent de précieux conseils.

J'invitai également des spécialistes que j'avais rencontrés à la Société américaine de recherche sur le cancer de New York. Les travaux de nos médecins et chercheurs dans ce domaine étaient connus dans le monde entier, l'Égypte étant membre de la Société internationale de recherche sur le cancer. Et pourtant, de nombreux Égyptiens n'étaient pas conscients de la gravité de cette terrible maladie ni des mesures préventives à prendre pour ne pas y succomber. Une campagne massive d'information fut lancée à travers toute l'Égypte : conférences, émissions à la télévision, articles dans les journaux sur la prévention du cancer. On incita les femmes, à partir d'un certain âge, à subir chaque année une mammographie, en leur expliquant que le cancer du sein pouvait être guéri si on le détectait suffisamment tôt. On pouvait aussi réduire le risque de cancer des poumons en renonçant à fumer, plaisir favori des Égyptiens. Je fis même une intervention à la télévision, où j'adressai le message suivant à la population : « Soyez courageux et aidez votre pays en renonçant à fumer. L'argent que vous dépensez pour les cigarettes disparaît en fumée et vous ruine la santé. Un chirurgien m'a raconté qu'il avait vu de ses propres yeux les poumons noirs de ceux qui fument et les poumons roses et sains de ceux qui ne fument pas ! »

J'étais en effet convaincue du danger que représentait la cigarette. Mon gendre fumait, mon mari avait fumé jusqu'à sa crise cardiaque, et malgré cela il continuait à fumer la pipe. « Je t'en prie, Anouar, le suppliai-je, cesse au moins de fumer pendant la campagne antitabac ! Comment veux-tu que je parvienne à persuader des millions de gens si je n'y arrive pas avec mon propre mari ? » Mais Anouar continuait obstinément à allumer sa pipe : « Écoute, Jehane, je passe des heures dans des réunions, ma vie est consacrée au peuple, je ne peux même pas aller tranquillement dîner dehors, juste pour me détendre, ni même me promener sans être entouré de gardes du corps. Un des rares plaisirs qui me restent, c'est ma pipe, et je n'y renoncerai pour rien au monde, même pour toi. » Et il continua de fumer.

Tout un réseau de maisons de santé fut mis en place pour aider les malades du cancer à livrer leur dernière bataille contre la maladie : j'avais vu en Europe ce genre d'établissement où les malades pouvaient passer les dernières semaines qui leur restaient à vivre dans une atmosphère paisible. La première fut installée en bas d'une mosquée, ce qui surprit beaucoup de gens, mais je leur expliquai que ceux qui étaient proches de la mort allaient pouvoir entendre lire le Coran tout haut et atteindre ainsi la sérénité.

Plus je voyageais, plus j'avais de projets pour améliorer la vie du peuple égyptien. C'était comme des rêves, et je savais fort bien que tous ne pourraient pas se concrétiser ; mais un certain nombre d'entre eux aboutit quand même. Par exemple, il n'y avait pas suffisamment de cités universitaires pour les étudiants et peu d'entre eux avaient les moyens de louer une chambre ou de vivre dans une pension de famille. La jeunesse représentant l'avenir de l'Égypte, nous devions faire notre possible pour lui permettre d'étudier. Après avoir créé l'Association pour les étudiants d'université et d'instituts supérieurs, je rencontrai les ministres de l'Éducation et des Affaires sociales, ainsi que les doyens d'université. Tous s'accordèrent sur le fait que nous devions permettre aux étudiants de se loger en fonction de leurs moyens et, de subventions du gouvernement en contributions privées et produits de ventes de charité organisées par les étudiants eux-mêmes, on réunit l'argent nécessaire à la construction de logements pour les universités du Caire, d'Assiout, de Zagazig, de Tanta et d'Alexandrie. Les étudiants payaient 5 livres égyptiennes par mois, l'équivalent de 50 francs français. Le projet devint très populaire et beaucoup de gens se mirent à verser régulièrement de l'argent destiné à l'éducation.

Des contributions arrivaient aussi de l'étranger sous forme de dons et de compétences. Au cours d'un voyage en Allemagne et en Autriche, je demandai à visiter les fameux villages SOS pour orphelins créés par M. Gameiner. J'avais apporté des présents pour les enfants : petits chameaux et takièhs — calottes que portent les habitants de Haute Égypte —, mais ce furent eux qui me firent le plus beau des cadeaux en m'apportant un message d'amour et d'espoir. Nos orphelins d'Égypte n'étaient pas laissés à l'abandon, mais ils ne vivaient pas dans la même atmosphère chaleureuse et familiale que ces petits Européens. Dans les villages SOS, les enfants habitaient dans de petites maisons avec une « mère », comme dans une famille normale. Ces femmes avaient reçu une formation spéciale et traitaient les orphelins comme leurs propres enfants, les éduquant, leur faisant la cuisine, leur donnant l'amour dont ils avaient besoin. « Ils ont bien de la chance, vos enfants, dis-je à M. Gameiner en le quittant. Nous n'avons rien de semblable en Égypte. »

Trois jours après mon retour au Caire, M. Gameiner m'appelait pour me demander si je désirais avoir un village SOS pour les orphelins égyptiens. L'espoir se leva en moi. Mais aussitôt il me vint à l'esprit que je ne pouvais faire encore appel au ministère des Affaires sociales après l'avoir si souvent sollicité, que ce soit pour les handicapés, les étudiants, l'éducation des femmes, ou tant d'autres choses encore. « Vous savez combien j'aimerais avoir un village SOS, monsieur Gameiner, lui répondis-je, mais dans l'immédiat le gouvernement ne peut absolument pas se charger d'un nouveau projet ! »

Après un moment de silence, M. Gameiner dit : « Écoutez, si votre désir de fonder un village est aussi fort que lors de votre visite, je suis prêt à vous construire exactement le même en Égypte. »

Je ne pouvais en croire mes oreilles : « Vous prendriez toutes les dépenses en charge ?

— Bien sûr, mais à deux conditions : vous fournissez le terrain et vous consentez à être la présidente du village. »

Je réfléchis rapidement. Le ministère des Affaires sociales accepterait certainement de fournir un terrain pour un projet valable, et il y en avait encore de disponibles au Wafa' wal Amal. Quant à être présidente de ce village SOS, cela ne posait pas de problème. « Quand pouvons-nous commencer ? » demandai-je.

A l'autre bout du téléphone, je le sentis sourire tandis qu'il donnait cette réponse : « Je serai là dans deux jours. »

Anouar inaugura le premier village SOS construit au Caire pour trois cents enfants, puis deux autres — de cent vingt places à Alexandrie et soixante-dix places à Tanta. Par petites annonces dans les journaux, un certain nombre de musulmanes de plus de trente ans furent choisies et formées pour être mères dans ces villages, ainsi que des chrétiennes, afin que les enfants soient élevés dans leur religion. Chaque mère commença avec quatre enfants et, par la suite, leur nombre augmenta jusqu'à neuf maximum. Lorsqu'une des mères voulait prendre des vacances ou voir ses propres enfants, une « tante » qui avait reçu la même formation la remplaçait.

Il y avait un homme par village pour surveiller les « mères » et les « tantes » et jouer le rôle de père. Il avait la responsabilité des finances du village, veillait à ce que les mères tiennent bien leur maison, emmènent les enfants à l'hôpital en cas de maladie ou d'accident, les envoient bien dans les écoles publiques des villages environnants où ils suivaient les cours avec les autres enfants. Pendant l'été, ils allaient en groupe au bord de la mer à Mersa Matrouh, Ismaïlia ou dans un camp de vacances que nous avions ouvert à Aboukir, non loin de notre maison de Maamoura. Chaque année nous emmenions des groupes d'enfants fêter le nouvel an dans de grands hôtels du Caire : la Mena House, le Hilton ou le Sheraton.

Nous avions mis au point un programme de parrainage pour

subvenir aux besoins de nos orphelins lorsqu'ils seraient en âge de quitter le village. Chaque mois, mes enfants et moi-même, ainsi que de nombreuses familles en Égypte et à l'étranger, versaient dix livres sur un compte à leur intention afin de leur constituer un pécule pour le moment de leur départ en vue de leur installation dans la vie.

Grâce à ces efforts et à l'atmosphère familiale des villages, les enfants commencèrent à s'épanouir et à perdre leur air malheureux ; les sourires n'étaient plus forcés et, à leurs voix, on les sentait animés et heureux.

Tout en travaillant à ces projets, je commençai à faire sérieusement campagne — on imaginera l'opposition que je pouvais rencontrer — en faveur des droits des femmes. A la suite de nos efforts vis-à-vis des blessés des deux dernières guerres, on s'était mis dans toute l'Égypte à respecter les femmes et à reconnaître leur rôle auprès des hommes dans notre lutte nationale. Il était temps désormais de mettre en place ce que la révolution avait commencé. Nous avions obtenu en 1952 le droit de vote et la possibilité de travailler aux côtés des hommes dans l'État, l'industrie et virtuellement tous les domaines. Et pourtant, il y avait encore une grande discrimination vis-à-vis des femmes dans le secteur privé, et elles étaient largement sous-représentées dans le secteur public.

Pour bien montrer l'importance de l'éducation, je m'inscrivis à l'université du Caire, malgré mes quarante et un ans. J'avais choisi l'arabe littéral, sujet qui me passionnait. Cela représentait énormément de travail : la grammaire très difficile, la linguistique, le vocabulaire archaïque utilisé par les poètes préislamiques, l'histoire de l'époque des Omeyyades et des Abbassides.

« Tu travailles beaucoup trop ! » me disait Anouar lorsqu'il nous arrivait d'aller voir un film au sous-sol, après le dîner, et que je m'éclipsais après le générique pour travailler. Il ressentait certainement la même chose lorsque, dans la voiture, je me mettais un casque sur les oreilles pour écouter l'enregistrement de mes cours. « Tu ne peux pas tout faire, Jehane, la littérature arabe et toutes tes autres obligations. Prends une matière plus facile, l'histoire par exemple, tu n'auras qu'à lire et cela te donnera des connaissances. » Mais je refusai d'abandonner la littérature arabe. Avant les examens, je priais souvent Dieu : « J'ai commencé ce cours, je ne peux pas abandonner comme cela. Aide-moi, il faut que je réussisse à avoir mon diplôme ! »

J'aurais beaucoup aimé me mêler aux autres étudiants de l'université, mais c'était impossible, évidemment. Professeurs et étudiants attendaient de moi que je réussisse parfaitement mes travaux et mes examens, et trois de mes enfants, Loubna, Gamal et Noha, qui étaient dans le même établissement que moi à cette époque, mettaient aussi beaucoup d'espoir en moi. Aussi une sorte d'esprit de compétition régnait-il entre nous. « Quelle note as-tu obtenue à ton examen ? » me demandaient-ils constamment, tout en essayant de faire mieux.

Le matin des examens, je me levais à trois heures pour réviser. J'avais le sentiment de devoir être un exemple pour tout le monde, y compris mes enfants : si je ne faisais pas mieux qu'eux, ils n'auraient plus de raison de me respecter ni de m'obéir.

Lorsque par moments je sentais mon courage faiblir, je me rappelais la persévérance de ma conseillère et amie à l'université, le professeur Suheir el-Kalamawi, qui avait été l'une des premières femmes d'Égypte à obtenir un diplôme d'études supérieures ; cela avait été si controversé, considéré comme une telle menace (en 1939), qu'une foule d'hommes s'était réunie devant les portes de l'université pour l'empêcher d'entrer. Ils lui avaient adressé des injures, tandis qu'elle se frayait un passage parmi eux, puis avaient lancé des pierres sur les fenêtres de la salle d'examens, forçant le jury à changer d'endroit pour lui faire passer son oral. Pour s'assurer qu'une femme était capable d'assimiler une matière aussi ardue, les professeurs l'avaient presque littéralement mise sur la sellette : six heures durant ils l'avaient interrogée sur la poésie arabe — ce qui aurait pris trois heures pour n'importe quel candidat. Le jury comprenait son directeur de thèse, M. Tara Hussein, le plus éminent spécialiste égyptien de littérature arabe. Aveugle, il avait obtenu un doctorat d'État à la Sorbonne. Il devint le doyen de l'université du Caire et notre ministre de l'Éducation. Suheir passa brillamment son examen, soutint ensuite sa thèse et devint professeur d'université. Si Suheir avait pu surmonter toutes ces épreuves avec succès, pourquoi pas moi ? me répétais-je constamment.

En 1978, j'obtins ma licence et m'inscrivis en maîtrise. Au

moment de passer l'oral en 1980, j'acceptai, avec l'inquiétude que l'on imagine, que les trois heures d'examen soient intégralement retransmises à la télévision. Pendant toute l'épreuve je me redonnai du courage en pensant à Suheir el-Kalamawi, et je fus très fière lorsque, ensuite, on me proposa de donner des cours deux fois par semaine à l'université et d'y passer mon doctorat.

Passer mes examens en face des caméras de télévision m'avait beaucoup impressionnée, mais je voulais faire tout mon possible pour encourager les autres femmes à s'instruire. Et puis je voulais que tout le monde sache qu'on ne m'avait pas donné mon diplôme sur un plateau d'argent parce que j'étais la femme du président ; que je m'étais vraiment battue pour l'obtenir. Trop de gens étaient prêts à critiquer les femmes qui tentaient d'améliorer leur sort et de sortir de leur asservissement en faisant des études. A la faveur de la révolution, un grand nombre d'avantages avaient été offerts aux femmes, mais bien peu d'entre elles en avaient profité. En 1974 je décidai donc de me présenter à des élections, pour prouver que les femmes pouvaient avoir un rôle politique. Je ne cherchai pas à être élue au Parlement mais simplement à avoir un siège au puissant conseil populaire de Menoufiyèh, qui couvrait les trois cent un villages de la province, y compris Mit Aboul Kôm et Talla. Je me présentai en candidate indépendante, car ce n'était pas la carrière politique qui m'intéressait ni même d'être au pouvoir : je voulais simplement ouvrir la voie aux femmes et leur montrer qu'elles pouvaient participer à la politique rurale.

Lorsque je fis part à Anouar de ma décision de me présenter, peu après la guerre d'Octobre, il me dit simplement : *Ma sha'a Allah* (« Ce que Dieu a voulu... ») Mais il me mit aussi en garde : « Si tu veux te présenter, cela ne regarde que toi, Jehane ; mais n'oublie pas que plus tu travailleras hors de la maison, plus tu seras critiquée. Tu vas franchir une étape importante car, jusqu'ici, très peu de femmes ont fait partie de conseils populaires, et il n'y a jamais eu de femmes au conseil de Menoufiyèh.

— C'est pour cela que les problèmes des femmes ont toujours été ignorés dans les zones rurales, lui répondis-je. Au Caire il y a presque autant de filles que de garçons à l'université, mais à

Mit Aboul Kôm la plupart des femmes ne savent pas lire. Au Caire, je vois des femmes avocates, médecins ou autres, habillées de façon confortable et pratique pour exercer leur métier, alors qu'à Mit Aboul Kôm, les paysannes travaillent dans les champs avec des robes longues et encombrantes, et sans gagner un sou en plus. Ces femmes n'envoient pas leurs filles à l'école car elles n'imaginent même pas avoir le moindre avenir, à part reproduire la vie de leurs mères et celle de leurs grand-mères. Au Caire, il y a huit femmes au Parlement et tu as nommé toi-même Aïcha el-Rateb ministre des Affaires sociales. Et les femmes de la campagne ? Il n'y en a pas une qui prenne une part active à la vie politique !

— Épargne-moi tes discours, Jehane, et présente-toi si tu le désires ; on verra si les hommes votent pour toi.

— Tu oublies quelque chose, Anouar : les femmes votent aussi ! »

Mais la question était de savoir si les femmes de la campagne allaient voter. Elles n'étaient pas politisées et ne se considéraient pas comme faisant partie du processus démocratique. Réunies autour de la fontaine à Mit Aboul Kôm, elles parlaient surtout des hommes : leurs maris, leurs fils, les garçons du village qui allaient épouser leurs filles. En plus, elles n'étaient pas obligées de voter, à la différence des hommes pour qui c'était obligatoire.

« La femme doit être considérée comme l'égale de l'homme et rompre les dernières chaînes qui entravent sa marche vers l'avant. » C'est ce que proclamait la charte de 1962 rédigée par les révolutionnaires. Et pourtant, en 1974, la plupart des femmes des villages n'étaient pas capables de lire les bulletins de vote qu'on leur distribuait avant les élections. Le nom des candidats était représenté par des symboles : un soleil, un lion, un palmier. De nombreuses femmes ne savaient même pas écrire leur nom et elles devaient apposer leur empreinte digitale en guise de signature. Cela ne pouvait durer. Si l'on voulait que la démocratie s'installe en Égypte, il fallait que les femmes se réveillent et participent à la vie de leur pays, qu'elles ne se contentent pas d'accepter les décisions sans y prendre part. Dès que les femmes des campagnes verraient qu'elles avaient des chances, j'étais persuadée qu'elles se mettraient à agir.

« O femmes, écoutez-moi ! » Une fois par semaine, à Mit

Aboul Kôm, je me levai à l'heure des aigrettes et des paysans pour aller demander aux femmes de Talla et des villages environnants de m'aider. Pour leur parler, je m'installais près des roues à eau, des pompes et des moulins où se réunissaient les femmes des villages.

« Vous m'avez félicitée pour le travail que j'ai accompli pendant les guerres, mais à présent, c'est de l'avenir que je veux vous parler, et non du passé. Je veux vous dire que les femmes peuvent avoir une place dans l'État. » Bientôt les hommes se mêlèrent aux femmes, en partie par curiosité — pour voir la femme de leur président —, mais surtout pour constater ce phénomène incroyable : une femme parlant en public d'une voix forte.

On me connaissait déjà dans le gouvernorat et partout j'étais accueillie par des cris de bienvenue. « Sois deux fois la bienvenue, Mère des Héros. Viens prendre une tasse de thé ! » « Tu apportes la lumière dans notre maison, Oumm Gamal. Viens nous voir plus souvent ! » « Par Allah ! Est-ce ton visage ou celui de la lune ? Tu nous as manqué ! »

Je n'avais peut-être pas la formation technique des ingénieurs, fermiers, professeurs et avocats qui faisaient partie des trente-six membres du conseil, mais je dois dire que ma campagne électorale me fut facile : le fait d'être la femme d'un président très populaire m'aidait beaucoup. Les gens des villages pensaient d'abord que j'aurais plus de pouvoir que les autres membres du conseil pour agir en leur faveur et, de plus, j'avais l'accord d'Anouar. S'il avait permis à sa femme de se présenter, se disaient les villageois, c'était que j'avais les compétences requises.

L'idée que des femmes pouvaient participer à la vie politique se renforça lorsqu'une autre femme, Souad el-Najjar, décida de se présenter aussi aux élections, un autre siège étant vacant au conseil. C'était une personne très respectée à Menoufiyèh car elle avait été la première à lancer une action en faveur des habitantes en créant des jardins d'enfants pour les filles et un atelier de couture pour les jeunes femmes. Souad, qui était riche, donnait depuis des années de l'argent et des terrains pour mettre sur pied des activités sociales et elle consacrait son temps et son énergie à aider les gens. Pour elle comme pour moi, il n'était pas question de se lancer dans un nouveau domaine d'activité pour lequel elle n'avait pas les compétences requises. A la différence des autres membres du conseil, nous nous étions formées toutes deux sur le tas, près des norias.

Le jour des élections, en septembre 1974, les femmes de Mit Aboul Kôm firent la queue devant l'école pour voter ; c'était la première fois qu'elles avaient la possibilité de voter pour une personne de leur sexe. Puis elles vinrent devant ma maison pour me manifester leur soutien, suivant en cela ce qui était devenu une tradition du village. En effet, chaque fois que le nom d'Anouar apparaissait lors d'un scrutin dans la province de Menoufiyèh, les hommes et les femmes du village se rassemblaient dans notre jardin pour jouer de la musique et danser. Pendant que les femmes battaient la mesure sur les *tablas,* nos tambourins égyptiens en peau de chèvre, les hommes composaient à tour de rôle des airs sur mon mari, que certains appelaient *Ibn-el-Hayy* (Fils du Voisinage) : *Anuar, Anuar ya Sâdât ! Ihna ikhtarnak bizât !* (« Anouar, Anouar ô Sadate ! C'est toi que nous avons choisi et personne d'autre ! »), scandaient-ils pendant que les femmes applaudissaient et poussaient le *zaghrît. Ya Sâdât, sîr, sîr, ihna warâk fil ta'mîr !* (« O Sadate, va de l'avant, nous sommes derrière toi pour la reconstruction !) Jusque tard dans la nuit la fête continuait ; les hommes relevaient leurs galabiehs pour danser et criaient à tue-tête tout en se lançant dans des figures compliquées. Pour terminer, Anouar invitait les hommes à prendre une tasse de thé à l'intérieur de la maison et je recevais les femmes dans une pièce séparée ; la foule acceptait alors de rentrer au village.

Le jour de mon élection, la cour devant la maison était remplie de gens dansant et chantant. Cette fois, pourtant, il y avait beaucoup plus de femmes qu'auparavant. J'appris plus tard qu'elles étaient venues de toute la province pour assurer un niveau de participation élevé. « Regarde, regarde, voici la Mère des Héros qui arrive ! » s'écriaient les femmes de Mit Aboul Kôm dans leur chant de victoire. Plus tard, lorsqu'on annonça officiellement que Souad et moi avions gagné un siège au conseil, elles se rendirent à Chebbein el-Kôm, capitale de la province de Menoufiyèh, où elles se massèrent autour du bâtiment du conseil et continuèrent à fêter l'événement.

Je siégeai au conseil du peuple de Menoufiyèh pendant quatre années, versant mon salaire mensuel à la coopérative de Talla. Après ma réélection en 1978, je restai encore trois ans en tant que première présidente de conseil dans l'histoire d'Égypte, puis je donnai ma démission en 1981, trop bouleversée par la mort d'Anouar pour continuer d'assumer cette charge. Mais je fus extrêmement touchée d'apprendre que les membres du conseil avait décidé de laisser mon siège de présidente vacant jusqu'à la fin de mon mandat. On avait fait beaucoup de chemin ensemble dans la voie du progrès.

A ma première élection, je trouvai très frustrant de travailler avec le conseil, car la plupart des membres ne m'acceptaient pas en tant que telle. Quoi que je dise, que ce fût provocant ou non, aucun d'eux ne me contredisait : « Je suis d'accord avec Mme la présidente. Mme la présidente a tout à fait raison », déclarait chacun d'eux avec respect. Cela me mettait hors de moi : « Je ne suis pas ici en tant que femme du président de la République. Je suis membre de ce conseil... Ne vous contentez pas de me traiter avec respect. Ce n'est pas bien de votre part, car cela prouve que vous ne me prenez pas au sérieux ! »

Finalement, un matin, environ un mois après mon élection, l'un des membres du conseil tapa du poing sur la table en s'écriant : « Madame Sadate, vous avez tort ! » Je lui répondis par un sourire. J'avais compris que nous allions enfin pouvoir travailler ensemble.

Certaines réunions furent particulièrement houleuses, en particulier lorsque mon mari renforça la liberté d'opinion en acceptant la création de trois partis d'opposition, en 1976. Pendant l'exercice de mes fonctions en tant que présidente du conseil, une équipe de télévision américaine vint un jour enregistrer une séance et, à cette occasion, un membre du parti travailliste d'opposition se mit à m'interpeller avec agressivité. Il s'agissait de fonds budgétaires affectés à la construction et à la réfection des routes principales de la province. Nous étions tous tombés d'accord sur le principe, mais mon interlocuteur m'accusait d'avoir décidé du montant de la somme sans le consentement démocratique du conseil : « Comment osez-vous affecter huit cent mille livres à la réfection de la route de Shouhada à Manouf ? dit-il avec colère. Vous n'avez pas le droit de prendre une telle décision à notre place ! »

Des murmures réprobateurs s'élevèrent de l'assemblée devant l'attitude peu respectueuse de cet homme, surtout en présence de caméras étrangères. Mais cela ne me troubla pas le moins du monde ; au contraire, je n'étais pas mécontente de l'incident :

« Vous avez raison, lui répondis-je. Mais dans ce cas, que proposez-vous ? »

Mon interlocuteur continua à se répandre en accusations.

« Vous devriez avoir honte, lança alors l'un des autres membres du conseil, Mme Sadate est bien trop bonne de vous laisser parler ainsi !

— Qu'il continue », insistai-je, sachant qu'il y a toujours à apprendre de ceux qui vous désapprouvent.

Après la réunion, cet homme vint me voir : « Ce débat a été très démocratique. Merci de m'avoir laissé expliquer ma position. »

A la suite de ces réunions, de nombreuses améliorations furent apportées dans la province : 2 millions de livres égyptiennes furent consacrées à la construction d'un pont entre les rives est et ouest du Chebbein el-Kôm ; 2,2 millions à la construction de nouvelles routes et à la réfection des anciennes, non goudronnées. L'électricité fut installée dans tous les villages. De nouveaux hôpitaux furent construits, de nouvelles pompes et canalisations furent installées pour l'alimentation en eau potable. Pour encourager l'industrie et alléger notre dépendance par rapport aux usines étrangères, des terrains se trouvant dans le désert furent dégagés pour la construction de trois usines, deux pour filer le coton et une pour le tisser. Il y eut la création de l'université de Menoufiyèh, avec plusieurs unités dans la province proposant des cours d'agriculture, de technologie, d'éducation et de sciences. Dès 1979, un millier d'étudiants s'étaient inscrits et des projets étaient en cours pour ouvrir des écoles de médecine et de commerce.

La province était plutôt à vocation agricole et mon bureau commença à se remplir de projets de fermes spécialisées dans les œufs, les volailles, le gavage du bétail, ou l'élevage des poissons. Des expériences furent lancées pour améliorer la productivité de nos récoltes ; par exemple faire pousser les tomates, les haricots et les petits pois en treillages, plutôt qu'au sol où ils pourrissaient souvent ; cette expérience décupla la récolte. Le surplus de légumes fut placé dans des fours solaires, afin de les conserver tout en évitant l'humidité. Les tomates séchées au soleil eurent un succès extraordinaire ; elles conservaient leurs vitamines et, comme elles se gardaient longtemps, les femmes n'étaient plus obligées d'aller tous les deux jours au marché pour les vendre.

A la différence des autres provinces, nous ne gardions pas nos expériences pour nous. Résultats, plans, tout était photocopié et envoyé aux autres conseils communaux à titre de suggestion. Nous allions même dans d'autres provinces rencontrer nos collègues et partager idées et informations — ce qui ne s'était jamais fait auparavant. Mais pourquoi faire bande à part ? Il y a tant à apprendre les uns des autres.

Partout où je me rendais, je profitais de ma position de membre du conseil pour évoquer les problèmes des femmes : la nécessité d'améliorer leur sort par l'éducation et le travail, de les rendre financièrement indépendantes, de les libérer de nos traditions patriarcales. Dans la province de Menoufiyèh, par exemple, les moyens de transport étaient tout à fait insuffisants, ce qui empêchait souvent les fellahs d'aller vendre leurs produits sur les grands marchés. Et bien sûr, c'étaient les villageoises qui étaient le plus affectées par cette situation ; elles devaient se contenter de vendre leurs fromages et leurs œufs sur place. Notre conseil créa des lignes d'autocars qui permirent aux femmes des coins les plus perdus d'aller proposer leurs produits sur les grands marchés, où les prix sont plus élevés.

Je travaillais aussi en étroite collaboration avec Aïcha el-Rateb, ministre des Affaires sociales. En 1947, il n'y avait que cent quarante crèches pour enfants dans les zones rurales ; cela limitait beaucoup les possibilités de travail des mères. Pour y remédier, le ministère des Affaires sociales lança un programme national de développement des pouponnières : désormais chaque province devrait consacrer une partie de son budget à la construction de garderies d'enfants. Je prêtai mon concours à ce projet en faisant avec Aïcha une tournée des gouvernorats. Le succès fut complet : en 1981, on comptait mille six cents crèches et garderies en Égypte. Cela était loin de suffire, cependant, pour accueillir les myriades d'enfants d'Égypte.

Le grand problème de notre pays, en effet, était l'explosion démographique. Tous nos efforts, quels qu'ils fussent — création de services d'assistance et de bienfaisance, progrès de l'instruction, etc. —, seraient vains si nous ne vainquions pas notre pire ennemi : la natalité galopante. Moi-même je pouvais constater les effets de ce baby-boom à l'université du Caire : 85 000 étudiants la fréquentaient et l'on s'entassait parfois à plus de mille dans un seul amphithéâtre. Les jeunes gens se pressaient sur les bancs comme des sardines et les retardataires étaient assis qui par terre, qui dans les embrasures des fenêtres. La première fois que je suis allée en cours, on avait dégagé à mon intention tout un rang ; je refusai de profiter de ce privilège et participai comme tout le monde à la ruée vers les bancs.

La situation n'était pas meilleure dans le reste de la ville. Les bus étaient tellement bondés que les passagers se suspendaient à l'extérieur, accrochés par grappes aux fenêtres et aux portes ; certains s'installaient même sur les toits. Les rues étaient si encombrées qu'il était courant de rester coincé dans un embouteillage pendant trois ou quatre heures. La ville du Caire avait été conçue pour trois millions d'habitants et elle en comptait le triple ; aussi les infrastructures étaient-elles complètement insuffisantes : chaque fois qu'il y avait de fortes pluies, les canalisations débordaient ; les circuits téléphoniques étaient si engorgés qu'il fallait bien dix à quinze minutes pour réussir à effectuer un appel d'un bout à l'autre du Caire : « Allô ? Allô ! Allôôôôô ? » s'égosillaient des millions d'Égyptiens, y compris moi, avant de raccrocher et de composer à nouveau leur numéro.

L'exode rural vers Le Caire aggravait les problèmes de la ville. Des fellahs venus avec leurs familles dans l'espoir d'une vie meilleure se déversaient en flots ininterrompus de la gare Ramsès, au point que statistiquement, la ville comptait un habitant de plus toutes les quatre-vingt-dix secondes. Un grand nombre des nouveaux arrivants, ne trouvant pas d'endroit pour se loger, construisaient des cabanes rudimentaires sur les toits des maisons ou dans des impasses. Plus d'un demi-million d'entre eux parvinrent à entrer dans la Cité des Morts et à y implanter de véritables communautés, avec boutiques et cafés installés au milieu des mausolées. La pénurie de logements affectait également les classes moyennes. Beaucoup de jeunes couples cairotes se voyaient forcés d'ajourner indéfiniment leur mariage pour cause de manque d'appartement.

Notre pays souffrait aussi de pénurie alimentaire. Au cours des années soixante, l'Égypte exportait céréales, fruits et légumes dans le monde entier ; maintenant, nous n'étions même pas autosuffisants : il nous fallait importer du blé et du riz de l'étranger en grande quantité. L'exode rural lui-même n'arrangeait pas les choses : confrontés au manque de main-d'œuvre dans les campagnes, certains paysans s'apercevaient qu'ils gagneraient plus d'argent en vendant leurs terrains pour y construire des briqueteries qu'en tentant d'y faire pousser du blé. Autour du Caire également les terrains agricoles disparaissaient, on construisait partout au fur et à mesure que la ville s'étendait pour loger ses milliers de nouveaux habitants.

Mais Anouar, qui venait pourtant d'une famille de dix-sept enfants, refusait de lancer une politique de contrôle des naissances. « Te rends-tu compte que chaque semaine d'hésitation, c'est vingt-cinq mille Égyptiens de plus ? lui rappelais-je constamment.

— Mais le planning familial, ce n'est pas si simple que cela ! Trop de gens pensent que c'est contraire à la religion musulmane.

— Anouar, tu sais aussi bien que moi que ce n'est pas vrai ! lui répondais-je, déçue par son attitude. Les assemblées musulmanes du monde entier ont approuvé le contrôle des naissances ; l'avortement et la stérilisation sont également admis si les médecins considèrent qu'une nouvelle grossesse mettrait en danger la vie de la mère.

— Je sais, Jehane, répliquait-il chaque fois, mais je dois compter avec les religieux conservateurs qui sont contre. »

Chaque fois nos discussions se terminaient sur une impasse, et la population de l'Égypte continuait à augmenter à une vitesse vertigineuse.

Le Conseil suprême de la famille faisait de son mieux, mais de nombreux villages possédant un taux de natalité très élevé se méfiaient de toute forme de contrôle des naissances. Partout régnaient l'ignorance et le manque d'information. « J'ai donné chaque jour les pilules du centre de planning familial à mon mari et je me suis retrouvée quand même enceinte ! » me dit un jour une femme, s'étonnant de l'inefficacité du remède... D'autres se plaignaient de ce que les moyens de contraception fournis dans les dispensaires leur donnaient des vertiges et les affaiblissaient. « Ce n'est pas cela qui vous rend malade. Et puis quand vous êtes enceintes, vous vous sentez bien plus mal ! » répondais-je, en leur signalant que mes filles mariées et moi-même avions recours aux moyens de contraception.

Les femmes des villages ne voyaient pas l'intérêt de limiter le nombre d'enfants au foyer. Avoir une grande famille, c'était bénéficier d'une main-d'œuvre nombreuse aux champs et d'une position importante au sein du village. Cela représentait aussi une assurance pour les vieux jours : les femmes savaient, en effet, que si elles donnaient de nombreux fils à leur mari, celui-ci hésiterait à divorcer ou à prendre une nouvelle femme. Un père de six, huit et même dix enfants se remariait beaucoup plus rarement qu'un père de deux ou trois enfants. Nous ne pouvions donc pas nous étonner en constatant que nous prêchions dans le désert, en particulier dans les zones rurales où, après une légère chute pendant les guerres de 1967 et 1973, le taux de natalité recommençait à grimper allégrement.

Il nous fallait faire preuve de beaucoup d'ingéniosité pour venir à bout de la résistance au planning familial. « Toutes les femmes disent qu'elles ont honte d'aller voir un médecin homme pour des choses aussi intimes, dis-je au Conseil du planning familial. Le mieux serait de former des femmes aux méthodes de contrôle des naissances et de les envoyer dans les villages. »

Les pionnières rurales furent les premières sollicitées. Recrutées et formées par Nasser pour propager les idées socialistes de la révolution dans les villages, ces unités de jeunes filles furent d'une grande aide pour faire passer notre message. Mais les auxiliaires les plus efficaces furent encore les *dayas* : sages-femmes itinérantes, elles connaissaient mieux que personne les problèmes des femmes dans les villages. Avant la création de dispensaires dans les campagnes, c'étaient les dayas qui pratiquaient les accouchements mais aussi l'excision des petites filles (avant que cette coutume barbare fût supprimée) ; c'étaient elles qui fardaient les yeux des bébés avec du khôl, pour les protéger contre les maladies des yeux ; c'étaient elles encore qui leur nettoyaient la bouche avec du beurre pendant les trois jours suivant la naissance pour qu'ils n'étouffent pas. En 1974, le docteur Mamdouh Gabr, ministre de la Santé et président du Conseil suprême du planning familial, suggéra de former les dayas aux méthodes de contraception. Il fit remarquer qu'il était tout à fait inutile d'envoyer des médecins et des infirmières dans les campagnes s'il n'y avait pas d'intermédiaires entre eux et le peuple. Les dayas étaient tout à fait indiquées pour cela, car elles seules pouvaient discuter avec les femmes en toute franchise et les encourager à poser des questions sans avoir honte.

Enfin on trouva à proposer aux femmes des buts dans la vie autres que la création d'enfants. Des stages de formation furent organisés à leur intention dans les centres de planning familial, où on leur enseignait à faire de la confiture et des conserves de cornichons qu'elles pourraient vendre ensuite, à coudre, à tisser et faire du crochet. J'avais remarqué en effet que peu de femmes de la coopérative de Talla avaient plus de quatre enfants, car elles avaient bien compris qu'on ne peut à la fois travailler et être constamment enceinte. Si nous leur donnions la formation nécessaire pour travailler, elles écouteraient plus volontiers les conseils du planning familial donnés une ou deux fois par semaine par des médecins et des infirmières pendant des conférences. On avait installé une salle à côté des nouveaux centres médicaux ouverts dans les villages et des conférences sur le contrôle des naissances y étaient données aux femmes qui venaient consulter pour des problèmes de santé. Pour les inciter à venir en nombre, nous leurs offrions des fleurs, de l'huile, et nous faisions notre possible pour qu'elles partent munies de pilules contraceptives ou de diaphragmes.

Malgré tout cela, notre programme de contrôle des naissances était trop unilatéral. « Pourquoi nous limiter aux femmes ? Il faudrait instruire aussi les hommes », suggérai-je au Conseil du planning familial. Après tout, c'étaient les hommes qui avaient le pouvoir de prendre les décisions dans la famille, qui abandonnaient leurs femmes lorsqu'elles ne leur donnaient pas de fils et qui étaient les gardiens du principe de la suprématie masculine. Il fallait changer l'idée bien enracinée qu'un grand nombre d'enfants est un signe de richesse.« Essayez d'imaginer combien vous profiteriez mieux de votre salaire si vous n'aviez que deux enfants au lieu de quatre ou cinq ! » ne cessaient de répéter les membres du conseil dans les centres de recrutement de la police et de l'armée et dans les cours d'alphabétisation. « Votre femme serait en bien meilleure santé et elle pourrait travailler plus pour améliorer votre niveau de vie. » On ne pouvait proposer de moyens contraceptifs à ces recrues, pour la plupart des fellahs sans culture venus de la campagne. Ils ne les auraient pas acceptés et encore moins utilisés. Il valait mieux les persuader qu'ils vivraient mieux avec moins de bouches à nourrir.

Quant à moi, je continuais à faire pression sur le seul homme de village pouvant avoir un rôle décisif dans le ralentissement de la croissance de la population en Égypte : mon mari. « Anouar, le cheikh d'El-Azhar a publiquement approuvé le contrôle des naissances. Le ministre des Fondations religieuses aussi. Ne peux-tu en faire autant ? » Malgré mes efforts pour le convaincre, Anouar rechignait à promouvoir et même à soutenir le mouvement pour le planning familial.

« Il y a d'autres priorités, Jehane, me répondit-il sèchement. Le peuple doit se nourrir et se loger, et c'est ce que je dois résoudre en premier. »

Son obstination ne parvenait pas à me décourager et je lui faisais remarquer, pendant qu'il se rasait ou s'habillait, que la population avait triplé entre 1900 et 1970, et que dans vingt-cinq ans il y aurait trente millions d'Égyptiens de plus. « La seule solution, Anouar, c'est le planning familial. Si nous n'étions pas si nombreux, il y aurait moins de problèmes de logement et de nourriture. » Nous ne cessions d'en parler en privé ; nous abordâmes même une fois le sujet en public, en 1977, lors d'un enregistrement de *60 minutes*, une émission de télévision américaine.

« Monsieur le président, vous pensez que votre femme va un peu trop vite en besogne ? » lui demanda le journaliste Morley Safer.

Le visage d'Anouar s'assombrit. « Planning familial, planning familial ! » fulmina-t-il alors qu'on l'enregistrait. « Que voulez-vous que j'en fasse alors que j'ai devant moi des paysans qui pensent que c'est contraire à la religion ? Il ne manque pas de philosophes ici, dont ma femme, qui me pressent chaque jour de faire quelque chose. Oui, je sais, nous sommes proches de la catastrophe démographique, mais que puis-je faire ? On ne peut édicter des lois contre cela !

— Mais si, pourquoi ne pas faire une loi ? » interrompis-je, pensant aux méthodes employées par Indira Gandhi en faveur du contrôle des naissances en Inde. « Il faut qu'il y ait une loi. Toute personne ayant plus de trois enfants devra payer une amende. »

Je savais que c'était complètement irréalisable, bien sûr, mais j'aurais voulu qu'une telle loi existe. Je venais d'avoir une entrevue avec un groupe du planning familial : ils m'avaient dit qu'en Chine, on avait interdit aux familles d'avoir plus d'un enfant. Ce qui était possible en Chine totalitaire ne l'était pas forcément en Égypte, pays démocratique où les gens avaient le droit de dire non. Le Conseil du planning familial, qui avait envisagé de donner une amende aux familles de plus de trois enfants, avait vite compris qu'une telle mesure ne ferait qu'empirer les choses. « Les familles ne paieront pas l'amende et n'enverront plus leurs enfants à l'école ; cela fera augmenter l'analphabétisme et l'ignorance », avait fait remarquer le ministre de l'Éducation. « La seule réponse possible, c'est d'instruire les gens. »

Cependant, nous étions paralysés par cette pression démographique, et nos créanciers étrangers le savaient bien. Au cours d'une réunion en 1978, la surpopulation de l'Égypte fut citée par un consortium d'Europe de l'Ouest, appelé « groupe de Paris », comme la raison principale de son endettement vis-à-vis de l'étranger. On nous fit comprendre que les aides financières qu'on nous accordait pourraient cesser si l'État égyptien ne faisait pas d'efforts sérieux pour infléchir la courbe de sa natalité. Anouar était forcé d'agir, et il finit par céder quand un groupe du planning américain vint chez nous présenter un document préparé par l'AID (Agence internationale pour le développement). Sur l'écran nous vîmes défiler les statistiques concernant la menace d'une catastrophe démographique en Égypte, et Anouar parut de plus en plus atterré : il ne pouvait plus nier ce qui allait se passer dans notre pays si l'État ne faisait rien pour limiter la croissance de la population. Aussi, bien que ces statistiques fussent accablantes, je fus en mon for intérieur enchantée de constater que mon mari avait enfin compris la gravité de la menace.

« Nos principaux problèmes sont liés les uns aux autres », déclara-t-il en octobre 1978, dans un discours pour l'anniversaire du franchissement du canal. « Alimentation, sécurité, habillement, logement, prix et salaires, tout cela exige une politique unique qui reflète notre passage à une économie de paix. Cependant, une vraie planification est impossible tant que nous n'aurons pas surmonté des obstacles tels que l'analphabétisme et la surpopulation, qui empêchent nos masses populaires de progresser, à la fois sur le plan spirituel et économique. Pour le bien de chaque famille égyptienne, pour le bien de la grande famille d'Égypte, nous devons lutter contre notre surpopulation. »

Anouar avait enfin pris publiquement position. Et il passa aux actes. Les familles avaient depuis longtemps le droit — quel que fût leur nombre d'enfants — d'acheter des denrées à des prix artificiellement bas, fixés par l'État (qui payait la différence avec le prix libre). Ce droit fut désormais limité aux familles de moins de cinq membres ; et les familles nombreuses durent acheter ce qu'elles consommaient en plus au prix normal.

Une nouvelle campagne nationale fut lancée pour convaincre les gens d'avoir moins d'enfants. Dans chaque gouvernorat, des « centres du Nil » apposèrent sur les murs des affiches où l'on voyait une famille heureuse, n'ayant que deux enfants et vivant dans une jolie maison entourée d'oies et autres volailles, à côté d'une famille nombreuse, l'air maussade, entassée dans une petite maison, sans trace d'animaux dans la cour de ferme. Des communes entières furent conviées à des conférences sur le contrôle des naissances. Le Conseil supérieur du planning familial organisa des concours pour récompenser le meilleur slogan pour le planning, et des chansons furent commandées sur le thème : une famille de fellahs n'ayant que deux enfants comparée à une famille de neuf croulant sous le poids des problèmes. Un court métrage éducatif, intitulé *Regardez autour de vous*, passait à la télévision trois ou quatre fois par jour. Des millions de spectateurs eurent ainsi le loisir de voir un père de famille dont le nombre d'enfants augmente chaque fois qu'il tourne le dos et qui finit par pleurer de désespoir, tandis qu'un autre père, de deux enfants, est, lui, tranquillement assis, le sourire aux lèvres. Très lentement, très lentement, le taux de croissance démographique en Égypte commença à diminuer

La meilleure initiative d'Anouar dans cette lutte fut sans conteste la création de la « pension Sadate » en 1980, grâce à laquelle les gens de plus de soixante ans se virent octroyer une petite pension mensuelle. Pour la première fois, les personnes âgées allaient pouvoir mener une vie indépendante, sans avoir forcément besoin du soutien de leurs enfants. Ce système fut long à mettre en place, gouvernorat après gouvernorat, et mon mari rêvait du jour où il pourrait être appliqué dans tout le pays. Lorsque ces pensions étaient distribuées pour la première fois dans une province, Anouar se déplaçait pour donner personnellement l'argent aux citoyens les plus âgés et les remercier de tout ce qu'ils avaient fait pour l'Égypte. J'y allais souvent aussi, fière de voir que mes compatriotes âgés pourraient désormais vivre dignement et que grâce à ce revenu garanti par l'État, maris et femmes ne se sentiraient plus obligés d'avoir de nombreux enfants pour prendre soin d'eux dans leurs vieux jours.

Lorsque je me remémore cette époque, je me demande comment j'ai pu survivre au rythme que je m'étais imposé. Je me levais chaque jour à cinq heures du matin, prenais mon bain, faisais ma prière, puis je déjeunais d'une tasse de café tout en lisant les journaux. Ensuite, je préparais mes cours d'université et j'étudiais les projets de mon conseil et de mes œuvres de bienfaisance. De huit à neuf, je faisais un peu de sport, soit une marche de trois ou quatre kilomètres, soit du tennis ou du squash. Peu après neuf heures, je réveillais mon mari, j'ouvrais les volets de sa chambre, lui apportais les journaux et une tasse de thé, et allumais sa radio. Le programme officiel de la journée pouvait commencer. Je consacrais dix jours par mois à « mes » organisations, un jour par semaine aux réunions du conseil, et une journée et demie à recevoir les diplomates et autres dignitaires. Avant de passer mon diplôme à l'université, je devais étudier mes cours et y assister cinq jours par semaine. Ensuite, je dus préparer mes cours bihebdomadaires. Il fallait que je glisse dans cet emploi du temps quelques réunions pour mes projets, réunions qui duraient souvent fort tard dans la nuit. Et en plus, j'étais mère de quatre enfants encore adolescents.

Dans le meilleur des cas je dormais six heures par nuit. Aux gens qui me demandaient quel était mon plus cher désir, j'avais toujours envie de répondre : « Dormir sept heures ! » Les journalistes me faisaient bien rire quand ils déclaraient, après m'avoir suivie toute une journée, qu'il leur faudrait toute une semaine au lit pour récupérer. Je m'activais sans prêter attention au rythme que je m'étais donné, jusqu'au moment où je rentrais le soir à la maison. Alors je commençais à avoir mal aux jambes et aux pieds, et rien n'y faisait, ni l'aspirine ni les bains d'eau tiède. J'essayai la poudre Scholl qui, ajoutée à l'eau, me soulageait un peu ; mais la meilleure solution était de me masser les jambes avec une pommade, après les avoir laissées tremper dix minutes dans l'eau. La douleur disparaissait pendant mon sommeil et, le lendemain, j'étais prête à repartir.

Sauf si j'avais la migraine. Mes maux de tête devenaient de plus en plus fréquents, je voyais trouble et me sentais très mal. Mais je ne pouvais apporter le moindre changement à mon programme de travail. Pendant les dix jours par mois où je rencontrais les conseils d'administration de mes organisations, par exemple, il y avait une réunion le matin et deux dans l'après-midi. Si j'en manquais une seule, il fallait attendre un mois pour la réunion suivante. La douleur était parfois si violente que je ne savais plus très bien qui parlait ; ou je n'arrivais plus à suivre la discussion. « Je suis peut-être un peu fatiguée », finissais-je par admettre.

Mais je n'étais pas la seule à être fatiguée. Des multitudes de bénévoles passaient aussi des heures et des heures dans les hôpitaux, les écoles, dans les centres de planning familial, partout où l'on avait besoin d'elles. Nous nous encouragions réciproquement ; sans leur aide et leur dévouement, je n'aurais jamais rien pu faire. Nous réalisions beaucoup de choses pour le peuple d'Égypte.

De plus en plus souvent je me demandais : que font les femmes des autres dirigeants de notre région du monde pour résoudre les problèmes de leurs pays ? Quelles solutions avions-nous trouvées en Égypte dont elles pouvaient bénéficier ? Et que pouvaient-elles nous apprendre ? Il était ridicule de rester isolées les unes des autres alors qu'ensemble nous pouvions échanger des informations et nous entraider. Les hommes se réunissaient bien dans des conférences internationales ; pourquoi pas nous, les femmes ?

Au cours de l'été 1974, les femmes députés et moi convînmes d'organiser au Caire une conférence des femmes d'Afrique et du monde arabe. Les parlementaires invitèrent leurs homologues ainsi que des femmes engagées dans des programmes sociaux, tandis que j'envoyai des invitations personnelles aux épouses des dirigeants africains et arabes.

Dans l'ensemble, nous invitâmes plus de deux cents femmes, de trente pays différents. Nous étions très excitées par ce projet : ce devait être la première conférence de ce type tenue en Égypte et, pour de nombreuses femmes, la première fois qu'elles allaient sortir de leur pays. Leur réaction fut enthousiaste et réconfortante. Des délégations arrivèrent du Kenya, d'Éthiopie, d'Ouganda, de Côte-d'Ivoire, du Burundi, du Togo, du Tchad, du Ghana, du Nigeria et du Zaïre, ainsi que de Mauritanie, du Maroc, d'Algérie, du Yémen, du Qatar, du Koweit, de Bahrein, d'Oman, du Liban, de Syrie et d'Irak. Mme Ahmadou Ahidjo, femme du président du Cameroun, accepta mon invitation, ainsi que Mme Moussa Traoré du Mali, Mme Julius Nyéréré de Tanzanie, Mme Sékou Touré de Guinée, et les épouses des présidents de Tunisie et de Somalie. La reine Alia, femme du roi Hussein de Jordanie, aurait eu une excellente excuse pour ne pas assister à cette conférence car, deux semaines auparavant, elle avait mis au monde son second enfant. Malgré cela, elle tint à ne pas manquer un tel événement.

C'est avec fierté que je fis visiter l'Égypte à ces dames ; je leur fis voir notre cité pour handicapés de Wafa' wal Amal, nos villages SOS pour orphelins. Je les emmenai voir le musée du Caire puis les monuments antiques de Haute Égypte en remontant le Nil en bateau. Elles visitèrent également nos nouvelles usines où les femmes travaillaient à côté des hommes. Je les emmenai voir la ligne Bar-Lev dans le Sinaï pour qu'elles puissent mieux comprendre combien nous étions fiers de notre victoire. Je voulais qu'elles connaissent notre passé, notre présent et notre avenir pour leur montrer que nous faisions à la fois partie du Moyen-Orient et de l'Afrique et pour qu'il y ait une meilleure compréhension entre nos différents pays. Et, bien évidemment, nous partageâmes nos expériences. « Que faites-vous chez vous pour les aveugles ? Comment avez-vous trouvé des fonds pour la Wafa‘ ? Quelles résistances avez-vous rencontrées ? » me demandait la reine Alia, désireuse de connaître le plus de détails possible. Chaque délégation fit une intervention sur le rôle des femmes dans son propre pays, et il s'ensuivit un dialogue fructueux et vivant.

Des amitiés se nouèrent. Je me sentais particulièrement proche de la reine Alia. Après la conférence nous restâmes en rapport, nous téléphonant très souvent. Des années plus tard, lorsqu'elle revint en visite officielle chez nous avec son époux le roi Hussein, nous passâmes d'agréables moments à bavarder sur la terrasse de l'hôtel des Cataractes qui domine le Nil, à Assouan. Mince et élégante, elle personnifiait la femme arabe moderne. Alia était aussi une impayable imitatrice. Elle me fit mourir de rire un après-midi, en me racontant un repas avec la mère du sultan Qabous, d'Oman : « Tu ne manges pas assez, Alia. Regarde comme tu es maigre ! (Alia imitait la mère du sultan en train de lui compter les côtes !) Mange, mange, ma fille, si tu veux être en bonne santé ! »

Deux mois plus tard, Alia se tuait dans un accident aérien. Malgré un vent très violent elle avait tenu à aller visiter un hôpital dans le désert, et son hélicoptère fut pris dans une tempête de sable. Je fus bouleversée : c'était un être si jeune, si plein de vie... J'étais très triste pour son mari et ses deux petits enfants. Je me rendis immédiatement en Jordanie pour partager leur douleur. Bien triste raison pour mon premier voyage dans ce pays ! Comme j'allais au palais, où je devais retrouver la reine mère et les autres dames de la cour, je vis des photos d'Alia, prises le jour de son mariage, exposées à presque toutes les vitrines des magasins.

Hussein, apprenant que j'étais à Amman, me pria de venir le voir lui aussi. Aux abords du palais, on me montra la tombe qu'il avait fait construire pour la jeune disparue, de façon qu'il pût toujours la voir de ses balcons. Ma peine augmenta lorsque, en entrant, je vis accroché au mur un grand portrait d'Alia à côté d'un autre du roi. J'avais beaucoup de mal à me dominer, et je me mis à pleurer quand Hussein apparut. Il était abattu, il semblait malade. Je n'arrivais pas à trouver les mots de réconfort pour cet homme qui venait de perdre une femme si adorable, et se retrouvait désormais seul avec deux petits enfants

« Je sais qu'elle vous aimait, me dit-il. Elle nous manquera beaucoup à tous les deux. »

La reine Alia avait beaucoup fait pour son peuple ; elle lui aurait encore beaucoup donné. Comme beaucoup d'autres femmes de dirigeants arabes et africains, elle s'était complètement engagée dans les activités sociales de son pays.

Dès cette première conférence féminine du Caire, un esprit de coopération et d'entraide était apparu entre nous toutes. Le retour des Égyptiennes sur la scène du monde (après deux millénaires d'occultation) depuis la révolution de 1952 avait suscité une grande curiosité et une vaste prise de conscience dans tout le Moyen-Orient : les musulmanes étaient prêtes au changement, elles ne demandaient qu'à y participer.

Chapitre 11

Les femmes en Islam

Les femmes ! Toute mon énergie et mes projets tendaient à l'amélioration de la condition féminine : limiter le nombre des naissances, supprimer l'analphabétisme, éduquer les jeunes et, grâce à mon propre exemple, les moins jeunes, fournir les soins médicaux, veiller à la bonne nutrition et aux soins de la petite enfance, créer des emplois, améliorer les conditions de vie, inciter les femmes à s'engager dans la vie active.

Les femmes ! L'avenir du monde est entre leurs mains car ce sont elles qui transmettent à leurs enfants leurs valeurs et leurs principes, elles qui élèvent leurs fils pour en faire des hommes, elles qui donnent l'exemple à leurs filles. Comme le dit le proverbe : « La main qui berce le berceau gouverne le monde. » Les possibilités des femmes sont infinies mais dans de nombreuses sociétés musulmanes, elles ne peuvent pas faire grand-chose. Un véritable gâchis ! Et tout cela à cause de la façon dont les hommes ont interprété les lois de la *chari'a* exposée dans le Coran et les *Hadith*.

Depuis des siècles, les docteurs de la loi musulmans, les oulémas, ont débattu sur la signification de la *chari'a* et ses applications à de nouvelles situations. Lorsque le café fut introduit dans le monde musulman au XVe siècle, par exemple, les oulémas se réunirent pour discuter de l'autorisation pour les musulmans d'en boire ou non. Certains avancèrent que le café, comme le vin, était enivrant et, de ce fait, interdit par le Coran. D'autres soutinrent, avec succès, que le café était un stimulant qui permettrait aux fidèles de passer plus de temps à prier. Cinq cents ans plus tard, lorsque chaque pays arabe édicta ses lois en toute indépendance, selon sa propre interprétation de la *chari'a*, les oulémas autorisèrent l'écoute de la radio pour une raison similaire : l'argument avancé fut que le Coran pourrait être diffusé par radio, apportant la parole de Dieu à un plus vaste public. Ils décrétèrent que cet appareil, pouvant être bénéfique à l'islam, n'était pas une invention de Satan comme l'avaient proclamé certains.

En ce qui concernait les femmes, au contraire, les oulémas des différents pays étaient très divisés. En Arabie saoudite, où les légistes s'en tenaient à l'interprétation la plus conservatrice de la loi islamique, les femmes n'étaient pas autorisées à conduire, à travailler avec des hommes ni à voyager sans être accompagnées d'un parent masculin. Au cours de la conférence internationale des Nations unies tenue en 1975, dans le cadre de l'année de la femme, à Mexico, où j'étais à la tête d'une délégation de femmes d'Égypte, la délégation de « femmes d'Arabie saoudite » était composée d'hommes. Il en fut de même en 1985, quand se tint une conférence similaire à Nairobi.

Pour le choix de leurs vêtements, les femmes d'Arabie saoudite doivent se soumettre à un code ultraconservateur, et toute femme vue en public avec les bras et les jambes découverts est punie par la police religieuse. Lorsqu'on vit la femme de notre vice-président, Magda el-Chafei, tête nue à La Mecque pendant un pèlerinage, la police lui donna des coups de bâton sur les jambes.

En Arabie saoudite, garçons et filles font leurs études dans des universités séparées. Lorsque la première université féminine fut créée en 1973, seules des femmes furent autorisées à enseigner, la plupart d'entre elles venant d'Égypte. Quand les professeurs masculins commencèrent à être admis, la ségrégation des sexes fut néanmoins préservée : on leur interdit de se trouver dans la même salle que leurs étudiantes. Aussi les jeunes filles doivent-elles suivre leurs cours sur un circuit de télévision interne et poser leurs questions par téléphone. Ces étudiantes doivent se sentir bien désavantagées de ne jamais pouvoir rencontrer leurs professeurs pour leur parler de leur travail.

En Égypte, nos lois sur les femmes étaient plus modérées ; c'était un mélange de loi profane et de *chari'a*, qu'Anouar décrivait comme étant une combinaison de science et de foi. Nos universités étaient mixtes, l'élément féminin constituant un tiers de l'ensemble des étudiants. Dans nos usines, on pouvait voir hommes et femmes travailler côte à côte. En 1976, 30 p.100 des diplômés des écoles de médecine, de pharmacie et de dentisterie étaient des femmes ; on était bien loin des premiers jours de la révolution où 91,2 p.100 des Égyptiennes étaient analphabètes. Cependant, malgré les progrès accomplis, nous avions encore bien des choses en commun avec les femmes les plus opprimées du monde arabe.

Qu'elles soient vêtues d'épais et noirs *abayyas* (dans les États du Golfe) ou qu'elles sortent tête nue, comme nous étions nombreuses à le faire au Caire ; qu'elles se battent pour leur pays dans l'armée, comme en Libye, ou pour obtenir le droit de conduire leur voiture, comme en Arabie saoudite, les musulmanes ont en commun le désir de desserrer et même de briser les chaînes du patriarcat traditionnel qui les empêchent de participer à la vie de la société. Les hommes aimaient dire que c'était notre religion commune qui exigeait ces contraintes strictes sur les activités féminines, mais ils avaient tort : la liberté et l'avancement des femmes sont au cœur même de l'islam.

A ses débuts, l'islam s'était montré résolument révolutionnaire en ce qui concerne la condition féminine, prenant le contre-pied de la discrimination imposée par la Jahiliyya de l'époque préislamique. Le Coran interdit de tuer les nouveau-nés de sexe féminin, par exemple, pratique courante chez les Arabes de l'époque et encore jusqu'à une époque récente en Chine. Il y a plus de quatorze siècles, l'islam donna aux femmes l'égalité dans le domaine de l'éducation, le droit de travailler et d'ouvrir leur propre commerce ou affaire, d'engager des actions en justice ainsi que de vendre et d'acheter des biens immobiliers. Il faudrait attendre des siècles pour que les mêmes privilèges soient accordés aux femmes des pays les plus « avancés » d'Europe. En France. par exemple, jusqu'au début du XXe siècle, une femme mariée ne pouvait vendre ni transmettre de biens sans l'accord écrit de son mari.

J'ai toujours été surprise du nombre d'idées reçues relatives aux femmes de l'Islam. Ainsi en Europe et dans les pays occidentaux, beaucoup de gens m'ont questionnée sur notre tradition, considérée comme primitive, dégradante, qui permet à un homme d'avoir quatre femmes et aux parents d'« arranger » les mariages de leurs filles. Mais leurs informations étaient partielles. Il est exact que les parents essaient de bien marier leurs filles, mais le Coran exige expressément que la femme consente à son mariage, ce qui constitue un grand progrès par rapport à la tradition tribale, préislamique, qui forçait les femmes à épouser systématiquement leurs cousins.

Quant au droit accordé aux hommes de prendre quatre épouses, choquant pour certains à notre époque moderne, il représenta un grand progrès il y a mille quatre cents ans, car avant l'islam, un homme était autorisé à avoir jusqu'à quarante femmes qu'il pouvait traiter comme bon lui semblait. Non seulement le Coran limita sévèrement leur nombre, mais il veilla à ce qu'elles soient protégées, en obligeant les hommes qui pratiquaient la polygamie à traiter toutes leurs épouses de façon égale : « Si vous craignez de ne pouvoir agir en toute équité [envers plusieurs épouses], n'en épousez qu'une », lit-on dans la quatrième sourate, intitulée *Des femmes*. « Ainsi, vous aurez toutes les chances de ne pas commettre d'injustice. »

Même la répartition inégale entre un frère et une sœur de la succession des parents, telle que le Coran l'a imposée, n'était pas aussi injuste qu'il peut le sembler. La fille ne pouvait hériter que de la moitié de la part de son frère, soit, mais qu'elle fût riche ou non, les lois de l'islam ne lui imposaient pas d'entretenir ses parents ni même ses propres enfants. Ses biens lui appartenaient intégralement. De plus, ses frères devaient subvenir à ses besoins si elle venait à manquer d'argent. En fait, les lois islamiques sur l'héritage stipulées dans le Coran sont longtemps restées en avance sur leur temps. La fille avait au moins droit à une part, alors qu'en Angleterre il y a un siècle, seul le fils aîné héritait du titre et des biens familiaux.

Malgré cela, le stéréotype de la femme musulmane voilée et opprimée est toujours vivace en Europe et dans les pays occidentaux. Au cours de mon premier voyage officiel sans Anouar, en 1975, le premier jamais entrepris seule par la femme d'un dirigeant musulman, des centaines de personnes se pressaient pour m'accueillir à l'aéroport, en Allemagne de l'Ouest. Elles s'attendaient, j'en suis certaine, à voir descendre d'avion une femme recouverte de la tête aux pieds et entourée de gardes masculins. Mais ce n'est pas cela, l'Islam ! J'étais stupéfaite de constater le nombre de gens qui avaient tout à apprendre sur le statut des femmes en Islam.

En Égypte, nous ne faisions pas campagne pour des transformations radicales, sachant que si nous demandions trop tout de suite, les réactions seraient très vives et iraient dans le sens contraire de nos intérêts. Nous agissions lentement et sûrement pour acquérir un droit après l'autre, ouvrant discrètement des voies nouvelles tout en gardant une marge de manœuvre raisonnable. Dans les pays occidentaux, la lutte pour les droits des femmes dans les années soixante-dix prit le nom de « Révolution des femmes » et celles qui y participaient étaient appelées des féministes, mais en Égypte, nous résistions à de telles appellations et refusions d'être aussi virulentes. Nous étions très prudentes, persuadées que si nous démontions pierre par pierre le mur qui se dressait entre les femmes et leur liberté, nous finirions bien par le faire tomber.

Il faut dire que de nombreux dirigeants arabes ont pris nettement position sur la question de la place des femmes dans la société, en particulier en Libye, où le président Kadhafi s'en tient à une interprétation très stricte du rôle de la femme en Islam : « Exiger l'égalité entre eux [femmes et hommes] pour n'importe quel travail dégradant, qui abîme sa beauté et la détourne de sa féminité, est injuste et cruel », écrit-il dans son *Livre vert*, manifeste dans lequel il commente sa « troisième théorie universelle » du développement historique et social. « L'éducation qui mène à un travail ne convenant pas à la nature de la femme est également injuste et cruelle. »

Les thèses de Kadhafi n'engagent que lui-même, évidemment, aussi extrêmes soient-elles. Mais je me sentais de plus en plus mal à l'aise devant ses jugements sur le comportement des femmes dans le monde arabe — et sur moi en particulier. En 1972, j'avais fait une tournée des troupes sur le front à Port-Saïd et dans les îles de la mer Rouge. La vie de nos soldats était très dure ; passant de longs mois au fond de tranchées dans le désert, ils ne voyaient leurs familles que très rarement. En tant que mère, je voulais leur dire combien les Égyptiens appréciaient les sacrifices qu'ils faisaient pour leur pays et qu'ils n'étaient pas oubliés ni abandonnés.

Lorsque je pris le bateau, à Suez, pour me rendre dans les îles par vedette militaire, le temps était épouvantable. De fortes vagues nous secouaient et un vent violent soufflait. Sur terre, c'était pis encore. Lorsque nous débarquâmes sur l'île Shadouan, nous fûmes pris dans une tempête de sable d'une telle force qu'on ne pouvait plus rien voir ni à peine respirer. Par chance, j'avais revêtu une combinaison de combat, ce qui m'évitait d'être cinglée par le sable. « Ne vous inquiétez pas pour moi », disais-je aux soldats pour les rassurer. « Pendant que nous sommes tranquillement chez nous au Caire, vous êtes obligés de rester là, exposés à de terribles vents de sable. C'est un honneur pour moi de partager cette situation inconfortable pendant au moins une journée. Ce n'est pas grand-chose par rapport à ce que vous vivez tous les jours ! »

Par la suite on me rapporta que le moral des troupes avait été considérablement renforcé par ma visite. Mais ce genre de tournée au front avait mis en rage les éléments les plus réactionnaires de Libye : « La femme du dirigeant égyptien va trop loin », titraient les journaux, et les radios se mirent à claironner à leur tour : « Ce n'est pas à elle de visiter les troupes, c'est le travail du président. Au lieu d'aller voir des hommes, elle devrait se contenter d'assister à des réunions de femmes et d'enfants. » Jour après jour, les critiques libyennes se déversaient sur moi : « Pourquoi Mme Sadate exige-t-elle des droits pour les femmes ? Elles en ont déjà beaucoup et en sont tout à fait satisfaites. Mme Sadate est une fautrice de troubles. »

Je me creusai la tête pour comprendre l'attitude de Kadhafi. Chaque fois que nous nous étions rencontrés, il avait été très chaleureux, s'intéressant à mes activités sociales en faveur des pauvres, des malades et des handicapés. Mais il ne parvenait pas à accepter le fait que je collaborais avec des hommes et luttais pour les droits des femmes.

Parfois il menait son conservatisme jusqu'à l'absurde, en

particulier à propos des vêtements féminins. Un jour de 1974, alors que je voyageais en Libye avec mes filles, il gronda la plus jeune, Nana, parce qu'elle portait une robe d'été. « Tu ne devrais pas montrer ton dos comme cela », lui dit-il d'un ton de reproche. (A l'époque, elle devait avoir neuf ans !) Il était tout aussi strict envers sa seconde femme, Safiyya, qu'il avait connue à Tripoli alors qu'il se remettait d'une appendicite aiguë. Saffiyya était alors son infirmière ; et ils tombèrent amoureux l'un de l'autre et, une fois sorti de l'hôpital, il l'épousa. Elle était spirituelle et pleine de vie et je comprenais parfaitement qu'elle lui eût plu. De son côté, elle l'adorait et se conformait à ses moindres désirs.

Le jour de son mariage, me raconta Saffiyya, les femmes de sa famille l'avaient maquillée : fard à paupières, poudre, fond de teint et rouge à lèvres. En la voyant, Kadhafi la regarda comme si elle eût été une étrangère : « Va te laver la figure ! » lui dit-il dès la cérémonie finie — ce qu'elle s'empressa de faire. Devant son insistance, elle renonça complètement au maquillage, se contentant de mettre un peu de khôl autour de ses yeux, et elle se plia à son désir de la voir habillée de longues robes, la tête toujours couverte, mais parfois elle tournait la « loi » en portant un long pantalon et en se mettant une écharpe sur la tête.

En dépit de l'attitude de son mari envers les femmes, Saffiyya était très progressiste. Au cours d'une visite en Libye où j'étais son invitée, elle m'emmena déjeuner avec Mme Anaizi, dirigeante du mouvement de femmes de Benghazi. Je fus très impressionnée par cette femme âgée mais encore engagée dans toutes sortes de combats : repousser l'âge légal du mariage pour les filles à seize ans, donner une formation intellectuelle aux femmes, apprendre aux jeunes filles à utiliser des machines à coudre ainsi qu'à lire et écrire. Saffiyya était également très combative, désireuse d'apprendre et d'agir dans l'intérêt du peuple. En 1972, elle accepta mon invitation au Caire pour voir les différents centres d'assistance sociale et associations de femmes que nous avions en Égypte. Pour la première fois, elle voyageait seule, mais son mari y avait mis une condition : sa photo ne devait apparaître dans aucun journal ! Selon lui, ç'aurait été manquer à la pudeur...

En Libye j'ai rencontré beaucoup de femmes intéressantes, la mère de Kadhafi, entre autres. Oumm Mouammar était une femme de bédouin ; elle était venue du désert avec son mari pour s'installer à Tripoli auprès de son fils. Elle ne savait ni lire ni écrire, mais elle avait des compétences inconnues de toutes celles qui ont été élevées en ville, comme moi-même. Toute sa vie Oumm Mouammar n'a cessé de travailler pour sa famille et elle-même, élevant ses enfants avec un minimum de moyens, plantant et concassant le froment pour en faire du pain, s'occupant des moutons et des chèvres de la famille, faisant du fromage et du yaourt. Je l'admirais énormément, ainsi que toutes les femmes de sa trempe. Au printemps les femmes de bédouins filent la laine des moutons pour tisser des couvertures et fabriquer leurs longues robes noires qu'elles ornent de broderies aux couleurs vives. Comme Oumm Mouammar, elles n'ont jamais été à l'école mais sont complètement indépendantes. Leurs capacités sont très développées, en particulier leur sens de l'ouïe, du fait de leur vie dans le silence du désert.

Oumm Mouammar était également très spirituelle et, comme beaucoup de paysans et d'habitants du désert, elle aimait à taquiner les gens : « Ton mari ne te nourrit pas ? » me disait-elle constamment, inquiète de me voir si mince. Elle était aussi très chaleureuse et spontanée : « Tu es si belle. C'est sûrement l'amour de ton mari qui te rend ainsi ! »

C'était un véritable plaisir que d'être l'invitée de Safiyya. Elle m'emmenait voir des monuments romains, des musées où je pouvais admirer des statues grecques anciennes, des coupes en céramique, des outils sculptés, des tableaux de l'époque grecque. Un jour, à Tripoli, elle donna une grande réception dans son jardin en mon honneur. Les épouses des révolutionnaires ainsi que les femmes des ministres et des diplomates étrangers étaient présentes et un groupe de bédouins chanta et dansa devant nous. Je remarquai qu'elle avait suspendu aux murs de sa maison des portraits d'Abdel Nasser, d'Anouar et de moi-même découpés dans des magazines. Dès mon retour en Égypte, je lui envoyai de vraies photographies de nous avec nos remerciements.

Safiyya avait huit enfants auxquels elle se consacrait entièrement. Lorsque l'Amérique a bombardé la Libye, au moment des raids antiterroristes de 1986, tuant sa fille adoptive de quinze mois, Hana, et blessant grièvement ses plus jeunes fils, j'ai été de tout cœur avec elle. En dépit des différences politiques entre l'Égypte et la Libye, je ne pouvais excuser ces bombardements contre des civils ou l'usage de la violence pour résoudre des problèmes politiques. Je fus bouleversée de la voir à la télévision, folle d'indignation et de douleur. J'aurais aimé aller la consoler, mais les relations entre nos deux pays avaient été rompues bien avant 1986.

Avant ces événements, j'avais essayé de faire preuve de patience face aux critiques de Kadhafi concernant mes activités, sachant qu'elles ne m'étaient pas adressées personnellement mais qu'il s'agissait là de son attitude envers les femmes en général. J'avais dû aussi me faire à sa désagréable habitude d'arriver en Égypte sans prévenir. Nous étions simplement avertis par un coup de fil de la tour de contrôle de l'aéroport lorsque son avion entrait dans l'espace aérien de notre pays. Si Saffiyya l'accompagnait, je devais abandonner toute activité et partir en toute hâte à l'aéroport, avec Anouar, pour l'accueillir. Si nous ne savions jamais quand il allait arriver, il en allait de même pour ses départs. Un jour, à Alexandrie, il nous fit ses adieux après avoir mangé chez nous ; lorsqu'une heure plus tard nous sortîmes faire un tour, sa voiture était stationnée à l'autre bout du jardin : Kadhafi jouait à la guerre avec notre fils, Gamal, et un ami, dans la tente militaire que les enfants avaient montée.

C'est lors d'un de ses nombreux voyages entrepris en Égypte pour promouvoir l'idée d'une fédération égypto-libyenne que je refusai définitivement d'entrer dans ses vues. Anouar lui expliquait régulièrement que l'Égypte était un pays démocratique et qu'il avait besoin de l'accord du peuple pour établir un lien officiel entre nos deux pays : « En Égypte, on est libre d'aller partout où l'on veut et d'assister à n'importe quelle réunion, lui dit Anouar. Expliquez votre point de vue au peuple. S'il désire une fusion avec la Libye, je m'inclinerai. »

Dans l'esprit de notre nouvelle démocratie, et conformément au principe de la liberté d'expression, j'invitai Kadhafi, en 1972, à faire un discours devant l'Union des femmes du Caire. Un millier de femmes très intéressées se pressaient dans la salle de conférences, au siège de notre parti, pour écouter le jeune leader révolutionnaire de la voisine Libye parler des espoirs qu'il mettait dans les femmes arabes. « J'aurai besoin d'un tableau et d'un morceau de craie », dit Kadhafi. On lui apporta immédiatement ce qu'il désirait et mon mari le présenta au public. Le silence se fit tandis qu'il montait sur l'estrade et se mettait à écrire sur le tableau. Des murmures s'élevèrent dans la salle.

Sans mes lunettes, je n'arrivais pas à lire au tableau : « Que se passe-t-il ? Qu'a-t-il écrit ? » demandai-je à la belle-mère de ma fille, Souad Maré'i, assise à ma gauche.

Elle rougit : « Je ne peux pas te le dire ! » répondit-elle, gênée.

Je fouillai dans mon sac tout en tapotant la main de Saffiyya, visiblement contrariée par le brouhaha qui s'élevait. « Oh ! mon Dieu ! » m'exclamai-je, ayant enfin trouvé mes lunettes.

Kadhafi avait écrit en gros sur le tableau : VIRGINITÉ. MENSTRUATIONS. ENFANTEMENT.

« Vous les femmes, vous demandez l'égalité mais vous ne pouvez être nos égales ! » C'est ainsi que Kadhafi ouvrit le débat. « Un jeune homme peut se déplacer pour se rendre à son travail aux champs, dans les usines, sur les chantiers ; les jeunes filles, elles, ne peuvent le faire en toute sécurité. »

Je ne pouvais pas en croire mes oreilles ni mes yeux. Les autres femmes non plus. Leurs murmures devenaient des grondements.

« Comment pouvez-vous être les égales des hommes si vous devez vous arrêter de travailler quelques jours par mois ou vous occuper de vos bébés ? Si l'on s'en tient à la nature, il ne peut y avoir d'égalité entre l'homme et la femme sur aucun plan, qu'il s'agisse du caractère ou de l'humeur, des capacités morales ou physiques. »

Indifférent aux protestations du public, Kadhafi continua à décrire le rôle des femmes dans la société, en les mettant sur le même plan que les vaches dont les seules fonctions sont de porter les veaux, de les mettre au monde et de les nourrir.

La salle se mit à exploser. « Monsieur le président, je suis médecin. Rien de ce que vous avez écrit ou dit ne m'a empêchée de travailler, s'écria Zeïnab el-Sobki. J'ai des enfants, je dirige la banque du sang, je participe à des activités sociales. Et je n'ai jamais manqué une seule journée de travail ! »

Mais Kadhafi s'entêta : « Je suis absolument certain d'avoir raison. Pourriez-vous travailler toute la journée dans la construction, faire des routes, porter de lourdes charges sur le dos quand vous avez vos règles ?

— *Na'am ! Na'am !* Oui ! oui ! criaient les femmes. Oui, si on nous en donne la possibilité. »

Sur l'estrade, mon mari regardait Kadhafi avec stupéfaction. Dans le public, les femmes se levaient les unes après les autres.

« Peut-être avez-vous oublié, monsieur le président, qu'à l'époque du Prophète les femmes partageaient les tâches avec les hommes et luttaient à leurs côtés, déclara Amina el-Saïd, journaliste connue. Comment pouvez-vous prétendre qu'après tant de siècles les femmes aient perdu cette égalité ?

— Je vous assure que j'ai raison, insista Kadhafi, élevant la voix. Seriez-vous capables de travailler toute la journée dans une usine, debout devant un four comme les hommes ? Supporteriez-vous la chaleur ? Je ne le crois pas. La chaleur vous rendrait laides, ce serait trop dur. Il y a des travaux réservés aux hommes et d'autres aux femmes.

— *La ! La !* hurlait l'assistance. Non ! Non ! »

« Ne t'inquiète pas, murmurai-je à Saffiyya qui souffrait de voir les femmes se déchaîner contre son mari. Laisse-les s'exprimer. Peut-être qu'après ses déclarations, ton mari assouplira un peu sa position. »

Mais la réunion devint de plus en plus orageuse. J'attendais que mon mari mît fin à la séance, mais, en le regardant, je compris qu'il était ravi de cette confrontation et qu'il laissait Kadhafi s'enliser dans ses déclarations. En fait, il essayait de maîtriser un fou rire qui éclata après la réunion, à notre retour en voiture à la maison de repos du Barrage. « Oh ! Jehane. Si tu avais vu le visage de ces femmes, dit-il pleurant de rire. Si j'avais été Kadhafi, j'aurais encore préféré me trouver face à face avec toute l'armée israélienne ! » Nous faisions la sieste lorsque l'un des assistants d'Anouar nous téléphona que Kadhafi allait bientôt arriver chez nous. Me rhabillant rapidement, je descendis avant mon mari et me retrouvai devant un Kadhafi furieux, accompagné de deux de ses compagnons révolutionnaires, Mohammed Galloud et Omar Mehashi.

« Laissez-moi vous dire, madame, que certaines de ces personnes sont de mauvaises femmes, me dit-il avec colère.

— Qui, par exemple, frère Mouammar ? demandai-je à mon interlocuteur très agité.

— Amina el-Saïd. Saviez-vous qu'elle fumait ? répondit-il d'un ton si sarcastique qu'on aurait cru que c'était un péché.

— Et pourquoi pas ? C'est son affaire.

— Et il y a autre chose que je répugne à vous dire, continua-t-il.

— De quoi s'agit-il, frère Mouammar ? »

Il s'interrompit un instant, puis : « J'ai entendu dire qu'elle buvait de la bière », dit-il d'une voix grave.

Je repris tout mon aplomb :

« Comme les révolutionnaires qui vous entourent ! C'est une affaire personnelle entre Dieu et eux. »

Kadhafi me lança un regard furibond.

« Je vous prie de m'excuser si les personnes qui ont assisté à cette réunion vous ont contrarié, lui dis-je tandis qu'Anouar entrait dans la pièce, mais il est très difficile pour des femmes de ne pas réagir quand vous les comparez à des vaches. Même une vache se serait sentie insultée par votre description et l'aurait rejetée. Elle a autre chose à faire que de s'occuper de petits veaux ! »

Mais Kadhafi ne changea jamais d'avis, et ses façons de faire déconcertantes m'inquiétèrent de plus en plus. Après que la radio libyenne eut violemment critiqué nos troupes pendant la guerre d'Octobre, en 1973, Kadhafi demanda à Anouar l'autorisation de faire un discours devant notre Assemblée nationale. Mon mari accepta, pensant qu'il désirait s'excuser pour les violentes accusations portées par la Libye et faire un pas vers la réconciliation de nos deux pays. Effectivement, Kadhafi s'excusa indirectement, en prétendant que ces critiques avait été inspirées par la peur de voir Israël traverser de nouveau le canal et sa crainte que ce ne fût la fin pour nous tous. Mais ce fut sa seconde demande, peu après son arrivée au Caire avec Safiyya, qui nous surprit le plus.

« Si vous le permettez, monsieur le président, j'aimerais avoir une conversation en particulier avec votre femme », demanda Kadhafi à mon mari à notre arrivée au palais de Koubbèh, où nous avions accompagné le dirigeant libyen et son épouse.

En particulier ! Mon cœur se mit à battre violemment. Nous étions quatre ici, pourquoi moi spécialement ? De toute façon je raconterais à Anouar tout ce qu'il me dirait, mais qu'allait penser sa femme ? C'était tout à fait inhabituel et absolument sans précédent pour un mulsuman de demander à être seul avec une femme. Mon Dieu, pensai-je, que va-t-il se passer ?

Je conduisis Kadhafi dans une pièce du palais, en prenant bien soin de laisser la porte ouverte. Impassible, je me disais avec fermeté : Ne lui montre pas que tu as peur ! Je n'arrivais pas à quitter des yeux le revolver qu'il portait constamment à sa ceinture, persuadée que j'étais qu'il allait s'en saisir et me tuer sur-le-champ.

« Je souhaiterais arranger un mariage entre mon cousin et votre fille », me dit-il.

La mâchoire m'en tomba presque de stupéfaction. C'était donc cela, son message secret !

« Laquelle ? répondis-je, pour voir.

— La plus jeune, Nana. »

Je ne pouvais en croire mes oreilles ! Nana venait à peine d'avoir douze ans.

« Elle n'a pas encore l'âge légal pour se marier, monsieur le président ! » objectai-je, préférant ne pas lui dire directement non...

Mais il avait pensé à cette objection. « Il ne s'agit que d'une promesse de mariage. Quand elle sera plus grande et qu'elle connaîtra mieux mon cousin, nous pourrons les marier.

— Eh bien, attendons qu'elle ait l'âge et nous en reparlerons, monsieur le président », bredouillai-je.

Mais il continua, sans avoir l'air de m'avoir entendue : « Mon cousin est un homme absolument irréprochable et comme un frère pour moi. Votre fille et vous-même serez tout à fait satisfaites. »

Je comprenais maintenant pourquoi il avait voulu me parler en particulier : il pensait que, en tant que mère, je saurais convaincre ma fille de consentir à ce mariage et que nous pourrions à notre tour obtenir l'accord du père. C'était pourtant hors de question. Après toutes ses insultes, comment pouvait-il s'attendre à ce que j'accepte une union entre nos deux familles ! Il s'y prenait à la mode de sa tribu pour essayer de lier l'Égypte à la Libye ; mais ce n'était pas notre façon d'agir. Je n'aurais jamais accepté l'idée que ma fille épouse un étranger ou qu'elle soit utilisée par quiconque comme un simple pion à des fins politiques.

« Je vous remercie beaucoup, mais c'est non », répondis-je poliment à Kadhafi, qui s'entêta malgré tout. « Selon la coutume, c'est le père qui accorde la main de sa fille, finis-je par lui dire pour mettre un terme à cette discussion. Pourquoi n'allez-vous pas la demander au président Sadate, son père ? »

Mais il n'osa jamais le faire. Par la suite il tenta d'arranger un mariage du même genre entre l'un de ses cousins et la fille adoptive du président Bourguiba de Tunisie. Mais il n'eut pas plus de succès avec lui qu'avec moi.

Complots, manœuvres, rien ne semblait arrêter Kadhafi dans son objectif de réunion du monde musulman. Deux ans après avoir tenté, sans succès, de cimenter par un mariage l'union entre l'Égypte et la Libye, il se lança dans un projet des plus étranges, la « marche sur l'Égypte ». « En avant vers l'Égypte ! Montrez aux Égyptiens que vous voulez l'unité ! » exhortait-il ses compatriotes, pensant que si les Égyptiens ne voulaient pas se rendre à ses raisons, ils écouteraient plus volontiers le peuple libyen.

Dans nos journaux et à la télévision, on ne parlait que des milliers de civils libyens massés sur la frontière, prêts à traverser en voiture et en camion le désert de l'ouest en direction d'Alexandrie. Personne n'y croyait vraiment, y compris Anouar qui riait de bon cœur devant l'absurdité de l'affaire. « De quelle unité parle-t-on ? disait-il. Personne ne peut réaliser l'unité par la force, pas même Kadhafi ! »

Connaissant les excentricités de Kadhafi, le gouvernement se mit quand même à prendre la menace au sérieux. Pour empêcher les Libyens d'entrer, le ministre de l'Intérieur donna l'ordre de bloquer la route du désert avec des wagons de chemin de fer. Et la marche en avant de la Libye ne se matérialisa jamais. Ni l'union entre nos deux pays.

En dépit du comportement fantasque et déconcertant de Kadhafi, les activistes libyennes luttaient courageusement pour leurs droits. Il en était de même pour les autres femmes du monde arabe dont les efforts en faveur de la liberté progressaient régulièrement, bien que la lutte fût moins ouverte que dans les pays occidentaux et les exigences moins fortes. Un nouveau sentiment de fierté et une réelle motivation s'emparaient des femmes du Moyen-Orient.

« Comment parvenez-vous à convaincre les paysans d'envoyer leurs filles à l'école ? » me demanda Farah Diba, l'épouse du chah d'Iran, peu après notre arrivée à Téhéran en juin 1976 « Quels moyens employez-vous pour inciter les femmes à suivre les cours de formation ? »

J'accompagnais Anouar dans une série de voyages officiels en Iran, en Arabie saoudite et dans l'émirat arabe d'Abou Dhabi Partout où nous allions, j'étais ravie de constater les progrès accomplis au niveau de la prise de conscience des femmes. Tout comme la reine Alia, Farah Diba ne cessait de me poser des questions et je ne me lassais pas de lui répondre.

Pendant les quatre jours où Anouar et moi fûmes les invités du chah et de Farah, un sentiment de respect et de compréhension mutuels se noua entre elle et moi. Nous étions toutes deux frappées par les similitudes existant entre l'histoire des femmes de nos pays respectifs et les défis qu'elles avaient encore à relever. Farah me raconta que dans les années 1900 les Iraniennes avaient manifesté contre les troupes russes et britanniques en Iran, tout comme l'avaient fait Houda Cha'arawi et ses amies en Égypte contre les Britanniques. Peu après, elles avaient commencé à mettre sur pied un système d'éducation pour les filles de leur pays, vendant leurs bijoux pour construire à leur intention la première école iranienne. Comme de nombreuses femmes de ma connaissance au Caire, Farah et un groupe de ses compatriotes très engagées avaient tenté de continuer cette tradition en Iran, transformant de vieilles demeures en jardins d'enfants, ouvrant des écoles et des centres pour enseigner aux femmes à pratiquer l'artisanat et à lire et écrire.

Au cours de visites de Téhéran durant lesquelles je pus admirer le stupéfiant palais des glaces et ses minuscules prismes de verre couvrant murs et colonnades et scintillant comme des diamants, Farah m'emmena faire le tour des musées. Passionnée d'art, elle inaugurait un grand nombre d'expositions et voyageait à travers le monde pour racheter des antiquités perses appartenant à l'Iran, que nous pûmes voir dans les vitrines des salles. Je fus particulièrement impressionnée par les collections incroyables de bijoux royaux : le trône en or de l'empereur incrusté de pierres précieuses ; des paons grandeur nature en or dont la queue était faite de rubis, d'émeraudes et de saphirs : d'immenses coupes emplies de pierres non serties aux couleurs resplendissantes : rouge, bleu, vert ou blanc adamantin.

Farah me fit également visiter les hôpitaux les plus modernes, des écoles et des jardins d'enfants. Ce que je vis était très impressionnant, en particulier les efforts qu'elle faisait en faveur de l'éducation.

Dans un institut d'enseignement, on me montra un film sur les activités de Farah en faveur de l'éducation des bédouins, tribus nomades coupées du monde, même à l'époque actuelle. Si en Égypte de nombreux bédouins s'étaient sédentarisés et bénéficiaient d'écoles fixes, il n'en était pas de même en Iran. Je fus frappée par le dévouement de Farah en prenant ainsi connaissance du système compliqué mis en place pour acheminer des livres d'école vers ces tribus ; on les chargeait à Téhéran dans des camions qui empruntaient d'abord des routes pavées, puis d'autres plus rudimentaires, jusqu'au désert où leur voyage s'achevait. Ensuite ces livres étaient hissés sur des chevaux pour être amenés enfin aux enseignants qui se déplaçaient d'un camp de bédouins à l'autre.

C'était ma deuxième rencontre avec la chabanou, qui s'était déjà rendue une fois en Égypte après qu'Anouar, devenu depuis peu président, eut rétabli des relations normales avec l'Iran. En fait, le chah et mon mari se connaissaient depuis des années. Anouar aimait à rappeler au chah qu'il l'avait vu pour la première fois au cours d'un défilé militaire au Caire en 1938, à l'occasion de son mariage avec la sœur du roi Farouk.

« Vous vous teniez sur une estrade et je défilais devant vous avec la troupe, racontait Anouar en riant. Nous étions face à face à ce moment-là mais en réalité, tout nous séparait. Vous étiez l'héritier de la couronne et j'étais un officier subalterne venant d'un village dont vous n'aviez jamais entendu parler. »

Une trentaine d'années s'étaient écoulées avant que les chemins d'Anouar et du chah se croisent à nouveau. C'était au cours d'un sommet islamique à Rabat, et leurs relations commencèrent par une querelle. Après l'incendie de la mosquée d'Al-Aksa en 1969 par un touriste fou, Nasser avait envoyé Anouar comme représentant de l'Égypte pour mettre au point avec les autres dirigeants musulmans les mesures à prendre pour protéger les lieux saints sous occupation israélienne. Considérant les propositions du chah comme trop modérées, mon mari avait exprimé son désaccord devant les dirigeants en arabe. Le chah avait répondu avec irritation, mais la tension tomba lorsque Anouar, comprenant que ses propos avaient paru plus violents une fois traduits en français, s'adressa en persan aux délégués du sommet pour que le chah le comprenne mieux. Celui-ci, qui avait la réputation de ne jamais sourire et encore moins de rire, se leva en souriant et se mit à applaudir Anouar. Une longue amitié venait de se nouer. « L'amour ne peut naître qu'après l'inimitié », aimait à dire Anouar au chah, citant l'un de nos proverbes arabes.

Bien que leurs origines fussent très différentes, mon mari et le chah avaient beaucoup de choses en commun. Nés tous deux en 1918, ils étaient également sortis en 1938 d'une école militaire avec le grade de sous-lieutenant. Tous deux étaient à la tête de l'une des plus anciennes civilisations de la région, l'empire iranien remontant à deux mille cinq cents ans et l'Égypte à sept mille ans. Ce lien entre nos deux pays donnait une signification particulière à l'amitié de leurs dirigeants.

Pendant notre visite à Téhéran, nous fîmes plus ample connaissance en tant que couples. Nous plaisantions souvent ensemble et un jour, alors que le chah nous conduisait dans sa décapotable de sa résidence de campagne à l'hôtel de Ramsar, sur la mer Noire, où Anouar et moi devions séjourner, je lui demandai de ralentir : « Allez moins vite, sinon je vais perdre mes cheveux. » Assise à l'arrière de la voiture, je tentais de défendre mon faux chignon contre les assauts du vent.

« Si seulement nous avions ce genre de problème ! » dit en riant le chah à Anouar.

Ce voyage est resté gravé dans ma mémoire. Mon seul séjour en Iran ! Il y avait eu cette amitié naissante avec Farah, qui n'a jamais cessé, et aussi la naissance prématurée de notre premier petit-fils, Charif, une véritable surprise. Je me reposais à l'hôtel avant de me rendre à un grand dîner donné en notre honneur, lorsqu'on frappa violemment à la porte : « Un appel téléphonique du Caire, me dit le portier d'une voix excitée. *Mabrouk !* Félicitations ! »

Noha ! Un petit-fils ! J'étouffais de baisers Loubna, ma fille aînée venue en Iran avec nous ; nous pleurions de joie tandis qu'Anouar s'agenouillait : « Seigneur, garde-moi éveillé pour te remercier des faveurs que tu as daigné accorder à moi-même et à mes parents, et pour accomplir tout le bien qu'il te plaira et faire de moi ton esclave », priait-il tout haut en se prosternant sur le sol de notre suite.

Il y eut quand même une ombre à notre voyage. Malgré tous les efforts de modernisation que nous avions pu constater en tant qu'invités du chah, force nous était de constater l'énorme fossé existant entre les riches et les pauvres. Le chah et Farah avaient beau être des gens intelligents et lucides qui tentaient sincèrement de faire des réformes sociales, leurs efforts n'allaient pas vers ceux qui en avaient le plus besoin. Par exemple Farah m'avait montré, à ma consternation, la petite école qu'elle avait fait construire dans le jardin de leur résidence de Téhéran, au demeurant remarquablement modeste, pour que des enfants de tous milieux sociaux viennent y suivre les cours avec les siens. Je notai mentalement que malgré ses bonnes intentions, Farah n'agissait pas toujours dans le bon sens. Il aurait mieux valu envoyer les enfants de l'empereur à l'école le plus démocratiquement du monde plutôt que d'en choisir quelques-uns triés sur le volet pour être éduqués avec eux au palais.

Je fus encore plus consternée par le gigantesque dîner d'adieu donné pour le chah et nous par un haut fonctionnaire dans sa résidence, à l'extérieur de Téhéran. Des demeures luxueuses, j'en avais vu de nombreuses dans le monde et j'avais assisté à bien des soirées extravagantes, mais jamais un tel déploiement de luxe ne s'était présenté à mes yeux ! Le cadre était splendide, les gens charmants, les plats présentés de façon extraordinaire, mais l'Iran était un pays pauvre et ce luxe dépassait vraiment la mesure.

Les marches qui menaient à cette très vaste demeure étaient en cristal. Oui, en cristal ! C'était la première fois que je voyais une chose pareille — et ce devait être la dernière. Les boissons étaient servies dans une salle de réception entièrement en marbre. Un orchestre avait pris place sous une tente par laquelle nous entrâmes dans le jardin, où avait été dressé un buffet très raffiné il était constitué de groupes de tables disposées en cercles sous des arbres et formant une sorte de mosaïque ; sur les unes étaient disposés différents plats à base de viandes, sur d'autres des légumes et des salades, ou encore des assortiments de poissons fumés, grillés ou pochés. La présentation de la nourriture était en soi une véritable œuvre d'art : poissons entiers disposés dans des plats en forme de poisson, coupes de cristal éclairées par en dessous et emplies de caviar de toutes sortes : noir, gris, doré, niché dans de la glace.

Anouar se contenta de manger des fruits, et même ainsi il fut abasourdi par le spectacle des compotes de fruits présentées dans des peaux de melon délicatement ciselées, des pêches, du raisin, des mangues et des figues fraîches posés sur des entrelacs de branchages qui jonchaient la table. Tout était original. La mousse au chocolat, l'un des innombrables desserts proposés, se trouvait dans des coupes en sucre filé ayant la forme de cygnes et placées derrière un énorme aquarium empli de poissons tropicaux. Les fontaines coulaient en formant des gerbes d'eau et les invités faisaient le tour du buffet avant d'aller s'installer dans une tente se trouvant sur un pont au-dessus d'un étang. Le dîner nous fut servi dans une vaisselle en or.

« Il va y avoir une révolution, j'en suis sûre, dis-je à Anouar en revenant à Téhéran dans l'hélicoptère du chah. Les riches sont trop riches et les pauvres trop pauvres, sans classe moyenne pour créer un équilibre. Le chah devrait faire quelque chose très vite pour calmer le peuple, lui abandonner plus de ses terres, peut-être abandonner son titre d'empereur et devenir président. Il n'y a pas d'autre empereur dans le monde, sauf au Japon où Hiro-Hito n'est qu'un symbole, comme la reine d'Angleterre. Le monde est en pleine transformation et il n'y a plus de place pour les empereurs. Je vais en parler au chah. »

Anouar explosa : « Jehane, tu ne lui diras rien du tout. Cela ne te regarde absolument pas ! De quoi te mêles-tu ? Le chah est empereur, il est né empereur, et toi, Jehane, tu veux qu'il devienne président ! N'essaie jamais de lui en parler, tu m'entends ? N'essaie jamais.

— Mais Anouar, protestai-je, j'aime le chah. Je veux lui en parler. Farah et lui sont nos amis. Peut-être ne voient-ils pas l'Iran comme nous ou les autres, il se peut qu'ils soient mal conseillés.

— Si tu leur dis comment s'occuper de leur pays, tu verras si nous resterons amis ! me dit-il d'une voix tonnante. Tu ne dois pas fourrer ton nez dans les affaires des autres. Le chah t'écoutera poliment et il ne bougera pas d'un pouce. Alors, à quoi bon ? » Anouar me regardait d'un air courroucé. « Je te défends bien de dire ce genre de choses au chah.

— Cela n'empêche qu'il y aura une révolution, insistai-je. Tu verras, Anouar. »

Hamdillah 'alal-salâma. « Que Dieu vous protège. » Me serrant la main, c'est avec ces mots traditionnellement adressés au voyageur que me salua le roi Khaled à l'aéroport de Djedda.

Hamdillah 'alal-salâma, répéta-t-il à Anouar en l'embrassant sur les deux joues.

Allah yisallimak. « Que Dieu vous garde aussi », lui dîmes-nous tous deux.

Le roi Khaled et une vingtaine de princes saoudiens, vêtus de turbans et de djellabas d'un blanc immaculé, nous attendaient à l'aéroport. Chacun des princes me salua avec courtoisie : *Hamdillah 'alal-salâma.* Les caméras de télévision ronronnaient tandis que des serveurs nous offraient des jus de fruits et des yaourts glacés nappés de menthe. Les journalistes, tout comme Anouar et certainement les princes saoudiens, savaient que c'était un moment historique : j'avais décidé d'arriver dans le royaume saoudien au côté de mon mari et non derrière lui.

Lorsque j'apparus à la porte de l'avion à côté d'Anouar, les princes saoudiens ne marquèrent aucun étonnement, encore moins d'hostilité. Ils étaient bien trop diplomates pour montrer la moindre émotion qui eût pu m'offenser et surtout offenser mon mari. Et pourtant, dans une société aussi profondément conservatrice et religieuse que l'Arabie saoudite, une femme musulmane n'apparaissait jamais en public en compagnie d'hommes. C'est ce qu'avait fait nettement comprendre l'ambassadeur saoudien au Caire, qui avait suggéré qu'à mon arrivée je reste dans l'avion pendant environ une heure, jusqu'à ce que mon mari, le roi et sa suite aient quitté l'aéroport après les salutations officielles. L'ambassadeur avait fait remarquer que Mme Tito, la femme du président de Yousgoslavie, avait adopté cette solution lors de leur visite officielle la semaine précédente. Mais j'avais refusé de céder.

« Je ne veux rien entendre en ce qui concerne ce voyage »,

avais-je déclaré à Anouar après avoir pris connaissance des consignes de l'ambassade. « Je n'ai besoin de personne pour me dire comment doit se comporter une bonne musulmane. Je respecte profondément ma religion et je ne fais rien de contraire à l'islam. Mon travail avec les femmes, les enfants et les pauvres est l'essence même de l'islam. Je ne vois pas pourquoi je devrais devenir invisible parce que je suis une femme ! En Égypte je ne me cache pas devant les hommes, et je ne le ferai nulle part ailleurs. Alors que nous soyons au Japon, en Arabie saoudite ou sur la lune, je ne changerai pas d'attitude. »

Anouar avait écouté ma tirade avec stupéfaction. « Ta réaction ne m'étonne pas. Cela fait longtemps que j'ai renoncé à changer ton comportement, et d'ailleurs je l'assume complètement, mais les autres ? Tu ne crois pas qu'il leur faudra un peu de temps pour s'habituer ? »

A présent, les caméras de télévision me suivaient alors que je quittais l'aéroport avec les princes, elles étaient encore là quand je pris place dans la limousine du frère du roi, le prince Fawwaz ibn Abdel Aziz, prince de Djedda, pendant qu'Anouar était en tête dans la voiture du roi. Ni le prince ni moi ne fîmes la moindre allusion au fait que nous étions en tête à tête dans une voiture. En chemin, je l'interrogeai abondamment sur les services sociaux que la famille royale avait mis en place pour ses sujets, en particulier pour les orphelins, les handicapés et les aveugles. J'en profitai pour lui poser quelques questions sur le statut des femmes. « Lorsque je suis allée pour la première fois en pèlerinage à La Mecque, racontai-je au prince Fawwaz, le roi m'a aimablement proposé son avion personnel pour aller de Djedda à La Mecque, et j'ai été ravie d'être accueillie par des hôtesses de l'air : j'ai pensé que les femmes avaient enfin le droit de travailler en Arabie saoudite. Mais à leur accent, j'ai vite compris qu'elles étaient libanaises. J'espère qu'elles seront bientôt remplacées par des Saoudiennes.

— Bientôt, répondit le prince d'un air énigmatique, bientôt. »

Je me demandai ce que cachait ce « bientôt » ! Les droits des femmes en Arabie saoudite étaient très récents et il y avait encore beaucoup d'obstacles à franchir. La première école pour filles n'avait été ouverte qu'en 1960 et même à cette époque, les hommes avaient si violemment exprimé leur réprobation que la garde nationale avait dû intervenir pour maintenir l'ordre. Le roi Fayçal s'était montré ferme sur l'éducation des femmes et avait dépensé des millions de rials à cet effet. C'était lui qui avait fait construire la première université pour femmes en 1973, progrès considérable dans un pays où les préjugés à l'encontre de celles-ci étaient fortement enracinés. En Arabie saoudite, les tentes étaient divisées en deux, une partie pour les hommes, l'autre pour les femmes. Même les Saoudiennes les plus évoluées voyaient leurs prérogatives extrêmement limitées par les traditions qui les confinaient dans un monde à part pour les « protéger ».

Je savais tout cela avant de venir, et je n'ignorais pas l'héritage transmis par la famille royale saoudienne, qui descend de Mohammed ibn Saoud, bédouin renommé pour son sens de la diplomatie. Il s'était allié en 1744 avec Mohammed Ibn Abdel Wahhab, érudit puritain qui réclamait un retour aux pratiques strictes du XIVe siècle. Les deux hommes soumirent des centaines de tribus nomades disséminées dans la péninsule, jetant ainsi les bases du pouvoir qui permettrait, en 1934, à la famille de Saoud de gouverner le pays. La famille royale s'est toujours soumise à cet héritage de diplomatie et de fondamentalisme, avec le Coran pour seule constitution et une stricte observance de la loi islamique, tout en essayant de maintenir un équilibre entre la tradition et des méthodes plus modernes.

Cette nuit-là, Anouar s'était rendu à un banquet dans l'un des palais royaux en compagnie du roi et des princes, et j'assistais à un autre banquet au palais de la reine avec une trentaine de princesses royales et leurs amies. Les invitées arrivaient les unes après les autres dans des limousines dont les vitres étaient teintées par égard pour leur pudeur. Les princesses étaient toutes merveilleusement vêtues sous le simple voile noir *(abayya)* dans lequel elles se drapaient pour aller de la voiture au palais. Elles avaient toutes beaucoup voyagé et avaient reçu une excellente éducation. Bien que les théâtres, cinémas ou salles de concert ne soient pas autorisés en Arabie saoudite, beaucoup d'entre elles avaient rapporté de l'étranger des équipements stéréo, des livres, de la musique et des films.

Tandis que nous prenions place sur les chaises et les sofas disposés selon la mode arabe dans le salon, j'essayai de repérer qui était qui. Non sans peine, car elles semblaient toutes être la cousine, la tante, la sœur ou la bru les unes des autres, la famille royale saoudienne se mariant souvent en son propre sein. Contrairement à l'Égypte, on n'était pas tenu en s'asseyant de respecter le protocole. Dans mon pays, la femme du ministre de la Défense savait précisément quel siège occuper par rapport, disons, à la femme du vice-président, tandis qu'en Arabie saoudite et dans tous les autres pays arabes, chacune s'assoit où bon lui semble.

Notre dîner fut exquis, le premier plat consistant en un assortiment d'amuse-gueule tels que purée de pois chiches assaisonnée à l'huile de sésame, purée d'aubergines richement épicée, dans lesquelles on trempait de minces galettes *(pita)* chaudes ; jattes de yaourt, tomates, concombres et différentes sortes de fromage ; puis venait un agneau rôti à la broche, des poulets et des pigeons avec de minuscules boulettes de riz assaisonnées au safran et à l'aneth ou tout simplement salées. Quand ils dînent entre eux, les Saoudiens se servent de leur main droite pour manger leur riz et leur viande, mais pour cette soirée on avait donné des cuillers d'or.

Le dessert consistait en fruits et en pâtisseries ruisselantes de miel. Le repas terminé, nous bavardâmes agréablement en buvant tasse sur tasse de café du Yémen additionné de cardamome pour faciliter la digestion.

« Quels sont vos projets, madame Sadate ? » me demandèrent les princesses et leurs hôtes tandis que nous nous dirigions, dans le parfum du jasmin et des citronniers, vers les jardins intérieurs à l'arrière du palais. « Vous travaillez non seulement pour les femmes d'Égypte, mais pour nous toutes. » Elles me dirent avoir été fascinées par les photos de moi qu'elles avaient vues dans les journaux à l'occasion d'inaugurations d'œuvres charitables ou d'autres réalisations auxquelles je m'étais consacrée. Aucune femme saoudienne ne pouvait voir sa photo dans le domaine public, et ne pouvait passer à la télévision ni devenir actrice. Les femmes d'Arabie saoudite n'avaient aucune idée de ce qu'est le fait de vivre dans une société ne pratiquant pas de discrimination entre les sexes.

Le lendemain soir, je fus invitée à un banquet chez le frère de la reine. Des femmes toujours plus nombreuses m'y assaillirent de questions sur l'Égypte. « Comme les femmes égyptiennes ont de la chance ! » s'exclama l'une d'entre elles, titulaire d'un diplôme universitaire. « Elles peuvent sortir librement sans être voilées. Ici, nous vivons cachées. Personne ne sait qui est qui. Nous n'avons pas d'identité. Nous sommes limitées dans nos choix. Les femmes égyptiennes peuvent suivre n'importe quelles études. Nous, ici, nous pouvons nous inscrire en sciences humaines mais non en droit ou dans les écoles d'ingénieurs. Et si nous choisissons la médecine, nous ne pouvons devenir qu'obstétriciennes ou pédiatres. »

Je lui fis la réponse que je donnais à tous les groupes de femmes : « Vous devez songez à vous battre vous-mêmes pour vos droits. Personne ne va vous les offrir sur un plateau, en vous disant : ''Femmes, voilà vos droits !'' Cela ne se produira jamais. Si nous ne combattons pas nous-mêmes pour notre cause, personne d'autre ne le fera. *Ma tibki 'alayna ghayr anayna*. Seuls nos propres yeux verseront des larmes sur nous. »

« Mais par où commencer ? demanda une autre invitée de la famille royale. Nous pouvons travailler à des œuvres de charité, certes, mais nous avons beaucoup de temps libre. Nous n'avons que peu de possibilités. Aucune d'entre nous n'ose se mêler du travail des hommes, car nous avons peur d'être mises à l'index dans notre propre société. Cela se produit-il en Égypte ?

— Pas à ma connaissance, dis-je à la jeune femme. Les hommes et les femmes travaillent côte à côte en Égypte et les hommes acceptent cet état de fait. Je n'ai pas vu de différence quand je travaillais avec un homme ou avec une femme. »

« Mais nous avons peur, fit remarquer une autre femme. Nous ne savons pas quel effet cela ferait de sortir sans voile ou de travailler avec des hommes.

— Vous accompliriez votre tâche selon la volonté de Dieu, lui répondis-je. Rappelez-vous ce qu'Il nous dit dans le Coran : ''Je ne permettrai jamais que l'un d'entre vous ait œuvré en vain.'' Mais faisons preuve d'esprit pratique. Si les hommes ne veulent pas que vous gagniez vous-mêmes votre vie, continuez à travailler à des œuvres charitables. Mais consacrez-y plus d'efforts. Rendez-vous à ces œuvres de bienfaisance trois ou quatre fois par semaine. Montrez aux hommes que vous êtes capables d'assumer une responsabilité. Puis, sortez plus souvent.

Ils s'y habitueront petit à petit. Demandez-leur des concessions, d'abord de petites choses, puis d'autres de plus en plus importantes, mais sans jamais cesser de faire pression sur eux. Vous vous apercevrez un jour que vous avez progressé et votre fierté en sera infinie. »

Le lendemain nous prenions congé, Anouar et moi, quand je le vis parler et rire avec le roi Khaled. « Qu'est-ce qu'il y avait de si drôle ? lui demandai-je dans l'avion pour Abou Dhabi.

— Le roi Khaled me disait combien ta visite l'avait amusé. Il m'a dit : "Je ferais bien de me méfier, Jehane a fomenté la révolution parmi les femmes."

— J'aimerais que ce soit le cas », soupirai-je

Mais pas à pas les femmes gagnaient du terrain.

Le cheikh Zayyid d'Abou Dhabi vint à notre rencontre à l'aéroport. « *Hamdillah 'alal salâma*, madame », me dit-il en me serrant la main. « Nous avons regardé avec plaisir votre arrivée à Djedda à la télévision, hier. Toutes les femmes s'en sont réjouies. » Je l'ai regardé tout étonnée, ne sachant s'il parlait sérieusement. Mais il n'avait pas l'air de plaisanter. « Votre femme est une révolutionnaire, tout comme vous, monsieur le président », dit le cheikh Zayyid à mon mari avec un sourire. Puis il jeta un coup d'œil derrière lui et baissa la voix : « Pour la première fois aujourd'hui, ma femme s'est rendue à l'aéroport pour accueillir un hôte étranger, me confia-t-il. Elle regrette de ne pas pouvoir venir au-devant de vous devant les journalistes, car ce serait manquer à la pudeur. Mais elle vous retrouvera après le départ des hommes et vous accompagnera en voiture. »

J'étais enchantée : une nouvelle brèche venait de s'ouvrir. J'applaudis en secret l'initiative de son épouse, la cheikha Fatima, pour qui j'avais beaucoup d'affection depuis que je l'avais rencontrée lors d'une précédente visite à Abou Dhabi. « Je suis très honorée de votre hospitalité et de celle de votre épouse, cheikh Zayyid, répliquai-je. *Katar khaïrku*. Que votre bonté croisse encore davantage. »

Tel fut bien le cas. On nous invita cette nuit-là aux repas traditionnels, Anouar en compagnie des hommes, et moi avec les femmes. La cheikha Fatima avait organisé une grande réception en mon honneur, à laquelle étaient conviées les épouses des diplomates étrangers et les femmes des membres du gouvernement ainsi que les représentantes des grandes familles d'Abou Dhabi. Même les domestiques étaient du sexe féminin : des Indiennes et des Pakistanaises, qui fournissaient le gros de la force de travail dans les États du Golfe. Ce qui était déjà tout à fait inhabituel : en Égypte comme en Arabie saoudite, ce sont traditionnellement les hommes qui servent les invités au cours des repas officiels. Ce qui suivit fut encore plus inattendu ; ce fut en fait un événement unique en son genre.

Nous écoutions une chanteuse après le repas lorsque nous perçûmes une certaine agitation à la porte. Sous les yeux incrédules des femmes, le cheikh Zayyid pénétra dans la pièce.

« Je suis venu saluer Mme Sadate, expliqua-t-il. Puis-je me joindre à vous pour écouter la chanteuse ?

— Avec plaisir, lui dis-je. Pourquoi pas ? »

Les femmes furent encore plus interdites quant il fit le tour de la pièce en serrant la main de chacune d'elles.

« Allons. Écoutons la chanteuse », dit-il en s'asseyant près de moi. Puis il applaudit l'artiste.

Je ne pris la mesure de l'événement qu'à la fin de la soirée. « Merci infiniment de nous avoir fourni l'occasion de rencontrer le cheikh Zayyid », me dirent en effet les invitées, l'une après l'autre. « Je ne l'avais encore jamais rencontré auparavant. » Je ne parvenais pas à croire que ces femmes, notamment les épouses des diplomates étrangers, ne se fussent jamais trouvées face à face avec le dirigeant de l'émirat. Mais pourtant c'était le cas. « Voilà trois ans que je suis ici avec mon mari, me dit la femme de l'ambassadeur de Suède, et c'est la première fois que je serre la main du cheikh Zayyid. Je vous en remercie. »

« Comment avez-vous pu faire tant de choses pour l'Égypte ? » me demandèrent les femmes d'Abou Dhabi le jour suivant lors d'un grand meeting organisé à l'instigation de la cheikha Fatima. Une cinquantaine de femmes s'y étaient retrouvées, des femmes qui s'étaient déjà mobilisées et d'autres qui désiraient le faire. Elles égrenèrent la liste de leurs frustrations.

« Nous avons une avocate parmi nous, mais elle est d'une famille en vue et on ne l'a pas autorisée à entrer au ministère de la Justice, de peur qu'elle ne déshonore la famille, me dirent-elles. Nous avons ici une femme ingénieur et elle n'a pu obtenir un emploi que parce que son frère travaille dans le même département. Nous ne pouvons même pas travailler comme secrétaires car nous ne pouvons pas nous montrer devant les hommes.

— C'est regrettable. En Égypte beaucoup de femmes travaillent comme secrétaires, leur dis-je. Et au bout du compte, je pense que cela nous permettra d'accéder plus facilement à des postes de plus haute responsabilité. Mais si vous ne pouvez pas travailler avec les hommes, trouvez-vous des occupations auxquelles vous pourrez vous livrer sans provoquer leur colère. Proposez votre aide aux hôpitaux. Organisez des bazars pour financer des œuvres charitables. Commencez prudemment, mais commencez dès maintenant !

— Et si nos maris refusent de nous laisser sortir en public ? me demanda l'une des participantes.

— Alors obéissez-lui, bien sûr. Déplacez-vous dans une voiture aux vitres teintées. Ou travaillez chez vous. Invitez d'autres femmes à venir vous aider. Vous pouvez coudre des chemises d'hôpital pour les malades ou fabriquer des objets destinés aux bazars. Il y a beaucoup de choses que vous pouvez faire pour obtenir le respect. Le tout est de commencer. »

Je savais que la route serait difficile pour ces femmes car, comme c'était le cas pour beaucoup des petits États du Golfe, il n'y avait pas d'université à Abou Dhabi, ce qui n'avait guère d'importance pour les hommes, qui pouvaient obtenir une bourse généreuse du gouvernement s'ils désiraient étudier à l'étranger, mais rendait les choses très difficiles pour les femmes, qui devaient obtenir de leurs familles l'autorisation de quitter le pays. A cette date, moins de deux cents femmes d'Abou Dhabi avaient eu accès à l'enseignement supérieur ; la plupart d'entre elles avaient passé leurs diplômes dans des universités égyptiennes. Pourtant j'étais sûre que beaucoup de celles qui m'entouraient ce soir-là pourraient réaliser leurs aspirations. La première université du pays devait ouvrir ses portes en 1977. Avec la cheikha Fatima à leur tête, les femmes d'Abou Dhabi étaient bien conseillées.

Je ne connais aucune autre épouse de dirigeant dans les États du Golfe, voire peut-être dans tout le monde musulman, qui ait plus travaillé ou combattu pour les droits des femmes que la cheikha Fatima. Afin de servir d'exemple aux autres, elle continuait à étudier, apprenant l'anglais et perfectionnant son arabe. Elle mit en place des programmes d'alphabétisation pour les femmes des zones urbaines et rurales à travers tout le pays. Et en 1973 elle créa, avec l'appui de son mari, la Société pour l'éveil des femmes d'Abou Dhabi, une organisation qui prit rapidement de l'extension et qui établit des filiales dans quatre des autres émirats pour alphabétiser les femmes et leur enseigner des métiers.

Fatima accordait un grand prix à l'éducation de la future génération des femmes d'Abou Dhabi, elle-même n'ayant bénéficié que d'une instruction limitée dans son enfance. Elle donna l'impulsion à des programmes de télévision encourageant les familles à envoyer leurs filles, comme leurs fils, dans les écoles primaires et secondaires nouvellement construites. Elle alla rendre visite personnellement à ceux qu'elle ne pouvait toucher par la télévision. En apprenant que les bédouins du sud du pays avaient retiré de la nouvelle école les filles âgées de plus de huit ans, elle prit l'avion pour se rendre sur place et demanda à chacune des familles de revenir sur sa décision. Par respect pour elle, elles acceptèrent.

Mon propre respect pour la cheikha Fatima s'accrut quand je pris part à l'une des réunions *(majlis)* hebdomadaires de femmes qu'elle avait organisées dans tout le pays. Bien que de nombreux dirigeants masculins des pays du Golfe tiennent régulièrement des *majlis* pour étudier avec leurs sujets leurs problèmes et leurs plaintes, seule la cheikha Fatima en avait organisé pour les femmes. Cette coutume que nous n'avons pas en Égypte mais qui est toujours vivante dans bien des pays arabes suscitait mon admiration. Nul n'a besoin de prendre rendez-vous ou de demander audience pour le *majlis*. Tous y sont les bienvenus, du simple berger aux titulaires des plus hauts rangs. Des centaines d'hommes s'y rendent, communiant avec leurs dirigeants par la prière avant le *majlis* et partageant un repas avec eux à la fin. Les porteurs de pétitions restent assis pendant des heures à attendre leur tour de prendre la parole tandis que les domestiques passent parmi eux avec des plateaux de victuailles et des tasses de thé à la menthe. Certains ne viennent que pour donner un conseil au dirigeant et celui-ci les écoute. Cela fait partie de la philosophie de l'islam de ne pas se comporter en dictateur mais de tenir compte de l'avis des autres.

La plupart des participants viennent cependant pour demander une faveur. Une aide du gouvernement pour envoyer quelqu'un de leur famille se faire soigner à l'étranger, un prêt pour aider la famille à finir l'année en cas de mauvaises récoltes... ou encore ils demandent au dirigeant d'ordonner une enquête s'ils s'estiment victimes d'une injustice, de servir de médiateur dans une querelle... Si le dirigeant peut faire quelque chose, il le fait. S'il ne possède pas les connaissances suffisantes pour s'occuper d'une pétition plus spécifique, comme un problème d'impôt par exemple, il charge un expert de le faire pour lui. Toutes les suppliques reçoivent une réponse, en accord avec notre tradition islamique. On raconte qu'au temps du Prophète toute personne qui présentait une supplique à Mahomet ou ses assistants était assurée de son soutien : de même, toute personne qui participe à un *majlis* d'Abou Dhabi est assurée de recevoir une aide. Si l'on demande un service à un musulman et qu'il soit à même de le rendre, il doit le faire, que ce soit sous forme d'argent, de conseil, de nourriture, d'un abri... Si la personne ainsi assistée est plus tard à même de rembourser sa dette, elle le fera.

A l'assemblée de la cheikha Fatima, les cinq femmes assises dans son grand salon s'exprimaient sans détour et lui présentaient leurs requêtes : une somme d'argent pour envoyer un mari malade à l'étranger, sa médiation dans une querelle opposant un père à son fils... « Ils s'affrontent violemment, dit une des femmes à Fatima. Mon mari voudrait que notre fils travaille avec lui à la boutique. Mon fils, lui, veut devenir fonctionnaire. » Le nom et l'adresse de la famille notés noir sur blanc, la cheikha Fatima promit d'envoyer son propre fils ou un de ses proches la représenter comme médiateur.

Les femmes qui devaient attendre de longues heures le moment de prendre la parole n'en éprouvaient aucune contrariété, le *majlis* étant une occasion de se retrouver en société tout autant qu'une réunion politique. Une communauté de femmes se retrouvait pour échanger leurs points de vue et enrichir leur expérience. Les épouses des diplomates étrangers étaient également conviées à ces réunions ; la secrétaire de Fatima, une Égyptienne qui sortait de l'université du Caire et parlait le français et l'anglais, leur servait d'interprète.

Je rentrai en Égypte profondément marquée par cette

institution permettant au peuple et à ses dirigeants de se retrouver, de prier ensemble, de manger ensemble, de résoudre leurs problèmes ensemble ; abolissant les barrières entre riches et pauvres, entre détenteurs du pouvoir et leurs administrés. Une institution restée bien vivante malgré les dangers résultant nécessairement de cette promiscuité : le roi Fayçal fut assassiné à Riyad en 1975 par un de ses parents au cours d'un *majlis*.

J'ai toujours été accueillie avec le plus grand respect au cours de mes voyages, et en retour j'invitais les femmes que je rencontrais à l'étranger à me rendre visite au Caire. Elles furent nombreuses à accepter mon invitation. Lorsqu'elle vint me voir, la cheikha Fatima se trouva être la première épouse d'un chef d'État du Golfe à voyager seule. Cheikh Zayyid n'avait émis aucune objection, ayant simplement demandé que la photo de sa femme ne soit pas publiée dans la presse. Farah Diba se rendit à plusieurs reprises en Égypte, ainsi qu'Iris Frangié, la femme du président libanais, et Boussaïna el-Néméiry du Soudan.

J'emmenais toujours mes invitées voir les réalisations de mes projets, je leur organisais des rencontres avec l'Union des femmes du Caire, et je leur faisais voir la coopérative de Talla. Nous nous rendions aussi dans des usines, dans des villages pour visiter les coopératives ouvrières ; ainsi ces femmes des pays arabes pouvaient-elles voir des Égyptiennes travaillant côte à côte avec des hommes afin d'améliorer leur condition. Mais malgré les progrès considérables que nous avions accomplis, il restait un domaine où les femmes étaient durement désavantagées.

Depuis 1929, les femmes étaient soumises aux lois régissant les droits individuels, lois qui rendaient manifeste l'infériorité du statut des femmes par rapport à celui des hommes. Depuis des années, des groupes de femmes tels que l'Union des femmes égyptiennes luttaient pour obtenir la réforme de certaines de ces lois humiliantes, notamment celles régissant le mariage et le divorce. Bien que 98 p. 100 des femmes d'Égypte fussent mariées, ces lois étaient en effet discriminatoires. En 1977, je me joignis à cette lutte menée pour obtenir plus de justice et de sécurité pour les femmes à l'intérieur de l'institution familiale.

La réforme des lois sur la condition des femmes fut le but principal de ma vie au cours des deux années qui suivirent.

Il y avait certaines lois devant lesquelles nous étions impuissantes. Par exemple, le Coran autorise les hommes à répudier leurs femmes quand ils le désirent, et ce droit ne pouvait donc être remis en cause. Mais ce qui pouvait l'être, et à haute voix, c'était la façon dont les hommes abusaient de ce privilège. « Le divorce peut être prononcé par deux fois ; la femme peut être alors retenue dans l'honneur ou autorisée à partir avec bienveillance », est-il dit dans la deuxième sourate, intitulée *La vache*. Bien que les hommes eussent le droit de prononcer trois fois de suite les mots « Je te répudie » pour mettre un terme à leur mariage, de nombreux oulémas recommandaient d'attendre un mois entre les deux déclarations de rupture précédemment citées. Or les Égyptiens avaient souvent recours à la formule la plus hâtive. Certains ne prononçaient même pas les paroles de répudiation devant leur épouse. Du moment que le divorce était prononcé en présence de deux témoins, il était légal. Certaines femmes n'étaient jamais informées du fait que leurs maris les avaient répudiées, ce qui est d'une cruauté incroyable.

Alors qu'il était si aisé pour un homme de se séparer de sa femme, il était particulièrement difficile pour celle-ci de divorcer de son mari. Bien que la sourate *Des femmes* exhorte les hommes à traiter leurs épouses avec bonté (« Car même si vous ne les aimez pas, il se peut que vous repoussiez ce qu'Allah avait conçu pour votre bien »), pour mettre fin à son mariage une femme devait présenter une requête au tribunal et apporter la preuve que son mari était impuissant, ou qu'il n'était pas en mesure de l'entretenir, qu'il était fou, ou en train de mourir d'une maladie contagieuse, ou encore que les mauvais traitements qu'il lui faisait subir mettaient sa vie en danger. Si son mari prenait une autre femme, ou la traitait en esclave, ou la battait sans pourtant mettre ses jours en danger, elle ne se voyait pas accorder le divorce, bien que ces comportements ne puissent guère être considérés comme empreints de bonté. Et tandis qu'elle attendait que le tribunal examine sa requête (ce qui pouvait prendre plusieurs années), elle était tenue par la loi à l'obéissance totale à son époux.

J'ai été moi-même témoin de cette inégalité devant le divorce au sein de ma propre famille. Il faut dire que les femmes de bonne famille désirant divorcer ne présentaient pas de requête au tribunal, car il n'était pas respectable de débattre ces problèmes sur la place publique ; elles devaient donc supplier leur père ou leurs parents de sexe masculin d'intercéder en leur faveur, comme le fit une de mes parentes. Cette femme était si malheureuse qu'elle était allée voir son père en menaçant de se suicider s'il se refusait à exiger le divorce d'avec l'époux qu'elle exécrait. Bien que son mari fût un ladre qui allait jusqu'à compter les chocolats dans chacune des boîtes qu'elle achetait et à la réprimander durement si elle en mangeait plus que sa part, elle n'aurait pas eu gain de cause devant la loi. Mais elle était si désespérée que son père accepta d'ordonner à son gendre de lui accorder le divorce. Si son père avait refusé, elle aurait été contrainte, en vertu de la loi sur la condition des femmes, à rester avec son mari. A l'époque, elle n'aurait même pas eu le droit de quitter le toit conjugal !

Avant qu'Anouar devienne président, toute femme qui quittait le domicile de son époux sans son consentement ou sans l'autorisation du tribunal courait le risque d'être arrêtée. D'après le *Beit el-Taa*, la « Chambre de la loi d'obéissance », qu'Anouar révoqua en 1976, un époux pouvait demander à la force publique de lui ramener sa femme et enfermer celle-ci à double tour pour l'empêcher de s'enfuir à nouveau — le pire étant qu'il pouvait arguer de cette tentative de fuite pour la faire déclarer *nachez*, c'est-à-dire « désobéissante », par le tribunal, ce qui l'empêchait par la suite de jamais pouvoir obtenir le divorce.

Avec une telle épée de Damoclès au-dessus de leur tête, quelques femmes exigeaient de voir figurer en toutes lettres dans leur contrat de mariage le droit de divorcer de leur époux. Mais elles n'étaient guère nombreuses à s'y résoudre : aucun homme n'était prêt à se soumettre à une telle clause — à moins que la fiancée ne fût très riche et lui très démuni. Et même dans ce cas, le mari se montrait bien évidemment très soupçonneux quant aux motivations de son épouse. De plus les autres femmes la méprisaient, la jugeaient retorse, indésirable. Ces rares femmes devaient donc payer très cher leur droit au divorce. Toutefois, la loi sur la condition des femmes étant ce qu'elle était, beaucoup d'autres devaient payer très cher leur statut de femmes mariées.

Les hommes étaient autorisés par le Coran à prendre plusieurs épouses, et ceux — peu nombreux — qui pratiquaient la polygamie en Égypte n'étaient pas légalement tenus d'informer leurs femmes précédentes de leur nouveau mariage. Si la première était au courant, elle ne pouvait de toute façon rien y faire : d'après les lois en vigueur, la polygamie ne constituait nullement un motif de divorce. Ce qui créait souvent une situation insupportable pour les épouses.

« Madame Sadate, venez à mon aide, je vous prie. Mon mari s'est remarié il y a trois ans, mais il refuse de m'accorder le divorce », me supplia, un jour que j'inaugurais un bazar au Caire, une jolie femme qui serrait une petite fille dans ses bras. « A présent il a quitté le pays et, bien que je lui aie écrit à maintes reprises par l'intermédiaire du tribunal pour lui demander le divorce, il refuse de me répondre. » Pendant des mois, où que j'allasse prendre la parole — pour une inauguration d'école, une collecte de fonds pour des hôpitaux —, où que ce fût et où ma présence avait été annoncée, cette même jeune femme vint avec sa petite fille. Son visage mouillé de larmes me poursuivait partout, me suppliant sans trêve de lui venir en aide. Mais que pouvais-je faire, sous les lois alors en vigueur ?

Les tribunaux étaient eux aussi réduits à l'impuissance : elle n'avait aucune raison légale de divorcer ; les juges ne pouvaient en intimer l'ordre à son mari, puisqu'il se trouvait en dehors de la juridiction égyptienne, et je ne pouvais le faire rechercher pour lui demander de changer d'avis, puisqu'il voyageait à l'étranger pour fuir ses responsabilités. Cette femme me brisait le cœur, car elle était encore jeune et aurait pu se remarier...

Bien d'autres vivaient comme elle une situation intenable, leurs maris entretenant le plus légalement du monde une épouse différente dans chaque quartier de la ville sans même les en informer. Une histoire bien connue racontait qu'un mari avait deux épouses dans le même immeuble, à deux étages différents, chacune ignorant la présence de l'autre. L'une était la mère de ses deux enfants, l'autre sa jeune épouse qu'il gardait secrète. S'il rencontrait une de ses connaissances dans l'ascenseur, il se rendait chez la mère de ses enfants. Sinon il descendait trois étages plus bas, chez la plus jeune des deux femmes. Ce n'est qu'à sa mort qu'elles furent mises l'une et l'autre au courant de la situation. Les amis et les parents venus présenter leurs condoléances à la veuve se retrouvèrent dans l'ascenseur et découvrirent le pot aux roses.

Malheureusement ce genre de choses était assez fréquent. Des femmes qui venaient de perdre leur mari voyaient venir à leur porte des inconnues présentant les certificats de naissance de leurs enfants pour prouver qu'elles aussi étaient les épouses légitimes du défunt et réclamer leur part de l'héritage de la veuve, qui ne représentait déjà qu'un huitième de ses biens. Le choc de découvrir la trahison de son époux tempérait ainsi parfois le chagrin causé par la mort de celui-ci...

Une de ces anecdotes me plaisait tout particulièrement. Une veuve, recevant la visite inopinée de la seconde femme de son défunt mari, alla immédiatement dans sa chambre troquer ses vêtements de deuil contre une robe rouge vif. « Ne perdez pas votre temps à m'offrir vos condoléances », dit-elle aux femmes qui étaient venues lui tenir compagnie dans son affliction. « J'ai cessé de pleurer cet homme qui m'a trompée durant tant d'années. » Je trouvais la détermination de cette femme admirable et j'approuvais totalement son attitude. Je n'aurais jamais pu tolérer d'être trompée de la sorte. Si une femme aimait son mari et partageait sa vie avec lui, ce dernier aurait dû se sentir au moins contraint par l'honneur à lui avouer la vérité. Et il aurait été juste qu'il y fût contraint par la loi.

« Les islamistes radicaux s'opposeront à nous de toute leur force », me dit le ministre des Affaires sociales, Aïcha el-Rateb, quand j'examinai avec elle la stratégie à adopter pour réformer les lois sur la condition des femmes. « Quand j'ai proposé de changer ces lois auparavant, les fanatiques ont appelé à manifester contre moi. »

Cela ne me surprenait nullement. Pour ces religieux fanatiques le rôle de la femme était clair : servir l'homme sans poser de questions et lui obéir en toute chose. Je dis à Aïcha : « Nous ne trahissons pas le Coran, il existe quatre écoles d'interprétation de la loi islamique, et non la seule école dont se réclament ces extrémistes conservateurs. Peuvent-ils ignorer l'histoire des

Hadith où le Prophète lui-même dit à une femme de quitter son mari si elle est malheureuse avec lui ? »

Aïcha haussa les épaules. « C'est très difficile de discuter avec eux. »

J'avais de plus en plus de mal à supporter tout cela et j'insistai : « Mais les islamistes radicaux doivent comprendre que les lois actuelles, loin de dissuader les hommes de divorcer, ne font que les pousser dans ce sens. Et le Coran lui-même nous enseigne que "de toutes les choses légitimes, le divorce est la plus haïssable aux yeux de Dieu".

— Je suis totalement de votre avis, madame, et nous devons poursuivre notre lutte. Mais les extrémistes religieux ont une interprétation très convaincante de l'islam. Ce sera très délicat de toucher aux lois... »

Des pétitions demandant la réforme de ces lois circulèrent dans des meetings organisés par des associations de femmes, signées par des personnalités comme Karima el-Saïd, la présidente de l'Organisation des femmes égyptiennes. Et les arguments en faveur des nouvelles lois étaient si convaincants que trois des plus hautes autorités religieuses du pays, Mohammed Abdel Raman Bisar, cheikh d'El-Azhar, le ministre des Fondations religieuses, cheikh Mohammed Abdel Mounem el-Nimr, et le mufti d'Égypte, cheikh Gal el-Hak, acceptèrent de siéger à la commission chargée de présenter le projet de réforme au Parlement. Le ministre de la Justice Abdel Akhar Mohammed Abdel Akhar faisait également partie de ce comité.

Pour ma part, je refusai délibérément d'y figurer, pour que les réformes apparaissent devant l'Assemblée comme reflétant l'opinion d'un large éventail de la population. Je me contentai de travailler en coulisse avec les femmes et de prendre publiquement position pour soutenir leur lutte. Au début, ma volonté de prendre part à leurs actions créa un malaise. Au premier meeting de soutien aux réformes auquel je participai, Amina el-Saïd me mit en garde : « Étant la femme du président, ce sera difficile pour vous de nous soutenir officiellement, me dit-elle. Nous sommes décidées à descendre dans la rue pour obtenir satisfaction et à ne pas mollir ! Nous devrons avoir recours à des moyens extrêmes et certaines d'entre nous risquent de se retrouver en prison. Il vous sera difficile de nous suivre

— Si vous allez en prison, j'irai avec vous, répliquai-je vivement. Indira Gandhi a déclaré un jour : "C'est vrai que les femmes vont parfois trop loin, mais c'est seulement quand vous allez trop loin que les autres prêtent attention à vous." Mais n'envisageons pas la prison pour le moment. Mon mari est un progressiste et il ne prendra pas de mesures contre nous. L'opposition ne viendra pas de la présidence mais des extrémistes religieux. Et je tiens à vous venir en aide. »

Pour faire face à la résistance émotionnelle et irrationnelle à laquelle elle savait devoir se heurter, la commission de réforme avait réuni le plus de preuves possible. Elle n'avait que faire de théories, il lui fallait des faits indiscutables. Elle les trouva dans l'ouvrage d'un professeur de sociologie renommé de l'université du Caire, qui faisait apparaître clairement la relation entre la délinquance juvénile et le taux de divorce dans la société égyptienne. Les travaux de recherche d'Aziza Hussein, l'une des fondatrices de l'Association égyptienne du planning familial, et la première femme à faire partie de la délégation égyptienne auprès des Nations unies, indiquaient également que si le taux de natalité restait élevé en Égypte, c'était parce que la mise au monde d'un grand nombre d'enfants représentait pour la femme égyptienne sa seule assurance contre le divorce ; le taux de divorce, qui n'était que de 4 p. 100 chez les mères de quatre enfants, atteignait 62 p. 100 chez les femmes sans enfants ! Ces lois sur la condition des femmes n'offraient donc à celles-ci d'autre protection contre le divorce que d'avoir enfant sur enfant...

La commission étudia soigneusement les propositions de réforme, vérifiant qu'aucune d'elles n'entrait en contradiction avec le Coran, les *Hadith* ou la *chari'a*. Les membres de la commission savaient que les extrémistes religieux, bien que minoritaires, voyaient croître leur influence, surtout parmi les jeunes. Ils devaient avancer pas à pas pour choisir des termes qui seraient à l'avantage des femmes sans heurter la loi islamique. Je comprenais la nécessité de procéder avec prudence mais je ressentais vivement le besoin d'aller vite. Je désirais plus que tout au monde voir les femmes et leurs enfants à l'abri de l'arbitraire masculin et je savais qu'Anouar soutenait nos efforts. Si nous devions obtenir gain de cause, ce serait sous son gouvernement.

Athéiste ! Dictateur borné ! Ennemi de la famille ! Voilà quelques-uns des qualificatifs dont nous affublèrent les extrémistes islamiques, quand la commission annonça la liste des réformes envisagées, au printemps de 1978. Des réformes bien anodines... la nomination par le tribunal d'arbitres, de préférence choisis au sein de la famille concernée, pour jouer un rôle conciliateur auprès du couple divisé ; l'injonction au mari d'informer rapidement son épouse de son intention de se remarier ; le droit pour l'épouse de demander le divorce dans les douze mois si tel était le cas ; le droit à la garde de ses enfants pour une femme divorcée, au moins jusqu'à l'âge de dix ans pour les garçons et de douze ans pour les filles, ou plus longtemps si le tribunal juge cela nécessaire pour le bien des enfants.

Les membres de la commission savaient que ces amendements étaient en accord total avec la loi islamique. Ils n'avaient nullement remis en question nos lois sur la succession, ni le droit pour un homme d'avoir quatre épouses, puisque la mention de ces coutumes dans le Coran les rendait imprescriptibles. Ils ne soulevèrent pas non plus la question de la valeur du témoignage féminin en justice (la parole d'une femme ayant moitié moins de poids que celle d'un homme), car il en est fait état dans le Coran. Le droit d'un homme à reprendre femme immédiatement après son divorce alors qu'une femme doit attendre trois mois pour se remarier, afin d'être sûre de ne pas porter l'enfant de son ex-mari, figure également dans le Coran. Les propositions de réforme ne touchaient pas non plus au droit pour l'homme de divorcer à sa guise. Et pourtant elles provoquèrent des réactions enflammées à travers tout le pays.

« Ce sont les lois de Jehane, et non celles de l'islam ! » fulminait l'un des cheikhs intégristes les plus radicaux, qui stigmatisait les réformes chaque vendredi après la prière. « Ces lois qu'elle veut nous faire adopter transforment les hommes en femmes et les femmes en hommes ! Elles sont la mort de la famille en Égypte ; elles détournent de Dieu des centaines d'entre nous. Ces lois s'opposent à la *chari'a*, à la parole de Dieu telle qu'elle est relevée dans le Coran. »

Aucun de nous ne fut surpris par la réaction de ce cheikh, mais je fus stupéfaite de voir ces réformes baptisées « lois Jehane ». Un professeur d'université américain, qui m'avait demandé une interview au sujet d'un livre qu'il écrivait sur les femmes égyptiennes, fut le premier à mentionner cette appellation devant moi.

« Je voudrais parler avec vous des lois de Jehane, me dit-il.

— Les lois de Jehane ? Qu'entendez-vous par là, lui demandai-je.

— Vous n'êtes pas au courant ? Dans tout le pays on appelle "Lois de Jehane" les propositions de réforme de la loi sur la condition des femmes. »

Ce fut mon tour d'être frappée de stupeur. « Eh bien, j'en suis très flattée, lui dis-je. Si je n'accomplis rien d'autre dans ma vie, je serai déjà heureuse d'avoir pu contribuer à cette réforme. »

Bientôt les journaux, les magazines et les programmes d'information de la télévision furent submergés d'interventions concernant les « lois de Jehane ». On citait ces propos attribués à un cheikh renommé : « Le mari n'est tenu de payer une pension alimentaire que pendant un mois, sauf s'il en est stipulé autrement dans le contrat de mariage », argumentation basée sur l'interprétation hanéfite du droit canonique. « La pension alimentaire est due jusqu'à extinction de la dette légale du mari », répliquait le ministre des Fondations religieuses, cheikh Abdel Mounem el-Nimr, en se référant à l'école chafiite. « Les femmes n'ont pas le droit de demander le divorce, même si leurs maris leur nuisent en usant de la force ou de la diffamation, en actes ou en paroles ! » répliquait le même cheikh fondamentaliste. Le cheikh Bisar, cheikh de la mosquée d'El-Azhar, le membre le plus influent peut-être et le plus prestigieux de la commission de réforme, riposta : « L'école malakite garantit aux femmes le droit de demander le divorce si leurs époux leur causent préjudice en usant de la force ou de la diffamation, en actes ou en paroles. Or le fait d'être mariée contre son gré constitue assurément un préjudice. »

Quand vint le mois de mai 1979, on pouvait lire des articles pour et contre les réformes dans presque chaque périodique égyptien. Les débats se firent plus passionnés, les pressions plus consistantes. Je prenais la parole en faveur des réformes chaque fois que l'occasion s'en présentait, et il en allait de même pour tous les membres de la commission. Et nos opposants extrémistes de contre-attaquer : « Le Prophète nous dit que les hommes sont responsables des femmes parce que Dieu les a créés supérieurs. » Ils nous lançaient ainsi défi sur défi, toujours en s'appuyant sur le Coran.

« Le Prophète menait lui-même la croisade pour les droits des femmes », rétorquai-je, citant les injonctions du Coran qui mettent l'infanticide des petites filles hors la loi et accordent aux femmes le droit à la propriété et à l'instruction.

Un jour que je prenais la parole devant un camp d'étudiants en vacances, je fus prise à partie par un jeune cheikh extrémiste. Je ne voulais pas entamer un débat avec lui en public, mais je dus m'y résoudre car il m'interpellait au sein de la foule. « Comment pouvez-vous prétendre, madame, qu'un homme ne peut épouser qu'une seule femme, c'est notre droit d'en avoir plusieurs !

— Nous ne nions pas vos droits, lui répondis-je. Nous voulons simplement limiter la polygamie, car le Coran nous enseigne qu'il est difficile à un homme de traiter avec justice plus d'une épouse. »

Le jeune homme poursuivit son offensive : « Pourquoi devrais-je dire à ma femme que j'ai envie d'en prendre une autre ? Elle est tenue de m'obéir, si je lui donne un foyer et tout ce qu'elle peut désirer ; cela doit lui suffire.

— Non, cela ne peut lui suffire, lui dis-je. Vous avez certes le droit de vous remarier, mais elle, de son côté, a le droit d'en être informée. Peut-être, dans ce cas, préférera-t-elle divorcer pour épouser quelqu'un d'autre. »

Les étudiants applaudissaient de plus en plus fort à chaque nouvelle repartie. Ils savaient que je ne disais rien de contraire à l'islam ou à la *chari'a*. Mon mari n'aurait jamais approuvé de réformes encourant ce reproche, et moi pas davantage.

Ensuite, les cheikhs conservateurs commencèrent à nous calomnier, Aïcha, Amina el-Saïd et moi-même, sans toutefois nous citer nommément. « Ces femmes qui réclament des droits singent les Occidentales », disaient-ils aux hommes rassemblés chaque vendredi dans les mosquées pour la prière. « Elles vont de-ci, de-là comme les hommes. La musulmane qui se respecte reste chez elle. » Les magazines publiés par les groupes islamistes extrémistes exposèrent dans de longs articles une argumentation fondée sur les prétendues faiblesses inhérentes à la nature féminine. Nous étions, selon eux, trop émotives pour actionner en justice : si une femme venait à apprendre que son mari en avait pris d'autres, elle se mettrait dans tous ses états et demanderait immédiatement le divorce, sans prendre le temps de réfléchir ou de se réconcilier avec lui...

Mais pour l'instant, c'étaient les fanatiques qui se mettaient dans tous leurs états, qui se dressaient dans toutes les assemblées pour hurler leur approbation à chaque nouvelle diatribe contre les femmes. « Une femme doit rester à la maison pour faire la cuisine, laver le linge, faire le ménage, s'occuper des enfants. Rien de plus. C'est cela son paradis ! » criaient-ils. « Si une femme travaille parmi les hommes, elle risque de les séduire. C'est un péché pour une femme de montrer ses bras, ses jambes, sa tête. » Leurs accusations étaient hautement révélatrices et très déprimantes. Elles avilissaient l'image de l'homme.

Le débat s'envenima au point qu'une manifestation contre les « lois de Jehane » dégénéra en émeute au siège de l'orthodoxie islamique, El-Azhar. « Une ! Deux ! Trois ! Quatre ! » scandaient des centaines d'étudiants masculins en tournant autour de la cour de l'université en robe blanche et petite calotte. « Nous voulons une, deux, trois, quatre femmes. »

Le fait que nous n'avons à aucun moment remis en cause le droit des hommes à la polygamie est parfaitement secondaire. La vérité n'avait pas sa place dans la ferveur religieuse des manifestants. Quand ils envahirent la rue, ils étaient tellement surexcités que la police dut intervenir pour les disperser.

Les femmes qui travaillaient à faire aboutir les réformes recevaient, comme moi-même, de nombreuses lettres de soutien ou de critique. Amina el-Saïd me dit qu'elle aurait pu remplir toute une malle avec les lettres d'injures qui lui étaient adressées. Les menaces de mort étaient monnaie courante, mais nous y étions habituées et ne nous en souciions guère. La plupart du temps, nos détracteurs recouraient à toutes sortes d'attaques mesquines pour nous déconsidérer : les caricatures me représentant vêtue d'un uniforme militaire masculin firent leur apparition sur les panneaux d'affichage de l'université ; au fur et à mesure que les étudiants partisans des droits des femmes les arrachaient, de nouvelles prenaient leur place.

Les objections soulevées par certains de mes amis étaient tout aussi mesquines. Dans presque toutes les réunions mondaines où je me rendais, les hommes me prenaient à part pour me dire à l'oreille qu'ils soutenaient de tout cœur la plupart des nouvelles dispositions sur le divorce mais s'opposaient farouchement à l'une d'entre elles : celle stipulant pour la femme divorcée le droit de rester sous le toit conjugal avec les enfants. Trouver un endroit correct où habiter, dans une ville aussi surpeuplée que Le Caire, tenait de la gageure. Mais, à travers cette inquiétude des hommes pour leur propre confort, on retrouvait une fois de plus la tendance de notre société à faire deux poids et deux mesures en leur faveur. « Vous savez ce qu'on pense des femmes qui vagabondent dans les rues, leur faisais-je remarquer. Vous, les hommes, vous pouvez dormir où bon vous semble. Mais pas vos femmes ou vos enfants. »

Les hommes affectaient souvent de plaisanter avec moi au sujet des réformes, mais je n'ignorais pas qu'au fond ils étaient sérieux. « Qu'êtes-vous en train de nous faire, madame Sadate ? disaient-ils avec un petit rire. Il va falloir combattre pour nos droits, nous aussi. »

Je souriais à mon tour en leur répondant de ma voix la plus suave : « Vous n'avez pas à réclamer vos droits, voilà des milliers d'années que vous les avez. Maintenant, c'est à notre tour. »

Anouar n'en maintenait pas moins que les autres problèmes de l'Égypte passaient avant notre combat pour les droits des femmes. A la maison, je faisais ce que je pouvais pour faire avancer notre cause, menant ma petite campagne personnelle.

« Que voudrais-tu pour ton anniversaire ? me demandait-il chaque année.

— Les droits des femmes », lui répondis-je en 1977, puis à nouveau en 1978.

« Que voudrais-tu pour la fête des Mères ? » me demandait-il également.

Ma réponse était devenue automatique : « Les droits des femmes. »

Je dois avouer que j'étais toujours sur son dos, bien qu'il fût aussi convaincu que moi que les femmes d'Égypte méritaient le droit à l'égalité. Chaque fois qu'Anouar et moi étions interviewés, je saisissais l'occasion de débattre la question avec lui en public.

« L'Egypte est une démocratie, Jehane, me disait-il ensuite, exaspéré. Je fais ce que le peuple attend de moi.

— Les femmes représentent plus de la moitié de la population, Anouar, insistais-je. L'Égypte ne sera pas une démocratie tant que les femmes ne seront pas aussi libres que les hommes. En tant que dirigeant de notre pays, c'est ton devoir de tout mettre en œuvre pour que cela se réalise. »

Je commençai à suggérer au public de poser des questions concernant nos propositions de réforme partout où Anouar prenait la parole. Au cours d'une réunion politique au Caire, je fis transmettre par mon garde du corps à Emtethal ed-Dib, du mouvement des femmes, qui se trouvait à l'autre bout de la pièce, un billet disant : « Demandez-lui ceci : "Monsieur le président, si l'on vous disait que 90 p. 100 des délinquants mineurs de notre pays sont issus de familles divorcées, envisageriez-vous des réformes susceptibles de renforcer la famille et de décourager le divorce ? " » Quand Emtethal posa cette question, Anouar mesura du regard la distance qui la séparait de moi avant de répondre.

Je poursuivais ma campagne pour les droits des femmes même en dehors de nos frontières. Un jour où Anouar s'adressait aux étudiants égyptiens aux États-Unis, je transmis au docteur Afaf, conseiller de l'ambassade d'Égypte à Washington, en le faisant circuler tout au long de sa rangée, un mot portant la question suivante : « Président Sadate, les femmes, les enfants d'Égypte souffrent d'une insécurité qui résulte des lois iniques de 1929 sur la condition des femmes. Lorsque la femme se sent protégée, la famille, base de la société, est aussi en sécurité. Quand allez-vous remédier à la situation actuelle, situation injuste et qui déstabilise la famille ; quand allez-vous accorder aux femmes leurs droits ? »

« Où est Jehane ? » dit Anouar dès que le docteur Afaf l'eut interrogé, en me cherchant des yeux dans l'assistance.

Je lui adressai un sourire innocent, en m'assurant qu'il remarquait bien que j'étais assise loin du docteur Afaf. Mais Anouar ne s'y laissa pas prendre... « Mon épouse s'est faite l'avocat des femmes, dit-il en riant. Elle me cherche querelle, réclamant sans arrêt des droits pour les femmes. Bien entendu, elles les obtiendront, mais pas tout de suite. J'ai d'autres problèmes à résoudre : la nourriture de la population, la question du logement, la scolarisation, l'encadrement médical. Je m'attaquerai aussi au problème des droits des femmes, mais plus tard. »

Anouar pouvait avoir d'autres priorités, mais pendant le combat pour la réforme, moi pas. Ni, apparemment, les représentants de la presse, surtout en Amérique, où ils ne cessaient de m'assaillir des mêmes questions : « Quels sont les droits des femmes en Islam, si elles en ont ? » « Est-il vrai qu'un homme peut divorcer d'avec sa femme en disant simplement les mots "Je divorce" ? » « Que pensent les femmes de l'obligation d'épouser un homme choisi par leurs parents ? » Interview après interview, j'avais à répondre à ces mêmes questions, jusqu'à en avoir la gorge sèche et la cervelle lessivée. Mais je refusais rarement ces occasions de faire comprendre notre société et de faire avancer la cause des femmes égyptiennes.

Je ne relâchais pas non plus ma pression sur Anouar. Les femmes étant encore nettement sous-représentées à tous les niveaux de l'administration de l'État, de nombreuses questions relatives à la cause des femmes étaient laissées de côté. Mon travail au conseil populaire de Menoufiyèh m'avait enseigné que nous avions besoin de femmes, de beaucoup plus de femmes, dans les conseils des gouvernorats. J'avais compris en travaillant avec les rares femmes députés que nous avions aussi besoin de beaucoup plus de femmes pour nous représenter au niveau national. Au cours d'un voyage que j'avais fait avec Anouar au Soudan, j'avais appris qu'au Parlement un certain nombre de sièges étaient réservés aux femmes. « Les femmes sont respectées au Soudan : pourquoi pas aussi en Égypte ? dis-je à Anouar. Nous représentons la moitié de la population. Nous devons être représentées en beaucoup plus grand nombre à tous les niveaux de décisions politiques. »

Anouar acquiesça : « De nombreux groupes devraient pouvoir être représentés, Jehane. Les fellahs ont déjà leurs représentants dans l'État ; mais les jeunes, les étudiants ? »

J'abondai dans son sens : « A eux aussi on devrait réserver des quotas. Pourquoi ne pas prévoir des sièges pour les jeunes ? Et pour les femmes ? »

En mars 1979, à l'approche de la fête des Mères, je dis à mon mari : « Anouar, cette année, il n'est qu'un seul cadeau qui me ferait vraiment plaisir, un seul qui me fasse très envie.

— Oui Jehane. De quoi s'agit-il ? »

J'éludai la question : « Tu me l'offriras ?

— Si j'en ai les moyens, dit-il en riant.

— Oui. Maintenant, tu en as les moyens.

— D'accord, Jehane. Qu'est-ce que c'est ? »

Je pris une profonde respiration avant de lui répondre : « Les droits des femmes ! »

Il partit d'un grand éclat de rire : « D'accord, Jehane, dit-il. Cette année je te les offre. Les femmes les ont bien mérités. »

Le 20 juin 1979, Anouar signa le premier de deux décrets présidentiels concernant les femmes. Le Parlement égyptien serait doté de trente sièges supplémentaires uniquement pour elles, et 20 p. 100 des sièges des vingt-six conseils de gouvernorat leur seraient réservés. D'un seul trait hardi, Anouar multipliait ainsi par cinq le nombre des femmes dans les instances nationales, et faisait passer celui des femmes représentées à l'échelon rural de sept à plus de trente. Alors que, pendant plus de huit ans, il n'y avait eu que deux femmes siégeant au conseil de Menoufiyèh, elles seraient désormais dix.

Le second décret me combla encore davantage : la réforme des lois sur la condition féminine passerait devant le Parlement en juillet.

Rien n'aurait pu assombrir ma joie. Il restait toutefois un dernier obstacle : le vote du Parlement. Nous étions sûrs de nos appuis, sachant que cette réforme reflétait l'opinion de la majorité. Mais le vote offrait aux extrémistes islamiques une dernière chance de nous barrer la route. Aussi devions-nous leur couper l'herbe sous le pied avant qu'ils ne réussissent à enliser le débat et à se ménager ainsi un répit supplémentaire pour organiser l'opposition. Aïcha convoqua toutes les femmes du Parlement et mit au point une stratégie.

« Lorsque les fondamentalistes exprimeront leur opposition, ne dites rien, leur suggéra-t-elle. Ne laissez pas le débat dégénérer en opposition homme-femme, chacun utilisant à nouveau les vieilles ficelles de la religion. Laissez les parlementaires masculins partisans de la réforme parler en sa faveur. Elle y gagnera une meilleure image aux yeux des gens, puisque des hommes seront de notre côté, et non contre nous. »

Enfin le Parlement débattit la question. On imaginera ce que nous éprouvâmes ce jour-là, Aïcha et moi ! Les parlementaires femmes restèrent silencieuses. Et ainsi, le 3 juillet 1979, après quatre heures d'un débat houleux, les réformes des lois sur la condition féminine furent adoptées, ainsi que les quotas concernant la représentation féminine au gouvernement.

Le lendemain, les femmes membres du Parlement vinrent fêter l'événement à la maison. « Nous faisons l'histoire, criions-nous en nous étreignant les unes les autres. Nous ne sommes plus des inférieures. »

« J'aurais bien voulu prendre la parole, dit une de mes hôtes, mais c'était encore mieux d'entendre les hommes défendre les droits de leurs mères, de leurs sœurs et de leurs filles. »

Nos plus grands espoirs s'étaient donc réalisés, mais ce n'était là qu'un début. Aux élections générales, quelques semaines après l'approbation des quotas, trois femmes, en plus des trente dont les sièges étaient garantis par la nouvelle loi, furent élues au Parlement. Ainsi, dans un pays que beaucoup d'Occidentaux considèrent comme arriéré, la représentation féminine dans la nouvelle législature était de 5 p. 100 plus élevée qu'au Congrès américain, et de 10 p. 100 plus forte qu'à l'Assemblée nationale française.

Les Égyptiennes faisaient maintenant entendre leur voix sur la scène politique. Quant à leur vie personnelle, elles se sentaient aussi beaucoup mieux protégées. La première année où les nouvelles lois entrèrent en vigueur, le nombre des divorces tomba de 25 p.100 — essentiellement, estimèrent les groupes de femmes, du fait que les hommes répugnaient à déménager de leur appartement. Parmi celles qui obtinrent le divorce grâce aux nouvelles lois se trouvait la jeune femme qui, à chacune de mes apparitions publiques, était venue chercher une aide que j'étais alors incapable de lui procurer. J'espère qu'elle a trouvé un nouveau mari qui lui donne, à elle et à sa fille, tout le bonheur auquel elles ont droit.

Les « Lois de Jehane », ainsi qu'on continua d'appeler les nouvelles lois sur la condition féminine, bien après que le débat auquel elles avaient donné lieu se fut éteint, allaient marquer le monde arabe tout entier. La dernière fois que j'ai été prier à la Ka'ba, une femme saoudienne est venue à moi et m'a chuchoté des remerciements pour tout ce que moi et les autres Égyptiennes avons fait pour notre sexe dans le monde arabe. Bien qu'à cette époque son gouvernement et ceux d'un grand nombre d'autres pays arabes eussent rompu depuis longtemps leurs relations diplomatiques avec l'Égypte, les réformes d'Anouar en faveur des femmes suscitaient encore un profond respect.

Quel courage a-t-il fallu à mon mari ! A l'époque où il signa le décret qui améliorait la condition des femmes, en 1979, les intégristes avaient renversé le gouvernement d'Iran et réduit le chah à l'exil. On assistait aussi à la montée de l'intégrisme dans d'autres pays musulmans. Dans un climat politique aussi réactionnaire, relever le statut de la femme en Égypte constituait pour Anouar un véritable défi. Mais il ne s'est jamais dérobé devant l'application de réformes et la mise en œuvre de politiques nouvelles qui font reculer d'autres dirigeants. Mon mari n'était pas un démagogue. Indépendant et large d'esprit, il refusait de laisser s'altérer sa vision d'une Égypte démocratique ; il voulait vraiment mettre fin aux problèmes de notre pays.

En 1979, Anouar était engagé dans une nouvelle croisade audacieuse, qui avait commencé deux ans auparavant par un voyage extraordinaire. Je ne l'avais pas accompagné dans ce déplacement. Il était parti seul. Mes bénédictions et les prières de tous ceux qui de par le monde aspirent à la paix l'accompagnaient tout au long de ce voyage dont je connaissais les dangers. Et s'il était couronné de succès, il changerait pour toujours l'histoire de l'Égypte et celle du Moyen-Orient tout entier.

Chapitre 12

Le chemin de la paix

Du jour où mon mari rendit publique sa volonté de se rendre à Jérusalem pour faire la paix avec Israël, je sus qu'il serait assassiné. Je n'aurais su dire quand il mourrait, ni où on le tuerait, ni qui serait le meurtrier. Tout ce que je savais, c'était que les jours qu'il me restait à passer sur cette terre à ses côtés étaient désormais comptés. De ce jour de novembre 1977 jusqu'à son assassinat, les maux de tête qui depuis des années m'accablaient de temps à autre devinrent quasiment quotidiens.

Seules de rares personnes surent à l'avance qu'Anouar avait l'intention de se rendre à Jérusalem. Je n'étais pas de leur nombre. Mais si Anouar m'avait fait part de sa décision, je l'aurais soutenu inconditionnellement, car tout en sachant parfaitement que cette initiative finirait par lui coûter la vie, je me rendais par ailleurs parfaitement compte que faire la paix avec Israël était la seule voie qui s'offrait à l'Égypte.

De nouvelles guerres ne résoudraient rien. Les Israéliens tenaient certes le Sinaï, cette étendue de sable que n'occupaient que des tribus bédouines, mais jamais une nation de deux millions d'habitants ne pouvait espérer occuper l'Égypte et y soumettre une population de quarante-deux millions de personnes. A l'inverse, nous étions incapables de conquérir Israël, car à supposer même que nos troupes réussissent à gagner Tel-Aviv, les États-Unis y mettraient le holà. « Il est ridicule de continuer à livrer une guerre après l'autre », avait bien des fois déclaré Anouar. « Personne n'a rien à y gagner. »

C'était dans l'espoir d'obtenir une paix durable qu'Anouar avait ouvert les hostilités contre Israël en 1973. Il y avait été contraint. Aucune perspective de paix ne serait à envisager avec les Israéliens, avait-il répété à maintes reprises, tant qu'ils ne comprendraient pas que l'Égypte pouvait leur infliger des dommages identiques à ceux qu'ils nous avaient fait subir. L'écrasante victoire que nous avions remportée en 1973 avant l'intervention des États-Unis avait prouvé la justesse de son raisonnement, car à dater de ce jour il put tenir à Israël ce langage : « A présent, il vous faut compter avec moi. Je ne suis plus en position de faiblesse. Négocions. » En effet, il était désormais impossible de repousser l'échéance.

Anouar était déchiré par la misère de l'Égypte. Il voulait construire de nouvelles écoles et de nouveaux hôpitaux, établir de nouveaux centres industriels et créer des emplois, mais le coût de la vie ne cessait d'augmenter. Conséquence de l'*infitah* — la politique économique poursuivie par Anouar —, les investissements égyptiens à l'étranger nous avaient valu de nouveaux profits, mais en même temps le taux de l'inflation s'était considérablement accru. Le coût de la vie ne cessait de monter et nos compatriotes étaient de plus en plus nombreux à ne pouvoir offrir un logement décent à leur famille, ou même nourrir convenablement leurs enfants. Aux environs de 1977, notre dette extérieure atteignait presque 15 milliards de dollars.

Notre pays était dans une situation financière désespérée et apparemment sans issue. Les quatre guerres menées contre Israël lui avaient déjà coûté des milliards de livres. Cependant, eu égard à la menace constante que faisait peser sur nous Israël, Anouar était contraint de consacrer le tiers de notre budget à la défense, alors que ces sommes auraient pu améliorer considérablement le sort de notre peuple. Le coût des guerres avait été encore plus élevé en pertes humaines : des milliers et des milliers de soldats égyptiens avaient perdu la vie. Et notre sol était encore occupé.

Il était donc indispensable que quelqu'un tentât de mettre fin à ce cycle infernal. Que mon mari en ait pris l'initiative ne fut pas pour moi une surprise.

Le 9 novembre, je m'éveillai un peu tard et, avant de gagner la chambre d'Anouar pour le tirer de son sommeil, je dus me presser pour préparer le cours que je devais donner à l'université.

« *Sabah el-khayr* (Que cette journée te soit bonne), lui dis-je en ouvrant les volets.

— *Sabah el-nur* (Que cette journée te soit lumineuse) », me répondit-il.

En lui tendant le quotidien du matin, je remarquai combien son visage était serein.

« Tu as passé une bonne nuit ? lui demandai-je.

— Excellente. »

Son regard était vif, et aucune trace d'insomnie n'alourdissait ses paupières.

J'aurais souhaité partager le petit déjeuner et prendre connaissance des nouvelles avec lui, mais je m'étais déjà mise en retard.

« Je ne serai de retour que tard dans la soirée, lui dis-je à regret. J'ai une réunion importante avec l'association des femmes.

— Tu ne prends même pas le temps de souffler, fit-il pour me taquiner. Moi, je n'ai rien à faire de toute la journée, si ce n'est prononcer le discours d'ouverture de la session parlementaire.

— Heureux homme, d'avoir si peu de raisons de te tracasser ! lui répliquai-je sur le même ton. Tu es vraiment béni d'Allah. »

Dans la voiture qui ce soir-là me conduisait à ma réunion, j'étudiai les plans d'un nouveau pont dont nous cherchions à faire financer la construction dans la province de Menoufiyèh. Tandis que le véhicule se traînait dans la circulation du Caire, je dus prendre sur moi pour ne pas me laisser démoraliser en passant devant les ruines calcinées des cinémas, des restaurants et des cafés détruits par les émeutes dix mois auparavant. Conformément aux recommandations du Fonds monétaire international, le gouvernement avait en effet décidé de procéder en janvier 1977 à des coupes sombres dans les crédits destinés à subventionner un certain nombre de produits de base tels que le pain, la viande, le sucre, l'huile, le riz et le savon. D'un strict point de vue d'orthodoxie financière, ces mesures étaient amplement fondées, car ces subventions coûtaient chaque année plus d'un milliard de dollars à l'État, mais pour les millions d'Égyptiens qui dépendaient de ces aides pour la nourriture de leurs familles, elles avaient été la goutte qui fait déborder le vase.

« Thé : suppression de la subvention ! Hausse de 10 millimes sur le kilo de riz et de sucre ! Bientôt la bonbonne de Butagaz à 95 piastres ! » Le matin du 18 janvier, il m'avait suffi de jeter un coup d'œil à la première page d'*Al-Ahram* pour comprendre que de graves difficultés allaient surgir. Je n'avais cependant pas imaginé qu'elles prendraient une telle ampleur. C'est de Guizeh, sur mon balcon, que j'avais aperçu les premiers nuages de fumée s'élever en volutes au-dessus de la capitale. Inquiète, j'avais appelé à son bureau Fawzi Abdel Hafez, le secrétaire d'Anouar, en espérant que mon mari fût présent au Caire et non pas à Assouan, où il devait accueillir le président Tito.

« Qu'est-ce qui est en train de brûler ? lui avais-je demandé.

— Cela se passe dans le centre. Des magasins et des boîtes de nuit sur la route des Pyramides, me dit-il. Au début c'était une manifestation pacifique, pour protester contre la suppression des subventions. Mais les choses ont dégénéré et à présent des provocateurs poussent la foule à mettre le feu partout. »

Je m'étais précipitée vers le balcon, d'où j'avais entendu les explosions se succéder tandis que les manifestants incendiaient magasins et automobiles. Le bruit était effrayant, et cela me rappelait les émeutes qui avaient précédé le grand incendie du Caire en 1952. A l'époque, personne ne savait très exactement qui était à l'origine de cette vague de violence, mais cette fois je soupçonnai qu'elles étaient dues aux communistes, qui continuaient à s'opposer à la politique d'ouverture instituée par Anouar pour attirer vers l'Égypte des investisseurs étrangers. De fait, un grand nombre de magasins qui commercialisaient des produits d'importation ou fournissaient les touristes furent saccagés ou brûlés. J'allumai la télévision et toutes les vingt minutes allai aux nouvelles en appelant le bureau d'Anouar. Prenant de l'ampleur, les émeutes s'étendaient jusqu'à Alexandrie et même jusqu'à Assouan, où la foule déchaînée saccagea tous ces symboles de l'opulence occidentale inaccessibles aux Égyptiens.

« *Ya batal al-'Oubûr, fein el-futur ?* (Qu'as-tu fait de notre pain, Héros du Peuple ?) », scandait la foule. « Jehane, Jehane, *el-sha'ab ga'aan.* (Le peuple a faim.) » Les émeutes se poursuivirent pendant trois jours, et plus de cent personnes furent tuées ou blessées. Inquiète, la reine Alia de Jordanie m'appela d'Amman pour s'enquérir de la situation. L'impératrice Farah me téléphona elle aussi, de Paris : « Nous nous faisons beaucoup de souci pour vous, me dit-elle, et je fais des vœux pour que tout cela se termine rapidement, Jehane. Sachez que nous sommes de tout cœur avec vous. » Je fus touchée de leur sollicitude, mais cette image d'une Égypte en insurrection me plongeait dans la consternation, alors que les troubles n'étaient le fait que d'une poignée d'agitateurs.

En raison des émeutes, le président Tito avait dû annuler son voyage officiel, et le 19 janvier Anouar était revenu en toute hâte d'Assouan.

« Que vas-tu faire ? lui demandai-je.

— Rétablir les subventions.

— Mais c'est aller contre les décisions de ton gouvernement !

— Que vaut-il mieux faire ? me répliqua-t-il. Persévérer dans l'erreur, ou au contraire reconnaître publiquement que la commission économique a fait fausse route ?

— Je crois que tu as raison, Anouar », lui dis-je.

Sitôt qu'il eut annoncé le rétablissement des subventions, les esprits se calmèrent. Mais nous savions tous que ce n'était qu'un sursis, car notre économie était au plus bas. Notre moral aussi.

Le soir du 9 novembre, au retour d'une réunion de l'association des femmes, Nana, la plus jeune de mes filles, se précipita vers moi, au comble de l'excitation : « Maman ! Maman ! Tu sais la nouvelle ? »

Mon cœur cessa de battre : la seconde grossesse de ma fille Noha touchait à sa fin, et je craignis soudain qu'il ne lui fût arrivé quelque chose.

« Quelle nouvelle, Nana ? lui demandai-je précipitamment.

— Papa va faire un voyage en Israël, me dit-elle, comme si elle n'y croyait pas trop elle-même.

— Ton père va faire quoi ?

— Il l'a annoncé ce matin dans son discours devant le Parlement, se hâta-t-elle de répondre.

— Aller à Jérusalem, lui ? Où est-il, Nana ? lui demandai-je.

— Là-haut, dans sa chambre. »

Je grimpai l'escalier quatre à quatre. « Anouar, est-ce vrai, ce que Nana vient de me dire ? »

Il hocha la tête pour me le confirmer avant de répondre.

« C'est vrai, fit-il. Depuis une éternité les chefs d'État arabes lancent de leurs capitales des ultimatums à Israël pour exiger, entre autres choses, la restitution des territoires occupés. Nous donnons au reste du monde une image dérisoire et lamentable. Nous n'avons cessé de revendiquer ces territoires, mais sans jamais aller directement les réclamer à ceux qui les occupent. Et c'est pourquoi j'ai décidé de m'adresser directement aux Israéliens. Que faire d'autre ?

« Si nous ne récupérons pas le Sinaï pacifiquement, alors il faudra bien un jour ou l'autre mettre nos menaces à exécution et livrer une nouvelle guerre à Israël. Beaucoup y laisseront encore leur vie. Peut-on souhaiter pareille chose à notre peuple ? Peut-on délibérément sacrifier la vie de nos fils en un conflit dont personne ne sortira vainqueur ? Engloutir notre argent dans des armements au lieu de nous en servir pour construire le pays et venir en aide au peuple ? C'est un gâchis, Jehane, un gâchis qui ne peut que continuer. Je suis bien décidé à explorer toutes les voies susceptibles de mener à une paix entre nos deux pays.

— Mais est-il nécessaire que tu ailles là-bas, Anouar ? Pourquoi ne pas attendre la conférence de Genève ? »

Il secoua la tête.

« Qui peut dire à quoi elle aboutira, et si même elle aura lieu ? Des mois, des années peut-être s'écouleront en vain sans que personne réussisse à s'entendre sur une date, sur la composition des délégations, sur la participation des Palestiniens. Non, Jehane, seule une discussion franche et loyale peut nous aider à faire la paix entre nos deux pays. Et je suis prêt à discuter. »

La paix. Faire la paix avec Israël. Je secouai la tête avec incrédulité. Jamais encore un chef d'État arabe ne s'était rendu en Israël. Mais mon mari n'était pas homme à faire comme tout le monde.

« Anouar, lui dis-je en l'entourant de mes bras pour

l'embrasser, vouloir faire la paix avec Israël est une chose, mais... supposons que Begin refuse de discuter ?

— Alors, il en portera la responsabilité. La balle est maintenant dans son camp. »

J'étais abasourdie. Pour m'assurer que ce n'était pas un mauvais rêve, je regardai la retransmission télévisée de l'ouverture de paix historique formulée par Anouar. « Je suis résolu à me rendre jusqu'au bout de la terre si cela doit éviter à un seul de nos soldats, à un seul de nos officiers, à un seul d'entre mes fils d'être non point tué, mais simplement blessé. » Anouar s'exprimait calmement, comme s'il parlait des conditions météorologiques. « Et j'affirme à présent cette volonté qui est la mienne de me rendre jusqu'au bout de la terre. La surprise des Israéliens sera grande de m'entendre déclarer à présent, devant vous, que je suis prêt à me rendre sur leur sol, dans la Knesset même, pour discuter avec eux. »

Les députés semblaient stupéfaits, comme si eux non plus n'en croyaient pas leurs oreilles. Mais comment un seul d'entre eux aurait-il bien pu faire sienne, et sur l'instant, une idée aussi révolutionnaire et visionnaire ? Entre l'Égypte et Israël, il n'y avait jamais eu que méfiance et hostilité. Jamais nous n'avions mené de discussions officielles. En Égypte, la loi interdisait à quiconque était investi d'un mandat d'entretenir des relations avec un citoyen israélien, pour quelque raison que ce fût. Nous avions même refusé de reconnaître l'existence de l'État israélien, et sur nos cartes du Moyen-Orient, celui-ci n'était désigné que par la mention : « Territoire palestinien occupé ». Or c'était précisément là que mon mari venait d'affirmer sa volonté de se rendre.

Je regardais sur l'écran les parlementaires applaudir poliment, et je vis Yasser Arafat, ce jour-là en visite au Caire, battre lui aussi des mains. Par la suite, beaucoup ne se feraient pas faute de rapporter que le chef de l'OLP était resté de marbre en écoutant la déclaration surprise d'Anouar, et qu'à l'exemple des autres hommes politiques présents il avait applaudi avant même d'en avoir tiré toutes les conséquences. Nul doute en effet que ce qui apparaissait à tant d'Égyptiens comme des paroles d'espoir serait interprété comme une trahison par les Palestiniens. Quoi qu'il en soit, sitôt achevé le discours d'Anouar, Arafat devait s'empresser de sortir du Parlement, puis de quitter l'Égypte pour ne jamais plus y revenir.

Pendant une semaine, le pays vécut en état de choc. Nul ne voulait croire ce qu'avait déclaré Anouar. Sauf moi. Pendant tout le temps qu'il attendit une réponse de Menahem Begin, notre téléphone privé ne cessa de sonner.

« Dites-moi, ce voyage à Jérusalem, c'est du sérieux ou ce ne sont que des mots ? » me demanda un jour un de nos amis, avant d'ajouter : « Parce que s'il va là-bas, sa popularité va en prendre un coup.

— Vous comprenez mal ses raisons, répondis-je. Ce n'est pas sa popularité qui le préoccupe, c'est de savoir ce qui sert au mieux les intérêts du pays. »

« Rassurez-moi, me dit un autre ami, il n'a tout de même pas l'intention de se rendre à Jérusalem ?

— Il ira si Begin l'y invite.

— Mais, Jehane, vous n'y songez pas !

— Et pourquoi donc ? Pour négocier une paix, il faut bien que quelqu'un fasse les premiers pas. »

Nos voisins les chefs d'État arabes étaient tout autant consternés. Anouar savait qu'ils ne se rendraient pas à ses raisons, et c'est pourquoi il avait pris seul sa décision, sans en consulter aucun. Il avait cependant gardé l'espoir d'amener son frère d'armes Hafez el-Assad, le président syrien, à soutenir sa position, et quelques jours après son discours devant le Parlement Anouar s'envola pour Damas. Il en revint très éprouvé et très amer. « J'ai essayé de convaincre Hafez jusqu'à quatre heures du matin, me raconta-t-il, les traits creusés par l'épuisement. Je lui ai dit que je prenais l'entière responsabilité de mes actes, que si mon initiative aboutissait à garantir la paix, ce serait une victoire pour nous tous, et que si j'échouais, je serais seul à en supporter les conséquences. »

Mais Hafez devait rester farouchement hostile aux ouvertures de paix d'Anouar et aller jusqu'à s'en prendre à Anouar lui-même. Mon mari était à peine revenu de Syrie que déjà Radio-Damas déchaînait contre lui — et contre tous ceux qui auraient des velléités de l'accompagner en territoire ennemi — une campagne venimeuse. Quiconque foulerait du pied le sol de la Jérusalem occupée, fulminait Radio-Damas, serait considéré comme traître à la cause arabe et tenu pour responsable de tout le sang versé par ses frères pour libérer la Palestine. Les anathèmes lancés par Hafez me glaçaient : lui qui avait été si proche d'Anouar, avait partagé notre table, ri et plaisanté avec nous, menaçait désormais son vieux compagnon de mort, et j'apprendrais après l'assassinat d'Anouar que pendant un certain temps le gouvernement syrien avait même envisagé de le mettre en état d'arrestation pour l'empêcher de poursuivre plus avant sa quête de paix, et qu'à la dernière minute seulement Hafez était intervenu pour s'opposer à un acte aussi irréfléchi et lourd de conséquences.

En Égypte même, les ouvertures de paix d'Anouar n'avaient pas fait l'unanimité parmi les dirigeants. La veille de son départ pour la Syrie, où il devait s'entretenir avec le président el-Assad, notre ministre des Affaires étrangères, Ismaïl Fahmy, avait démissionné si soudainement que ses bagages étaient partis le lendemain pour Damas sans lui. Cette démission m'avait bouleversée, encore qu'il m'apparût qu'on ne pouvait s'attendre à ce que tout un chacun témoigne de la même clairvoyance que mon mari. Mais je n'en étais pas moins blessée, et je soupçonnais Ismaïl de protéger ses arrières pour le cas où la mission pacifique d'Anouar finirait en fiasco. De plus, cette défection m'affectait personnellement, car Anouar et moi avions toujours été très proches du ministre des Affaires étrangères et de son épouse, Affaf. Chaque fois qu'il me fut donné de la revoir après la démission de son mari, je lui ai serré la main, mais jamais plus je ne la considérai comme une amie que j'avais plaisir à retrouver.

Anouar s'était attendu que bon nombre de ses compatriotes réprouvent son initiative. Il avait parfaitement conscience — et moi aussi — du risque, politique autant qu'individuel, qu'il prenait.

« Si le peuple désapprouve ta volonté de faire la paix, tu seras obligé de démissionner, lui avais-je dit.

— J'en suis conscient, Jehane, et je l'accepte. Mais pour moi la paix doit passer avant la politique. Tant pis pour les retombées, elles sont inévitables. Mais en fin de compte c'est l'Égypte qui y trouvera son compte. »

Le 15 novembre, le premier ministre Menahem Begin invita officiellement Anouar à se rendre en Israël, et des diplomates des deux pays se rencontrèrent pour régler les détails de la visite. Pour respecter le jour du sabbat, Anouar préféra n'atterrir en Israël le samedi 19 novembre qu'après le coucher du soleil. Le lendemain marquerait 'Aïd el-Adha, la plus importante de nos fêtes religieuses, et Anouar irait faire ses prières du matin à la mosquée d'Al-Aksa à Jérusalem, puis se rendrait à l'église chrétienne de l'Ascension. Dans l'après-midi, il prononcerait son discours devant la Knesset.

« Je t'en prie, Anouar, avais-je plaidé, pourquoi ne pas porter un gilet pare-balles quand tu seras à Jérusalem ? »

Il avait refusé catégoriquement.

« Depuis des années Égyptiens et Israéliens n'ont que trop de méfiance les uns à l'égard des autres, me dit-il. Je sais bien qu'un soldat qui pénètre en territoire ennemi doit s'attendre à une attaque, mais moi, c'est dans un esprit de paix que je vais en Israël. »

Ce n'était pas la première fois que sa sérénité me déconcertait. Il savait parfaitement que certains s'opposaient tout aussi résolument à cette paix que lui-même la recherchait. Les sionistes pouvaient le tuer. Ou encore les défenseurs à tous crins de l'islam. Et aussi les Palestiniens. J'avais la conviction que mon mari ne reviendrait pas vivant de Jérusalem.

A Ismaïlia, où toute la famille s'était réunie pour passer quelques jours avant son départ, je ne pus le quitter des yeux. Nous ne cessions de nous prendre en photo. Sur l'une, on voit Anouar rire tandis qu'il ne se lasse pas de projeter en l'air notre petit-fils Charif. Et sur une autre il s'évertue à tirer vers lui le petit garçon bien résolu à se jeter dans l'eau. Je passai mon temps à scruter tous les détails du visage d'Anouar, à observer le moindre de ses gestes, pour me les graver dans la mémoire. Nul d'entre nous n'en disait rien, mais nous savions tous que ces instants passés ensemble étaient peut-être bien les derniers.

« Nana, Noha, rappliquez ! Je prends encore une photo, criait-il. Un peu plus près. Voilà. Maintenant, rapprochez-vous un peu l'une de l'autre. »

Le téléphone n'arrêtait pas de sonner, car le programme était constamment modifié. Anouar devait décoller de Janaklese, en plein désert, pour gagner l'aéroport. Ferait-il ce voyage à bord du petit hélicoptère ? A bord du gros ? Ceux qui devaient le suivre à Jérusalem vinrent nous rejoindre. Comptaient parmi les membres de son entourage Mustafa Khalil, le premier ministre, et Boutros Ghali, son troisième ministre des Affaires étrangères depuis une semaine. Le successeur d'Ismaïl Fahmy, l'ancien ministre d'État Mohammed Riad, avait en effet démissionné douze heures seulement après sa nomination. Et le téléphone sonnait toujours, ne cessant de me ravir Anouar. Si je l'avais pu, je crois bien que j'aurais sectionné le fil. Jamais je ne m'étais sentie aussi déchirée, car si cette mission qu'il entreprenait pour la paix me comblait de bonheur, je craignais terriblement pour sa vie.

Et le moment tant redouté arriva.

« Rabbina ma'ak, Anouar, lui dis-je au bas de l'échelle de l'hélicoptère. *Rabbina yibarak feek. La illaha illa Allah.* (Dieu soit avec toi, Anouar. Dieu te garde. Il n'y a de Dieu que Dieu.)

— *Wa Mohammed rassoul Allah.* (Et Mohamed est son prophète) », me répondit-il.

Debout dans le désert, mes enfants et moi regardions l'hélicoptère s'élever, les yeux et le visage cinglés par le sable chaud que poussait le vent. Alors seulement nous avons pleuré.

« Tu as de la peine, grand-mère ? Tu as de la peine ? » ne cessait de me demander Charif.

Et comme je ne disais rien, il se tourna vers sa mère.

« Qu'est-ce qu'il y a, m'man ? »

Mais, pas plus que moi, Noha ne pouvait lui répondre.

Je garde les yeux rivés sur l'écran de télévision, et tout mon corps est si tendu que durant plusieurs jours il me sera impossible de ployer la nuque. Le 707 égyptien qui transporte Anouar en Israël fait maintenant ses approches avant de se poser sur l'aéroport Ben-Gourion, annonce le journaliste, incapable de déguiser les accents d'incrédulité qui percent dans sa voix. Le président était censé atterrir à vingt heures, précise-t-il, et l'appareil se posera ponctuellement à l'heure prévue.

« Chhhut, Charif. » Je dorlote mon petit-fils qui a chuté sur une marche de l'entrée et s'est vilainement coupé la lèvre, tant j'ai fait vite après le départ d'Anouar pour regagner Le Caire et voir les images de son arrivée en Israël. J'ai préféré faire accompagner chez elle ma fille Noha pour qu'elle prenne un peu de repos, car c'est très exactement dans deux semaines qu'elle doit mettre au monde son second enfant, et j'ai gardé Charif. A présent, nous regardons tous deux l'avion qui transporte Anouar s'immobiliser sur la piste, puis la passerelle aux couleurs d'El Al qu'on roule pour la disposer en face de la porte avant de l'appareil. Blotti dans mon giron, Charif pleurniche toujours sous l'effet de la douleur. Et si je pleure moi aussi, c'est de crainte et d'incrédulité. Mon mari en Israël ! Il faut que je me pince pour y croire.

Une sonnerie de trompettes explose soudain et la porte de l'avion s'ouvre. Anouar ! Mon cœur bat à tout rompre tandis que je le regarde descendre les degrés de la passerelle. Il semble si serein, si confiant. Que peut-il bien ressentir au tréfonds de lui-même ? « C'est Dieu, je le sentais, qui m'avait mandaté pour accomplir cette mission de paix, me confiera-t-il plus tard, et quand pour la première fois j'ai posé le pied sur le sol d'Israël, j'ai eu l'impression de n'être plus de ce monde et de planer dans les airs. » En le regardant, j'ai moi aussi l'impression de faire un rêve. Mais un rêve bien proche du cauchemar. Comme je voudrais que mes yeux fussent des caméras de télévision, afin d'être à même de scruter la foule pour y déceler avant qu'il ne soit trop tard un personnage suspect, la bosse d'un revolver sous un vêtement ou l'éclat d'un canon. Bien sûr qu'Anouar est remarquablement protégé, me dis-je pour me rassurer. Bien sûr que nos services de sécurité ont dépêché hier en Israël des agents chargés de vérifier l'efficacité du dispositif de protection. Bien sûr qu'en plus grand nombre encore des gardes du corps l'accompagnent. Mais j'ai infiniment plus à perdre que n'importe lequel d'entre eux. Anouar est certes leur président. Il est avant tout mon mari.

Je ne puis en croire mes yeux. A présent il serre les mains d'Ephraïm Katzir, le président israélien, et de Menahem Begin, le chef du gouvernement. Voilà donc réunis sur un même écran de télévision les dirigeants de deux pays ennemis pour lesquels des dizaines de milliers d'hommes ont donné leur vie. Et tandis que j'écoute les accents familiers de *Biladi, biladi* (Mon pays, mon pays) qu'exécute une fanfare militaire israélienne, que je regarde flotter côte à côte les couleurs égyptiennes et l'étoile de David, je ne peux me défendre de songer : comment cela est-il possible ?

La dernière fois que j'ai vu les drapeaux égyptien et israélien déployés l'un près de l'autre, c'était il y a quatorze ans, en Allemagne, où Anouar et moi — il était alors président de l'Assemblée nationale — passions des vacances. Un après-midi, alors que nous revenions de faire une promenade, j'avais aperçu à ma grande consternation le drapeau israélien flotter à côté du nôtre devant la façade de l'hôtel.

« Partons vite, Anouar, avais-je dit à mon mari, prise de panique. Faisons nos valises tout de suite.

— Mais pour aller où ? »

Je m'étais obstinée.

« Il y a des Israéliens à l'hôtel. Partons immédiatement.

— Mais enfin, avait-il protesté, on ne peut tout de même pas partir sans savoir où on va ! Commençons par en décider. Nous partirons demain.

— Mais s'ils nous aperçoivent, ils vont nous tuer ! »

Anouar n'avait rien voulu entendre, et j'avais passé la nuit sans pouvoir fermer l'œil, persuadée qu'on allait venir nous assassiner dans nos lits.

Aujourd'hui, à Jérusalem, une fanfare militaire exécute les dernières mesures de notre hymne national. Et tout aussitôt des coups de feu éclatent. Je le savais ! Anouar ! Je serre contre moi Charif avec tant de violence que pour un temps il oublie que sa lèvre meurtrie le fait souffrir. Mes yeux vrillent littéralement l'écran de télévision. Mais mon mari est toujours debout, et je comprends que les explosions sont celles des vingt et un coups de canon de la salve qu'on tire en son honneur. Et moi de compter les minutes durant lesquelles il est resté en vie. Dix. Survivra-t-il aux dix suivantes ?

Je me rends vaguement compte que mon téléphone sonne sans interruption. Mais je préfère ne pas répondre. Je ne veux pas distraire mon attention, ne serait-ce qu'une seconde. « Nous ne voulons en rien importuner Jehane, mais dites-lui bien que nous sommes de tout cœur avec elle et que nous prions pour le président. » « Nous sommes bouleversés par ce que nous voyons. » Tels sont les messages de nos amis qu'on me transmet. Et à tout instant il en arrive d'autres.

Moshé Dayan. Ariel Sharon. Golda Meir. Mordechaï Gour. Tous sont là, présents dans la rangée des personnalités officielles venues à l'aéroport, les anciens dirigeants comme leurs successeurs qui aujourd'hui détiennent le pouvoir. Et Anouar se déplace de l'un à l'autre, serrant des mains, souriant. Oui, souriant ! J'essaie désespérément de lire sur ses lèvres et sur les leurs les paroles qu'ils échangent. Que peuvent-ils bien se dire ? Ils se saluent comme des amis de vieille date. Absurde, la guerre, mais cette démonstration pacifique la rend plus absurde encore. Et voilà maintenant qu'Ariel Sharon, le redoutable général qui en 1973 a percé nos défenses et franchi le canal avec son armée, secoue vigoureusement la main d'Anouar avec la même chaleur que s'il retrouvait un vieux compagnon d'armes.

Plus tard, Anouar me racontera avoir dit à ce moment en plaisantant au général israélien devenu ministre de la Culture : « J'aurais pu stopper tout net votre offensive, mais malheureusement vous étiez introuvable ! » Et Sharon de lui répondre : « C'est un plaisir pour moi que de vous accueillir dans notre pays. » Mais pour l'instant je vois sur l'écran Sharon renverser la tête en arrière tant les propos d'Anouar le font rire.

Mon mari se dirige ensuite vers Golda Meir et je retiens mon souffle.

« Fais preuve d'égards tout particuliers pour Mme Meir », lui avais-je recommandé avant son départ pour Jérusalem.

Il m'avait fixée avec étonnement. « Voyons, Jehane, comme si tu ne me connaissais pas ! Tu crois vraiment que je ne vais pas faire le moindre effort sous prétexte que je n'ai pas affaire à un homme ?

— Non, Anouar, ce n'est pas ce que je voulais dire. Je te connais bien, au contraire, et parfois les gens se méprennent sur tes attitudes. Tu gardes pour toi ce que tu penses au point de ne pas même dire un seul mot. Et quelqu'un comme Mme Meir risque d'interpréter ton silence comme une marque de froideur, une volonté de garder tes distances.

— Alors, Jehane, rien que pour toi, je vais me surpasser en présence de Mme Meir. Tu en jugeras toi-même , m'avait-il promis sur un ton moqueur.

Je m'étais sentie un peu gênée, car pour appuyer mes convictions féministes, il m'était arrivé à plus d'une reprise de citer Golda Meir et Indira Gandhi en exemples de ténacité et de réussite féminines. L'une comme l'autre avait dirigé son pays alors qu'il livrait une guerre — Golda Meir en 1967, quand Israël combattait l'Égypte, et Indira Gandhi durant le conflit indo-pakistanais — et l'une comme l'autre l'avait conduit à la victoire. Et à présent Anouar s'apprêtait à saluer Mme Meir, pour qui je ressentais à la fois aversion et respect.

Sur l'écran, Anouar lui tient la main, et je la vois qui l'écoute attentivement. Je brûle de connaître les propos qu'il lui tient. Et soudain le visage de Golda Meir s'éclaire d'un grand sourire. Soulagée, je souris à mon tour.

Plus tard seulement j'apprendrai de la bouche de mon mari ce qu'il lui a dit ce jour-là : « Savez-vous, madame Meir, que chez nous tout le monde vous connaît ? Et avez-vous idée du surnom qu'on vous donne ?

— Non, pas la moindre.

— On vous appelle l'homme fort d'Israël. »

C'est alors que Golda Meir lui a souri, et lui a répondu : « C'est pour moi un grand honneur, monsieur le président. »

Quand par la suite Anouar me rapportera cette anecdote, je l'écouterai avec un sourire mitigé, me demandant si dans son esprit ses propos avaient véritablement valeur de compliment. Mais je me tromperai peut-être. Sitôt qu'il avait été en sa présence, me racontera-t-il encore, il avait pris le parti de pardonner et d'oublier. A quoi bon ressasser le passé ? Il s'agissait désormais pour lui de donner un tour nouveau aux relations entre nos deux pays, d'inaugurer une ère nouvelle. Une ère de paix. Et tout semblait indiquer qu'il y parviendrait.

« Sa-date ! Sa-date ! » scande la foule enthousiaste massée tout au long du parcours que suit Anouar pour gagner Jérusalem. Plus d'un visage est baigné de larmes. Le peuple d'Israël semble avoir tout autant de mal à croire que le chef du pays ennemi soit venu en personne leur apporter un message de paix que le peuple d'Égypte en eut quand Anouar a annoncé son voyage. Dans la foule, des mains brandissent des journaux. « BIENVENUE AU PRÉSIDENT SADATE », titre sur cinq colonnes le *Jerusalem Post*. Et partout des femmes, beaucoup de femmes et de mères soulevant à bout de bras leurs jeunes enfants pour qu'ils puissent voir passer ce messager de paix. « Ce que j'ai vu de plus touchant au cours de ce voyage, me dira plus tard Anouar. Comme si toutes ces mères étaient venues me dire : "Votre message de paix nous est allé droit au cœur et nous nous y associons. Regardez nos enfants et sachez que nous ne voulons plus de guerre. Jamais plus." »

Et moi, au Caire, je serre Charif très fort dans mes bras avant de lui donner un autre analgésique. Anouar est maintenant arrivé sans encombre à l'hôtel du Roi-David, là où est hébergée la délégation égyptienne. Je peux donc souffler pour un temps. Demain matin, je vais avoir besoin de toutes mes forces. Anouar ira dire ses prières à la mosquée d'Al-Aksa, troisième de nos lieux saints par ordre d'importance, et cet acte revêtira pour lui une signification spirituelle toute particulière. N'est-il pas écrit dans les *Hadith* que vénérer une seule fois Dieu à Jérusalem, c'est le vénérer mille fois en tout autre lieu ? Mais le risque est grand, et grande la tentation, pour un ennemi juré de la paix avec Israël, d'assassiner le premier chef d'État arabe qui soit jamais venu prier dans la mosquée d'Omar depuis la fondation de l'État hébreu, d'assassiner mon mari tandis qu'il se prosternera dans le lieu sacré. « Dieu tout-puissant, accorde-lui Ta protection », murmuré-je avant de tomber dans un profond sommeil, les bras toujours serrés autour de Charif.

Peu après minuit, je suis brutalement éveillée par un appel téléphonique de mon gendre Hassan Maré'i, qui m'apprend que Noha est entrée prématurément en travail et a été transportée d'urgence à l'hôpital. L'angoisse que lui fait éprouver le voyage de son père à Jérusalem y est certainement pour quelque chose.

Noha ! Je me précipite à l'hôpital, où déjà sont à son chevet la mère et la tante de Hassan, Anouar et moi étions absents lors de la naissance de Charif, l'aîné de nos petits-enfants. Nous nous trouvions en Iran. Mais cette fois, si Anouar est absent, moi, je suis au Caire.

« Décontracte-toi, conseillé-je à Noha en lui caressant les cheveux, il n'y en a plus pour bien longtemps. »

La délivrance sera pénible, mais à l'aube naîtra une fort jolie petite fille.

« Qu'elle est laide ! dis-je à la mère en riant. Mais elle est symbole d'heureux présage. Pas de doute, elle nous apporte un message de paix. »

Quand j'appelle Anouar à Jérusalem, il s'apprête à quitter son hôtel pour aller dire ses prières à la mosquée.

« Nous avons une petite-fille, lui annoncé-je. Brune de peau et pas très jolie. Tout le portrait de son grand-père.

— Si elle est aussi noiraude que moi, me réplique-t-il en riant, elle n'est sûrement pas mal ! »

C'est sur un téléviseur de l'hôpital que nous suivons la visite d'Anouar à la mosquée d'Omar. L'épuisement et le partage de mes sentiments me brouillent un peu les idées. La naissance d'une petite-fille devrait me combler de joie, et pourtant cet instant lui aussi est assombri par l'angoisse.

Ouvre l'œil, Anouar. Regarde bien qui prie à ta gauche et à ta droite. Je n'ignore pas, certes, que les services de sécurité israéliens ont passé au crible les musulmans qui sont venus prier aux côtés d'Anouar en ce jour d''Aïd el-Adha, mais je sais aussi que les fanatiques déploient les ruses les plus ingénieuses. Je scrute l'assemblée des fidèles tandis qu'Anouar prie. Dix minutes s'écoulent. Il ne se passe rien. Mais alors qu'au Caire la tension me crispe sur mon siège, à Jérusalem, Anouar a le sentiment de vivre un rêve.

« Je n'arrivais pas à croire qu'en priant c'était bel et bien le sol de la mosquée d'Al-Aksa que je touchais du front, et je me sentais au bord des larmes, me racontera-t-il. Était-ce bien à moi que pareille chose advenait ? J'aurais voulu qu'elle advienne à tous les musulmans. » Dix autres minutes s'écoulent, interminables. Je vois mon mari sortir sain et sauf de la mosquée et traverser l'esplanade pour se diriger vers la coupole du Rocher d'où, selon la tradition musulmane, le prophète Mohammed se serait élevé vers le ciel, et où aussi, selon les traditions juive et chrétienne, Abraham s'est apprêté à immoler son fils Isaac. Reste vigilant, Anouar ! J'aperçois un groupe de manifestants palestiniens qui brandissent le poing dans sa direction et l'injurient, et que le service d'ordre refoule vers les ruelles du vieux Jérusalem. Dix autres minutes viennent de s'écouler, et Anouar est toujours en vie.

Je me détourne de l'écran pour me consacrer à mes obligations cairotes. Je dois aller retrouver Mme Bourguiba, l'épouse du président tunisien, que j'ai officiellement invitée à prendre le thé cet après-midi. Sa visite est prévue depuis fort longtemps. Elle l'était dès avant que mon mari ait rendu publique sa décision d'aller en Israël, et déjà j'ai quelque peu manqué de courtoisie à son égard, puisque nous devions nous rencontrer hier soir et que j'ai annulé notre rendez-vous pour regarder à la télévision l'arrivée d'Anouar à Jérusalem. Il serait grossier de ma part de me décommander une seconde fois, et en toute hâte je m'habille pour me rendre à la réception, laquelle doit débuter peu de temps avant qu'Anouar ne prononce son discours devant la Knesset. « Occupe-toi de Charif », dis-je à Nana, la plus jeune de mes filles. Dès mon arrivée sur les lieux, je découvre que tout le monde, y compris Mme Bourguiba, souhaite écouter le discours d'Anouar. Reconnaissante, je m'empresse de rentrer.

A seize heures, quand Anouar arrive à la Knesset, les députés, debout, lui font une immense ovation. Seront-ils aussi enthousiastes en écoutant ce qu'il est venu leur dire ? « Que le Dieu tout-puissant vous dispense grâce et miséricorde, commence-t-il, et que Sa volonté nous apporte à tous la paix. Paix à tous les hommes. A ceux des territoires arabes, à ceux d'Israël, et aussi à ceux de toutes les parties de ce vaste monde si déchiré par ses conflits, miné par ses contradictions profondes, et menacé ici et là par ces guerres destructrices que livre l'homme pour anéantir ses semblables. » Je suis frappée de sa prestance tandis que, dans son costume sévère, il se tient droit et déterminé devant le Parlement israélien.

« Regarde ton grand-père, et essaie de suivre son exemple », dis-je à Charif qui se tortille sur mes genoux.

Durant les heures qui suivent, je ne suis qu'une simple spectatrice que rien ne distingue plus des millions de personnes qui, à travers le monde, tout yeux et tout oreilles, sont les témoins de l'impossible : le chef de l'État égyptien venu faire l'offrande du rameau de paix à l'assemblée présidant aux destinées d'Israël. « Si je suis venu aujourd'hui à vous, c'est avec la ferme intention de jeter les bases d'une vie nouvelle et d'établir la paix. » Anouar s'exprime en arabe, et l'interprète fait de son mieux pour garder le tempo en hébreu. « Nous sommes tous profondément attachés à cette terre, à cette terre bénie de Dieu. Musulmans, chrétiens, juifs, tous nous nous prosternons devant Dieu... Devant Dieu dont l'enseignement et les commandements sont messages d'amour, de bonne foi, de non-belligérance et de paix. »

A l'exemple d'innombrables téléspectateurs, je suis émue par son bouleversant plaidoyer pour que soit mis fin à la guerre. « Chacune des vies sacrifiées durant une guerre est avant tout une vie humaine, que ce soit celle d'un Arabe ou d'un Israélien. Toute femme que la guerre fait veuve, qu'elle soit arabe ou israélienne, est un être humain en droit d'aspirer à une vie de famille heureuse. Tout enfant innocent dépossédé de l'amour et de la sollicitude de ses parents devient notre enfant à tous, qu'il vive sur le sol arabe ou sur le sol israélien... Pour le bonheur de chacun d'eux, pour les générations à venir, pour un sourire sur le visage de chaque enfant né sur notre terre, pour tout cela, j'ai résolu de venir à vous, en dépit de tant et tant d'incertitudes, pour vous délivrer ce message. »

La caméra se déplace sur les visages impassibles des dirigeants israéliens. Abba Eban, l'ex-ministre des Affaires étrangères. Bar Lev, le père de la ligne de défense israélienne réputée imprenable. Ezer Weizmann, l'actuel ministre de la Défense. Son visage est d'une étrange pâleur, et j'apprendrai par la suite qu'il a tenu à quitter son lit d'hôpital, où il se remettait d'une fracture de la jambe et de multiples enfoncements de côtes consécutifs à un accident de voiture, pour être présent lui aussi. « Vous allez me prendre vos trousses, les bourrer d'héroïne, de cocaïne, de hachisch ou de tout ce que vous voudrez, avait-il déclaré aux médecins qui le traitaient, et vous allez m'accompagner et faire en sorte que je puisse tenir debout pendant au moins vingt-quatre heures. » Il n'avait pas fallu moins d'un hélicoptère, d'un fauteuil roulant et d'une canne de marche pour qu'il puisse venir à la Knesset, mais aujourd'hui il est là. Et le discours qu'il écoute, que tout un chacun écoute, pour rassurant qu'il soit aux oreilles israéliennes, n'en fait pas moins déferler des ondes de choc à travers tout le monde arabe.

« Vous souhaitez vivre avec nous dans cette partie du monde, poursuit Anouar devant la Knesset. En toute bonne foi je vous déclare que vous êtes les bienvenus parmi nous, et que nous sommes prêts à garantir la sécurité de vos personnes et de vos biens. C'est là en soi un fantastique tournant, l'amorce d'un changement décisif dans notre histoire... Nous vous avons toujours rejetés. Nous avions nos raisons et nos craintes, certes... Mais aujourd'hui je vous déclare, et j'en témoigne devant le monde entier, que nous sommes prêts à vivre à vos côtés et à établir avec vous une paix durable fondée sur la justice. Nous ne souhaitons ni vous encercler, ni nous laisser encercler par des missiles qui à tout instant peuvent semer la destruction, ou par les obus de la rancune ou de la haine. »

Ce langage — la reconnaissance de fait du droit d'exister pour Israël —, les nations arabes ont toujours redouté de l'entendre. J'admire grandement le courage dont fait preuve mon mari en affirmant la réalité de l'État israélien, et pourtant je ne puis m'empêcher de réprimer un frisson. Car ce discours lui sera compté, et déjà il a commencé à en payer le prix. Au moment même où son avion se posait sur le sol d'Israël, Kadhafi rompait les relations diplomatiques avec nous, tandis qu'à Tripoli des Libyens fanatisés détruisaient totalement par le feu l'Office des relations égyptiennes. Au moment même où Anouar foulait le sol d'Israël, en Syrie des muezzins appelaient les fidèles à prier non point pour que s'établisse la paix, mais pour que se déchaînent la haine et la violence. A Damas, une bombe était lancée sur l'ambassade d'Égypte, et dans les camps palestiniens de la périphérie on brûlait Anouar en effigie. Plus encore : la haine enfiévrait tout le Moyen-Orient et le pourtour de la Méditerranée. En Grèce, un groupe d'étudiants arabes avait mis à sac l'ambassade d'Égypte avant même que la police n'intervienne en ouvrant le feu et en faisant des victimes parmi les manifestants. En Espagne, des Palestiniens avaient également réussi à occuper notre ambassade et à s'assurer pendant quelque temps de la personne de notre ambassadeur, l'oncle de l'un de mes neveux. Et la tornade n'en était qu'à ses débuts, non seulement dans les pays arabes, mais aussi en Israël.

A présent, Anouar expose dans leurs grandes lignes les conditions garantissant la paix, et la tension se lit sur les visages des dirigeants israéliens. « Je voudrais déclarer sans détour que je ne suis pas venu sous ce toit pour borner ma requête à l'évacuation par vos troupes des territoires occupés, dit-il fermement. Le retrait total des territoires arabes occupés depuis 1967 s'impose en bonne logique et ne prête à aucune contestation. Personne ne devrait avoir à plaider pareille cause... On ne peut construire aucune paix sur l'occupation de la terre des autres. Ou alors il n'y aura pas de paix véritable. »

Je vois Ezer Weizmann, qui parle couramment l'arabe et n'a pas besoin d'attendre que les propos d'Anouar aient été traduits en hébreu pour les comprendre, griffonner promptement quelques notes sur une feuille qu'il fait passer à Menahem Begin et Moshé Dayan. Tous deux lisent et approuvent d'un signe de tête. J'apprendrai plus tard le contenu du message : « Attendons-nous à la guerre. »

Anouar n'élude rien non plus de la question palestinienne. « Je vous déclare ici, mesdames et messieurs, qu'il est parfaitement vain de s'opposer à la reconnaissance du peuple palestinien et à son droit légitime de fonder un État sur le sol qui est le sien... Cette réalité, vous devez la regarder en face, comme je l'ai regardée moi-même. Jamais on ne résout un problème en se dérobant ou en faisant la sourde oreille. Aucune paix durable ne peut être établie si l'on tente d'imposer une solution irréaliste que le reste du monde a désapprouvée en lançant un appel unanime pour le respect des droits et des faits. »

Des larmes d'orgueil me montent aux yeux quand, pour conclure son discours, Anouar souligne l'identité de nos croyances en puisant dans l'Ancien Testament et dans notre livre sacré : « Amour, droit, justice, répéterai-je après Zacharie. Et du vénéré Coran je citerai ce verset : ''Nous avons foi en Dieu, en ce qui nous a été révélé, et en ce qui a été révélé à Abraham, à Ismaël, à Isaac, à Jacob et aux treize tribus juives. Nous avons foi en les livres que le Seigneur a remis à Moïse, à Jésus et aux prophètes, et parmi ces livres n'établissons point de distinctions.'' » Anouar promène pendant un instant son regard sur la Knesset. « Ainsi, nos convictions sont bien les mêmes », conclut-il avant de délivrer à l'assemblée une offrande votive : « *El-salaamu aleikum.* (La paix soit avec vous.) »

Kan ʿalbi maʿak toul ma inta hinaak ! « Tant que tu étais là-bas mon cœur était près de toi ! » criait dans les rues la foule quand

Anouar regagna le Caire quarante-quatre heures après son départ pour Jérusalem. Ils étaient là plusieurs millions, massés tout au long des vingt kilomètres du trajet de l'aéroport à notre résidence de Guizeh, acclamant, sifflant, projetant des pétales de fleurs blanches, hurlant à tue-tête en modulant le son du *zaghrît* : *Bil rouh bil damm nifdeek, ya, Sadat !* « Corps et âme nous sommes prêts à nous sacrifier pour toi, Sadate ! » Les militaires qui assuraient le service d'ordre avaient beau se donner le bras pour faire la haie et empêcher la foule en délire de happer la voiture d'Anouar, celle-ci ne progressait que centimètre par centimètre. « Le président traverse maintenant Héliopolis, mais la foule qui l'acclame ne le laisse pas passer », commentaient les journalistes de radio et de télévision postés sur son passage.

Ceux qui avaient un balcon s'y entassaient. Les autres prenaient d'assaut les voitures en stationnement, grimpaient aux arbres ou s'accrochaient aux panneaux de signalisation. « SA-DATE ! SA-DATE ! » Des hélicoptères survolaient le parcours. A bord de l'un d'eux, Gamal filmait en vidéo le fantastique accueil que faisaient à son père les Égyptiens. Plutôt que de tenter de me frayer un passage à travers la foule pour aller à la rencontre d'Anouar, j'avais jugé préférable de regarder le reportage télévisé de son retour. Jamais encore je n'avais vu pareil débordement d'émotion. La démonstration spontanée de joie populaire était ce jour-là si massive qu'il fallut presque trois heures à Anouar pour revenir de l'aéroport, alors que d'ordinaire vingt minutes suffisent à couvrir le trajet. A proximité de notre demeure de Guizeh, les rues étaient littéralement engorgées par la foule agglutinée autour de joueurs de flûte et de tambourins.

Je ne me sentis soulagée que lorsque Anouar franchit le seuil de la maison. Je m'élançai alors vers lui pour l'enlacer et l'embrasser sous les yeux des ministres qui l'accompagnaient. Mais ce ne fut qu'après le dîner, quand ceux-ci se furent retirés, que je pus enfin lui confier combien j'avais craint chaque minute pour sa vie durant tout le temps qu'il venait de passer à Jérusalem.

Il me sourit. « Le jeu en valait la chandelle. Si je n'avais pas fait ce voyage, mon grand rêve de paix ne serait probablement jamais devenu réalité. Au moins, nous pouvons désormais discuter directement avec les Israéliens. »

Ce soir-là, nous avons dit ensemble la dernière prière de la journée et remercié Dieu d'avoir favorisé le succès de ce premier pas vers la paix. Nous ignorions encore combien la route serait ardue.

Au tout début de l'année 1978, le magazine américain *Time*, rendant hommage aux initiatives hardies déployées par Anouar pour promouvoir la paix, brossa de lui un portrait élogieux et lui décerna le titre d'« Homme de l'année ». Mais la paix se faisait attendre, et il s'en fallait de beaucoup que les choses se concrétisent. Je me demande encore où Anouar put bien puiser suffisamment de ténacité pour continuer à négocier. Les Israéliens refusaient catégoriquement de restituer les territoires arabes qu'ils avaient conquis durant la guerre de 1967 dans la bande de Gaza, et de plus consolidaient leurs implantations sur la rive occidentale du canal.

« Begin a au plus haut point le complexe de l'Holocauste. Jamais encore je n'ai rencontré quelqu'un de plus méfiant », m'avait confié Anouar après leur seconde rencontre au sommet, laquelle s'était déroulée à Ismaïlia le 25 décembre 1977, jour anniversaire de mon mari. « On ne peut que respecter son souci de défendre les intérêts de son pays, avait-il ajouté, mais négocier avec lui finit par vous saper le moral. » Et pourtant il refusait de lâcher prise.

« C'est sûrement ta patience qui t'a fait élire par Dieu pour négocier avec un homme aussi madré que Begin, lui avais-je dit. A ta place, j'aurais abandonné la partie depuis longtemps. »

Les pourparlers de paix avec Israël s'enlisaient. Et aussi nos relations avec bon nombre de nos voisins arabes. En réponse aux attaques portées contre lui par les Palestiniens et aux manifestations de violente hostilité qu'ils organisaient dans les pays étrangers, Anouar avait donné l'ordre, deux jours après son retour de Jérusalem, de fermer tous les bureaux de l'OLP en Égypte. Il avait ensuite proposé à nos frères arabes de se réunir au Caire en décembre, à Mena House, pour discuter en commun le thème de la paix avec Israël, mais l'OLP, la Syrie, l'Irak, le Yémen du Sud, l'Algérie et la Libye avaient refusé de participer à la conférence, préférant organiser le 2 décembre leur propre sommet à Tripoli, où ils décidèrent de geler leurs relations diplomatiques avec l'Égypte. Irrité par ce refus concerté d'examiner jusqu'à l'éventualité d'une paix, Anouar avait riposté en faisant expulser trois cents diplomates arabes en poste au Caire. De leur côté, les Soviétiques avaient eux aussi boycotté les négociations proposées par Anouar, et mon mari ordonné la fermeture de leurs représentations consulaires en Égypte, ainsi que celle des consulats de tous les pays satellites de l'URSS, en l'occurrence la Pologne, la Tchécoslovaquie, la Hongrie et l'Allemagne de l'Est. Pendant ce temps Cyrus Vance, secrétaire d'État dépêché sur place par le gouvernement américain, faisait la navette entre les capitales arabes pour proposer ses bons offices et tenter de désamorcer le conflit.

Une seule et unique voix s'était élevée au Moyen-Orient pour prendre fait et cause pour la politique de paix préconisée par Anouar. « Je ne passerai qu'une brève nuit à Assouan », avait annoncé à l'impromptu au mois de janvier un télégramme du chah d'Iran. Quand Anouar se rendit à l'aéroport pour l'accueillir, le chah lui déclara qu'il était venu en Égypte pour cautionner ses initiatives de paix non seulement aux yeux du monde entier, mais plus spécialement à ceux des Arabes. « J'ai l'intention de me rendre en Arabie saoudite et de demander au roi Khaled et aux princes du royaume pourquoi ils tardent à vous apporter leur soutien, ajouta le visiteur. Il est indispensable qu'ils proclament que vous œuvrez au bénéfice de tout le Moyen-Orient, que vous êtes l'artisan d'une paix juste, totale, et de la restauration des droits arabes. » Le voyage du chah à Djedda devait se révéler parfaitement vain, mais Anouar n'oublierait jamais cet ami qui, spontanément, s'était avancé seul en terrain découvert pour appuyer sa cause.

Et toujours la violence. En février 1978, Youssef el-Seba'i, directeur d'un grand quotidien égyptien et ami de très longue date d'Anouar, fut assassiné par les Palestiniens d'une balle dans le dos à Nicosie. Le seul crime de Youssef était d'avoir accompagné Anouar lors de son voyage à Jérusalem. J'étais broyée de chagrin en allant au Caire présenter mes condoléances à sa veuve et à ses deux enfants. Tant de cruauté inutile, insensée !

Pourquoi les Palestiniens reportaient-ils leur amertume sur

nous, qui étions leurs amis ? Pourquoi refusaient-ils de se concerter avec nous pour définir une stratégie susceptible de leur restituer leur sol national ? Nous devions, certes, pardonner bien des choses à un peuple dont la patrie était et est toujours occupée. Nombre des leurs avaient grandi dans l'horreur d'un camp de réfugiés, ou dépossédés d'une grande partie de leurs droits par l'occupant israélien. Mais les Palestiniens doivent aussi comprendre qu'ils ont négligé plus d'une occasion de négocier une solution de compromis. Même aujourd'hui Yasser Arafat pourrait déclarer : « Je suis décidé à me rendre en Israël pour proclamer devant la Knesset et devant le monde entier que nous sommes prêts à faire la paix à la condition que notre patrie nous soit restituée. » En affirmant cette volonté, il mettrait les Israéliens le dos au mur et placerait leurs dirigeants devant une alternative à laquelle ils ne pourraient se dérober : l'inviter à venir faire valoir ses revendications, ou encourir l'anathème du monde entier pour avoir rejeté son offre de conciliation. Mais non. Dès le début la violence a explosé. Pour ne jamais plus désarmer.

Les dirigeants des pays arabes étaient tout autant obstinés dans leur refus. A mainte et mainte reprise Anouar avait expliqué dans ses discours qu'une paix avec Israël ne serait en rien un accord bilatéral passé entre l'Égypte et l'État hébreu, mais bien plutôt un traité engageant la totalité des nations arabes, et que cette paix, tout le Moyen-Orient en ressentirait les bienfaits. Mais ses frères arabes ne voulaient rien entendre. « Si vous avez mieux à proposer, dites-le-moi. Je vous garantis que je serai votre homme », leur avait-il assuré en plus d'une occasion. Mais personne n'avait de solution de rechange, ce qui n'a rien pour étonner. Les Arabes savaient aussi bien que nous que nous ne pourrions jamais récupérer notre terre en faisant usage de la force. Jamais les États-Unis ne laisseraient Israël subir une défaite, et aucun d'entre nous ne pourrait défaire les États-Unis. Seule la négociation pacifique nous offrirait le moyen de rentrer en possession de notre terre et la victoire remportée sur Israël par Anouar en 1973 nous avait placés dans une position de force qui nous permettait désormais de négocier avec confiance. Mais les autres pays arabes auraient été exclus de cette négociation bilatérale.

Je me consacrais intensément à mes études universitaires et à la préparation de l'examen final précédant la remise des diplômes en juin. Le premier mandat de quatre ans pour lequel j'avais été élue au conseil du peuple de Menoufiyèh allait arriver à expiration, et je résolus de faire à nouveau acte de candidature. Je déployais beaucoup d'efforts pour recueillir des fonds destinés à des œuvres et organisations de bienfaisance et menais campagne en faveur du projet de loi sur le nouveau code de la nationalité. Il me fallait aussi préparer un événement familial de grande importance : le mariage de notre fils Gamal. Or cette union m'avait déjà causé plus d'un souci dans le passé.

Gamal avait quinze ans quand il avait fait la connaissance de Dina Erfan au lycée de Guézira, et depuis cette époque n'avait jamais cessé d'être épris d'elle. Mais je m'étais toujours opposée à leur mariage. Quand il était entré en première année d'université, j'avais considéré qu'il était encore beaucoup trop jeune pour songer à fonder un foyer et lui avais alors interdit de fréquenter Dina, dans l'espoir que leurs amours d'adolescents s'évanouiraient d'elles-mêmes. Mais les sentiments qu'ils éprouvaient l'un pour l'autre n'avaient fait que croître. Anouar et moi avions alors décidé d'envoyer Gamal passer l'été à Londres, mais ce séjour n'avait strictement rien changé. « Essaie de comprendre, maman, j'aime Dina et je veux l'épouser », s'obstinait à plaider mon fils. Mais j'avais refusé de lui donner mon consentement, et même de faire la connaissance de Dina. Elle était la première femme qui eût jamais compté dans sa vie, et j'espérais que pour son bien il rencontrerait d'autres jeunes filles et cesserait de s'attacher exclusivement à une seule alors qu'il était encore étudiant et bien trop jeune pour prendre femme et avoir des enfants. Il fallut cinq ans à Gamal pour me faire changer d'avis.

Un jour que je sortais d'une réunion avec le comité directeur de la Wafa' wal Amal, je fus stupéfaite de trouver Gamal en larmes devant la porte de mon bureau.

« Tu passes tout ton temps à écouter les gens te parler de leurs problèmes et à leur trouver des solutions, alors que tu ne fais absolument rien pour ton propre fils », me dit-il.

J'étais décontenancée. Peut-être avait-il raison.

« J'aime Dina, poursuivit-il. Et toi aussi je t'aime. Jamais je ne me marierai sans ton consentement. Donne-le-moi, maman, je t'en supplie. »

Je me sentais bouleversée.

« Pourquoi ne termines-tu pas d'abord tes études ? Nous aviserons ensuite », lui dis-je.

Mais Anouar était entré dans mon bureau à la suite de Gamal.

« Écoute, Jehane, je crois qu'ils s'aiment vraiment, plaida-t-il à son tour. Laissons-les se fiancer officiellement. Ils pourront se marier dans un an, quand Gamal aura terminé ses études. Qu'en penses-tu ? »

Je continuais à considérer que Gamal était trop jeune. J'en vins cependant à reconsidérer ma position. Après tout, n'était-ce pas ce que j'avais connu moi aussi quand je m'étais éprise d'Anouar ? N'étais-je point tout bonnement en train de répéter l'histoire en m'entêtant comme jadis l'avait fait ma propre mère ? Et Anouar ne se montrait-il pas aussi indulgent et compréhensif que l'avait été mon père ? L'angoisse que je lisais sur le visage de Gamal me rappela le mien vingt-huit ans plus tôt.

« Téléphone à Dina, demandai-je à mon fils, et dis-lui que je souhaite lui dire un mot. »

Il pâlit sous le choc.

« Non, maman, surtout pas. Je ne voudrais pas que tu t'y sentes obligée.

— Je ne m'y sens pas le moins du monde obligée, lui répondis-je gentiment. J'ai voulu voir si tu tenais à elle, et depuis des années tu n'as jamais changé d'avis. C'est la preuve que tu l'aimes profondément. Appelle-la. »

Quand j'eus Dina au bout du fil, elle resta quasiment sans voix.

« Dina, lui dis-je, mon mari et moi souhaiterions vous rendre visite cet après-midi pour faire la connaissance de vos parents. »

Elle me répondit en balbutiant que Nicole, sa mère, se trouvait à Paris, mais que son père et sa grand-mère étaient à la maison.

« Parfait. Alors, mon mari et moi viendrons prendre une tasse de café avec eux. »

Dina téléphona sur-le-champ à sa mère qui, à l'annonce de cette nouvelle inespérée, se rendit tout droit à Notre-Dame-de-Paris pour en rendre grâces au ciel.

« Je me suis prosternée et j'ai baisé le sol de l'église », me raconta plus tard Nicole, une chrétienne maronite originaire du Liban qui plus tard devint pour moi une amie très chère. « Enfin ma fille allait trouver le bonheur. »

Le bonheur. Jamais je n'avais vu visage plus rayonnant de bonheur que celui de Gamal ce jour-là, quand son père et moi étions sortis pour nous rendre chez l'amour de sa vie. Arrivée au domicile de ses parents, je n'avais pu m'empêcher — pas plus d'ailleurs que mes filles, qui nous avaient accompagnés — d'observer à la dérobée Dina, pour découvrir ce qui la rendait si fascinante aux yeux de mon fils. La jeune fille nous avait semblé ravissante dans la robe que pour la circonstance elle avait empruntée à sa tante, bien que de toute évidence elle se vêtît d'ordinaire d'un blue-jean et d'un T-shirt, à en juger par ses allures de garçon manqué. Quoi qu'il en fût, cette rencontre avait été passablement gourmée, et le père de Dina s'était montré quelque peu dépassé par les circonstances quand Anouar lui avait déclaré que, s'il était venu lui rendre visite accompagné de sa femme et de ses filles, c'était pour lui demander d'accepter que Dina devienne l'épouse de Gamal. « C'est un grand honneur que vous nous faites, monsieur le président. Un grand honneur », avait-il réussi à articuler, incapable d'en dire davantage.

Elles aussi trop émues pour dire quoi que ce soit, Dina et sa tante m'avaient laissée en présence de la grand-mère.

« C'est une grande chance pour votre petite-fille que d'épouser mon fils, lui avais-je dit.

— Assurément, madame Sadate, et c'est aussi une grande chance pour votre fils », m'avait-elle répliqué.

Son sens de la repartie me conquit.

« Disons qu'ils ont de la chance l'un comme l'autre », avais-je dû reconnaître.

J'avais mis au poignet de Dina la montre que nous avions apportée en gage de fiançailles, puis embrassé la jeune fille, et il fut convenu que le mariage aurait lieu dans un an. Nous nous tenions tous un peu raides sur nos sièges, sans soupçonner encore combien cette union aurait un jour d'importance pour nous.

« Je dois me rendre aux États-Unis. Cyrus Vance vient de me transmettre la proposition que me fait le président Carter de participer à un nouveau sommet avec Begin. J'ai accepté. »

Anouar me fit part de cette résolution à Alexandrie par un après-midi torride de l'été 1978. Nous étions en plein ramadan. Une fois de plus je vis là le signe que la paix allait s'établir. Neuf mois ou presque s'étaient écoulés depuis l'appel lancé par Anouar à Jérusalem, et si un pays pouvait user de persuasion pour faire entendre raison à Israël, c'était bien les États-Unis. De plus, Anouar ressentait une vive sympathie pour le président Carter, dont il connaissait les convictions religieuses et les principes moraux.

« Quand dois-tu aller là-bas ? » lui demandai-je, songeant au mariage de Gamal, dont la date avait été fixée un mois plus tard, le 24 septembre.

« Le plus rapidement possible. Mais ne t'inquiète pas. Tu n'imagines tout de même pas que je pourrais être absent le jour du mariage de mon fils, tout de même ?

— Au début du mois de septembre, je serai à Paris avec Charif », lui rappelai-je. Notre petit-fils souffrait en effet de violentes crises d'asthme, et notre médecin avait pris rendez-vous quelques mois plus tôt avec un spécialiste français.

« A ce moment-là, je serai à Camp David », me dit Anouar.

Le 5 septembre, je l'appelai de Paris pour m'enquérir de l'évolution des négociations.

« Ici, c'est le black-out total, lui dis-je. Rien ne transpire dans la presse.

— Begin n'est pas un interlocuteur facile, soupira-t-il. Le bonhomme est tellement retors.

— Mais vous devriez pouvoir vous entendre, ajoutai-je pour l'encourager. Il faut que tu t'accroches.

— Je ne fais que cela, Jehane, m'accrocher. Mais c'est à vous décourager.

— Demain, tu vas voir, tout s'arrangera. Sois patient. Il faut que nous gardions espoir. Dieu soutient ton entreprise. Je prie pour toi et je sais qu'il te viendra en aide. »

Chaque nuit j'appelais Anouar de Paris. Et chaque nuit les nouvelles qu'il me donnait étaient plus décourageantes. Le président Carter menait des discussions à trois avec mon mari et Begin, tentant d'aplanir leurs principaux désaccords, cependant que les ministres des Affaires étrangères des trois pays — en l'occurrence Cyrus Vance, Moshé Dayan et Mohammed

Ibrahim Kamel — essayaient de s'entendre sur les points de détail d'un éventuel accord. Mais pour l'instant, ils n'avaient pas grand-chose à examiner en commun.

« Tu sembles tellement las », lui dis-je quand je l'eus au bout du fil deux jours plus tard.

Par-delà l'océan, je percevais à sa voix son désenchantement.

« Se battre si désespérément pour la paix finit par vous épuiser », me dit-il.

Les nouvelles en provenance du reste du monde étaient tout aussi décourageantes. Des émeutes avaient éclaté à Téhéran, et chaque soir les journaux télévisés français diffusaient les images de la violence qui déchirait la capitale iranienne. Il était véritablement effrayant de voir sur l'écran tant de haine dans les yeux des manifestants fanatisés par leurs chefs religieux, et d'entendre la foule vociférer des menaces de mort contre le chah.

J'appelai à Téhéran l'impératrice Farah Diba pour m'enquérir de la situation.

« Je viens de regarder les manifestations à la télévision et je me fais beaucoup de souci pour vous et votre époux, lui dis-je.

— Nous passons par une rude épreuve, me répondit-elle d'une voix étonnamment calme. Et nous prions pour que tout cela s'achève rapidement. »

Mais il n'en fut rien.

Chaque soir la télévision française diffusait des reportages sur les événements iraniens. Tantôt c'étaient des femmes se lamentant sur les tombes de leurs proches, mystérieusement disparus quelques jours plus tôt ; tantôt on interviewait des Iraniens qui s'étaient réfugiés en France pour échapper aux sévices de la Savak, la police secrète du chah ; tantôt encore il s'agissait de témoignages sur des affaires de corruption et d'abus de pouvoir dans lesquelles s'étaient compromis des membres du gouvernement iranien. Ce qui me choquait, c'était l'interprétation simpliste et dualiste que les Français semblaient donner de la situation si complexe de l'Iran, et plus encore le jour flatteur sous lequel ils présentaient l'ayatollah Khomeiny et ses fidèles qui comme lui avaient trouvé asile en France.

« J'ai appelé Farah à Téhéran, dis-je à Anouar au téléphone.

— Et alors ?

— Alors elle m'a dit que pour eux tout allait bien, mais que bien sûr ils franchissaient un cap difficile.

— Je suis très inquiet, me dit Anouar, qui de son côté avait suivi les développements de l'affaire iranienne à Camp David. J'ai appelé personnellement le chah pour lui dire que je priais pour lui.

— Moi aussi je prie, Anouar. Pour toi et pour la paix. »

A Paris, ma fille Noha et moi passions toutes nos matinées avec Charif, à la clinique où il suivait son traitement. Le reste du temps, je regardais la télévision pour savoir ce qui se passait en Iran. Je n'avais pas la moindre envie de rendre visite à nos amis ou d'aller dîner au restaurant, tant la situation à Téhéran devenait alarmante. J'essayais cependant de m'en distraire tant bien que mal en prenant des dispositions de dernière minute pour le mariage de Gamal et de Dina.

On dresserait dans notre jardin un immense chapiteau vert et blanc — couleurs du drapeau égyptien avant la révolution. Le linge de table serait vert lui aussi. Quant aux fleurs qui orneraient les tables, aux fauteuils d'apparat dans lesquels prendraient place les jeunes mariés, aux couronnes de roses que porteraient les demoiselles d'honneur, tout serait indistinctement blanc. Nous avions invité deux mille cinq cents personnes, et bien entendu mes collègues féminines de la coopérative de Talla, les femmes élues au Parlement et celles qui s'occupaient avec moi d'œuvres de bienfaisance. Personne n'avait été oublié.

Bon nombre d'artistes avaient voulu venir chanter le jour du mariage, mais nous ne pouvions en retenir plus de quatre ou cinq, sinon les festivités auraient duré une bonne semaine. Je tenais beaucoup à ce que Sabah, une superbe Libanaise comptant parmi les chanteuses les plus populaires au Moyen-Orient, fût présente ce jour-là pour réjouir nos invités. Gamal était le dernier de nos enfants à prendre femme, et je tenais à ce que son mariage fût une réussite. De Paris, j'appelais tous les après-midi mon bureau du Caire pour m'assurer que tout, jusque dans le moindre détail, était réglé pour le grand jour. Les danseuses, la troupe folklorique Rida, les comiques se tenaient-ils prêts ? Et les splendides chevaux blancs dressés pour exécuter en musique des pas de danse ? Je m'assurai aussi que la pièce montée de sept étages serait bien livrée en temps voulu. Au moment où Gamal et Dina la couperaient, on lâcherait des colombes blanches qui s'élanceraient vers le ciel au-dessus de leurs têtes. Des colombes de la paix, qui sait ? Dans la nuit du 15 septembre, dix jours après l'arrivée d'Anouar à Camp David, je l'appelai comme à l'accoutumée.

« Que se passe-t-il, Anouar ? lui demandai-je, supputant d'instinct au son de sa voix quelque chose de fâcheux.

— Je quitte Camp David.

— Mais... Anouar, ce n'est pas possible... Qu'est-il arrivé ?

— Begin ne veut absolument rien entendre. Pas question pour lui d'accepter que la rive occidentale retourne sous mandat arabe. Et Moshé Dayan m'a confié hier soir que les Israéliens n'ont pas la moindre intention de signer un accord actuellement. Donc, inutile de chercher à aller plus loin. Tout ce que nous avons fait jusque-là ne sert strictement à rien.

— Anouar, je t'en prie, ne renonce pas. Tu as fait preuve de patience pendant si longtemps. Persiste encore, ne serait-ce que pendant quelques jours.

— C'est inutile, Jehane.

— Tu sais bien que si tu ne persistes pas, toutes les chances de paix s'envoleront à tout jamais. Reste encore un peu. Il le faut.

— Mes valises sont faites, et on a déjà appelé l'hélicoptère qui doit nous déposer à l'aéroport de Washington.

— Le président Carter est au courant ?

— Bien sûr. Il m'a demandé d'avoir avec lui une dernière conversation privée, mais je n'en vois pas l'utilité.

— Anouar, tu t'es engagé auprès de lui à faire l'impossible pour ramener la paix, et à présent tu te défiles. Carter est un homme d'honneur et de principes. Et toi aussi. Tu ne peux pas lui faire cela.

— Je n'ai pas le choix.

— Si, justement. Tu peux au moins écouter ce qu'il a à te dire. Je t'en supplie, Anouar, fais-le.

— D'accord, je le ferai, Jehane », me dit-il d'une voix lasse.

En cet instant, je regrettai de ne pas être aux côtés de mon mari à Camp David, car alors j'aurais su le détendre, le divertir, l'encourager. J'appris plus tard que Rosalynn et Jimmy Carter avaient souhaité que les deux chefs d'État fussent accompagnés de leurs épouses, seules capables de réduire la tension entre eux et de les raisonner. D'ailleurs, Aliza Begin était allée à Camp

David. Quant à moi, je ne pouvais jouer de rôle qu'à la faveur de communications téléphoniques intercontinentales.

Deux heures plus tard, Anouar me rappela.

« Je reste, Jehane. Mais je ne puis jurer de rien.

— Dieu te bénisse, Anouar », lui dis-je à deux reprises.

Deux jours après, le téléphone sonna dans ma chambre d'hôtel. Cette fois, Anouar jubilait.

« Nous sommes parvenus à une entente ! »

Je n'en croyais pas mes oreilles.

« Redis-le-moi, Anouar. Redis-le-moi, que je puisse y croire, lui dis-je, criant presque au bout du fil.

— Ce que je viens de te dire est parfaitement vrai, Jehane. Israël s'est engagé à ne plus installer de colons sur la rive occidentale, et nous avons arrêté un calendrier pour négocier l'autonomie des Palestiniens. Nous quittons à l'instant Camp David pour Washington, où cet accord sera rendu public.

— Dieu a exaucé ma prière, lui dis-je.

— Je m'envole ce soir pour le Maroc, ajouta-t-il précipitamment. Viens m'y rejoindre.

— Bien sûr que je te retrouve là-bas. En possession de pareilles nouvelles, je me sens capable de traverser l'Atlantique de mes propres ailes ! »

La paix. La paix enfin. Je pris tour à tour dans mes bras ma fille et l'une de nos amies qui se trouvait là.

« Nous allons fêter l'événement dans le meilleur restaurant de Paris ! leur annonçai-je. Choisissez. C'est moi qui invite. »

Le hasard nous fit ce jour-là tomber nez à nez dans la rue avec d'excellents amis du Caire, Amine Chaker — il était alors ministre dans le gouvernement de mon mari —, Zina, son épouse, et Mona, leur fille.

«Vous êtes au courant ? » leur demandai-je.

Amine et Zina tombèrent des nues quand je leur appris les nouvelles qu'Anouar venait de me communiquer.

« Accompagnez-nous, leur proposai-je. Il convient de fêter cela. Je vous invite.

— C'est à moi de le faire, dit Amine. Ne suis-je pas le seul homme de la bande ? »

Et tous ensemble nous sommes allés souper ce soir-là, rendant hommage à la persévérance de mon mari et nous réjouissant du soulagement qui devait être le sien.

Quand je retrouvai Anouar au Maroc, il m'apprit que l'accord de Camp David n'en était encore qu'à l'état d'ébauche, et qu'il restait maintenant à en régler les modalités.

« Combien de temps cela prendra-t-il ? lui demandai-je.

— Probablement trois mois. »

Et un avion nous ramena au Caire pour le mariage de notre fils.

Mabrouk. « Félicitations. » Nos invités défilaient un à un devant Anouar. La foule avait envahi les rues pour scander dans l'enthousiasme ses vœux de bonheur à Gamal et témoigner sa reconnaissance à son père qui avait apporté la paix à notre pays. Jamais notre jardin n'avait été si magnifique : le vert et le blanc étaient devenus symboles de paix, et des larmes coulèrent sur les joues de nos invités quand vint le moment de lâcher les colombes. La paix. Coup sur coup la paix était enfin revenue et notre fils se mariait.

« Gamal, Dina, rapprochez-vous », avait dit Anouar ce matin-là aux jeunes mariés, alors qu'assis sur notre balcon nous regardions les gens danser d'allégresse dans la rue. Puis il avait tendu les mains vers nous pour nous regrouper tous en farandole et, chose incroyable, s'était mis à danser sur un rythme de *dabka*. Je me démenais en riant à m'en faire mal aux côtes, éblouie du bonheur que je lisais sur le visage d'Anouar. Ce fut la première et dernière fois que je le vis danser.

Le 27 octobre 1978, le prix Nobel de la Paix fut décerné conjointement à mon mari et à Menahem Begin. Dans les pays du bloc occidental comme en Égypte, Anouar était quasiment considéré à l'égal d'un saint, d'un martyr déterminé à faire don de sa personne pour mettre un terme aux siècles de dissensions ayant opposé juifs et musulmans. Mais au Moyen-Orient, beaucoup de ses coreligionnaires voyaient en lui l'incarnation du Diable et tenaient pour une hérésie la paix qu'il tentait d'établir avec Israël. Six mois après son retour de Camp David, les pays arabes allèrent jusqu'à proposer de verser annuellement à l'Égypte cinq milliards de dollars pendant dix ans s'il acceptait de rompre les négociations avec Israël. Anouar refusa tout net de se laisser corrompre. Les Égyptiens, déclara-t-il lors d'une bouleversante allocution prononcée devant l'Assemblée du peuple, plaçaient au-dessus de tout leur éthique et leurs valeurs, et l'Égypte n'était pas « comme ces pays qui pour cent millions de dollars adoptent une politique et pour cent millions une autre... Non, l'Égypte ne braderait pas son âme pour tous les milliards du monde ».

J'étais stupéfaite de la position qu'adoptaient dans les pays arabes ceux qui avaient été nos amis et avec qui nous avions eu tant de choses en commun. Et pourtant, je savais qu'en privé les dirigeants arabes approuvaient pour la plupart l'initiative de paix d'Anouar mais qu'ils n'avaient pas le courage de le déclarer publiquement. Un diplomate étranger qui venait de participer à une conférence dans les États du Golfe m'apprit en passant par Le Caire que le représentant d'un gouvernement arabe lui avait confié à titre officieux toute l'admiration que lui inspirait la démarche d'Anouar, qui seule selon lui avait des chances d'aboutir à la libération de notre sol. Mais dès le lendemain ce même personnage officiel déclarait à un journaliste, et en la présence du diplomate en question, que Sadate se fourvoyait et que les Arabes étaient hostiles à toute solution négociée avec les Israéliens tant que ces derniers continueraient d'occuper la Palestine.

Le roi Fahd, qui tant de fois avait été notre hôte à Guizeh, laissait à présent la presse saoudienne publier des attaques personnelles contre mon mari. Je n'étais d'ailleurs pas épargnée moi non plus, bien que les princesses royales m'eussent toujours témoigné beaucoup d'égards chaque fois que je leur avais rendu visite. La presse syrienne se montrait elle aussi féroce, en dépit de l'amitié que nous avions nouée avec Hafez el-Assad et son épouse bien longtemps avant qu'il ne fût devenu président.

Ces attaques me blessaient, tout comme m'attristaient les critiques portées par les épouses des dirigeants arabes contre la vision pacifiste d'Anouar. Quand nous avions rendu visite au président Bourguiba, sa femme, Mme Wassila, avait donné en notre honneur une chaleureuse réception dans leur merveilleux palais surplombant la mer, à peu de distance de Tunis, et elle avait été mon invitée officielle au Caire lors du voyage d'Anouar à Jérusalem. A cette époque, elle m'avait semblé totalement acquise à l'initiative de paix prise par mon mari, mais à présent voilà qu'elle m'écrivait en privé pour fustiger l'accord de Camp David. Je lui répondis comme je me devais de le faire, et par bonheur notre amitié a survécu. Mais la plupart des épouses des autres dirigeants arabes, elles, ont totalement coupé les ponts. Que mes relations personnelles fussent dépendantes des aléas de la politique me plongeait dans une amertume profonde. Quel gâchis !

Je me souviens encore du malaise ressenti par la femme d'Ahmed el-Khatib, le premier ministre de l'éphémère République arabe unie, quand, par une fâcheuse coïncidence, elle se trouva de passage au Caire le jour où son mari s'en prit à l'Égypte et où un journal rapporta ses propos. Aucune des Égyptiennes présentes au déjeuner dont elle était l'invitée n'approuvait la déclaration de son mari, et moi moins que toute autre. Mais c'était l'attitude du premier ministre qui nous irritait, et non celle de sa femme. Et quand je jugeai qu'il était de mon devoir d'aller m'asseoir près de Mme el-Khatib, elle fondit en larmes.

« Jehane, me dit-elle entre deux sanglots, vous êtes pour moi une sœur. Dites-moi que tout cela n'est que de la politique.

— Bien sûr, approuvai-je pour l'apaiser. Tout le monde sait que la politique est faite de querelles qui finissent toujours par s'arranger. Ce n'est pas notre affaire. N'entrons pas dans le jeu des politiciens. Contentons-nous plutôt de resserrer les liens d'amitié qui nous unissent, nous, les femmes. »

C'est ce que j'ai toujours pensé. Mais ce jour-là tout le monde n'était pas de cet avis.

Au cours de l'été 1978, je reçus un coup de téléphone de Mona Nasser, l'une des filles de Gamal Abdel Nasser.

« Tante Jehane, me dit-elle, il faut que je te parle en privé. J'arrive tout juste de Libye, et Kadhafi m'a chargée de te transmettre un message.

— Je ne peux pas te recevoir tout de suite, Mona. Anouar est sur le point de partir pour le Soudan et il faut que je l'accompagne à l'aéroport. Je te rappellerai plus tard. »

Un message de Kadhafi ? En raccrochant, je me sentais vaguement inquiète. Depuis déjà des mois Kadhafi proférait des menaces de mort contre Anouar. Allait-il le faire assassiner au Soudan ? Je dévalai l'escalier pour dire à mon mari que je venais de changer d'avis et que je partais en voyage avec lui. Mais je ne soufflai mot de l'appel de Mona. Et pendant les deux jours de notre visite au Soudan je ne le quittai pas d'une semelle, comme pour mettre quiconque au défi d'attenter à ses jours.

Dès notre retour, je priai Mona de venir me voir, et ce qu'elle me révéla confirma pleinement mon intuition. Si je n'usais pas de mon influence sur mon mari pour le persuader de ne pas donner suite à l'accord de Camp David, lui avait dit Kadhafi pour qu'elle me le répète, alors il se verrait contraint de le faire assassiner.

J'étais indignée par tant d'ignominie.

« Fais-moi l'amitié de transmettre ma réponse au président Kadhafi, dis-je à Mona, qui visiblement ne savait plus où se mettre, et rappelle-lui qu'il devrait savoir mieux que tout autre que jamais la femme du président ne cherchera à se mêler des décisions de politique intérieure ou extérieure de son mari. Quant à ses menaces de mort, rappelle-lui également que Dieu seul a le pouvoir de disposer de la vie d'un homme. »

Mon message demeura sans réponse, mais la presse libyenne haussa la voix d'un ton pour répandre ses calomnies : « Jehane Sadate veut régenter l'Égypte, put-on lire dans les journaux libyens. Son mari se plie à toutes ses volontés et lui obéit aveuglément ! »

De leur côté, les Israéliens continuaient d'agir sans vergogne. Trois mois s'étaient à peine écoulés depuis les préliminaires de paix de Camp David que déjà ils reniaient leur parole. Au lieu de démanteler leurs implantations sur la rive occidentale, ils les consolidaient et ne faisaient même plus mystère de leur intention d'en créer de nouvelles. Cette violation flagrante de l'esprit des engagements pris à Camp David mit Anouar dans une telle fureur qu'il refusa de se rendre à Oslo en décembre pour recevoir le Nobel en même temps que Menahem Begin. Il préféra dépêcher à sa place en Norvège Sayyid Maré'i, président de la Chambre et beau-père de ma fille. Anouar n'accepta pas davantage l'argent du prix Nobel de la Paix et donna des instructions pour qu'il fût versé dans les caisses de son village natal de Mit Aboul Kôm et consacré au remplacement des maisons de pisé par des constructions en brique. Et c'est à Mit Aboul Kôm qu'il voulut passer la journée du 25 décembre 1978, celle de son anniversaire. Mais il était si morose que c'est en vain que les enfants et moi tentâmes de le divertir ce jour-là.

Comme beaucoup d'autres, je me sentais profondément amère à la suite des violations commises par les Israéliens. Du jour où Anouar avait fait le voyage de Jérusalem, des millions d'Égyptiens s'étaient mis à espérer que la paix avec Israël serait établie et qu'une réconciliation effacerait nos vieilles inimitiés. Au moment où une première délégation de journalistes et d'autres citoyens israéliens était venue en Égypte, au lendemain de la visite d'Anouar à Jérusalem, les Égyptiens les avaient chaleureusement accueillis, criant à pleine voix *Shalom* sur leur passage, leur offrant des présents et des rafraîchissements. Et j'avais moi-même, non sans une certaine anxiété, je l'accorde, accepté d'être interviewée par Uri Avneri, un journaliste israélien. J'avais appris qu'il n'était pas hostile à la cause palestinienne, et qu'avant d'être exclu de la Knesset par Golda Meir il avait été le porte-parole du parti de la paix. A présent que les perspectives de paix s'étaient estompées, j'acceptai de le rencontrer à nouveau.

« Que s'est-il donc passé chez vous ? lui demandai-je. Dans un premier temps Israël semble disposé à faire la paix en échange d'une reconnaissance de fait, mon mari fait de ce rêve impossible une réalité, et maintenant c'est vous qui faites obstacle à toute solution pacifique. Pourquoi ce revirement ? »

Uri ne put m'opposer le moindre démenti.

« Notre peuple est hanté par ses propres complexes, me dit-il. Des siècles et des siècles de persécution dans les pays d'Europe nous ont appris à considérer toute chose avec une profonde défiance. La paix se fera, mais il faudra du temps.

— Si j'ai bien compris, lui répliquai-je en plaisantant, ce qui vous fait défaut, ce n'est pas tant un chef suffisamment courageux pour imposer la paix qu'une brochette de psychiatres pour vous débarrasser de vos complexes !

— C'est un peu cela », admit-il.

Je ne saurais dire notre désenchantement en cette fin d'année 1978. Plus d'un an avait passé depuis le voyage d'Anouar à Jérusalem, les entretiens de Camp David s'étaient déroulés trois mois auparavant, et la paix avec Israël n'était toujours pas faite. En Iran, la situation empirait de jour en jour. Les étudiants, les femmes et jusqu'aux enfants étaient mobilisés pour manifester contre le chah. Et chaque fois qu'on enterrait des émeutiers tués par la police, les opposants du chah fomentaient de nouvelles émeutes. Au quatorzième jour de ces funérailles, la violence atteignit à son paroxysme et les victimes furent encore plus nombreuses. Cette escalade de violence parfaitement concertée précipitait chaque jour davantage la chute du chah.

J'appelai la chabanou très peu de temps après le nouvel an : « Farah, lui dis-je, nous venons d'apprendre par la presse que vous souhaitez prendre un peu de vacances. Pourquoi votre époux et vous-même ne viendriez-vous pas nous rendre visite en Égypte ?

— Je vous remercie vivement de votre invitation, me répondit Farah, mais nous n'avons nullement l'intention de prendre des vacances. »

Je raccrochai avec perplexité. En apprenant par un journal que le couple impérial avait l'intention de s'éloigner pendant quelque temps de Téhéran pour que le chah, convalescent, prenne un peu de repos, j'avais compris que ces prétendues vacances étaient en réalité synonymes d'exil forcé. En Iran, leurs vies étaient à tout instant menacées. Farah n'en avait-elle pas conscience ? Et pourquoi avoir inventé un faux prétexte pour ne pas donner suite à notre invitation ? Elle savait pourtant parfaitement, et son époux aussi, qu'Anouar et moi les considérions comme des amis très chers, et que la situation politique n'y changeait rien.

« Anouar, tu devrais téléphoner au chah pour essayer de le décider à venir en Égypte, dis-je à mon mari. Je ne comprends pas pourquoi ils ont décliné notre invitation. »

Je ne tardai guère à l'apprendre.

« L'ambassadeur des États-Unis à Téhéran a pressé le chah de quitter son pays pour quelque temps, me dit Anouar peu de temps après. Ce départ permettrait de mettre en place un nouveau gouvernement et, espère-t-on, de ramener le calme en Iran. Mais le chah refuse de partir, et quand tu as appelé Farah, il s'est imaginé que c'était à mon instigation, parce que les États-Unis m'avaient demandé d'user de ce moyen pour l'éloigner de son pays. Quand je lui ai affirmé que c'était à titre personnel et non pas pour faire le jeu politique des Américains que nous l'invitions, il est revenu sur sa décision. Farah et lui seront ici dans huit jours.

— Mais c'est merveilleux, Anouar ! Ils ont subi l'un et l'autre de si dures épreuves.

— Nous ferons tout pour leur ménager le meilleur accueil, me dit-il. Jamais je n'oublierai ce qu'il a fait pour nous pendant la guerre d'Octobre, ni non plus qu'il a soutenu mon initiative de paix avec Israël. A présent, nous nous devons d'être à leurs côtés. »

Le 17 janvier 1979, je me tenais près d'Anouar quand le chah, aux commandes de son Falcon, un jet bleu et gris argenté, immobilisa l'appareil sur la piste de l'aéroport d'Assouan. Anouar avait ordonné qu'on lui rendît les honneurs militaires, car si un nouveau gouvernement avait été mis en place à Téhéran, le chah était toujours officiellement le chef de l'État iranien. Tous les membres de notre gouvernement s'étaient rassemblés à l'aéroport pour le saluer, et aussi l'ambassadeur d'Iran en Égypte, Abbas Naïeri, qui pourtant savait tout autant que nous que jamais plus le chah ne retournerait dans son pays, et que lui-même s'exposait à de vives critiques en venant accueillir le souverain à sa descente d'avion. Mais Naïeri était comme mon mari un homme d'honneur, et le chah était toujours empereur d'Iran.

Quand le souverain fit quelques pas avant de s'immobiliser sur le tapis rouge tandis que la garde d'honneur égyptienne tirait une salve de vingt et un coups de canon et que la fanfare exécutait les hymnes nationaux de nos deux pays, j'eus tout loisir de l'examiner et de constater qu'il semblait au bord de l'épuisement. Je ne savais pas encore, et Anouar non plus, que notre invité était atteint d'un cancer incurable et, attribuant son extrême faiblesse aux terribles épreuves qu'il venait de traverser, je fus prise de compassion pour lui. Anouar l'embrassa chaleureusement sur les deux joues, bien que ses collaborateurs lui eussent déconseillé de faire à son hôte un accueil aussi enthousiaste, sachant parfaitement que la photo de leurs retrouvailles ferait la une des quotidiens du monde entier. Mais mon mari n'était pas de ceux qui abandonnent un ami parce que les vents contraires de la politique s'acharnent contre lui

« Sois assuré, Mohammed, que ce pays est le tien, et que tu es ici au milieu de ton peuple et de tes frères », dit Anouar au chah, dont les yeux se mouillèrent de larmes.

Et tandis que mon mari l'entraînait pour passer en revue la garde, je marchai à leur suite au côté de Farah. C'était — et c'est toujours — une femme merveilleuse, et qui avait tant voulu faire pour son pays. Quel dommage que le temps lui ait manqué ! Quatre maternités l'avaient empêchée de se consacrer davantage à des activités sociales, mais par la suite elle était devenue le trait d'union essentiel entre son époux et le peuple iranien, dont elle comprenait les problèmes. Un peu plus tard ce jour-là, alors que nous roulions vers l'hôtel Oberoï, je lui mis le bras autour de l'épaule et la serrai contre moi. Anouar avait fait disposer en toute hâte sur le parcours les mêmes portraits du chah qui jadis avaient servi à l'occasion de sa visite officielle. Mais je doute que notre invité, dans sa profonde détresse, ait été en état de remarquer quoi que ce fût.

Tandis que dans la voiture il décrivait à mon mari les adieux émouvants que lui avait faits l'armée iranienne avant qu'il ne s'envole de l'aéroport de Téhéran, de grosses larmes roulaient sur ses joues. « L'un de mes gardes du corps s'agrippait à mon bras et me suppliait de ne pas partir. « Ne nous quittez pas, implorait-il. Sans vous l'Iran va partir à la dérive et tout est fichu. J'avais l'impression d'être un chef désertant le champ de bataille. »

Tout aussitôt mon mari s'offrit à donner asile aux forces armées iraniennes qui, contre vents et marées, étaient restées loyales à leur empereur.

« Faites sortir d'Iran les appareils de votre armée de l'air et les unités de vos forces navales, lui proposa-t-il. L'Égypte les accueillera jusqu'à ce que la situation se stabilise. »

La réponse du chah témoigna de son impuisance : « Les Américains s'y opposeraient. Ils m'ont forcé à m'exiler. A l'aéroport, leur ambassadeur ne cessait de regarder sa montre, me disant que chaque minute d'atermoiement jouait contre moi et contre les intérêts de l'Iran. »

Sur le visage d'Anouar je lus la consternation, et plus tard il devait me confier qu'il ne pouvait comprendre comment un chef d'État — et le chah moins que tout autre — pût en arriver à laisser un gouvernement étranger diriger les affaires de son propre pays. A cet instant même, mon mari sut que le chah était perdu.

Pourtant, en Égypte comme en Iran, la presse continuait à qualifier de « vacances » le séjour que faisait près de nous le chah. Et Farah aussi, qui n'avait d'ailleurs apporté qu'une garde-robe réduite au strict minimum.

« Nous ne tarderons guère à regagner Téhéran », me dit-elle à mainte et mainte reprise durant les cinq jours passés ensemble à l'hôtel Oberoï d'Assouan. Encore qu'il fût plus réaliste que son épouse, le chah évoquait lui aussi à tout bout de champ son retour dans son pays. Outre les Américains, ses propres conseillers l'avaient pressé eux aussi de s'éloigner temporairement, nous dit-il, dans l'espoir que cette absence apaiserait quelque peu le peuple. Farah et lui attendaient donc le « moment opportun » de retourner chez eux, ne cessaient-ils de nous expliquer. Mais chaque jour qui passait nous apprenait qu'en Iran les choses allaient de mal en pis.

C'était notre seul et unique sujet de conversation. Le chah ressassait avec angoisse les erreurs commises dans son pays, et qui toutes ne lui étaient pas imputables : les membres de sa propre famille ou du gouvernement s'étaient laissé gravement corrompre ; la police secrète — la redoutable Savak — s'était livrée à des atrocités. Le souverain avait bien souvent été laissé dans l'ignorance de ce qu'il se passait dans son pays, et en conséquence n'avait pu intervenir. Jusqu'à ses propres conseillers lui avaient caché la vérité.

« Dieu merci, vous êtes ici sains et saufs », leur disions-nous à tout propos pour adoucir quelque peu leur amertume. Tous deux venaient en effet de vivre un véritable cauchemar, et à tout instant il s'en était fallu d'un rien qu'on ne les assassine.

Chaque matin, le chah faisait une promenade d'une heure environ dans les magnifiques jardins de l'hôtel Oberoï, construit sur une île artificielle au milieu du Nil, et que nous avions choisi pour son isolement. D'une rive de cette île on aperçoit les lumières d'Assouan, et de l'autre la tombe de l'aga khan, imam de la secte chiite des ismaïliens et grand-père de l'actuel aga khan. Bien que n'étant pas de nationalité égyptienne, l'imam avait voulu qu'on l'enterre à proximité d'Assouan.

En effet, par quelque inexplicable mystère, le vieux khan, perclus et condamné au fauteuil roulant, redevenait ingambe chaque fois qu'il revenait dans ces lieux. Sans doute cette rémission tenait-elle à l'exceptionnelle sécheresse du site avant la construction du barrage, car de mémoire humaine jamais un nuage n'y avait assombri le ciel. Nul n'a encore percé le secret du désert. Toujours est-il que l'aga khan séjournait durant tout l'hiver à Assouan pour y prendre du repos et retrouver l'usage de ses jambes avant d'être obligé de passer le reste de l'année dans son fauteuil roulant. J'espérais que le sortilège d'Assouan remettrait un peu de couleurs sur le visage du chah.

Au quatrième jour de la visite impériale, Anouar dut prendre congé de nos invités pour se rendre au Soudan et y rencontrer le président Néméiry. Après son départ, j'emmenai Farah et son époux faire une promenade en barque sur le Nil. Ils semblaient désormais plus aptes à se détendre et se distraire. Nous nous étions munis de sandwiches, de boissons et de quelques friandises, et pendant trois heures nous avons glissé sur les eaux paisibles du lac Nasser, en amont du Haut Barrage, pour gagner les ruines gréco-romaines du temple d'Isis à Philae.

Marhaba, « Bienvenue », criait-on à l'adresse du chah et de l'impératrice quand la barque se rapprochait de la rive. « Soyez les bienvenus en Égypte ! » Touchés par ces démontrations d'amitié et de bienveillance, ils répondaient par de grands gestes de la main. Mais dans les yeux du chah je pouvais lire aussi combien ces marques d'enthousiasme le meurtrissaient, lui qui avait dû fuir sous les huées de son peuple.

Le 21 janvier, le couple impérial, apparemment plus serein et détendu, se disposa à quitter l'Égypte pour le Maroc.

« Revenez ici aussi souvent qu'il vous plaira, dis-je à Farah en l'embrassant pour prendre congé d'elle. Appelez-nous à n'importe quel moment, de n'importe où. Vous serez toujours les bienvenus. »

Le premier jour de février, l'ayatollah Khomeiny regagnait l'Iran.

Quand je revins au Caire, ce fut pour constater que le fanatisme religieux qui avait embrasé ce pays s'était propagé jusqu'à nos universités. Un jour où je me rendis à celle du Caire pour y assister à une conférence, je fus consternée en constatant qu'on avait placardé sur les murs des affiches faisant l'apologie de la révolution iranienne, et que des groupes de jeunes gens barbus et de jeunes filles voilées distribuaient des tracts incendiaires : tout gouvernement qui ne remettrait pas en vigueur la *chari'a* (la loi islamique) devrait désormais s'attendre à un soulèvement populaire comparable à celui de l'Iran.

Ce signe avertisseur me troubla, mais sans pourtant m'alarmer tout à fait. Je savais parfaitement que l'Égypte n'était pas l'Iran, et que les contextes religieux des deux pays n'avaient rien de comparable. Nous étions des orthodoxes sunnites et faisions preuve d'une plus grande modération, alors que l'Iran était peuplé de chiites, plus portés à l'extrémisme politique et à l'intolérance. Depuis le VIIe siècle, après que leur imam Hussein eut été tué en Irak par un parti sunnite, les chiites n'avaient cessé de recourir à la violence, de se rebeller contre l'autorité, et aussi de vouer un véritable culte aux martyrs de leur cause, comme le prouve aujourd'hui encore l'atrocité de la guerre irano-irakienne, puisque en Iran ceux qui tombent sur les champs de bataille sont enterrés dans un cimetière exclusivement réservé aux martyrs, et qu'on accorde aux familles des disparus des privilèges particuliers et les plus grandes marques de respect.

Et puis, les chiites iraniens entourent l'ayatollah Khomeiny et leurs chefs religieux d'une vénération qui n'a pas son équivalent chez les sunnites égyptiens. Pour un musulman sunnite, tous les hommes sont égaux au regard de Dieu, et le plus puissant des cheikhs n'est pas plus proche de Lui que le plus démuni des indigents, alors qu'en Iran les chiites portent leurs religieux lettrés aux plus hautes dignités spirituelles et politiques, et que la parole de leurs ayatollahs a pour eux valeur de loi. Que Khomeiny, dont nul chiite ne songerait à remettre en question les propos, ait pu prendre la tête du nouveau gouvernement iranien, cela procède pour une bonne part de cette prédisposition à superposer la hiérarchie à la foi religieuse. En Égypte, au contraire, pas un seul sunnite, si fanatique soit-il, n'imaginerait un seul instant qu'un homme s'arroge le droit de parler au nom de Dieu.

Il n'empêche que les extrémistes religieux qui militaient à l'université du Caire et dans le reste du pays durcissaient leurs positions, et que même si ces fanatiques ne comptaient que pour une infime partie de la population, ils étaient bien organisés et ne pouvaient être tenus pour inoffensifs.

« Notre jeunesse est de plus en plus manipulée par les intégristes, dis-je à Anouar en lui relatant ce que j'avais vu à l'université. Tu as beau avoir fait faire à l'Égypte de grands pas en avant, d'autres sont bien résolus à nous faire régresser. »

Il en convint, tout en disant, je m'en rendais bien compte, que je donnais à l'influence exercée sur les étudiants par l'extrémisme religieux une importance qu'elle n'avait pas.

« Anouar, je ne peux que te rapporter ce que j'ai vu de mes propres yeux », insistai-je.

A mon grand soulagement, il se rendit en février à l'université d'Assiout pour prendre la parole devant les étudiants. « Nous ne tolérerons aucune ingérence de la religion dans la politique, pas plus que de la politique dans la religion, déclara-t-il. Je crois que nous devons considérer avant tout la religion comme un phénomène de culture... et ne jamais en user comme aujourd'hui certains proposent de le faire. Nous devons concevoir la religion comme une richesse culturelle capable de restaurer à travers le monde la paix spirituelle, et dans les patries la paix sociale. » Après cette allocution de mon mari, les manifestations s'apaisèrent.

Mais la paix avec Israël se faisait toujours attendre. Six mois après Camp David, les négociations que devaient mener Anouar et Begin — sur le statut du secteur oriental de Jérusalem, occupé par les Israéliens depuis la guerre de 1967, sur la propriété des ressources pétrolières du Sinaï et, cela va sans dire, sur la sempiternelle question de l'autodétermination des Palestiniens — en étaient toujours au point mort. Pis encore, Israël continuait de créer de nouvelles implantations sur la rive occidentale, en violation flagrante de l'accord de Camp David. Les perspectives de paix étaient bien près de s'évanouir pour de bon.

« Jehane, le président Carter souhaite venir ici s'entretenir avec moi avant de se rendre en Israël pour discuter avec Begin, m'annonça Anouar au début de mars. Selon lui, c'est l'unique chance d'arriver à un accord.»

Je n'osais plus croire à la paix.

« C'est plutôt une bonne nouvelle, non ? fis-je prudemment.

— Mme Carter accompagnera son mari », ajouta-t-il.

C'était en effet une bonne nouvelle. Je ressentais beaucoup d'affection pour Rosalynn. Quand j'avais fait sa connaissance à Washington, peu de temps après l'élection de son mari en 1976, nous avions découvert que bien des choses nous rapprochaient : nous nous occupions l'une et l'autre de jeunes malades mentaux, de personnes âgées et d'handicapés physiques. Elle avait organisé en mon honneur une réception à la Maison Blanche, et à cette occasion invité les responsables féminines d'un certain nombre d'organismes qui, comme moi, se proposaient entre autres choses de venir en aide aux handicapés et d'instruire les analphabètes. Pendant les négociations de Camp David, elle avait fait en sorte de ne pas choquer les habitudes alimentaires des différents participants : la délégation des États-Unis avait été nourrie à l'américaine, on avait servi aux Israéliens de la viande kasher, et Anouar n'avait pas dérogé à son régime, composé simplement de poulet bouilli, de légumes et de thé à la menthe. A Camp David, me raconta-t-il, on lui avait même réservé une construction faisant office de mosquée.

Mais ce qui nous unissait profondément, Rosalynn et moi, était d'une tout autre nature. Elle souhaitait ardemment que la médiation de son mari aboutisse à un accord de paix entre Israël et l'Égypte, tout comme je souhaitais voir les efforts déployés par le mien couronnés de succès. Nous avions toutes les deux des maris fermement résolus, et qui l'un comme l'autre prenaient des risques.

Le couple présidentiel arriva le 8 mars 1979 au Caire, où l'attendait un accueil délirant. Par le passé, un seul président américain était venu dans notre pays en visite officielle, mais Jimmy Carter serait le premier à prononcer un discours devant le Parlement égyptien. Surtout, chacun savait chez nous qu'il donnait de sa personne pour faire aboutir nos tentatives de paix, et c'était à cela que notre peuple attachait le plus de prix. Des millions d'Égyptiens enthousiastes s'étaient massés le long de la route que nous suivions pour accompagner le président et son épouse au palais de Koubbèh, où ils résideraient durant leur séjour, et de toutes parts surgissaient des banderoles sur lesquelles on avait tracé en grosses lettres maladroites de chaleureuses formules d'accueil : « Bienvenue Kartar », « Président Kartr on t'aime », « Dieu te bénisse, Qatr ».

« Je crois que nous ferions mieux de venir habiter Le Caire », plaisanta Rosalynn en cours de route.

Anouar et le président Carter avaient assurément beaucoup de choses à se dire, mais nous n'en souhaitions pas moins faire découvrir en deux jours à nos amis américains le plus possible de l'Égypte. Le lendemain de leur arrivée, nous les fîmes grimper dès le matin dans l'antique teuf-teuf qui assure vaillamment le trajet Le Caire-Alexandrie, et à la vue des cultures du Delta, Rosalynn ne put s'empêcher de nous envier ces limons si fertiles et si différents des sols rouges qu'avait exploités son époux en Georgie. De retour au Caire, j'accompagnai Mme Carter à l'Assemblée nationale, où son mari le président américain plaida avec éloquence la cause de la paix, en recourant à des citations tirées tour à tour du Coran, de l'Ancien Testament et du Sermon sur la montagne. A bien des reprises il dut s'interrompre, tant les députés l'applaudissaient. Jimmy Carter voulait la paix tout autant que nous. Et sa foi religieuse était tout aussi vive que la nôtre.

Le jour suivant, alors qu'il ne nous restait plus qu'une cinquantaine de minutes à passer en leur compagnie avant qu'ils ne s'envolent pour Israël, nous avons encore trouvé le temps de leur faire faire une visite éclair des pyramides. Le khamsin — ce vent de sable du désert qui souffle pendant cinquante jours et s'abat sur l'Égypte à la saison du printemps — s'était levé le jour de leur arrivée. Mais en dépit des rafales de poussière qui nous fouettaient le visage et nous irritaient les yeux, les Carter semblaient aussi pénétrés que nous du mystérieux pouvoir des pyramides.

« Elles nous ont rappelé à l'humilité », nous dit le président au moment où son épouse et lui allaient partir pour Israël.

Leur arrivée à Jérusalem fut pour eux un véritable choc. A l'aéroport, un millier de personnes tout au plus les attendaient, et les inscriptions qu'ils lurent sur les pancartes brandies par la foule — « Go home, Carter », « Bienvenue au frère de Billy* » — n'étaient que témoignages d'hostilité. Comment ces gens-là

* Billy Carter, frère de Jimmy Carter, était accusé par une partie de l'opinion publique israélienne d'être vendu aux Arabes, à cause de ses fréquents contacts avec les gouvernements des États musulmans *(NdT)*.

auraient-ils pu souhaiter sincèrement la paix ? Sur le trajet suivi pour gagner l'hôtel du Roi-David, là où Anouar avait séjourné bien des mois auparavant, des manifestants haineux réussirent même à s'approcher suffisamment pour projeter des œufs sur la voiture présidentielle.

Mais j'étais loin de m'attendre à l'indécence dont firent preuve les députés israéliens quand Jimmy Carter s'adressa à la Knesset. Au Caire, l'Assemblée nationale l'avait applaudi à tout rompre. A Jérusalem, le début de son discours ne recueillit que silence glacé. Mais ce n'était là que moindre insulte, comparé au concert d'invectives qui explosa quand il en eut fini. Les vociférations étaient telles que c'est à peine si le premier ministre Menahem Begin put prononcer son allocution.

« C'est bien fini », me dit Anouar, alors qu'ensemble nous regardions à la télévision cette démonstration d'hostilité.

La presse égyptienne était elle aussi totalement déconcertée par l'attitude israélienne. « Si la paix ne se fait pas, écrivait l'éditorialiste d'*El-Goumhouriyya*, alors le monde entier, et les États-Unis davantage encore, se doivent de traquer le coupable de ce crime contre l'humanité. » Quant aux agences de presse américaines, elles n'hésitèrent pas à déclarer que désormais les perspectives de paix étaient pour ainsi dire inexistantes.

Le 13 mars, les Carter firent une brève escale au Caire car le président américain souhaitait s'entretenir avec Anouar des progrès — si tant était qu'il y en eût — accomplis au cours de son séjour en Israël. En accompagnant Anouar à l'aéroport pour les y accueillir, je ressentais autant d'abattement que lui de courroux.

« Les Égyptiens sont indignés de savoir qu'on a traité de cette façon un ami de leur pays », déclara Anouar au président des États-Unis. Les deux hommes se retirèrent ensuite dans un salon privé pour s'y entretenir, et je tins compagnie à Mme Carter qui visiblement était aussi déprimée que moi. Une heure s'écoula. Puis une autre encore. Et dans la salle d'accueil de l'aéroport, côte à côte, Rosalynn et moi avons dit des prières.

Sitôt que les deux hommes réapparurent, je sus que quelque chose d'inconcevable s'était produit : à son arrivée le président Carter nous avait semblé profondément accablé, à présent il souriait. Je scrutai les traits de mon mari, cherchant à comprendre.

« Qu'y a-t-il, Anouar ? Que s'est-il passé ? »

Alors seulement son visage s'éclaira d'un sourire.

« Le président Carter et moi avons appelé Begin à Jérusalem, et nous venons de nous entretenir avec lui par téléphone, me dit-il. Cette fois nous nous sommes entendus. L'accord est conclu. »

Je crois bien avoir alors crié de joie. Oui, sauté, fait des bonds sur place, tant je me sentais transportée d'allégresse. L'éblouissement de cet instant fut tel qu'aujourd'hui encore je ne saurais me souvenir de mes premières réactions. Je sais qu'ensuite je me tournai vers Rosalynn et que nous pouvions à peine nous distinguer l'une l'autre tant nos yeux étaient emplis de larmes.

« Dieu a exaucé nos prières », lui dis-je alors que nos maris quittaient la salle d'accueil pour affronter les micros et les caméras de la presse internationale qui les attendaient à l'extérieur. La paix venait d'être déclarée. Cette inimitié envers Israël qui nous rongeait depuis trente ans venait de prendre fin. Et tandis que le président Carter faisait devant la presse sa déclaration historique, je regardai les traits du visage de mon mari, que son ardente quête de paix avait creusés à tout jamais

Anouar el-Sadate. Menahem Begin. Jimmy Carter. Les trois hommes, les trois chefs d'État se serrent les mains et se congratulent. Plus qu'il n'en faut pour combler tous mes vœux. Ce 26 mars 1979, dix jours après la déclaration commune prononcée à l'aéroport du Caire, nous sommes à la Maison Blanche, où les trois hommes viennent de signer les accords de paix de Camp David. C'est à peine si je puis y croire.

Toute la journée je suis allée d'étonnement en étonnement Déjà le matin, au moment de prendre tranquillement le petit déjeuner dans les appartements privés de la Maison Blanche, autour d'une table mise pour six — le président Carter et madame, le premier ministre Begin et madame, le président Anouar el-Sadate et madame —, j'ai peine à croire que c'est le premier ministre israélien, dont pourtant je connais bien tous les traits du visage à force de le voir à la télévision et sur les photos de presse, qui s'avance vers moi quand on nous présente l'un à l'autre.

« C'est pour moi un grand honneur que de faire enfin votre connaissance, madame Sadate », me dit-il, la main tendue.

Et machinalement je prends dans la mienne cette main qui dans mon esprit a toujours été celle du Diable, à peine surprise de m'entendre répondre que je suis moi aussi très honorée, alors qu'au tréfonds de moi-même quelque chose m'oppresse. Cet homme, cet homme qui a été pour nous cause de tant de douleur, de tant d'amertume, va-t-il enfin signer l'accord ? Ne va-t-il pas plutôt changer d'avis une fois de plus ?

Mes craintes sont d'ailleurs bien près de se vérifier un peu plus tard, non point que le soupçonneux Begin soit tenté de faire marche arrière à la dernière minute, mais en raison de l'état de santé de son épouse, qui au beau milieu du petit déjeuner est prise d'une effroyable quinte de toux et suffoque. Nous la regardons tous avec stupeur haleter pour trouver de l'air, le visage cramoisi, nous demandant avec angoisse si elle ne va pas mourir là, d'un instant à l'autre, sous nos yeux. Mon Dieu, mon Dieu, faites qu'elle survive. Nous la voyons qui lutte pour reprendre son souffle, puis qui plonge la main dans son sac et en retire un atomiseur. Je prie de toutes mes forces en la regardant s'introduire l'objet dans la bouche et presser, presser, presser à n'en plus finir le poussoir du nébuliseur. Mon Dieu, je T'en supplie, fais quelque chose. Et peu à peu la toux cède, la crise s'apaise. *El-hamdou lillah*. Merci, mon Dieu. Merci. Mille fois merci. L'attaque n'a probablement duré que quelques secondes, mais ces secondes m'ont semblé une éternité.

A présent, sur l'estrade qu'on a dressée au milieu de la pelouse de la Maison Blanche, les trois chefs d'État préfigurent avec éloquence la paix durable qui va résulter de l'accord. Espérons que personne ne remarquera les larmes qui inondent mon visage. Je fais de mon mieux pour me ressaisir et pour écouter ce que disent les orateurs. Mais mon esprit est distrait par une silhouette entrevue du coin de l'œil sur le siège proche du mien. Je glisse de côté un regard furtif.

Mon Dieu ! Moshé Dayan ! Ici ! En chair et en os ! Je m'empresse de baisser les yeux, mais j'ai eu le temps d'entrevoir aussi un autre visage que je connais bien : celui d'Ariel Sharon, l'ex-ministre de la Défense. Mon cœur bat si fort qu'on doit le voir palpiter sous ma robe. Ils sont tous là, près de moi, ces redoutables personnages de légende qui m'ont valu tant et tant de cauchemars. Et voilà soudain que ces hommes qui durant trente ans ont été nos adversaires sont désormais nos amis.

Tout au long du dîner donné à la Maison Blanche pour célébrer la signature des accords de paix, je continue de vivre quelque chose d'irréel. Les tables ont été dressées sous un chapiteau vert et blanc, les couleurs que j'avais choisies pour le mariage de mon fils. Les convives n'ont pas été regroupés par nationalités. A chaque table ont pris place des Égyptiens, des Israéliens et des Américains. Je jette un coup d'œil circulaire sur l'assemblée, pour l'embrasser d'un seul regard. Il y a là des hommes qui depuis 1948 n'ont cessé de se combattre, de se meurtrir dans leur chair, de s'entre-tuer, d'anéantir les frères et les fils de leurs ennemis. Et à présent ils sont assis côte à côte, partageant le pain. Beaucoup semblent tout aussi incrédules que moi. Aurai-je la force de leur faire des civilités ? Suis-je tenue de leur en faire ? Réussirai-je seulement à oublier en un instant ces multiples années de suspicion, de craintes mutuellement nourries ?

On m'a placée entre le président Carter et le premier ministre Begin. Dans la conversation, il n'est question ni de belligérance ni de préparatifs militaires, mais de nos enfants et petits-enfants. Begin constate que sa fille Hasya est du même âge que Loubna, la mienne.

« Vous devriez venir nous voir en Israël avec votre époux et vos enfants », me dit-il.

Moi, en Israël ! Après le dîner, alors que des musiciens originaires des trois pays signataires de l'accord nous divertissent, je constate qu'Égyptiens et Israéliens font prudemment connaissance. Incroyable. Je ferme les yeux, puis les ouvre aussitôt pour me persuader que je ne rêve pas. Mais non, tout le monde est bien là. Je vois mon fils partir d'un grand rire en écoutant ce que lui raconte Moshé Dayan. Ils doivent sûrement échanger quelques bonnes blagues.

Du jour où furent signés les accords, tout fut différent. Absolument tout. En quittant la Maison Blanche le lendemain, nous avions l'impression que le monde avait changé. Nous nous souvenions du voyage que nous avions fait en 1974, quand Anouar s'était adressé aux Nations unies. A cette époque, le maire de New York, Abraham Beame, avait refusé de le rencontrer. A l'exemple de beaucoup d'autres, Beame assimilait le conflit politique opposant Israël à l'Égypte à une guerre de religion que se livraient juifs et musulmans. Comme il se trompait ! Car si de toute évidence une même religion cimente tous les membres de la diaspora, un Juif des États-Unis est bel et bien un Américain, pas un Israélien, et entre Beame et nous rien n'aurait dû donner motif à friction. J'en étais alors venue à me demander s'il se considérait comme le maire de Tel-Aviv ou comme celui de New York.

Au cours de ce même voyage aux États-Unis, j'avais moi-même été en butte à l'hostilité ouverte de la déléguée de la municipalité de Los Angeles venue nous accueillir à l'aéroport au nom du protocole. Dans la voiture qui nous avait ramenés en ville, c'est à peine si elle avait daigné me répondre quand je m'étais enquise de son nom, lui avais demandé si elle avait des enfants et si elle aimait vivre sous le soleil de la Californie méridionale. Un peu plus tard, j'avais interrogé le représentant de la municipalité qui nous avait accompagnés jusqu'à notre hôtel sur les raisons de cette attitude. Ma question l'avait quelque peu embarrassé. « Elle a tout d'abord refusé d'aller vous accueillir en prétextant qu'elle était malade, finit-il par nous expliquer. J'ai dû lui rappeler qu'il n'est pas dans les attributions d'un membre du service du protocole de faire état de ses sentiments personnels vis-à-vis de nos invités officiels. Mais vous comprenez, elle est juive, et la situation était pour elle... un peu délicate. »

Tout cela était bien révolu. Par un soudain revirement de situation, nous étions à présent submergés de prévenances. D'un peu partout en Amérique on nous invitait à des réceptions, des soirées. Des universités nommaient Anouar docteur « honoris causa », et une vingtaine de conseils municipaux s'offrirent à nous remettre symboliquement les clés de leur ville. A dater de ce jour, et où que j'allasse à travers le monde, ceux qui m'accueillaient avec le plus de chaleur, me parlaient de mon mari dans les termes les plus touchants, et bien souvent les larmes aux yeux, étaient des Juifs. Le contraste était encore plus frappant à New York : le soir de la signature des accords de paix, l'Empire State Building fut illuminé aux couleurs de l'Égypte et d'Israël.

Il en allait tout autrement dans les pays arabes. Alors même qu'Anouar apposait sa signature au bas du document qui garantissait la paix au Moyen-Orient, déjà les Palestiniens demandaient aux pays frères producteurs de pétrole de cesser leurs livraisons à l'Égypte et aux États-Unis. Bientôt des manifestations d'hostilité dirigées contre mon mari éclatèrent en Syrie et au Liban. En Iran, une foule haineuse prit d'assaut notre ambassade et dans les rues de Téhéran des banderoles représentaient Anouar pendu à une potence.

Le roi Hussein de Jordanie lui-même, le plus modéré des chefs d'État arabes, menaçait de rompre les relations diplomatiques de son pays avec l'Égypte. Si la paix nous avait valu de nouveaux amis, elle avait fait des ennemis de nos anciens alliés. Que le plus venimeux d'entre eux fût Mouammar el-Kadhafi n'eut rien pour nous surprendre. Il n'aurait de cesse, avait-il déclaré, qu'Anouar fût mort et enterré.

Tant de myopie me désolait. Mais quelle fierté m'inspira le peuple égyptien massé dans les rues du Caire pour acclamer Anouar à notre retour en Égypte ! D'avoir subi les cruelles épreuves de la guerre ne faisait que mieux comprendre à nos compatriotes le prix de la paix. *Bil rouh, bil damm, nifdeek, ya Sadat !* scandait la foule massée sur notre passage. « Pour toi nous donnerons notre sang et notre âme, Sadate ! » *Bil rouh, bil damm. hankamil el-mishwar !* « Nous donnerons notre sang et notre âme pour que tu puisses aller jusqu'au bout ! »

Une cérémonie demeure présente en ma mémoire, une céré monie qui pour Anouar eut encore plus de signification que pour quiconque. Le 25 mai 1979, un avion nous transporta à el-Arich, et avec nous le gouvernement au grand complet, pour y célébrer solennellement la première étape de la restitution du Sinaï. Jamais mon cœur n'avait tant débordé d'allégresse. Anouar avait tenu la promesse qu'il avait faite au peuple égyptien de lui rendre sa terre. Et il la lui avait rendue sans que le sang soit versé.

Je ne saurais dire combien el-Arich me sembla belle et paisible ce jour-là, avec ses palmiers ondulant sur le rivage et, par-delà, le bleu intense de la mer. Tant de souvenirs me revenaient en mémoire. C'était là qu'Anouar et moi avions passé les premiers temps de notre vie conjugale, vingt-huit ans plus tôt. Et c'était là que l'Égypte avait subi la pire humiliation, quand on l'avait dépossédée onze années auparavant de cette terre qu'à présent la paix lui restituait. Alors que la garde d'honneur s'apprêtait à envoyer les couleurs sur le Sinaï retrouvé, Anouar s'inclina au-dessus du drapeau et posa les lèvres sur la pièce d'étoffe. Tous les ministres l'imitèrent. Et, pas plus que les anciens soldats qui ce jour-là s'étaient rassemblés à el-Arich pour célébrer le retour de cette terre qu'ils avaient défendue avec tant de courage, je ne pouvais retenir mes larmes. C'était pour que vînt cet instant que pendant si longtemps mon mari avait prié et œuvré. Mais qui eût cru qu'il y arriverait un jour ?

Il fallut de nouveau que je prenne sur moi pour y croire quand, en septembre, toute la famille se rendit en Israël à l'invitation de Menahem Begin. Quand notre navire entra dans le port d'Haïfa, une salve de vingt et un coups de canon fut tirée pour nous accueillir. Sur le quai, la foule était si compacte qu'il eût été impossible de glisser un crayon entre les spectateurs. Et partout des pancartes : « Bienvenue à Sadate ». D'innombrables pancartes. « Bienvenue », « Bienvenue ». Les yeux, les sourires exprimaient une telle émotion que pas un instant nous n'aurions pu croire que cette cérémonie d'accueil eût été orchestrée sur ordre du gouvernement. Une authentique chaleur transfigurait nos hôtes.

« Par quelle aberration avons-nous bien pu faire la guerre pendant tant d'années à des gens si adorables ? dis-je ingénument à mon mari pour le provoquer un peu, alors que nous nous apprêtions à poser le pied sur le sol d'Israël.

— Je t'en prie, Jehane, me répliqua-t-il d'un ton pincé, ce n'est vraiment pas le moment de discuter de cela. »

Aliza Begin fut pour moi une merveilleuse hôtesse. Elle me fit visiter des hôpitaux, un centre pour handicapés, des crèches. Elle alla jusqu'à faire une causerie à l'université pour parler de l'effort que nous faisions chez nous en faveur des handicapés. Et dans un hôpital on nous fit voir en grande cérémonie une toute nouvelle acquisition dont les Israéliens étaient très fiers : un appareil scanner de tomographie axiale assisté par ordinateur

« Nous avons le même à l'hôpital de Wafa' wal Amal », ne pus-je m'empêcher de faire remarquer.

Anouar me regarda fixement : « Garde-le pour toi, me souffla-t-il Tu vois bien que c'est tout nouveau pour eux et qu'ils en sont très fiers !

— Moi aussi je suis très fière du nôtre », murmurai-je. Et d'ajouter pesamment : « D'autant plus fière que nous l'avons depuis des années.

— Tais-toi, je te dis ! » siffla Anouar.

Je fus profondément ravie de faire la connaissance de Léa Rabin, l'épouse de l'ex-premier ministre Itzhak Rabin, à l'occasion d'un déjeuner. En 1975, nous avions participé l'une et l'autre à la conférence internationale sur les Droits de la femme réunie à Mexico sous l'égide des Nations unies, mais son pays occupait alors une partie de notre territoire national, et je ne lui avais pas adressé la parole, pas plus que je n'avais accepté de lui serrer la main. Et voilà qu'à présent nous nous congratulions.

« Je vous dois des excuses, lui dis-je, songeant à la grossièreté dont j'avais fait preuve à Mexico.

— Je ne crois pas que cela soit désormais nécessaire », me répondit-elle.

Mais je tenais à ce qu'elle sût combien je me sentais désormais soulagée.

« En qualité de femme, j'aurais souhaité vous rencontrer pour m'entretenir avec vous des problèmes qui nous préoccupent l'une comme l'autre, lui dis-je. Mais la situation politique d'alors me l'interdisait. Et si à présent nous rattrapions le temps perdu ? »

Et c'est ainsi que nous avons fait connaissance.

Ma fille Jehane fut tout aussi séduite par la cordialité du peuple israélien. Chaque fois qu'on lui faisait visiter un lieu, des gens l'abordaient en pleine rue pour lui souhaiter la bienvenue. Un jour, le propriétaire d'une boutique dans laquelle elle était entrée pour acheter des souvenirs refusa de les lui faire payer. « Mais si, mais si. Je vous prie de bien vouloir les accepter comme des présents offerts par mon pays à votre famille », lui dit-il avec insistance.

Parfois pourtant mes vieilles terreurs se réveillaient. Je ne pouvais m'empêcher de réprimer un tremblement chaque fois que je voyais passer dans le ciel un hélicoptère et que je me souvenais de la guerre. Mais ce qui provoqua en moi le choc le plus intense, ce fut le bref trajet — précisément en hélicoptère — que je fis en compagnie d'Ezer Weizmann pour gagner l'aéroport avant mon départ pour l'Égypte.

« Vous plairait-il de prendre place à l'avant, à côté du pilote ? » me proposa cet homme merveilleusement courtois, pour qui mon mari éprouvait une profonde sympathie. « Vous verrez infiniment mieux le paysage. »

Mais tandis qu'un peu plus tard le pilote me désignait du geste des champs cultivés, les zones industrielles et les régions peuplées à la fois de Juifs et d'Arabes que nous survolions, mes yeux demeuraient rivés sur son uniforme, et je ne pouvais m'empêcher de penser que ce même officier qui à présent me faisait faire du tourisme, fier de me montrer son pays, était peut-être de ceux qui, à bord d'hélicoptères semblables, étaient venus quelques années auparavant tuer chez nous nos soldats.

De retour au Caire, je m'efforçai de ne pas attacher trop d'importance aux critiques que commençait à formuler la presse égyptienne. On accusait Anouar d'avoir payé d'un prix trop élevé la paix avec Israël. Les auteurs de ces critiques oubliaient-ils donc si vite que le Sinaï nous avait été restitué ? Je ne fus pas autrement surprise des manifestations antigouvernementales organisées par les extrémistes religieux. Le soir où le président Carter et mon mari avaient annoncé publiquement qu'un protocole d'accord serait bientôt signé avec Israël, la police avait dû faire usage de grenades lacrymogènes pour disperser des manifestants à l'université d'Assiout, et je savais que jamais les fanatiques n'accepteraient la paix. Mais je pensais alors qu'ils finiraient d'eux-mêmes par comprendre que l'Égypte n'avait pas eu le choix.

Seules les menées de Kadhafi m'inquiétaient. Quand Anouar et moi avions quitté la Maison Blanche après la signature des accords, le président Carter m'avait embrassée sur les deux joues en me faisant ses adieux. Il n'ignorait pas, bien entendu, que pareille familiarité à l'égard d'une femme eût été impensable dans un pays islamique. Mais c'est spontanément qu'il avait fait ce geste, dans un élan irréprimé de soulagement. « Nous venons vous et moi d'en voir de rudes, Jehane », m'avait-il dit à la porte de l'hélicoptère, tandis que les reporters de presse enregistraient sur la pellicule cette scène d'adieu. A présent, m'avait-on rapporté, un agrandissement d'une photographie prise ce jour-là figurait en bonne place à l'aéroport de Tripoli, accompagné de cette légende : « Cette femme peut-elle honnêtement se prétendre musulmane ? »

L'incendie qui allait finalement consumer mon mari était en train de s'étendre.

Chapitre 13

Au nom de Dieu

Je suis une fois encore en retard à mon cours. En me précipitant à travers les portes de l'université du Caire vers le département de littérature arabe, je me heurte à un mur de gens. « Ce sont les fondamentalistes, murmure quelqu'un. Ils sont en train de prier dans la cour centrale. » Prier dans la cour centrale ? Il est dix heures. La prochaine prière n'est pas avant midi. En outre, la cour centrale est le passage vers les salles de cours et non une mosquée.

Je ne peux traverser. Personne ne peut traverser. Alors que je rejoins la foule des étudiants, je vois plusieurs centaines de jeunes gens en robe blanche se prosternant, plusieurs centaines empêchant des milliers d'autres de suivre leurs cours. « Nous devons appeler la police », dit une fille devant moi. Mais je lui rappelle que la police ne peut venir : pour encourager un climat de liberté à l'université, Anouar lui a interdit de pénétrer sur le campus.

Il me faut presque deux heures pour rejoindre ma place dans le séminaire de maîtrise. Cependant les interruptions continuent. Bang ! Un poing s'abat sur la porte de la salle voisine. Le professeur s'arrête, puis continue à parler. Bang ! Bang ! Bang !

Le bruit à la porte devient si fort que le professeur ne peut plus continuer.

« Cessez d'étudier maintenant », hurlent les extrémistes religieux à travers la porte. « C'est l'heure de la prière ! » Ces voix appartiennent aussi bien à des hommes qu'à des femmes. Le professeur n'ouvre pas la porte, préférant attendre que la foule au-dehors se déplace vers la salle suivante. Mais je peux les imaginer, les hommes barbus avec leur galabiehs, les femmes en robes longues et voilées. Et leurs yeux pleins de lumière...

Pendant des années j'ai observé l'influence grandissante des fondamentalistes à l'université. C'est en 1974, l'année où je suis devenue étudiante, qu'Anouar autorisa de nouveau les groupes religieux, considérant que si l'Égypte s'orientait vers la démocratie eux aussi avaient le droit de s'exprimer. Et peu à peu les extrémistes religieux avaient constitué un noyau petit mais bien organisé d'opposition à la politique de mon mari. En 1977, trois mois après le retour d'Anouar de Jérusalem, les groupes militants islamiques surprirent tout le monde (sur le campus) en remportant les élections étudiantes. Maintenant, c'est-à-dire à l'automne de 1979, début de mon année de maîtrise, je me demandais ce qui arrêterait la force des extrémistes.

Jusqu'à un certain point, je sympathisais avec ceux qui embrassaient la cause des fondamentalistes. Nos problèmes en Égypte étaient devenus chroniques et il n'y avait aucun espoir de solution à l'horizon. Trop de pauvres. Trop de mal logés. Trop d'analphabètes. Trop de gens qui ne pouvaient même pas acheter de vêtements, au point que la solution de loin la plus économique était de n'avoir qu'une galabieh ou une robe longue. Mais toutes ces conditions résultaient d'un seul fait : l'État ne pouvait prendre en charge tant de gens.

La tension croissante sur nos structures sociales conduisait beaucoup d'Égyptiens à la confusion et au désespoir : les pauvres, en particulier, et les milliers de villageois affluant chaque jour au Caire, qui se sentaient perdus dans ce milieu urbain surpeuplé et bruyant, dans lequel il était difficile de trouver une place pour vivre et travailler. Naturellement ils étaient réceptifs aux directives strictes des fondamentalistes qui leur donnaient une identité et un but.

La structure familiale, qui avait toujours été la colonne vertébrale de la stabilité en Égypte, s'affaiblissait elle aussi. Des générations qui avaient vécu ensemble dans des villages et dans des villes commençaient à se disperser. Les couples mariés rencontraient des difficultés pour vivre auprès de leurs parents à cause de la pénurie de logements, ce qui conduisait à négliger non seulement les aînés mais aussi les jeunes. Au lieu de laisser les grands-parents prendre soin de leurs enfants quand elles allaient travailler, certaines mères devaient désormais les faire garder par des étrangers à la famille. Beaucoup de pères n'avaient pas un travail mais deux, voire trois. Chacun était occupé, chacun travaillait ou cherchait du travail. Personne n'avait assez de temps pour prendre soin de sa famille.

Je pouvais voir cette forme de négligence se répandre dans les écoles, où le seul nombre des élèves écrasait ce qui avait toujours été un système sur lequel on pouvait s'appuyer. Alors qu'auparavant nos professeurs constituaient le lien essentiel entre l'école et la maison et connaissaient la famille de tous leurs élèves, maintenant c'était à peine s'ils savaient le nom de ceux-ci. Dans les universités surpeuplées, ceux qui avaient des problèmes — peut-être la mort d'un parent, un divorce, ou seulement des difficultés à apprendre — étaient perdus dans la masse. Et même les étudiants sans problème spécial découvraient qu'il leur fallait prendre des leçons particulières simplement pour réussir à leurs examens. Il était impossible aux professeurs d'enseigner un si grand nombre à la fois et, alors même qu'ils avaient le plus besoin d'attention, les étudiants se sentaient perdus à un moment critique de leur développement.

Je faisais de mon mieux avec mes propres étudiants, parlant avec eux à la fin des cours, les invitant chez moi pour discuter de tout ce dont ils avaient envie. Mais naturellement, je ne pouvais à moi seule supprimer leurs sentiments d'aliénation. Pas plus que je ne pouvais rivaliser avec les fondamentalistes qui trouvaient à loger les pauvres, y compris de nombreux étudiants, dans des mosquées où on les nourrissait, les habillait, leur donnait de l'argent pour leurs livres scolaires, éventuellement des leçons particulières Les Frères musulmans et leurs diverses filiales s'occupaient aussi des autres classes de la population, mettant en place des centres de soins dans les quartiers les plus pauvres, organisant des lectures pour les enfants qui étaient dans les écoles publiques surpeuplées, construisant des abris pour ceux qui ne pouvaient trouver à se loger. Leur campagne était bien organisée — et bien financée, bien que personne ne sût exactement d'où venait l'argent. Certains disaient qu'il venait des conservateurs religieux égyptiens. D'autres soupçonnaient Kadhafi, ou les Frères musulmans d'Arabie saoudite, ou les chiites fondamentalistes d'Iran.

Quels que fussent ceux qui appuyaient les fondamentalistes, j'étais sûre qu'ils étaient satisfaits des résultats. Chaque fois que les Frères offraient leurs services, ils donnaient en même temps des cours de religion : la *chari'a* doit être la seule loi dans notre société ; tout ce qui vient de l'Occident doit être éliminé ; la paix avec Israël est proscrite par le Coran ; les coptes sont les ennemis des musulmans et veulent l'Égypte pour eux.

A l'université, je ne pouvais pas faire dix pas sans voir un de ces stands où les membres des groupes fondamentalistes vendaient des livres à très, très bas prix et essayaient de recruter de nouveaux adeptes. Ils fournissaient gratuitement des galabiehs aux jeunes hommes qui s'arrêtaient pour les écouter, et des voiles et des robes longues aux jeunes femmes. Et chaque année le nombre d'étudiants qui acceptaient allait croissant, un plus grand nombre portant la barbe ou le voile au lieu de s'en séparer.

J'étais surprise que tant de jeunes femmes, notamment quelques-unes des meilleures et des plus brillantes de ma classe, eussent choisi de porter le *hegab*, voile léger qui laisse le visage découvert mais couvre la tête et les épaules. L'une de mes étudiantes avait fait ce choix parce qu'elle était profondément religieuse et je respectais sa décision. Mais d'autres à l'université l'utilisaient davantage comme manifeste politique, particulièrement celles qui portaient le *niqab*, voile lourd, presque masque, qui couvre entièrement le visage de la femme en ne laissant que deux fentes pour les yeux. Ces extrémistes cachaient entièrement leur corps, mettant des gants même pendant les jours les plus chauds de l'été et portant des bas épais. Cela me faisait mal au cœur de les voir déambuler dans les halls de l'établissement. Ce n'était pas là l'islam.

Les fondamentalistes, en retour, critiquaient ma manière de m'habiller. Périodiquement ils envoyaient des filles s'exprimant bien pour essayer de me convaincre d'adopter au moins le voile. « Pourquoi ne portez-vous pas le *vêtement selon la loi* ? » ces envoyées m'exhortaient-elles, utilisant l'expression créée par les groupes islamiques pour désigner le voile et la longue robe qu'ils considèrent comme essentiels pour les femmes. « Ne devriez-vous pas, en tant qu'épouse du président de l'Égypte et modèle de nos femmes, montrer l'exemple ?

— Je porte toujours des manches longues et des vêtements classiques et pudiques, ripostais-je fermement. Mais plus importants que les vêtements sont les actes. Quand viendra le temps du jugement de Dieu, Il ne vous recevra pas les premières au ciel parce que les robes que vous portiez étaient plus longues. »

Inna el-a'mal bil niyyat, dit le *Hadith.* « Les actes sont pesés par leurs intentions. » Je ne pouvais blâmer les fondamentalistes de suivre leurs croyances. Mais ils n'auraient pas dû essayer d'imposer leur volonté, l'opinion d'une minorité, à tous les autres, en tirant avantage de l'action d'Anouar en faveur de la liberté d'expression, de l'absence de censure. La libéralité de mon mari avait ouvert aux Égyptiens des possibilités qu'ils n'avaient jamais connues auparavant, mais les extrémistes religieux ne voyaient que le mauvais côté des choses, se sentant menacés par tout nouveau développement. Leur liste de plaintes était sans fin.

Ils détestaient la musique rock de l'Occident, que la plupart des étudiants écoutaient, accusant toute musique, récitation du Coran exceptée, d'être sacrilège. Le blue-jean porté indifféremment par les garçons et les filles à l'université les offensait. Les programmes de télévision occidentaux étaient populaires dans toute l'Égypte, mais les fondamentalistes islamiques voulaient qu'ils soient interdits. Immorale, aussi, était pour eux la célébration de fêtes non religieuses comme celle des mères. Pour les plus extrêmes des fondamentalistes, même les méthodes scientifiques occidentales étaient suspectes, des étudiants en médecine refusant d'apprendre certains aspects de l'anatomie du sexe opposé.

Je ne comprenais pas du tout ces points de vue fanatiques. Et il était clair que les fanatiques ne me comprenaient pas. De plus en plus fréquemment ils m'attendaient à l'extérieur des salles de cours pour me reprocher ce qu'ils appelaient la nouvelle politique pécheresse de l'Égypte. « Votre mari laisse entrer la corruption de l'Occident », disaient-ils. Je leur répondais : « Prenez ce qui est bon à l'Ouest et oubliez le reste. Nous ne pouvons plus nous offrir une politique isolationniste. En qualité de personnes éduquées, nous devons découvrir autant que faire se peut le monde qui nous entoure, et utiliser cette connaissance pour nous améliorer. » Mais mes arguments tombaient dans les oreilles de sourds.

Le plus menaçant pour les fondamentalistes était la suppression de la barrière des sexes. Je pensais que l'éducation mixte était pour les femmes le premier pas vers la conquête de l'égalité avec les hommes, mais le fait de voir garçons et filles parler et étudier ensemble rendait les extrémistes furieux. Les fondamentalistes mirent en place des cars scolaires réservés aux filles et désiraient la séparation des sexes dans les classes et les cafétérias. Ils étaient opposés à l'extinction des lumières durant les séances de diapositives en classe, soutenant qu'il était indécent que des hommes et des femmes soient ensemble dans le noir. *Lakum Dinukum wa Liyya Dini.* Je ne me lassais pas de répéter cette citation du Coran à ceux qui exigeaient de savoir comment je pouvais supporter l'éducation mixte et les réformes dans les lois fondamentales alors que je me faisais encore appeler musulmane. Vous avez votre religion et j'ai la mienne. Les actes sont pesés par leurs intentions.

La situation ne fut pas améliorée par l'interview que j'avais accordée, avec Amina el-Saïd, à une journaliste américaine qui nous avait assuré que l'article sortirait dans un journal familial du genre *Parade.* Je ne pus en croire mes oreilles lorsque l'ambassadeur égyptien à Washington me téléphona pour me préparer au fait que l'article ne paraîtrait pas dans *Parade* mais dans *Playgirl* ! L'interview avec Amina parut sur la même page que la photo d'un homme nu ! Nous ne pûmes rien faire car le magazine était déjà en circulation. Mais pendant des jours, journaux et magazines de tout le monde arabe furent pleins de cette histoire, et les critiques des fondamentalistes en Égypte furent acharnées.

Lors de mes discussions avec les intégristes j'essayais de raisonner, mais en moi-même j'étais épouvantée : ce qu'ils désiraient c'était ramener l'Égypte des siècles en arrière, et ignorer tout le progrès que nous avions fait. Ils ne voulaient pas des entreprises mixtes que le gouvernement créait avec des investisseurs étrangers qui nous apportaient de nouveaux hôpitaux, des écoles, des hôtels et des cliniques. Ils refusaient les nouvelles lois fondamentales. Ils ne voulaient aucun lien avec l'Occident ni la paix avec Israël.

Je me demandais si Anouar savait à quel point ils étaient contre lui. Certes mon mari avait des conseillers et des rapports des services de renseignements, mais j'étais plus proche du peuple. Pendant qu'il voyageait à travers l'Égypte en hélicoptère, j'allais presque partout en voiture. Il faisait la tournée des gouvernorats avec une suite importante, alors que j'allais souvent seule dans les zones rurales. Il visitait à l'occasion des universités mais moi, je voyais tous les jours de mes propres yeux les fondamentalistes. Et contrairement à quelques-uns de ses conseillers, je n'avais pas peur de lui soumettre des rapports pessimistes.

« Anouar, le prévins-je sans cesse durant l'automne de 1979, si tu n'agis pas rapidement ils peuvent devenir une force politique assez puissante pour renverser tout ce que tu défends. » Et Anouar agit, rencontrant, comme l'année précédente, les groupes d'extrémistes islamiques et leur demandant de rester en dehors de la politique. En même temps il chercha à faire progresser la situation de tous les étudiants, augmentant les subventions gouvernementales pour le logement et les livres scolaires et mettant en route de nouveaux programmes pour améliorer la condition des diplômés qui devenaient fonctionnaires. Il ne pouvait guère ou ne voulait faire plus. « Je sais que les fanatiques sont dangereux, Jehane, me disait-il, mais je ne peux les envoyer en prison pour le seul motif qu'ils n'aiment pas ma politique. »

Je ne pouvais qu'approuver : il est contraire aux principes démocratiques d'arrêter ceux qui s'opposent à vous. Mais quelles seraient les conséquences de la bigoterie et des préjugés que les fondamentalistes répandaient à travers toute l'Égypte ? Cela m'inquiétait aussi de voir la couverture du magazine des Frères musulmans, *L'Appel.* « Attention : les Juifs arrivent ! » proclamait en septembre 1979 un article de ce magazine, dont la couverture montrait la caricature d'un Juif pendant un homme barbu et en galabieh. L'article suggérait la manière de traiter avec les Israéliens après la normalisation de nos relations avec Israël prévue pour février 1980. « Achetez des produits égyptiens même s'ils sont moins bons que ceux produits par les Juifs, recommandait-il. Ne travaillez jamais pour un Juif, même s'il vous offre un salaire double. Ne déposez pas votre argent dans une banque non islamique. »

Encore plus inquiétantes étaient les attaques des fanatiques contre les coptes. En Égypte, nous n'avons jamais pensé que telle personne est musulmane et telle autre catholique, nous considérant simplement les uns et les autres comme égyptiens. L'islam reconnaît pleinement aux coptes le droit d'exercer leur religion, le Coran respecte aussi bien les chrétiens que les juifs en tant que « Peuple de la Bible », monothéiste, au même titre que les musulmans. Le Prophète lui-même avait une femme chrétienne. Mais depuis la paix avec Israël, les groupes fondamentalistes oubliaient tout cela, attisant au contraire les tensions religieuses. « Les coptes ne doivent pas avoir voix au chapitre en matière de politique en Égypte », proclamaient les pamphlets distribués par les groupes islamiques. « Les chrétiens complotent avec les impérialistes étrangers. Vous ne pouvez être l'ami d'un copte. »

Peu de gens lisaient la prose fondamentaliste. Malgré tout il était difficile d'éviter le message d'intolérance prêché par les fanatiques dans toutes les mosquées d'Égypte. Et petit à petit, l'opposition à la paix avec Israël, aux coptes, envers mon mari devint de plus en plus forte.

L'opposition grandissait aussi parmi nos voisins arabes. Pour la première fois, autant qu'il m'en souvienne, l'Égypte n'avait pas à se méfier de ses ennemis sur sa frontière orientale. Nos nouveaux opposants étaient ceux que nous avions pensés être nos amis.

Pour punir Anouar d'avoir fait la paix avec Israël, les dirigeants des pays arabes se réunirent à Bagdad en mars 1979 et votèrent la suppression de toute aide nouvelle à l'Égypte. Des millions d'Égyptiens souffrirent de cette soudaine perte de ressources, qui avant la paix dépassaient plusieurs centaines de millions de livres égyptiennes. Et, chose encore plus cruelle pour un pays aussi pauvre que le nôtre, les dirigeants arabes avaient également imposé un boycott économique total à son encontre. Des milliers de gens perdirent leur emploi quand des compagnies arabes multimillionnaires en dollars fermèrent leurs branches égyptiennes. Les plus grands hôtels du Caire et les night-clubs au bord de l'eau, généralement remplis à craquer d'estivants venus des régions plus chaudes du Golfe, restèrent vides cet été-là. Il en fut de même pour les milliers d'appartements luxueux que des Égyptiens louaient habituellement aux visiteurs arabes. Certaines compagnies aériennes arabes suspendirent leurs vols vers Le Caire lorsque l'avion du premier ministre Begin atterrit à Ismaïlia le 25 décembre 1978. Les autres suivirent dès qu'Anouar eut signé les accords de Camp David. Pour être certains que personne ne voyagerait vers l'Égypte, les gouvernements arabes avaient même interdit leur espace aérien aux avions égyptiens.

Nous fûmes aussi isolés politiquement à la conférence de Bagdad par les dirigeants arabes désireux de donner une leçon à Anouar. C'était l'Égypte qui en 1945 avait proposé et créé la Ligue arabe, groupe de vingt-deux pays arabes qui fonctionnait tout à fait comme une ONU miniature. Mais à Bagdad, les Arabes votèrent l'exclusion de notre pays et le transfert du quartier général de la Ligue du Caire à Tunis. Les représentants égyptiens ne seraient plus désormais invités à aucun sommet arabe. A partir de 1980, les ambassades de tous les pays arabes au Caire seraient fermées, tous les pays arabes, à l'exception d'Oman et du Soudan, ayant rompu leurs relations diplomatiques avec l'Égypte. Même les lettrés de la mosquée d'El-Azhar se verraient interdire les conférences internationales sur l'islam.

Mais Anouar n'était pas homme à se laisser intimider. Ces tentatives pour briser sa volonté ne firent que renforcer sa résolution dans sa lutte pour la paix et son acharnement envers ceux qui s'en prenaient à l'Égypte. Inlassablement dans ses discours il réfuta les critiques des Arabes et réaffirma sa volonté de maintenir la paix. J'étais désolée de voir les pays arabes se conduire aussi âprement. Bientôt, espérais-je, ils comprendraient les avantages de la paix avec Israël et mettraient fin à leur inimitié avec nous. En attendant, j'essayais d'aider mon pays dans la mesure de mes moyens.

Les choses n'étaient plus aussi simples. Il y avait toujours eu ceux qui s'opposaient à moi et au rôle que je jouais à l'extérieur, mais jamais le genre d'opposition que je rencontrai à l'automne de 1979. Sous Nasser, les gens étaient obligés de réprimer leur colère et leur rancune contre le gouvernement, par peur des arrestations. Maintenant, alors que l'Égypte entrait dans une de ses périodes les plus difficiles du point de vue économique, la politique de liberté d'expression d'Anouar permettait à leur tension et à leur frustration de s'épancher. Les opposants politiques d'Anouar — les fondamentalistes, les communistes, certains membres des partis d'opposition — se liguaient pour dénoncer toute personne ou chose pouvant avoir un rapport avec le gouvernement. Et il semblait bien que j'étais une de leurs cibles favorites.

« Elle a trente-cinq Mercedes pour son usage personnel. Elle les a fait passer à la douane en disant que c'était pour ses œuvres de bienfaisance. »

« La société Coca-Cola lui a donné cent mille dollars pour aider les handicapés. Elle les a gardés pour elle-même. »

« Elle s'est approprié un grand terrain près d'Alexandrie. Elle a simplement mis son nom dessus et l'a pris. »

Que se passait-il donc ? Soudain, de quelque côté que je me tournasse, j'entendais quelque nouvelle rumeur sur ma « corruption ». Un jour, Ibrahim Loufti, président de la banque Nasser d'Égypte, avait proposé de s'associer avec la Wafa‘ wal Amal en investissant avec elle dans une petite flotte de limousines à louer aux touristes, la moitié du bénéfice revenant à la Wafa‘. Mais lorsque la banque avait envoyé les limousines et les chauffeurs à la Wafa‘ pour les présenter au conseil d'administration, les chauffeurs avaient déclaré par erreur aux gens que c'était à moi personnellement qu'ils venaient livrer lesdites voitures. La rumeur fut immédiatement répandue par les opposants, selon laquelle j'aurais acheté ces véhicules pour mon usage personnel. Même lorsque le conseil d'administration de la Wafa' wal Amal décida de ne pas donner suite au projet, financièrement non rentable, la rumeur ne s'éteignit pas. Les ragots continuèrent à propos des « voitures de Jehane », se répandant si rapidement que je dus les démentir au cours d'une interview télévisée.

Ce fut une dure période. Des gens que je connaissais à peine se mirent à utiliser mon nom pour justifier leurs actions illégales. Un ancien employé de la Wafa' wal Amal remplit un grand camion de téléviseurs et autres appareils provenant de la zone franchisée de Port-Saïd et déclara aux douaniers qu'il transportait ces marchandises pour des œuvres de bienfaisance sur ordre de Mme Sadate. Heureusement, l'homme fut arrêté à sa troisième tentative, lorsqu'un des douaniers appela mon bureau pour contrôler ses papiers. Si personne ne m'avait contactée, jamais je n'aurais su ce qui s'était passé.

Un autre incident fut encore plus sérieux. En 1980 me parvint une lettre d'un officier de marine où celui-ci déclarait : « Je suis choqué et déçu. J'ai toujours admiré votre travail auprès de nos soldats. Mais ni ce fait, ni votre mariage avec notre président ne vous donnent le droit de revendiquer la terre que j'ai achetée pour ma famille à Alexandrie. » J'en fus tout à fait ahurie, car la seule terre que je possédais était les douze acres que je partageais avec Anouar à Mit Aboul Kôm. Mon ahurissement ne fit que croître lorsque j'envoyai quelqu'un de mon bureau enquêter à ce sujet. « L'officier a raison, m'annonça-t-on, il y a sur ce terrain un panneau indiquant qu'il est désormais la propriété de Jehane Sadate. »

Je découvris rapidement la vérité. L'écriteau avait été placé par Jehane Talât Sadate, fille du frère d'Anouar, Talât. Son mari avait acheté le terrain avec l'officier de marine, et les deux copropriétaires s'étaient ensuite querellés au sujet de la taille de leurs parcelles respectives. Ma nièce avait tenté de résoudre le problème en intimidant l'officier, en faisant ce panneau et en omettant à dessein « Talât » dans son nom. Quand l'officier comprendrait que la femme du président était impliquée dans le différend, s'était-elle dit, il abandonnerait.

J'étais furieuse, tout comme Anouar. Celui-ci ordonna à la fille de Talât de régler immédiatement son différend devant le tribunal. L'affaire fut résolue légalement mais les rumeurs persistèrent.

Anouar prenait beaucoup plus philosophiquement que moi la plupart des attaques dirigées contre lui et contre moi. « Tous ces opposants, me disait-il, sont des *ahl el-la-at*, des "touche-pas-à-ça". Ne fais pas attention à eux. Quel que soit le problème dans lequel tu es impliquée, ils trouveront à redire ou à soupçonner. » Il avait raison, bien entendu. Je savais que je ne pouvais pas plaire à tout le monde. Mais je savais aussi que je n'avais tiré profit d'aucune de mes œuvres de bienfaisance. Je m'efforçai d'ignorer les accusations irrationnelles portées contre moi, mais aujourd'hui encore elles me font mal. Et les attaques continuèrent.

En septembre 1979, l'actrice américaine Elizabeth Taylor demanda l'autorisation de venir en visite en Égypte. J'en fus ravie : Elizabeth Taylor était mon actrice préférée car elle était non seulement belle, mais aussi une femme de caractère, et j'avais toujours eu envie de la rencontrer. Mais, comme tous ceux qui s'étaient rendus en Israël, elle s'était vu refuser l'entrée de notre pays depuis des années.

Après les accords de Camp David, naturellement cela ne faisait plus de différence de savoir si quelqu'un était allé ou non en Israël ; la liste noire arabe n'avait plus cours pour nous. Et ce fut avec le plus grand plaisir que j'invitai Elizabeth Taylor à prendre le thé chez moi au Caire. Tous mes enfants s'arrangèrent pour venir la voir, et nous passâmes un moment agréable ensemble. Mais Miss Taylor était déçue de ne pas voir Anouar, qui était parti à Ismaïlia. « Peut-être pourrais-je arranger une rencontre avant que vous ne quittiez l'Égypte », lui dis-je.

Je téléphonai à Anouar à Ismaïlia : « J'ai quelqu'un ici qui désire te rencontrer. »

Mais il me répondit qu'il était trop occupé pour voir quiconque.

« Quel dommage, Anouar, rétorquai-je. Elizabeth Taylor sera tellement décue. »

Il y eut une pause à l'autre bout du fil, puis : « Dans ce cas, dit en riant mon mari, qu'elle vienne. Ce sera un plaisir ! »

Son cabinet prit des dispositions pour que l'hélicoptère présidentiel amène Elizabeth à Ismaïlia avant son départ pour

Israël, et Anouar fut ravi de cette occasion de la rencontrer. Mais les opposants furent remplis d'horreur, nous critiquant tous deux d'avoir perdu notre temps pour une actrice occidentale bien connue comme sympathisante d'Israël.

Un autre « scandale » impliquant une célébrité américaine suivit, peu de temps après la signature par Anouar des accords de paix. Notre ambassade aux États-Unis reçut une lettre de Frank Sinatra qui offrait de chanter dans un gala de bienfaisance organisé au bénéfice de la Wafa' wal Amal. J'étais très excitée par cette idée, et devins encore plus enthousiaste lorsque le comité d'organisation américain, présidé par Michael Bergerac, président de Revlon, décida d'organiser la soirée au Caire en automne. Que pouvait-on demander de mieux comme publicité pour notre pays que la retransmission télévisée de Frank Sinatra chantant devant les pyramides ? De nombreux Américains verraient cela chez eux et voudraient ensuite faire eux-mêmes le voyage en Égypte.

Pour le gala lui-même, les hommes d'affaires étrangers paieraient 2 500 dollars leur billet, prix incluant un séjour de trois jours dans un hôtel avec leur famille, plus des attractions touristiques telles que le musée du Caire et le Musée islamique. Après être venus si loin, espérions-nous, les étrangers prolongeraient leur séjour en Égypte, dépensant leurs dollars dans nos marchés, nos restaurants et nos hôtels. Quelle aubaine ! Le gala ne nous coûterait rien. L'argent viendrait de l'étranger, de ceux qui pourraient se le permettre, et les bénéfices iraient à l'Égypte. Frank Sinatra et tous ses musiciens joueraient pour rien, uniquement le prix de leur voyage en Égypte, à prendre sur la recette.

Dès que la question de la soirée vint sur le tapis, cependant, les « touche-pas-à-ça » attaquèrent : les Égyptiens seraient exclus de chez eux, soutenaient-ils, car trop peu d'entre eux seraient capables de se payer un billet. J'approuvai : « Ils ont raison. Réservons des billets pour les gens de chez nous. » Dix pour cent des billets furent donc réservés aux Égyptiens au prix de 100 livres égyptiennes. Mais pour les opposants, ce n'était pas encore assez. Le comité avait prévu un défilé de mode à l'hôtel Mena House avant le concert. Cela aussi fut dénoncé par les opposants, soulignant qu'il était honteux pour des mannequins de défiler devant des hommes, surtout en portant des vêtements occidentaux.

Le soutien de la soirée de gala par Revlon et le fait que nous recevions Frank Sinatra lui-même soulevèrent des critiques encore plus véhémentes : Revlon s'était vu interdire les pays arabes pour avoir traité avec Israël, et Frank Sinatra avait été lui-même mis sur la liste noire en raison de son soutien bien connu à ce pays. Pourquoi cela faisait-il problème ? Frank Sinatra aidait notre peuple, il ne lui nuisait pas. S'il avait chanté pour Israël, d'accord, mais cette fois il chanterait pour l'Égypte. Et c'est ce qu'il fit, jusqu'à une heure du matin, le 27 septembre 1979, une nuit qui en valut bien mille. Les projecteurs dansaient sur les pyramides, et Sinatra fut magnifique. Je regrettai seulement qu'Anouar n'ait pu être là avec moi et les enfants. Par bonheur, Sinatra avait pu le rencontrer auparavant chez nous. « C'est vraiment un homme ! » avait-il déclaré aux journalistes, utilisant un terme de musicien de jazz *(a great cat)* que ni moi ni Anouar ne comprîmes avant que les enfants ne nous l'aient expliqué.

Le gala fut un grand succès, rapportant plus de 100 000 dollars à la Wafa'. Le jour suivant Frank Sinatra vint au centre même et y chanta pour les jeunes garçons et filles et les vétérans de la guerre dans leurs fauteuils roulants, qui essayaient de chanter avec lui bien qu'ils ne connussent pas les chansons. C'était très émouvant de les voir tous si heureux et excités, tirant des larmes de beaucoup de gens dont moi-même. J'étais vraiment fière que d'autres soutiennent notre projet, que le gala ait amené tant d'étrangers pour voir nos monuments anciens qu'on ne peut trouver nulle part ailleurs dans le monde, et pour en apprendre plus long sur notre peuple.

J'ignorai donc les critiques contre cette soirée. Si les censeurs avaient été capables d'apporter eux-mêmes autant d'argent à la Wafa', je les aurais écoutés, mais ce n'était bien sûr pas le cas. Depuis le début j'avais décidé d'accepter toute contribution à nos œuvres quelle que fût la personne offrant son aide. Si d'autres y voyaient à redire, c'était leur problème.

« Madame Sadate, aimeriez-vous que je collecte de l'argent pour vos projets ? m'avait demandé récemment une amie juive lorsque j'étais aux États-Unis.

— Naturellement. J'aimerais beaucoup, lui dis-je.

— Je poserai une condition, m'avertit-elle. Si je collecte de l'argent pour la Wafa' wal Amal, alors j'en ferai autant pour le Hadassah en Israël. »

Cela me fit rire. « Qu'y a-t-il de mal ? lui dis-je. Je n'y vois pas d'inconvénient. Si vous nous aidez aussi, c'est merveilleux. »

Mais les opposants refusaient d'admettre que la paix signifiait autre chose que simplement la fin de la guerre. « Nous devons arrêter l'invasion de l'Égypte par Israël ! » déclara le parti de gauche unioniste en février 1980, le jour où le premier ambassadeur israélien arrivait en Égypte, en brûlant des drapeaux d'Israël en papier et brandissant le drapeau noir et blanc des Palestiniens. Le Parti travailliste socialiste réagit de façon analogue, arborant le drapeau palestinien sur son quartier général et l'imprimant sur une page de son journal. Les Frères musulmans, bien entendu, avaient clairement proclamé leur attitude depuis des mois. La normalisation des relations avec Israël, disait *L'Appel*, était « un cancer au sein de l'Égypte », qui apporterait à celle-ci des idées « en contradiction avec l'Islam et d'un effet destructeur pour la famille égyptienne ».

Anouar se refusait à céder devant ces attitudes bornées. Un mois seulement avant le début de la normalisation, il avait cité le Prophète dans un discours au Parlement : « Même s'ils mettent le soleil dans ma main droite et la lune dans ma main gauche pour me faire changer d'avis sur ce problème [celui de la paix], je ne changerai pas jusqu'à ce que Dieu fasse prévaloir mon message ou que je meure... » Je soutenais mon mari, restant aussi calme que possible face à une telle opposition. Aucun de nous ne savait qu'un mois seulement nous séparait de l'épreuve la plus sévère pour le courage et les principes d'Anouar.

En mars 1980, Farah me téléphona de Panama : « Jehane, notre situation est désespérée. Le cancer de mon mari a atteint la rate, et s'il n'est pas opéré immédiatement il mourra. Mais je ne peux faire confiance à personne ici.

— Pourquoi, Farah, pourquoi ? » demandai-je.

Sa voix était proche des larmes. « C'est difficile à expliquer au téléphone », dit-elle, me laissant entendre que sa ligne était placée sur écoute. « Mais nous devons quitter Panama immédiatement. Il y a des rapports alarmants. »

Je savais parfaitement à quoi elle faisait allusion, car j'avais moi-même entendu des rumeurs selon lesquelles Panama pourrait être en train de négocier avec Khomeiny pour renvoyer le chah en Iran et vers une mort certaine.

« Mais qu'en est-il pour l'opération du chah, Farah ? demandai-je.

— Oh, Jehane, je ne sais pas quoi faire. Je dois le sortir de cet hôpital. » Je comprenais exactement ce que Farah ne pouvait pas dire, bien que je me refusasse à y croire : Khomeiny irait-il jusqu'à faire tuer le chah sur la table d'opération ?

« Ne pouvez-vous faire venir des médecins américains pour cette opération ? demandai-je.

— Le gouvernement de Panama leur en a refusé l'autorisation, dit-elle, la voix altérée.

— Le gouvernement des États-Unis peut sûrement intercéder en votre faveur, dis-je.

— Le gouvernement américain ? dit Farah avec amertume. Nous avons eu assez de leur aide pour toute une vie. »

Les larmes me vinrent aux yeux en l'écoutant. Sa voix, si ferme naguère, était cassée, sa confiance d'autrefois brisée Combien les quatorze derniers mois avaient-ils été cruels pour le chah et Farah ! Depuis qu'ils avaient quitté l'Égypte, ils avaient été du Maroc aux Bahamas, au Mexique, aux États-Unis, à la recherche d'un asile, mais ils n'en avaient trouvé aucun. Le coup le plus cruel était venu de leur allié supposé, les États-Unis, qui avaient fait partir en toute hâte le chah malade du pays après que des étudiants activistes eurent pris d'assaut l'ambassade américaine à Téhéran en novembre 1979 et pris cinquante Américains en otages. Khomeiny menaçait les Américains : « Si le chah n'est pas renvoyé en Iran, les otages seront jugés. »

Anouar était écœuré par les actes et les attitudes de Khomeiny. « L'islam, dit-il à la presse étrangère, enseigne l'amour, la fraternité. Il n'enseigne pas ce que cet homme fait. » Il était bouleversé, aussi, par la façon misérable dont le chah était traité . le Mexique, qui l'avait accueilli avant son voyage aux États-Unis, avait refusé de le reprendre. Finalement le chah et Farah avaient trouvé un refuge temporaire à Panama, mais maintenant ils devaient partir de nouveau — au plus vite.

« Vous devez venir en Égypte immédiatement, Farah, lui dis-je. Je vous rappelle dès que j'aurai pris des dispositions. » Quel autre châtiment pouvait-elle endurer ? Farah avait perdu son pays. Maintenant, elle risquait de perdre aussi son mari. Même si je n'avais pas connu le chah personnellement, ma réaction eût été la même. Un homme était perdu, malade, et environné d'ennemis. Ne pas l'aider eût été inhumain. Si nous donnons asile à cet homme, me disais-je en moi-même, Dieu ne nous abandonnera jamais. Ce n'était pas une question de politique. C'était une question de principes.

Je contactai Anouar à son bureau, lui exposant la gravité de la situation : « J'ai dit à Farah qu'elle et le chah devaient venir immédiatement en Égypte. Ai-je eu tort ?

— Il n'y pas de problème, Jehane, répondit-il. Dis à Farah que je leur envoie immédiatement l'avion présidentiel.

— Tu en es certain ? Tu sais qu'il y aura des difficultés. »

Mais il était sûr de lui. « Cela contentera Dieu », dit-il.

Farah n'arrivait pas à me croire lorsque je la rappelai pour lui annoncer la bonne nouvelle. « Vous autoriserez les docteurs américains à opérer ? demanda-t-elle d'un ton incrédule. Vous en êtes sûre ? » Elle vivait dans la crainte depuis si longtemps qu'elle ne savait plus à qui se fier.

« Oui, Farah, oui, lui répétais-je sans relâche. Nous avons ici beaucoup de spécialistes égyptiens pour vous aider si nécessaire. Mais ce sera comme vous voudrez. »

En fait, ce ne fut pas l'avion d'Anouar qui ramena Farah et le chah de Panama le jour suivant, 23 mars. Pour des raisons politiques, les États-Unis insistèrent pour qu'ils fassent le voyage à bord d'un avion de ligne égyptien. Ils firent même pression sur Anouar pour qu'il ne reçoive pas du tout le chah. L'ambassadeur américain en Égypte prévint mon mari : « N'accueillez pas quelqu'un qui pourrait compromettre votre propre sécurité. » Mais Anouar ne se laissa pas ébranler par ces pressions. L'Égypte prenait elle-même ses décisions, et personne d'autre. Et mon mari n'était pas homme à abandonner ses frères. En dépit des problèmes de l'Égypte, proclamait-il à la face du monde, nous n'avions pas perdu nos principes.

Je fus bouleversée lorsque je rejoignis Anouar à l'aéroport pour accueillir le chah et la chabanou. Le chah descendit de l'avion avec difficulté, tellement mince que son costume paraissait de deux tailles trop grand pour lui. Son visage était mortellement pâle. Si un homme avait besoin d'amis c'était bien lui. En le regardant, je fus frappée de nouveau par la dureté des Américains. Dieu merci, mon mari avait le courage de traiter le chah avec humanité, l'accueillant en Égypte personnellement.

Comme nous volions tous les quatre en hélicoptère vers l'hôpital militaire de Méadi, le chah ne put retenir ses larmes. « Je n'ai rien fait pour vous, dit-il à mon mari, et vous êtes pourtant le seul à m'accueillir avec dignité. Les autres, que j'ai aidés, ne m'ont offert aucune aide en retour. Je ne peux comprendre cela.

— Je vous en prie, Votre Majesté, lui dis-je, mon mari n'a rien fait pour vous que vous n'eussiez fait pour lui. Si nous étions à votre place, ne nous traiteriez-vous pas de la même façon ? »

Plus tard Anouar allait offrir au chah, pour qu'il y vive avec sa famille, une de nos plus belles résidences, le palais de Koubbèh.

Quatre jours après l'arrivée du chah, le chirurgien américain Michael Debakey arriva avec sept autres médecins, infirmières et techniciens pour l'opérer de la rate. Des chirurgiens et spécialistes égyptiens assistèrent cette équipe pour l'opération, qui fut réussie. J'étais soulagée de voir le chah sauvé, mais révoltée par les événements que son arrivée avait suscités. Sur les campus des universités d'Égypte, la minorité fanatique avait manifesté sans arrêt : « A bas Sadate ! A la porte le chah, l'alcoolique, le dictateur, l'adultère ! » Anouar s'était attendu à une réaction, car les extrémistes musulmans admiraient énormément l'ayatollah Khomeiny, mais il avait refusé de transiger.

Après avoir amené le chah à l'hôpital, Anouar avait prononcé un beau discours, retransmis à la télévision, expliquant les raisons pour lesquelles il avait donné refuge à l'ex-chef d'État. Le peuple égyptien avait répondu en clamant son soutien à mon mari, des fellahs de la campagne offrant de venir au Caire pour monter la garde auprès du chah. L'Assemblée du peuple, par 384 voix contre 8, avait approuvé à une écrasante majorité la décision de mon mari d'accueillir l'ancien dirigeant iranien. Mais les fanatiques, eux, ne démordaient pas.

Des rumeurs d'actions terroristes avaient amené à poster des gardes armés à l'université américaine du Caire, où le fils du chah, Rida, était étudiant. A Assiout, centre du fondamentalisme, des troubles avaient déjà commencé : pendant qu'on préparait le chah à l'opération au Caire, plus de deux mille personnes s'étaient rassemblées pour dénoncer mon mari ; tirant parti de l'agitation, les plus retors des fanatiques s'étaient mis à prêcher en même temps contre les coptes, transformant la manifestation antigouvernementale en une manifestation antichrétienne. La foule en colère se tourna alors contre les coptes, en tuant plusieurs. Il fallut faire appel à la police antiémeute, armée de gaz lacrymogènes, pour mettre fin à la violence.

N'y avait-il aucune limite à l'incapacité des fanatiques à comprendre ? Aider un frère dans le besoin, comme le faisait mon mari pour le chah, était un principe de base de l'islam. « Fais preuve de bonté envers tes parents et ta famille, envers les orphelins et les nécessiteux, envers tes prochains proches et lointains », dit la quatrième sourate du Coran. Depuis l'époque de Jésus-Christ, dont la famille prit la fuite en Égypte pour y chercher refuge, l'Égypte a toujours offert un asile aux réfugiés politiques. L'ancien président Salal du Yémen est hôte de l'État au Caire, comme le furent la femme et la famille de Kwame Nkrumah du Ghana. L'ex-roi Paul de Grèce et le roi Zog d'Albanie ont tous deux vécu comme exilés en Égypte, comme le firent les actuels présidents de Tunisie et d'Algérie, Habib Bourguiba et Houari Boumediene. Le roi Idris de Libye et le roi Saoud d'Arabie saoudite ont tous deux été accueillis en Égypte après avoir été détrônés. Anouar avait même restitué des passeports égyptiens à la famille du roi Farouk, et certains de ses parents étaient revenus vivre dans notre pays.

Et maintenant, néanmoins, les fanatiques traitaient mon mari de *kafir*, d'Infidèle, pour avoir perpétué cette tradition d'hospitalité et de soutien. Comme ils avaient tort ! Personne n'avait une foi plus profonde qu'Anouar. Il connaissait le Livre saint par cœur, le relisait trois fois à chaque ramadan, et il l'avait enregistré une fois pour nos enfants. Il dormait avec un Coran sous son oreiller, en gardait un autre exemplaire sur sa table de chevet, et avait un verset du Coran inscrit sur le dos de sa montre. Il ne manquait aucune des cinq prières quotidiennes, se prosternant si souvent qu'il avait la marque du dévot sur le front, la petite bosse circulaire que les Égyptiens appellent *el-zebiba*, « le raisin sec ». Chaque vendredi, Anouar se rendait sans faute à la mosquée, changeant souvent son lieu de culte pour entendre différents cheikhs donner la *khutba*. Et, ce qui était le plus important, Anouar vivait sa foi, se conformant toujours aux principes de l'islam.

L'islam des fanatiques était une religion de haine. Leurs attaques contre les coptes à Assiout me donnaient la nausée. Ils utilisaient la polémique au sujet du chah pour parvenir au but qu'ils avaient souvent cherché à atteindre par d'autres moyens : la destruction de l'harmonie entre les musulmans et les chrétiens. Depuis déjà plus d'une année, j'entendais des rumeurs au sujet des membres des groupes islamiques radicaux qui harcelaient les coptes à Minieh et Assiout, les deux provinces égyptiennes comportant le plus fort pourcentage d'habitants coptes. En janvier 1980, un groupe de fanatiques se faisant appeler Jihad (Guerre sainte) avait mitraillé deux églises à Alexandrie. Aucun copte n'avait été tué, et les membres du groupe avaient été arrêtés.

Des rapports concernant des violences contre les chrétiens se mirent à affluer au Caire. La même semaine que la manifestation d'Assiout, plusieurs jeunes avaient été blessés lors de heurts entre étudiants musulmans et coptes dans un hôtel d'Alexandrie. Le 30 mars, le patriarche copte Chenouda protesta contre l'incident en annulant toutes les solennités de Pâques, y compris le traditionnel échange de salutations entre lui et mon mari. Le 3 avril, cinq mille étudiants musulmans défilèrent en manifestant à la fois contre le chah et contre les coptes. Et le 8 avril, deux coptes furent tués et trente-cinq blessés lors d'une attaque par les musulmans à Minieh.

En mai, les rumeurs devinrent extravagantes. « Les fanatiques religieux enlèvent des filles chrétiennes et les forcent à épouser des musulmans », me dit un ami copte du Caire. « On brûle les églises à travers tout le pays », disait un autre. Des pamphlets répandus par les groupes fondamentalistes au Caire prétendaient, de façon tout à fait fausse, que les forces gouvernementales avaient tiré sur les musulmans au cours de l'incident de Minieh.

Les extrémistes coptes exagéraient les rumeurs pour forcer le gouvernement à voter de nouvelles lois protégeant les chrétiens ; les extrémistes musulmans les grossissaient pour retourner le peuple contre le gouvernement. Personne ne savait qui croire.

Un événement atterrant mettant en cause les États-Unis aggravait encore la situation. Tout en sachant que les fondamentalistes ne seraient pas d'accord, Anouar avait accepté de laisser une équipe de sauvetage américaine utiliser notre base aérienne de Qena comme base de départ lors de leur tentative pour délivrer les otages américains d'Iran, en avril. L'expédition fut un désastre. Les Américains n'avaient pas l'habitude des ruses du désert, et dans une tempête de sable un hélicoptère tomba et deux avions s'écrasèrent, tuant huit hommes. J'avais été stupéfaite, nous avions tous été stupéfaits de voir une expédition militaire montée par un pays développé comme l'Amérique s'achever dans un tel chaos. A présent, les disciples zélés de Khomeiny en Égypte avaient de nouvelles munitions à lancer contre Anouar. Il devait réagir très vite.

En un mois, Anouar mit au point une solution politique à nos différends religieux. Il désigna une commission de musulmans et de coptes du Parlement pour examiner les rapports sur les tensions religieuses et, après avoir étudié ses conclusions, il adopta une méthode équitable pour aborder le problème du sectarisme. Pour rassurer les six millions de chrétiens d'Égypte, il ordonna de mettre le holà sur toutes les organisations répandant le fanatisme religieux, entre autres les groupes fondamentalistes dans les universités. A titre de concession aux extrémistes musulmans, Anouar proposa un changement dans la rédaction de la constitution, laquelle disait que la *chari'a*, la loi islamique, était « *une* source majeure de la législation de l'Égypte ». Anouar suggérait désormais de faire de la *chari'a la* source majeure de la législation de l'Égypte ». Cette modification fut combattue par les coptes les plus extrémistes, mais elle fut approuvée par 98 p. 100 des électeurs égyptiens lors d'un référendum organisé en mai 1980.

Le gouvernement aussi soutenait Anouar de tout son cœur, à tel point qu'il refusa de le croire lorsqu'il annonça au printemps sa décision de démissionner de la présidence en 1982, deux années avant la fin de son mandat Ce fut à la session annuelle du comité central du Parti nationaliste de l'union qu'Anouar annonça la nouvelle. « A vie ! A vie ! » psalmodiaient en réponse les membres du parti. « Vous devez rester président à vie, Sadate ! » Tout autour de moi, l'assistance se mit à battre des mains et à se joindre au chœur. Anouar rit de bon cœur devant l'insistance et l'enthousiasme de son parti, manifestement ravi. Mais la force d'impulsion grandissait. Peu de temps après le congrès, un amendement constitutionnel fut voté qui portait la limite pour la présidence à deux mandats. Maintenant, Anouar avait le droit de solliciter un autre mandat de six ans, ce qu'il n'avait pas l'intention de faire.

J'avertis Anouar : « Ils ne croient pas que tu vas démissionner. Tu dois le faire vraiment, et ne pas te contenter de le dire.

— Ne t'inquiète pas, Jehane, me dit-il. Dès que nous aurons récupéré tout le Sinaï, je transmettrai les rênes du gouvernement à Moubarak. Je sais mon heure. Je ne serai pas comme ces vieux acteurs qui restent sur scène longtemps après que le public s'est fatigué d'eux. »

Pour le moment, les électeurs de mon mari semblaient très satisfaits. Apaisés par la nouvelle attitude d'Anouar à l'égard des fanatiques musulmans, le patriarche Chenouda et ses partisans levèrent l'interdit sur les fêtes coptes. Même les fondamentalistes qui se plaignaient toujours ne purent cacher leur satisfaction avec le nouvel amendement de la Constitution.

Tandis que la crise religieuse s'apaisait, Anouar s'attaqua à la crise économique. Il accorda des primes spéciales aux employés du gouvernement et augmenta leurs salaires de 10 p. 100. Il abaissa les droits d'importation, augmenta de presque un tiers le salaire minimum des Égyptiens, et poursuivit la politique de subventions gouvernementales à des produits tels que pain, essence, huile de cuisine, électricité et sucre. La morosité qui s'était installée chez les plus pauvres et les plus insatisfaits commença à se dissiper. Mais rien de ce qu'Anouar faisait ne pouvait satisfaire toutes les factions dans le chaos grandissant du Moyen-Orient.

« Une autre menace est arrivée par le courrier, me dit un jour Anouar en juin 1980. Les Palestiniens disent qu'ils te tueront ou t'enlèveront si tu te montres à la conférence des Femmes de Copenhague. »

Je gardai le silence.

Anouar continua : « Je ne t'empêcherai pas d'y aller, Jehane. Mais tu dois décider si cela vaut le risque.

— Tu sais, Anouar, dis-je au bout d'un moment, mieux vaut mourir de cette façon que mourir dans son lit. »

Il n'était pas question que je manque en juillet la conférence des Nations unies consacrée aux femmes. J'avais appris trop de choses à la première, qui s'était tenue cinq ans auparavant à Mexico. En rencontrant le premier ministre Bandaranaike du Sri Lanka, Nusrat Bhutto du Pakistan, et bien d'autres qui travaillaient à améliorer la situation des femmes dans leurs pays, j'avais entendu une foule de choses qui m'avaient aidée dans mon travail en Égypte. J'avais refusé de rencontrer Mme Rabin à Mexico, mais cette année les déléguées d'Israël et moi pourrions parler en tant qu'amies. Cette fois, c'étaient les Palestiniens qui m'avaient déclaré la guerre.

L'aéroport était plein d'hommes des services de sécurité lorsque j'atterris avec la délégation égyptienne à Copenhague. Un journal danois avait publié un article sur le projet d'enlèvement qui me visait et le gouvernement du pays était décidé à éviter toute catastrophe. De nombreux gardes du corps avaient été affectés à notre ambassade, où je résidais, et devant les pièces que je fréquentais à la conférence, les hôpitaux et la maison de personnes âgées que je visitai, et même aux jardins Tivoli. Durant les quatre jours que je passai au Danemark, je ne fus seule que lorsque j'allais aux toilettes.

Puisqu'il était si difficile pour les Palestiniens de m'approcher physiquement, ils choisirent d'autres méthodes pour m'attaquer. Bien qu'elles n'eussent pas de pays, des femmes palestiniennes avaient été invitées à la conférence comme « observateurs ». J'avais rencontré plusieurs femmes du groupe palestinien au Caire quelques années auparavant, entre autres la dirigeante de la délégation, Laïla Khalid, qui m'avait alors paru une femme aimable, presque timide ; mais c'était avant qu'elle ne prît part au détournement de deux avions de ligne américains. A Copenhague cette fois, vêtue d'un treillis de camouflage, elle se montra très dure. Tandis que je donnais une conférence de presse où je discutais de l'obligation des Arabes de faire la paix avec leurs voisins, Laïla expliquait aux reporters que l'État d'Israël, en ne reconnaissant pas la Palestine, ne leur laissait comme seul langage que celui de la violence.

Pendant mon discours aux délégués en assemblée, Laïla et son groupe se montrèrent ouvertement hostiles. J'avais à peine réglé mon micro et commencé à parler que la moitié des Palestiniennes se levèrent et quittèrent bruyamment la salle de conférence. Ignorant leur impolitesse, je continuai à parler. Mais il était plus difficile d'ignorer les Palestiniennes qui se tenaient derrière moi pour me chahuter. « A bas les traîtres ! criait après moi en arabe une femme. Votre mari a trahi les Arabes ! » Je continuai à parler comme si j'avais été seule dans la salle. « Traître ! Traître ! Sadate est un traître ! » se mirent à crier d'autres Palestiniennes d'une voix si forte qu'il m'était presque impossible de continuer. Fais comme si tu étais sourde, Jehane, me disais-je en moi-même, les autres dans la salle ne connaissent pas l'arabe. Mais le chahut devenait de plus en plus fort. Ce n'est que lorsque la présidente de la conférence me fit signe d'arrêter que je me tus. Mais les Palestiniennes, elles, ne se turent pas pour autant.

Tout ce à quoi je pus penser fut un vers de Shakespeare : « Quand j'ouvre la bouche, que les chiens n'aboient pas », empruntée au *Roi Lear*, que je citai au micro, parlant en anglais afin que chacun puisse me comprendre. Mais je doutais que les Palestiniennes eussent entendu un seul mot de ce que je disais. A présent elles se battaient avec la police qui était venue les calmer. La réunion fut interrompue de nouveau quelques instants après, lorsque les délégations irakienne et iranienne se levèrent et sortirent en signe de solidarité avec les Palestiniennes. La conférence se dissolvait dans la confusion tandis que je terminais mon discours.

Quelle honte que l'attitude de ces femmes arabes à la conférence ! Je me disais que nous étions venues à Copenhague pour discuter de nos affinités, mais elles ne s'appesantissaient que sur nos différences. C'était le droit de toute déléguée de sortir lors d'un discours qu'elle n'aimait pas. J'avais été sur le point de le faire lors du discours d'une Iranienne — qui soutenait que la nouvelle loi de Khomeiny imposant aux femmes de porter le voile était un progrès pour elles parce que cela leur faisait économiser des frais de maquillage et les encourageait à prendre à la maison un repos mérité —, mais jamais je n'aurais été aussi grossière que la délégation palestinienne. C'était une honte que ces femmes arabes aient dû être traînées de force hors de la salle par la police alors que le monde entier les regardait.

Leur comportement me remplissait de fureur. Je m'étais toujours efforcée d'être correcte envers les Palestiniens, quelle que fût la fréquence de leurs menaces ou de leurs attaques contre moi, car j'avais de la sympathie pour leur cause, mais parfois c'était difficile. Une fois, par exemple, alors que je me rendais du Caire à Alexandrie par la route du Désert, je croisai une voiture renversée. Le conducteur était tombé sur la chaussée et baignait dans son sang. Une passagère était assise à côté de lui, en état de choc, pleurant.

« Arrêtez ! » dis-je à mon chauffeur, en prenant avec moi la trousse d'urgence que j'avais toujours en voiture et en me précipitant pour les aider.

« Dieu vous bénisse, sœur Jehane ! Dieu vous bénisse, ma mère ! » s'écria l'homme blessé avec un accent palestinien lorsque j'essuyai le sang de son visage et nettoyai avec un antiseptique les vilaines blessures à son cou.

« Chhhuut ! Ne vous inquiétez pas. Ce n'est rien, dis-je pour le calmer.

— Dieu vous garde, sœur Jehane ! » gémit de nouveau l'homme, cette fois d'une voix encore plus émue. En lavant le sang sur ses yeux et sa bouche, je pus finalement mieux voir son visage. C'était Fathi, le frère de Yasser Arafat, un médecin travaillant au Croissant-Rouge palestinien à Héliopolis.

Je me retournai rapidement vers la passagère. C'était Enaam, la sœur d'Arafat. Pendant des semaines, ce dernier et les Palestiniens avaient menacé de tuer mon mari, condamnant publiquement à mort Anouar pour avoir fait la paix avec Israël. Et maintenant ces deux-là étaient en face de moi, ayant besoin de mon aide. Je décidai d'oublier ce qu'il y avait entre nous, de me rappeler seulement la voie humanitaire de l'entraide. « Mon garde du corps va emmener votre frère à l'hôpital », dis-je à Enaam après l'avoir calmée et lui avoir fait respirer des sels. « Ça ira pour vous, et votre frère a besoin seulement de quelques points de suture. »

Après leur départ, j'appelai pour m'assurer que les médecins les verraient rapidement. Je n'ai pas su ce qui se passa ensuite, car ni Fathi ni Enaam ne me donnèrent signe de vie ensuite. Cela n'avait pas d'importance. Tout ce qui m'importait était que je n'avais pas laissé mes sentiments politiques me dépouiller de mon humanité.

Conserve ta dignité pendant les périodes d'épreuve : telle était la leçon que Dieu m'enseignait constamment au cours de l'année 1980. Dès mon retour du Danemark je l'appris de nouveau. Anouar m'avait appelée à la conférence pour me dire que le chah était de nouveau malade. Et lorsque je vins lui rendre visite avec Farah et ses enfants, je sus que son heure était proche.

Le chah était maintenant plus mince et plus pâle que je ne l'avais jamais vu. Il ne respirait qu'avec la plus grande difficulté. Il n'y avait pourtant rien de pitoyable en lui, ni aucun signe de faiblesse de sa part. Au contraire on aurait même pu dire, à la façon dont il se tenait assis contre ses oreillers sur le lit, qu'il était encore un combattant. Les docteurs avaient dit qu'il souffrait beaucoup de son cancer, mais jamais il ne se plaignait. Dieu doit avoir aimé cet homme pour lui donner la force de supporter ses épreuves avec tant d'élégance, songeai-je alors que j'étais auprès de lui dans le service de réanimation.

« Bientôt vous irez mieux et nous passerons un merveilleux séjour ensemble à Alexandrie », dis-je au chah. Voyant les larmes dans les yeux de Farah, je dis à celle-ci : « Soyez courageuse. Ne lui montrez pas ce que vous ressentez. Il est très avisé et il comprendra. »

Deux jours plus tard, le 26 juillet 1980, le chah était mort.

Jamais obsèques nationales ne furent plus grandioses. Anouar organisa tout lui-même, supervisant même les plus petits détails. Des milliers d'étudiants de notre école militaire conduisaient la procession, jouant tous d'instruments et vêtus d'uniformes blancs, jaunes ou noirs suivant leur grade. Ensuite, venaient des soldats portant des couronnes de roses et d'iris, suivis par des officiers à cheval. Puis venait un détachement d'hommes portant les décorations militaires du chah sur des coussins de velours noir, précédant le cercueil lui-même, enveloppé dans le drapeau iranien et tiré par huit chevaux arabes sur un caisson militaire. Nous suivions derrière.

Il faisait très, très chaud au Caire en ce jour d'été, tandis que nous parcourions les quelque cinq kilomètres du palais d'Abdine à la Mosquée Er-Rifaï où le chah devait être enterré, et où son père l'avait été également avant que ses restes ne fussent ramenés en Iran. Sur les instructions d'Anouar, je marchais avec Farah, cette première et unique fois dans ma vie où je participai à un cortège funèbre. « Fais tout ce que fera Farah, m'avait dit Anouar. Nous devons l'aider à traverser cette triste et difficile épreuve. » Et je me tenais donc à côté d'elle, marchant avec mes enfants et les siens.

Derrière nous, aussi loin que nous pouvions voir, s'allongeait la foule de tous ceux qui voulaient aussi honorer la mémoire du chah. Tous les ministres du gouvernement égyptien défilaient avec nous, de même que l'ancien président Nixon des États-Unis, l'ancien roi Constantin de Grèce, les ambassadeurs des États-Unis, d'Allemagne de l'Ouest, de France, d'Australie et d'Israël, et d'innombrables citoyens égyptiens. Les gens s'alignaient le long des trottoirs, sur les balcons et les toits pour voir passer la procession. Il y avait plus de fleurs que quiconque eût jamais pu l'imaginer. C'étaient les obsèques les plus spectaculaires qu'aucun d'entre nous en Égypte eût jamais pu voir, et la dernière occasion de voir le monde dont le chah s'était montré digne, beaucoup plus que de la façon dont il avait été traité. L'Égypte, au moins, n'avait pas tourné le dos à un ami.

Quatre jours après la mort du chah survint un nouveau malheur, lorsque la Knesset proclama Jérusalem « capitale unifiée et indivisible d'Israël ». Il était déjà assez regrettable que les Israéliens eussent rompu les accords de Camp David en continuant à installer leurs colonies sur la rive occidentale, assez regrettable que la date limite pour les pourparlers au sujet de l'autonomie palestinienne fût passée deux mois auparavant, sans aucun progrès. Mais c'était un sacrilège de la part des Israéliens de proclamer comme leur bien propre Jérusalem, patrie de 70 000 musulmans et ville sacrée pour presque 800 millions d'autres coreligionnaires. Si les Israéliens voulaient une partie de la ville, ils auraient dû laisser Jérusalem divisée comme elle l'avait été avant la guerre de 1967. Ce coup nous frappa tous de stupeur.

En Arabie saoudite, le roi appela à la guerre sainte contre les sionistes, comme le firent tous les autres dirigeants arabes. Anouar avait du mal à contenir sa fureur contre Israël. « De quel côté sont-ils donc ? me dit-il, accablé de douleur. Au lieu de travailler avec moi, les Israéliens ne font que m'acculer dans une impasse après l'autre. C'est comme s'ils s'étaient entendus avec les Arabes pour combattre l'Égypte et la paix. »

Les Israéliens allaient de nouveau ébranler le soutien au processus de paix en 1981, lorsque leurs chasseurs à réaction bombardèrent la centrale nucléaire irakienne deux jours seulement après un sommet entre le premier ministre Begin et mon mari dans le Sinaï. Begin n'avait rien dit à Anouar de cette action, mais bien entendu, les opposants d'Anouar en Égypte prétendirent le contraire. Anéanti par la trahison d'Israël, mon mari convoqua immédiatement l'ambassadeur de ce pays à notre maison d'Alexandrie pour protester contre cette dernière provocation. Je n'avais jamais vu Anouar dans une telle fureur, sa colère était telle que sa voix me parvenait jusqu'au troisième étage. Dès lors, les journaux et périodiques édités par les partis d'opposition égyptiens allaient être pleins d'éditoriaux anti-israéliens. Pour chaque pas que mon mari faisait dans le sens de la paix, les Israéliens faisaient deux pas en arrière.

« Nous devons libérer Jérusalem des sionistes ! Nous devons reprendre la mosquée d'Al-Aksa, par la force s'il le faut ! » prêchaient à travers toute l'Égypte les imams dans leurs *khutbas* du vendredi, après la mainmise sur Jérusalem. Les *khutbas* des cheikhs fondamentalistes étaient particulièrement fréquentés : dans les mosquées, les salles de réunions, les salles de cours et auditoriums des universités se massaient les auditeurs. Et leurs campagnes convainquaient un nombre de plus en plus grand de déçus de la paix avec Israël.

A l'automne, les étudiants de l'université achetaient des enregistrements des sermons du cheikh Kichk comme s'il se fût agi des chansons les mieux placées au hit-parade. Tant de mosquées dirigaient leurs haut-parleurs vers le campus qu'à l'heure de la prière, les cris des muezzins se couvraient les uns les autres. Les fanatiques ne cognèrent jamais à la porte de ma salle pour exiger que les étudiants cessent d'étudier pour prier, mais je pouvais les entendre parcourir en tous sens les corridors. Et ils devenaient de plus en plus actifs et violents, faisant irruption un jour dans un amphi où des étudiants répétaient une pièce et les chassant de la scène avec des couteaux. Je fus horrifiée lorsque, le jour suivant, plusieurs étudiants vinrent me montrer les vilaines estafilades rouges sur leurs bras et leurs jambes. L'un d'entre eux, dirigeant de l'Union des étudiants, portait un plâtre : les fanatiques lui avaient cassé le bras.

Les informations qui parvenaient des campus universitaires situés en dehors du Caire étaient pires encore. A Alexandrie, des hommes barbus et vêtus de galabiehs avaient séquestré le doyen de l'université en le menaçant de mort s'il ne supprimait pas la mixité de l'enseignement, la musique occidentale et les cours pendant les heures de prière. « Vous pouvez me tuer, leur avait-il répondu, je ne céderai pas à vos menaces. » Après des heures de négociations les fanatiques avaient accepté de libérer leur otage, mais à la condition que jeunes gens et jeunes filles fussent désormais assis d'un côté différent de la salle de classe.

A Assiout, les intégristes avaient pratiquement entamé une révolution. « Montrez-nous votre certificat de mariage ! » exigeaient-ils des hommes et des femmes qui marchaient ensemble dans la rue. Des hommes barbus munis de baguettes s'étaient mis à fouetter les jambes des jeunes filles dont les jupes ne descendaient pas jusqu'aux chevilles. Les étudiants faisant partie de groupes islamiques radicaux s'était joints à des fondamentalistes extérieurs à l'université, détruisant un magasin de vente de téléviseurs en ville, gribouillant les mots « Magasin du péché » sur les vitrines des salons de coiffure et des magasins d'appareils photos, et obligeant tous les commerces à fermer pendant les appels à la prière. Tous les jours les journaux rapportaient de nouvelles horreurs commises par les fanatiques d'Assiout.

Tous les matins de l'automne 1980, je lisais les journaux d'opposition pour les commenter à Anouar lorsque j'allais le réveiller. Cela faisait bien longtemps qu'il ne les lisait plus, sachant pertinemment ce qu'il allait y trouver. « A quoi bon lire leurs mensonges et leurs exagérations ? Quand les journalistes utiliseront leur liberté en personnes responsables, je les lirai à nouveau », me disait-il. Bien que parfaitement conscient du danger que représentaient les fondamentalistes, il refusait encore de les contrer. « A quoi sert la démocratie si je mets tous les opposants en prison ? » me dit-il un jour pendant l'une de nos promenades dans le jardin. Il était pris entre ses convictions et le danger qui ne cesssait d'augmenter. « J'agirai quand le moment sera venu, Jehane, et je prouverai alors d'autant mieux que j'ai raison. »

Mais que comptait-il faire ? Pendant toute cette période difficile, mon inquiétude allait croissant tandis qu'Anouar devenait de plus en plus calme et silencieux. Il avait eu le même comportement pendant la période de redressement, après Nasser, ainsi qu'avant notre attaque surprise en 1973 et avant son voyage à Jérusalem.

Le danger d'une guerre civile se rapprochait et il fallait agir rapidement, mais Anouar voulait le faire de façon démocratique. A certains signes on pouvait voir qu'il tentait d'apaiser les fondamentalistes ; une station de radio diffusait désormais le Coran toute la journée ; les programmes de télévision devaient s'interrompre cinq fois par jour pendant les appels à la prière ; dans les écoles publiques, on mit en place des cours de Coran et de *Hadith* et 250 millions de livres égyptiennes furent débloquées pour construire de nouvelles mosquées dans de nombreux quartiers pauvres du Caire. Mais dans chaque mosquée et aux coins des rues, on pouvait voir des hommes barbus munis de porte-voix qui réclamaient des dons privés.

Anouar passait de plus en plus de temps à la maison, priant et méditant dans le jardin. De mon côté, j'étais complètement absorbée par mon travail à l'université, malgré les critiques de mon entourage immédiat. « Pourquoi travailles-tu autant pour un salaire aussi bas ? » me demandait-on régulièrement. « Mon travail m'apporte d'énormes satisfactions. J'aime enseigner, et puis n'oubliez pas que je ne serai pas toujours femme de président », répondais-je. Je caressais en effet le secret espoir qu'un jour mon mari abandonnerait ses fonctions et m'emmènerait en vacances dans la Forêt-Noire : il me l'avait promis. Onze mois seulement nous séparaient de la dernière phase de restitution du Sinaï et de la fin du mandat d'Anouar. A la fin du mois de mai j'accueillis avec soulagement le début des vacances d'été : au moins aurais-je un répit. Les actes de violence n'en continuaient pas moins à se produire un peu partout.

Au début du mois de juin, les affrontements les plus violents de l'histoire de l'Égypte eurent lieu entre musulmans et coptes. Tout commença lorsque les musulmans réclamèrent un terrain sur lequel les coptes avaient prévu de construire une église. Cette banale querelle entre voisins se transforma en bataille rangée et les habitants de Zawiya el-Hamra, le quartier du Caire où s'était déroulé l'incident, restèrent tendus et complètement obnubilés par les événements. Cette fois-ci, des troubles éclataient dans la capitale même.

Cinq jours après le premier incident, de nouveaux heurts entre musulmans et chrétiens de Zawiya el-Hamra firent dix morts et quarante-cinq blessés. Une famille copte ayant fait tomber de l'eau sale sur le balcon d'une famille musulmane habitant l'étage au-dessous, toutes deux avaient commencé par échanger des injures, puis avaient utilisé des briques et en étaient venues aux coups de fusil, largement aidées par les voisins et des passants de chaque religion. Tout cela paraissait irréel ! Les extrémistes religieux des deux bords étaient pires que des enfants : pour quelques gouttes d'eau sale, ils n'hésitaient pas à effacer plus d'un millénaire d'histoire commune et de bonne volonté réciproque.

Cette flambée de violence mit Anouar en fureur. Nous avions passé notre vie au Caire parmi des coptes et jamais la religion n'avait été un sujet de discorde ou de violence. Les coptes étaient nos voisins et amis et nous les avions complètement intégrés dans nos vies. Nous partions ensemble pendant les congés laïques tels que Cham en-Nessim et au moment des fêtes religieuses nous respections nos différences. Enfants, nous taquinions nos camarades de classe coptes en dégustant nos sandwiches de viande devant eux pendant le carême où ils n'avaient le droit de rien manger qui eût une âme et ne pouvaient se nourrir que de salade ou de *foul* — le fromage et les œufs étant interdits, car le premier provenait des vaches et les seconds des poules. Et encore trouvions-nous qu'ils avaient bien de la chance de pouvoir manger un peu au cours de leurs rites religieux. Pendant le ramadan, c'était leur tour de manger leurs sandwiches en buvant des jus de fruits devant nous à qui toute nourriture ou boisson étaient interdites.

Les actes irréfléchis des extrémistes menaçaient désormais une confiance séculaire. « Pourquoi les gens dépensent-ils autant d'énergie à se battre pour de faux problèmes ? fulminait Anouar. Coptes ou musulmans, peu importe ! Nous sommes tous égyptiens et nous devrions plutôt fêter la reprise du Sinaï. Il y a tellement de choses plus importantes à faire que de savoir qui est copte et qui est musulman ! »

Mais la tension ne retombait toujours pas. La police surveillait toutes les églises coptes et procéda à cent treize arrestations. Dans un village de Haute Égypte des agents secrets découvrirent plus de trois mille armes, dont un canon antiaérien trouvé au siège d'une cellule islamique. La fièvre religieuse tournait à l'épidémie.

Des musulmans se mirent à exposer des Corans à l'arrière de leurs voitures et à coller sur leurs pare-chocs des témoignages de foi du style : « Il n'y a qu'un seul Dieu et Mahomet est son envoyé. » Des coptes montraient sur leurs poignets les croix qu'on avait tatouées à leur naissance et apposaient sur leurs pare-chocs des effigies de leur pape Chenouda

Chenouda lui-même outrepassait son rôle de chef religieux et se mettait à faire des discours politiques. D'autres prêtres coptes sortaient également de leur réserve pour verser de l'huile sur le feu. Ils allaient en proclamant : « En tant que minorité, vous êtes en danger. Ayez le plus d'enfants possible et gardez un pistolet auprès de vous. » Anouar était furieux de l'attitude des extrémistes coptes, et ceux-ci le lui rendaient bien.

Je reçus un message de l'un de mes amis coptes : « Jehane, je t'en prie, fais tout ce qui est en ton pouvoir pour réconcilier ton mari et notre pape. La situation devient explosive. » Je tentai de persuader Anouar de rencontrer Chenouda et d'avoir une conversation sensée avec lui, mais il refusa. Au même moment Moussa Sabri, un proche d'Anouar, rédacteur en chef du journal *El-Akhbar* et lui-même copte, essayait de persuader Chenouda de faire la paix avec mon mari, mais il essuya également un refus. « Il n'y a rien à faire, me dit Moussa avec regret, Chenouda se montre inflexible. »

La chaleur de l'été attisa la colère des uns et des autres En août, juste avant notre départ aux États-Unis pour une première rencontre avec le président Reagan et sa femme Nancy, la situation empira : une bombe explosa pendant un mariage copte à Choubra, un quartier du Caire peuplé en grande partie de chrétiens, tuant et blessant un certain nombre d'invités. Je fus horrifiée devant cet acte de terrorisme. Anouar était consterné, jurant de punir les coupables dès notre retour.

Mais en ouvrant le *Washington Post* le lendemain de notre arrivée en Amérique, il comprit que les coptes l'avaient pris de vitesse : « Des coptes ont été brûlés vifs », pouvait-on lire dans une « Lettre au président Sadate » qui s'étalait sur une demi-page du journal. « Des enfants ont été jetés des balcons. Des chrétiens ont été forcés d'abandonner la religion de leurs ancêtres, la religion chrétienne a été bafouée et ridiculisée dans les média contrôlés par l'État. » La liste des doléances, signée par les associations américaine et canadienne des coptes, semblait illimitée et elle se terminait sur la phrase suivante : « Monsieur le président, vous avez souvent condamné le fondamentalisme d'État tel que le pratiquent Kadhafi et Komeiny. *Pourquoi ne mettez-vous pas fin à cette folie en Égypte* ? »

Si les coptes avaient voulu par leurs outrances se gagner la sympathie de mon mari, ce n'était pas la bonne méthode et Anouar n'en fut que plus furieux. « *Kefaya !* gronda-t-il après avoir pris connaissance du texte. Cela suffit maintenant ! » A la fin de la journée, cependant, il avait repris son calme et s'entretenait gaiement avec le président Reagan pendant le dîner à la Maison Blanche. Je passai également une très agréable soirée à bavarder avec Nancy de nos enfants et de nos projets. Mais cette nuit-là, le sommeil fut long à venir et ma migraine me tourmenta comme jamais encore elle ne l'avait fait.

Qu'allait-il se passer en Égypte ? Qu'allions-nous faire ? Mes craintes augmentèrent encore lorsque le chancelier autrichien, Bruno Kreisky, appela Anouar à Washington pour lui conseiller de ne pas faire escale à Vienne sur notre chemin de retour, comme nous l'avions prévu, car deux Palestiniens avaient été arrêtés à l'aéroport en possession d'armes automatiques. Le gouvernement autrichien nous suggérait de rentrer directement en Égypte pour des raisons de sécurité.

Nos ennemis étaient partout, mais en fin de compte, cela ne

faisait-il pas partie des habitudes ? Tout ira bien, me disais-je, ce n'est pas la première fois qu'on nous menace.

De retour au Caire, Anouar devint plus calme et plus sûr de lui que jamais. Les jours suivants il consulta ses conseillers, prit connaissance des dernières informations sur les conflits entre musulmans et coptes, et se mit à passer de plus en plus de temps à la maison, assis sur le balcon ou marchant longuement dans le jardin. Connaissant bien ce comportement qui précédait généralement les grandes décisions, j'évitai de le déranger.

Une semaine après notre retour des États-Unis, le 5 septembre exactement, Anouar se redressa courageusement pour ramener l'ordre en Égypte. Il fit arrêter en une nuit tous ceux qui avaient été mêlés aux actes de violence récemment perpétrés, environ mille cinq cents personnes dont de nombreux cheikhs fondamentalistes et des prêtres coptes connus pour leur extrémisme. Des centaines de Frères musulmans furent interrogés et leur journal interdit, ainsi que plusieurs publications coptes. Le pape Chenouda se vit interdire de se livrer à des déclarations politiques incendiaires ; de plus il fut démis de ses fonctions et remplacé par un conseil de cinq membres, et Anouar annonça son bannissement à Wadi el-Natroun, monastère copte situé dans le désert occidental.

Les activités des groupes d'étudiants fondamentalistes furent également réduites, Anouar ayant interdit sur les campus universitaires le port de la galabieh et du *niqab*. La plupart des professeurs éprouvèrent un grand soulagement et les universités purent reprendre leur rôle pédagogique. Enfin, Anouar fit arrêter les membres connus de l'opposition et suspendre momentanément la parution de leurs journaux.

L'Égypte traversait une période aussi cruciale que dangereuse ! Si de nombreux opposants étaient sous les verrous, d'autres avaient échappé à l'arrestation, dont un en particulier qui inquiétait considérablement Anouar. Quelques semaines auparavant, le ministre de l'Intérieur lui avait envoyé l'enregistrement d'une conversation entre un trafiquant d'armes et un homme désireux d'en acquérir, pour tuer Anouar el-Sadate. On avait suivi la trace de cet homme jusqu'au domicile d'un certain Abboud el-Zoumor, officier du deuxième bureau, mais lorsque la police s'était présentée le 5 septembre pour l'arrêter avec les autres conspirateurs, tous avaient disparu. Anouar était si inquiet du danger que représentait el-Zoumor qu'il alla jusqu'à le mentionner dans l'un de ses discours : « Je sais qu'il y a un officier resté en liberté qui me regarde sans doute en ce moment. Je l'avertis qu'il ne nous échappera pas longtemps. »

Les ministres de mon mari et les membres de son parti le soutenaient complètement dans sa volonté de garder les agitateurs en prison. Il était indispensable d'éviter tout incident pendant la dernière phase de la reprise du Sinaï. En avril, dans exactement sept mois, notre pays reviendrait à ses véritables frontières. Je comptais les jours, ne pensant qu'au moment où Anouar cesserait enfin d'être président. Nous aurions toute la vie devant nous pour voyager, nous occuper de notre famille, faire simplement des courses sans porter constamment ce terrible fardeau de responsabilités. Sept mois, ce n'était pas très long. Ce furent pourtant des mois très durs !

Mon mari faisait l'objet de violentes critiques de la part de la presse occidentale qui lui reprochait l'arrestation d'opposants politiques et le qualifiait plus souvent de dictateur que de soutien de la démocratie. Anouar était profondément affecté par leurs attaques.

« N'y prête pas attention, lui disais-je pour tenter de le consoler. S'ils connaissaient mieux la situation, ils ne tiendraient pas ces propos. »

Mais Anouar demeurait préoccupé : « Il me faut du temps. Du temps ! répétait-il en arpentant nerveusement sa chambre. Ne peuvent-ils comprendre que l'Égypte est en ébullition ? Pour ramener le calme, je ne pouvais pas faire autrement qu'immobiliser temporairement ceux qui voulaient mettre le pays à sac. La restitution du Sinaï doit s'opérer dans le calme. Il le faut absolument.

— Tu as raison, Anouar, et les étrangers ne se rendent pas compte de la situation, lui répondais-je pour le calmer.

— Mon désir le plus cher serait de relâcher ceux que j'ai dû emprisonner, disait-il avec amertume, se sentant trahi. Ce sera pour bientôt, car je suis certain qu'ils vont revenir à la raison.

Quant aux extrémistes religieux, je crains qu'il n'y ait rien à faire. Avec eux, on ne peut même pas discuter ! »

Mais les Occidentaux continuaient à se déchaîner contre lui tandis que des complots le visant étaient découverts quotidiennement :

« Je t'en prie, Jehane, sois très prudente, me disait-il chaque matin de ce mois de septembre. Limite tes activités pendant quelques mois jusqu'à ce que j'aie maîtrisé la situation. Il y a certainement des gens que ces arrestations ont rendus furieux. »

Il fit doubler le nombre de mes gardes du corps et ceux de Gamal, sachant combien il était tentant de prendre pour cible notre seul fils. De mon côté je le suppliais de mettre aussi un frein à ses activités, mais il refusa, s'exposant de plus en plus au peuple. A la fin du mois il visita en voiture découverte les fermes pilotes de Salihiya et Noubariya et de nouveaux quartiers d'habitation à el-Salaam City. Chaque matin en le quittant, je m'attendais à ne plus le revoir vivant. « Écoute, Anouar, si tu ne peux pas annuler tes tournées, voyage au moins dans une voiture fermée et porte un gilet pare-balles ! » le suppliais-je.

Nos enfants étaient tout aussi inquiets : « La majorité des gens t'aime, papa, nous le savons bien, lui disait Loubna, mais il suffit d'un fou pour te tuer. »

Mais Anouar se montrait de plus en plus résolu. Un matin, il reçut une lettre d'un homme, chauffeur de camion, qui l'avait caché quarante ans plus tôt lorsqu'il s'était échappé des prisons britanniques et qu'il n'avait jamais revu depuis. Cet homme invitait Anouar au mariage de sa fille, à Mansourah, ce qui le toucha beaucoup. Après tant d'années, c'était l'occasion de le remercier pour l'immense service qu'il lui avait rendu si longtemps auparavant.

« Tu ne pourrais pas lui envoyer un cadeau plutôt que d'y aller ? lui demandai-je, espérant qu'il ne se lancerait pas dans un voyage aussi périlleux.

— Tu sais très bien que ce n'est pas du tout la même chose, Jehane », me répondit-il.

Et il accepta l'invitation, décidant de voyager dans un train à plate-forme qui ferait de brefs arrêts dans les villages. Après le mariage, il ferait le tour du village dans une voiture découverte.

« Vous devriez au moins limiter le nombre d'arrêts dans les

villages », lui demanda Hosni Moubarak avant son départ. Mais Anouar n'écouta même pas son vice-président, voulant sentir lui-même les réactions du peuple devant les détentions dont il était responsable. Il revint sain et sauf de Mansourah, très heureux de ce que les gens lui aient paru satisfaits de sa volonté de s'opposer aux conflits entre civils.

Cela ne calma pas pour autant mes inquiétudes. Anouar écoutait de moins en moins les conseils de son entourage et s'isolait continuellement, paraissant investi d'une mission divine dont personne ne pouvait le détourner. Ce n'était pas la solitude habituelle précédant les grandes décisions, mais un état plus spirituel se rapprochant de celui des soufis qui s'adressaient directement à Dieu dans un rapport d'intimité et d'amour. Amaigri à force de ne se nourrir que de soupes et de légumes bouillis, il se mettait à leur ressembler et parlait de plus en plus de la mort. Au cours du mois de septembre, il me déclara par trois fois qu'il allait rencontrer Dieu.

« Comme c'est intéressant ! » lui répondis-je la première fois en m'efforçant de plaisanter.

« Quand Dieu t'a-t-Il prévenu qu'Il allait te rencontrer ? » lui dis-je la deuxième fois, bouleversée par ses propos. Ce n'était pas le Sadate que je connaissais, réaliste, ne se berçant jamais d'illusions.

La troisième fois qu'il m'en parla, je préférai me taire.

« Dieu m'a comblé, me dit-il au début d'octobre lors d'une promenade. Nous avons gagné la guerre et instauré la paix. J'ai jeté les bases de la démocratie en Égypte et nous entrons dans une période de prospérité économique. Qu'est-ce qu'un homme peut désirer de plus ? J'ai rempli la mission que Dieu m'avait confiée.

— Pourquoi penses-tu avoir rempli ta mission ? lui remontrai-je. Dieu ne révèle jamais ses secrets aux humains. »

Mais il avait une réponse toute prête : « Je n'ai jamais prétendu être dans le secret des dieux, Jehane, mais je sens que grâce à Dieu, ma vie a payé son tribut au destin. »

Il commença à parler du désir qu'il avait d'être enterré au pied du mont Sinaï, mais à mesure qu'il m'entretenait de ses sentiments prémonitoires, je lui rappelais les projets que nous avions formés autrefois : « Où m'emmèneras-tu d'abord ? En

Allemagne dans la Forêt-Noire, ou à Venise pour nous promener en gondole ? disais-je, l'air songeur.

— Ah ! Jehane », se contentait-il de me répondre. Et nous continuions à marcher.

Je refusais de le suivre dans ses pressentiments morbides ; j'étais sur terre et je voulais qu'il y reste avec moi. En octobre, il autorisa Gamal à faire un voyage aux États-Unis, ce dont je lui fis le reproche : « Tu le gâtes trop, Anouar ! Tu ne devrais pas le laisser y aller.

— Je veux qu'il profite de tout ce que je peux lui donner pendant que je suis encore en vie, me dit-il en souriant. Tu verras qu'il n'est pas gâté. Lorsque je ne serai plus là, il montrera qu'il est un homme capable de prendre ses responsabilités.

— Comment peux-tu me dire des choses pareilles ? lui demandai-je. Tu seras parti et je resterai seule avec lui !

— Tu verras, Jehane, tu verras. »

Le 3 octobre, Gamal partit en Californie. Il nous fit ses adieux mais, en descendant prendre la voiture, il apprit que l'avion avait une demi-heure de retard. Alors il remonta et passa ces derniers instants avec son père.

« Papa est très bizarre, me dit-il en me disant au revoir. Lorsque je l'ai quitté, je lui ai dit *La ilaha illa Allah*, mais il ne m'a pas répondu *'wa Muhammad rasul Allah* comme d'habitude. Il n'a rien dit, maman. Il m'a souri en disant : "Ne reste pas trop longtemps en Amérique, Gamal. Reviens vite."

— Et qu'a-t-il dit d'autre ?

— "Prends soin de ta mère", me répondit Gamal, l'air inquiet. C'est la première fois qu'il dit cela. Il m'a dit aussi de m'occuper de mes sœurs.

— Mais bien sûr, c'est exactement ce que tu vas faire », lui dis-je pour calmer ses angoisses. Et il partit.

Le 5 octobre, je passai la matinée à travailler sur mon mémoire de maîtrise. J'étais débordée, comme d'habitude, et j'enviais Anouar d'être assis dans le jardin à lire tandis que la petite fille de Gamal, Yasmine, âgée de deux ans et demi, essayait de grimper sur lui. De ma fenêtre je le voyais, l'air si heureux et détendu, pensant certainement au défilé du lendemain. J'avais vérifié que son nouvel uniforme et sa ceinture de maréchal avaient bien été repassés et j'avais fait cirer ses bottes. A part

Gamal, tous nos enfants et nos petits-enfants seraient présents pour célébrer avec nous le huitième anniversaire de la victoire sur Israël. Aucune menace ne pouvait venir de l'armée qui allait défiler devant nous. Le 6 octobre allait être un jour de fête pour tous, un moment de détente au milieu de l'effervescence qui s'était emparée de notre pays. Ce jour-là, il n'y aurait pas le moindre nuage dans le ciel..

Chapitre 14

Continuation triste

La nuit succédait au jour, et le jour à la nuit. Je remplissais mécaniquement les formalités de décès, recevais les condoléances de mes amis, des gens collaborant à mes œuvres et fondations, des membres du gouvernement en poste au Caire et à Menoufiyèh, des personnalités qui s'étaient déplacées pour les funérailles d'Anouar, au nombre desquelles trois anciens présidents des États-Unis, le prince de Galles et le premier ministre israélien Menahem Begin.

« Tout cela est très triste, mais je suis heureuse que mon mari soit mort debout et non pas à genoux, ai-je dit à Begin dont le visage était couleur de cendre.

— Je perds non seulement un interlocuteur dans le processus de paix, mais aussi un ami », m'a-t-il répondu.

Trois jours durant, les gens vinrent défiler par centaines devant le catafalque, tandis que des milliers de lettres de sympathie commençaient d'affluer. Les médecins me prescrivaient des sédatifs, mais le sommeil ne voulait pas venir. Je ne cessais de penser à quelque chose que je devais dire à Anouar, quelque chose que je voulais partager avec lui. Puis il me souvenait qu'Anouar n'était plus là.

Au début, je sortais chaque jour pour aller sur sa tombe, me rapprocher de lui, apaiser son âme. Au moins est-il au Paradis, pensais-je pour me consoler. En mourant ainsi sous le feu d'un assassin, Anouar était devenu un martyr, et dans notre religion les martyrs sont directement accueillis au Paradis. En étant si vite rappelé à Dieu, Anouar avait été doublement béni. Il arrive souvent que les hommes inférieurs connaissent les souffrances de l'agonie, mais Dieu épargne ceux qu'il aime.

Cependant, même si j'avais toujours su que mon mari mourrait pour son courage et ses idées de paix, je n'y étais pas préparée. J'avais le cœur brisé.

« Dieu vous bénisse, madame Sadate ! » me disaient les gens que je trouvais sur sa tombe chaque fois que je m'y rendais, même tard le soir. Certains priaient, certains pleuraient, d'autres simplement se tenaient là, l'air incrédule. « Dieu soit avec vous, madame Sadate. »

Nos enfants étaient comme foudroyés. « Si seulement j'avais été avec lui », se lamentait Gamal, qui toujours s'asseyait immédiatement derrière son père lors des cérémonies du 6 octobre. « Je l'aurais aussitôt plaqué au sol et je lui aurais fait écran de mon corps.

— Non, Gamal, m'efforçais-je de le consoler. Sa vie n'était pas entre tes mains, mais entre celles de Dieu. Rien ni personne n'aurait pu changer le cours des choses. »

Mais Gamal était inconsolable. Il resta pendant des mois profondément déprimé, avec le sentiment d'avoir manqué à son père.

Nana, notre fille cadette, souffrit elle aussi terriblement. Elle se rendit tous les jours pendant des mois sur la tombe de son père, revenant chaque fois le visage inondé de larmes. Elle ne parvenait pas à se défaire de son chagrin, et je craignais qu'elle n'en tombe malade.

« Il ne faut plus y aller tous les jours, Nana, lui disais-je tendrement. Ton père ne serait pas content de te voir dans cet état. »

Elle continua cependant d'assurer sa veille quotidienne jusqu'à ce qu'on l'en empêche pour son bien. Aujourd'hui, lorsque nous séjournons au Caire, les enfants et moi, nous y allons chaque semaine. Et chaque fois, Nana verse des larmes.

Une cérémonie du souvenir eut lieu aux Nations unies à New York. « Son enveloppe terrestre, la cage, n'est peut-être plus là, déclara le maître spirituel Sri Chinmoy devant les délégués et le personnel assemblé dans l'auditorium Dag-Hammarskjöld. Mais son esprit, l'oiseau, demeurera auprès de nous pour répandre la paix jusqu'à ce que les quatre coins de la terre en soient inondés. » A l'occasion d'une réunion, à Melbourne, des pays du Commonwealth, les quarante et un chefs d'État observèrent une minute de silence dès l'ouverture de la session, et publièrent une déclaration qui me fut adressée par Malcolm Fraser, président du Commonwealth. « Je le considérais comme l'un des plus grands hommes d'État de la planète, avait ajouté au bas de la déclaration le premier ministre australien. Nous sommes de tout cœur avec vous. »

Les chefs spirituels du monde entier pleurèrent Anouar. Parmi ceux-ci le pape Jean-Paul II, lui-même blessé cinq mois plus tôt dans un attentat, et Sa Sainteté le dalaï-lama. « La disparition tragique de M. Sadate représente une grande perte pour vous ainsi que pour des millions de gens, écrivait Tsering Dorjee, représentant du dalaï-lama en Europe. Il demeurera dans notre souvenir comme un homme de paix. »

De messages de condoléances officiels ou personnels arrivèrent de toutes les régions du globe. Gregorio Alvarez, président de la République de l'Uruguay, et son épouse envoyèrent leurs sympathies. De même le premier ministre finlandais ; François Mitterrand, président de la République française ; Zia ul-Haq, président de la République du Pakistan, et Mme Haq ; le président zambien Kenneth Kaunda ; Helmut Schmidt, chancelier de la République fédérale d'Allemagne, et son épouse. « Qu'Allah vous donne, à vous et aux membres de votre famille la force et le courage de survivre à cette tragique disparition » écrivait Justice Abdus Sattar, président intérimaire de la République populaire du Bangladesh. « Nous prions le Tout-Puissant pour que son âme repose en paix », écrivaient M. Suharto, président de la République d'Indonésie, et son épouse.

Des lettres émouvantes arrivèrent de nos amis israéliens. Itzhak Navon, président d'Israël, écrivait :

« Offira et moi avons été profondément bouleversés par le coup cruel qui vous a été porté. Votre mari était non seulement un chef d'État de stature internationale, mais également un homme hors du commun. En lui s'unissaient les qualités du cœur et celles d'une vive intelligence. Nous l'admirions et l'aimions tout à la fois... Son souvenir servira de modèle pour les générations à venir. »

Regrettant de n'avoir pu accompagner son mari aux funérailles, Aliza Begin m'écrivait elle aussi de Jérusalem :

« Chère Madame, grande a été ma fierté lorsque je vous ai vue si digne dans le chagrin et la douleur. La noblesse de votre attitude est gage de votre amour pour votre mari. L'existence ne compte que fort peu de moments heureux, tout le reste est un combat pénible. En vous tenant pendant tant d'années aux côtés de votre époux, vous l'avez aidé à réaliser ses rêves. Je me sens proche de vous et de vos enfants, je ne peux oublier l'amitié chaleureuse que vous nous avez témoignée, à moi et à mes filles. Hasya et Léa se joignent à moi pour vous exprimer, à vous et à tous vos enfants, leurs bien chers amis, toute notre sympathie. »

Des lettres affluaient d'Amérique, de sénateurs, de ministres.. Le président et Mme Reagan m'envoyèrent un album photo de notre dernier voyage dans leur pays, ainsi qu'une très belle photo d'Anouar où, disait leur lettre, apparaissait « son âme même ». C'était la seconde communication que je recevais des Reagan en l'espace de deux jours. Peu après l'attentat et avant que la nouvelle de la mort d'Anouar ne fût officielle, j'avais reçu par le canal de l'ambassadeur américain au Caire un télégramme plein de délicatesse de Mme Reagan. Ayant vécu six mois plus tôt une tentative d'assassinat sur la personne de son mari, elle avait ressenti le besoin de me dire qu'elle savait ce que je traversais, et priait pour le rétablissement de mon mari.

Je ne comptais pas les marques de gentillesse. Un mois après la mort d'Anouar, l'ancien président Richard Nixon m'envoya son exemplaire personnel des *Great Contemporaries* de Churchill. Nous avions brièvement parlé de ce livre après l'enterrement, parce qu'il contenait un passage qui pouvait très bien se rapporter à ma famille : « Ses enfants sont son plus beau mémorial et leurs vies sont là pour évoquer et faire revivre ses qualités. » Indiquant la page où se trouvait cette citation, le président Nixon avait écrit : « Vos enfants peuvent être *très* fiers de leur héritage. »

Je reçus également une adorable lettre de Jacqueline Kennedy Onassis, dont le mari était tombé lui aussi sous les balles d'un assassin :

« Le président Sadate était un des hommes d'État les plus visionnaires qui aient jamais été. Sa légende ne cessera de grandir avec le temps. Ce fut un des grands privilèges de ma vie que d'avoir eu la chance de le rencontrer — et de vous rencontrer, vous qui avez immensément ajouté à son éclat. La certitude que sa disparition change la face du monde, que sa vie a modifié le cours de l'histoire, est une grande et belle chose, mais elle doit vous rendre plus douloureuse sa disparition. Puissiez-vous trouver quelque réconfort auprès de ceux qui vous sont chers. Et puisse la pensée que la terre entière partage votre affliction vous aider à surmonter cette épreuve, vous qui avez tant donné et qui méritez tant. »

Les nombreux amis que nous nous étions faits en Angleterre m'écrivirent. Il me faut citer le premier ministre Margaret Thatcher, l'ancien premier ministre James Callaghan, Lord et Lady Carrington, ainsi que la reine d'Angleterre, qui avait reçu tous les miens au palais de Buckingham en 1979. « J'ai été bouleversée par l'horrible nouvelle, disait son télégramme. Le prince Philip et moi-même vous envoyons, à vous et à votre famille, toute notre sympathie à l'occasion de cette tragique disparition. »

Le prince Charles, qui était venu au Caire pour les funérailles, m'écrivit pour dire combien il avait été attristé par les circonstances de la mort de mon mari. Deux mois s'étaient écoulés depuis qu'Anouar et moi avions été conviés à un très plaisant dîner à bord du yacht royal *Britannia*, lorsque à la fin de leur lune de miel le prince et Diana, sa ravissante jeune femme, avaient fait escale dans le port du Caire. « Un de mes plus grands regrets est de n'avoir pu, comme il l'avait suggéré, accompagner votre mari jusqu'à certains des sites historiques d'Égypte, m'écrivit-il de l'ambassade britannique du Caire. Cependant, je n'oublierai jamais combien il était humain et chaleureux, qualités trop rares chez beaucoup de dirigeants mondiaux. » Diana, écrivait-il, avait été « très déçue » de ne pouvoir l'accompagner au Caire. Elle ajoutait quelques mots à la lettre de son mari. « Toutes mes pensées, toutes mes prières sont tournées vers vous et votre famille en ces jours tragiques. Je suis navrée de n'avoir pu accompagner Charles en Égypte et ne vois d'autre moyen de me joindre à vous que ces quelques lignes. Croyez à la profonde affection de votre très dévouée Diana. »

A la lecture de ces lettres, il m'est souvent arrivé de refouler mes larmes. Fadila Ahmed Fouad, belle-fille du roi Farouk, m'écrivit :

« Je vous envoie toutes mes condoléances pour la mort de ce champion de la paix qu'était Mohammed Anouar el-Sadate. Je prie le Tout-Puissant de le recevoir au Paradis et de vous accorder courage et apaisement. Jamais je n'oublierai mon expérience de mère, ce sens de l'humanité qui m'est venu le jour où j'ai déposé mon fils sur la terre d'Égypte, terre d'amour et terre de paix, terre que ce héros, martyr de la paix et de l'amour, a arrosée de son sang si pur. La paix, la grâce et les bienfaits de Dieu soient sur vous. »

Je fus également très touchée par un télégramme admirable venu d'Arabie saoudite, envoyé par le prince et la princesse de Djedda, et par une lettre charmante du roi Hussein de Jordanie. Bien qu'ayant politiquement rompu avec l'Égypte, il fut le seul parmi les dirigeants arabes à avoir l'honnêteté de pleurer la disparition de son ami. De même que je m'étais rendue en Jordanie pour lui offrir mes sincères condoléances après la mort tragique de son épouse Alia, aujourd'hui, dans le pur esprit de l'islam, il me disait à son tour sa sympathie :

« Ma famille se joint à moi pour vous témoigner notre tristesse face à la mort de votre époux, Dieu prenne soin de son âme. Nous espérons que le Seigneur (qu'Il soit loué !) prendra soin aussi de vous et des vôtres. Ma famille et moi-même vous retournons les émotions et les sentiments que vous sûtes nous témoigner le jour où, Sa volonté s'accomplissant, le Tout-Puissant choisit de rappeler à Lui quelqu'un qui m'était proche. Je vous prie de croire à notre chagrin. Nous demandons au Tout-Puissant de vous accorder la force d'accepter Sa volonté et Son dessein. A Dieu nous appartenons, à Lui nous retournons. »

Cette lettre était signée : « Votre frère, Hussein. »

J'espérais qu'il se trouverait d'autres dirigeants arabes pour honorer Anouar, mais il n'en fut rien. Leurs épouses et les femmes avec lesquelles j'avais sympathisé dans les pays arabes me témoignèrent plus de compassion. Ne pouvant pour raisons politiques venir en personne, Mme Wassila, de Tunisie, se fit représenter par sa sœur Naïla. La cheikha Fatima d'Abou Dhabi envoya une délégation. Un groupe de femmes vint également du Qatar. La sollicitude et le courage de ces femmes m'ont profondément touchée. En revanche, l'attitude de nombreux autres musulmans n'a fait qu'augmenter ma peine.

A Bagdad les gens dansaient dans la rue, comme ce fut le cas en Libye à l'annonce par Radio-Tripoli de la mort de mon mari. On y entendit pendant toute une semaine la plus haineuse des propagandes. Kadhafi exhortait le peuple égyptien à renverser le nouveau gouvernement, et même à marcher sur Le Caire pour profaner la dépouille d'Anouar. En Iran également, l'ayatollah Khomeiny appelait le peuple à renverser « les successeurs du pharaon défunt » et à proclamer une république islamique. Au Liban, des militants palestiniens fêtèrent eux aussi l'événement avec des danses, des chants et du *sharbat*, cette boisson que nous réservons aux grandes occasions. « Nous serrons la main qui a pressé sur la détente », déclara un dirigeant de l'OLP.

J'ai ressenti une grande tristesse au spectacle de ces égarés. Quand viendra l'heure de ceux qui nous font souffrir aujourd'hui, ma colère envers eux s'éteindra. Plutôt que de me réjouir, j'offrirai mes condoléances à leurs proches. Tel est le vrai message de l'islam. A la mort d'Anouar, certains se montraient si haineux qu'ils trahissaient leur religion. Il y eut des comportements honteux surtout de la part de certains Palestiniens. Nul n'a tenté de faire plus pour les Palestiniens que mon mari. Dans toutes ses négociations avec Israël, Anouar est resté ferme sur ses exigences quant à leur droit à l'autonomie et à l'autodétermination. En signant la paix, il a fait un courageux premier pas vers la solution de nos problèmes. On l'a tué pour cela.

La loi martiale fut décrétée dans le pays. Tout rassemblement de plus de cinq personnes fut interdit dans les rues. Mit Aboul Kôm, le village natal d'Anouar, fut isolé, tous ses accès interdits. Plus d'un millier de fanatiques religieux furent entendus et leurs maisons fouillées. A la surprise générale, la police découvrit non seulement d'énormes caches d'armes, mais également un plan visant à la prise du pouvoir. Comment se fait-il que nos forces de sécurité n'aient pas su cela et agi plus tôt ? En moins de quarante-huit heures la vague de violence atteignit Assiout, où des militants intégristes affrontèrent deux jours durant les forces de police. Soixante-six policiers et vingt et un fanatiques religieux y perdirent la vie.

La tension gagna l'ensemble du pays. Personne ne savait si c'était un coup d'État qui s'annonçait, ni qui pouvait bien être à sa tête. L'assassinat d'Anouar fut revendiqué par un groupe du nom de Jihad, celui-là même qui en 1980 avait placé des bombes dans les églises d'Alexandrie. Nul ne savait combien il comptait de membres, ni jusqu'à quel point il avait infiltré la société égyptienne. Au Caire j'étais dans l'expectative, ignorant si mes enfants et moi étions en danger. Nous allâmes dans notre jardin de Guizeh pour discuter à voix basse, loin de toute oreille indiscrète, l'attitude à prendre : fuir le pays ou y demeurer. Nous étions tous du même avis. Indifférents au danger qui pesait peut-être sur nous, nous prîmes le parti de rester, par fidélité à la mémoire d'Anouar.

Comme il devenait évident que sa mort n'était pas le fruit d'une conspiration à l'échelle nationale mais bien l'œuvre d'une poignée de déments, les choses reprenaient peu à peu leur cours normal. A la différence du chaos qui avait suivi la mort de Nasser, la transition entre mon mari et Moubarak eut lieu en douceur, ce qui témoigne de la solidité des institutions démocratiques mises en place par Anouar. Le pays était cependant en état de choc. Nous jouissions de l'un des taux de criminalité les plus bas du monde. Nous n'étions pas accoutumés à la violence et aux tueries. Seule une infime minorité de la population, celle des intégristes, considérait la violence comme un moyen légitime pour atteindre ses objectifs prétendument religieux, en réalité politiques.

« Gloire à l'Égypte ! A l'attaque ! » aurait crié un des quatre meurtriers en se précipitant vers la tribune officielle. Au cours de l'enquête qui suivit, il apparut que le lieutenant Khaled Ahmed Shawki el-Islambouli, leur chef de vingt-quatre ans, avait agi sous les ordres du colonel el-Zoumor, officier des services secrets contre lequel Anouar avait été mis en garde et qui avait échappé à l'arrestation lors de la rafle menée en septembre dans les milieux de la subversion religieuse et politique.

Quel ne fut pas mon écœurement, en décembre, lorsque je suivis le procès à la télévision ! Cela tournait peu à peu au chaos : les quatre meurtriers et leurs vingt complices ne cessaient de brailler des insultes et d'interrompre les débats. Présidente du conseil populaire de Menoufiyèh, j'avais permis, encouragé même la discussion ; mais je l'enrayais lorsqu'elle allait trop loin. Dans ce tribunal du Caire, en revanche, le juge ne faisait rien. Certes, il se devait d'être impartial, mais non point faible. Sans qu'on fît rien pour s'y opposer, les conspirateurs lançaient des insultes contre Anouar et son régime. On aurait pu croire que c'était Sadate qui avait commis un meurtre, que ce n'était pas eux mais Sadate qui avait perpétré l'assassinat. Ce n'était pas ses assassins que l'on jugeait, mais Sadate lui-même.

Loin de témoigner remords ou regret, Islambouli et les autres clamaient qu'ils avaient accompli une mission sacrée. C'était la volonté de Dieu, lançait Islambouli, que de substituer la loi islamique à la loi laïque, de défaire la paix avec Israël et, en tuant Anouar, de venger les personnes arrêtées en septembre, parmi lesquelles son frère aîné Mohammed. On aurait dit que pour avoir tué mon mari ils s'attendaient à des félicitations, non à un châtiment.

Le chaos crût encore en mars quand les assassins et Abd el-Salam Farag, coordinateur de l'attentat et auteur de *L'impératif secret*, où il défendait le Jihad contre les dirigeants impies, furent condamnés à mort, et les autres accusés à des peines de prison. « Ne soyez pas tristes, puisque je vais retrouver Dieu, lança Islambouli à sa mère et sa femme chargées de voiles. Nous sommes libres. Les prisonniers, c'est vous. » Pareil fanatisme est véritablement terrifiant. Comment pourrait-on se défendre contre un tel culte, dont les séides tuent des innocents sans même se soucier de leur propre sécurité ? « O Jérusalem, califat de la mort, les musulmans arrivent ! » hurla un autre condamné lorsque les sentences furent proclamées. « Begin mourra de la main des musulmans ! » lança un autre en brandissant le Coran et une bannière frappée d'une étoile de David ensanglantée « Sadate était le premier agent sioniste ! »

Allumée par les intégristes, la fièvre anti-Sadate se répandit Tous les opposants joignaient maintenant leurs efforts pour salir son image. Le cheikh Kichk n'était pas en reste dans ses *khutbas* du vendredi : « Les femmes du Prophète demeuraient dans le sanctuaire de leur maison, au ménage et à la cuisine. La veuve de notre président envoie des hélicoptères lui chercher des légumes et des fruits. » Les journaux d'opposition reprenaient des rumeurs selon lesquelles, après les funérailles d'Anouar, j'avais été interceptée à l'aéroport tentant de quitter le pays avec des valises pleines d'or. On pouvait lire que j'avais dérobé dans un musée des œuvres d'art égyptien, que j'avais obtenu illégalement mon poste de professeur à l'université, et même que mes enfants n'étaient pas qualifiés pour faire des études supérieures.

Chaque matin en ouvrant les yeux je découvrais les gros titres des quotidiens, où de nouvelles accusations mensongères étaient portées contre nous. Telle rumeur affirmait qu'Anouar avait possédé douze maisons en Égypte et que j'avais pour ma part des propriétés disséminées à travers le monde. Tout à fait ridicule. Nous n'étions pas propriétaires de notre maison de Guizeh ; notre seule propriété était celle de Mit Aboul Kôm. Les résidences présidentielles où Anouar logeait pour raisons de sécurité lorsqu'il visitait les gouvernorats appartenaient toutes à l'État et servaient maintenant à Moubarak. « S'ils étaient capables de me montrer un titre de propriété, un seul petit début de preuve, alors je les croirais », répétais-je à mes amis. Ce fut pour nous une terrible période. Une terrible période.

Personne ne savait plus qui croire. Même notre nouveau président était dans ce cas : peu après la mort d'Anouar, Hosni Moubarak m'appela pour me dire qu'il allait me faire bénéficier des mêmes conditions que celles accordées par mon mari à Mme Nasser, à savoir m'allouer une pension et un logement pour toute ma famille. Cependant, même lui ignorait la vérité. « Est-ce que votre maison de Guizeh vous appartient ? » me demanda-t-il.

J'étais dans un tel état que je ne pus même pas en rire. « Même vous, monsieur le président, vous pensez que cette maison est à moi ? Où Anouar et moi aurions-nous pris l'argent pour l'acheter ? Non. C'est une location.

— Je tenais simplement à m'en assurer », dit-il. Et il me fit don pour la durée de ma vie et celle de mes enfants de la maison de Guizeh et de celle d'Alexandrie.

Tout en lui en étant reconnaissante, c'est glacée d'effroi que je raccrochai le téléphone. Si quelqu'un d'aussi proche de nous que l'était Moubarak ignorait ce qui était à nous et ce qui ne l'était pas, que devaient s'imaginer ceux qui nous étaient beaucoup plus éloignés ?

« Comment les Sadate ont-ils pu s'enrichir à ce point ? » déclaraient maintenant les journaux en joignant des photos de moi et des enfants. « Il suffit de voir comment ils s'habillent. » Cela m'emplit d'une rage impuissante. J'avais toujours consacré le strict minimum à l'habillement, n'achetant chaque année que trois ou quatre robes de qualité, qui me duraient parfois jusqu'à une dizaine d'années. Je n'achetais également pour Anouar que quelques bons costumes. Et je faisais moi-même beaucoup de mes vêtements, de même que ceux que portaient les enfants pour *Cham en-Nessim* et les autres fêtes. A l'université, où j'éteignais toujours les lampes dans les salles inoccupées, où je faisais cours sans lumière électrique, mes étudiants me taquinaient toujours sur mon sens de l'économie. « Vous tenez vraiment à ce que nous finissions aveugles ? » me demandaient-ils pour plaisanter. « La lumière du jour est gratuite, l'électricité ne l'est pas », avais-je coutume de répondre.

La calomnie allait bon train. C'était une situation impossible, car si j'avais commencé de répondre à telle ou telle accusation, cela aurait été sans fin. Et puis à quoi bon ? Je pris la décision de laisser les gens dire ce qu'ils voulaient jusqu'à ce qu'ils se calment et puissent entendre raison. Arriva cependant le jour où il me fallut prendre la parole.

Deux mois après la mort de mon mari, je fus citée en justice par un député d'Alexandrie qui m'accusait de n'avoir pas reversé une contribution qu'il avait faite des années auparavant au village SOS. J'appelai aussitôt SOS, obtins le reçu daté correspondant au versement en question et le fis paraître dans la presse. La plainte fut jugée irrecevable. Ensuite, je reçus chaque semaine des assignations à comparaître venant d'un autre personnage. Il s'agissait cette fois d'un avocat qui prétendait que je n'avais pas le niveau légalement requis pour enseigner à l'université ; ce fut le recteur qui lui répondit par la publication de mes notes et diplômes. Mais les assignations continuèrent d'arriver, comme si c'était moi, et non les assassins d'Anouar, qu'on dût maintenant juger. « Islambouli désire entendre votre défense », alla jusqu'à déclarer publiquement cet avocat. Islambouli ? Qu'attendait-on que je lui dise ? Qu'il avait eu raison de tuer mon mari ? Je refusai de répondre aux assignations.

Si je fus capable d'ignorer la plupart de ces mensonges, il en fut, cependant, qui m'affectèrent profondément, et tout particulièrement de nouvelles calomnies concernant la Wafa'wal Amal. Afin de me discréditer en tant que femme et démontrer que je ne tenais mon influence que de mon mari, deux mutilés de guerre de la Wafa' firent circuler dans les ministères, et bien sûr dans les journaux, une pétition m'accusant d'avoir fourni aux anciens combattants de la nourriture de second ordre et de leur avoir promis des voitures que je ne leur avais jamais données ! Des automobiles !...

Jour après jour les journaux se faisaient l'écho de tels mensonges.

« Il faut démissionner de la Wafa', maman, me disaient les enfants. Après tout ce que vous avez fait pour les mutilés, vous ne méritiez pas cela. »

Mais je ne suis pas femme à éviter le combat. « La Wafa', leur répondais-je, ainsi qu'à mes amis, la Wafa', ce n'est pas seulement ces deux-là. Je rends service à la grande majorité des mutilés des guerres, et le fait qu'il y ait deux mécontents ne signifie pas que tout ce que j'y ai fait était vain. »

Les autres anciens combattants dont s'occupait la Wafa' prirent ma défense en envoyant de nombreuses lettres de sympathie aux journaux. Et à une réunion du conseil d'administration à laquelle je n'étais pas présente, on vota l'expulsion des deux semeurs de troubles.

Tout cela m'écœurait, pour moi, pour mes enfants, pour la mémoire d'Anouar. J'attendais toujours que quelqu'un vienne mettre un terme à ces attaques sans fondement, mais personne ne le fit. Peut-être semblables dissensions étaient-elles inhérentes à notre nouvelle démocratie, cependant je souffrais terriblement. Il en allait de même pour les enfants, dont le chagrin était aggravé par les atteintes portées au nom de leur père. « Ne vous laissez pas aller à l'amertume, leur répétais-je. Soyez fiers. On critique votre père parce qu'il fut le premier à instaurer la démocratie dans ce pays, le premier à permettre à ses opposants de s'exprimer. Et puis n'oubliez pas ce qu'il a aussi fait pour l'Égypte en signant la paix. C'était ce qu'il désirait. Votre père est satisfait. Même son âme est satisfaite. »

Mes enfants demeuraient cependant amers. Ils ne comprenaient pas pourquoi on laissait les journaux et les détracteurs de leur père tenir des propos aussi infamants. « Si nous sommes en démocratie, alors pourquoi ne le critiquait-on pas aussi sévèrement de son vivant ? » ne cessaient-ils d'interroger. *Inna allathee a'malu kabira, lahu a'da' kathira.* « Celui qui accomplit de grandes choses a beaucoup d'ennemis, leur disais-je. Ceux qui sont contre lui mentent, et ils ont attendu qu'il soit mort pour qu'il ne puisse plus leur répondre. »

La presse put poursuivre ses calomnies pendant trois longues années avant de finir par se lasser. Néanmoins lorsque Mohammed Heikal, ancien directeur du journal *Al-Ahram*, publia des livres qui reprenaient tous ces mensonges, ceux-ci furent interdits en Égypte en raison de leur caractère diffamatoire. Mais le mal était fait. Certains continuèrent de penser que j'étais très riche, alors que je n'avais en tout et pour tout que ma pension du gouvernement.

Ayant été chargé par son père de veiller sur moi et sur ses sœurs, Gamal s'efforça dès le début de m'aider. Mais il n'avait que vingt-cinq ans et venait d'être engagé comme ingénieur pétrochimiste par son beau-frère. Quelques mois après la mort de son père, il vint m'apporter une enveloppe.

« Qu'est-ce que c'est ? lui demandai-je

— C'est pour toi.

— D'où est-ce que ça vient ? »

Il finit par reconnaître qu'il s'agissait de son salaire, qu'il avait divisé entre sa femme et moi.

« Gamal, j'ai ma pension. Garde donc cela pour ta femme et ta fille. »

Il ne voulut rien entendre : « C'est mon devoir, maman. Je dois faire ce que mon père m'a demandé de faire. »

Gamal se sentait tout aussi responsable de ses sœurs. Après la mort d'Anouar, une de ses premières filles fut renvoyée du journal pour lequel elle travaillait aux États-Unis. Ayant décidé de s'inscrire à l'université, elle demanda à Gamal, son demi-frère, de quoi payer son année d'études. Gamal alla aussitôt à la banque emprunter ce dont elle avait besoin pour mener à bien ses études et, avec l'aide son beau-frère Mahmoud Osmane, envoya à sa demi-sœur tout l'argent nécessaire à son existence. J'étais navrée qu'il se fût chargé d'un tel fardeau. Mais Anouar ne s'était pas trompé lors de notre dernière promenade dans le jardin : Gamal était devenu un jeune homme responsable, et j'étais fière de lui.

Les mois passaient sans que je réussisse à sortir de mon accablement. Je démissionnai de mes fonctions de présidente du conseil populaire de Menoufiyèh, je quittai l'université. Je n'avais même plus le cœur à m'occuper de mes œuvres de charité ; la première année, je ne me rendis que deux fois à la coopérative de Talla, et quatre ou cinq fois à la Wafa' wal Amal et au village SOS. Je savais certes que cette mort était la volonté de Dieu, comme tout ce qui arrive, qu'elle était le destin d'Anouar et qu'elle était aussi le mien, et pourtant je continuais de me sentir en faute, de penser que j'aurais peut-être pu empêcher sa mort — ou, du moins, renforcer discrètement les mesures de sécurité autour d'Anouar. Toute une année durant j'imputai sa mort à tout et à tous, y compris moi-même.

Au bout d'un an, au terme de la durée traditionnelle du deuil, je continuais de ne m'habiller qu'en noir. Chaque matin en ouvrant la porte de ma garde-robe, je ne voyais que du noir — et je voyais tout en noir. Je n'avais nul désir de porter des couleurs vives, des bijoux, ou de me maquiller. Il suffit à certaines femmes de claquer les doigts et de se dire que la période de deuil est révolue. Moi je n'y arrivais pas. En moi quelque chose était mort.

Mes enfants finirent par s'inquiéter. « Maman, il faut que tu cesses d'être en noir », me suppliaient-ils, en m'apportant de nouveaux corsages, de nouvelles jupes, qui au moins étaient gris. Mais mon chagrin était trop fort. Je me levais toujours à six heures du matin. Après la prière, je lisais les journaux, répondais à mon courrier et fixais le menu du jour avec la cuisinière. Le reste de la journée, j'errais dans la maison. Je n'avais ni assez d'énergie pour sortir, ni la concentration nécessaire pour m'occuper à l'intérieur. La scène de la fin d'Anouar ne cessait de repasser dans ma tête. Comme dans un cauchemar, je voulais y échapper, mais sans cesse revenaient le bruit du passage des avions au-dessus de l'avenue, les coups de feu, les hurlements...

« Boum ! Boum ! » Pendant des mois mes petits-enfants revécurent ces instants de terreur en jouant à un jeu morbide qu'ils appelaient la « parade ». « Boum ! Boum ! » criait l'un d'eux, et les autres de se jeter à terre en se couvrant la tête de leurs mains. Chaque fois que Yasmine, la fille de Gamal âgée de deux ans et demi, voyait une photo de son grand-père, elle le visait comme avec un pistolet. Anouar leur manquait terriblement. Les petits n'avaient pas oublié quelle douceur se peignait sur son visage lorsqu'il les regardait, comme il les laissait grimper sur lui et jouer avec sa moustache. « Je vais dire à grand-père que tu es méchante avec moi », me dit un jour la fille de Loubna, Laïla, quatre ans, alors que je la réprimandais. Puis son petit visage se décomposa : « Où est-il ? demanda-t-elle. Je voudrais lui parler. »

De tous les petits-enfants, c'est l aîné, Charif, six ans, qui a le plus souffert de la disparition de son grand-père. C'était Anouar qui l'avait emmené à l'école le premier jour, c'était Anouar qui lui faisait réciter ses leçons. A présent, Charif se désintéressait complètement de l'école. En classe, il posait son crayon et refusait d'écrire. Son maître nous expliqua que les autres enfants ne cessaient de lui parler de son grand-père, l'empêchant ainsi d'oublier.

« Tu me dis des mensonges, m'accusa-t-il un jour, en colère. Tu dis que Geddo (grand-père) est au Paradis, mais mes copains disent qu'il a été enterré Ils l'ont vu à la télévision.

— Ils ont raison et moi aussi, lui expliquai-je calmement. Le corps de ton grand-père a été placé dans une tombe, mais son âme, ce qui est bien plus important, est auprès de Dieu au Paradis. »

Un mois plus tard, Charif refusa tout net de retourner à l'école, disant que les autres étaient plus malins que lui parce qu'ils avaient des grands-pères et que lui n'en avait pas.

Nous l'inscrivîmes dans une autre école.

Les assassins d'Anouar furent exécutés le 15 avril 1982. Ma peine en fut augmentée. En effet, au lieu d'aller à la mort en martyrs qu'ils avaient prétendu être, voici que tout à coup ils n'étaient plus si certains d'avoir complu à Dieu ! Quelle ne fut pas mon amertume lorsqu'un officier qui venait d'assister à l'exécution me rapporta qu'il avait fallu y transporter l'un d'eux, et qu'Islambouli lui-même avait à plusieurs reprises demandé au cheikh qui se trouvait là d'entendre ses dernières paroles : « Ai-je agi justement ? Ai-je bien fait ? »

Cela me remplit de dégoût pour ces hommes. Un tel crime pouvait se comprendre s'il était inspiré par une conviction religieuse, dévoyée certes, mais sincère ; or le fait que les assassins avaient subitement douté du bien-fondé de leur action donnait l'impression que la mort d'Anouar n'avait guère été qu'une bévue. La tribu des Qoraïchites avait torturé Belal, muezzin proche du Prophète, pour lui faire renier l'islam et le Prophète, mais jamais il n'abjura sa foi. Pas plus que Jeanne d'Arc, même au milieu des flammes du bûcher. Ces lâches m'avaient enlevé mon mari, ils avaient privé mes enfants de leur père, mon pays de son chef. Et ce n'étaient pas leurs scrupules tardifs qui pourraient le faire revenir...

Un an après la mort d'Anouar, je fis un voyage à l'étranger, d'abord aux États-Unis pour recevoir des mains de Nancy Reagan la médaille de l'amitié, décernée à mon mari à titre posthume ; puis en Angleterre, où le Greater London Fund for the Blind (association d'aide aux aveugles) me nomma « Femme de l'année » ; enfin à Paris, où Patrick Wajsmann, directeur de *Politique internationale*, nomma mon mari « Personnalité de l'année ». Si honorée que je fusse du respect témoigné à ma personne et à mon mari, j'avais l'impression qu'une moitié de moi m'avait été retranchée. De retour au Caire, je repris mes travaux à l'université, rassemblant des matériaux pour ma thèse sur l'influence de la critique littéraire anglaise sur les écrivains égyptiens de l'entre-deux-guerres. Je relus également mon journal intime et réunis articles et photographies en vue d'un livre sur mon mari, notre vie commune et l'Égypte.

On a souvent dit qu'Anouar était en avance sur son temps. Je ne suis pas d'accord : comment le soin de la paix, le souci de mettre fin à une guerre pourraient-ils être en avance sur leur temps ? Non mon mari représentait l'opinion de la majorité des Égyptiens. Avec l'aide de Dieu, il a vécu sa vie comme une mission, il s'est dévoué et finalement sacrifié pour son pays. Ses idéaux, sa vision des choses étaient à tout instant présents à son esprit. Il a libéré notre pays et lui a apporté la paix. Il a instauré la Constitution de 1971, qui établit la suprématie de la loi, et il a mis en place un système économique prospère. Il a aboli la censure sur la presse et assuré à notre peuple des libertés qu'il n'avait jamais connues auparavant. « La liberté est le fruit le plus beau, le plus sacré et le plus précieux de notre culture », avait-il coutume de dire. Que certains abusassent de ces libertés était inévitable : il faut du temps pour apprendre l'autodiscipline nécessaire à la démocratie.

Il a été dit, en manière de reproche, que j'étais moi aussi en avance sur mon époque. Là également, je ne suis pas d'accord. La femme musulmane a tout autant que les autres femmes le droit de prendre une part active dans la société, d'œuvrer avec ses sœurs et avec les hommes à l'amélioration de sa vie et de celle de son entourage. Mon destin et la volonté de Dieu étaient que je me joignisse à la lutte contre les barrières qui réduisent la femme musulmane au silence. J'ai certes beaucoup souffert dans ce combat. Mais Anouar et moi savions que pour tout progrès, tout changement, il y aurait un prix à payer. Et c'est de tout cœur que nous l'avons payé.

S'il était possible de revenir en arrière, je ne modifierais pas un seul instant de ma vie. Je regrette seulement qu'Anouar n'ait pas vécu assez longtemps pour que nous puissions connaître ensemble une retraite heureuse. Nous aurions alors partagé une existence paisible, sans responsabilités ni tensions, qui eût été comme un avant-goût du Paradis. Nous rêvions souvent à cette nouvelle vie qui nous aurait permis de voir grandir nos petits-enfants et de nous reposer dans notre maison de Mit About Kôm, où Anouar projetait d'écrire des livres. « Je rêve au jour où tu m'emmèneras en Europe, en Amérique, sans gardes du corps, sans protocole, pour connaître la vraie vie », lui disais-je souvent à l'époque où approchait la restitution du Sinaï. « Sois sans crainte, Jehane. Cela viendra », me répondait-il. Cela n'aura été qu'un rêve.

Aujourd'hui, je continue de vivre comme s'il était toujours ici, à la différence de certaines veuves qui s'enferment chez elles pour pleurer et s'abandonner à leur peine. Je travaille toujours pour la paix, pour les pauvres, pour que les infirmes et les handicapés apprennent à vivre par eux-mêmes, pour que se crée autour des orphelins une atmosphère pleine d'amour, pour les droits des femmes. Je pense que la vraie sérénité est le fruit des efforts que l'on déploie pour aider les autres. J'aime à penser qu'Anouar voit ce que j'accomplis et qu'il en est fier.

Jamais je ne me remarierai, ni n'envisagerai de changer de nom. Ma seule ambition était d'être la femme d'Anouar el-Sadate et de vivre à ses côtés. Je ne me réfugie cependant pas dans le passé ou les illusions. Anouar n'est plus, mais la vie continue. Je crois en aujourd'hui et en demain, et je vis pleinement chaque jour. La perfection n'appartient qu'à Dieu, mais en tant qu'être humain je m'efforce d'être le meilleur possible durant mon passage sur cette terre. Et je sais qu'après ma mort je retrouverai mon mari.

Le jour viendra où les Égyptiens reconnaîtront ce qu'Anouar a fait pour leur pays et lui donneront la place qui lui revient dans l'histoire. J'attends patiemment ce jour. On a recueilli tout ce qu'il a écrit, de même que les enregistrements de tous ses discours et sa correspondance avec les chefs d'État du monde entier. Un jour, j'en suis sûre, un musée lui sera consacré.

Dans notre maison de Guizeh, je conserve ses affaires personnelles en prévision de ce musée à venir. Je vais parfois jusqu'à sa chambre pour ouvrir son placard et regarder l'uniforme qu'il portait le jour de sa mort. Lorsque je l'ai rapporté de l'hôpital, j'ai refusé qu'on le nettoie. Il est pendu là, avec les trous dans l'épaule et la bandoulière de cuir marron, la manche droite déchirée à l'endroit où les médecins ont procédé aux transfusions. Sur l'étagère repose sa casquette, maculée de traces d'un sang qui n'est peut-être pas le sien, puisqu'il ne l'avait pas sur la tête au moment de sa mort.

Dans ce placard est également suspendu le maillot de corps qu'il portait, à présent marron et raidi par le sang. Je garde même cela, en prévision du jour où l'Égypte sera prête à honorer mon mari, à reconnaître et vénérer non seulement ce qu'il a donné à son pays, mais aussi ce qu'il a offert à chacun d'entre nous.

Épilogue

Les six années qui se sont écoulées depuis la mort de mon mari ont été des années difficiles pour moi. Qu'allais-je faire ? Comment allais-je subvenir à mon existence ? Comme promis, l'État égyptien me versait une modeste pension, et je continuais de donner des cours de littérature arabe à l'université du Caire. Cependant, je tenais de moins en moins en place. Un beau jour de 1984, le docteur James Holderman, président de l'université de Caroline du Sud, vint me rendre visite. J'avais été nommée docteur « honoris causa » de cette université en 1979, et m'étais liée d'amitié avec le docteur Holderman et sa famille. Peu après la mort de mon mari, il était même venu en Égypte avec sa femme et sa fille pour m'offrir ses condoléances. Installé dans mon salon de Guizeh, voici qu'il me suggérait, afin de me changer les idées, d'aller enseigner aux États-Unis. Après en avoir parlé avec les enfants, je décidai d'accepter sa proposition Je ne l'ai pas regretté.

Je passai l'hiver 1985 à Washington dans une maison gracieusement mise à ma disposition par Sophie Engelhard. Une fois par semaine, je me rendais à l'université de Caroline du Sud où je donnais des cours sur la position de la femme dans les pays « en voie de développement ». A Washington, je préparai un cours destiné à l'American University, où l'on m'avait proposé d'occuper pendant le second semestre le poste de « distingué professeur résident ». Ce cours, intitulé « Les femmes dans un monde en mutation », connut un grand succès, tout entier dû à la participation de mes chères amies Rosalynn Carter, Betty Ford, Jeanne Kirkpatrick, Coretta King, Barbara Bush et Barbara Walters. Le docteur Holderman avait vu juste. Je goûtais énormément le changement et le défi qu'impliquait cette nouvelle vie. Mes étudiants de Washington et de Caroline du Sud étaient ouverts et directs. Ils voulaient tout connaître jusqu'au moindre détail de ma vie en Égypte. Je suis certaine d'avoir plus appris d'eux qu'ils n'ont appris de moi. Aussi ai-je aussitôt accepté lorsqu'on m'a demandé de revenir enseigner en 1986 à l'université de Caroline du Sud et d'aller donner des conférences à l'université de Radford, en Virginie.

Je fus très, très occupée au cours de mes premiers hivers américains. Outre les cours à préparer, il me fallait non seulement faire la navette en avion entre la Virginie et la Caroline du Sud, mais aussi sillonner le pays pour donner des conférences sur la position de la femme et sur la paix dans le monde. C'était une vie exténuante. Au tout début, j'étais peu sûre de moi. Jamais en effet je n'avais été obligée de gagner ma vie, jamais je n'avais touché le moindre salaire, si ce n'est une petite somme versée par le conseil de Menoufiyèh, que j'offrais à la coopérative de Talla.

En même temps, je me préparais à soutenir ma thèse à l'université du Caire. Il fallait que ma soutenance fût irréprochable, sachant que je ne devais m'attendre à aucune complaisance de la part de ceux qui étaient toujours mes adversaires, et plus précisément ceux de mon mari. C'est le cœur battant qu'un jour de l'été 1986 je pénétrai dans la salle d'examen de l'université. Pour me soutenir et m'encourager, des amis y avaient fait livrer des centaines de bouquets de fleurs : on se serait cru dans un magnifique jardin. Le jury m'interrogea, parfois sévèrement, pendant trois heures. L'épreuve terminée, ma fille Jehane alla reprocher à l'un des professeurs la rudesse de ses questions.

« Je n'avais pas le choix, lui expliqua le docteur Ibrahim Abdel Rahman. Il fallait couper court à tout soupçon de favoritisme à l'égard de votre mère. Pour démontrer qu'elle méritait vraiment son diplôme, elle devait apparaître plus érudite et plus à l'aise que n'importe quel autre candidat au doctorat. »

Je n'en fus que plus fière lorsque le diplôme me fut décerné, avec les félicitations du jury.

Je partage désormais mon temps entre Guizeh et la Virginie, où j'ai fait l'acquisition d'une petite maison en 1985, quand je me suis aperçue que les traites d'un emprunt immobilier excédaient à peine le coût d'une location. Je mène une vie très paisible, accompagnée par l'une des deux ordonnances qui servaient mon mari. Au cours de l'automne 1986, je me suis mise en congé de mes deux universités afin de travailler sur mon livre. Après avoir si frénétiquement parcouru ce pays, il m'était bien agréable de rester un peu chez moi. J'appréciais tout particulièrement le fait de suivre mes programmes de télévision préférés : la *MacNeil-Lehrer Newshour*, les merveilleux documentaires de la National Geographic Society sur la nature, les matches de tennis, de hockey sur glace ou, découverte récente, de basket-ball. En Égypte, Anouar et moi étions, comme le reste de la famille, grands amateurs de football, même si en public nous nous efforcions à l'impartialité. Rien ne m'empêche à présent d'afficher mes sympathies — en particulier pour l'équipe de basket-ball locale de l'université de Georgetown.

Il arrive souvent que mes amis égyptiens et mes nouveaux amis américains me demandent si je suis pas un peu triste de vivre aussi simplement après l'existence somptueuse que j'ai connue en tant qu'épouse du président de la République. Non, le faste ne me manque pas. Bien au contraire, je suis fière de mon indépendance et de cette assurance que j'ai acquise. Lorsque je prends de l'exercice maintenant, c'est en été en tondant ma pelouse, ou, comme l'hiver dernier, en pelletant d'énormes quantités de neige.

Mes voisins de Virginie sont des gens merveilleux. Ils m'invitent à partager leurs fêtes traditionnelles comme Noël ou Thanksgiving*, et ils viennent souvent prendre le thé chez moi l'après-midi. Lorsque, en juin 1986, Noha, son mari et leurs

* Quatrième jeudi de novembre : jour d'action de grâces, en Amérique du Nord, qui commémore la fête de la récolte de 1621 — année où pour la première fois elle avait été bonne en Nouvelle-Angleterre.

quatre enfants, ainsi que Gamal, Dina et leur fille Yasmine sont venus me voir, les voisins m'ont prêté des lits d'enfant, des parcs à bébé et des bicyclettes, et ont emmené plusieurs fois les aînés au bord de la mer. Nous sommes allés tous ensemble au King's Dominion Theme Park et au National Zoo, merveilleuses excursions dont mes petits-enfants parlent encore. En juin 1987, ma fille Loubna, son mari Abdel Khalek et leurs deux filles sont venus me voir, en même temps que Nana, Noha, et leurs enfants.

Les amis qu'Anouar et moi nous sommes faits au temps de sa présidence sont demeurés loyaux et très attentionnés, surtout Nancy Reagan, que je suis allée voir plusieurs fois à la Maison Blanche. Henry Kissinger m'appelle souvent pour avoir de mes nouvelles, de même que ma chère amie Barbara Walters. David Rockefeller a eu l'extrême gentillesse, l'hiver dernier, de permettre à mon fils Gamal de suivre un stage de formation à la Chase Manhattan Bank de New York. Je suis ravie d'avoir mon fils et sa famille tout près ; même s'ils habitent New York et moi la Virginie, nous nous téléphonons souvent et le voyage ne dure qu'une heure, au lieu des dix heures de vol qui me séparent du reste de ma famille. En mars 1987, Gamal et Dina ont eu leur seconde fille, qu'ils ont appelée Nour.

Il n'est cependant pas toujours facile d'être aussi loin d'Égypte, et j'ai souvent le mal du pays. Les plus petites choses me manquent, même le sable. Je possède des cassettes vidéo de pièces égyptiennes que je regarde fréquemment, et des bandes d'Oumm Kalthoum que j'écoute en voiture. Mes amis d'Égypte me téléphonent ou m'écrivent souvent. La princesse Fawzia, princesse de Djedda, m'appelle de temps en temps d'Arabie saoudite, ainsi que la cheikha Fatima d'Abou Dhabi et Farah Diba de son domicile des États-Unis. Mes filles me téléphonent du Caire au moins une fois par semaine, mais le fait de leur parler ainsi me donne parfois l'impression d'en être encore plus éloignée. Je voudrais les voir, embrasser mes petits-enfants, me rendre compte par moi-même que tout va bien là-bas. Mais la vie en a décidé autrement.

Sachant que cela leur ferait plaisir, j'ai invité mes amis américains à venir me voir en Égypte. Les Égyptiens sont le peuple le plus accueillant et le plus amical du monde. Nos merveilles et nos temples anciens sont les plus beaux. Le soleil brille sur le Nil. « Bienvenue en Égypte, bienvenue chez nous », lancent les gens de la rue à l'adresse des étrangers. Que ceux qui envisagent un voyage en Égypte, surtout, ne le remettent pas à plus tard. Notre terre est une terre de paix : c'est ce que mon mari lui a transmis et dont elle peut être le plus fière.

Je retourne chaque été en Égypte, et, lorsque cela m'est possible, pour chacune de nos fêtes religieuses. Bien sûr, je m'y rends également pour le 6 octobre, pour honorer la mémoire de mon mari. Chaque fois je compte les jours qui me séparent du départ. Je ne manque jamais de rendre visite à la Wafa' et à la coopérative de Talla, bien que j'aie démissionné du poste de présidente de toutes mes œuvres sociales. Je n'ai jugé ni juste ni utile d'y conserver une telle fonction, compte tenu de mes longues absences.

La lutte pour les droits des femmes se poursuit en Égypte. En 1985, la Cour suprême y a supprimé les amendements que nous avions ajoutés aux lois sur le statut de l'individu. Ces abrogations ont constitué une grande victoire pour les intégristes, qui ne cessaient de clamer que les lois visant à protéger la femme dans le mariage et le divorce n'étaient pas en accord avec la *chari'a*. Les associations féminines ont violemment contesté ce pas en arrière et exigé que ces lois soient à nouveau soumises au Parlement. Nous avons toutes été très satisfaites lorsque, quelques mois après leur abrogation, les lois de 1979 ont été revotées par le Parlement, après examen par les différents tribunaux, qui ne les ont pas jugées contraires à la loi islamique. Même si nous avons par deux fois remporté la bataille sur ces lois, l'opposition à l'émancipation de la femme est toujours solidement enracinée. Ce printemps, le projet de loi électorale proposé par mon mari, qui voulait réserver aux femmes un certain nombre de sièges au Parlement, a été repoussé. Le combat est toujours à recommencer.

Avec son cortège de souvenirs pénibles que j'aurais voulu à jamais oublier, et de souvenirs heureux que je ne revivrai plus, ce livre n'a pas été facile à écrire. De nombreuses photographies de mes enfants et d'Anouar ornent les murs de ma maison de Virginie · nous tous à Ismaïlia juste avant le départ d'Anouar pour Jérusalem ; une photo de nous deux en compagnie des

Carter à Camp David, où nous avions fait une course d'autoneige ; Anouar, la veille de sa mort, dans le jardin avec Yasmine. J'ai aussi la dernière photo qui fut prise de lui, lors de la revue militaire du 6 octobre 1981. On le voit qui regarde le ciel et sourit à la parade aérienne. Quelques secondes plus tard, il était mort.

Grâce à sa force et grâce à sa confiance en moi, j'ai tenu. Après toutes ces épreuves, et malgré tout ce que j'ai vu, je suis restée forte. J'ai dû ne compter que sur moi et commencer une nouvelle vie sans lui. Je n'ai jamais demandé de faveurs, je n'en ai jamais reçu. Je suis ma voie, seule et dans la dignité, et j'en retire une grande fierté, en tant qu'Égyptienne et en tant que femme.

Cet ouvrage a été composé par Facompo
et imprimé par la S.E.P.C. à Saint-Amand-Montrond (Cher)
pour le compte des éditions Presses de la Renaissance

Achevé d'imprimer en juillet 1988

Dépôt légal : juillet 1988.
N° d'impression : 1457

Imprimé en France